GAMBERO ROSSO



# OLI D'ITALIA

2023

# OLI D'ITALIA
# I MIGLIORI EXTRAVERGINE

**direttore editoriale/
managing editor books**
Laura Mantovano

**curatore/senior editor**
Stefano Polacchi

**capo panel/panel leader**
Indra Galbo

**segreteria/editorial secretary**
Carmela Panetta

**testi e degustazioni/text
and tasting contributors**
Nino Aiello, Clara Barra, Antonio Boco, Giuseppe Carrus, Adele Chiagano, Maria Gabriella Ciofetta, Simona Cognoli, Elisabetta De Blasi, Gianfranco De Felici, Laura Di Pietrantonio, Francesca Filippone, Valentina Marino, Giorgio Melandri, Mara Nocilla, Ludovica Pichetti, Sabrina Pupillo, Massimiliano Rella, Matteo Savignano, Luciana Squadrilli, Elvan Uysal

**grafica e impaginazione/layout**
Simona Picchiarelli

**illustrazioni/illustrations**
Gaia Niola

**traduzione/translation**
Jordan De Maio

**pubblicato da/publisher**
Gambero Rosso S.p.A.
via Ottavio Gasparri, 13/17
00152 Roma
tel. 06 551 121
fax 0655 112 260
www.gamberorosso.it

**direttore commerciale/
commercial director**
Francesco Dammicco

**produzione/production**
Angelica Sorbara

**concessionaria pubblicità/
advertising agency**
Class Pubblicità S.p.A
Via M. Burigozzo, 8
20122 Milano - Tel. 0258219522
kanchieri@class.it

**distribuzione/distribution**
SO.DI.P Angelo Patuzzi Spa
via Bettoia, 18
20092 Cinisello Balsamo (MI)
Tel. 02 660301
Fax 0266030320

**distribuzione in libreria/
distribution in bookstore**
Messaggerie Libri S.p.A.
via Verdi, 8
20090 Assago (MI)
tel. 02 457 741
fax 0245 701 032

**codice ISBN** 978-88-6641-262-5



**stampato per conto di/
printed in Italy for
Gambero Rosso S.p.A**
nel mese di marzo 2023
da Petruzzi Srl
via Venturelli, 7/b
Zona industriale Regnano
06012 Città di Castello (PG)

# SOMMARIO SUMMARY

# IL CAMBIAMENTO CLIMATICO

**di/by Paolo Cuccia, Presidente/President of Gambero Rosso S.p.A.**

Non sono pochi ahinoi i commentatori e di conseguenza i consumatori che ancora sottovalutano se non addirittura scherniscono le evidenze di quanto già oggi il nostro Pianeta sia a rischio climatico.
L'Italia, collocata nella fascia di clima temperato, ne è infatti un evidente simbolo.
Quest'anno il mondo dell'olio vede un tracollo quantitativo al Sud che si confronta con un innalzamento di produzione al Nord. A questo significativo dato occorre aggiungere il rischio che il progredire di questi trend comporta per la biodiversità olearia.
Siamo infatti non solo uno dei grandi produttori del mondo, ma in particolare siamo i primi per numero di cultivar e per la qualità del prodotto
La risposta a quanto accade e a chi sottovaluta la evidenza del fenomeno è nella prosecuzione e accelerazione dei processi di certificazione ESG della sostenibilità. **L'Italia è al primo posto nel vino e può diventarlo nell'olio.**
Dobbiamo però tenere presente tre piattaforme sostanziali:
**Environment:** rispetto dell'ambiente anche grazie all'utilizzo di strumenti per l'agricoltura di precisione
**Social:** rispetto per chi lavora non solo in contrattuali e salariali ma anche nella formazione alle nuove tecnologie e alle nuove sfide di mercato
**Governance:** trasparenza gestionale , allargamento delle competenze degli azionisti , apertura a manager esterni
Gambero Rosso è schierato con decisione su questo fronte. Siamo infatti aderenti all'ASVIS, la più grande associazione per lo sviluppo sostenibile, siamo soci fondatori di EQUALITAS, leader nella certificazione del vino - e progressivamente in tutti i campi della agricoltura - e con la nostra Academy eroghiamo costantemente nuova formazione per la filiera. **La nostra guida Oli d'Italia e il premio delle Tre Foglie hanno un chiaro obiettivo: la promozione dell'eccellenza italiana** che ha permesso al nostro paese di proteggere più di altri la biodiversità, di far crescere l'export a beneficio del PIL nazionale e del reddito di tutti gli operatori di questo settore vitale per la nostra sovranità alimentare. Rientrano in questa battaglia civile il contrasto a semafori e nutriscore che guarda caso hanno eletto il benefico olio extravergine tra i primi prodotti da criticare.

# CLIMATE CHANGE

Regrettably, a number of prognosticators and consumers continue to underestimate (and even mock) the risks that climate change poses to our planet today. Italy, which is situated in the temperate climate range, is a perfect illustration. This year the country's oil industry saw a sharp drop in production in the south, while the north registered an increase. In addition to the damage done to the economy, we also need to consider the added risks that such trends represent for biodiversity. Indeed, Italy is not only one of the world's most prolific EVOO producers, we are also number one in terms of cultivar diversity and quality. The solution to such phenomena, and the answer to those who underestimate its impact, lies in the continuation and acceleration of the ESG sustainability certification processes. Italy is already in first place when it comes to wine production certification and can achieve the same with oil. We must, however, keep in mind the three key pillars:

Environment: Respect for the environment, which can be aided in part by tools for precision agriculture;

Social: Respecting workers, but also supporting initiatives aimed at training individuals in the use of new technologies and in facing new market challenges;

Governance: Transparency, expansion of shareholder responsibilities, openness to external managers.

Gambero Rosso has taken a firm position on this front. We are, in fact, members of ASVIS, the largest national association for sustainable development, and founding members of EQUALITAS, a leader in wine production certification (soon to be expanded to all fields of agriculture). Moreover, through our academy, we constantly provide new training for the supply chain. This guide and the Tre Foglie award have a clear objective: to promote Italian excellence, which has allowed our country to protect biodiversity better than others and to grow our exports to the benefit of national GDP and all those involved in this vital sector of our food economy. Part of this battle concerns pushing back against the use of warning labels and nutriscores, a movement that has, incidentally, made extra virgin olive oil (a product with numerous health benefits) one of its first targets.

# PIÙ QUALITÀ PIÙ REDDITO

**di/by Stefano Polacchi, curatore/senior editor**

Non c'è molta pace per l'extravergine italiano. La campagna olearia 2022-2023 ha fatto registrare di nuovo un crollo nella produzione nelle aree più attive che ha portato a un calo del 37% in confronto alla campagna precedente. Tanto che l'Italia se la deve battere con la Grecia per il secondo posto tra i Paesi Produttori, al seguito della Spagna che ha avuto anch'essa una flessione tra il 30 e il 50% rispetto allo scorso anno.

La crisi produttiva, legata a fattori climatici avversi, ha colpito in modo particolare la Puglia (-52%), ovvero la regione da cui provengono mediamente la metà delle olive italiane. Male anche la Calabria con -42% e la Sicilia, dove sono state raccolte un quarto di olive in meno rispetto alla campagna 2021-2022. Il tutto in un momento drammatico per l'agricoltura in cui si assiste a forti aumenti dei prezzi per l'energia, i carburanti, e per gli altri fattori produttivi.

In pratica tutto il Meridione dell'olio è sotto un grande segno rosso. Si salvano, al Centro-Nord, Toscana, Umbria e Liguria, che hanno avuto un incremento evidente nella produzione e che hanno anche segnato ottimi risultati a livello di qualità delle etichette presentate. Peccato invece per le Marche che seguono un percorso negativo (-25%). Bene il Nord: Lombardia (+142%), Trentino (+122%) e Piemonte (+57%), Emilia-Romagna (+40%) e Friuli-Venezia Giulia (+40%) dove i livelli produttivi sembrano più in linea con le annate di carica.

Si tratta di numeri che dovrebbero far riflettere: sulla necessità di un maggior sostegno alla produzione sul fronte tecnico e tecnologico, di una maggiore spinta alla consapevolezza e alla formazione dei produttori e anche di stimoli verso l'internazionalizzazione per un innalzamento della qualità e dei prezzi di un simbolo del made in Italy.

Inoltre, c'è da cogliere l'opportunità di sviluppare un vero e organizzato turismo dell'olio, occasione per aumentare le occasioni di interazione e scambio tra produttori, appassionati e consumatori, e di integrazione del reddito.

# BETTER QUALITY, HIGHER EARNINGS

*The struggles of Italian extra virgin continue. The 2022-2023 harvest once again saw a fall in production in the most active areas, leading to an overall -37% drop with respect to the previous year. The situation is so dire that Italy is now competing with Greece for second place spot in terms of output, behind Spain (which also registered a decline compared to last year, somewhere between -30% and -50%).*
*The production crisis, caused by adverse climatic conditions, hit Puglia particularly hard, with the region usually responsible for half of all Italian olives experiencing a -52% drop in production. Calabria also suffered, with output reduced by -42%, as did Sicily, where -25% fewer olives were harvested with respect to the 2021-2022 season. And all of this played out during a dramatic period for agriculture across the continent, with various factors contributing to sharp increases in the prices of energy, fuel and other key elements along the supply-chain. Practically all of southern Italy is in the red. In the centre-north, Tuscany, Umbria and Liguria were spared, having registered a clear increase in production accompanied by excellent results in terms of quality. Le Marche, unfortunately, experienced a -25% drop. The picture was different in the north, with Lombardy (+142%), Trentino (+122%), Piedmont (+57%), Emilia-Romagna (+40%) and Friuli-Venezia Giulia (+40%) all performing at levels consistent with "on" years.*
*Such statistics are cause to reflect on the need for greater support for production in terms of technical and technological resources, for a greater drive towards training producers and to encourage internationalization, which could help boost the quality and prices of one of Italy's most representative products. Moreover, we should seize this opportunity to develop a true, well-organized oil tourism industry, which could be a chance to promote interaction and dialog among producers, enthusiasts and consumers and to implement a system of subsidies.*

# TRE FOGLIE 2023

# THREE LEAVES 2023



## MARCHE

## ABRUZZO



## MOLISE



## CAMPANIA



## PUGLIA

## BASILICATA



## CALABRIA

# OLI DOP E IGP 2023

# PDO AND PGI EVOO 2023



## MARCHE

## SARDEGNA

# PREMI SPECIALI 2023

# SPECIAL AWARDS

## AZIENDA DELL'ANNO – PRODUCER OF THE YEAR

**ACCADEMIA OLEARIA**

ALGHERO (SS) • SARDEGNA

PAG 503

## FRANTOIO DELL'ANNO – OIL MILL OF THE YEAR

**CICCOLELLA**

MOLFETTA (BA) • PUGLIA

PAG 347

## OLIVICOLTORE DELL'ANNO – OLIVE GROWER OF THE YEAR

**INTINI**

ALBEROBELLO (BA) • PUGLIA

PAG 367

## NOVITÀ DELL'ANNO – BEST NEW ENTRY

**MICELI & SENSAT**

MONREALE (PA) • SICILIA

PAG 476

## MIGLIOR FRUTTATO LEGGERO – BEST LIGHT FRUITY

**PREMIATI OLEIFICI BARBERA**
**LORENZO N°3 DOP VAL DI MAZARA**
**MONOCULTIVAR BIANCOLILLA BIO**
PALERMO • SICILIA
PAG 450

## MIGLIOR FRUTTATO MEDIO – BEST MEDIUM FRUITY

**CONTE GUICCIARDINI - CASTELLO DI POPPIANO**
**LAUDEMIO ANTICO PODERE LA COSTA**
**MONOCULTIVAR FRANTOIO**
MONTESPERTOLI (FI) • TOSCANA • PAG 117

## MIGLIOR FRUTTATO INTENSO – BEST INTENSE FRUITY

**MASONI BECCIU**
**CONCORDU BIO**
VILLACIDRO (SU) • SARDEGNA
PAG 506

## MIGLIOR BIOLOGICO – BEST ORGANIC

**TENUTA CAVASECCA**
**MONOCULTIVAR SIRACUSANA BIO**
NOTO (SR) • SICILIA
PAG 455

MIGLIOR MONOCULTIVAR
BEST MONOVARIETAL

**VIOLA**
**IL SINCERO MONOCULTIVAR MORAIOLO**
FOLIGNO (PG) • UMBRIA
PAG 215

MIGLIOR BLEND
BEST BLEND

**FATTORIA AMBROSIO**
**RISERVA**
SALENTO (SA) • CAMPANIA
PAG 305

MIGLIOR OLIO DOP
BEST PDO

**COLLI ETRUSCHI**
**EVO DOP TUSCIA MONOCULTIVAR CANINESE**
BLERA (VT) • LAZIO • PAG 230

MIGLIOR OLIO IGP
BEST IGP

**FRANCESCO DI MINO**
**CONTRADA SCINTILIA IGP SICILIA**
**MONOCULTIVAR BIANCOLILLA BIO**
FAVARA (AG) • SICILIA • PAG 463

**FRANTOIO PRINCIPE**
**OLIO PRINCIPE MONOCULTIVAR PERANZANA**
TORREMAGGIORE (FG) • PUGLIA
PAG 386

**OLIO & VINO**
È il riconoscimento riservato alle aziende che raggiungono punte di eccellenza sia nel settore oleario che vitivinicolo.

**OIL & WINE**
This award is reserved for those producers that achieve peaks of excellence both in winemaking and olive oil production.

**GIUSEPPE GABBAS**
**SOLIANU MONOCULTIVAR BOSANA**
NUORO (NU) • SARDEGNA
PAG 504

**IL FRANTOLIO**
CISTERNINO (BR) • PUGLIA
PAG 363

# LE STELLE
# THE STARS

La Stella contraddistingue le aziende
che hanno ottenuto Tre Foglie per almeno dieci anni.
The Star indicates the companies
that received Tre Foglie for at least 10 years.

## MARCHE

**IL CONVENTINO DI MONTECICCARDO**
MONTECICCARDO (PU)
PAG 163

**EMOZIONEOLIO**
COLLI AL METAURO
PAG 164

## UMBRIA

**DECIMI**
BETTONA (PG)
PAG 187

**FRANTOIO GAUDENZI**
TREVI (PG)
PAG 195

**MARFUGA**
CAMPELLO SUL CLITUNNO (PG)
PAG 201

**VIOLA**
FOLIGNO (PG)
PAG 215

## LAZIO

**ALFREDO CETRONE**
SONNINO (LT)
PAG 228

**AMERICO QUATTROCIOCCHI**
TERRACINA (LT)
PAG 253

## ABRUZZO

**TOMMASO MASCIANTONIO - TRAPPETO DI CAPRAFICO**
CASOLI (CH)
PAG 282

**FRANTOIO MERCURIUS**
PENNE (PE)
PAG 283

**LA SELVOTTA**
VASTO (CH)
PAG 288

## PUGLIA

**DE CARLO**
BITRITTO (BA)
PAG 352

**FRATELLI FERRARA**
CANOSA DI PUGLIA (BT)
PAG 360

**OLIO INTINI**
ALBEROBELLO (BA)
PAG 367

**SABINO LEONE**
CANOSA DI PUGLIA (BT)

# COME SI LEGGE LA GUIDA
# HOW TO READ THE GUIDE

### SIMBOLI E PAROLE-CHIAVE

Con la quarta edizione bilingue, la Guida si conferma uno strumento indispensabile per la sua capacità di sintesi e facilità di lettura degli oli e delle aziende recensite. La Stella è il simbolo assegnato ai produttori che hanno preso le Tre Foglie per 10 anni.

★ **AZIENDE CON TRE FOGLIE PER 10 ANNI**

**DA 75 A 79**
Oli più che discreti, interessanti

**DA 80 A 86**
Oli molto buoni, armonia perfetta

**DA 87 A 89**
Oli eccellenti

**DA 90 A 100**
Oli eccezionali, emozionanti

### FASCE DI PREZZO

1 fino a 10 euro/litro
2 da 10.01 a 20 euro/litro
3 da 20.01 a 25 euro/litro
4 da 25.01 a 30 euro/litro
5 oltre i 30.01 euro/litro

### QUALITÀ/PREZZO

Il numero in **ROSSO** evidenzia gli oli dal buon rapporto qualità/prezzo. Sono considerati tali i DUE FOGLIE ricadenti nella fascia di prezzo 1; idem per gli oli DUE FOGLIE ROSSE e TRE FOGLIE che ricadono nelle fasce di prezzo 1, 2 e 3

### PROFILO AROMATICO

È la descrizione in forma estrema e immediatamente leggibile delle note aromatiche espresse dai singoli extravergine. È utile per decidere gli eventuali abbinamenti con ingredienti e piatti, unito alla valutazione dell'intensità di fruttato, amaro e piccante.

**Il valore del fruttato va da 1 a 10:** da 1 a 4 si tratta di fruttati leggeri; da 5 a 7 di fruttati medi; da 8 a 10 intensi. **Il valore dell'amaro e del piccante è espresso in una scala da 1 a 10.** Le ali estreme del valore non si raggiungono mai. I valori da 3 a 8 indicano oli più o meno piccanti e/o amari. L'equilibrio dei diversi valori (in linea anche con il fruttato) indica oli armonici. Questi valori (insieme alle specifiche del profilo aromatico) sono utili per eventuali abbinamenti con cibi e ingredienti.

### SYMBOLS AND KEYWORDS

With our fourth bilingual edition, our guide once again proves indispensable for in its ease of use and ability to summarize the oils and producers reviewed. The 'Stella', is a symbol awarded to producers who have earned Tre Foglie for 10 years.

★ **PRODUCERS WHO HAVE EARNED TRE FOGLIE 10 YEARS**

**FROM 75 TO 79**
Fairly good, interesting olive oils

**FROM 80 TO 86**
Very good and balanced olive oils

**FROM 87 TO 89**
Excellent olive oils

**FROM 90 TO 100**
Outstanding, captivating olive oils

### PRICE RANGE

1 Within 10 euros/liter
2 from 10.01 to 20 euros/liter
3 from 20.01 to 25 euros/liter
4 from 25.01 to 30 euros/liter
5 Over 30.01 euros/liter

### QUALITY/PRICE RATIO

**RED** indicates good value for the money. It's used for those oils that have been awarded TWO LEAVES and fall within the 1 price range, or if an oil has been awarded THREE LEAVES (or **TWO RED** leaves) and falls within the 1, 2 or 3 range.

### AROMATIC PROFILE

This is a clear and succinct description of the aromas expressed by each extra virgin oil. Together with intensity of fruit, bitterness and spiciness, it's a useful tool for choosing ingredient and dish pairings.

**'Fruitiness' is measured on a scale from 1-10,** with the 1-4 range indicating light fruitiness, 5-7 medium and 8-10 intense. **'Bitterness' and 'spiciness' are measured on a similar scale.** No oil ever figures in the extreme high or low range, and most fall within the 3-8 range (with the respective values indicating an oil that is more or less spicy or bitter). Normally, harmony between the various qualities (in combination with 'fruitiness') suggests a balanced oil. These measures, along with the aromatic profile, can be used to identify possible food/ingredient pairings.

GAMBERO ROSSO ITALY
FOOD WINE
ACADEMY
20 ANNI

**CULTIVAR PRINCIPALI/MAIN VARIETIES**

Taggiasca, Razzola, Lavagnina

**CULTIVAR MINORI/MINOR VARIETIES**

Colombaia, Lantesca, Merlina, Olivella, Pignola, Prempesa

# PIEMONTE E LIGURIA

## MANGIARE/EAT

**Piazza dei Mestieri**

via J. Durandi, 13 • Torino • tel. 011 19709679 • ristorantelapiazza.com

**Le Cicale in città**

via C. Macaggi, 53r • Genova • tel. 010 592581 • lecicalegenova.it

**Impronta d'Acqua** • via Aurelia, 2121 • fraz. Cavi • Lavagna (GE)

tel. 375 5291077 • improntadacqua.com

**Sarri** b.go Prino l.mare C. Colombo, 108 • Imperia

tel. 0183 754056 • ristorantesarri.it

**A Spurcacciun-a dell'Hotel Mare**

via Nizza, 41 • Savona • tel. 019 862263 • aspurcacciun-a.it

**Il Vescovado**

p.le Rosselli, 13 • Noli (SV) • tel. 019 7499059 • ricchebuonochef.it

## COMPRARE/SHOP

**Eataly - L'Enoteca** • via Nizza, 230/14 • Torino • tel. 011 19506801 • eataly.it

**L' Evo di Eva**

via Stampatori, 19/F • Torino • tel. 366 5424599 • olioevodieva.com

**Verdéssenza**

via San Pio V, 20f • Torino • tel. 011 8198187 • verdessenza.wordpress.com

**Olioteca Bansigo** • via Capellini, 70 • Portovenere (SP) • tel. 0187 791054

**Delizie di Bacco**

via F. Filzi, 11r • Genova • tel. 010 3725447 • ledeliziedibacco.it

# Agricola Agorà

**Ozzano Monferrato (AL) | s.da per Collamonte, 10 |**
**tel. 351 5377412 | agricolagora.it**

**OLIVETO PROPRIO** SÌ
**CULTIVAR** Leccino, Pendolino, Frantoio, Moraiolo, Coratina, Leccio del Corno
**COLTIVAZIONE** In conversione
**RACCOLTA** Manuale
**ESTRAZIONE** Ciclo continuo
**FRANTOIO** SÌ
**LITRI PRODOTTI** 2.500
**OLIVE DA MENSA** NO
**OSPITALITÀ** NO
**RISTORAZIONE** NO

**AZIENDA.** Il lavoro di Luca Piazza è importante in una regione come il Piemonte dove l'olio extravergine di oliva ha cominciato ad avere un ruolo sempre più interessante: il giovane imprenditore con la sua Agorà punta a diventare un polo di attrazione per i coltivatori virtuosi, a partire dai suoi 5 ettari con 2.000 piante.

**OLIVE GROVE** YES
**CULTIVAR** Leccino, Pendolino, Frantoio, Moraiolo, Coratina, Leccio del Corno
**GROWING METHOD** Being converted
**HARVEST METHOD** Manual
**EXTRACTION METHOD** Continuous cycle
**OIL MILL** YES
**LITRES PRODUCED** 2,500
**TABLE OLIVES** NO
**ACCOMODATIONS** NO
**RESTAURANT** NO

**OIL MAKER.** Luca Piazza's work is important in a region like Piedmont, where extra virgin olive oil is starting to play an increasingly significant role. With his 5 hectares of olive groves (about 2,000 trees), Luca aims to make Agricola Agorà a touchstone for the region's enterprising farmers.

## /// OLIO SMERALDO

**CULTIVAR: LECCINO, PENDOLINO, FRANTOIO, CORATINA**
**FRUTTATO/FRUITY: 6 • AMARO/BITTER: 6 • PICCANTE/SPICY: 7**
**FASCIA PREZZO/PRICE RANGE: 5**

**PROFILO AROMATICO.**
Carciofo, rucola, erba, mandorla, pepe. Verde, persistente.

**AROMATIC PROFILE.**
Artichoke, arugula, grass, almond, pepper. Green, persistent.

# Piero Veglio

Moncalvo (AT) | s.da Coletto, 2 | fraz. Patro |
tel. 0141 917869 | olioveglio.it

**OLIVETO PROPRIO** SÌ
**CULTIVAR** Grignano, Carboncella, Maurino, Moraiolo, Frantoio, Leccio del Corno, Leccino, Favarol
**COLTIVAZIONE** Tradizionale
**RACCOLTA** Manuale
**ESTRAZIONE** Ciclo continuo
**FRANTOIO** NO
**LITRI PRODOTTI** 1.300
**OLIVE DA MENSA** NO
**OSPITALITÀ** NO
**RISTORAZIONE** NO

**AZIENDA.** Piero Veglio porta avanti con orgoglio l'olivicultura in un territorio estremo. Insieme al figlio Valentino gestisce 5 ettari di oliveto con circa 1.200 piante. A completare il quadro, pasta di olive, verdure, ortaggi, aceto di vino, farine di mais antichi, gallette di mais.

**OLIVE GROVE** YES
**CULTIVAR** Grignano, Carboncella, Maurino, Moraiolo, Frantoio, Leccio del Corno, Leccino, Favarol
**GROWING METHOD** Traditional
**HARVEST METHOD** Manual
**EXTRACTION METHOD** Continuous cycle
**OIL MILL** NO
**LITRES PRODUCED** 1,300
**TABLE OLIVES** NO
**ACCOMODATIONS** NO
**RESTAURANT** NO

**OIL MAKER.** Piero Veglio proudly cultivates olives in a difficult territory. Together with his son Valentino, he manages 5 hectares of groves (around 1,200 trees). In addition to extra virgin, they produce olive paste, vegetables, wine vinegar, corn cakes and cornmeal with ancient varieties of maize.

## ORIGINI MONOCULTIVAR FRANTOIO

**CULTIVAR: FRANTOIO**
**FRUTTATO/FRUITY: 5 • AMARO/BITTER: 5 • PICCANTE/SPICY: 6**
**FASCIA PREZZO/PRICE RANGE: 5**

**PROFILO AROMATICO.** Carciofo, cardo, songino, mela, mandorla, pepe. Verde.

**AROMATIC PROFILE.** Artichoke, cardoon, lamb's lettuce, apple, almond, pepper. Green.

## ROBUR

**CULTIVAR: LECCINO, MORAIOLO, FRANTOIO, CARBONCELLA**
**FRUTTATO/FRUITY: 6 • AMARO/BITTER: 5 • PICCANTE/SPICY: 6**
**FASCIA PREZZO/PRICE RANGE: 4**

**PROFILO AROMATICO.** Carciofo, erba, mandorla, noce, pepe. Verde.

**AROMATIC PROFILE.** Artichoke, grass, almond, walnut, pepper. Green.

## EVENTO

**CULTIVAR: LECCINO, MAURINO, GRIGNANO, FAVAROL**
**FRUTTATO/FRUITY: 5 • AMARO/BITTER: 5 • PICCANTE/SPICY: 5**
**FASCIA PREZZO/PRICE RANGE: 4**

**PROFILO AROMATICO.** Carciofo, cardo, mela, mandorla, pepe. Maturo.

**AROMATIC PROFILE.** Artichoke, cardoon, apple, almond, pepper. Ripe.

# 5F

Chiusanico (IM) | s.da prov.le per Cesio | loc. 5F |
tel. 0183 52744 | azienda-agricola5f.com

**OLIVETO PROPRIO** SÌ
**CULTIVAR** Taggiasca
**COLTIVAZIONE** Tradizionale
**RACCOLTA** Manuale
**ESTRAZIONE** Ciclo continuo
**FRANTOIO** SÌ
**LITRI PRODOTTI** 3.000
**OLIVE DA MENSA** SÌ
**OSPITALITÀ** NO
**RISTORAZIONE** NO

**AZIENDA.** In una di quelle zone collinari dell'entroterra di Imperia, che da sempre caratterizzano il paesaggio ponentino, si trova l'azienda di Sabrina Gerini. Una piccola e consolidata realtà che comprende un oliveto di poco più di 5 ettari dove sono messe a dimora circa 2.000 piante di varietà Taggiasca. Si producono, inoltre, olive in salamoia, patè e sottoli.

**OLIVE GROVE** YES
**CULTIVAR** Taggiasca
**GROWING METHOD** Traditional
**HARVEST METHOD** Manual
**EXTRACTION METHOD** Continuous cycle
**OIL MILL** YES
**LITRES PRODUCED** 3,000
**TABLE OLIVES** YES
**ACCOMODATIONS** NO
**RESTAURANT** NO

**OIL MAKER.** Sabrina Gerini's 5F is situated in one of those hilly areas in the Imperia hinterland for which the western part of Liguria is famous. It's a small but well-established estate that includes an olive grove of just over 5 hectares (about 2,000 Taggiasca olive trees). They also produce olives in brine and oil, as well as olive pâtés.

## FIOROLIO MONOCULTIVAR TAGGIASCA

**CULTIVAR: TAGGIASCA**
**FRUTTATO/FRUITY: 4 • AMARO/BITTER: 4 • PICCANTE/SPICY: 4**
**FASCIA PREZZO/PRICE RANGE: 5**

**PROFILO AROMATICO.**
Carciofo, fiori, mela, erba, mandorla. Verde.

**AROMATIC PROFILE.**
Artichoke, flowers, apple, grass, almond. Green.

# Olio Anfosso

Chiusavecchia (IM) | via IV Novembre, 95 |
tel. 0183 52418 | olioanfosso.it

**OLIVETO PROPRIO** SÌ
**CULTIVAR** Taggiasca
**COLTIVAZIONE** Tradizionale
**RACCOLTA** Manuale
**ESTRAZIONE** Ciclo continuo
**FRANTOIO** SÌ
**LITRI PRODOTTI** 45.000
**OLIVE DA MENSA** SÌ
**OSPITALITÀ** NO
**RISTORAZIONE** NO

**AZIENDA.** Dal 1945 la famiglia Anfosso è nel campo oleario seguendo un percorso di qualità. Oggi al timone ci sono i fratelli Alfredo e Alessandro. I numeri parlano di 4.500 piante su circa 15 ettari di terreni accanto a olive selezionate acquistate in zona e non solo.

**OLIVE GROVE** YES
**CULTIVAR** Taggiasca
**GROWING METHOD** Traditional
**HARVEST METHOD** Manual
**EXTRACTION METHOD** Continuous cycle
**OIL MILL** YES
**LITRES PRODUCED** 45,000
**TABLE OLIVES** YES
**ACCOMODATIONS** NO
**RESTAURANT** NO

**OIL MAKER.** Since 1945, the Anfosso family have been producing oil, maintaining a strong commitment to quality. Today brothers Alfredo and Alessandro are at the helm. 4,500 trees (about 15 ha of olive groves) combine with select olives sourced locally and from outside the area.

## TUMAI MONOCULTIVAR TAGGIASCA

**CULTIVAR: TAGGIASCA**
**FRUTTATO/FRUITY: 4 • AMARO/BITTER: 3 • PICCANTE/SPICY: 4**
**FASCIA PREZZO/PRICE RANGE: 2**

**PROFILO AROMATICO.** Carciofo, mandorla, pinolo, mela. Maturo.

**AROMATIC PROFILE.** Artichoke, almond, pine nut, apple. Ripe.

## DOP RIVIERA LIGURE RIVIERA DEI FIORI MONOCULTIVAR TAGGIASCA

**CULTIVAR: TAGGIASCA**
**FRUTTATO/FRUITY: 4 • AMARO/BITTER: 3 • PICCANTE/SPICY: 4**
**FASCIA PREZZO/PRICE RANGE: 3**

**PROFILO AROMATICO.** Carciofo, cardo, mandorla. Maturo, persistente.

**AROMATIC PROFILE.** Artichoke, cardoon, almond. Ripe, persistent.

# ★ Belfiore

**Castelnuovo Magra (SP) | via Montefrancio, 156 |**
**tel. 335 5637888 | agricolabelfiore.it**

**OLIVETO PROPRIO** SÌ
**CULTIVAR** Leccino, Prempesa, Lantesca, Razzola
**COLTIVAZIONE** Tradizionale
**RACCOLTA** Manuale / Meccanica
**ESTRAZIONE** Ciclo continuo
**FRANTOIO** NO
**LITRI PRODOTTI** 1.500
**OLIVE DA MENSA** NO
**OSPITALITÀ** SÌ
**RISTORAZIONE** SÌ

**AZIENDA.** Un paesaggio tra i più tipici di questa zona per un'estensione complessiva che sfiora i 10 ettari dove dimorano 1.860 olivi. Parliamo dell'azienda di Francandrea Cricca, una delle realtà più interessanti della Liguria che da ben tre generazioni si contraddistingue per la produzione olivicola di qualità. Si producono, inoltre, confetture, piccoli frutti, verdura e miele.

**OLIVE GROVE** YES
**CULTIVAR** Leccino, Prempesa, Lantesca, Razzola
**GROWING METHOD** Traditional
**HARVEST METHOD** Manual + mechanical
**EXTRACTION METHOD** Continuous cycle
**OIL MILL** NO
**LITRES PRODUCED** 1,500
**TABLE OLIVES** NO
**ACCOMODATIONS** YES
**RESTAURANT** YES

**OIL MAKER.** Situated in a classically Ligurian landscape, Francandrea Cricca's 10-hectare estate hosts some 1,860 olive trees. We're talking about Belfiore, one of the region's most notable producers, which for three generations has stood out for its quality oil. Jams, fruits, vegetables and honey are also produced.

## MONOCULTIVAR LANTESCA

**CULTIVAR: LANTESCA**
**FRUTTATO/FRUITY: 5 • AMARO/BITTER: 4 • PICCANTE/SPICY: 5**
**FASCIA PREZZO/PRICE RANGE: 3**

**PROFILO AROMATICO.**
Carciofo, mela, pinolo, mandorla, pepe. Verde, persistente.

**AROMATIC PROFILE.**
Artichoke, apple, pine nut, almond, pepper. Green, persistent.

## MONOCULTIVAR PREMPESA

**CULTIVAR: PREMPESA**
**FRUTTATO/FRUITY: 6 • AMARO/BITTER: 5 • PICCANTE/SPICY: 5**
**FASCIA PREZZO/PRICE RANGE: 3**

**PROFILO AROMATICO.**
Carciofo, erba, noce, mandorla, balsamico. Verde, persistente.

**AROMATIC PROFILE.**
Artichoke, grass, walnut, almond, balsamic. Green, persistent.

# Benza Frantoiano

**Imperia | via Dolcedo, 180 |**
**tel. 0183 280132 | oliobenza.it**

**OLIVETO PROPRIO** SÌ
**CULTIVAR** Taggiasca
**COLTIVAZIONE** Tradizionale
**RACCOLTA** Manuale / Meccanica
**ESTRAZIONE** Ciclo continuo
**FRANTOIO** SÌ
**LITRI PRODOTTI** 10.000
**OLIVE DA MENSA** SÌ
**OSPITALITÀ** SÌ
**RISTORAZIONE** NO

**AZIENDA.** Un'esperienza secolare che inizia nel 1853 per questa realtà ben radicata nel territorio. Oggi Giovanni Benza con sua madre Claretta e i suoi soci seguono circa 6.200 piante di Taggiasca su 22 ettari. Inoltre producono olive in salamoia, pasta di olive, olive denocciolate in evo, pasta di pomodori e pomodori secchi.

**OLIVE GROVE** YES
**CULTIVAR** Taggiasca
**GROWING METHOD** Traditional
**HARVEST METHOD** Manual + mechanical
**EXTRACTION METHOD** Continuous cycle
**OIL MILL** YES
**LITRES PRODUCED** 10,000
**TABLE OLIVES** YES
**ACCOMODATIONS** YES
**RESTAURANT** NO

**OIL MAKER.** This well-established producer's roots go back more than a century and a half. Today Giovanni Benza, his partners, and his mother look after some 6,200 Taggiasca olive trees across 22 hectares of terrain. They also produce olives in brine, olive paste, pitted olives in extra virgin olive oil, tomato paste and dried tomatoes.

## DULCÈDO MONOCULTIVAR TAGGIASCA

**CULTIVAR: TAGGIASCA**
**FRUTTATO/FRUITY: 4 • AMARO/BITTER: 4 • PICCANTE/SPICY: 3**
**FASCIA PREZZO/PRICE RANGE: 3**

**PROFILO AROMATICO.**
Carciofo, fiori, mela, mandorla. Maturo.

**AROMATIC PROFILE.**
Artichoke, flowers, apple, almond. Ripe.

# ★ Paolo Cassini

**Isolabona (IM) | via Roma, 62 | tel. 0184 208159 |**
**oliocassini.it**

**OLIVETO PROPRIO** SÌ
**CULTIVAR** Taggiasca
**COLTIVAZIONE** Biologica
**RACCOLTA** Manuale
**ESTRAZIONE** Ciclo continuo
**FRANTOIO** SÌ
**LITRI PRODOTTI** 4.000
**OLIVE DA MENSA** SÌ
**OSPITALITÀ** SÌ
**RISTORAZIONE** NO

**AZIENDA.** Siamo in una delle realtà olivicole più innovative della regione, dedita in particolar modo alla lavorazione della Taggiasca. Nata negli anni '60, l'azienda di Paolo Cassini conta oggi 13 ettari di oliveti con oltre 2.700 piante. Produce inoltre olive in salamoia e paté. Disponibili due camere in azienda.

**OLIVE GROVE** YES
**CULTIVAR** Taggiasca
**GROWING METHOD** Organic
**HARVEST METHOD** Manual
**EXTRACTION METHOD** Continuous cycle
**OIL MILL** YES
**LITRES PRODUCED** 4,000
**TABLE OLIVES** YES
**ACCOMODATIONS** YES
**RESTAURANT** NO

**OIL MAKER.** One of the most innovative oil producers in the region, Cassini specializes in the Taggiasca olive in particular. The property, founded in the 1960s, now comprises 13 hectares of olive groves (over 2,700 trees). Olives in brine and pâtés are also produced. Two guest rooms are available on the property.

## /// EXTREMUM MONOCULTIVAR TAGGIASCA BIO

**CULTIVAR: TAGGIASCA**
**FRUTTATO/FRUITY: 6 • AMARO/BITTER: 5 • PICCANTE/SPICY: 6**
**FASCIA PREZZO/PRICE RANGE: 4**

**PROFILO AROMATICO.**
Erbe aromatiche, erba, mandorla, balsamico. Verde, persistente.

**AROMATIC PROFILE.**
Aromatic herbs, grass, almond, balsamic. Green, persistent.

## // S'CIAPPAU MONOCULTIVAR TAGGIASCA BIO

**CULTIVAR: TAGGIASCA**
**FRUTTATO/FRUITY: 6 • AMARO/BITTER: 5 • PICCANTE/SPICY: 6**
**FASCIA PREZZO/PRICE RANGE: 2**

**PROFILO AROMATICO.**
Carciofo, erba, mandorla, pepe. Verde, persistente.

**AROMATIC PROFILE.**
Artichoke, grass, almond, pepper. Green, persistent.

# Lucchi e Guastalli

**Santo Stefano di Magra (SP) | loc. Vincinella, 13 |**
**tel. 0187 633329 | lucchieguastalli.com**

**OLIVETO PROPRIO** SÌ
**CULTIVAR** Razzola, Frantoio, Leccino
**COLTIVAZIONE** Tradizionale
**RACCOLTA** Manuale
**ESTRAZIONE** Ciclo continuo
**FRANTOIO** SÌ
**LITRI PRODOTTI** 8.000
**OLIVE DA MENSA** SÌ
**OSPITALITÀ** NO
**RISTORAZIONE** NO

**AZIENDA.** Marco Lucchi e Maria Laura Landi sono alla guida di questa interessante realtà olearia sorta una ventina d'anni or sono. La tenuta conta 21 ettari di oliveto con 6.500 piante, acquista 700 quintali di olive e produce anche olive da mensa, miele e vino.

**OLIVE GROVE** YES
**CULTIVAR** Razzola, Frantoio, Leccino
**GROWING METHOD** Traditional
**HARVEST METHOD** Manual
**EXTRACTION METHOD** Continuous cycle
**OIL MILL** YES
**LITRES PRODUCED** 8,000
**TABLE OLIVES** YES
**ACCOMODATIONS** NO
**RESTAURANT** NO

**OIL MAKER.** Marco Lucchi and Maria Laura Landi lead Lucchi e Guastalli, a notable producer founded about 20 years ago. The estate sees 6,500 trees occupy 21 hectares of olive groves, though an additional 70,000 kg of olives are sourced locally. Table olives, honey and wine are also produced.

## LA NUDA DOP RIVIERA LIGURE RIVIERA DI LEVANTE MONOCULTIVAR RAZZOLA

**CULTIVAR: RAZZOLA**
**FRUTTATO/FRUITY: 4 • AMARO/BITTER: 4 • PICCANTE/SPICY: 4**
**FASCIA PREZZO/PRICE RANGE: 5**

**PROFILO AROMATICO.**
Carciofo, fiori, mela, mandorla, pepe. Maturo, persistente.

**AROMATIC PROFILE.**
Artichoke, flowers, apple, almond, pepper. Ripe, persistent.

## TERRE D'AMARE DOP RIVIERA LIGURE RIVIERA DI LEVANTE

**CULTIVAR: FRANTOIO, LECCINO**
**FRUTTATO/FRUITY: 4 • AMARO/BITTER: 4 • PICCANTE/SPICY: 4**
**FASCIA PREZZO/PRICE RANGE: 5**

**PROFILO AROMATICO.**
Carciofo, mela, mandorla, pepe. Maturo, persistente.

**AROMATIC PROFILE.**
Artichoke, apple, almond, pepper. Ripe, persistent.

# Olio Pedro

**Pietra Ligure (SV) | via Santa Concezione, 67 | fraz. Ranzi |**
**tel. 329 9836498 | oliopedro.it**

**OLIVETO PROPRIO** SÌ
**CULTIVAR** Merlina, Colombaia, Taggiasca, Olivotto
**COLTIVAZIONE** Tradizionale
**RACCOLTA** Manuale
**ESTRAZIONE** Ciclo continuo
**FRANTOIO** SÌ
**LITRI PRODOTTI** 3.500
**OLIVE DA MENSA** SÌ
**OSPITALITÀ** NO
**RISTORAZIONE** NO

**AZIENDA.** Piccola e bella realtà sulle colline dell'entroterra, condotta dal 2017 da Chiara Musso, che ha raccolto l'eredità del padre. La proprietà si estende per 2,2 ettari in cui vengono ospitati 637 olivi di varietà autoctone. Produce anche olive da mensa.

**OLIVE GROVE** YES
**CULTIVAR** Merlina, Colombaia, Taggiasca, Olivotto
**GROWING METHOD** Traditional
**HARVEST METHOD** Manual
**EXTRACTION METHOD** Continuous cycle
**OIL MILL** YES
**LITRES PRODUCED** 3,500
**TABLE OLIVES** YES
**ACCOMODATIONS** NO
**RESTAURANT** NO

**OIL MAKER.** Carrying on the work of her father, Chiara Musso has been managing this small but lovely producer since 2017. Situated among the hills of central Liguria, the property hosts 637 trees (2.2 hectares), all native cultivars. Table olives are also produced.

## MONOCULTIVAR TAGGIASCA

**CULTIVAR: TAGGIASCA**
**FRUTTATO/FRUITY: 6 • AMARO/BITTER: 4 • PICCANTE/SPICY: 5**
**FASCIA PREZZO/PRICE RANGE: 5**

**PROFILO AROMATICO.** Carciofo, mela, noce, pinolo, mandorla. Verde, persistente.

**AROMATIC PROFILE.** Artichoke, apple, walnut, pine nut, almond. Green, persistent.

## COMETA

**CULTIVAR: COLOMBAIA, MERLINA, TAGGIASCA**
**FRUTTATO/FRUITY: 6 • AMARO/BITTER: 6 • PICCANTE/SPICY: 7**
**FASCIA PREZZO/PRICE RANGE: 5**

**PROFILO AROMATICO.** Rucola, erbe aromatiche, ortica, erba, pepe, balsamico. Verde, persistente.

**AROMATIC PROFILE.** Arugula, aromatic herbs, nettle, grass, pepper, balsamic. Green, persistent.

## MONOCULTIVAR OLIVOTTO

**CULTIVAR: OLIVOTTO**
**FRUTTATO/FRUITY: 6 • AMARO/BITTER: 6 • PICCANTE/SPICY: 6**
**FASCIA PREZZO/PRICE RANGE: 4**

**PROFILO AROMATICO.** Rucola, erba, balsamico. Verde, persistente.

**AROMATIC PROFILE.** Arugula, grass, balsamic. Green, persistent.

# ★ Domenico Ruffino

**Finale Ligure (SV) | s.da del Borriolo, 9 |**
**loc. Pria Grossa | fraz. Varigotti | tel. 348 4521161**

**OLIVETO PROPRIO** SÌ
**CULTIVAR** Colombaia, Taggiasca, Sarvegu
**COLTIVAZIONE** Tradizionale
**RACCOLTA** Manuale
**ESTRAZIONE** Ciclo continuo
**FRANTOIO** SÌ
**LITRI PRODOTTI** 1.500
**OLIVE DA MENSA** NO
**OSPITALITÀ** SÌ
**RISTORAZIONE** NO

**AZIENDA.** La Colombaia, cultivar risalente al XII secolo, grazie a questo produttore illuminato è tornata ad avere la gloria che merita. L'azienda, nata nel 1955, è all'avanguardia, a cominciare dalla cura dell'oliveto, passando per il metodo di estrazione, fino alla sostenibilità ambientale, con la produzione di energia da impianto fotovoltaico.

**OLIVE GROVE** YES
**CULTIVAR** Colombaia, Taggiasca, Sarvegu
**GROWING METHOD** Traditional
**HARVEST METHOD** Manual
**EXTRACTION METHOD** Continuous cycle
**OIL MILL** YES
**LITRES PRODUCED** 1,500
**TABLE OLIVES** NO
**ACCOMODATIONS** YES
**RESTAURANT** NO

**OIL MAKER.** La Colombaia, a cultivar dating back to the 12th century, has returned to its former glory thanks to the efforts of this forward-thinking producer. Founded in 1955, today Ruffino draws on cutting-edge methods for olive cultivation and pressing. They're also at the fore in terms of sustainability thanks to a photovoltaic system for producing energy.

## PRIA GROSSA MONOCULTIVAR COLOMBAIA

**CULTIVAR: COLOMBAIA**
**FRUTTATO/FRUITY: 8 • AMARO/BITTER: 6 • PICCANTE/SPICY: 7**
**FASCIA PREZZO/PRICE RANGE: 5**

**PROFILO AROMATICO.** Erba, conifere, ortica, rucola, pepe, pinolo, balsamico. Verde, persistente.

**AROMATIC PROFILE.** Grass, conifers, nettle, arugula, pepper, pine nut, balsamic. Green, persistent.

# L'Uga Murella

**Borghetto d'Arroscia (IM) | via Baldoini, 7 | fraz. Gavenola | tel. 333 5209600 | ugamurella.it**

**OLIVETO PROPRIO** SÌ
**CULTIVAR** Taggiasca, Frantoio, Pignola, Colombaia
**COLTIVAZIONE** Tradizionale
**RACCOLTA** Manuale
**ESTRAZIONE** Ciclo continuo
**FRANTOIO** NO
**LITRI PRODOTTI** 1.000
**OLIVE DA MENSA** NO
**OSPITALITÀ** SÌ
**RISTORAZIONE** NO

**AZIENDA.** Quella di Roberto Gualdesi è una bella realtà nell'entroterra imperiese che comprende un oliveto di circa 850 piante distribuite in circa 3 ettari di terreno. Oltre all'extravergine di qualità ci si dedica alla produzione di aglio di Vessalico, olive in salamoia, olive denocciolate sott'olio, patè di olive e verdure.

**OLIVE GROVE** YES
**CULTIVAR** Taggiasca, Frantoio, Pignola, Colombaia
**GROWING METHOD** Traditional
**HARVEST METHOD** Manual
**EXTRACTION METHOD** Continuous cycle
**OIL MILL** NO
**LITRES PRODUCED** 1,000
**TABLE OLIVES** NO
**ACCOMODATIONS** YES
**RESTAURANT** NO

**OIL MAKER.** Roberto Gualdesi's lovely estate is situated in the Imperia hinterlands. About 850 olive trees occupy some 3 hectares of land here. In addition to quality extra virgin olive oil, they also produce Vessalico garlic, olives in brine, pitted olives in oil, olive pâtés and vegetables.

## SELEZIONE I TECCI.ZERO MONOCULTIVAR TAGGIASCA DI MONTAGNA

**CULTIVAR: TAGGIASCA**
**FRUTTATO/FRUITY: 4 · AMARO/BITTER: 4 · PICCANTE/SPICY: 4**
**FASCIA PREZZO/PRICE RANGE: 5**

**PROFILO AROMATICO.**
Carciofo, cardo, mandorla, mela. Maturo, persistente.

**AROMATIC PROFILE.**
Artichoke, cardoon, almond, apple. Ripe, persistent.

**CULTIVAR PRINCIPALI/MAIN VARIETIES**
Casaliva, Frantoio, Leccino, Pendolino, Maurino
**CULTIVAR MINORI/MINOR VARIETIES**
Gargnà, Fort, Trepp, Regina del Garda, Sbresa, Raza, Rossanel e Favarol

# LOMBARDIA

**MANGIARE/EAT**

**Caffè La Crepa** • p.zza G. Matteotti, 14 • Isola Dovarese (CR) tel. 0375 396161 • www.caffelacrepa.it

**Derby Grill dell'Hotel De la Ville** • v.le Regina Margherita di Savoia, 15 Monza • tel. 039 39421 • www.derbygrill.it

**Enoteca Regionale della Lombardia** • via Cassino Po, 2 • Broni (PV) tel. 0385 833820 • www.enotecaregionaledellalombardia.it

**Osteria Felter alle Rose**
via G. da Salò, 33 • Salò (BS) • tel. 0365 43220 • www.rosesalo.it

**Frades - Milano**
via G. Mazzini, 20 • Milano • tel. 391 3863232 • www.frades.eu

**Tano Passami l'Olio**
via F. Petrarca, 4 • Milano • tel. 02 8394139 • www.tanopassamilolio.it

**COMPRARE/SHOP**

**I Frantoi** • via A. Sforza, 21 • Milano • tel. 02 49763855 • www.grandcrusrl.it

**Lanzani Bottega & Bistrot** • via A. da Brescia, 41 • Brescia tel. 030 313471 • www.gastronomialanzani.it

**Fratelli Latartara** • via C. Battisti, 16 • Mantova tel. 0376 320441 • fratellilatartaramantova.bdf.land

**Meregalli** • via Italia, 24 • Monza • tel. 039 324940 • meregalli.it

**Peck** • via Spadari, 9 • Milano • tel. 02 8023161 • www.peck.it

**VomFass** • via Cuneo, 5 • Milano • tel. 02 43515171 • vomfass.com

# Alba

**Costa Volpino (BG) | via Redondo, 22 | loc. Volpino - Molino |**
**tel. 328 9346993 | agricolalba.it**

**OLIVETO PROPRIO** SÌ
**CULTIVAR** Frantoio, Pendolino, Don Carlo, Leccino, Itrana
**COLTIVAZIONE** Tradizionale
**RACCOLTA** Manuale
**ESTRAZIONE** Ciclo continuo
**FRANTOIO** NO
**LITRI PRODOTTI** 1.000
**OLIVE DA MENSA** NO
**OSPITALITÀ** NO
**RISTORAZIONE** NO

**AZIENDA.** Una bella realtà attiva ormai da 15 anni, che oggi contempla 6 ettari di oliveto di cui quasi la metà destinati alla produzione di olio, per un totale di 580 piante. La raccolta è a mano e la molitura avviene entro 4 ore. Shop interno ma anche vendita on line. Le visite sono possibili dal lunedì al venerdì nel pomeriggio.

**OLIVE GROVE** YES
**CULTIVAR** Frantoio, Pendolino, Don Carlo, Leccino, Itrana
**GROWING METHOD** Traditional
**HARVEST METHOD** Manual
**EXTRACTION METHOD** Continuous cycle
**OIL MILL** NO
**LITRES PRODUCED** 1,000
**TABLE OLIVES** NO
**ACCOMODATIONS** NO
**RESTAURANT** NO

**OIL MAKER.** A lovely producer active for 15 years now, Alba covers 6 hectares of olive groves (580 trees in all), almost half of which are used for oil production. Milling takes place within 4 hours of harvest, which is carried out by hand. Products can be bought right on the property or online. Visits are possible from Monday to Friday (in the afternoon).

## OLIO DI RENZO DOP LAGHI LOMBARDI - SEBINO

**CULTIVAR: LECCINO, FRANTOIO, PENDOLINO, ITRANA**
**FRUTTATO/FRUITY: 4 • AMARO/BITTER: 4 • PICCANTE/SPICY: 5**
**FASCIA PREZZO/PRICE RANGE: 5**

**PROFILO AROMATICO.**
Carciofo, mela, noce. Verde.

**AROMATIC PROFILE.**
Artichoke, apple, walnut. Green.

# Avanzi

**Manerba del Garda (BS) | via Trevisago, 19 |**
**tel. 0365 551013 | avanzi.net**

**OLIVETO PROPRIO** SÌ
**CULTIVAR** Casaliva, Leccino, Pendolino, Frantoio, Gargnà
**COLTIVAZIONE** Tradizionale
**RACCOLTA** Manuale
**ESTRAZIONE** Ciclo continuo
**FRANTOIO** SÌ
**LITRI PRODOTTI** 22.000
**OLIVE DA MENSA** NO
**OSPITALITÀ** NO
**RISTORAZIONE** NO

**AZIENDA.** La famiglia Avanzi ha storicamente legato il proprio nome alla viticoltura anche se da qualche anno ha trasferito la stessa passione anche sull'olio, selezionando specifici poderi più vocati all'olivicoltura. Nei 15 ettari aziendali trovano posto 4.000 olivi molti dei quali di varietà autoctone locali.

**OLIVE GROVE** YES
**CULTIVAR** Casaliva, Leccino, Pendolino, Frantoio, Gargnà
**GROWING METHOD** Traditional
**HARVEST METHOD** Manual
**EXTRACTION METHOD** Continuous cycle
**OIL MILL** YES
**LITRES PRODUCED** 22,000
**TABLE OLIVES** NO
**ACCOMODATIONS** NO
**RESTAURANT** NO

**OIL MAKER.** The Avanzi family have their roots in viticulture, even if for some years now they've brought the same passion to oil, drawing on specific plots particularly well suited to olive growing. Their 15 hectares host 4,000 olive trees, many of which are local, native cultivars.

## DOP GARDA

**CULTIVAR: CASALIVA, LECCINO**
**FRUTTATO/FRUITY: 4 • AMARO/BITTER: 3 • PICCANTE/SPICY: 4**
**FASCIA PREZZO/PRICE RANGE: 5**

**PROFILO AROMATICO.**
Carciofo, mela, mandorla. Maturo.

**AROMATIC PROFILE.**
Artichoke, apple, almond. Ripe.

# ★ Comincioli

Puegnago sul Garda (BS) | via Roma, 10 | fraz. Castello | tel. 0365 651141 | comincioli.it

**OLIVETO PROPRIO** SÌ
**CULTIVAR** Casaliva, Cornarol, Trepp, Gargnà, Mitria, Favarol, Leccino
**COLTIVAZIONE** Integrata
**RACCOLTA** Meccanica
**ESTRAZIONE** Ciclo continuo
**FRANTOIO** SÌ
**LITRI PRODOTTI** 7.600
**OLIVE DA MENSA** NO
**OSPITALITÀ** NO
**RISTORAZIONE** NO

**AZIENDA.** Sulla sponda occidentale del lago di Garda, la famiglia Comincioli risiede da sei secoli. Le circa 5.000 piante su 19 ettari condotti in lotta integrata, danno olive che Gianfranco Comincioli lavora anche con il metodo della denocciolatura. L'azienda produce vino, grappe e vermouth.

**OLIVE GROVE** YES
**CULTIVAR** Casaliva, Cornarol, Trepp, Gargnà, Mitria, Favarol, Leccino
**GROWING METHOD** Integrated farming
**HARVEST METHOD** Mechanical
**EXTRACTION METHOD** Continuous cycle
**OIL MILL** YES
**LITRES PRODUCED** 7,600
**TABLE OLIVES** NO
**ACCOMODATIONS** NO
**RESTAURANT** NO

**OIL MAKER.** For 6 centuries the Comincioli family have lived here in Valtenesi, on the western shore of Lake Garda. Their approximately 5,000 olive trees occupy 19 hectares of terrain (cultivated with integrated pest management). Wine, grappa and vermouth are also produced.

## NUMERO UNO

**CULTIVAR: CASALIVA, LECCINO, ALTRE**
**FRUTTATO/FRUITY: 4 · AMARO/BITTER: 3 · PICCANTE/SPICY: 4**
**FASCIA PREZZO/PRICE RANGE: 5**

**PROFILO AROMATICO.** Carciofo, mela, erba, mandorla. Verde.

**AROMATIC PROFILE.** Artichoke, apple, grass, almond. Green.

## MONOCULTIVAR CASALIVA

**CULTIVAR: CASALIVA**
**FRUTTATO/FRUITY: 6 · AMARO/BITTER: 5 · PICCANTE/SPICY: 5**
**FASCIA PREZZO/PRICE RANGE: 5**

**PROFILO AROMATICO.** Carciofo, erba, mandorla, balsamico. Verde, persistente.

**AROMATIC PROFILE.** Artichoke, grass, almond, balsamic. Green, persistent.

## THE ONE

**CULTIVAR: CASALIVA, LECCINO, ALTRE**
**FRUTTATO/FRUITY: 6 · AMARO/BITTER: 5 · PICCANTE/SPICY: 5**
**FASCIA PREZZO/PRICE RANGE: 5**

**PROFILO AROMATICO.** Pomodoro, erbe aromatiche, fiori, erba. Verde, persistente.

**AROMATIC PROFILE.** Tomato, aromatic herbs, flowers, grass. Green, persistent.

# Figini

Olginate (LC) | via G. Marconi, 17 | loc. La Piana |
tel. 335 5736006 | oliosupremo.it

**OLIVETO PROPRIO** SÌ
**CULTIVAR** Frantoio, Leccino, Don Carlo
**COLTIVAZIONE** In conversione
**RACCOLTA** Manuale
**ESTRAZIONE** Ciclo continuo
**FRANTOIO** NO
**LITRI PRODOTTI** 1.000
**OLIVE DA MENSA** NO
**OSPITALITÀ** NO
**RISTORAZIONE** NO

**AZIENDA.** Luca Figini ha fondato l'impresa agricola nei primi anni 2000. La proprietà si espande per 10 ettari alle pendici del monte Regina. Qui è compreso l'oliveto di circa 3 ettari dove sono ospitate oltre 800 piante che rappresentano attaccamento alle radici e sguardo al futuro. Produzione di kiwi e castagne.

**OLIVE GROVE** YES
**CULTIVAR** Frantoio, Leccino, Don Carlo
**GROWING METHOD** Being converted
**HARVEST METHOD** Manual
**EXTRACTION METHOD** Continuous cycle
**OIL MILL** NO
**LITRES PRODUCED** 1,000
**TABLE OLIVES** NO
**ACCOMODATIONS** NO
**RESTAURANT** NO

**OIL MAKER.** Luca Figini founded the business in the early aughts. The property unfolds across 10 hectares on the slopes of Monte Regina and includes a 3-hectare olive grove where over 800 trees, Figini's past and future, are cultivated. Kiwis and chestnuts are also produced.

## SUPREMO SPECIAL BLEND

**CULTIVAR: FRANTOIO, LECCINO, DON CARLO**
**FRUTTATO/FRUITY: 6 • AMARO/BITTER: 5 • PICCANTE/SPICY: 6**
**FASCIA PREZZO/PRICE RANGE: 5**

**PROFILO AROMATICO.**
Carciofo, erba, mandorla, pepe. Verde.

**AROMATIC PROFILE.**
Artichoke, grass, almond, pepper. Green.

## MONOCULTIVAR FRANTOIO

**CULTIVAR: FRANTOIO**
**FRUTTATO/FRUITY: 5 • AMARO/BITTER: 4 • PICCANTE/SPICY: 4**
**FASCIA PREZZO/PRICE RANGE: 5**

**PROFILO AROMATICO.**
Carciofo, erba, mandorla. Verde.

**AROMATIC PROFILE.**
Artichoke, grass, almond. Green.

# Le Fucine

**Monte Isola (BS) | loc. La Punta | fraz. Siviano |**
**tel. 349 6224353**

**OLIVETO PROPRIO** SÌ
**CULTIVAR** Leccino, Frantoio, Pendolino, Sbresa, Olivastra
**COLTIVAZIONE** In conversione
**RACCOLTA** Manuale
**ESTRAZIONE** Ciclo continuo
**FRANTOIO** NO
**LITRI PRODOTTI** 1.200
**OLIVE DA MENSA** SÌ
**OSPITALITÀ** NO
**RISTORAZIONE** NO

**AZIENDA.** Quella di Luca Ferretti è una giovane realtà attiva dal 2020 situata nel suggestivo contesto del Monte Isola. La proprietà si sviluppa su 5 ettari di cui 3,5 dedicati all'oliveto di circa 900 alberi. Alla produzione di extravergine si aggiunge quella di miele.

**OLIVE GROVE** YES
**CULTIVAR** Leccino, Frantoio, Pendolino, Sbresa, Olivastra
**GROWING METHOD** Being converted
**HARVEST METHOD** Manual
**EXTRACTION METHOD** Continuous cycle
**OIL MILL** NO
**LITRES PRODUCED** 1,200
**TABLE OLIVES** YES
**ACCOMODATIONS** NO
**RESTAURANT** NO

**OIL MAKER.** Luca Ferretti's Le Fucine is a young producer, active since 2020 and based in the scenic territory of Monte Isola. The property unfolds across 5 hectares, 3.5 of which are dedicated to olive growing (about 900 trees in all). In addition to extra virgin, honey is also produced.

## INCANTO

**CULTIVAR: FRANTOIO, LECCINO, SBRESA, PENDOLINO**
**FRUTTATO/FRUITY: 7 • AMARO/BITTER: 4 • PICCANTE/SPICY: 5**
**FASCIA PREZZO/PRICE RANGE: 4**

**PROFILO AROMATICO.**
Piselli, asparago, fave, pepe. Verde.

**AROMATIC PROFILE.**
Green peas, asparagus, broad beans. Green.

## DILUCOLO MONOCULTIVAR LECCINO

**CULTIVAR: LECCINO**
**FRUTTATO/FRUITY: 5 • AMARO/BITTER: 4 • PICCANTE/SPICY: 5**
**FASCIA PREZZO/PRICE RANGE: 5**

**PROFILO AROMATICO.**
Carciofo, rucola, balsamico. Verde.

**AROMATIC PROFILE.**
Artichoke, arugula, balsamic. Green.

# Olio Gaiatto

**Perledo (LC) | via S. Faggi, 2 |**
**tel. 331 6759129 | oliogaiatto.com**

**OLIVETO PROPRIO** SÌ
**CULTIVAR** Leccino, Pendolino, Bianchera, Frantoio
**COLTIVAZIONE** Tradizionale
**RACCOLTA** Manuale
**ESTRAZIONE** Ciclo continuo
**FRANTOIO** NO
**LITRI PRODOTTI** 1.800
**OLIVE DA MENSA** NO
**OSPITALITÀ** SÌ
**RISTORAZIONE** NO

**AZIENDA.** Il progetto olivicolo di Massimiliano Gaiatto inizia nel 2006 con due entità produttive: Podere Roncaccio, a ridosso del Lago di Como, e Podere Tondello più in alto in zona collinare. Un totale di oltre 900 olivi che vanno a caratterizzare due oli distinti e rappresentativi dei diversi poderi. Al resto ci pensa l'attenzione maniacale in tutte le fasi produttive che ha sempre distinto questa azienda.

**OLIVE GROVE** YES
**CULTIVAR** Leccino, Pendolino, Bianchera, Frantoio
**GROWING METHOD** Traditional
**HARVEST METHOD** Manual
**EXTRACTION METHOD** Continuous cycle
**OIL MILL** NO
**LITRES PRODUCED** 1,800
**TABLE OLIVES** NO
**ACCOMODATIONS** YES
**RESTAURANT** NO

**OIL MAKER.** Massimiliano Gaiatto's oil business got its start in 2006, basing its work on two properties: Podere Roncaccio (near Lake Como) and Podere Tondello (higher up in the hills). A total of over 900 olive trees give rise to two distinct and distinctive oils from two different estates. The painstaking attention to detail that has long distinguished the producer and its oils does the rest.

## TONDELLO DOP LAGHI LOMBARDI

**CULTIVAR: FRANTOIO, LECCINO, BIANCHERA, PENDOLINO**
**FRUTTATO/FRUITY: 5 • AMARO/BITTER: 4 • PICCANTE/SPICY: 5**
**FASCIA PREZZO/PRICE RANGE: 5**

**PROFILO AROMATICO.**
Carciofo, erba, mandorla, balsamico. Verde, persistente.

**AROMATIC PROFILE.**
Artichoke, grass, almond, balsamic. Green, persistent.

## RONCACCIO DOP LAGHI LOMBARDI

**CULTIVAR: FRANTOIO, LECCINO, PENDOLINO**
**FRUTTATO/FRUITY: 5 • AMARO/BITTER: 4 • PICCANTE/SPICY: 4**
**FASCIA PREZZO/PRICE RANGE: 5**

**PROFILO AROMATICO.**
Carciofo, erba, mandorla. Verde.

**AROMATIC PROFILE.**
Artichoke, grass, almond. Green.

# Frantoio Manestrini

**Soiano del Lago (BS) | via P. e E. Avanzi, 7 |**
**tel. 0365 502231 | manestrini.it**

**OLIVETO PROPRIO** SÌ
**CULTIVAR** Casaliva, Leccino, Frantoio, Moraiolo
**COLTIVAZIONE** Tradizionale
**RACCOLTA** Meccanica
**ESTRAZIONE** Ciclo continuo
**FRANTOIO** SÌ
**LITRI PRODOTTI** 60.000
**OLIVE DA MENSA** NO
**OSPITALITÀ** NO
**RISTORAZIONE** SÌ

**AZIENDA.** Solida realtà del territorio che dal 1960 si occupa di trasformazione delle olive di questa zona. Oggi la proprietà è gestita da Nicoletta Manestrini che coordina i lavori nel frantoio e nell'oliveto di 2.000 alberi. Si producono, inoltre, oli aromatizzati, patè di olive, prodotti sott'olio e cosmetici.

**OLIVE GROVE** YES
**CULTIVAR** Casaliva, Leccino, Frantoio, Moraiolo
**GROWING METHOD** Traditional
**HARVEST METHOD** Mechanical
**EXTRACTION METHOD** Continuous cycle
**OIL MILL** YES
**LITRES PRODUCED** 60,000
**TABLE OLIVES** NO
**ACCOMODATIONS** NO
**RESTAURANT** YES

**OIL MAKER.** Since 1960 this well-established producer has been pressing local olives into extra virgin oil. Today the business is managed by Nicoletta Manestrini, who oversees work in the oil mill and their 2,000-tree olive grove. Flavor-infused oils, olive pâtés, vegetables bottled in oil and cosmetics are also produced.

## MONOCULTIVAR CASALIVA

**CULTIVAR: CASALIVA**
**FRUTTATO/FRUITY: 4 · AMARO/BITTER: 3 · PICCANTE/SPICY: 3**
**FASCIA PREZZO/PRICE RANGE: 5**

**PROFILO AROMATICO.**
Pomodoro, mela, mandorla. Maturo.

**AROMATIC PROFILE.**
Tomato, apple, almond. Ripe.

# Olivicoltori Montisolani

**Monte Isola (BS)** | **via Siviano, 94** |
**tel. 334 3667510**

**OLIVETO PROPRIO** SÌ
**CULTIVAR** Sbresa, Leccino, Pendolino, Frantoio
**COLTIVAZIONE** Tradizionale
**RACCOLTA** Manuale
**ESTRAZIONE** Tradizionale
**FRANTOIO** NO
**LITRI PRODOTTI** 1.500
**OLIVE DA MENSA** NO
**OSPITALITÀ** NO
**RISTORAZIONE** NO

**AZIENDA.** Montisolani sono i 12 soci riunitisi in un progetto comune che porta avanti la tradizione olearia dell'Iseo. Ribola Maurizio, La Punta, Le Dame Rosse, Turla Roberto, Archetti Mario tra le realtà coinvolte, ognuna con identità e prodotti specifici ma nell'intento condiviso di investire sulla qualità. 15 gli ettari di terreno per un totale di 3.000 piante.

**OLIVE GROVE** YES
**CULTIVAR** Sbresa, Leccino, Pendolino, Frantoio
**GROWING METHOD** Traditional
**HARVEST METHOD** Manual
**EXTRACTION METHOD** Traditional
**OIL MILL** NO
**LITRES PRODUCED** 1,500
**TABLE OLIVES** NO
**ACCOMODATIONS** NO
**RESTAURANT** NO

**OIL MAKER.** Montisolani is made up of 12 partners who've come together for a common project: carry on the oil tradition of Lake Iseo. Ribola Maurizio, La Punta, Le Dame Rosse, Turla Roberto, Archetti Mario are among the names involved. Each has its own specific identity and products, but together they're united by the common goal of investing in quality. 15 hectares of land host 3,000 trees.

## DOSS MONOCULTIVAR DON CARLO

**CULTIVAR: DON CARLO**
**FRUTTATO/FRUITY: 3 • AMARO/BITTER: 3 • PICCANTE/SPICY: 4**
**FASCIA PREZZO/PRICE RANGE: 5**

**PROFILO AROMATICO.**
Pomodoro, fiori, mela. Maturo.

**AROMATIC PROFILE.**
Tomato, flowers, apple. Ripe.

## OL GIORA

**CULTIVAR: LECCINO, FRANTOIO, SBRESA, PENDOLINO**
**FRUTTATO/FRUITY: 3 • AMARO/BITTER: 3 • PICCANTE/SPICY: 3**
**FASCIA PREZZO/PRICE RANGE: 4**

**PROFILO AROMATICO.**
Carciofo, fiori, mela. Maturo.

**AROMATIC PROFILE.**
Artichoke, flowers, apple. Ripe.

# Il Palasso

**Cenate Sopra (BG) | via F. Lussana, 5 | loc. Valpredina |**
**tel. 348 7803693 | aziendaagricolailpalasso.com**

**OLIVETO PROPRIO** SÌ
**CULTIVAR** Leccino, Grignano, Bianchera, Frantoio, Pendolino
**COLTIVAZIONE** Tradizionale
**RACCOLTA** Manuale
**ESTRAZIONE** Ciclo continuo
**FRANTOIO** SÌ
**LITRI PRODOTTI** 5.000
**OLIVE DA MENSA** SÌ
**OSPITALITÀ** NO
**RISTORAZIONE** NO

**AZIENDA.** Dino Marco Agosti possiede 400 olivi su circa 4 ettari. L'azienda produce anche ottima frutta e verdura e acquista 50 quintali di olive da agricoltori di fiducia della zona. Della stessa proprietà un moderno frantoio di ultima generazione.

**OLIVE GROVE** YES
**CULTIVAR** Leccino, Grignano, Bianchera, Frantoio, Pendolino
**GROWING METHOD** Traditional
**HARVEST METHOD** Manual
**EXTRACTION METHOD** Continuous cycle
**OIL MILL** YES
**LITRES PRODUCED** 5,000
**TABLE OLIVES** YES
**ACCOMODATIONS** NO
**RESTAURANT** NO

**OIL MAKER.** Dino Marco Agosti cultivates 400 olive trees on about 4 hectares of terrain. Il Palasso also produces excellent fruit and vegetables, and sources 5000 kg of olives from trusted farmers in the area. The property also includes a cutting-edge oil mill.

## /// ELIODORO BIO

**CULTIVAR: FRANTOIO, LECCINO, GRIGNANO, BIANCHERA**
**FRUTTATO/FRUITY: 7 • AMARO/BITTER: 6 • PICCANTE/SPICY: 6**
**FASCIA PREZZO/PRICE RANGE: 5**

**PROFILO AROMATICO.**
Rucola, erba, mandorla, pepe, balsamico. Verde, persistente.

**AROMATIC PROFILE.**
Arugula, grass, almond, pepper, balsamic. Green, persistent.

## // LARIMAR BIO

**CULTIVAR: FRANTOIO, LECCINO, CASALIVA, BIANCHERA**
**FRUTTATO/FRUITY: 4 • AMARO/BITTER: 5 • PICCANTE/SPICY: 5**
**FASCIA PREZZO/PRICE RANGE: 5**

**PROFILO AROMATICO.**
Carciofo, fiori, mela, mandorla. Verde.

**AROMATIC PROFILE.**
Artichoke, flowers, apple, almond. Green.

# Scraleca

**Darfo Boario Terme (BS) | via Aria Libera, 42 |**
**tel. 338 8262085 | scraleca.it**

**OLIVETO PROPRIO** SÌ
**CULTIVAR** Leccino, Casaliva, Frantoio, Pendolino, Maurino, Coratina, Grignano
**COLTIVAZIONE** Tradizionale
**RACCOLTA** Meccanica
**ESTRAZIONE** Ciclo continuo
**FRANTOIO** NO
**LITRI PRODOTTI** 1.100
**OLIVE DA MENSA** NO
**OSPITALITÀ** SÌ
**RISTORAZIONE** SÌ

**AZIENDA.** Nel cuore della Valle Camonica, dal 2002 questa realtà ha cominciato il recupero degli storici terrazzamenti dove dimorano 950 olivi. Si producono, inoltre, vino e farina di mais. Della stessa proprietà l'affascinante struttura ricettiva annessa, con 11 camere e accesso esclusivo al lago Moro.

**OLIVE GROVE** YES
**CULTIVAR** Leccino, Casaliva, Frantoio, Pendolino, Maurino, Coratina, Grignano
**GROWING METHOD** Traditional
**HARVEST METHOD** Mechanical
**EXTRACTION METHOD** Continuous cycle
**OIL MILL** NO
**LITRES PRODUCED** 1,100
**TABLE OLIVES** NO
**ACCOMODATIONS** YES
**RESTAURANT** YES

**OIL MAKER.** Since 2002 Scraleca has been reviving historic, terraced plots of vineyards and olive groves in the heart of Valle Camonica. The latter sees 950 trees occupy 4 hectares of terrain. Wine and cornmeal are produced as well. The property also includes a charming guest house with 11 rooms and exclusive access to Lake Moro.

## CORNE ROSSE

**CULTIVAR: LECCINO, PENDOLINO, FRANTOIO**
**FRUTTATO/FRUITY: 5 • AMARO/BITTER: 5 • PICCANTE/SPICY: 5**
**FASCIA PREZZO/PRICE RANGE: 5**

**PROFILO AROMATICO.** Carciofo, erba, mandorla, pepe. Verde.

**AROMATIC PROFILE.** Artichoke, grass, almond, pepper. Green.

## GRIMALDI

**CULTIVAR: LECCINO, CASALIVA, FRANTOIO, PENDOLINO**
**FRUTTATO/FRUITY: 5 • AMARO/BITTER: 5 • PICCANTE/SPICY: 5**
**FASCIA PREZZO/PRICE RANGE: 5**

**PROFILO AROMATICO.** Carciofo, erba, mandorla, pepe. Verde.

**AROMATIC PROFILE.** Artichoke, grass, almond, pepper. Green.

## OLIO EXTRAVERGINE DI OLIVA

**CULTIVAR: LECCINO, PENDOLINO, MAURINO**
**FRUTTATO/FRUITY: 5 • AMARO/BITTER: 4 • PICCANTE/SPICY: 5**
**FASCIA PREZZO/PRICE RANGE: 5**

**PROFILO AROMATICO.** Carciofo, mela, mandorla. Verde.

**AROMATIC PROFILE.** Artichoke, apple, almond. Green.

**CULTIVAR PRINCIPALI/MAIN VARIETIES**
Casaliva, Frantoio, Leccino
**CULTIVAR MINORI/MINOR VARIETIES**
Favarol, Raza, Trepp e Casarza

# TRENTINO ALTO ADIGE

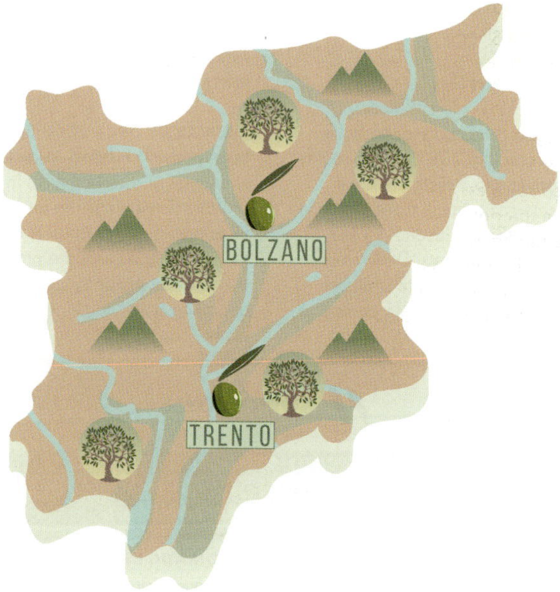


**MANGIARE/EAT**

**Peter Brunel**
via Linfano, 47 • Arco (TN) • tel. 0464 076705 • www.peterbrunel.com
**Castel Toblino** • loc. Castel Toblino, 1 • fraz. Sarche • Madruzzo (TN)
tel. 0461 864036 • www.casteltoblino.com
**El Molin** • p.zza C. Battisti, 11 • Cavalese (TN)
tel. 0462 340074 • www.alessandrogilmozzi.it

**COMPRARE/SHOP**

**La Gastronomia Mein** • via Roggia Grande, 12 • Trento
tel. 0461 235217 • www.lagastronomiamein.it
**Sapori Tipici d'Abruzzo e Molise**
v.lo del Molino, 1b • Bressanone/Brixen (BZ) • tel. 327 7610952
**Vinom – Enoteca & Wine bar**
via G. Verdi, 71 • Trento • tel. 333 9936060 • vinom.it

# Madonna delle Vittorie

**Arco (TN) | via Linfano, 81 | tel. 0464 505432 |**
**madonnadellevittorie.it**

**OLIVETO PROPRIO** SÌ
**CULTIVAR** Frantoio, Casaliva
**COLTIVAZIONE** Tradizionale
**RACCOLTA** Meccanica
**ESTRAZIONE** Ciclo continuo
**FRANTOIO** SÌ
**LITRI PRODOTTI** 25.000
**OLIVE DA MENSA** NO
**OSPITALITÀ** SÌ
**RISTORAZIONE** SÌ

**AZIENDA.** Grandi vini e grandi extravergine, la vocazione agricola di questa bella realtà trentina è decisamente esemplare sia in campo che nei prodotti finali. L'oliveto di 3,5 ettari ha 1.600 alberi distribuiti alle pendici del Monte Brione. All'attività agricola si aggiungono il ristorante e 5 comodi appartamenti.

**OLIVE GROVE** YES
**CULTIVAR** Frantoio, Casaliva
**GROWING METHOD** Traditional
**HARVEST METHOD** Mechanical
**EXTRACTION METHOD** Continuous cycle
**OIL MILL** YES
**LITRES PRODUCED** 25,000
**TABLE OLIVES** NO
**ACCOMODATIONS** YES
**RESTAURANT** YES

**OIL MAKER.** Superb wines and extra virgin — Trentino's Le Fucine is a decidedly exemplary producer both in terms of cultivation and the final product. Their 3.5-hectare olive grove hosts 1,600 trees spread out across the slopes of Monte Brione. In addition to commercial farming, the estate includes a restaurant and 5 comfortable apartments.

## DOP GARDA TRENTINO

**CULTIVAR: FRANTOIO, CASALIVA, LECCINO, PENDOLINO**
**FRUTTATO/FRUITY: 4 • AMARO/BITTER: 4 • PICCANTE/SPICY: 4**
**FASCIA PREZZO/PRICE RANGE: 5**

**PROFILO AROMATICO.**
Carciofo, ravanello, erbe aromatiche, mandorla. Verde, persistente.

**AROMATIC PROFILE.**
Artichoke, radish, aromatic herbs, almond. Green, persistent.

# Francesco Mandelli

**Arco (TN) | via Gardesana, 31 | loc. Linfano |**
**tel. 335 8225011 | oliomandelli.it**

**OLIVETO PROPRIO** SÌ
**CULTIVAR** Frantoio, Casaliva, Cipressino, Pendolino, Leccino
**COLTIVAZIONE** Tradizionale
**RACCOLTA** Manuale
**ESTRAZIONE** Ciclo continuo
**FRANTOIO** NO
**LITRI PRODOTTI** 1.000
**OLIVE DA MENSA** NO
**OSPITALITÀ** NO
**RISTORAZIONE** NO

**AZIENDA.** Situato all'interno del piacevole contesto del campeggio Bellavista, sempre di proprietà della famiglia Mandelli, si trova questo piccolo oliveto gestito da Francesco. Qui si contano 240 olivi distribuiti su un paio di ettari di terreno proprio sulle rive del Garda.

**OLIVE GROVE** YES
**CULTIVAR** Frantoio, Casaliva, Cipressino, Pendolino, Leccino
**GROWING METHOD** Traditional
**HARVEST METHOD** Manual
**EXTRACTION METHOD** Continuous cycle
**OIL MILL** NO
**LITRES PRODUCED** 1,000
**TABLE OLIVES** NO
**ACCOMODATIONS** NO
**RESTAURANT** NO

**OIL MAKER.** This small olive grove, managed by Francesco Mandelli, is situated in the pleasant Bellavista campgrounds (also owned by the Mandelli family). 240 olive trees occupy a couple of hectares right on the shores of Lake Garda.

## CARESÉR MONOCULTIVAR FRANTOIO

**CULTIVAR: FRANTOIO**
**FRUTTATO/FRUITY: 8 · AMARO/BITTER: 6 · PICCANTE/SPICY: 7**
**FASCIA PREZZO/PRICE RANGE: 5**

**PROFILO AROMATICO.** Carciofo, rucola, erba, noce, mandorla, pepe, balsamico. Verde, persistente.

**AROMATIC PROFILE.** Artichoke, arugula, grass, walnut, almond, pepper, balsamico. Green, persistent.

## TOMANÉL MONOCULTIVAR CIPRESSINO

**CULTIVAR: CIPRESSINO**
**FRUTTATO/FRUITY: 7 · AMARO/BITTER: 6 · PICCANTE/SPICY: 6**
**FASCIA PREZZO/PRICE RANGE: 5**

**PROFILO AROMATICO.** Erba, rucola, pepe, balsamico. Verde, persistente.

**AROMATIC PROFILE.** Grass, arugula, pepper, balsamic. Green, persistent.

## TORCOL MONOCULTIVAR PENDOLINO

**CULTIVAR: PENDOLINO**
**FRUTTATO/FRUITY: 6 · AMARO/BITTER: 5 · PICCANTE/SPICY: 6**
**FASCIA PREZZO/PRICE RANGE: 5**

**PROFILO AROMATICO.** Carciofo, rucola, erba, mandorla. Verde, persistente.

**AROMATIC PROFILE.** Artichoke, arugula, grass, almond. Green, persistent.

# ★ OlioCRU

**Riva del Garda (TN) | via Maso Belli, 1b |**
**tel. 0464 715344 | oliocru.it**

**OLIVETO PROPRIO** SÌ
**CULTIVAR** Casaliva, Leccino, Pendolino, Frantoio, Ravece, Leccio del Corno, Itrana
**COLTIVAZIONE** Biologica
**RACCOLTA** Manuale
**ESTRAZIONE** Ciclo continuo
**FRANTOIO** SÌ
**LITRI PRODOTTI** 40.000
**OLIVE DA MENSA** NO
**OSPITALITÀ** NO
**RISTORAZIONE** NO

**AZIENDA.** Riferimento tra i più quotati del Garda Trentino, grazie alla capacità imprenditoriale di Mario Morandini, alla guida da oltre un decennio. 6 ettari di terreno per 1.800 piante - 1.500 di proprietà - per una produzione esportata anche all'estero. OlioCRU Point è la prima oleoteca della regione (ad Arco in piazza III Novembre 6/A, tel. 0464 517607).

**OLIVE GROVE** YES
**CULTIVAR** Casaliva, Leccino, Pendolino, Frantoio, Ravece, Leccio del Corno, Itrana
**GROWING METHOD** Organic
**HARVEST METHOD** Manual
**EXTRACTION METHOD** Continuous cycle
**OIL MILL** YES
**LITRES PRODUCED** 40,000
**TABLE OLIVES** NO
**ACCOMODATIONS** NO
**RESTAURANT** NO

**OIL MAKER.** OlioCRU is one of the most popular producers in the territory, a feat made possible thanks to the entrepreneurial skills of Mario Morandini, who's led the business for over a decade. 6 hectares of terrain (1,800 trees, 1,500 estate-owned) give rise to a range of oils that are also exported abroad. OlioCRU Point is the region's first "oleoteca" (a shop for tasting and buying olive oil). You'll find it in Arco, in piazza III Novembre 6/A. Tel. 0464 517607.

## /// ORIGINI DENOCCIOLATO

**CULTIVAR: CASALIVA, LECCINO**
**FRUTTATO/FRUITY: 7 • AMARO/BITTER: 5 • PICCANTE/SPICY: 6**
**FASCIA PREZZO/PRICE RANGE: 5**

**PROFILO AROMATICO.** Erba, rucola, ortica, mandorla, pepe, balsamico. Verde, persistente.

**AROMATIC PROFILE.** Grass, arugula, nettle, almond, pepper, balsamic. Green, persistent.

## // DOP GARDA TRENTINO

**CULTIVAR: CASALIVA, FRANTOIO, PENDOLINO, LECCINO**
**FRUTTATO/FRUITY: 6 • AMARO/BITTER: 6 • PICCANTE/SPICY: 6**
**FASCIA PREZZO/PRICE RANGE: 5**

**PROFILO AROMATICO.** Mandorla, pinolo, pepe, balsamico. Verde, persistente.

**AROMATIC PROFILE.** Almond, pine nut, pepper, balsamic. Green, persistent.

# ★ Frantoio di Riva

**Riva del Garda (TN) | loc. San Nazzaro, 4 |**
**tel. 0464 552133 | agririva.it**

**OLIVETO PROPRIO** SÌ
**CULTIVAR** Leccino, Pendolino, Casaliva, Frantoio
**COLTIVAZIONE** Tradizionale / Biologica
**RACCOLTA** Manuale
**ESTRAZIONE** Ciclo continuo
**FRANTOIO** SÌ
**LITRI PRODOTTI** 180.000
**OLIVE DA MENSA** SÌ
**OSPITALITÀ** NO
**RISTORAZIONE** NO

**AZIENDA.** Una delle strutture agricole più longeve e dinamiche d'Italia, fondata nel 1926. Per ciò che concerne la parte olivicola, 350 sono i soci della cooperativa che gestiscono 120mila olivi. Tale concentrazione del prodotto fa sì che qui si lavori il 65% dell'olio Dop Garda Trentino.

**OLIVE GROVE** YES
**CULTIVAR** Leccino, Pendolino, Casaliva, Frantoio
**GROWING METHOD** Traditional + organic
**HARVEST METHOD** Manual
**EXTRACTION METHOD** Continuous cycle
**OIL MILL** YES
**LITRES PRODUCED** 180,000
**TABLE OLIVES** YES
**ACCOMODATIONS** NO
**RESTAURANT** NO

**OIL MAKER.** Founded in 1926, Frantoio di Riva is one of the oldest and most dynamic agricultural businesses in Italy. For production they rely on 350 members, who cultivate some 120,000 olive trees. Considering the area covered, about 65% of DOP Garda Trentino extra virgin olive oil is produced here.

## 46° PARALLELO MONOCULTIVAR CASALIVA

**CULTIVAR: CASALIVA**
**FRUTTATO/FRUITY: 6 • AMARO/BITTER: 5 • PICCANTE/SPICY: 6**
**FASCIA PREZZO/PRICE RANGE: 5**

**PROFILO AROMATICO.**
Mandorla, noce, pinolo, ortica, balsamico. Verde, persistente.

**AROMATIC PROFILE.**
Almond, walnut, pine nut, nettle, balsamic. Green, persistent.

## 46° PARALLELO BIO

**CULTIVAR: CASALIVA, FRANTOIO, LECCINO**
**FRUTTATO/FRUITY: 6 • AMARO/BITTER: 6 • PICCANTE/SPICY: 6**
**FASCIA PREZZO/PRICE RANGE: 5**

**PROFILO AROMATICO.**
Carciofo, cardo, mandorla, pepe. Verde, persistente.

**AROMATIC PROFILE.**
Artichoke, cardoon, almond, pepper. Green, persistent.

## ULÌVA DOP GARDA TRENTINO MONOCULTIVAR CASALIVA

**CULTIVAR: CASALIVA**
**FRUTTATO/FRUITY: 5 • AMARO/BITTER: 4 • PICCANTE/SPICY: 5**
**FASCIA PREZZO/PRICE RANGE: 5**

**PROFILO AROMATICO.**
Mandorla, pinolo, erba, balsamico. Verde.

**AROMATIC PROFILE.**
Almond, pine nut, grass, balsamic. Green.

**CULTIVAR PRINCIPALI/MAIN VARIETIES**

Rasara, Drizzar, Lezzo, Favarol, Rossanel, Raza, Casaliva e Grignan

**CULTIVAR MINORI/MINOR VARIETIES**

Fort, Frantoio, Leccino, Less, Trepp

# VENETO

**MANGIARE/EAT**

**Le Cementine**

via Sile, 6 • Roncade (TV)

tel. 0422 789539 • alajmo.it/it/sezione/le-cementine/le-cementine

**Da Mario alla Fava**

calle Stagneri, 5242 • Venezia

tel. 041 5285147 • www.ristorantemarioallafava.it

**La Montanella**

via dei Carraresi, 9 • Arquà Petrarca (PD)

tel. 0429 718200 • www.montanella.it

**COMPRARE/SHOP**

**Damini & Affini**

via Generale Cadorna, 31 • Arzignano (VI)

tel. 0444 452914 • www.daminieaffini.com

**La Dispensa**

p.zza Vittorio Emanuele, 9 • Roverchiara (VR)

tel. 0442 080311 • le4ciacole.it/la-dispensa

**Pantagruelica**

Campo San Barnaba 2844 • Venezia • tel. 347 5119802

# Frantoio Bonamini

**Illasi (VR) | via Santa Giustina, 9a |**
**tel. 045 6520558 | oliobonamini.com**

**OLIVETO PROPRIO** SÌ
**CULTIVAR** Grignano, Favarol, Frantoio, Leccino, Coratina, Casaliva, Peranzana
**COLTIVAZIONE** Tradizionale / Biologica
**RACCOLTA** Meccanica
**ESTRAZIONE** Ciclo continuo
**FRANTOIO** SÌ
**LITRI PRODOTTI** 300.000
**OLIVE DA MENSA** NO
**OSPITALITÀ** NO
**RISTORAZIONE** NO

**AZIENDA.** Stefano Bonamini fondò questa importante azienda nel 1965 rendendola tra le prime promotrici della Dop Veneto Valpolicella. Oggi Giancarlo e Sabrina coordinano le attività tra campo, con 6.700 olivi in 15 ettari, e frantoio. Bonamini produce anche paté di olive, pesto, olive in salamoia e sott'olio, cosmetici all'extravergine. Un imprescindibile riferimento per tutto il territorio.

**OLIVE GROVE** YES
**CULTIVAR** Grignano, Favarol, Frantoio, Leccino, Coratina, Casaliva, Peranzana
**GROWING METHOD** Traditional + organic
**HARVEST METHOD** Mechanical
**EXTRACTION METHOD** Continuous cycle
**OIL MILL** YES
**LITRES PRODUCED** 300,000
**TABLE OLIVES** NO
**ACCOMODATIONS** NO
**RESTAURANT** NO

**OIL MAKER.** Founded by Stefano Bonamini in 1965, Frantoio Bonamini was one of the first producers to promote the Dop Veneto Valpolicella designation. Today Giancarlo and Sabrina oversee production, both their 15-hectare olive grove (6,700 trees) and mill. Bonamini also produce pâtés, pesto, olives in brine and oil, and oil-based cosmetics. A true touchstone for the entire territory.

## CAMPO DI CASA

**CULTIVAR: GRIGNANO, CASALIVA, FRANTOIO, LECCINO**
**FRUTTATO/FRUITY: 4 · AMARO/BITTER: 3 · PICCANTE/SPICY: 4**
**FASCIA PREZZO/PRICE RANGE: 4**

**PROFILO AROMATICO.** Pomodoro, mela, mandorla. Verde.

**AROMATIC PROFILE.** Tomato, apple, almond. Green.

# La Contarina

Illasi (VR) | via Montecurto, 7 |
tel. 338 8278920 | lacontarina.it

**OLIVETO PROPRIO** SÌ
**CULTIVAR** Frantoio, Favarol, Leccino, Grignano, Casaliva, Maurino, Leccio del Corno
**COLTIVAZIONE** Tradizionale
**RACCOLTA** Manuale
**ESTRAZIONE** Ciclo continuo
**FRANTOIO** SÌ
**LITRI PRODOTTI** 3.500
**OLIVE DA MENSA** NO
**OSPITALITÀ** NO
**RISTORAZIONE** NO

**AZIENDA.** Una realtà d'eccellenza che nasce nel 1994 per volontà di Maurizio Tamellini. Oggi la proprietà conta 1.900 olivi distribuiti su 3,5 ettari di terreni. La grande attenzione nell'oliveto, gestito dall'agronoma Orietta Pavan, e la cura in frantoio contribuiscono agli ottimi risultati.

**OLIVE GROVE** YES
**CULTIVAR** Frantoio, Favarol, Leccino, Grignano, Casaliva, Maurino, Leccio del Corno
**GROWING METHOD** Traditional
**HARVEST METHOD** Manual
**EXTRACTION METHOD** Continuous cycle
**OIL MILL** YES
**LITRES PRODUCED** 3,500
**TABLE OLIVES** NO
**ACCOMODATIONS** NO
**RESTAURANT** NO

**OIL MAKER.** This outstanding producer was founded in 1994 by Maurizio Tamellini. Today the 3.5-hectare property hosts 1,900 olive trees. The great attention paid to cultivation (under agronomist Orietta Pavan) and olive pressing has contributed to their reputation for excellence.

## DOP VENETO VALPOLICELLA

**CULTIVAR: GRIGNANO, FAVAROL, LECCINO, CASALIVA**
**FRUTTATO/FRUITY: 6 · AMARO/BITTER: 4 · PICCANTE/SPICY: 5**
**FASCIA PREZZO/PRICE RANGE: 5**

**PROFILO AROMATICO.**
Carciofo, erba, mandorla, pepe. Verde, persistente.

**AROMATIC PROFILE.**
Artichoke, grass, almond, pepper. Green, persistent.

## DOGE

**CULTIVAR: CASALIVA, LECCINO**
**FRUTTATO/FRUITY: 4 · AMARO/BITTER: 3 · PICCANTE/SPICY: 4**
**FASCIA PREZZO/PRICE RANGE: 4**

**PROFILO AROMATICO.**
Pomodoro, mela. Maturo.

**AROMATIC PROFILE.**
Tomato, apple. Ripe.

## VERDE

**CULTIVAR: GRIGNANO, MAURINO**
**FRUTTATO/FRUITY: 4 · AMARO/BITTER: 3 · PICCANTE/SPICY: 3**
**FASCIA PREZZO/PRICE RANGE: 4**

**PROFILO AROMATICO.**
Pomodoro, fiori. Maturo.

**AROMATIC PROFILE.**
Tomato, flowers. Ripe.

# Erminio Cordioli

**Verona | via Indentro, 125a |**
**tel. 347 1762362 | oliodiolivacordioli.it**

**OLIVETO PROPRIO** SÌ
**CULTIVAR** Moraiolo, Itrana, Grignano, Favarol, Frantoio, Leccino
**COLTIVAZIONE** Tradizionale
**RACCOLTA** Manuale
**ESTRAZIONE** Ciclo continuo
**FRANTOIO** NO
**LITRI PRODOTTI** 1.400
**OLIVE DA MENSA** NO
**OSPITALITÀ** NO
**RISTORAZIONE** NO

**AZIENDA.** Sulle colline a ridosso di Verona, Ceil Jann Friedman e suo marito Erminio Cordioli conducono questa piccola azienda agricola, acquisita nel 1997, ma divenuta azienda vera e propria nel 2012. Nei circa tre ettari di proprietà vivono 740 olivi seguiti insieme all'agronoma Orietta Pavan.

**OLIVE GROVE** YES
**CULTIVAR** Moraiolo, Itrana, Grignano, Favarol, Frantoio, Leccino
**GROWING METHOD** Traditional
**HARVEST METHOD** Manual
**EXTRACTION METHOD** Continuous cycle
**OIL MILL** NO
**LITRES PRODUCED** 1,400
**TABLE OLIVES** NO
**ACCOMODATIONS** NO
**RESTAURANT** NO

**OIL MAKER.** Ceil Jann Friedman and her husband, Erminio Cordioli, lead this small farm based on the hills near Verona. The property was acquired in 1997, though the business was only formally established in 2012. Together with agronomist Orietta Pavan, the couple cultivate 740 olive trees across 3 hectares of land.

## CAMPO DELLE MAROGNE

**CULTIVAR: MORAIOLO, FRANTOIO, ITRANA**
**FRUTTATO/FRUITY: 6 · AMARO/BITTER: 6 · PICCANTE/SPICY: 6**
**FASCIA PREZZO/PRICE RANGE: 5**

**PROFILO AROMATICO.**
Pomodoro, rucola, erba. Verde, persistente.

**AROMATIC PROFILE.**
Tomato, arugola, grass. Green, persistent.

## CAMPO STORICO

**CULTIVAR: GRIGNANO, FAVAROL**
**FRUTTATO/FRUITY: 6 · AMARO/BITTER: 5 · PICCANTE/SPICY: 4**
**FASCIA PREZZO/PRICE RANGE: 5**

**PROFILO AROMATICO.**
Pomodoro, mela, erba, pepe, balsamico. Verde, persistente.

**AROMATIC PROFILE.**
Tomato, apple, grass, pepper, balsamic. Green, persistent.

# Frantoio di Cornoleda

**Cinto Euganeo (PD) | via Cornoleda, 15 |**
**tel. 0429 647123 | frantoiodicornoleda.com**

**OLIVETO PROPRIO** SÌ
**CULTIVAR** Frantoio, Pendolino, Rasara, Leccino, Marzemina, Grignano, Matosso
**COLTIVAZIONE** Tradizionale
**RACCOLTA** Manuale
**ESTRAZIONE** Ciclo continuo
**FRANTOIO** SÌ
**LITRI PRODOTTI** 14.000
**OLIVE DA MENSA** NO
**OSPITALITÀ** NO
**RISTORAZIONE** NO

**AZIENDA.** Nel 2008 Devis Zanaica inaugura per la prima volta questo frantoio che oggi è un punto di riferimento per chi vuole fare qualità in questa zona. Si lavorano sia le olive dei conferitori, sia quelle dei 2.000 olivi di proprietà. Si vendono anche conserve, olio aromatizzato, vino e liquori.

**OLIVE GROVE** YES
**CULTIVAR** Frantoio, Pendolino, Rasara, Leccino, Marzemina, Grignano, Matosso
**GROWING METHOD** Traditional
**HARVEST METHOD** Manual
**EXTRACTION METHOD** Continuous cycle
**OIL MILL** YES
**LITRES PRODUCED** 14,000
**TABLE OLIVES** NO
**ACCOMODATIONS** NO
**RESTAURANT** NO

**OIL MAKER.** Devis Zanaica cut the ribbon on his oil mill in 2008. Since then it has proved to be a point of reference for those seeking to make quality oil. Here both the olives from local growers and those from his 2,000 estate trees are pressed. Bottled vegetables, flavored-infused oils, wine, liqueurs are also produced.

## MONOCULTIVAR GRIGNANO

**CULTIVAR: GRIGNANO**
**FRUTTATO/FRUITY: 4 • AMARO/BITTER: 4 • PICCANTE/SPICY: 4**
**FASCIA PREZZO/PRICE RANGE: 4**

**PROFILO AROMATICO.**
Pomodoro, erbe aromatiche, fiori, songino. Verde.

**AROMATIC PROFILE.**
Tomato, aromatic herbs, flowers, lamb's lettuce. Green.

## GREEN SELECTION

**CULTIVAR: RASARA, LECCIO DEL CORNO, MARZEMINA, FRANTOIO**
**FRUTTATO/FRUITY: 5 • AMARO/BITTER: 5 • PICCANTE/SPICY: 5**
**FASCIA PREZZO/PRICE RANGE: 4**

**PROFILO AROMATICO.**
Cardo, mandorla, ortica, balsamico. Verde, persistente.

**AROMATIC PROFILE.**
Cardoon, almond, nettle, balsamic. Green, persistent.

## BLEND

**CULTIVAR: LECCINO, GRIGNANO, MORAIOLO, ALTRE**
**FRUTTATO/FRUITY: 5 • AMARO/BITTER: 4 • PICCANTE/SPICY: 5**
**FASCIA PREZZO/PRICE RANGE: 3**

**PROFILO AROMATICO.**
Pomodoro, erba, rucola, balsamico. Verde, persistente.

**AROMATIC PROFILE.**
Tomato, grass, arugula, balsamic. Green, persistent.

# Le Creve

**Malcesine (VR) | via Navene Vecchia, 139 |**
**tel. 335 5959959 | lecreve.com**

**OLIVETO PROPRIO** SÌ
**CULTIVAR** Casaliva, Leccino
**COLTIVAZIONE** Tradizionale
**RACCOLTA** Manuale
**ESTRAZIONE** Ciclo continuo
**FRANTOIO** NO
**LITRI PRODOTTI** 2.000
**OLIVE DA MENSA** NO
**OSPITALITÀ** NO
**RISTORAZIONE** SÌ

**AZIENDA.** La proprietà di Paolo Forelli è una bella realtà del Gardesano orientale nata nel 2013 e affiancata dal ristorante di famiglia (Speck Stube di Malcesine) da sempre specializzato in carni allo spiedo. L'oliveto conta circa 500 piante messe a dimora in circa 3 ettari.

**OLIVE GROVE** YES
**CULTIVAR** Casaliva, Leccino
**GROWING METHOD** Traditional
**HARVEST METHOD** Manual
**EXTRACTION METHOD** Continuous cycle
**OIL MILL** NO
**LITRES PRODUCED** 2,000
**TABLE OLIVES** NO
**ACCOMODATIONS** NO
**RESTAURANT** YES

**OIL MAKER.** Founded in 2013, Paolo Forelli's Le Creve is a lovely estate based in eastern Garda (today it's flanked by the family restaurant, the Speck Stube in Malcesine, which has long specialized in spit-roasted meats). Their 3-hectare olive grove hosts about 500 trees.

## DOP GARDA MONOCULTIVAR CASALIVA

**CULTIVAR: CASALIVA**
**FRUTTATO/FRUITY: 6 • AMARO/BITTER: 6 • PICCANTE/SPICY: 7**
**FASCIA PREZZO/PRICE RANGE: 5**

**PROFILO AROMATICO.**
Carciofo, erba, mandorla, balsamico. Verde, persistente.

**AROMATIC PROFILE.**
Artichoke, grass, almond, balsamic. Green, persistent.

# Frantoio Evo del Borgo

Arquà Petrarca (PD) | via Fonteghe, 17 |
tel. 340 7232645 | evodelborgo.com

**OLIVETO PROPRIO** SÌ
**CULTIVAR** Rasara, Leccino, Pendolino, Frantoio
**COLTIVAZIONE** Tradizionale
**RACCOLTA** Manuale
**ESTRAZIONE** Ciclo continuo
**FRANTOIO** SÌ
**LITRI PRODOTTI** 27.900
**OLIVE DA MENSA** NO
**OSPITALITÀ** NO
**RISTORAZIONE** NO

**AZIENDA.** In una delle zone più belle e famose dei Colli Euganei, la famiglia Callegaro da tre generazioni trasforma con passione le olive proprie e quelle selezionate in loco. Gli oliveti contano 26 ettari con circa 5.500 alberi. L'azienda produce anche vino, miele e una linea di cosmesi all'olio di oliva.

**OLIVE GROVE** YES
**CULTIVAR** Rasara, Leccino, Pendolino, Frantoio
**GROWING METHOD** Traditional
**HARVEST METHOD** Manual
**EXTRACTION METHOD** Continuous cycle
**OIL MILL** YES
**LITRES PRODUCED** 27,900
**TABLE OLIVES** NO
**ACCOMODATIONS** NO
**RESTAURANT** NO

**OIL MAKER.** For 3 generations now, the Callegaro family have been making oil with estate olives and others sourced on site from local growers, all in one of the most beautiful parts of the Euganean Hills. The estate groves cover 26 hectares (5,500 trees). They also produce wine, honey and extra virgin cosmetics.

## VULCANICO DOP VENETO EUGANEI E BERICI

**CULTIVAR: RASARA, LECCINO, FRANTOIO, PENDOLINO**
**FRUTTATO/FRUITY: 6 • AMARO/BITTER: 7 • PICCANTE/SPICY: 7**
**FASCIA PREZZO/PRICE RANGE: 4**

**PROFILO AROMATICO.**
Erba, rucola, mandorla, pepe, balsamico. Verde, persistente.

**AROMATIC PROFILE.**
Grass, arugula, almond, pepper, balsamic. Green, persistent.

## MOONLIGHT MONOCULTIVAR RASARA

**CULTIVAR: RASARA**
**FRUTTATO/FRUITY: 5 • AMARO/BITTER: 6 • PICCANTE/SPICY: 4**
**FASCIA PREZZO/PRICE RANGE: 5**

**PROFILO AROMATICO.**
Mela, mandorla, pinolo, pepe. Verde, persistente.

**AROMATIC PROFILE.**
Apple, almond, pine nut, pepper. Green, persistent.

## OLIVALTO

**CULTIVAR: RASARA, FRANTOIO, LECCINO**
**FRUTTATO/FRUITY: 5 • AMARO/BITTER: 4 • PICCANTE/SPICY: 5**
**FASCIA PREZZO/PRICE RANGE: 3**

**PROFILO AROMATICO.**
Carciofo, mela, mandorla. Maturo.

**AROMATIC PROFILE.**
Artichoke, apple, almond. Ripe.

# Olio Fiorita

**Arquà Petrarca (PD) | via Fontanelle, 19b |**
**tel. 349 3512187 | oliofiorita.com**

**OLIVETO PROPRIO** SÌ
**CULTIVAR** Rasara, Frantoio, Leccino, Pendolino
**COLTIVAZIONE** Tradizionale
**RACCOLTA** Manuale
**ESTRAZIONE** Ciclo continuo
**FRANTOIO** NO
**LITRI PRODOTTI** 1.500
**OLIVE DA MENSA** NO
**OSPITALITÀ** NO
**RISTORAZIONE** NO

**AZIENDA.** Si trova nel cuore dei Colli Euganei il "gioiello" di Filippo Fiorita, che gestisce con il fratello questa giovane ma già luminosa attività. Gli olivi sono coltivati a 300 metri di altitudine, per un totale di 400 piante distribuite in circa 2,3 ettari. Possibilità di visite nel fine settimana dalle 9 alle 18. Esportazione in Francia.

**OLIVE GROVE** YES
**CULTIVAR** Rasara, Frantoio, Leccino, Pendolino
**GROWING METHOD** Traditional
**HARVEST METHOD** Manual
**EXTRACTION METHOD** Continuous cycle
**OIL MILL** NO
**LITRES PRODUCED** 1,500
**TABLE OLIVES** NO
**ACCOMODATIONS** NO
**RESTAURANT** NO

**OIL MAKER.** Situated in the heart of the Euganean Hills, this "jewel" of an estate is managed by Filippo Fiorita and his brother. A young but already promising business, Olio Fiorita draws on 2.3 hectares of olive groves (400 trees) at 300 meters elevation. The property can be visited on weekends from 9am - 6pm. Exports to France.

## OLIO EXTRAVERGINE DI OLIVA

**CULTIVAR: RASARA, LECCINO, FRANTOIO**
**FRUTTATO/FRUITY: 4 • AMARO/BITTER: 4 • PICCANTE/SPICY: 5**
**FASCIA PREZZO/PRICE RANGE: 3**

**PROFILO AROMATICO.**
Carciofo, mela, mandorla. Maturo.

**AROMATIC PROFILE.**
Artichoke, apple, almond. Ripe.

# Pernigo

Verona | via Vendri, 42 |
tel. 045 907879 | pernigo.it

**OLIVETO PROPRIO** SÌ
**CULTIVAR** Pendolino, Maurino, Grignano, Leccino, Favarol, Frantoio, Casaliva
**COLTIVAZIONE** Biologica
**RACCOLTA** Manuale
**ESTRAZIONE** Ciclo continuo
**FRANTOIO** SÌ
**LITRI PRODOTTI** 7.000
**OLIVE DA MENSA** NO
**OSPITALITÀ** NO
**RISTORAZIONE** NO

**AZIENDA.** Nelle ridenti colline veronesi della Valpantena, a circa 350 metri di altitudine, trova il suo spazio naturale l'azienda di Andrea Pernigo. Una realtà attiva dal 2008 e che oggi si sviluppa su 90 ettari di cui 9 dedicati all'oliveto di 7.000 alberi. Si producono, inoltre, miele, oli essenziali, tisane e piante officinali.

**OLIVE GROVE** YES
**CULTIVAR** Pendolino, Maurino, Grignano, Leccino, Favarol, Frantoio, Casaliva
**GROWING METHOD** Organic
**HARVEST METHOD** Manual
**EXTRACTION METHOD** Continuous cycle
**OIL MILL** YES
**LITRES PRODUCED** 7,000
**TABLE OLIVES** NO
**ACCOMODATIONS** NO
**RESTAURANT** NO

**OIL MAKER.** Andrea Pernigo's property unfolds near Verona, in the charming hills of Valpantena, at about 350 meters above sea level. Active since 2008, today the property spans 90 hectares, 9 of which host a 7,000-tree olive grove. Honey, herbal teas and medicinal plants are also produced.

## ARLENE MONOCULTIVAR GRIGNANO BIO

**CULTIVAR: GRIGNANO**
**FRUTTATO/FRUITY: 4 • AMARO/BITTER: 3 • PICCANTE/SPICY: 4**
**FASCIA PREZZO/PRICE RANGE: 5**

**PROFILO AROMATICO.** Pomodoro, erbe aromatiche, mela, pesca. Verde.

**AROMATIC PROFILE.** Tomato, aromatic herbs, apple, peach. Green.

## DEORUM BIO

**CULTIVAR: FAVAROL, GRIGNANO, LECCINO, FRANTOIO**
**FRUTTATO/FRUITY: 5 • AMARO/BITTER: 4 • PICCANTE/SPICY: 4**
**FASCIA PREZZO/PRICE RANGE: 5**

**PROFILO AROMATICO.** Erba, mandorla, balsamico. Verde.

**AROMATIC PROFILE.** Grass, almond, balsamic. Green.

# Rubinelli Vajol

**San Pietro in Cariano (VR) | via Paladon, 31 | loc. Vajol | fraz. San Floriano | tel. 045 6839277 | rubinellivajol.it**

**OLIVETO PROPRIO** SÌ
**CULTIVAR** Leccino, Pendolino, Favarol, Grignano, Moraiolo, Frantoio
**COLTIVAZIONE** Tradizionale
**RACCOLTA** Manuale
**ESTRAZIONE** Ciclo continuo
**FRANTOIO** NO
**LITRI PRODOTTI** 1.000
**OLIVE DA MENSA** NO
**OSPITALITÀ** SÌ
**RISTORAZIONE** NO

**AZIENDA.** Nella zona denominata Vajol, nel cuore della Valpolicella classica, si trova la bella proprietà della famiglia Rubinelli. Una realtà a prevalenza vitivinicola dove la fanno da padrone etichette come Amarone, Recioto e Valpolicella, ma che ben interpreta anche le tipiche varietà do olive locali grazie al piccolo oliveto di 200 alberi.

**OLIVE GROVE** YES
**CULTIVAR** Leccino, Pendolino, Favarol, Grignano, Moraiolo, Frantoio
**GROWING METHOD** Traditional
**HARVEST METHOD** Manual
**EXTRACTION METHOD** Continuous cycle
**OIL MILL** NO
**LITRES PRODUCED** 1,000
**TABLE OLIVES** NO
**ACCOMODATIONS** YES
**RESTAURANT** NO

**OIL MAKER.** We find the Rubinelli family's gorgeous estate in the area called Vajol, in the heart of Valpolicella's Classico zone. Here Amarone, Recioto and Valpolicella take center stage, but the property also hosts 200 olive trees (traditional, local varieties.)

## PIANETO

**CULTIVAR: GRIGNANO, FAVAROL, MORAIOLO, FRANTOIO**
**FRUTTATO/FRUITY: 5 · AMARO/BITTER: 4 · PICCANTE/SPICY: 5**
**FASCIA PREZZO/PRICE RANGE: 5**

**PROFILO AROMATICO.**
Pomodoro, erbe aromatiche, fiori, mela. Maturo, persistente.

**AROMATIC PROFILE.**
Tomato, aromatic herbs, flowers, apple. Ripe, persistent.

# Luigi Ruffo

Illasi (VR) | via Ratarie, 2 | loc. Cellore |
tel. 346 8596471

**OLIVETO PROPRIO** SÌ
**CULTIVAR** Grignano, Favarol, Leccino, Moraiolo, Frantoio, Casaliva, Pendolino
**COLTIVAZIONE** Biologica
**RACCOLTA** Manuale
**ESTRAZIONE** Ciclo continuo
**FRANTOIO** NO
**LITRI PRODOTTI** 3.000
**OLIVE DA MENSA** NO
**OSPITALITÀ** NO
**RISTORAZIONE** NO

**AZIENDA.** Quella di Luigi Ruffo è una giovane realtà nata nel 2012 nella quale si punta a valorizzare le varietà autoctone locali della Valpolicella come Favarol e Grignano. L'oliveto conta 850 alberi distribuiti in 2,5 ettari di terreni. Alla produzione di extravergine si aggiunge quella di miele.

**OLIVE GROVE** YES
**CULTIVAR** Grignano, Favarol, Leccino, Moraiolo, Frantoio, Casaliva, Pendolino
**GROWING METHOD** Organic
**HARVEST METHOD** Manual
**EXTRACTION METHOD** Continuous cycle
**OIL MILL** NO
**LITRES PRODUCED** 3,000
**TABLE OLIVES** NO
**ACCOMODATIONS** NO
**RESTAURANT** NO

**OIL MAKER.** Founded in 2012, Luigi Ruffo's young business aims to highlight the attributes of Valpolicella's native olive cultivars, like Favarol and Grignano. The 2.5-hectare olive grove hosts 850 trees. In addition to extra virgin, honey is also produced.

## MONOCULTIVAR GRIGNANO BIO

**CULTIVAR: GRIGNANO**
**FRUTTATO/FRUITY: 4 • AMARO/BITTER: 4 • PICCANTE/SPICY: 6**
**FASCIA PREZZO/PRICE RANGE: 5**

**PROFILO AROMATICO.** Pomodoro, erba, noce, pepe, balsamico. Verde, persistente.

**AROMATIC PROFILE.** Tomato, grass, walnut, pepper, balsamic. Green, persistent.

## DOP VALPOLICELLA BIO

**CULTIVAR: GRIGNANO, LECCINO, CASALIVA, FAVAROL**
**FRUTTATO/FRUITY: 5 • AMARO/BITTER: 4 • PICCANTE/SPICY: 5**
**FASCIA PREZZO/PRICE RANGE: 5**

**PROFILO AROMATICO.** Pomodoro, erbe aromatiche, mela, erba, mandorla. Verde, persistente.

**AROMATIC PROFILE.** Tomato, aromatic herbs, apple, grass, almond. Green, persistent.

# Torre di Terzolan

Verona | via Trezzolano, 4 | fraz. Trezzolano |
tel. 045 988044 | torrediterzolan.it

**OLIVETO PROPRIO** SÌ
**CULTIVAR** Favarol, Leccino, Grignano, Frantoio
**COLTIVAZIONE** Biologica
**RACCOLTA** Manuale
**ESTRAZIONE** Ciclo continuo
**FRANTOIO** NO
**LITRI PRODOTTI** 1.000
**OLIVE DA MENSA** NO
**OSPITALITÀ** SÌ
**RISTORAZIONE** NO

**AZIENDA.** Un'antica dimora storica circondata da uno splendido paesaggio, con cantina e produzione di vini tipici del territorio e 4 suite esclusive e suggestive. In attività dal 2015 sotto la gestione di Roberta Previdi, ha a disposizione 22 ettari di terreno di cui 6,5 dedicati alla coltivazione a regime biologico di 2.500 piante di olivo.

**OLIVE GROVE** YES
**CULTIVAR** Favarol, Leccino, Grignano, Frantoio
**GROWING METHOD** Organic
**HARVEST METHOD** Manual
**EXTRACTION METHOD** Continuous cycle
**OIL MILL** NO
**LITRES PRODUCED** 1,000
**TABLE OLIVES** NO
**ACCOMODATIONS** YES
**RESTAURANT** NO

**OIL MAKER.** A historic manor surrounded by a splendid landscape, complete with a cellar (for the production of traditional, local wines) and 4 exclusive, evocative suites. In business since 2015 (under the stewardship of Roberta Previdi), the 22-hectare estate includes 6.5 ha of organic olive groves (about 2,500 olive trees in all).

## DOP VENETO VALPOLICELLA BIO

**CULTIVAR: GRIGNANO, FRANTOIO, LECCINO, FAVAROL**
**FRUTTATO/FRUITY: 4 • AMARO/BITTER: 3 • PICCANTE/SPICY: 4**
**FASCIA PREZZO/PRICE RANGE: 4**

**PROFILO AROMATICO.**
Pomodoro, erbe aromatiche, mela, balsamico. Verde.

**AROMATIC PROFILE.**
Tomato, aromatic herbs, apple, balsamic. Green.

## SELEZIONE IL TORRESIN BIO

**CULTIVAR: GRIGNANO, FRANTOIO, LECCINO, FAVAROL**
**FRUTTATO/FRUITY: 4 • AMARO/BITTER: 4 • PICCANTE/SPICY: 4**
**FASCIA PREZZO/PRICE RANGE: 5**

**PROFILO AROMATICO.**
Pomodoro, fiori, mela. Verde.

**AROMATIC PROFILE.**
Tomato, flowers, apple. Green.

# Cantine di Verona

**Verona | via Colonia Orfani di Guerra, 5b | fraz. Quinto |**
**tel. 045 550032 | cantinediverona.it**

**OLIVETO PROPRIO** SÌ
**CULTIVAR** Leccino, Pendolino, Frantoio, Grignano, Favarol
**COLTIVAZIONE** Tradizionale / Biologica
**RACCOLTA** Manuale
**ESTRAZIONE** Ciclo continuo
**FRANTOIO** SÌ
**LITRI PRODOTTI** 40.000
**OLIVE DA MENSA** NO
**OSPITALITÀ** NO
**RISTORAZIONE** NO

**AZIENDA.** Cantine di Verona è una società cooperativa che riunisce storici brand di vino di questo territorio. Un percorso che comincia nel 1958 con Cantina Valpantena e che nel 2021 vede la creazione di questa nuova inclusiva realtà che comprende anche Cantina di Custoza e Cantina Colli Morenici. La parte olio non è meno influente e può contare su soci che gestiscono 30mila olivi su 120 ettari.

**OLIVE GROVE** YES
**CULTIVAR** Leccino, Pendolino, Frantoio, Grignano, Favarol
**GROWING METHOD** Traditional + organic
**HARVEST METHOD** Manual
**EXTRACTION METHOD** Continuous cycle
**OIL MILL** YES
**LITRES PRODUCED** 40,000
**TABLE OLIVES** NO
**ACCOMODATIONS** NO
**RESTAURANT** NO

**OIL MAKER.** Cantine di Verona is a cooperative producer that brings together historic local wine brands. In 2021 a journey that began in 1958 with Cantina Valpantena saw the creation of this new, inclusive partnership that also includes Cantina di Custoza and Cantina Colli Morenici. Oil production is just as important thanks to 120 hectares of olive groves (some 30,000 trees).

## TORRE DEL FALASCO BIO

**CULTIVAR: GRIGNANO, FAVAROL, LECCINO, PENDOLINO**
**FRUTTATO/FRUITY: 5 • AMARO/BITTER: 4 • PICCANTE/SPICY: 5**
**FASCIA PREZZO/PRICE RANGE: 2**

**PROFILO AROMATICO.** Pomodoro, erbe aromatiche, mela. Verde.

**AROMATIC PROFILE.** Tomato, aromatic herbs, apple. Green

## BROLO DEI GIUSTI DOP VENETO VALPOLICELLA

**CULTIVAR: GRIGNANO, FAVAROL**
**FRUTTATO/FRUITY: 4 • AMARO/BITTER: 3 • PICCANTE/SPICY: 4**
**FASCIA PREZZO/PRICE RANGE: 5**

**PROFILO AROMATICO.** Pomodoro, mela. Maturo.

**AROMATIC PROFILE.** Tomato, apple, Ripe.

**CULTIVAR PRINCIPALI/MAIN VARIETIES**
Bianchera, Buka, Carbona, Gentile di Rosazzo, Grignan, Casaliva
**CULTIVAR MINORI/MINOR VARIETIES**
Favarol, Leccino, Frantoio, Moraiolo, Pendolino, Leccio del Corno

# FRIULI VENEZIA GIULIA

**MANGIARE/EAT**

**Agli Amici dal 1887**
via Liguria, 252 • Udine • tel. 0432 565411 • www.agliamici.it

**Campiello**
via Nazionale, 40 • San Giovanni al Natisone (UD)
tel. 0432 757910 • www.ristorantecampiello.it

**La Degusteria - Ferronato 1929**
c.so Vittorio Emanuele II, 58 • Pordenone
tel. 0434 208927 • ferronato1929.it

**Fred**
via del Freddo, 6 • Udine • tel. 0432 505059 • www.enotecafredudine.com

**COMPRARE/SHOP**

**Emporio Vini**
via Giulia, 47 • Trieste • tel. 040 52340 • www.emporiovini.info

# Ecco

**Cividale del Friuli (UD) | via Carlo Alberto, 13/8 |**
**tel. 0481 60155 | eccooliveoil.it**

**OLIVETO PROPRIO** SÌ
**CULTIVAR** Leccino, Pendolino, Bianchera, Frantoio, Moraiolo, Maurino, Grignano
**COLTIVAZIONE** Tradizionale
**RACCOLTA** Manuale
**ESTRAZIONE** Ciclo continuo
**FRANTOIO** NO
**LITRI PRODOTTI** 9.500
**OLIVE DA MENSA** NO
**OSPITALITÀ** NO
**RISTORAZIONE** NO

**AZIENDA.** Enrico Coser, già titolare insieme al fratello Matteo dell'azienda vinicola Ronco dei Tassi, una delle migliori realtà del Collio goriziano, si è messo in gioco puntando anche sull'olivicoltura. Nei 4 ettari - parte di proprietà e parte in affitto - sono presenti 1.600 olivi di varietà autoctone e non.

**OLIVE GROVE** YES
**CULTIVAR** Leccino, Pendolino, Bianchera, Frantoio, Moraiolo, Maurino, Grignano
**GROWING METHOD** Traditional
**HARVEST METHOD** Manual
**EXTRACTION METHOD** Continuous cycle
**OIL MILL** NO
**LITRES PRODUCED** 9,500
**TABLE OLIVES** NO
**ACCOMODATIONS** NO
**RESTAURANT** NO

**OIL MAKER.** Enrico Coser, who along with his brother Matteo owns one of the best wineries in the Gorizia Hills (Ronco dei Tassi), has also ventured into olive growing. His 4 hectares of groves, a part of which are owned and a part of which are rented, host some 1,600 olive trees (both native and non-native varieties).

## ECCO SELEZIONE GOURMET

**CULTIVAR: BIANCHERA, LECCINO, PENDOLINO, MORAIOLO**
**FRUTTATO/FRUITY: 6 • AMARO/BITTER: 3 • PICCANTE/SPICY: 4**
**FASCIA PREZZO/PRICE RANGE: 5**

**PROFILO AROMATICO.**
Mela, lattuga, soncino, erba. Verde.

**AROMATIC PROFILE.**
Apple, lettuce, lamb's lettuce, grass. Green.

# Radovic

Duino Aurisina (TS) | loc. Aurisina, 138a |
tel. 327 6904182 | agriturismoradovic.it

**OLIVETO PROPRIO** SÌ
**CULTIVAR** Bianchera, Leccino, Pendolino, Maurino, Frantoio
**COLTIVAZIONE** Tradizionale
**RACCOLTA** Manuale
**ESTRAZIONE** Ciclo continuo
**FRANTOIO** SÌ
**LITRI PRODOTTI** 1.000
**OLIVE DA MENSA** NO
**OSPITALITÀ** SÌ
**RISTORAZIONE** NO

**AZIENDA.** Nasce nel 1990 questa affascinante realtà agrituristica nel cuore del Carso di proprietà di Flavia Tercon. Un'azienda poliedrica dove poter trovare una struttura con 7 comodi alloggi in stile rustico, ma anche un vigneto e un oliveto di 650 alberi che puntano a valorizzare varietà autoctone.

**OLIVE GROVE** YES
**CULTIVAR** Bianchera, Leccino, Pendolino, Maurino, Frantoio
**GROWING METHOD** Traditional
**HARVEST METHOD** Manual
**EXTRACTION METHOD** Continuous cycle
**OIL MILL** YES
**LITRES PRODUCED** 1,000
**TABLE OLIVES** NO
**ACCOMODATIONS** YES
**RESTAURANT** NO

**OIL MAKER.** Owned by Flavia Tercon, this charming producer and farmstay was founded in 1990 in the heart of the Karst. It's a multifaceted operation that includes 7 comfortable, rustic-style rooms, but also a vineyard and a 650-tree olive grove, both of which seek to bring to light the attributes of native cultivars.

## MONOCULTIVAR BIANCHERA

CULTIVAR: BIANCHERA
FRUTTATO/FRUITY: 6 · AMARO/BITTER: 7 · PICCANTE/SPICY: 6
FASCIA PREZZO/PRICE RANGE: 4

**PROFILO AROMATICO.**
Erba, radicchio, rucola, ortica, pepe. Verde, persistente.

**AROMATIC PROFILE.**
Grass, radicchio, arugula, nettle, pepper. Green, persistent.

**CULTIVAR PRINCIPALI/MAIN VARIETIES**

Corregiolo, Nostrana di Brisighella, Ghiacciola

**CULTIVAR MINORI/MINOR VARIETIES**

Selvatico, Capolga, Corbucion di Carpineta, Grappuda, Rossina

# EMILIA ROMAGNA

**MANGIARE/EAT**

**La Buca**
c.so G. Garibaldi, 45 • Cesenatico (FC)
tel. 0547 675649 • labucaristorante.com

**'O Fiore Mio**
via Mura San Marco, 4 • Faenza (RA)
tel. 0546 667915 • ofioremio.it

**Al Pappagallo**
p.zza della Mercanzia, 3c • Bologna
tel. 051 232807 • alpappagallo.it

**COMPRARE/SHOP**

**Enoteca Bibe** • via Mazzini, 13c • Bologna
tel. 051 0034818 • enotecabibebologna.it

**Da Bruno & Franco**
via G. Oberdan, 16a • Bologna • tel. 051 233692 • la-salumeria.it

**Enoteca Regionale Emilia Romagna**
p.zza Rocca Sforzesca • Dozza (BO)
tel. 0542 678089 • enotecaemiliaromagna.it

**Drogheria Pedrelli**
via La Spezia, 53/b • Parma
tel. 0521 376276 • pedrelli.com

**Vini e Oli**
via San felice 38/b • Bologna
tel. 333 3192495 • bottegavinieoli.it

# CAB Terra di Brisighella

**Brisighella (RA) | via Strada, 2 | tel. 0546 81103 |**
**terradibrisighella.it**

**OLIVETO PROPRIO** SÌ
**CULTIVAR** Ghiacciola, Nostrana di Brisighella, Orfana
**COLTIVAZIONE** Tradizionale
**RACCOLTA** Manuale
**ESTRAZIONE** Ciclo continuo
**FRANTOIO** SÌ
**LITRI PRODOTTI** 50.000
**OLIVE DA MENSA** NO
**OSPITALITÀ** NO
**RISTORAZIONE** NO

**AZIENDA.** Oltre 600 soci, 105mila olivi e una esperienza di lettura territoriale che ha pochi paragoni in Italia. È il ritratto di questa cooperativa che di fatto inventò la prima Dop dell'olio italiano, Brisighella e che ancora oggi è un riferimento per la capacità di produrre oli di grande qualità. Oltre al pregiato oro verde si commercializzano vino, formaggi, salumi, sottoli e confetture.

**OLIVE GROVE** YES
**CULTIVAR** Ghiacciola, Nostrana di Brisighella, Orfana
**GROWING METHOD** Traditional
**HARVEST METHOD** Manual
**EXTRACTION METHOD** Continuous cycle
**OIL MILL** YES
**LITRES PRODUCED** 50,000
**TABLE OLIVES** NO
**ACCOMODATIONS** NO
**RESTAURANT** NO

**OIL MAKER.** Over 600 grower members, 105,000 olive trees and an ability to represent its territory in ways matched by few in Italy. This is CAB Terra di Brisighella, a cooperative producer that, in fact, is responsible for Italy's first DOP oil (Brisighella) and that remains a benchmark for its skill in producing high-quality extra virgin. In addition to their precious "green gold", they produce wine, cheeses, cured meats, bottled vegetables and jams.

## /// BRISIGHELLO DOP BRISIGHELLA MONOCULTIVAR NOSTRANA DI BRISIGHELLA

**CULTIVAR: NOSTRANA DI BRISIGHELLA**
**FRUTTATO/FRUITY: 7 • AMARO/BITTER: 6 • PICCANTE/SPICY: 5**
**FASCIA PREZZO/PRICE RANGE: 5**

**PROFILO AROMATICO.** Pomodoro, erbe aromatiche, mela, erba, songino, pepe. Verde, persistente.

**AROMATIC PROFILE.** Tomato, aromatic herbs, apple, grass, common cornsalad, pepper. Green, persistent.

# Primo Fraternali Grilli

**Montegridolfo (RN) | via Villa Parigi, 37 | fraz. Trebbio |**
**tel. 348 6538616 | ulivetodelfattore.it**

**OLIVETO PROPRIO** SÌ
**CULTIVAR** Correggiolo, Leccino, Pendolino
**COLTIVAZIONE** Integrata
**RACCOLTA** Manuale
**ESTRAZIONE** Ciclo continuo
**FRANTOIO** NO
**LITRI PRODOTTI** 2.700
**OLIVE DA MENSA** NO
**OSPITALITÀ** NO
**RISTORAZIONE** NO

**AZIENDA.** Da quattro generazioni questa tenuta, situata sulle colline della valle del Conca, si conferma come una solida realtà e un bel riferimento nel territorio per quanto riguarda la produzione di oro verde. Il merito va ai fratelli Claudio e Giovanni Fraternali Grilli, eredi di una tradizione familiare che ha radici nell'Ottocento. Si coltivano 35 ettari di cui 5 dedicati ai 900 olivi. Il resto della produzione è dedicata al vino.

**OLIVE GROVE** YES
**CULTIVAR** Correggiolo, Leccino, Pendolino
**GROWING METHOD**
**HARVEST METHOD** Manual
**EXTRACTION METHOD** Continuous cycle
**OIL MILL** NO
**LITRES PRODUCED** 2,700
**TABLE OLIVES** NO
**ACCOMODATIONS** NO
**RESTAURANT** NO

**OIL MAKER.** Over four generations Primo Fraternali Grilli has consolidated its reputation as a touchstone for the hills of the Conca valley when it comes to the production of "green gold". Credit its success to brothers Claudio and Giovanni Fraternali Grilli, heirs to a family tradition whose roots go back to the 19th century. 5 of the property's 35 hectares host olive trees, about 900 in all. The rest of production is dedicated to wine.

## ULIVETO DEL FATTORE SELEZIONE RODOLFO MONOCULTIVAR CORREGGIOLO

**CULTIVAR: CORREGGIOLO**
**FRUTTATO/FRUITY: 6 • AMARO/BITTER: 6 • PICCANTE/SPICY: 6**
**FASCIA PREZZO/PRICE RANGE: 4**

**PROFILO AROMATICO.**
Carciofo, rucola, erba, mandorla, pepe, balsamico. Verde, persistente.

**AROMATIC PROFILE.**
Artichoke, arugula, grass, almond, pepper, balsamic. Green, persistent.

# Palazzo di Varignana

**Castel San Pietro Terme (BO) | via Ca' Masino, 611a | loc. Varignana | tel. 051 19938349 | palazzodivarignanafood.com**

**OLIVETO PROPRIO** SÌ
**CULTIVAR** Ghiacciola, Leccino, Pendolino, Maurino, Correggiolo, Frantoio, Grignano, Nostrana di Brisighella
**COLTIVAZIONE** Tradizionale / Biologica
**RACCOLTA** Manuale / Meccanica
**ESTRAZIONE** Ciclo continuo
**FRANTOIO** NO
**LITRI PRODOTTI** 52.900
**OLIVE DA MENSA** NO
**OSPITALITÀ** SÌ
**RISTORAZIONE** SÌ

**AZIENDA.** Su oltre 340 ettari, Carlo Gherardi - protagonista della rinascita del Palazzo Bargellini-Bentivoglio - ha impiantato 87mila olivi su 140 ettari. Si producono vino, confetture e zafferano. Il resort propone anche 150 camere da sogno.

**OLIVE GROVE** YES
**CULTIVAR** Ghiacciola, Leccino, Pendolino, Maurino, Correggiolo, Frantoio, Grignano, Nostrana di Brisighella
**GROWING METHOD** Traditional+organic
**HARVEST METHOD** Manual + mechanical
**EXTRACTION METHOD** Continuous cycle
**OIL MILL** NO
**LITRES PRODUCED** 52,900
**TABLE OLIVES** NO
**ACCOMODATIONS** YES
**RESTAURANT** YES

**OIL MAKER.** In addition to being the owner of the 340-hectare estate and the mastermind of Palazzo Bargellini-Bentivoglio's rebirth, Carlo Gherardi oversaw the planting of 87,000 olive trees on 140 hectares of land. The property also includes a splendid resort and produces wine.

## VARGNANO MONOCULTIVAR NOSTRANA DI BRISIGHELLA

**CULTIVAR: NOSTRANA DI BRISIGHELLA**
**FRUTTATO/FRUITY: 7 • AMARO/BITTER: 5 • PICCANTE/SPICY: 6**
**FASCIA PREZZO/PRICE RANGE: 5**

**PROFILO AROMATICO.**
Pomodoro, erbe aromatiche, mela, erba, balsamico. Verde, persistente.

**AROMATIC PROFILE.**
Tomato, aromatic herbs, apple, grass, balsamic. Green, persistent.

## CLATERNA MONOCULTIVAR GHIACCIOLA

**CULTIVAR: GHIACCIOLA**
**FRUTTATO/FRUITY: 7 • AMARO/BITTER: 6 • PICCANTE/SPICY: 4**
**FASCIA PREZZO/PRICE RANGE: 5**

**PROFILO AROMATICO.**
Pomodoro, erbe aromatiche, mela, balsamico. Verde.

**AROMATIC PROFILE.**
Tomato, aromatic herbs, apple, balsamic. Green.

## STIFFONTE MONOCULTIVAR CORREGGIOLO

**CULTIVAR: CORREGGIOLO**
**FRUTTATO/FRUITY: 5 • AMARO/BITTER: 6 • PICCANTE/SPICY: 7**
**FASCIA PREZZO/PRICE RANGE: 5**

**PROFILO AROMATICO.**
Carciofo, cardo, rucola, erba, mandorla. Verde, persistente.

**AROMATIC PROFILE.**
Artichoke, cardoon, arugula, grass, almond. Green, persistent.

# Oleificio Pecci

**Morciano di Romagna (RN) | via Carducci, 8 |**
**tel. 347 6855719 | famigliapecci.it**

**OLIVETO PROPRIO** NO
**CULTIVAR** Leccino, Frantoio, Moraiolo, Correggiolo
**COLTIVAZIONE** Tradizionale
**RACCOLTA** Manuale
**ESTRAZIONE** Ciclo continuo
**FRANTOIO** SÌ
**LITRI PRODOTTI** 7.000
**OLIVE DA MENSA** NO
**OSPITALITÀ** NO
**RISTORAZIONE** NO

**AZIENDA.** Bella realtà a gestione familiare che da anni si occupa di lavorare le olive (anche conto terzi) e trasformarle in validi extravergine. Si producono pure oli aromatizzati, sottoli e creme di verdure. I visitatori sono accolti con cordialità e massima disponibilità.

**OLIVE GROVE** NO
**CULTIVAR** Leccino, Frantoio, Moraiolo, Correggiolo
**GROWING METHOD** Traditional
**HARVEST METHOD** Manual
**EXTRACTION METHOD** Continuous cycle
**OIL MILL** YES
**LITRES PRODUCED** 7,000
**TABLE OLIVES** NO
**ACCOMODATIONS** NO
**RESTAURANT** NO

**OIL MAKER.** For years this thriving, family-managed business has been pressing olives (for themselves and on behalf of third parties) and transforming them into sound extra virgin olive oil. Flavored-infused oils, bottled vegetables and purées are also produced. Extremely polite and helpful staff.

## MONOCULTIVAR FRANTOIO

**CULTIVAR: FRANTOIO**
**FRUTTATO/FRUITY: 6 • AMARO/BITTER: 6 • PICCANTE/SPICY: 6**
**FASCIA PREZZO/PRICE RANGE: 5**

**PROFILO AROMATICO.** Carciofo, rucola, erba, mandorla, pepe, balsamico. Verde, persistente.

**AROMATIC PROFILE.** Artichoke, arugula, grass, almond, pepper, balsamic. Green, persistent.

## MONOCULTIVAR LECCINO

**CULTIVAR: LECCINO**
**FRUTTATO/FRUITY: 6 • AMARO/BITTER: 5 • PICCANTE/SPICY: 6**
**FASCIA PREZZO/PRICE RANGE: 5**

**PROFILO AROMATICO.** Lattuga, rucola, erba, pepe. Verde.

**AROMATIC PROFILE.** Lettuce, arugula, grass, pepper. Green.

## BLEND

**CULTIVAR: CORREGGIOLO, FRANTOIO, LECCINO, MORAIOLO**
**FRUTTATO/FRUITY: 6 • AMARO/BITTER: 6 • PICCANTE/SPICY: 6**
**FASCIA PREZZO/PRICE RANGE: 5**

**PROFILO AROMATICO.** Carciofo, rucola, erba, mandorla, pepe. Verde, persistente.

**AROMATIC PROFILE.** Artichoke, arugula, grass, almond, pepper. Green, persistent.

# ★ Tenuta Pennita

**Castrocaro Terme e Terra del Sole (FC) | via Pianello, 34 | tel. 0543 767451 | lapennita.it**

**OLIVETO PROPRIO** SÌ
**CULTIVAR** Correggiolo, Nostrana di Brisighella, Ghiacciola
**COLTIVAZIONE** Integrata
**RACCOLTA** Manuale
**ESTRAZIONE** Ciclo continuo
**FRANTOIO** SÌ
**LITRI PRODOTTI** 10.600
**OLIVE DA MENSA** NO
**OSPITALITÀ** NO
**RISTORAZIONE** NO

**AZIENDA.** Gianluca Tumidei dal 1973 gestisce 16.300 piante circa in una tenuta di 147 ettari (46 a oliveto) e recupera olivi secolari abbandonati e cru nell'area della Nostrana di Brisighella. L'azienda produce anche vino e grappa.

**OLIVE GROVE** YES
**CULTIVAR** Correggiolo, Nostrana di Brisighella, Ghiacciola
**GROWING METHOD**
**HARVEST METHOD** Manual
**EXTRACTION METHOD** Continuous cycle
**OIL MILL** YES
**LITRES PRODUCED** 10,600
**TABLE OLIVES** NO
**ACCOMODATIONS** NO
**RESTAURANT** NO

**OIL MAKER.** Since 1973 Gianluca Tumidei has cultivated some 16,300 olive trees on a 147-hectare estate (46 ha of olive groves total), while also reviving old abandoned trees and crus in Nostrana di Brisighella. Wine and grappa are also produced.

## VALDOLETO MONOCULTIVAR GHIACCIOLA

**CULTIVAR: GHIACCIOLA**
**FRUTTATO/FRUITY: 7 · AMARO/BITTER: 6 · PICCANTE/SPICY: 4**
**FASCIA PREZZO/PRICE RANGE: 5**

**PROFILO AROMATICO.** Pomodoro, erbe aromatiche, songino, mela, pepe. Verde, persistente.

**AROMATIC PROFILE.** Tomato, aromatic herbs, lamb's lettuce, apple, pepper. Green, persistent.

## POGGIO AL MONTE

**CULTIVAR: CORREGGIOLO, NOSTRANA DI BRISIGHELLA, GHIACCIOLA**
**FRUTTATO/FRUITY: 6 · AMARO/BITTER: 4 · PICCANTE/SPICY: 4**
**FASCIA PREZZO/PRICE RANGE: 5**

**PROFILO AROMATICO.** Mela, rucola, songino, erbe aromatiche. Verde.

**AROMATIC PROFILE.** Apple, arugula, lamb's lettuce, aromatic herbs. Green.

## SELEZIONE ALINA MONOCULTIVAR NOSTRANA DI BRISIGHELLA

**CULTIVAR: NOSTRANA DI BRISIGHELLA**
**FRUTTATO/FRUITY: 6 · AMARO/BITTER: 5 · PICCANTE/SPICY: 4**
**FASCIA PREZZO/PRICE RANGE: 5**

**PROFILO AROMATICO.** Pomodoro, lattuga, erbe aromatiche, mela. Verde.

**AROMATIC PROFILE.** Tomato, lettuce, aromatic herbs, apple. Green.

# Tenuta San Giuseppe

**Saludecio (RN) | via San Giuseppe, 736 |**
**tel. 339 6201267 | tenutasangiuseppe.com**

**OLIVETO PROPRIO** SÌ
**CULTIVAR** Correggiolo, Leccino
**COLTIVAZIONE** Tradizionale
**RACCOLTA** Manuale
**ESTRAZIONE** Ciclo continuo
**FRANTOIO** NO
**LITRI PRODOTTI** 1.800
**OLIVE DA MENSA** NO
**OSPITALITÀ** SÌ
**RISTORAZIONE** SÌ

**AZIENDA.** Splendido ingresso in Guida per l'azienda di Francesca Casadei. Lo scorso anno ha deciso di riprendere in mano l'azienda agrituristica famigliare e di metterci la faccia nelle etichette dell'extravergine che nasce dalle 3.000 piante ospitate nei 12 ettari di oliveto. Propone anche una cucina di territorio contemporanea e ospitalità in azienda.

**OLIVE GROVE** YES
**CULTIVAR** Correggiolo, Leccino
**GROWING METHOD** Traditional
**HARVEST METHOD** Manual
**EXTRACTION METHOD** Continuous cycle
**OIL MILL** NO
**LITRES PRODUCED** 1,800
**TABLE OLIVES** NO
**ACCOMODATIONS** YES
**RESTAURANT** YES

**OIL MAKER.** Last year Francesca Casadei decided to take over the family property and go all in on extra virgin olive oil, drawing on 3,000 trees cultivated across 12 hectares of olive groves. Contemporary regional cuisine and accommodations are also available.

## IL CENTENARIO MONOCULTIVAR CORREGGIOLO

**CULTIVAR: CORREGGIOLO**
**FRUTTATO/FRUITY: 7 • AMARO/BITTER: 6 • PICCANTE/SPICY: 7**
**FASCIA PREZZO/PRICE RANGE: 4**

**PROFILO AROMATICO.** Carciofo, ortica, rucola, erba, mandorla, pepe, balsamico. Verde, persistente.

**AROMATIC PROFILE.** Artichoke, nettle, arugula, grass, almond, pepper, balsamic. Green, persistent.

# Torre San Martino

**Modigliana (FC) | via Dei Frati, 11 |**
**tel. 0546 940102 | torre1922.it**

**OLIVETO PROPRIO** SÌ
**CULTIVAR** Ghiacciola, Nostrana di Brisighella
**COLTIVAZIONE** Biologica
**RACCOLTA** Meccanica
**ESTRAZIONE** Ciclo continuo
**FRANTOIO** NO
**LITRI PRODOTTI** 2.000
**OLIVE DA MENSA** NO
**OSPITALITÀ** NO
**RISTORAZIONE** NO

**AZIENDA.** 100 ettari fra boschi, vigneti e, naturalmente, olivi (850 in 4,5 ettari a conduzione biologica) che si sviluppano sul crinale che divide il comune di Modigliana da quello di Brisighella. Un bel progetto proprio nel cuore della Dop Brisighella, sull'Appennino Tosco Romagnolo.

**OLIVE GROVE** YES
**CULTIVAR** Ghiacciola, Nostrana di Brisighella
**GROWING METHOD** Organic
**HARVEST METHOD** Mechanical
**EXTRACTION METHOD** Continuous cycle
**OIL MILL** NO
**LITRES PRODUCED** 2,000
**TABLE OLIVES** NO
**ACCOMODATIONS** NO
**RESTAURANT** NO

**OIL MAKER.** 100 hectares of woods, vineyards and olive trees (4.5 organically-cultivated hectares, about 850 trees in all) unfold along the ridge that divides the municipality of Modigliana from Brisighella. This lovely estate is situated right in the heart of the Dop Brisighella production zone, in the Tuscan-Romagnolo Apennines.

## DOP BRISIGHELLA MONOCULTIVAR NOSTRANA DI BRISIGHELLA BIO

**CULTIVAR: NOSTRANA DI BRISIGHELLA**
**FRUTTATO/FRUITY: 4 · AMARO/BITTER: 3 · PICCANTE/SPICY: 4**
**FASCIA PREZZO/PRICE RANGE: 5**

**PROFILO AROMATICO.**
Pomodoro, erbe aromatiche, mela. Verde.

**AROMATIC PROFILE.**
Tomato, aromatic herbs, apple. Green.

# Frantoio Valsanterno

**Imola (BO) | via di Nola, 11 |**
**tel. 351 7471074 | frantoiovalsanterno.it**

**OLIVETO PROPRIO** SÌ
**CULTIVAR** Leccino, Frantoio, Nostrana di Brisighella, Ghiacciola, Don Carlo
**COLTIVAZIONE** Tradizionale
**RACCOLTA** Manuale / Meccanica
**ESTRAZIONE** Ciclo continuo
**FRANTOIO** SÌ
**LITRI PRODOTTI** 17.000
**OLIVE DA MENSA** NO
**OSPITALITÀ** NO
**RISTORAZIONE** NO

**AZIENDA.** Giovane realtà agricola di proprietà di 4 soci appassionati. Dispone di 9 ettari di superficie olivetata in zona collinare, nei quali sono impiantati 3.000 alberi, e di un frantoio che è l'unico in provincia di Bologna. Si producono anche liquore alle foglie d'olivo, creme e patè di olive.

**OLIVE GROVE** YES
**CULTIVAR** Leccino, Frantoio, Nostrana di Brisighella, Ghiacciola, Don Carlo
**GROWING METHOD** Traditional
**HARVEST METHOD** Manual + mechanical
**EXTRACTION METHOD** Continuous cycle
**OIL MILL** YES
**LITRES PRODUCED** 17,000
**TABLE OLIVES** NO
**ACCOMODATIONS** NO
**RESTAURANT** NO

**OIL MAKER.** Owned by 4 passionate partners, this young producer avails itself of 9 hectares of hillside olive groves (3,000 trees) and an oil mill (the only one in the province of Bologna). Olive leaf liqueur, olive creams and pâtés are also produced.

## /// MONTE DI NOLA

**CULTIVAR: NOSTRANA DI BRISIGHELLA, FRANTOIO, LECCINO, GHIACCIOLA**
**FRUTTATO/FRUITY: 6 • AMARO/BITTER: 5 • PICCANTE/SPICY: 6**
**FASCIA PREZZO/PRICE RANGE: 5**

**PROFILO AROMATICO.** Pomodoro, songino, erbe aromatiche, mela, pepe. Verde, persistente.

**AROMATIC PROFILE.** Tomato, common cornsalad, aromatic herbs, apple, pepper. Green, persistent.

## // CLASSICO

**CULTIVAR: LECCINO, FRANTOIO, ALTRE**
**FRUTTATO/FRUITY: 5 • AMARO/BITTER: 5 • PICCANTE/SPICY: 5**
**FASCIA PREZZO/PRICE RANGE: 2**

**PROFILO AROMATICO.** Pomodoro, lattuga, erbe aromatiche, mela. Verde.

**AROMATIC PROFILE.** Tomato, lettuce, aromatic herbs, apple. Green.

# Villa Liverzano

**Brisighella (RA) | via Chiesa di Rontana, 10 | tel. 0546 80461 | liverzano.it**

**OLIVETO PROPRIO** SÌ
**CULTIVAR** Nostrana di Brisighella, Ghiacciola, Frantoio, Leccino
**COLTIVAZIONE** Biologica
**RACCOLTA** Manuale
**ESTRAZIONE** Ciclo continuo
**FRANTOIO** NO
**LITRI PRODOTTI** 1.000
**OLIVE DA MENSA** NO
**OSPITALITÀ** SÌ
**RISTORAZIONE** SÌ

**AZIENDA.** Nata nel 2002, la tenuta di Joseph Knötzl e Antonella Marchini dispone di 6,5 ettari di oliveto in regime biologico, sui quali sono distribuite 800 piante. Si produce anche vino. Disponibili 9 camere confortevoli in un ecoresort con piscina per prolungare il piacere della sosta.

**OLIVE GROVE** YES
**CULTIVAR** Nostrana di Brisighella, Ghiacciola, Frantoio, Leccino
**GROWING METHOD** Organic
**HARVEST METHOD** Manual
**EXTRACTION METHOD** Continuous cycle
**OIL MILL** NO
**LITRES PRODUCED** 1,000
**TABLE OLIVES** NO
**ACCOMODATIONS** YES
**RESTAURANT** YES

**OIL MAKER.** Founded in 2002, Joseph Knötzl and Antonella Marchini's estate includes 6.5 hectares of organic olive groves — about 800 trees in all. Wine is also produced. Nine comfortable rooms are available in an eco-resort, complete with swimming pool, for those looking to get the most out of their visit.

## DOP BRISIGHELLA MONOCULTIVAR NOSTRANA DI BRISIGHELLA BIO

**CULTIVAR: NOSTRANA DI BRISIGHELLA**
**FRUTTATO/FRUITY: 7 • AMARO/BITTER: 7 • PICCANTE/SPICY: 6**
**FASCIA PREZZO/PRICE RANGE: 5**

**PROFILO AROMATICO.** Pomodoro, rucola, erbe aromatiche, mela, erba, pepe. Verde, persistente.

**AROMATIC PROFILE.** Tomato, arugula, aromatic herbs, apple, grass, pepper. Green, persistent.

**CULTIVAR PRINCIPALI/MAIN VARIETIES**

Correggiolo, Frantoio, Leccino, Maurino, Moraiolo, Pendolino

**CULTIVAR MINORI/MINOR VARIETIES**

Ciliegino, Maremmana, Lazzero, Olivastra Seggianese

# TOSCANA

**MANGIARE/EAT**

**Al 588** • via Roma, 588 • Bagno a Ripoli (FI)
tel. 055 699059 • www.ristoranteal588.com

**Arnolfo** • v.le della Rimembranza, 33 • Colle di Val d'Elsa (SI)
tel. 0577 920549 • www.arnolfo.com

**La Trattoria del Pesce**
via Cassia per Siena, 124 • loc. Bargino • San Casciano in Val di Pesa (FI)
tel. 055 8249045 • www.latrattoriadelpesce.it

**Osteria Vecchio Mulino**
via Vittorio Emanuele, 12 • Castelnuovo di Garfagnana (LU)
tel. 0583 62192 • www.vecchiomulino.info

**COMPRARE/SHOP**

**Magazzino del Gusto**
v.le T. Corsini, 21 • San Casciano in Val di Pesa (FI)
tel. 055 8023358 • magazzinodelgusto.com

**Oil Bar Caffè Del Mercato**
via Buontalenti, Mercato Centrale box 404 • Livorno • tel. 338 7652694

# L'Altro Sapore

**Pitigliano (GR) | s.s. 74 km 4,7 | loc. Corano | tel. 0564 1834157 | laltrosapore.com**

**OLIVETO PROPRIO** SÌ
**CULTIVAR** Frantoio, Leccio del Corno, Moraiolo, Maurino, Caninese, Olivastra Seggianese, Leccino
**COLTIVAZIONE** Biologica
**RACCOLTA** Manuale
**ESTRAZIONE** Ciclo continuo
**FRANTOIO** NO
**LITRI PRODOTTI** 3.000
**OLIVE DA MENSA** NO
**OSPITALITÀ** NO
**RISTORAZIONE** SÌ

**AZIENDA.** Sulle colline del fiume Fiora, nel cuore della Maremma, si estende la tenuta di Eleonora Guastini ed Edoardo Passalacqua, moglie e marito, che si estende su 15 ettari di terreno di origini vulcaniche. Di questi, 6 sono destinati alle 1.450 piante di olivo. C'è anche un piacevole ristorante.

**OLIVE GROVE** YES
**CULTIVAR** Frantoio, Leccio del Corno, Moraiolo, Maurino, Caninese, Olivastra Seggianese, Leccino
**GROWING METHOD** Organic
**HARVEST METHOD** Manual
**EXTRACTION METHOD** Continuous cycle
**OIL MILL** NO
**LITRES PRODUCED** 3,000
**TABLE OLIVES** NO
**ACCOMODATIONS** NO
**RESTAURANT** YES

**OIL MAKER.** Eleonora Guastini and Edoardo Passalacqua, wife and husband, oversee 15 hectares of geologically rich, volcanic terrain on the hills of the Fiora river, in the heart of Tuscany's Maremma district. Of these, 6 host olive groves (about 1,450 trees). There's also a pleasant restaurant.

## PRINCIPIO BIO

**CULTIVAR: LECCINO, CANINESE, FRANTOIO, MORAIOLO**
**FRUTTATO/FRUITY: 6 · AMARO/BITTER: 5 · PICCANTE/SPICY: 6**
**FASCIA PREZZO/PRICE RANGE: 5**

**PROFILO AROMATICO.** Carciofo, songino, mela, mandorla, noce, pepe. Verde, persistente.

**AROMATIC PROFILE.** Artichoke, lamb's lettuce, apple, almond, walnut, pepper. Green, persistent.

## GRAN CRU MONOCULTIVAR LECCINO BIO

**CULTIVAR: LECCINO**
**FRUTTATO/FRUITY: 5 · AMARO/BITTER: 4 · PICCANTE/SPICY: 5**
**FASCIA PREZZO/PRICE RANGE: 5**

**PROFILO AROMATICO.** Carciofo, fiori, mela. Verde.

**AROMATIC PROFILE.** Artichoke, flowers, apple. Green.

# Balduccio

**Lamporecchio (PT) | via Greppiano, 29f |**
**tel. 329 8072367 | balduccio.it**

**OLIVETO PROPRIO** SÌ
**CULTIVAR** Moraiolo, Frantoio, Leccino, Maurino, Leccio del Corno, Pendolino
**COLTIVAZIONE** Biologica
**RACCOLTA** Manuale
**ESTRAZIONE** Ciclo continuo
**FRANTOIO** SÌ
**LITRI PRODOTTI** 15.000
**OLIVE DA MENSA** NO
**OSPITALITÀ** NO
**RISTORAZIONE** NO

**AZIENDA.** Nel 1979 acquistano il podere, tre anni più tardi attorno alla vecchia casa colonica sorgono vigne e olivi. Adriano März con i fratelli, figli dei fondatori Andreas ed Eva, è oggi a capo di una tenuta che nel tempo è cresciuta e che oggi è composta da quasi 30 ettari di terreno a conduzione biologica con 9.000 piante a dimora. Shop on line.

**OLIVE GROVE** YES
**CULTIVAR** Moraiolo, Frantoio, Leccino, Maurino, Leccio del Corno, Pendolino
**GROWING METHOD** Organic
**HARVEST METHOD** Manual
**EXTRACTION METHOD** Continuous cycle
**OIL MILL** YES
**LITRES PRODUCED** 15,000
**TABLE OLIVES** NO
**ACCOMODATIONS** NO
**RESTAURANT** NO

**OIL MAKER.** In 1979 they bought a farm — 3 years later, vineyards and olive trees were growing around the old farmhouse. Today Adriano März and his siblings (the children of founders Andreas and Eva) manage an estate that's grown over time, reaching almost 30 organically-managed hectares (about 9,000 olive trees in all). Products are available for purchase online.

## OLIO EXTRAVERGINE DI OLIVA BIO

**CULTIVAR: MORAIOLO, FRANTOIO, LECCIO DEL CORNO, MAURINO**
**FRUTTATO/FRUITY: 6 • AMARO/BITTER: 5 • PICCANTE/SPICY: 6**
**FASCIA PREZZO/PRICE RANGE: 5**

**PROFILO AROMATICO.** Carciofo, cardo, erba, mandorla, pepe. Verde, persistente.

**AROMATIC PROFILE.** Artichoke, cardoon, grass, almond, pepper. Green, persistent.

# Bellandi

**Uzzano (PT) | via G. Matteotti, 48 | loc. Santa Lucia |**
**tel. 338 4952717 | aziendabellandi.it**

**OLIVETO PROPRIO** SÌ
**CULTIVAR** Frantoio, Leccino, Pendolino
**COLTIVAZIONE** Biologica
**RACCOLTA** Meccanica
**ESTRAZIONE** Ciclo continuo
**FRANTOIO** NO
**LITRI PRODOTTI** 1.000
**OLIVE DA MENSA** NO
**OSPITALITÀ** SÌ
**RISTORAZIONE** NO

**AZIENDA.** Un'attività a gestione familiare condotta da Antonella Bellandi, che è pure un confortevole agriturismo totalmente ecosostenibile dove trascorrere rilassanti soggiorni sulle colline della Valdinievole. Un ettaro e mezzo di terreno, metà della superficie totale, è destinato alle 350 piante di olivi.

**OLIVE GROVE** YES
**CULTIVAR** Frantoio, Leccino, Pendolino
**GROWING METHOD** Organic
**HARVEST METHOD** Mechanical
**EXTRACTION METHOD** Continuous cycle
**OIL MILL** NO
**LITRES PRODUCED** 1,000
**TABLE OLIVES** NO
**ACCOMODATIONS** YES
**RESTAURANT** NO

**OIL MAKER.** A family-run business managed by Antonella Bellandi, Bellandi also includes comfortable, entirely eco-sustainable accommodations where guests can enjoy relaxing holidays on the hills of the Valdinievole. One and a half hectares of land (half of the total area) host 350 olive trees.

## INSIEME BIO

**CULTIVAR: FRANTOIO, LECCINO, PENDOLINO**
**FRUTTATO/FRUITY: 6 • AMARO/BITTER: 5 • PICCANTE/SPICY: 6**
**FASCIA PREZZO/PRICE RANGE: 4**

**PROFILO AROMATICO.**
Erbe aromatiche, mela, erba, mandorla, pepe. Verde, persistente.

**AROMATIC PROFILE.**
Aromatic herbs, apple, grass, almond, pepper. Green, persistent.

# Borgo Riparossa

**Manciano (GR) | s.da del Mulino di Ripa Rossa, 252 | loc. Pinzuto | tel. 377 1000178 | borgoriparossa.it**

**OLIVETO PROPRIO** SÌ
**CULTIVAR** Leccino, Frantoio, Pendolino, Moraiolo
**COLTIVAZIONE** Biologica
**RACCOLTA** Manuale
**ESTRAZIONE** Ciclo continuo
**FRANTOIO** NO
**LITRI PRODOTTI** 1.000
**OLIVE DA MENSA** NO
**OSPITALITÀ** NO
**RISTORAZIONE** NO

**AZIENDA.** Francesco Mastantuoni ha recuperato una vecchia azienda agricola rendendola una realtà totalmente ecosostenibile e in linea con i principi dell'agricoltura rigenerativa. Degli 8 ettari di terreno 5 sono destinati alla produzione di olio con 1.200 piante. Si fa e si vende anche vino. Bella l'iniziativa "adotta un olivo".

**OLIVE GROVE** YES
**CULTIVAR** Leccino, Frantoio, Pendolino, Moraiolo
**GROWING METHOD** Organic
**HARVEST METHOD** Manual
**EXTRACTION METHOD** Continuous cycle
**OIL MILL** NO
**LITRES PRODUCED** 1,000
**TABLE OLIVES** NO
**ACCOMODATIONS** NO
**RESTAURANT** NO

**OIL MAKER.** Francesco Mastantuoni revived an old farm, transforming it into an entirely eco-sustainable operation in line with principles of regenerative agriculture. 5 of its 8 hectares are dedicated to the production of oil (about 1,200 trees in all). Wine is also produced and sold. The "adopt an olive tree" initiative is also worth noting.

## IGP TOSCANO BIO

**CULTIVAR: LECCINO, FRANTOIO**
**FRUTTATO/FRUITY: 6 • AMARO/BITTER: 6 • PICCANTE/SPICY: 6**
**FASCIA PREZZO/PRICE RANGE: 5**

**PROFILO AROMATICO.** Carciofo, cardo, ortica, erba, mandorla, pepe. Verde, persistente.

**AROMATIC PROFILE.** Artichoke, cardoon, nettle, grass, almond, pepper. Green, persistent.

# Il Borro

**Loro Ciuffenna (AR) | loc. Borro, 1 | fraz. San Giustino Valdarno | tel. 055 9772921 | ilborro.it**

**OLIVETO PROPRIO** SÌ
**CULTIVAR** Fiorentino, Leccino, Frantoio, Moraiolo
**COLTIVAZIONE** Biologica
**RACCOLTA** Manuale
**ESTRAZIONE** Ciclo continuo
**FRANTOIO** SÌ
**LITRI PRODOTTI** 6.000
**OLIVE DA MENSA** NO
**OSPITALITÀ** SÌ
**RISTORAZIONE** SÌ

**AZIENDA.** Di proprietà della famiglia Ferragamo, è una splendida realtà: valida cantina, rinomato ristorante, ville e casali accoglienti per l'ospitalità, piscina, centro benessere e, non ultima, una produzione olearia di rispetto con 8.000 piante su 33 ettari olivetati.

**OLIVE GROVE** YES
**CULTIVAR** Fiorentino, Leccino, Frantoio, Moraiolo
**GROWING METHOD** Organic
**HARVEST METHOD** Manual
**EXTRACTION METHOD** Continuous cycle
**OIL MILL** YES
**LITRES PRODUCED** 6,000
**TABLE OLIVES** NO
**ACCOMODATIONS** YES
**RESTAURANT** YES

**OIL MAKER.** Owned by the Ferragamo family, Il Borro is a splendid estate. Here a valid winery and renowned restaurant coexist alongside welcoming villas and farmhouses, a swimming pool, wellness center and, last but not least, a respectable, 33-hectare olive grove that hosts about 8,000 trees.

## TRADIZIONE BIO

**CULTIVAR: MORAIOLO, FRANTOIO, LECCINO, FIORENTINO**
**FRUTTATO/FRUITY: 6 • AMARO/BITTER: 5 • PICCANTE/SPICY: 6**
**FASCIA PREZZO/PRICE RANGE: 5**

**PROFILO AROMATICO.**
Carciofo, cardo, erba, mandorla, pepe. Verde, persistente.

**AROMATIC PROFILE.**
Artichoke, cardoon, grass, almond, pepper. Green, persistent.

## PRIMO RACCOLTO BIO

**CULTIVAR: MORAIOLO, FRANTOIO, LECCINO, FIORENTINO**
**FRUTTATO/FRUITY: 5 • AMARO/BITTER: 5 • PICCANTE/SPICY: 5**
**FASCIA PREZZO/PRICE RANGE: 5**

**PROFILO AROMATICO.**
Carciofo, mela, mandorla, pepe. Maturo, persistente.

**AROMATIC PROFILE.**
Artichoke, apple, almond, pepper. Ripe, persistent.

# Il Bottaccio

**Piombino (LI) | via del Pino, 1 |**
**tel. 0565 228951 | ilbottaccio.com**

**OLIVETO PROPRIO** SÌ
**CULTIVAR** Leccio del Corno, Maurino, Leccino, Pendolino, Moraiolo, Frantoio
**COLTIVAZIONE** Biologica
**RACCOLTA** Manuale / Meccanica
**ESTRAZIONE** Ciclo continuo
**FRANTOIO** NO
**LITRI PRODOTTI** 12.000
**OLIVE DA MENSA** SÌ
**OSPITALITÀ** SÌ
**RISTORAZIONE** NO

**AZIENDA.** Luca Guglielmi è a capo di questa tenuta dalla lunga tradizione (nasce quasi un secolo fa) che si tramanda di generazione in generazione. Nel cuore della Val Cornia ha sede la tenuta di cui 28 ettari sono coltivati a olivi, con 10.500 piante. 6 confortevoli bilocali in una casa di campagna ristrutturata per chi vuole prolungare la sosta.

**OLIVE GROVE** YES
**CULTIVAR** Leccio del Corno, Maurino, Leccino, Pendolino, Moraiolo, Frantoio
**GROWING METHOD** Organic
**HARVEST METHOD** Manual + mechanical
**EXTRACTION METHOD** Continuous cycle
**OIL MILL** NO
**LITRES PRODUCED** 12,000
**TABLE OLIVES** YES
**ACCOMODATIONS** YES
**RESTAURANT** NO

**OIL MAKER.** Handed down from one generation to the next, Luca Guglielmi's estate has deep roots (it was founded almost a century ago). The 28-hectare property, which is situated in the heart of Val Cornia, hosts 10,500 olive trees. There are also 6 comfortable two-room apartments in a renovated country house for those interested in an overnight stay.

## TUTTO FRANTOIANO

**CULTIVAR: FRANTOIO**
**FRUTTATO/FRUITY: 6 • AMARO/BITTER: 6 • PICCANTE/SPICY: 6**
**FASCIA PREZZO/PRICE RANGE: 5**

**PROFILO AROMATICO.**
Carciofo, cardo, rucola, erba, mandorla. Verde, persistente.

**AROMATIC PROFILE.**
Artichoke, cardoon, arugula, grass, almond. Green, persistent.

# Buccelletti Vivai

**Castiglion Fiorentino (AR) | loc. Salceto, 24 |**
**tel. 0575 651603 | livitaplus.com**

**OLIVETO PROPRIO** SÌ
**CULTIVAR** Arbequina, Frantoio, Leccino, Moraiolo
**COLTIVAZIONE** Biologica
**RACCOLTA** Meccanica
**ESTRAZIONE** Ciclo continuo
**FRANTOIO** NO
**LITRI PRODOTTI** 10.000
**OLIVE DA MENSA** NO
**OSPITALITÀ** SÌ
**RISTORAZIONE** NO

**AZIENDA.** Dal 1910 è un eclettico punto di riferimento nel vivaismo e nell'olivicoltura, grazie anche a servizi di consulenza e a Livita Plus, un sistema innovativo di propagazione dell'olivo. Il "campo madre" si estende su 18 ettari e conta 20.000 piante a dimora. Ospitalità e produzione e vendita di ortofrutta e cereali bio.

**OLIVE GROVE** YES
**CULTIVAR** Arbequina, Frantoio, Leccino, Moraiolo
**GROWING METHOD** Organic
**HARVEST METHOD** Mechanical
**EXTRACTION METHOD** Continuous cycle
**OIL MILL** NO
**LITRES PRODUCED** 10,000
**TABLE OLIVES** NO
**ACCOMODATIONS** YES
**RESTAURANT** NO

**OIL MAKER.** Since 1910 Buccelletti Vivai has been a nursery and olive-growing estate, an eclectic mix made possible thanks in part to outside consulting and Livita Plus, an innovative system for propagating olive trees. The main property unfolds across 18 hectares and hosts 20,000 trees. Guest accommodations.

## MAGRILLE MONOCULTIVAR ARBEQUINA BIO

**CULTIVAR: ARBEQUINA**
**FRUTTATO/FRUITY: 6 · AMARO/BITTER: 4 · PICCANTE/SPICY: 5**
**FASCIA PREZZO/PRICE RANGE: 5**

**PROFILO AROMATICO.**
Pomodoro, erbe aromatiche, mela, balsamico. Verde, persistente.

**AROMATIC PROFILE.**
Tomato, aromatic herbs, apple, balsamic. Green, persistent.

## OGNI GIORNO MONOCULTIVAR ARBEQUINA BIO

**CULTIVAR: ARBEQUINA**
**FRUTTATO/FRUITY: 5 · AMARO/BITTER: 4 · PICCANTE/SPICY: 5**
**FASCIA PREZZO/PRICE RANGE: 5**

**PROFILO AROMATICO.**
Pomodoro, mela, pepe. Maturo, persistente.

**AROMATIC PROFILE.**
Tomato, apple, pepper. Ripe, persistent.

## OLIVOLO BIO

**CULTIVAR: LECCINO, MORAIOLO, FRANTOIO**
**FRUTTATO/FRUITY: 6 · AMARO/BITTER: 6 · PICCANTE/SPICY: 6**
**FASCIA PREZZO/PRICE RANGE: 5**

**PROFILO AROMATICO.**
Carciofo, cardo, rucola. Maturo, persistente.

**AROMATIC PROFILE.**
Artichoke, cardoon, arugula. Ripe, persistent.

# Maria Pia Buoni o Del Buono

**Cetona (SI) | trav. s.s. 321 est, 4 | loc. Ricavo |**
**tel. 347 9149762 | ricavo.it**

**OLIVETO PROPRIO** SÌ
**CULTIVAR** Moraiolo, Correggiolo, Frantoio, Minuta, Leccino
**COLTIVAZIONE** Biologica
**RACCOLTA** Manuale / Meccanica
**ESTRAZIONE** Ciclo continuo
**FRANTOIO** NO
**LITRI PRODOTTI** 6.000
**OLIVE DA MENSA** NO
**OSPITALITÀ** NO
**RISTORAZIONE** NO

**AZIENDA.** Una splendida tenuta immersa nel verde delle colline di Cetona, condotta da Maria Pia Buoni o del Buono. I terreni si estendono su una superficie totale di 90 ettari di cui 10 coltivati a olivi a conduzione biologica con 3.000 piante. Shop on line.

**OLIVE GROVE** YES
**CULTIVAR** Moraiolo, Correggiolo, Frantoio, Minuta, Leccino
**GROWING METHOD** Organic
**HARVEST METHOD** Manual + mechanical
**EXTRACTION METHOD** Continuous cycle
**OIL MILL** NO
**LITRES PRODUCED** 6,000
**TABLE OLIVES** NO
**ACCOMODATIONS** NO
**RESTAURANT** NO

**OIL MAKER.** Immersed in the green hills of Cetona, this splendid estate is managed by Maria Pia Buoni o del Buono. The 90-hectare property includes 10 ha of organically-managed olive groves (3,000 trees in all). Products are available for purchase online.

## PODERE RICAVO SACRAPONE MONOCULTIVAR MINUTA DI CHIUSI BIO

**CULTIVAR: MINUTA**
**FRUTTATO/FRUITY: 6 • AMARO/BITTER: 6 • PICCANTE/SPICY: 6**
**FASCIA PREZZO/PRICE RANGE: 5**

**PROFILO AROMATICO.** Rucola, ortica, erba, balsamico. Verde, persistente.

**AROMATIC PROFILE.** Arugula, nettle, grass, balsamic. Green, persistent.

## PODERE RICAVO BIO

**CULTIVAR: MORAIOLO, FRANTOIO, CORREGGIOLO, LECCINO**
**FRUTTATO/FRUITY: 6 • AMARO/BITTER: 5 • PICCANTE/SPICY: 6**
**FASCIA PREZZO/PRICE RANGE: 3**

**PROFILO AROMATICO.** Cardo, rucola, erbe aromatiche, erba. Verde, persistente.

**AROMATIC PROFILE.** Cardoon, arugula, aromatic herbs, grass. Green, persistent.

## PODERE RICAVO DOP TERRE DI SIENA BIO

**CULTIVAR: MORAIOLO, CORREGGIOLO, FRANTOIO, LECCINO**
**FRUTTATO/FRUITY: 6 • AMARO/BITTER: 5 • PICCANTE/SPICY: 5**
**FASCIA PREZZO/PRICE RANGE: 4**

**PROFILO AROMATICO.** Erbe aromatiche, erba, balsamico. Verde.

**AROMATIC PROFILE.** Aromatic herbs, grass, balsamic. Green.

# Frantoio Buraschi

**Montepulciano (SI) | via Genova, 37 | loc. Montepulciano Stazione |**
**tel. 339 8929596 | frantoiomontepulciano.com**

**OLIVETO PROPRIO** NO
**CULTIVAR** Frantoio, Moraiolo, Leccino, Oriolo, Pendolino
**COLTIVAZIONE** Tradizionale / Biologica
**RACCOLTA** Meccanica
**ESTRAZIONE** Ciclo continuo
**FRANTOIO** SÌ
**LITRI PRODOTTI** 20.000
**OLIVE DA MENSA** NO
**OSPITALITÀ** NO
**RISTORAZIONE** NO

**AZIENDA.** Il frantoio, in attività dal 1966, è da sempre nelle mani della stessa famiglia. Oggi è condotto dalle sorelle Alessandra e Emanuela, che per la produzione dell'extravergine acquistano olive selezionate del territorio di Montepulciano e dintorni. Degustazioni, visite guidate e corsi di cucina in sede.

**OLIVE GROVE** NO
**CULTIVAR** Frantoio, Moraiolo, Leccino, Oriolo, Pendolino
**GROWING METHOD** Traditional+ organic
**HARVEST METHOD** Mechanical
**EXTRACTION METHOD** Continuous cycle
**OIL MILL** YES
**LITRES PRODUCED** 20,000
**TABLE OLIVES** NO
**ACCOMODATIONS** NO
**RESTAURANT** NO

**OIL MAKER.** Frantoio Buraschi has been managed by the same family ever since its inception in 1966. Today sisters Alessandra and Emanuela are at the helm, sourcing select olives from Montepulciano growers and pressing them into extra virgin. Tastings, guided tours and cooking classes are available on site.

## OLIO EXTRAVERGINE DI OLIVA BIO

**CULTIVAR: LECCINO, FRANTOIO, PENDOLINO**
**FRUTTATO/FRUITY: 7 • AMARO/BITTER: 4 • PICCANTE/SPICY: 5**
**FASCIA PREZZO/PRICE RANGE: 5**

**PROFILO AROMATICO.**
Pomodoro, erbe aromatiche, fiori, mela, pepe. Verde, persistente.

**AROMATIC PROFILE.**
Tomato, aromatic herbs, flowers, apple, pepper. Green, persistent.

## VEGANO

**CULTIVAR: FRANTOIO, LECCINO, ORIOLO, PENDOLINO**
**FRUTTATO/FRUITY: 6 • AMARO/BITTER: 4 • PICCANTE/SPICY: 4**
**FASCIA PREZZO/PRICE RANGE: 5**

**PROFILO AROMATICO.**
Pomodoro, fiori, mela. Verde.

**AROMATIC PROFILE.**
Tomato, flowers, apple. Green.

## IGP TOSCANO MONTEPULCIANO "CORINNA"

**CULTIVAR: FRANTOIO, ORIOLO, LECCINO, PENDOLINO**
**FRUTTATO/FRUITY: 6 • AMARO/BITTER: 6 • PICCANTE/SPICY: 6**
**FASCIA PREZZO/PRICE RANGE: 5**

**PROFILO AROMATICO.**
Carciofo, cardo, erba, mandorla, pepe. Verde, persistente.

**AROMATIC PROFILE.**
Artichoke, cardoon, grass, almond, pepper. Green, persistent.

# Castel Ruggero Pellegrini

**Greve in Chianti (FI) | loc. Castel Ruggero, 31 |**
**tel. 339 7811924 | castelruggeropellegrini.it**

**OLIVETO PROPRIO** SÌ
**CULTIVAR** Frantoio, Moraiolo, Leccino, Altre
**COLTIVAZIONE** Biologica
**RACCOLTA** Manuale
**ESTRAZIONE** Ciclo continuo
**FRANTOIO** NO
**LITRI PRODOTTI** 3.000
**OLIVE DA MENSA** NO
**OSPITALITÀ** NO
**RISTORAZIONE** NO

**AZIENDA.** Un castello antico oggi in parte di proprietà della famiglia Pellegrini Paolozzi Maiorca Strozzi. La terra è coltivata a vigne e olivi, questi ultimi su 16 ettari per 6.000 piante a dimora. A questo si aggiunge una location immersa nel Chianti Classico caratterizzata da vigne, torrenti e un lago artificiale che si inseriscono in un contesto ricco di fascino.

**OLIVE GROVE** YES
**CULTIVAR** Frantoio, Moraiolo, Leccino, Altre
**GROWING METHOD** Organic
**HARVEST METHOD** Manual
**EXTRACTION METHOD** Continuous cycle
**OIL MILL** NO
**LITRES PRODUCED** 3,000
**TABLE OLIVES** NO
**ACCOMODATIONS** NO
**RESTAURANT** NO

**OIL MAKER.** An ancient castle today partly owned by the Pellegrini Paolozzi Maiorca Strozzi family. The estate hosts vineyards and olive trees, with the latter covering 16 hectares (6,000 trees). A location immersed in Chianti Classico and characterized by vineyards, streams and an artificial lake that fit into a context full of charm.

## RUGGENTE DOP CHIANTI CLASSICO

**CULTIVAR: FRANTOIO, ALTRE, MORAIOLO, LECCINO**
**FRUTTATO/FRUITY: 8 · AMARO/BITTER: 7 · PICCANTE/SPICY: 7**
**FASCIA PREZZO/PRICE RANGE: 4**

**PROFILO AROMATICO.** Carciofo, rucola, erbe aromatiche, ortica, erba, pepe, balsamico. Verde, persistente.

**AROMATIC PROFILE.** Artichoke, arugula, aromatic herbs, nettle, grass, pepper, balsamic. Green, persistent.

# Fattoria Castellina

**Capraia e Limite (FI) | via Palandri, 27 |**
**tel. 345 6735904 | fattoriacastellina.com**

**OLIVETO PROPRIO** SÌ
**CULTIVAR** Moraiolo, Mignola, Frantoio, Leccino, Pendolino, Rossellino
**COLTIVAZIONE** Biologica
**RACCOLTA** Manuale
**ESTRAZIONE** Ciclo continuo
**FRANTOIO** NO
**LITRI PRODOTTI** 1.500
**OLIVE DA MENSA** NO
**OSPITALITÀ** SÌ
**RISTORAZIONE** NO

**AZIENDA.** Elisabetta Mainardi conduce questa tenuta con vigne e olivi, immersi in un bosco di querce, acacie, aceri, pini e corbezzoli. Si trova sui colli del Montalbano, vicino Firenze, e dispone di 100 ettari di terra di cui 20 sono coltivati con 3.000 olivi. Nei casali seicenteschi sapientemente ristrutturati ci sono le 10 camere dell'agriturismo.

**OLIVE GROVE** YES
**CULTIVAR** Moraiolo, Mignola, Frantoio, Leccino, Pendolino, Rossellino
**GROWING METHOD** Organic
**HARVEST METHOD** Manual
**EXTRACTION METHOD** Continuous cycle
**OIL MILL** NO
**LITRES PRODUCED** 1,500
**TABLE OLIVES** NO
**ACCOMODATIONS** YES
**RESTAURANT** NO

**OIL MAKER.** Elisabetta Mainardi leads Fattoria Castellina, an estate where vineyards and olive groves are cultivated alongside oak trees, acacias, maples, pines and arbutuses. Situated in the Montalbano hills, near Florence, the 100-hectare property hosts 3,000 olive trees (about 20 ha). There are also 10 skillfully renovated guest rooms available in a 17th-century farmhouse.

## MONOCULTIVAR FRANTOIO BIO

**CULTIVAR: FRANTOIO**
**FRUTTATO/FRUITY: 6 · AMARO/BITTER: 5 · PICCANTE/SPICY: 6**
**FASCIA PREZZO/PRICE RANGE: 3**

**PROFILO AROMATICO.**
Carciofo, mela, mandorla, pepe. Maturo, persistente.

**AROMATIC PROFILE.**
Artichoke, apple, almond, pepper. Ripe, persistent.

# La Cavallina

Larciano (PT) | via Santa Lucia, 245c | loc. Podere Tramontana |
tel. 348 3051408 | lacavallina.eu

**OLIVETO PROPRIO** SÌ
**CULTIVAR** Leccino, Frantoio, Moraiolo, Arancino
**COLTIVAZIONE** Biologica
**RACCOLTA** Meccanica
**ESTRAZIONE** Ciclo continuo
**FRANTOIO** NO
**LITRI PRODOTTI** 1.200
**OLIVE DA MENSA** NO
**OSPITALITÀ** SÌ
**RISTORAZIONE** NO

**AZIENDA.** Il podere di Massimo Desideri, che in alcuni mappali è denominato La Cavallina e in altri Podere Tramontana, produce olio dalle 960 piante dei 3.3 ettari di oliveti di proprietà, a 200 metri di altitudine. Si accettano visite solo su appuntamento.

**OLIVE GROVE** YES
**CULTIVAR** Leccino, Frantoio, Moraiolo, Arancino
**GROWING METHOD** Organic
**HARVEST METHOD** Mechanical
**EXTRACTION METHOD** Continuous cycle
**OIL MILL** NO
**LITRES PRODUCED** 1,200
**TABLE OLIVES** NO
**ACCOMODATIONS** YES
**RESTAURANT** NO

**OIL MAKER.** Massimo Desideri's farm (called "La Cavallina" on some maps and "Podere Tramontana" on others) produces oil from 960 estate trees (3.3 hectares) at 200 metres elevation. Visits are available by appointment only.

## MONOCULTIVAR FRANTOIO BIO

**CULTIVAR: FRANTOIO**
**FRUTTATO/FRUITY: 7 • AMARO/BITTER: 7 • PICCANTE/SPICY: 8**
**FASCIA PREZZO/PRICE RANGE: 5**

**PROFILO AROMATICO.** Carciofo, rucola, erba, mandorla, pinolo, pepe, balsamico. Verde, persistente.

**AROMATIC PROFILE.** Artichoke, arugula, grass, almond, pine nut, pepper, balsamic. Verde, persistente.

## OLIO EXTRAVERGINE DI OLIVA BIO

**CULTIVAR: FRANTOIO, MORAIOLO, LECCINO, ALTRE**
**FRUTTATO/FRUITY: 6 • AMARO/BITTER: 6 • PICCANTE/SPICY: 6**
**FASCIA PREZZO/PRICE RANGE: 4**

**PROFILO AROMATICO.** Carciofo, erba, noce, pepe, balsamico. Verde, persistente.

**AROMATIC PROFILE.** Artichoke, grass, walnut, pepper, balsamic. Green, persistent.

## MONOCULTIVAR LECCINO BIO

**CULTIVAR: LECCINO**
**FRUTTATO/FRUITY: 6 • AMARO/BITTER: 5 • PICCANTE/SPICY: 6**
**FASCIA PREZZO/PRICE RANGE: 5**

**PROFILO AROMATICO.** Cardo, rucola, erba, pepe. Verde, persistente.

**AROMATIC PROFILE.** Cardoon, arugula, grass, pepper. Green, persistent.

# Anna Ciacci

**Seggiano (GR) | loc. Vignine, 1 |**
**tel. 338 1485386 | olioabbraccio.it**

**OLIVETO PROPRIO** SÌ
**CULTIVAR** Olivastra Seggianese
**COLTIVAZIONE** In conversione
**RACCOLTA** Meccanica
**ESTRAZIONE** Ciclo continuo
**FRANTOIO** NO
**LITRI PRODOTTI** 4.500
**OLIVE DA MENSA** NO
**OSPITALITÀ** SÌ
**RISTORAZIONE** NO

**AZIENDA.** Una produzione che in quindici anni di vita è cresciuta e si è evoluta sempre nel rispetto della tradizione e del territorio. Non a caso Abbraccio, il nome dell'olio, viene da "a braccio", l'antico metodo di raccolta delle olive. Qui nasce in una tenuta di 33 ettari, di cui 18 coltivati con 4.000 piante.

**OLIVE GROVE** YES
**CULTIVAR** Olivastra Seggianese
**GROWING METHOD** Being converted
**HARVEST METHOD** Mechanical
**EXTRACTION METHOD** Continuous cycle
**OIL MILL** NO
**LITRES PRODUCED** 4,500
**TABLE OLIVES** NO
**ACCOMODATIONS** YES
**RESTAURANT** NO

**OIL MAKER.** A line of products that has grown and evolved over 15 years, respecting tradition and territory. It's no coincidence that Abbraccio, the name of their oil, comes from "A Braccio", a time-honored method of harvesting olives. 18 of the estate's 33 hecares host olive groves, about 4,000 trees in all.

## ABBRACCIO DOP SEGGIANO MONOCULTIVAR OLIVASTRA SEGGIANESE

**CULTIVAR: OLIVASTRA SEGGIANESE**
**FRUTTATO/FRUITY: 5 · AMARO/BITTER: 5 · PICCANTE/SPICY: 6**
**FASCIA PREZZO/PRICE RANGE: 5**

**PROFILO AROMATICO.**
Carciofo, cardo, erbe aromatiche, fiori, mela, erba. Verde.

**AROMATIC PROFILE.**
Artichoke, cardoon, aromatic herbs, flowers, apple, grass. Green.

## ABBRACCIO MONOCULTIVAR OLIVASTRA SEGGIANESE

**CULTIVAR: OLIVASTRA SEGGIANESE**
**FRUTTATO/FRUITY: 4 · AMARO/BITTER: 4 · PICCANTE/SPICY: 5**
**FASCIA PREZZO/PRICE RANGE: 4**

**PROFILO AROMATICO.**
Carciofo, fiori, mela. Maturo, persistente.

**AROMATIC PROFILE.**
Artichoke, flowers, apple. Ripe, persistent.

# Cofferi 1242

**San Casciano in Val di Pesa (FI) | via dei Cofferi, 12 |**
**tel. 335 5237288 | cofferi1242.com**

**OLIVETO PROPRIO** SÌ
**CULTIVAR** Moraiolo, Frantoio, Maurino, Pendolino, Americano, Leccino
**COLTIVAZIONE** Tradizionale
**RACCOLTA** Manuale / Meccanica
**ESTRAZIONE** Ciclo continuo
**FRANTOIO** NO
**LITRI PRODOTTI** 1.100
**OLIVE DA MENSA** NO
**OSPITALITÀ** NO
**RISTORAZIONE** SÌ

**AZIENDA.** 8 ettari complessivi di cui 5,5 coltivati a olivo, per un totale di 1.200 piante. Una piccola realtà a gestione familiare condotta da Camilla Romoli, che organizza anche cooking-class e aperi-dinner. Una parte della tenuta è dedicata alla coltivazione dello zafferano.

**OLIVE GROVE** YES
**CULTIVAR** Moraiolo, Frantoio, Maurino, Pendolino, Americano, Leccino
**GROWING METHOD** Traditional
**HARVEST METHOD** Manual + mechanical
**EXTRACTION METHOD** Continuous cycle
**OIL MILL** NO
**LITRES PRODUCED** 1,100
**TABLE OLIVES** NO
**ACCOMODATIONS** NO
**RESTAURANT** YES

**OIL MAKER.** 5.5 of the estate's 8 hectares host olive trees (1,200 trees in total). This small family-run business is managed by Camilla Romoli, who also organizes cooking-classes and "aperi-dinners". A part of the estate is dedicated to the cultivation of saffron as well.

## MONOCULTIVAR MORAIOLO

**CULTIVAR: MORAIOLO**
**FRUTTATO/FRUITY: 6 • AMARO/BITTER: 6 • PICCANTE/SPICY: 6**
**FASCIA PREZZO/PRICE RANGE: 5**

**PROFILO AROMATICO.**
Rucola, ortica, erba, pepe. Verde, persistente.

**AROMATIC PROFILE.**
Arugula, nettle, grass, pepper. Green, persistent.

## OLIO EXTRAVERGINE DI OLIVA

**CULTIVAR: FRANTOIO, MORAIOLO, MAURINO, LECCINO**
**FRUTTATO/FRUITY: 6 • AMARO/BITTER: 5 • PICCANTE/SPICY: 6**
**FASCIA PREZZO/PRICE RANGE: 5**

**PROFILO AROMATICO.**
Carciofo, rucola, mandorla, noce. Verde.

**AROMATIC PROFILE.**
Artichoke, arugula, almond, walnut. Green.

# Il Colle

**Bagno a Ripoli (FI) | via Montisoni, 35 | fraz. Antella | tel. 055 621551 | oliodelcolle.com**

**OLIVETO PROPRIO** SÌ
**CULTIVAR** Leccino, Moraiolo, Frantoio
**COLTIVAZIONE** Biologica
**RACCOLTA** Meccanica
**ESTRAZIONE** Ciclo continuo
**FRANTOIO** SÌ
**LITRI PRODOTTI** 3.000
**OLIVE DA MENSA** NO
**OSPITALITÀ** SÌ
**RISTORAZIONE** NO

**AZIENDA.** Quella di Flavia Paoletti è una bella realtà bio che si sviluppa su 22 ettari, di cui 18 a oliveto con 5.200 piante in parte allevate su terreni scoscesi sistemati a terrazzamenti con muri a secco. Si producono anche vino e frutta. Ospitalità in 3 camere.

**OLIVE GROVE** YES
**CULTIVAR** Leccino, Moraiolo, Frantoio
**GROWING METHOD** Organic
**HARVEST METHOD** Mechanical
**EXTRACTION METHOD** Continuous cycle
**OIL MILL** YES
**LITRES PRODUCED** 3,000
**TABLE OLIVES** NO
**ACCOMODATIONS** YES
**RESTAURANT** NO

**OIL MAKER.** Flavia Paoletti's lovely organic estate unfolds across 22 hectares, 18 of which are olive groves. 5,200 trees grow on steep terraced plots supported by stone walls. Wine and fruit are also produced. Three guest rooms are available for rent.

## VERDE DEL COLLE BIO

**CULTIVAR: FRANTOIO, MORAIOLO**
**FRUTTATO/FRUITY: 7 • AMARO/BITTER: 8 • PICCANTE/SPICY: 7**
**FASCIA PREZZO/PRICE RANGE: 5**

**PROFILO AROMATICO.** Carciofo, rucola, radicchio, erba, mandorla, pepe, balsamico. Verde, persistente.

**AROMATIC PROFILE.** Artichoke, arugula, radicchio, grass, almond, pepper, balsamic. Green, persistent.

# ColleMassari

**Cinigiano (GR) | loc. Poggi del Sasso |**
**tel. 0564 990496 | collemassari.it**

**OLIVETO PROPRIO** SÌ
**CULTIVAR** Olivastra Seggianese, Frantoio, Leccino, Moraiolo, Pendolino
**COLTIVAZIONE** Biologica
**RACCOLTA** Meccanica
**ESTRAZIONE** Ciclo continuo
**FRANTOIO** SÌ
**LITRI PRODOTTI** 1.500
**OLIVE DA MENSA** NO
**OSPITALITÀ** SÌ
**RISTORAZIONE** SÌ

**AZIENDA.** Le marne siltose e le escursioni termiche che regala l'Amiata sono un terroir di rango. I fratelli Carmelo Claudio e Maria Iris Tipa Bertarelli ne hanno intuito tra i primi le incredibili potenzialità. L'azienda oggi dispone di 30mila olivi in 90 ettari di terreno su 1.200 totali. Ospitalità in 50 camere.

**OLIVE GROVE** YES
**CULTIVAR** Olivastra Seggianese, Frantoio, Leccino, Moraiolo, Pendolino
**GROWING METHOD** Organic
**HARVEST METHOD** Mechanical
**EXTRACTION METHOD** Continuous cycle
**OIL MILL** YES
**LITRES PRODUCED** 1,500
**TABLE OLIVES** NO
**ACCOMODATIONS** YES
**RESTAURANT** YES

**OIL MAKER.** Silty marl soils and the day-night temperature swings of the Amiata make this a first-rate terroir. Brother and sister Carmelo Claudio and Maria Iris Tipa Bertarelli were among the first to intuit its incredible potential. Today the 1,200-hectare estate hosts about 30,000 olive trees (90 ha). Some 50 guest rooms are available for rent.

## IGP TOSCANO BIO

**CULTIVAR: FRANTOIO, LECCINO, OLIVASTRA SEGGIANESE, PENDOLINO**
**FRUTTATO/FRUITY: 6 • AMARO/BITTER: 5 • PICCANTE/SPICY: 6**
**FASCIA PREZZO/PRICE RANGE: 3**

**PROFILO AROMATICO.**
Carciofo, erba, mandorla, pepe. Verde.

**AROMATIC PROFILE.**
Artichoke, grass, almond, pepper. Green.

# Principe Corsini - Villa Le Corti

**San Casciano in Val di Pesa (FI) | via San Piero di Sotto, 1 |**
**tel. 055 829301 | principecorsini.com**

**OLIVETO PROPRIO** SÌ
**CULTIVAR** Moraiolo, Leccino, Frantoio
**COLTIVAZIONE** Biologica
**RACCOLTA** Manuale
**ESTRAZIONE** Ciclo continuo
**FRANTOIO** SÌ
**LITRI PRODOTTI** 6.000
**OLIVE DA MENSA** NO
**OSPITALITÀ** SÌ
**RISTORAZIONE** SÌ

**AZIENDA.** Nel cuore del Chianti Classico (ma anche in Maremma con Tenuta Marsiliana) l'impresa della famiglia Corsini è una nota realtà vitivinicola e una prestigiosa struttura di ospitalità. L'olio, lavorato artigianalmente nell'antico frantoio di proprietà, nasce dalle 15.000 piante coltivate a conduzione biologica su 63 dei 230 ettari complessivi.

**OLIVE GROVE** YES
**CULTIVAR** Moraiolo, Leccino, Frantoio
**GROWING METHOD** Organic
**HARVEST METHOD** Manual
**EXTRACTION METHOD** Continuous cycle
**OIL MILL** YES
**LITRES PRODUCED** 6,000
**TABLE OLIVES** NO
**ACCOMODATIONS** YES
**RESTAURANT** YES

**OIL MAKER.** Based in the heart of Chianti Classico (but also Maremma, with Tenuta Marsiliana), the Corsini family are well-known wine producers and hoteliers. Their oil, hand pressed in an old, privately-owned mill, is made possible thanks to 15,000 organically-grown trees (63 of the estate's 230 hectares).

## DOP CHIANTI CLASSICO BIO

**CULTIVAR: FRANTOIO, MORAIOLO, LECCINO**
**FRUTTATO/FRUITY: 7 • AMARO/BITTER: 7 • PICCANTE/SPICY: 7**
**FASCIA PREZZO/PRICE RANGE: 5**

**PROFILO AROMATICO.**
Carciofo, erba, mandorla, pepe, balsamico. Verde, persistente.

**AROMATIC PROFILE.**
Artichoke, grass, almond, pepper, balsamic. Green, persistent.

# Fattoria Corzano e Paterno

**San Casciano in Val di Pesa (FI) | via San Vito di Sopra | loc. San Pancrazio | tel. 055 8248179 | corzanoepaterno.com**

**OLIVETO PROPRIO** SÌ
**CULTIVAR** Frantoio, Moraiolo, Pendolino, Leccino
**COLTIVAZIONE** Biologica
**RACCOLTA** Manuale
**ESTRAZIONE** Ciclo continuo
**FRANTOIO** NO
**LITRI PRODOTTI** 1.500
**OLIVE DA MENSA** NO
**OSPITALITÀ** SÌ
**RISTORAZIONE** NO

**AZIENDA.** Dal 1971 di proprietà delle famiglie Gelpke e Goldschmidt, è oggi una nota realtà vitivinicola dove si producono artigianalmente anche diversi formaggi. La tenuta si estende su 200 ettari di cui 18 destinati all'olio con 3.700 piante a dimora. Numerosi gli alloggi nelle case coloniche.

**OLIVE GROVE** YES
**CULTIVAR** Frantoio, Moraiolo, Pendolino, Leccino
**GROWING METHOD** Organic
**HARVEST METHOD** Manual
**EXTRACTION METHOD** Continuous cycle
**OIL MILL** NO
**LITRES PRODUCED** 1,500
**TABLE OLIVES** NO
**ACCOMODATIONS** YES
**RESTAURANT** NO

**OIL MAKER.** Owned by the Gelpke and Goldschmidt families since 1971, Fattoria Corzano e Paterno is today a well-known wine-growing estate (various cheeses are also produced, by hand). The property's 200-plus hectares include 18 ha of olive groves (3,700 trees). Numerous guest rooms are available for rent.

## MONOCULTIVAR MORAIOLO BIO

**CULTIVAR: MORAIOLO**
**FRUTTATO/FRUITY: 6 • AMARO/BITTER: 6 • PICCANTE/SPICY: 6**
**FASCIA PREZZO/PRICE RANGE: 5**

**PROFILO AROMATICO.**
Rucola, ortica, lattuga, mela, erba, pepe, balsamico. Verde, persistente.

**AROMATIC PROFILE.**
Arugula, nettle, lettuce, apple, grass, pepper, balsamic. Green, persistent.

## MONOCULTIVAR FRANTOIO BIO

**CULTIVAR: FRANTOIO**
**FRUTTATO/FRUITY: 6 • AMARO/BITTER: 6 • PICCANTE/SPICY: 6**
**FASCIA PREZZO/PRICE RANGE: 5**

**PROFILO AROMATICO.**
Carciofo, rucola, erba, mandorla, pepe. Verde, persistente.

**AROMATIC PROFILE.**
Artichoke, arugula, grass, almond, pepper. Green, persistent.

## CLASSICO BIO

**CULTIVAR: FRANTOIO, MORAIOLO, LECCINO, PENDOLINO**
**FRUTTATO/FRUITY: 6 • AMARO/BITTER: 5 • PICCANTE/SPICY: 6**
**FASCIA PREZZO/PRICE RANGE: 5**

**PROFILO AROMATICO.**
Carciofo, cardo, mela, mandorla. Verde, persistente.

**AROMATIC PROFILE.**
Artichoke, cardoon, apple, almond. Green, persistent.

# Podere Costarelle

**Pienza (SI) | loc. Podere Costarelle |**
**tel. 348 7831784**

**OLIVETO PROPRIO** SÌ
**CULTIVAR** Leccino, Frantoio, Moraiolo, Olivastra, Pendolino, Correggiolo, Olivastra Seggianese
**COLTIVAZIONE** In conversione
**RACCOLTA** Manuale
**ESTRAZIONE** Ciclo continuo
**FRANTOIO** NO
**LITRI PRODOTTI** 6.000
**OLIVE DA MENSA** NO
**OSPITALITÀ** NO
**RISTORAZIONE** NO

**AZIENDA.** Una giovane e piccola realtà agricola che ha sede in un angolo di paradiso, dove il podere esisteva già molto tempo fa. Oggi Silvia Gianesin e Ferdinando Buffetti producono olio in un territorio incontaminato circondato da campi di grano. In una tenuta di 70 ettari, 4 sono destinati a 1.400 olivi, molti secolari.

**OLIVE GROVE** YES
**CULTIVAR** Leccino, Frantoio, Moraiolo, Olivastra, Pendolino, Correggiolo, Olivastra Seggianese
**GROWING METHOD** Being converted
**HARVEST METHOD** Manual
**EXTRACTION METHOD** Continuous cycle
**OIL MILL** NO
**LITRES PRODUCED** 6,000
**TABLE OLIVES** NO
**ACCOMODATIONS** NO
**RESTAURANT** NO

**OIL MAKER.** Podere Costarelle may be a young producer, but the farming estate has deep historical roots. Silvia Gianesin and Ferdinando Buffetti produce oil in this pristine corner of paradise surrounded by wheat fields. 4 of the property's 70 hectares host olive trees, some 1,400 in all (many of which go back a century or more).

## OLIO EXTRAVEGINE DI OLIVA

**CULTIVAR: FRANTOIO, LECCINO, MORAIOLO, PENDOLINO**
**FRUTTATO/FRUITY: 6 • AMARO/BITTER: 5 • PICCANTE/SPICY: 6**
**FASCIA PREZZO/PRICE RANGE: 5**

**PROFILO AROMATICO.**
Carciofo, mela, mandorla. Verde, persistente.

**AROMATIC PROFILE.**
Artichoke, apple, almond. Green, persistent.

# Frantoio di Croci

**Massa e Cozzile (PT) | via Vignoli, 96 |**
**tel. 339 7724208 | frantoiodicroci.it**

**OLIVETO PROPRIO** SÌ
**CULTIVAR** Moraiolo, Frantoio, Leccino, Pendolino, Maurino
**COLTIVAZIONE** Tradizionale / Biologica
**RACCOLTA** Meccanica
**ESTRAZIONE** Ciclo continuo
**FRANTOIO** SÌ
**LITRI PRODOTTI** 15.000
**OLIVE DA MENSA** NO
**OSPITALITÀ** SÌ
**RISTORAZIONE** SÌ

**AZIENDA.** Un'attività familiare nel cuore della Valdinievole, dove da quarant'anni si lavora la terra con dedizione, rispetto delle tradizioni antiche e tecniche moderne. Le 5.000 piante sono coltivate in 25 ettari di terreno. Anche agriturismo con produzione di ortaggi e allevamento di bestiame.

**OLIVE GROVE** YES
**CULTIVAR** Moraiolo, Frantoio, Leccino, Pendolino, Maurino
**GROWING METHOD** Traditional + organic
**HARVEST METHOD** Mechanical
**EXTRACTION METHOD** Continuous cycle
**OIL MILL** YES
**LITRES PRODUCED** 15,000
**TABLE OLIVES** NO
**ACCOMODATIONS** YES
**RESTAURANT** YES

**OIL MAKER.** Based in the heart of Valdinievole, for 40 years this family-run producer has been working the land with dedication and respect for tradition, all while drawing on modern methods. Their 5,000 olive trees are cultivated on 25 hectares of land.

## TRADIZIONALE

**CULTIVAR: FRANTOIO, LECCINO, MORAIOLO, ALTRE**
**FRUTTATO/FRUITY: 7 • AMARO/BITTER: 6 • PICCANTE/SPICY: 6**
**FASCIA PREZZO/PRICE RANGE: 2**

**PROFILO AROMATICO.** Carciofo, cardo, rucola, erba, mandorla. Verde, persistente.

**AROMATIC PROFILE.** Artichoke, cardoon, arugula, almond. Green, persistent.

## PRIMA OLIVA IGP TOSCANO

**CULTIVAR: FRANTOIO, MAURINO, MORAIOLO**
**FRUTTATO/FRUITY: 6 • AMARO/BITTER: 5 • PICCANTE/SPICY: 6**
**FASCIA PREZZO/PRICE RANGE: 4**

**PROFILO AROMATICO.** Carciofo, rucola, erba, mandorla, pepe, balsamico. Verde, persistente.

**AROMATIC PROFILE.** Artichoke, arugula, grass, almond, pepper, balsamic. Green, persistent.

## RISERVA

**CULTIVAR: FRANTOIO, MORAIOLO**
**FRUTTATO/FRUITY: 6 • AMARO/BITTER: 5 • PICCANTE/SPICY: 7**
**FASCIA PREZZO/PRICE RANGE: 5**

**PROFILO AROMATICO.** Pomodoro, mela, erba. Verde, persistente.

**AROMATIC PROFILE.** Tomato, apple, grass. Green, persistent.

# Fattoria delle Ginestre

**Carmignano (PO) | via delle Ginestre, 23 | fraz. Verghereto | tel. 0574 631938 | fattoriadelleginestre.it**

**OLIVETO PROPRIO** SÌ
**CULTIVAR** Moraiolo, Leccino, Frantoio, Pendolino
**COLTIVAZIONE** Biologica
**RACCOLTA** Manuale
**ESTRAZIONE** Ciclo continuo
**FRANTOIO** NO
**LITRI PRODOTTI** 3.000
**OLIVE DA MENSA** NO
**OSPITALITÀ** NO
**RISTORAZIONE** NO

**AZIENDA.** Andrea Landini è il proprietario di questa storica bella realtà e segue personalmente tutto, a partire dal campo: 3.000 le piante coltivate in biologico su 11,5 ettari di oliveto. Produce anche vino, Vin Santo e fichi secchi. Le visite richiedono prenotazione.

**OLIVE GROVE** YES
**CULTIVAR** Moraiolo, Leccino, Frantoio, Pendolino
**GROWING METHOD** Organic
**HARVEST METHOD** Manual
**EXTRACTION METHOD** Continuous cycle
**OIL MILL** NO
**LITRES PRODUCED** 3,000
**TABLE OLIVES** NO
**ACCOMODATIONS** NO
**RESTAURANT** NO

**OIL MAKER.** This historic producer is owned by Andrea Landini, who personally oversees all stages of production, starting with the cultivation of 3,000 organic trees across 11.5 hectares of olive groves. Wine, Vin Santo and dried figs are also produced. Visits by reservation only.

## OLIO EXTRAVERGINE DI OLIVA

**CULTIVAR: FRANTOIO, LECCINO, MORAIOLO, PENDOLINO**
**FRUTTATO/FRUITY: 6 • AMARO/BITTER: 6 • PICCANTE/SPICY: 6**
**FASCIA PREZZO/PRICE RANGE: 2**

**PROFILO AROMATICO.**
Carciofo, rucola, erba, mandorla, pepe. Maturo, persistente.

**AROMATIC PROFILE.**
Artichoke, arugula, grass, almond, pepper. Ripe, persistent.

# Fèlsina

**Castelnuovo Berardenga (SI) | via del Chianti, 101 |**
**tel. 0577 355117 | felsina.it**

**OLIVETO PROPRIO** SÌ
**CULTIVAR** Leccino, Moraiolo, Correggiolo, Pendolino
**COLTIVAZIONE** Biologica
**RACCOLTA** Manuale
**ESTRAZIONE** Ciclo continuo
**FRANTOIO** SÌ
**LITRI PRODOTTI** 2.600
**OLIVE DA MENSA** NO
**OSPITALITÀ** NO
**RISTORAZIONE** NO

**AZIENDA.** Un nome che nel mondo del vino non ha bisogno di presentazioni, tra i più rappresentativi del territorio. Anche in fatto di extravergine si parla di eccellenza: dell'enorme tenuta, 116 ettari sono destinati all'olivo, per un totale di 10.400 piante. Vendita on line. Vale una visita.

**OLIVE GROVE** YES
**CULTIVAR** Leccino, Moraiolo, Correggiolo, Pendolino
**GROWING METHOD** Organic
**HARVEST METHOD** Manual
**EXTRACTION METHOD** Continuous cycle
**OIL MILL** YES
**LITRES PRODUCED** 2,600
**TABLE OLIVES** NO
**ACCOMODATIONS** NO
**RESTAURANT** NO

**OIL MAKER.** Fèlsina is a name that needs no introduction among wine lovers, given that they're one of the area's most representative producers. And when it comes to extra virgin, their reputation for excellence is just as warranted. 116 hectares of this estate are dedicated to olive growing. Online shop.

## MONOCULTIVAR CORREGGIOLO BIO

**CULTIVAR: CORREGGIOLO**
**FRUTTATO/FRUITY: 7 • AMARO/BITTER: 6 • PICCANTE/SPICY: 7**
**FASCIA PREZZO/PRICE RANGE: 5**

**PROFILO AROMATICO.** Carciofo, rucola, ortica, erba, mandorla, pepe, balsamico. Verde, persistente.

**AROMATIC PROFILE.** Artichoke, arugula, nettle, grass, almond, pepper, balsamic. Green, persistent.

## MONOCULTIVAR PENDOLINO BIO

**CULTIVAR: PENDOLINO**
**FRUTTATO/FRUITY: 7 • AMARO/BITTER: 6 • PICCANTE/SPICY: 6**
**FASCIA PREZZO/PRICE RANGE: 5**

**PROFILO AROMATICO.** Carciofo, cardo, rucola, erba, mandorla, noce, pepe. Verde, persistente.

**AROMATIC PROFILE.** Artichoke, cardoon, arugula, grass, almond, walnut, pepper. Green, persistent.

## MONOCULTIVAR LECCINO BIO

**CULTIVAR: LECCINO**
**FRUTTATO/FRUITY: 6 • AMARO/BITTER: 6 • PICCANTE/SPICY: 7**
**FASCIA PREZZO/PRICE RANGE: 5**

**PROFILO AROMATICO.** Rucola, mela, erba, pepe, balsamico. Verde, persistente.

**AROMATIC PROFILE.** Arugula, apple, grass, pepper, balsamic. Green, persistent.

# ★ Fonte di Foiano

**Castagneto Carducci (LI) | loc. Fonte di Foiano, 148 |**
**tel. 0565 766043 | fontedifoiano.it**

**OLIVETO PROPRIO** SÌ
**CULTIVAR** Pendolino, Maurino, Frantoio, Picholine, Moraiolo, Leccino, Ravece, Leccio del Corno
**COLTIVAZIONE** Tradizionale
**RACCOLTA** Manuale / Meccanica
**ESTRAZIONE** Ciclo continuo
**FRANTOIO** SÌ
**LITRI PRODOTTI** 28.000
**OLIVE DA MENSA** NO
**OSPITALITÀ** SÌ
**RISTORAZIONE** SÌ

**AZIENDA.** Paolo, Simone e Beatrice Di Gaetano, sono alla guida di questa attività con oltre quarant'anni di storia alle spalle. Alle 10mila piante di olivo sono destinati 30 ettari di terreno. Soggiorni nel verde e nel relax nell'agriturismo annesso, a pochi minuti dal mare.

**OLIVE GROVE** YES
**CULTIVAR** Pendolino, Maurino, Frantoio, Picholine, Moraiolo, Leccino, Ravece, Leccio del Corno
**GROWING METHOD** Traditional
**HARVEST METHOD** Manual + mechanical
**EXTRACTION METHOD** Continuous cycle
**OIL MILL** YES
**LITRES PRODUCED** 28,000
**TABLE OLIVES** NO
**ACCOMODATIONS** YES
**RESTAURANT** YES

**OIL MAKER.** Paolo, Simone and Beatrice Di Gaetano, lead an estate with over 40 years of history behind it. 30 hectares of terrain host 10,000 olive trees. Guests can enjoy a relaxing stay at their farmhouse, situated close to the sea.

## ZEFIRO MONOCULTIVAR RAVECE

**CULTIVAR: RAVECE**
**FRUTTATO/FRUITY: 7 • AMARO/BITTER: 4 • PICCANTE/SPICY: 5**
**FASCIA PREZZO/PRICE RANGE: 5**

**PROFILO AROMATICO.**
Pomodoro, songino, erbe aromatiche, mela. Verde, persistente.

**AROMATIC PROFILE.**
Tomato, lamb's lettuce, aromatic herbs, apple. Green, persistent.

## 1979 MONOCULTIVAR LECCIO DEL CORNO

**CULTIVAR: LECCIO DEL CORNO**
**FRUTTATO/FRUITY: 6 • AMARO/BITTER: 6 • PICCANTE/SPICY: 6**
**FASCIA PREZZO/PRICE RANGE: 5**

**PROFILO AROMATICO.**
Carciofo, erba, mandorla, noce, pepe, balsamico. Verde, persistente.

**AROMATIC PROFILE.**
Artichoke, grass, almond, walnut, pepper, balsamic. Green, persistent.

## IGP TOSCANO MONOCULTIVAR FRANTOIO

**CULTIVAR: FRANTOIO**
**FRUTTATO/FRUITY: 7 • AMARO/BITTER: 7 • PICCANTE/SPICY: 7**
**FASCIA PREZZO/PRICE RANGE: 5**

**PROFILO AROMATICO.**
Pomodoro, rucola, erbe aromatiche, mela, pepe. Verde, persistente.

**AROMATIC PROFILE.** Tomato, arugula, aromatic herbs, apple, pepper. Green, persistent.

# Fop

**Guardistallo (PI) | via Vicinale di Migliarino, 14 | tel. 0586 1881310 | aimassi.it**

**OLIVETO PROPRIO** SÌ
**CULTIVAR** Moraiolo, Frantoio, Leccino, Pendolino, Lazzero, Maurino
**COLTIVAZIONE** Biologica
**RACCOLTA** Manuale
**ESTRAZIONE** Ciclo continuo
**FRANTOIO** SÌ
**LITRI PRODOTTI** 2.300
**OLIVE DA MENSA** NO
**OSPITALITÀ** SÌ
**RISTORAZIONE** NO

**AZIENDA.** Un casolare ristrutturato secondo i principi della bioedilizia tra le colline pisane, anticamente sede di un monastero, immerso in un territorio che Stefano Fop e famiglia preservano e valorizzano anche con la produzione di extravergine. La tenuta si estende per circa 32 ettari, 26 dei quali dedicaati ai 6.000 olivi.

**OLIVE GROVE** YES
**CULTIVAR** Moraiolo, Frantoio, Leccino, Pendolino, Lazzero, Maurino
**GROWING METHOD** Organic
**HARVEST METHOD** Manual
**EXTRACTION METHOD** Continuous cycle
**OIL MILL** YES
**LITRES PRODUCED** 2,300
**TABLE OLIVES** NO
**ACCOMODATIONS** YES
**RESTAURANT** NO

**OIL MAKER.** Based in the hills of Pisa, Fop includes a farmhouse that's been renovated according to principles of green architecture. Stefano Fop and his family also strive to shine a light on the territory's extra virgin olive oil, drawing on a 32-hectare property with 6,000 olive trees.

## MONOCULTIVAR LAZZERO BIO

**CULTIVAR: LAZZERO**
**FRUTTATO/FRUITY: 7 • AMARO/BITTER: 5 • PICCANTE/SPICY: 7**
**FASCIA PREZZO/PRICE RANGE: 5**

**PROFILO AROMATICO.** Pomodoro, erbe aromatiche, mela, erba, pepe, balsamico. Verde, persistente.

**AROMATIC PROFILE.** Tomato, aromatic herbs, apple, grass, pepper, balsamic. Green, persistent.

## I MASSI BIO

**CULTIVAR: MORAIOLO, LAZZERO, LECCINO, FRANTOIO**
**FRUTTATO/FRUITY: 5 • AMARO/BITTER: 5 • PICCANTE/SPICY: 5**
**FASCIA PREZZO/PRICE RANGE: 5**

**PROFILO AROMATICO.** Songino, mela, erba, balsamico. Verde, persistente.

**AROMATIC PROFILE.** Lamb's lettuce, apple, grass, balsamic. Green, persistent.

## MONOCULTIVAR MORAIOLO BIO

**CULTIVAR: MORAIOLO**
**FRUTTATO/FRUITY: 5 • AMARO/BITTER: 4 • PICCANTE/SPICY: 4**
**FASCIA PREZZO/PRICE RANGE: 5**

**PROFILO AROMATICO.** Fiori, lattuga, mela. Maturo.

**AROMATIC PROFILE.** Flowers, lettuce, apple. Ripe.

# ★ Frantoio Franci

Castel del Piano (GR) | via A. Grandi, 5 | fraz. Montenero d'Orcia |
tel. 0564 954000 | frantoiofranci.it

**OLIVETO PROPRIO** SÌ
**CULTIVAR** Leccino, Olivastra Seggianese, Frantoio, Leccio del Corno, Moraiolo, Maurino
**COLTIVAZIONE** Tradizionale
**RACCOLTA** Manuale
**ESTRAZIONE** Ciclo continuo
**FRANTOIO** SÌ
**LITRI PRODOTTI** 87.000
**OLIVE DA MENSA** NO
**OSPITALITÀ** NO
**RISTORAZIONE** NO

**AZIENDA.** Nel cuore della Val d'Orcia Giorgio Franci rimane uno dei punti di riferimento più significativi. La sua tenuta si estende su 75 ettari dove sono coltivati 29mila olivi. Degustazioni e visite guidate su appuntamento. Esporta in tutto il mondo.

**OLIVE GROVE** YES
**CULTIVAR** Leccino, Olivastra Seggianese, Frantoio, Leccio del Corno, Moraiolo, Maurino
**GROWING METHOD** Traditional
**HARVEST METHOD** Manual
**EXTRACTION METHOD** Continuous cycle
**OIL MILL** YES
**LITRES PRODUCED** 87,000
**TABLE OLIVES** NO
**ACCOMODATIONS** NO
**RESTAURANT** NO

**OIL MAKER.** Based in the heart of the Val d'Orcia, Giorgio Franci remains one of the territory's most important producers. His 75-hectare estate hosts 29,000 olive trees. There are also interesting tastings and guided tours (by appointment). Worldwide exports.

## DELICATE MONOCULTIVAR MAURINO

**CULTIVAR: MAURINO**
**FRUTTATO/FRUITY: 6 • AMARO/BITTER: 5 • PICCANTE/SPICY: 6**
**FASCIA PREZZO/PRICE RANGE: 5**

**PROFILO AROMATICO.** Pomodoro, songino, erbe aromatiche, mela, balsamico. Verde, persistente.

**AROMATIC PROFILE.** Tomato, lamb's lettuce, aromatic herbs, apple, balsamic. Green, persistent.

## VILLA MAGRA RISERVA DI FAMIGLIA

**CULTIVAR: FRANTOIO, MORAIOLO, LECCINO**
**FRUTTATO/FRUITY: 6 • AMARO/BITTER: 6 • PICCANTE/SPICY: 6**
**FASCIA PREZZO/PRICE RANGE: 5**

**PROFILO AROMATICO.** Cardo, erba, mandorla, noce, balsamico. Verde, persistente.

**AROMATIC PROFILE.** Cardoon, grass, almond, walnut, balsamic. Green, persistent.

## VILLA MAGRA GRAN CRU MONOCULTIVAR FRANTOIO

**CULTIVAR: FRANTOIO**
**FRUTTATO/FRUITY: 6 • AMARO/BITTER: 6 • PICCANTE/SPICY: 5**
**FASCIA PREZZO/PRICE RANGE: 5**

**PROFILO AROMATICO.** Carciofo, cardo, rucola, erba, mandorla, pepe. Verde, persistente.

**AROMATIC PROFILE.** Artichoke, cardoon, arugula, grass, almond, pepper. Green, persistent.

# Frescobaldi

**Pontassieve (FI) | via Aretina, 120 | fraz. Sieci |**
**tel. 055 27141 | frescobaldi.com**

**OLIVETO PROPRIO** SÌ
**CULTIVAR** Frantoio, Moraiolo, Leccino, Altre
**COLTIVAZIONE** Tradizionale
**RACCOLTA** Meccanica
**ESTRAZIONE** Ciclo continuo
**FRANTOIO** SÌ
**LITRI PRODOTTI** 60.000
**OLIVE DA MENSA** NO
**OSPITALITÀ** SÌ
**RISTORAZIONE** SÌ

**AZIENDA.** Una famiglia che non ha bisogno di presentazioni, simbolo del vino toscano in tutto il mondo nonché impresa con molteplici attività di successo anche nel settore del food. L'extravergine raggiunge pari livelli di eccellenza: 150mila le piante coltivate su 300 ettari di terreno. Eleganti alloggi per prolungare la sosta.

**OLIVE GROVE** YES
**CULTIVAR** Frantoio, Moraiolo, Leccino, Altre
**GROWING METHOD** Traditional
**HARVEST METHOD** Mechanical
**EXTRACTION METHOD** Continuous cycle
**OIL MILL** YES
**LITRES PRODUCED** 60,000
**TABLE OLIVES** NO
**ACCOMODATIONS** YES
**RESTAURANT** YES

**OIL MAKER.** A family that needs no introduction — the Frescobaldis are a symbol of Tuscan wine the world over, as well as being owners of several successful food businesses. Their extra virgin, pressed from the drupes of 150,000 trees (300 ha), achieves equal heights of excellence. Elegant accommodations are available for those looking to extend their stay.

## /// LAUDEMIO

**CULTIVAR: FRANTOIO, ALTRE**
**FRUTTATO/FRUITY: 6 • AMARO/BITTER: 6 • PICCANTE/SPICY: 6**
**FASCIA PREZZO/PRICE RANGE: 5**

**PROFILO AROMATICO.** Carciofo, cardo, rucola, ortica, erba, mandorla, pepe. Verde, persistente.

**AROMATIC PROFILE.** Artichoke, cardoon, arugula, nettle, grass, almond, pepper. Green, persistent.

# Fattorie di Galiga e Vetrice

**Pontassieve (FI) | via Vetrice, 5 |**
**tel. 055 8397008 | villadivetrice.it**

**OLIVETO PROPRIO** SÌ
**CULTIVAR** Pendolino, Frantoio, Morellino
**COLTIVAZIONE** Tradizionale
**RACCOLTA** Manuale / Meccanica
**ESTRAZIONE** Ciclo continuo
**FRANTOIO** NO
**LITRI PRODOTTI** 15.000
**OLIVE DA MENSA** NO
**OSPITALITÀ** NO
**RISTORAZIONE** NO

**AZIENDA.** Proprietaria anche di Borgo Prunatelli (vedi), la famiglia Grati è portatrice di una lunga tradizione di famiglia che ha il suo cuore nella splendida villa di Vetrice. Viticoltori e olivicoltori, producono il loro extravergine dai 12mila olivi a dimora in 40 dei 562 ettari complessivi della tenuta. Esportano anche in Giappone e negli Stati Uniti.

**OLIVE GROVE** YES
**CULTIVAR** Pendolino, Frantoio, Morellino
**GROWING METHOD** Traditional
**HARVEST METHOD** Manual + mechanical
**EXTRACTION METHOD** Continuous cycle
**OIL MILL** NO
**LITRES PRODUCED** 15,000
**TABLE OLIVES** NO
**ACCOMODATIONS** NO
**RESTAURANT** NO

**OIL MAKER.** Owners of Borgo Prunatelli as well (see the profile), the Grati family carry on a long tradition based in the splendid villa of Vetrice. Growers of both olives and wine grapes, the family produce their extra virgin from 12,000 trees cultivated across 40 hectares (out of 562 ha total). They also export to Japan and the United States.

## VILLA DI VETRICE IGP TOSCANO

**CULTIVAR: FRANTOIO, MORELLINO, PENDOLINO**
**FRUTTATO/FRUITY: 6 • AMARO/BITTER: 5 • PICCANTE/SPICY: 6**
**FASCIA PREZZO/PRICE RANGE: 4**

**PROFILO AROMATICO.**
Carciofo, rucola, mandorla, pepe. Maturo, persistente.

**AROMATIC PROFILE.**
Artichoke, arugula, almond, pepper. Ripe, persistent.

# Federica Giuntoli

**Chiesina Uzzanese (PT) | via della Costituzione, 27 |**
**tel. 339 2387229 | oliogiuntoli.it**

**OLIVETO PROPRIO** SÌ
**CULTIVAR** Frantoio, Leccino, Moraiolo, Pendolino
**COLTIVAZIONE** Tradizionale
**RACCOLTA** Manuale
**ESTRAZIONE** Ciclo continuo
**FRANTOIO** SÌ
**LITRI PRODOTTI** 1.500
**OLIVE DA MENSA** NO
**OSPITALITÀ** NO
**RISTORAZIONE** NO

**AZIENDA.** Tra le colline della Lucchesia ha sede l'attività della famiglia Giuntoli, una bella realtà legata al territorio e dalla produzione attenta e responsabile. 55 gli ettari di terreno di cui 4 destinati alle 1.500 piante di olivo. La raccolta è manuale e il frantoio all'avanguardia assicura il mantenimento delle qualità organolettiche delle olive.

**OLIVE GROVE** YES
**CULTIVAR** Frantoio, Leccino, Moraiolo, Pendolino
**GROWING METHOD** Traditional
**HARVEST METHOD** Manual
**EXTRACTION METHOD** Continuous cycle
**OIL MILL** YES
**LITRES PRODUCED** 1,500
**TABLE OLIVES** NO
**ACCOMODATIONS** NO
**RESTAURANT** NO

**OIL MAKER.** Based in the hills of Lucca, the Giuntoli family base their work on a bond with territory and a careful, responsible approach to production. 4 of their lovely estate's 55 hectares host olive groves — about 1,500 trees in all. Harvest is carried out by hand, and their state-of-the-art mill ensures that the properties of the olives remain intact.

## IGP TOSCANO

**CULTIVAR: LECCINO, MORAIOLO, FRANTOIO, PENDOLINO**
**FRUTTATO/FRUITY: 6 • AMARO/BITTER: 4 • PICCANTE/SPICY: 4**
**FASCIA PREZZO/PRICE RANGE: 3**

**PROFILO AROMATICO.** Carciofo, fiori, mela, lattuga. Maturo.

**AROMATIC PROFILE.** Artichoke, flowers, apple, lettuce. Ripe.

# La Gramigna

**Pontassieve (FI) | via di Gricigliano, 43 | fraz. Sieci |**
**tel. 329 0534213 | gramignabio.com**

**OLIVETO PROPRIO** SÌ
**CULTIVAR** Frantoio, Leccino, Leccio del Corno, Moraiolo, Maurino, Pendolino
**COLTIVAZIONE** Biologica
**RACCOLTA** Meccanica
**ESTRAZIONE** Ciclo continuo
**FRANTOIO** SÌ
**LITRI PRODOTTI** 5.000
**OLIVE DA MENSA** NO
**OSPITALITÀ** SÌ
**RISTORAZIONE** NO

**AZIENDA.** Vino, legumi, conserve, composte, uova e carni, tutto biologico e prodotto insieme all'extravergine nelle tre aree agricole che compongono la tenuta di Renata Conti. I terreni si estendono su 30 ettari di cui 20 coltivati a oliveto con 6.000 piante. A Cafaggio di Sopra, in collina, c'è l'agriturismo di proprietà.

**OLIVE GROVE** YES
**CULTIVAR** Frantoio, Leccino, Leccio del Corno, Moraiolo, Maurino, Pendolino
**GROWING METHOD** Organic
**HARVEST METHOD** Mechanical
**EXTRACTION METHOD** Continuous cycle
**OIL MILL** YES
**LITRES PRODUCED** 5,000
**TABLE OLIVES** NO
**ACCOMODATIONS** YES
**RESTAURANT** NO

**OIL MAKER.** Wine, pulses, preserves, compotes, eggs, meats and extra virgin olive oil (naturally), all organic and produced in the 3 agricultural districts that make up the Renata Conti estate. The property spans 30 hectares, 20 of which host olive groves (6,000 trees).
In Cafaggio di Sopra, in the hills, there's also a farmstay.

## IGP TOSCANO COLLINE DI FIRENZE MONOCULTIVAR FRANTOIO BIO

**CULTIVAR: FRANTOIO**
**FRUTTATO/FRUITY: 8 · AMARO/BITTER: 7 · PICCANTE/SPICY: 7**
**FASCIA PREZZO/PRICE RANGE: 5**

**PROFILO AROMATICO.** Carciofo, rucola, ortica, erba, mandorla, pepe, balsamic. Verde, persistente.

**AROMATIC PROFILE.** Artichoke, arugula, nettle, grass, almond, pepper, balsamic. Green, persistent.

## OLIO GRULLO IGP TOSCANO COLLINE DI FIRENZE BIO

**CULTIVAR: FRANTOIO, LECCINO, MORAIOLO, PENDOLINO**
**FRUTTATO/FRUITY: 7 · AMARO/BITTER: 6 · PICCANTE/SPICY: 7**
**FASCIA PREZZO/PRICE RANGE: 5**

**PROFILO AROMATICO.**
Carciofo, rucola, erba, mandorla, pepe, balsamico. Verde, persistente.

**AROMATIC PROFILE.**
Artichoke, arugula, grass, almond, pepper, balsamic. Green, persistent.

# ★ Podere Grassi

**Greve in Chianti (FI) | via Dudda, 33 |**
**tel. 335 5391535 | giacomograssi.it**

**OLIVETO PROPRIO** SÌ
**CULTIVAR** Frantoio, Leccino
**COLTIVAZIONE** Biologica
**RACCOLTA** Meccanica
**ESTRAZIONE** Ciclo continuo
**FRANTOIO** NO
**LITRI PRODOTTI** 1.000
**OLIVE DA MENSA** NO
**OSPITALITÀ** NO
**RISTORAZIONE** NO

**AZIENDA.** Nel cuore del Chianti Classico, la famiglia Grassi fin dai primi del '900 coltiva circa 10 ettari di cui 1 a oliveto con 500 piante. Al capostipite Olinto sono dedicati gli oli più importanti. Si producono anche Vin Santo e grappe.

**OLIVE GROVE** YES
**CULTIVAR** Frantoio, Leccino
**GROWING METHOD** Organic
**HARVEST METHOD** Mechanical
**EXTRACTION METHOD** Continuous cycle
**OIL MILL** NO
**LITRES PRODUCED** 1,000
**TABLE OLIVES** NO
**ACCOMODATIONS** NO
**RESTAURANT** NO

**OIL MAKER.** The Grassi family have been cultivating about 10 hectares of farmland in the heart of Chianti Classico since the early 1900s. One of these hectares host olive trees (about 500 in all). Their best oils are dedicated to the founder of the business, Olinto. Vin Santo and grappa are also produced.

## L'OLINTO DOP CHIANTI CLASSICO MONOCULTIVAR FRANTOIO BIO

**CULTIVAR: FRANTOIO**
**FRUTTATO/FRUITY: 7 • AMARO/BITTER: 7 • PICCANTE/SPICY: 7**
**FASCIA PREZZO/PRICE RANGE: 5**

**PROFILO AROMATICO.** Carciofo, rucola, erba, mandorla, noce, pepe, balsamico. Verde, persistente.

**AROMATIC PROFILE.** Artichoke, arugula, grass, almond, walnut, pepper, balsamic. Green, persistent.

## L'OLINTO DOP CHIANTI CLASSICO MONOCULTIVAR LECCINO BIO

**CULTIVAR: LECCINO**
**FRUTTATO/FRUITY: 6 • AMARO/BITTER: 6 • PICCANTE/SPICY: 7**
**FASCIA PREZZO/PRICE RANGE: 5**

**PROFILO AROMATICO.**
Rucola, lattuga, erba, pepe, balsamico. Verde, persistente.

**AROMATIC PROFILE.**
Arugula, lettuce, grass, pepper, balsamic. Green, persistent.

# Giacomo Grassi

**Greve in Chianti (FI) | via Dudda, 33 | fraz. Case di Dudda | tel. 335 6892035 | giacomograssi.com**

**OLIVETO PROPRIO** SÌ
**CULTIVAR** Pendolino, Leccio del Corno, Maurino, Frantoio, Leccino, Rossellino, Moraiolo, Olivo Bianco, Diana, Piangente
**COLTIVAZIONE** Tradizionale
**RACCOLTA** Meccanica
**ESTRAZIONE** Ciclo continuo
**FRANTOIO** NO
**LITRI PRODOTTI** 2.000
**OLIVE DA MENSA** NO
**OSPITALITÀ** NO
**RISTORAZIONE** NO

**AZIENDA.** Una bella realtà nel cuore del Chianti Classico che lavora le drupe di 1.500 piante su 6 ettari dei 40 di superficie totale. L'azienda è specializzata nella produzione di oli monocultivar, una filosofia che consegna letture uniche di certe varietà locali minori.

**OLIVE GROVE** YES
**CULTIVAR** Pendolino, Leccio del Corno, Maurino, Frantoio, Leccino, Rossellino, Moraiolo, Olivo Bianco, Diana, Piangente
**GROWING METHOD** Traditional
**HARVEST METHOD** Mechanical
**EXTRACTION METHOD** Continuous cycle
**OIL MILL** NO
**LITRES PRODUCED** 2,000
**TABLE OLIVES** NO
**ACCOMODATIONS** NO
**RESTAURANT** NO

**OIL MAKER.** This lovely producer is based in the heart of Chianti Classico. Their oil is pressed from the drupes of about 1,500 trees, which occupy 6 of the estate's 40 hectares. Grassi specializes in the production of "monocultivar" oils.

## MONOCULTIVAR MAURINO

**CULTIVAR: MAURINO**
**FRUTTATO/FRUITY: 7 • AMARO/BITTER: 7 • PICCANTE/SPICY: 7**
**FASCIA PREZZO/PRICE RANGE: 5**

**PROFILO AROMATICO.** Pomodoro, rucola, erba, pepe, balsamico. Verde, persistente.

**AROMATIC PROFILE.** Tomato, arugula, grass, pepper, balsamic. Green, persistent.

## MONOCULTIVAR OLIVO BIANCO

**CULTIVAR: OLIVO BIANCO**
**FRUTTATO/FRUITY: 8 • AMARO/BITTER: 6 • PICCANTE/SPICY: 6**
**FASCIA PREZZO/PRICE RANGE: 5**

**PROFILO AROMATICO.** Pomodoro, rucola, erbe aromatiche, mela, pepe. Verde, persistente.

**AROMATIC PROFILE.** Tomato, arugula, aromatic herbs, apple, pepper. Green, persistent.

## DOP CHIANTI CLASSICO MONOCULTIVAR MORAIOLO

**CULTIVAR: MORAIOLO**
**FRUTTATO/FRUITY: 6 • AMARO/BITTER: 6 • PICCANTE/SPICY: 7**
**FASCIA PREZZO/PRICE RANGE: 5**

**PROFILO AROMATICO.** Rucola, mela, erba, mandorla, pepe. Verde, persistente.

**AROMATIC PROFILE.** Arugula, apple, grass, almond, pepper. Green, persistent.

# Grattamacco

**Castagneto Carducci (LI) | loc. Lungagnano, 1 |**
**tel. 0565 765069 | collemassari.it**

**OLIVETO PROPRIO** SÌ
**CULTIVAR** Leccino, Frantoio, Moraiolo, Pendolino
**COLTIVAZIONE** Biologica
**RACCOLTA** Meccanica
**ESTRAZIONE** Ciclo continuo
**FRANTOIO** SÌ
**LITRI PRODOTTI** 1.200
**OLIVE DA MENSA** NO
**OSPITALITÀ** NO
**RISTORAZIONE** NO

**AZIENDA.** Una delle prime realtà nate in questa parte di territorio, attiva già negli anni '70 e simbolo di una zona che ha fatto con il vino davvero molta strada. La proprietà è dei fratelli Tipa-Bertarelli. L'azienda, 70 ettari, ha circa 600 piante in biologico su 14 ettari di oliveto.

**OLIVE GROVE** YES
**CULTIVAR** Leccino, Frantoio, Moraiolo, Pendolino
**GROWING METHOD** Organic
**HARVEST METHOD** Mechanical
**EXTRACTION METHOD** Continuous cycle
**OIL MILL** YES
**LITRES PRODUCED** 1,200
**TABLE OLIVES** NO
**ACCOMODATIONS** NO
**RESTAURANT** NO

**OIL MAKER.** One of the first producers founded in this part of the territory, Grattamacco was already active in the 1970s and has become a symbol of a wine-growing district that's come a long way. The property is owned by the Tipa-Bertarelli family. The 70-hectare estate hosts 14 hectares of organically cultivated olive groves (about 600 trees).

## OLIO EXTRAVERGINE DI OLIVA BIO

**CULTIVAR: FRANTOIO, LECCINO, MORAIOLO**
**FRUTTATO/FRUITY: 7 • AMARO/BITTER: 6 • PICCANTE/SPICY: 7**
**FASCIA PREZZO/PRICE RANGE: 3**

**PROFILO AROMATICO.** Carciofo, cardo, rucola, erba, mandorla, pepe, balsamico. Verde, persistente.

**AROMATIC PROFILE.** Artichoke, cardoon, arugula, grass, almond, pepper, balsamic. Green, persistent.

# Frantoio del Grevepesa

**San Casciano in Val di Pesa (FI) | via prov.le Chiantigiana sulla Greve, 6 | tel. 055 821353 | frantoiogrevepesa.com**

**OLIVETO PROPRIO** NO
**CULTIVAR** Frantoio, Leccino, Moraiolo, Pendolino, Maurino
**COLTIVAZIONE** Tradizionale / Biologica
**RACCOLTA** Manuale / Meccanica
**ESTRAZIONE** Ciclo continuo
**FRANTOIO** Sì
**LITRI PRODOTTI** 32.000
**OLIVE DA MENSA** NO
**OSPITALITÀ** NO
**RISTORAZIONE** NO

**AZIENDA.** In attività da oltre mezzo secolo, il frantoio cooperativo oggi guidato da Filippo Legnaioli è un solido punto di riferimento, con tanto di ecocentro per la raccolta e la gestione dei rifiuti agricoli. Sono 185 i soci, per un totale di 200mila piante. Esporta anche in Giappone. O! Olio e Dintorni è il punto vendita di Greve in Chianti.

**OLIVE GROVE** NO
**CULTIVAR** Frantoio, Leccino, Moraiolo, Pendolino, Maurino
**GROWING METHOD** Traditional + organic
**HARVEST METHOD** Manual + mechanical
**EXTRACTION METHOD** Continuous cycle
**OIL MILL** YES
**LITRES PRODUCED** 32,000
**TABLE OLIVES** NO
**ACCOMODATIONS** NO
**RESTAURANT** NO

**OIL MAKER.** In business for over half a century, the cooperative mill now led by Filippo Legnaioli is a well-established point of reference, complete with an eco-centre for the collection and management of agricultural waste. The producer's 185 members cultivate a total of 200,000 olive trees. It also exports to Japan. Products can be purchased at their shop (called O! Olio e Dintorni) in Greve in Chianti.

## SELEZIONE O!

**CULTIVAR: FRANTOIO, LECCINO, MORAIOLO**
**FRUTTATO/FRUITY: 6 • AMARO/BITTER: 4 • PICCANTE/SPICY: 5**
**FASCIA PREZZO/PRICE RANGE: 5**

**PROFILO AROMATICO.** Pomodoro, erbe aromatiche, songino, mela, mandorla, pepe. Verde.

**AROMATIC PROFILE.** Tomato, aromatic herbs, lamb's lettuce, apple, almond, pepper. Green.

# Conte Guicciardini Castello di Poppiano

**Montespertoli (FI) | via Fezzana, 45 | loc. Poppiano |**
**tel. 055 82315 | guicciardini1199.it**

**OLIVETO PROPRIO** SÌ
**CULTIVAR** Frantoio
**COLTIVAZIONE** Tradizionale
**RACCOLTA** Manuale / Meccanica
**ESTRAZIONE** Tradizionale
**FRANTOIO** SÌ
**LITRI PRODOTTI** 19.000
**OLIVE DA MENSA** NO
**OSPITALITÀ** NO
**RISTORAZIONE** NO

**AZIENDA.** Ferdinando Guicciardini è alla guida di un'attività dalle origini molto antiche, sempre sotto la gestione della stessa famiglia. La tenuta conta 230 ettari di superficie di cui 56 coltivati con 11mila piante. Si produce anche vino. Vendita on line.

**OLIVE GROVE** YES
**CULTIVAR** Frantoio
**GROWING METHOD** Traditional
**HARVEST METHOD** Manual / mechanical
**EXTRACTION METHOD** Traditional
**OIL MILL** YES
**LITRES PRODUCED** 19,000
**TABLE OLIVES** NO
**ACCOMODATIONS** NO
**RESTAURANT** NO

**OIL MAKER.** Ferdinando Guicciardini leads an estate with deep roots and managed by the same family for many generations. The 230-hectare property hosts 56 ha of olive groves, about 11,000 trees in all. Wine is also produced. Oils can be bought online.

**MIGLIOR FRUTTATO MEDIO** — **BEST MEDIUM FRUITY**

## LAUDEMIO ANTICO PODERE LA COSTA MONOCULTIVAR FRANTOIO

**CULTIVAR: FRANTOIO**
**FRUTTATO/FRUITY: 7 • AMARO/BITTER: 6 • PICCANTE/SPICY: 7**
**FASCIA PREZZO/PRICE RANGE: 5**

**PROFILO AROMATICO.** Carciofo, cardo, rucola, ortica, erba, mandorla, pepe, balsamico. Verde, persistente.

**AROMATIC PROFILE.** Artichoke, cardoon, arugula, nettle, grass, almond, pepper, balsamic. Green, persistent.

# Kali

**Castiglione della Pescaia (GR) | s.da Comunale delle Strette, km 8 | loc. Belvedere | tel. 0564 944023 | kaliagri.it**

**OLIVETO PROPRIO** SÌ
**CULTIVAR** Leccino, Frantoio, Maurino, Moraiolo, Pendolino, Cipressino, Semidana, Diana, Tosca
**COLTIVAZIONE** Biologica
**RACCOLTA** Manuale
**ESTRAZIONE** Ciclo continuo
**FRANTOIO** SÌ
**LITRI PRODOTTI** 1.500
**OLIVE DA MENSA** NO
**OSPITALITÀ** SÌ
**RISTORAZIONE** NO

**AZIENDA.** Bella realtà agricola, sotto la guida appassionata di Anna Maria Sandi. La proprietà si estende per 120 ettari in regime biologico, di cui 18 adibiti a oliveto con 6.000 piante ben curate. Si producono anche farro mono e dicocco, albicocche, pesche e mirtilli.

**OLIVE GROVE** YES
**CULTIVAR** Leccino, Frantoio, Maurino, Moraiolo, Pendolino, Cipressino, Semidana, Diana, Tosca
**GROWING METHOD** Organic
**HARVEST METHOD** Manual
**EXTRACTION METHOD** Continuous cycle
**OIL MILL** YES
**LITRES PRODUCED** 1,500
**TABLE OLIVES** NO
**ACCOMODATIONS** YES
**RESTAURANT** NO

**OIL MAKER.** This lovely farm is managed with passion and commitment by Anna Maria Sandi. The 120-hectare, organic estate includes 18 hectares of carefully attended to olive groves (about 6,000 trees in all). They also cultivate mono and dicoccum spelt, apricots, peaches and blueberries.

## MONOCULTIVAR SEMIDANA BIO

**CULTIVAR: SEMIDANA**
**FRUTTATO/FRUITY: 6 • AMARO/BITTER: 4 • PICCANTE/SPICY: 4**
**FASCIA PREZZO/PRICE RANGE: 5**

**PROFILO AROMATICO.** Pomodoro, erbe aromatiche, fiori, mela. Verde.

**AROMATIC PROFILE.** Tomato, aromatic herbs, flowers, apple. Green.

## IGP TOSCANO MONOCULTIVAR LECCINO BIO

**CULTIVAR: LECCINO**
**FRUTTATO/FRUITY: 6 • AMARO/BITTER: 5 • PICCANTE/SPICY: 5**
**FASCIA PREZZO/PRICE RANGE: 5**

**PROFILO AROMATICO.** Rucola, mela, erba. Maturo, persistente.

**AROMATIC PROFILE.** Arugula, apple, grass. Ripe, persistent.

# Tenuta L'Entrata

**Figline e Incisa Valdarno (FI) | loc. Entrata, 1 |**
**tel. 328 6652746**

**OLIVETO PROPRIO** SÌ
**CULTIVAR** Leccino, Pendolino, Frantoio, Moraiolo
**COLTIVAZIONE** Tradizionale
**RACCOLTA** Manuale
**ESTRAZIONE** Ciclo continuo
**FRANTOIO** NO
**LITRI PRODOTTI** 2.500
**OLIVE DA MENSA** NO
**OSPITALITÀ** NO
**RISTORAZIONE** NO

**AZIENDA.** Da vent'anni esatti la famiglia Della Valle gestisce la tenuta situata tra Incisa e il Chianti. 100 ettari complessivi a circa 200 metri di altitudine, con un oliveto di 3mila piante su 15 ettari e una parte per i vigneti. Produce anche vino, Vin Santo e grappa.

**OLIVE GROVE** YES
**CULTIVAR** Leccino, Pendolino, Frantoio, Moraiolo
**GROWING METHOD** Traditional
**HARVEST METHOD** Manual
**EXTRACTION METHOD** Continuous cycle
**OIL MILL** NO
**LITRES PRODUCED** 2,500
**TABLE OLIVES** NO
**ACCOMODATIONS** NO
**RESTAURANT** NO

**OIL MAKER.** For 20 years now the Della Valle family have been managing the estate situated between Incisa and Chianti. A total of 100 hectares unfold at about 200 meters elevation, with some 3,000 olive trees occupying 15 hectares of the estate. They also produce wine, Vin Santo and grappa.

## AGRIFOGLIO

**CULTIVAR: FRANTOIO, LECCINO, MORAIOLO**
**FRUTTATO/FRUITY: 6 • AMARO/BITTER: 6 • PICCANTE/SPICY: 6**
**FASCIA PREZZO/PRICE RANGE: 4**

**PROFILO AROMATICO.**
Carciofo, cardo, rucola, erba, mandorla, pepe. Verde, persistente.

**AROMATIC PROFILE.**
Artichoke, cardoon, arugula, grass, almond, pepper. Green, persistent.

# Podere La Costa

**Uzzano (PT) | via G. Verdi, 1 | loc. La Costa |**
**tel. 0572 476959 | aziendagricolacosta.it**

**OLIVETO PROPRIO** SÌ
**CULTIVAR** Frantoio, Leccino, Maurino, Pendolino, Moraiolo
**COLTIVAZIONE** Biologica
**RACCOLTA** Manuale / Meccanica
**ESTRAZIONE** Ciclo continuo
**FRANTOIO** NO
**LITRI PRODOTTI** 1.000
**OLIVE DA MENSA** NO
**OSPITALITÀ** NO
**RISTORAZIONE** SÌ

**AZIENDA.** Una bella realtà che funziona da oltre trent'anni, grazie alla guida competente e appassionata di Cinzia Cipriani. Si trova sulla Strada dell'Olio dei Borghi e dei Castelli della Valdinievole, e offre anche la possibilità di fare pranzi o cene a base di prodotti tipici (su prenotazione). 3 gli ettari della tenuta con 1.000 olivi a dimora.

**OLIVE GROVE** YES
**CULTIVAR** Frantoio, Leccino, Maurino, Pendolino, Moraiolo
**GROWING METHOD** Organic
**HARVEST METHOD** Manual + mechanical
**EXTRACTION METHOD** Continuous cycle
**OIL MILL** NO
**LITRES PRODUCED** 1,000
**TABLE OLIVES** NO
**ACCOMODATIONS** NO
**RESTAURANT** YES

**OIL MAKER.** This lovely producer has been operating for over 30 years under the competent and passionate leadership of Cinzia Cipriani. Podere La Costa can be found along the Borghi e Castelli della Valdinievole "Olive Oil Route" and also offers guests the possibility of enjoying traditional food (by reservation). 1,000 trees occupy 3 hectares of terrain

## INFANTE RISERVA GRAND CRU BIO

**CULTIVAR: FRANTOIO, LECCINO, MORAIOLO**
**FRUTTATO/FRUITY: 6 • AMARO/BITTER: 5 • PICCANTE/SPICY: 6**
**FASCIA PREZZO/PRICE RANGE: 4**

**PROFILO AROMATICO.**
Carciofo, erba, pinolo, pepe, balsamico. Verde, persistente.

**AROMATIC PROFILE.**
Artichoke, grass, pine nut, pepper, balsamic. Green, persistent.

# Fattoria Lavacchio Bio-Winery

**Pontassieve (FI) | via di Montefiesole, 55 | loc. Lavacchio | tel. 055 8317472 | fattorialavacchio.com**

**OLIVETO PROPRIO** SÌ
**CULTIVAR** Frantoio, Leccino, Pendolino, Morellino
**COLTIVAZIONE** Biologica
**RACCOLTA** Manuale
**ESTRAZIONE** Ciclo continuo
**FRANTOIO** NO
**LITRI PRODOTTI** 5.500
**OLIVE DA MENSA** NO
**OSPITALITÀ** SÌ
**RISTORAZIONE** SÌ

**AZIENDA.** Faye Lottero gestisce con passione e professionalità questa tenuta, la cui storia risale al 1700 quando la proprietà era dei nobili fiorentini Peruzzi. Oggi l'azienda si sviluppa su 120 ettari di cui 40 dedicati all'oliveto che ospita 6.000 piante. Oltre all'olio si producono vino, frutta, verdura, norcineria, grani antichi, succhi e aceto.

**OLIVE GROVE** YES
**CULTIVAR** Frantoio, Leccino, Pendolino, Morellino
**GROWING METHOD** Organic
**HARVEST METHOD** Manual
**EXTRACTION METHOD** Continuous cycle
**OIL MILL** NO
**LITRES PRODUCED** 5,500
**TABLE OLIVES** NO
**ACCOMODATIONS** YES
**RESTAURANT** YES

**OIL MAKER.** Castello La Leccia dates back to the 1700s, when the estate belonged to the Peruzzis, a family of Florentine nobles. Today Faye Lottero manages the 120-hectare property with passion and professionalism, overseeing some 6,000 olive trees (about 40 ha of groves total). In addition to oil, they produce wine, fruit, vegetables, charcuterie, ancient grains, juices and vinegar.

## LAUDEMIO BIO

**CULTIVAR: LECCINO, FRANTOIO, MORELLINO, PENDOLINO**
**FRUTTATO/FRUITY: 6 • AMARO/BITTER: 6 • PICCANTE/SPICY: 6**
**FASCIA PREZZO/PRICE RANGE: 5**

**PROFILO AROMATICO.**
Carciofo, rucola, mela, pepe. Maturo, persistente.

**AROMATIC PROFILE.**
Artichoke, arugula, apple, pepper. Ripe, persistent.

# Losi

**Castelnuovo Berardenga (SI) | loc. Pontignanello, 6 | tel. 0577 356842 | agricolalosi.it**

**OLIVETO PROPRIO** Sì
**CULTIVAR** Correggiolo, Moraiolo, Leccino
**COLTIVAZIONE** Tradizionale
**RACCOLTA** Manuale
**ESTRAZIONE** Ciclo continuo
**FRANTOIO** NO
**LITRI PRODOTTI** 4.300
**OLIVE DA MENSA** NO
**OSPITALITÀ** NO
**RISTORAZIONE** NO

**AZIENDA.** La tradizione della famiglia Losi su questa terra risale al 1870. Nel 1954, Tranquillo acquistò i poderi, che oggi ammontano a 70 ettari, che Pietro e Paolo Losi hanno trasformato in un'azienda vitivinicola moderna e in 25 ettari di oliveto con 3.200 piante. Si produce anche grappa.

**OLIVE GROVE** YES
**CULTIVAR** Correggiolo, Moraiolo, Leccino
**GROWING METHOD** Traditional
**HARVEST METHOD** Manual
**EXTRACTION METHOD** Continuous cycle
**OIL MILL** NO
**LITRES PRODUCED** 4,300
**TABLE OLIVES** NO
**ACCOMODATIONS** NO
**RESTAURANT** NO

**OIL MAKER.** The Losi family's roots on this land date back to 1870. In 1954, Tranquillo purchased the farms, which have since grown to 70 hectares. Today Pietro and Paolo Losi oversee a modern wine-growing estate and 25 hectares of olive groves (3,200 trees). Grappa is also produced.

## QUERCIAVALLE DOP CHIANTI CLASSICO MONOCULTIVAR CORREGGIOLO

**CULTIVAR: CORREGGIOLO**
**FRUTTATO/FRUITY: 7 · AMARO/BITTER: 6 · PICCANTE/SPICY: 7**
**FASCIA PREZZO/PRICE RANGE: 5**

**PROFILO AROMATICO.** Carciofo, rucola, erba, mandorla, pepe, cipresso, balsamico. Verde, persistente.

**AROMATIC PROFILE.** Artichoke, arugula, grass, almond, pepper, cypress, balsamic. Green, persistent.

## QUERCIAVALLE IGP TOSCANO

**CULTIVAR: CORREGGIOLO, MORAIOLO**
**FRUTTATO/FRUITY: 6 · AMARO/BITTER: 6 · PICCANTE/SPICY: 6**
**FASCIA PREZZO/PRICE RANGE: 4**

**PROFILO AROMATICO.** Carciofo, cardo, rucola, erba, mandorla, noce, pepe. Verde, persistente.

**AROMATIC PROFILE.** Artichoke, cardoon, arugula, grass, almond, walnut, pepper. Green, persistent.

# Fattoria La Maliosa

**Manciano (GR) | loc. Podere Monte Cavallo |**
**tel. 327 1860416 | fattorialamaliosa.it**

**OLIVETO PROPRIO** SÌ
**CULTIVAR** Leccino, Leccio del Corno, Moraiolo, Pendolino, Frantoio
**COLTIVAZIONE** Biologica
**RACCOLTA** Manuale
**ESTRAZIONE** Ciclo continuo
**FRANTOIO** NO
**LITRI PRODOTTI** 1.500
**OLIVE DA MENSA** NO
**OSPITALITÀ** SÌ
**RISTORAZIONE** NO

**AZIENDA.** Antonella Manuli, con il prezioso aiuto del tecnico Luigi Antonelli, gestisce questa azienda che si estende nella Maremma collinare su circa 165 ettari (seminativi, vigneti, oliveti e boschi). Oltre al vino, producono extravergine e miele: sono 3.700 le piante di olivo, molte centenarie.

**OLIVE GROVE** YES
**CULTIVAR** Leccino, Leccio del Corno, Moraiolo, Pendolino, Frantoio
**GROWING METHOD** Organic
**HARVEST METHOD** Manual
**EXTRACTION METHOD** Continuous cycle
**OIL MILL** NO
**LITRES PRODUCED** 1,500
**TABLE OLIVES** NO
**ACCOMODATIONS** YES
**RESTAURANT** NO

**OIL MAKER.** Antonella Manuli and her trusted technical adviser Luigi Antonelli manage this 165-hectare estate of arable land, vineyards, olive groves and woods in the Maremma hills. In addition to wine, they produce extra virgin olive oil and honey. Many of their 3,700 olive trees go back a century or more.

## /// AURINIA BIO

**CULTIVAR: LECCINO, FRANTOIO, PENDOLINO, MORAIOLO**
**FRUTTATO/FRUITY: 7 • AMARO/BITTER: 6 • PICCANTE/SPICY: 7**
**FASCIA PREZZO/PRICE RANGE: 3**

**PROFILO AROMATICO.** Cardo, rucola, ortica, erba, mandorla, balsamico. Verde, persistente.

**AROMATIC PROFILE.** Cardoon, arugula, nettle, grass, almond, balsamic. Green, persistent.

# Giuseppe Marini

**Pistoia | via B. Sestini, 274 |**
**tel. 0573 451162 | marinifarm.it**

**OLIVETO PROPRIO** SÌ
**CULTIVAR** Moraiolo, Pendolino, Leccio, Frantoio, Maurino, Leccio del Corno
**COLTIVAZIONE** Tradizionale
**RACCOLTA** Manuale / Meccanica
**ESTRAZIONE** Ciclo continuo
**FRANTOIO** SÌ
**LITRI PRODOTTI** 3.500
**OLIVE DA MENSA** NO
**OSPITALITÀ** NO
**RISTORAZIONE** NO

**AZIENDA.** Fabio Marini è alla guida di una tenuta che si estende su 20 ettari con 3.600 olivi. A conduzione familiare, l'azienda produce anche vino, Vin Santo, aceto (dall'acetaia di proprietà). Vivaio con piante di olivo ornamentali e degustazioni guidate.

**OLIVE GROVE** YES
**CULTIVAR** Moraiolo, Pendolino, Leccio, Frantoio, Maurino, Leccio del Corno
**GROWING METHOD** Traditional
**HARVEST METHOD** Manual + mechanical
**EXTRACTION METHOD** Continuous cycle
**OIL MILL** YES
**LITRES PRODUCED** 3,500
**TABLE OLIVES** NO
**ACCOMODATIONS** NO
**RESTAURANT** NO

**OIL MAKER.** Fabio Marini leads an estate that spans over 20 hectares (about 3,600 olive trees). A family-run operation, Marini produces wine, Vin Santo and vinegar (using their own vinegar cellar) as well. There are also guided tastings and a nursery that sells ornamental olive trees.

## IGP TOSCANO

**CULTIVAR: LECCIO, FRANTOIO, MORAIOLO, PENDOLINO**
**FRUTTATO/FRUITY: 6 • AMARO/BITTER: 6 • PICCANTE/SPICY: 6**
**FASCIA PREZZO/PRICE RANGE: 5**

**PROFILO AROMATICO.** Carciofo, rucola, erbe aromatiche, melissa, erba, pepe. Verde, persistente.

**AROMATIC PROFILE.** Artichoke, arugula, aromatic herbs, lemon balm, grass, pepper. Green, persistent.

## MONOCULTIVAR MAURINO

**CULTIVAR: MAURINO**
**FRUTTATO/FRUITY: 6 • AMARO/BITTER: 7 • PICCANTE/SPICY: 6**
**FASCIA PREZZO/PRICE RANGE: 5**

**PROFILO AROMATICO.**
Pomodoro, erbe aromatiche, mela, erba. Verde, persistente.

**AROMATIC PROFILE.**
Tomato, aromatic herbs, apple, grass. Green, persistent.

## IGP TOSCANO MONOCULTIVAR LECCIO DEL CORNO

**CULTIVAR: LECCIO DEL CORNO**
**FRUTTATO/FRUITY: 6 • AMARO/BITTER: 5 • PICCANTE/SPICY: 5**
**FASCIA PREZZO/PRICE RANGE: 5**

**PROFILO AROMATICO.**
Carciofo, mandorla, pepe. Maturo, persistente.

**AROMATIC PROFILE.**
Artichoke, almond, pepper. Ripe, persistent.

# Marzocco di Poppiano

**Montespertoli (FI) | via Fezzana, 36 | loc. Poppiano |**
**tel. 055 5535259 | marzoccopoppiano.it**

**OLIVETO PROPRIO** Sì
**CULTIVAR** Moraiolo, Pendolino, Frantoio, Leccino, Leccio del Corno, Correggiolo
**COLTIVAZIONE** Tradizionale
**RACCOLTA** Manuale
**ESTRAZIONE** Ciclo continuo
**FRANTOIO** NO
**LITRI PRODOTTI** 1.800
**OLIVE DA MENSA** NO
**OSPITALITÀ** NO
**RISTORAZIONE** NO

**AZIENDA.** Alberto Chini fonda l'azienda nel 1996 e decide di improntare la produzione agricola alla qualità. Oggi la proprietà, affidata ai suoi eredi, si sviluppa su una superficie di 70 ettari, di cui 35 vitati, circa 8 destinati ai 2.100 olivi, gli altri a seminativi e bosco. Fanno anche vino.

**OLIVE GROVE** YES
**CULTIVAR** Moraiolo, Pendolino, Frantoio, Leccino, Leccio del Corno, Correggiolo
**GROWING METHOD** Traditional
**HARVEST METHOD** Manual
**EXTRACTION METHOD** Continuous cycle
**OIL MILL** NO
**LITRES PRODUCED** 1,800
**TABLE OLIVES** NO
**ACCOMODATIONS** NO
**RESTAURANT** NO

**OIL MAKER.** Alberto Chini founded Marzocco di Poppiano in 1996. Today the property is entrusted to his heirs and unfolds across 70 hectares, 35 of which are vineyards, while 8 host olive groves (2,100 trees in all). The rest is reserved for arable land and woods. Wine is also produced.

## MONOCULTIVAR PENDOLINO

**CULTIVAR: PENDOLINO**
**FRUTTATO/FRUITY: 6 • AMARO/BITTER: 5 • PICCANTE/SPICY: 7**
**FASCIA PREZZO/PRICE RANGE: 5**

**PROFILO AROMATICO.**
Carciofo, erba, mandorla, pepe. Verde, persistente.

**AROMATIC PROFILE.**
Artichoke, grass, almond, pepper. Green, persistent.

## MONOCULTIVAR LECCINO

**CULTIVAR: LECCINO**
**FRUTTATO/FRUITY: 6 • AMARO/BITTER: 6 • PICCANTE/SPICY: 7**
**FASCIA PREZZO/PRICE RANGE: 5**

**PROFILO AROMATICO.**
Rucola, songino, erba, pepe. Verde, persistente.

**AROMATIC PROFILE.**
Arugula, lamb's lettuce, grass, pepper. Green, persistent.

## MONOCULTIVAR MORAIOLO

**CULTIVAR: MORAIOLO**
**FRUTTATO/FRUITY: 6 • AMARO/BITTER: 6 • PICCANTE/SPICY: 6**
**FASCIA PREZZO/PRICE RANGE: 5**

**PROFILO AROMATICO.**
Rucola, erba, pepe. Verde, persistente.

**AROMATIC PROFILE.**
Arugula, grass, pepper. Green, persistent.

# La Massedale

**Magliano in Toscana (GR) | loc. Pereta Ovest, 7a | tel. 335 8105232 | lamassedale.it**

**OLIVETO PROPRIO** SÌ
**CULTIVAR** Frantoio, Leccino, Moraiolo
**COLTIVAZIONE** Tradizionale
**RACCOLTA** Manuale
**ESTRAZIONE** Tradizionale
**FRANTOIO** NO
**LITRI PRODOTTI** 1.000
**OLIVE DA MENSA** NO
**OSPITALITÀ** NO
**RISTORAZIONE** NO

**AZIENDA.** Di proprietà di Massimo Pecorari, si trova in un contesto affascinante a ridosso del borgo voluto dagli Aldobrandeschi nell'XI secolo. Gli ettari di oliveto sono 18, con circa 800 piante seguite dall'agronomo Gaetano Guidi. Si effettua vendita online e le visite sono disponibili su appuntamento.

**OLIVE GROVE** YES
**CULTIVAR** Frantoio, Leccino, Moraiolo
**GROWING METHOD** Traditional
**HARVEST METHOD** Manual
**EXTRACTION METHOD** Traditional
**OIL MILL** NO
**LITRES PRODUCED** 1,000
**TABLE OLIVES** NO
**ACCOMODATIONS** NO
**RESTAURANT** NO

**OIL MAKER.** Owned by Massimo Pecorari, La Massedale is situated in a charming landscape, near to the village founded by the Aldobrandeschi family in the 11th century. 18 hectares of olive groves (about 800 trees) are managed by agronomist Gaetano Guidi. Products are available online and the property can be visited (by reservation).

## OLIO EXTRAVERGINE DI OLIVA

**CULTIVAR: LECCINO, MORAIOLO, FRANTOIO**
**FRUTTATO/FRUITY: 5 · AMARO/BITTER: 4 · PICCANTE/SPICY: 5**
**FASCIA PREZZO/PRICE RANGE: 4**

**PROFILO AROMATICO.**
Lattuga, mela, mandorla, noce. Maturo, persistente.

**AROMATIC PROFILE.**
Lettuce, apple, almond, walnut. Ripe, persistent.

# Matrix

Fiesole (FI) | via Paiatici, 26 |
tel. 335 7249263 | matrixfiesole.it

**OLIVETO PROPRIO** NO
**CULTIVAR** Moraiolo, Frantene, Leccino
**COLTIVAZIONE** Biologica
**RACCOLTA** Meccanica
**ESTRAZIONE** Ciclo continuo
**FRANTOIO** NO
**LITRI PRODOTTI** 1.000
**OLIVE DA MENSA** NO
**OSPITALITÀ** NO
**RISTORAZIONE** NO

**AZIENDA.** La missione di Giovanni Donnini è da sempre la valorizzazione delle risorse di queste colline a un passo da Firenze. Nato e cresciuto in campagna, e appreso il mestiere nella fattoria di famiglia, da quasi dieci anni è alla guida di un oliveto a conduzione biologica che è ormai riferimento per il territorio.

**OLIVE GROVE** NO
**CULTIVAR** Moraiolo, Frantene, Leccino
**GROWING METHOD** Organic
**HARVEST METHOD** Mechanical
**EXTRACTION METHOD** Continuous cycle
**OIL MILL** NO
**LITRES PRODUCED** 1,000
**TABLE OLIVES** NO
**ACCOMODATIONS** NO
**RESTAURANT** NO

**OIL MAKER.** Giovanni Donnini's mission has always been to shine a light on the attributes of Fiesole, a hillside territory that lies just a stone's throw from Florence. Born and raised in the countryside, Donnini learned his trade on the family farm, and for almost 10 years now he's been managing an organic olive grove, today a touchstone for the area.

## ESSENTIA GOCCE D'ORO IGP TOSCANO COLLINE DI FIRENZE BIO

**CULTIVAR: FRANTOIO, MORAIOLO, LECCINO**
**FRUTTATO/FRUITY: 6 • AMARO/BITTER: 6 • PICCANTE/SPICY: 7**
**FASCIA PREZZO/PRICE RANGE: 5**

**PROFILO AROMATICO.** Carciofo, erbe aromatiche, mela, mandorla, balsamico. Verde, persistente.

**AROMATIC PROFILE.** Artichoke, aromatic herbs, apple, almond, balsamic. Green, persistent.

# Mezzecrete

**Asciano (SI) | Podere Neci | loc. Bollano |**
**tel. 06 57301448 | olionece.it**

**OLIVETO PROPRIO** SÌ
**CULTIVAR** Frantoio, Leccino, Moraiolo, Pendolino
**COLTIVAZIONE** In conversione
**RACCOLTA** Manuale
**ESTRAZIONE** Ciclo continuo
**FRANTOIO** NO
**LITRI PRODOTTI** 2.000
**OLIVE DA MENSA** NO
**OSPITALITÀ** SÌ
**RISTORAZIONE** NO

**AZIENDA.** Una società agricola in attività da vent'anni, a pochi chilometri da Montalcino e nel cuore delle Crete Senesi. Gestita da Patrich Zinelli, la tenuta conta su una superficie di 260 ettari, 9 dei quali sono destinati alla coltivazione di circa 2.350 piante. Anche ospitalità in quattro confortevoli camere.

**OLIVE GROVE** YES
**CULTIVAR** Frantoio, Leccino, Moraiolo, Pendolino
**GROWING METHOD** Being converted
**HARVEST METHOD** Manual
**EXTRACTION METHOD** Continuous cycle
**OIL MILL** NO
**LITRES PRODUCED** 2,000
**TABLE OLIVES** NO
**ACCOMODATIONS** YES
**RESTAURANT** NO

**OIL MAKER.** Active for 20 years now, Mezzecrete is based just a few kilometers from Montalcino, in the heart of the Crete Senesi. Managed by Patrich Zinelli, the estate spans 260 hectares, 9 of which host olive groves (about 2,350 trees). There are also comfortable rooms available for those interested in an overnight stay.

## OLIO NECE DOP TERRE DI SIENA

**CULTIVAR: LECCINO, FRANTOIO, MORAIOLO, PENDOLINO**
**FRUTTATO/FRUITY: 5 • AMARO/BITTER: 6 • PICCANTE/SPICY: 6**
**FASCIA PREZZO/PRICE RANGE: 4**

**PROFILO AROMATICO.**
Carciofo, cardo, erba, mandorla, pepe. Verde.

**AROMATIC PROFILE.**
Artichoke, cardoon, grass, almond, pepper. Green.

# Podere Il Montaleo

**Casale Marittimo (PI) | via del Montaleo, 26b |**
**tel. 0586 652493 | podereilmontaleo.it**

**OLIVETO PROPRIO** SÌ
**CULTIVAR** Maurino, Leccino, Moraiolo, Frantoio, Lazzero
**COLTIVAZIONE** Tradizionale
**RACCOLTA** Meccanica
**ESTRAZIONE** Ciclo continuo
**FRANTOIO** SÌ
**LITRI PRODOTTI** 5.000
**OLIVE DA MENSA** NO
**OSPITALITÀ** NO
**RISTORAZIONE** NO

**AZIENDA.** Fu acquistato per 100 scudi nel 1846 da Antonio Morelli, e da allora il podere è sempre stato nelle mani della stessa famiglia, oggi rappresentata da Cesare Diddi Mussi. La lavorazione è scrupolosa dalla raccolta sino alla scelta del packaging. La tenuta è di 30 ettari, olivetati con 6.000 alberi.

**OLIVE GROVE** YES
**CULTIVAR** Maurino, Leccino, Moraiolo, Frantoio, Lazzero
**GROWING METHOD** Traditional
**HARVEST METHOD** Mechanical
**EXTRACTION METHOD** Continuous cycle
**OIL MILL** YES
**LITRES PRODUCED** 5,000
**TABLE OLIVES** NO
**ACCOMODATIONS** NO
**RESTAURANT** NO

**OIL MAKER.** Ever since it was purchased by Antonio Morelli in 1846, Podere Il Montaleo has been in the hands of the same family, now represented by Cesare Diddi Mussi. The 30-hectare estate is almost entirely olive groves, making for 6,000 trees in all.

## MONOCULTIVAR LAZZERO

**CULTIVAR: LAZZERO**
**FRUTTATO/FRUITY: 6 • AMARO/BITTER: 4 • PICCANTE/SPICY: 5**
**FASCIA PREZZO/PRICE RANGE: 5**

**PROFILO AROMATICO.**
Pomodoro, erbe aromatiche, mela, pepe, balsamico. Verde, persistente.

**AROMATIC PROFILE.**
Tomato, aromatic herbs, apple, pepper, balsamic. Green, persistent.

## MONOCULTIVAR LECCIO DEL CORNO

**CULTIVAR: LECCIO DEL CORNO**
**FRUTTATO/FRUITY: 7 • AMARO/BITTER: 7 • PICCANTE/SPICY: 6**
**FASCIA PREZZO/PRICE RANGE: 5**

**PROFILO AROMATICO.**
Carciofo, rucola, erba, mandorla, balsamico. Verde, persistente.

**AROMATIC PROFILE.**
Artichoke, arugula, grass, almond, balsamic. Green, persistent.

## MONOCULTIVAR MAURINO

**CULTIVAR: MAURINO**
**FRUTTATO/FRUITY: 7 • AMARO/BITTER: 6 • PICCANTE/SPICY: 6**
**FASCIA PREZZO/PRICE RANGE: 5**

**PROFILO AROMATICO.**
Pomodoro, erbe aromatiche, mela, pepe. Verde, persistente.

**AROMATIC PROFILE.**
Tomato, aromatic herbs, apple, pepper. Green, persistent.

# Petrolo

**Bucine (AR) | loc. Petrolo, 30 | fraz. Mercatale Valdarno | tel. 055 9911322 | petrolo.it**

**OLIVETO PROPRIO** SÌ
**CULTIVAR** Frantoio, Leccino, Moraiolo
**COLTIVAZIONE** Biologica
**RACCOLTA** Manuale
**ESTRAZIONE** Ciclo continuo
**FRANTOIO** NO
**LITRI PRODOTTI** 3.000
**OLIVE DA MENSA** NO
**OSPITALITÀ** SÌ
**RISTORAZIONE** NO

**AZIENDA.** La tenuta è stata acquistata dalla famiglia Bazzocchi negli anni '40, ma era appartenuta già a Giorgio Perrin, accademico dei Georgofili. Oggi Luca Sanjust di Teulada cura 270 ettari di cui 19 a oliveto con 3.000 piante a conduzione biologica. Si producono anche vino, miele e grappa. Ospitalità in 6 appartamenti.

**OLIVE GROVE** YES
**CULTIVAR** Frantoio, Leccino, Moraiolo
**GROWING METHOD** Organic
**HARVEST METHOD** Manual
**EXTRACTION METHOD** Continuous cycle
**OIL MILL** NO
**LITRES PRODUCED** 3,000
**TABLE OLIVES** NO
**ACCOMODATIONS** YES
**RESTAURANT** NO

**OIL MAKER.** The estate was purchased by the Bazzocchi family in the 1940s, though it was once owned by Giorgio Perrin, a well-known academic. Today Luca Sanjust di Teulada oversees its 270 hectares of terrain, 19 of which host olive groves (3,000 trees, all organic). Wine, honey and grappa are also produced. Six apartments are available for rent.

## IGP TOSCANO BIO

**CULTIVAR: LECCINO, MORAIOLO, FRANTOIO**
**FRUTTATO/FRUITY: 6 • AMARO/BITTER: 6 • PICCANTE/SPICY: 6**
**FASCIA PREZZO/PRICE RANGE: 5**

**PROFILO AROMATICO.**
Carciofo, mela, mandorla, pepe. Verde.

**AROMATIC PROFILE.**
Artichoke, apple, almond, pepper. Green.

## TORRE DI GALATRONA LAUDEMIO BIO

**CULTIVAR: LECCINO, MORAIOLO, FRANTOIO**
**FRUTTATO/FRUITY: 6 • AMARO/BITTER: 5 • PICCANTE/SPICY: 6**
**FASCIA PREZZO/PRICE RANGE: 5**

**PROFILO AROMATICO.**
Carciofo, rucola, mela, mandorla. Maturo, persistente.

**AROMATIC PROFILE.**
Artichoke, arugula, apple, almond. Ripe, persistent.

# Tenuta Pietrapiana

**Reggello (FI) | loc. Pietrapiana |**
**tel. 335 8402749 | tenutapietrapiana.it**

**OLIVETO PROPRIO** SÌ
**CULTIVAR** Moraiolo, Leccino, Frantoio
**COLTIVAZIONE** Biologica
**RACCOLTA** Manuale
**ESTRAZIONE** Ciclo continuo
**FRANTOIO** NO
**LITRI PRODOTTI** 3.000
**OLIVE DA MENSA** NO
**OSPITALITÀ** NO
**RISTORAZIONE** NO

**AZIENDA.** Una bella realtà quella di Luciano Perego ed Ernestina Dossi, una tenuta in collina a un'altitudine di quasi 500 metri sul livello del mare. Qui crescono gli olivi, a conduzione biologica in 25 dei 45 ettari totali dei terreni di proprietà. Le piante sono quasi 4.000. Esporta anche negli Stati Uniti.

**OLIVE GROVE** YES
**CULTIVAR** Moraiolo, Leccino, Frantoio
**GROWING METHOD** Organic
**HARVEST METHOD** Manual
**EXTRACTION METHOD** Continuous cycle
**OIL MILL** NO
**LITRES PRODUCED** 3,000
**TABLE OLIVES** NO
**ACCOMODATIONS** NO
**RESTAURANT** NO

**OIL MAKER.** Luciano Perego and Ernestina Dossi's lovely estate unfolds in the hills at an elevation of almost 500 meters above sea level. Here the pair cultivate some 4,000 olive trees, which occupy 25 of the estate's 45 hectares. The producer also exports to the U.S.

## IGP TOSCANO MONOCULTIVAR LECCINO BIO

**CULTIVAR: LECCINO**
**FRUTTATO/FRUITY: 6 • AMARO/BITTER: 5 • PICCANTE/SPICY: 6**
**FASCIA PREZZO/PRICE RANGE: 4**

**PROFILO AROMATICO.**
Carciofo, mela, erba, pepe, balsamico. Verde, persistente.

**AROMATIC PROFILE.**
Artichoke, apple, grass, pepper, balsamic. Green, persistent.

## IGP TOSCANO MONOCULTIVAR MORAIOLO BIO

**CULTIVAR: MORAIOLO**
**FRUTTATO/FRUITY: 6 • AMARO/BITTER: 6 • PICCANTE/SPICY: 7**
**FASCIA PREZZO/PRICE RANGE: 4**

**PROFILO AROMATICO.**
Rucola, erba, balsamico. Verde, persistente.

**AROMATIC PROFILE.**
Arugula, grass, balsamic. Green, persistent.

## IGP TOSCANO MONOCULTIVAR FRANTOIO BIO

**CULTIVAR: FRANTOIO**
**FRUTTATO/FRUITY: 6 • AMARO/BITTER: 6 • PICCANTE/SPICY: 6**
**FASCIA PREZZO/PRICE RANGE: 4**

**PROFILO AROMATICO.**
Carciofo, mela, mandorla, pepe. Verde.

**AROMATIC PROFILE.**
Artichoke, apple, almond, pepper. Green.

# Poggio di Sotto

Montalcino (SI) | fraz. Castelnuovo dell'Abate |
tel. 0577 835502 | collemassari.it

**OLIVETO PROPRIO** SÌ
**CULTIVAR** Frantoio, Leccino, Moraiolo, Pendolino
**COLTIVAZIONE** Biologica
**RACCOLTA** Meccanica
**ESTRAZIONE** Ciclo continuo
**FRANTOIO** SÌ
**LITRI PRODOTTI** 1.000
**OLIVE DA MENSA** NO
**OSPITALITÀ** NO
**RISTORAZIONE** NO

**AZIENDA.** Poggio di Sotto è una delle grandi firme di Montalcino, anch'essa (con Grattamacco e ColleMassari) di proprietà dei fratelli Claudio Carmelo e Maria Iris Tipa Bertarelli, bravissimi a gestire il passaggio. I 900 olivi sono dislocati su 19 ettari di superficie.

**OLIVE GROVE** YES
**CULTIVAR** Frantoio, Leccino, Moraiolo, Pendolino
**GROWING METHOD** Organic
**HARVEST METHOD** Mechanical
**EXTRACTION METHOD** Continuous cycle
**OIL MILL** YES
**LITRES PRODUCED** 1,000
**TABLE OLIVES** NO
**ACCOMODATIONS** NO
**RESTAURANT** NO

**OIL MAKER.** Poggio di Sotto is one of Montalcino's great brands. Owners Claudio Carmelo and Maria Iris Tipa Bertarelli (who also own Grattamacco and ColleMassari) have proven adept at managing the passage. Their 900 olive trees occupy 19 hectares of terrain.

## OLIO EXTRAVERGINE DI OLIVA BIO

CULTIVAR: FRANTOIO, MORAIOLO, LECCINO
FRUTTATO/FRUITY: 6 • AMARO/BITTER: 5 • PICCANTE/SPICY: 6
FASCIA PREZZO/PRICE RANGE: 3

**PROFILO AROMATICO.**
Carciofo, mela, erba, mandorla, pepe. Maturo, persistente.

**AROMATIC PROFILE.**
Artichoke, apple, grass, almond, pepper. Ripe, persistent.

# Fattoria di Poggiopiano

**Fiesole (FI) | via dei Bassi, 13 | loc. Girone |**
**tel. 055 6593020 | poggiopiano.it**

**OLIVETO PROPRIO** SÌ
**CULTIVAR** Frantoio, Leccino, Moraiolo
**COLTIVAZIONE** Biologica
**RACCOLTA** Manuale
**ESTRAZIONE** Ciclo continuo
**FRANTOIO** NO
**LITRI PRODOTTI** 4.000
**OLIVE DA MENSA** NO
**OSPITALITÀ** SÌ
**RISTORAZIONE** NO

**AZIENDA.** Una struttura affascinante a un passo da Firenze che comprende anche agriturismo con camere e piscina panoramica. A gestirla Mauro Galardi, che dei 17 ettari di proprietà ne ha destinati 10 alla coltivazione di olivi con 4.000 piante. Si producono inoltre vino e grappa, tutto biologico.

**OLIVE GROVE** YES
**CULTIVAR** Frantoio, Leccino, Moraiolo
**GROWING METHOD** Organic
**HARVEST METHOD** Manual
**EXTRACTION METHOD** Continuous cycle
**OIL MILL** NO
**LITRES PRODUCED** 4,000
**TABLE OLIVES** NO
**ACCOMODATIONS** YES
**RESTAURANT** NO

**OIL MAKER.** A charming property situated just a stone's throw from Florence, Mauro Galardi's Fattoria di Poggiopiano also includes guest rooms and a swimming pool with a panoramic view. 4,000 olive trees occupy 10 of the farm's 17 hectares. Wine and grappa (all organic) is also produced.

## PLENUM BIO

**CULTIVAR: FRANTOIO, MORAIOLO, LECCINO**
**FRUTTATO/FRUITY: 7 • AMARO/BITTER: 7 • PICCANTE/SPICY: 7**
**FASCIA PREZZO/PRICE RANGE: 5**

**PROFILO AROMATICO.** Carciofo, rucola, ortica, erba, mandorla, pepe, balsamico. Verde, persistente.

**AROMATIC PROFILE.** Artichoke, arugula, nettle, grass, almond, pepper, balsamic. Green, persistent.

# Poggiotondo

**Subbiano (AR) | loc. Poggiotondo |**
**tel. 0575 48182 | poggiotondo.it**

**OLIVETO PROPRIO** SÌ
**CULTIVAR** Moraiolo, Leccino, Pendolino
**COLTIVAZIONE** Tradizionale
**RACCOLTA** Manuale
**ESTRAZIONE** Ciclo continuo
**FRANTOIO** NO
**LITRI PRODOTTI** 1.700
**OLIVE DA MENSA** NO
**OSPITALITÀ** NO
**RISTORAZIONE** NO

**AZIENDA.** Nel Casentino, Lorenzo Massart dedica alla produzione di vino - da vigne spesso di oltre mezzo secolo - e di olio tutta la passione innata e la competenza costruita in decenni di attività. Gli olivi coltivati sono in tutto 800, messi a dimora in 6 dei 54 ettari di superficie. Visite su appuntamento.

**OLIVE GROVE** YES
**CULTIVAR** Moraiolo, Leccino, Pendolino
**GROWING METHOD** Traditional
**HARVEST METHOD** Manual
**EXTRACTION METHOD** Continuous cycle
**OIL MILL** NO
**LITRES PRODUCED** 1,700
**TABLE OLIVES** NO
**ACCOMODATIONS** NO
**RESTAURANT** NO

**OIL MAKER.** Decades of experience in wine and oil production informs the work carried out by Lorenzo Massart in the Casentino Valley. 800 olive trees occupy 6 of the estate's 54 hectares of land, while many of their vineyards go back more than a half century. The property can be visited (by appointment).

## LE RANCOLE MONOCULTIVAR MORAIOLO

**CULTIVAR: MORAIOLO**
**FRUTTATO/FRUITY: 6 • AMARO/BITTER: 5 • PICCANTE/SPICY: 6**
**FASCIA PREZZO/PRICE RANGE: 4**

**PROFILO AROMATICO.**
Carciofo, mela, erba. Verde.

**AROMATIC PROFILE.**
Artichoke, apple, grass. Green.

# Pometti

**Trequanda (SI) | loc. La Selva |**
**tel. 0577 662017 | pometti.it**

**OLIVETO PROPRIO** SÌ
**CULTIVAR** Leccino, Pendolino, Moraiolo
**COLTIVAZIONE** Biologica
**RACCOLTA** Manuale
**ESTRAZIONE** Tradizionale
**FRANTOIO** NO
**LITRI PRODOTTI** 1.800
**OLIVE DA MENSA** NO
**OSPITALITÀ** SÌ
**RISTORAZIONE** SÌ

**AZIENDA.** Carlotta Pometti guida una tenuta di 212 ettari tra la Val d'Orcia e le Crete Senesi, 5 dei quali sono dedicati alla produzione di olio con 1.000 piante coltivate. Villa Boscarello e l'agriturismo La Selva sono le affascinanti strutture di ospitalità, con 24 alloggi e cucina tipica con prodotti bio. Anche vini.

**OLIVE GROVE** YES
**CULTIVAR** Leccino, Pendolino, Moraiolo
**GROWING METHOD** Organic
**HARVEST METHOD** Manual
**EXTRACTION METHOD** Traditional
**OIL MILL** NO
**LITRES PRODUCED** 1,800
**TABLE OLIVES** NO
**ACCOMODATIONS** YES
**RESTAURANT** YES

**OIL MAKER.** Carlotta Pometti leads a 212-hectare estate situated between the Val d'Orcia and the Crete Senesi. 5 of these hectares are dedicated to the production of oil (1,000 trees). Their Villa Boscarello and the La Selva farmstay offer guests charming accommodations — 24 lodgings total. There's also traditional cuisine made with organic products. Wines are produced as well.

## L'OLIO BIO

**CULTIVAR: MORAIOLO, LECCINO, PENDOLINO, FRANTOIO**
**FRUTTATO/FRUITY: 7 • AMARO/BITTER: 6 • PICCANTE/SPICY: 7**
**FASCIA PREZZO/PRICE RANGE: 4**

**PROFILO AROMATICO.** Carciofo, cardo, rucola, erba, noce, pepe, balsamico. Verde, persistente.

**AROMATIC PROFILE.** Artichoke, cardoon, arugula, grass, walnut, pepper, balsamic. Green, persistent.

# Borgo Prunatelli

**Rufina (FI) | via Fiorentina, 32 |**
**tel. 055 8397008**

**OLIVETO PROPRIO** SÌ
**CULTIVAR** Frantoio, Morellino, Pendolino
**COLTIVAZIONE** Biologica
**RACCOLTA** Manuale / Meccanica
**ESTRAZIONE** Ciclo continuo
**FRANTOIO** NO
**LITRI PRODOTTI** 7.000
**OLIVE DA MENSA** NO
**OSPITALITÀ** NO
**RISTORAZIONE** NO

**AZIENDA.** Della stessa proprietà di Fattorie di Galiga e Vetrice dei fratelli Grati, noti produttori di Chianti Rufina, questa tenuta è gestita da Nicoletta Bati con il supporto di Alessandro Pini, agronomo. Su una superficie totale di 26 ettari, 18 sono destinati agli olivi, in tutto 5.000 piante. Esporta anche negli Stati Uniti e in Giappone.

**OLIVE GROVE** YES
**CULTIVAR** Frantoio, Morellino, Pendolino
**GROWING METHOD** Organic
**HARVEST METHOD** Manual + mechanical
**EXTRACTION METHOD** Continuous cycle
**OIL MILL** NO
**LITRES PRODUCED** 7,000
**TABLE OLIVES** NO
**ACCOMODATIONS** NO
**RESTAURANT** NO

**OIL MAKER.** Borgo Prunatelli is owned by the Grati family (owners of Fattorie di Galiga e Vetrice, a well-known producer of Chianti Rufina) and managed by Nicoletta Bati. Together with agronomist Alessandro Pini, Bati cultivates 26 hectares, 18 of which host olive groves (about 5,000 trees in all). The producer also exports to the U.S. and Japan.

## OLIO EXTRAVERGINE DI OLIVA BIO

**CULTIVAR: FRANTOIO, MORELLINO, PENDOLINO**
**FRUTTATO/FRUITY: 6 • AMARO/BITTER: 7 • PICCANTE/SPICY: 7**
**FASCIA PREZZO/PRICE RANGE: 5**

**PROFILO AROMATICO.**
Carciofo, rucola, finocchio, erba, pepe. Maturo, persistente.

**AROMATIC PROFILE.**
Artichoke, arugula, fennel, grass, pepper. Ripe, persistent.

# ★ Pruneti

**Greve in Chianti (FI) | via dell'Oliveto, 24 | fraz. San Polo in Chianti | tel. 055 8555091 | pruneti.it**

**OLIVETO PROPRIO** SÌ
**CULTIVAR** Leccino, Moraiolo, Frantoio
**COLTIVAZIONE** Biologica
**RACCOLTA** Manuale
**ESTRAZIONE** Ciclo continuo
**FRANTOIO** SÌ
**LITRI PRODOTTI** 20.000
**OLIVE DA MENSA** NO
**OSPITALITÀ** NO
**RISTORAZIONE** SÌ

**AZIENDA.** La storia della famiglia Pruneti risale alla metà del 1800, quando Antonio di Tanghe si trasferì in questo paese del Chianti dando vita a una lunga tradizione che si sarebbe tramandata di generazione in generazione. Gianni e Paolo sono gli eredi di un simile patrimonio agricolo, 93 ettari di terreno di cui 82 per l'olio, per quasi 20mila alberi.

**OLIVE GROVE** YES
**CULTIVAR** Leccino, Moraiolo, Frantoio
**GROWING METHOD** Organic
**HARVEST METHOD** Manual
**EXTRACTION METHOD** Continuous cycle
**OIL MILL** YES
**LITRES PRODUCED** 20,000
**TABLE OLIVES** NO
**ACCOMODATIONS** NO
**RESTAURANT** YES

**OIL MAKER.** The Pruneti family's modern roots go back to the mid-1800s, when Antonio di Tanghe moved to this town in Chianti, setting in motion a long tradition that would be handed down from one generation to the next. Gianni and Paolo have inherited a similar legacy: 93 hectares of land, 82 of which host olive groves — almost 20,000 trees in all.

## MONOCULTIVAR LECCINO BIO

**CULTIVAR: LECCINO**
**FRUTTATO/FRUITY: 7 • AMARO/BITTER: 6 • PICCANTE/SPICY: 7**
**FASCIA PREZZO/PRICE RANGE: 5**

**PROFILO AROMATICO.** Rucola, ortica, erba, pepe, balsamico. Verde, persistente.

**AROMATIC PROFILE.** Arugula, nettle, grass, pepper, balsamic. Green, persistent.

## MONOCULTIVAR MORAIOLO BIO

**CULTIVAR: MORAIOLO**
**FRUTTATO/FRUITY: 7 • AMARO/BITTER: 6 • PICCANTE/SPICY: 6**
**FASCIA PREZZO/PRICE RANGE: 5**

**PROFILO AROMATICO.** Rucola, erba, pinolo, pepe, balsamico. Verde, persistente.

**AROMATIC PROFILE.** Arugula, grass, pine nut, pepper, balsamic. Green, persistent.

## MONOCULTIVAR FRANTOIO BIO

**CULTIVAR: FRANTOIO**
**FRUTTATO/FRUITY: 6 • AMARO/BITTER: 6 • PICCANTE/SPICY: 6**
**FASCIA PREZZO/PRICE RANGE: 5**

**PROFILO AROMATICO.** Carciofo, rucola, erba, mandorla, pepe. Verde, persistente.

**AROMATIC PROFILE.** Artichoke, arugula, grass, almond, pepper. Green, persistent.

# Tenuta Querciamatta

**Monsummano Terme (PT) | via Brogi, 1236 |**
**tel. 0572 1790971 | querciamatta.it**

**OLIVETO PROPRIO** SÌ
**CULTIVAR** Leccino, Moraiolo, Frantoio
**COLTIVAZIONE** Biologica
**RACCOLTA** Manuale
**ESTRAZIONE** Ciclo continuo
**FRANTOIO** NO
**LITRI PRODOTTI** 2.500
**OLIVE DA MENSA** NO
**OSPITALITÀ** NO
**RISTORAZIONE** NO

**AZIENDA.** Una giovane impresa con quattro anni di vita alle spalle ma già solida e rodata. Gianni e Martina Acciai producono anche vino, mentre per l'extravergine coltivano 1.600 piante su circa 7 dei 13 ettari di superficie totale. Shop on line, degustazioni e live cooking al tavolo sociale.

**OLIVE GROVE** YES
**CULTIVAR** Leccino, Moraiolo, Frantoio
**GROWING METHOD** Organic
**HARVEST METHOD** Manual
**EXTRACTION METHOD** Continuous cycle
**OIL MILL** NO
**LITRES PRODUCED** 2,500
**TABLE OLIVES** NO
**ACCOMODATIONS** NO
**RESTAURANT** NO

**OIL MAKER.** This young producer has only 4 years of experience, but it's already well established. Gianni and Martina Acciai, who also make wine, cultivate 1,600 olive trees on about 7 of the estate's 13 hectares. Online shop, tastings and live cooking.

## 100% ITALIANO BIO

**CULTIVAR: FRANTOIO, MORAIOLO**
**FRUTTATO/FRUITY: 6 • AMARO/BITTER: 6 • PICCANTE/SPICY: 7**
**FASCIA PREZZO/PRICE RANGE: 5**

**PROFILO AROMATICO.** Carciofo, rucola, ortica, erba, mandorla, pepe, balsamico. Verde, persistente.

**AROMATIC PROFILE.** Artichoke, arugula, nettle, grass, almond, pepper, balsamic. Green, persistent.

## IGP TOSCANO BIO

**CULTIVAR: MORAIOLO, FRANTOIO, LECCINO**
**FRUTTATO/FRUITY: 6 • AMARO/BITTER: 6 • PICCANTE/SPICY: 6**
**FASCIA PREZZO/PRICE RANGE: 5**

**PROFILO AROMATICO.** Carciofo, erba, balsamico. Verde, persistente.

**AROMATIC PROFILE.** Artichoke, grass, balsamic. Green, persistent.

## MONOCULTIVAR LECCINO BIO

**CULTIVAR: LECCINO**
**FRUTTATO/FRUITY: 6 • AMARO/BITTER: 6 • PICCANTE/SPICY: 6**
**FASCIA PREZZO/PRICE RANGE: 5**

**PROFILO AROMATICO.** Carciofo, finocchietto selvatico, mela, erba. Verde.

**AROMATIC PROFILE.** Artichoke, wild fennel, apple, grass. Green.

# ★ Fattoria Ramerino

**Bagno a Ripoli (FI) | via Roma, 404 | loc. La Fonte | fraz. Osteria Nuova | tel. 055 631520 | fattoriaramerino.it**

**OLIVETO PROPRIO** SÌ
**CULTIVAR** Frantoio, Leccino, Moraiolo
**COLTIVAZIONE** Biologica
**RACCOLTA** Manuale
**ESTRAZIONE** Ciclo continuo
**FRANTOIO** NO
**LITRI PRODOTTI** 6.000
**OLIVE DA MENSA** NO
**OSPITALITÀ** NO
**RISTORAZIONE** NO

**AZIENDA.** Filippo Alampi, proprietario e agronomo, conduce una realtà che era in attività già dalla metà del 1800, in una delle zone collinari più vocate a circa tre chilometri da Firenze. La tenuta si estende per 54 ettari di cui 34 coltivati a oliveto con 6.600 piante. Vendita on line.

**OLIVE GROVE** YES
**CULTIVAR** Frantoio, Leccino, Moraiolo
**GROWING METHOD** Organic
**HARVEST METHOD** Manual
**EXTRACTION METHOD** Continuous cycle
**OIL MILL** NO
**LITRES PRODUCED** 6,000
**TABLE OLIVES** NO
**ACCOMODATIONS** NO
**RESTAURANT** NO

**OIL MAKER.** Agronomist and owner Filippo Alampi manages a company that's been in business since the mid-18th century. The estate, which extends for 54 hectares (34 of which host olive groves, about 6,600 trees), is situated in one of the most favorable cultivation areas here in the hills outside Florence. Oils can be bought online.

## /// MONOCULTIVAR MORAIOLO BIO

**CULTIVAR: MORAIOLO**
**FRUTTATO/FRUITY: 6 • AMARO/BITTER: 7 • PICCANTE/SPICY: 7**
**FASCIA PREZZO/PRICE RANGE: 5**

**PROFILO AROMATICO.** Rucola, ortica, erba, pinolo, pepe, balsamico. Verde, persistente.

**AROMATIC PROFILE.** Arugula, nettle, grass, pine nut, pepper, balsamic. Green, persistent.

## // MONOCULTIVAR FRANTOIO BIO

**CULTIVAR: FRANTOIO**
**FRUTTATO/FRUITY: 6 • AMARO/BITTER: 6 • PICCANTE/SPICY: 6**
**FASCIA PREZZO/PRICE RANGE: 5**

**PROFILO AROMATICO.** Carciofo, erba, mandorla, pepe, balsamico. Verde, persistente.

**AROMATIC PROFILE.** Artichoke, grass, almond, pepper, balsamic. Green, persistent.

## // GUADAGNÒLO PRIMUS BIO

**CULTIVAR: MORAIOLO, FRANTOIO, ALTRE**
**FRUTTATO/FRUITY: 7 • AMARO/BITTER: 6 • PICCANTE/SPICY: 7**
**FASCIA PREZZO/PRICE RANGE: 5**

**PROFILO AROMATICO.** Carciofo, cardo, rucola, erba, mandorla, pepe, balsamico. Verde, persistente.

**AROMATIC PROFILE.** Artichoke, cardoon, arugula, grass, almond, pepper, balsamic. Green, persistent.

# Reto di Montisoni

**Bagno a Ripoli (FI) | via Montisoni, 23 | fraz. Antella |**
**tel. 338 4254436 | retodimontisoni.it**

**OLIVETO PROPRIO** SÌ
**CULTIVAR** Moraiolo, Maurino, Frantoio, Leccino, Americano, Leccio del Corno
**COLTIVAZIONE** Tradizionale
**RACCOLTA** Manuale
**ESTRAZIONE** Ciclo continuo
**FRANTOIO** SÌ
**LITRI PRODOTTI** 2.000
**OLIVE DA MENSA** NO
**OSPITALITÀ** NO
**RISTORAZIONE** NO

**AZIENDA.** Andrea Fiani, con l'aiuto dell'agronomo Lapo Baldini, continua la tradizione familiare: il nonno infatti era un mezzadro su questo stesso podere che venne poi acquistato dal padre. 6 dei 7 ettari totali aziendali sono oliveti con 1.700 alberi. Si producono anche fichi e ciliegie.

**OLIVE GROVE** YES
**CULTIVAR** Moraiolo, Maurino, Frantoio, Leccino, Americano, Leccio del Corno
**GROWING METHOD** Traditional
**HARVEST METHOD** Manual
**EXTRACTION METHOD** Continuous cycle
**OIL MILL** YES
**LITRES PRODUCED** 2,000
**TABLE OLIVES** NO
**ACCOMODATIONS** NO
**RESTAURANT** NO

**OIL MAKER.** Andrea Fiani, with the help of agronomist Lapo Baldini, carries on a family tradition with deep roots. Indeed, Andrea's grandfather was a sharecropper on this very farm (later bought by his father). 6 of its 7 hectares are used for olive growing (1,700 trees). Figs and cherries are also produced.

## IDILLIO

**CULTIVAR: MORAIOLO, LECCIO DEL CORNO, AMERICANO**
**FRUTTATO/FRUITY: 7 • AMARO/BITTER: 7 • PICCANTE/SPICY: 7**
**FASCIA PREZZO/PRICE RANGE: 5**

**PROFILO AROMATICO.** Carciofo, rucola, erbe aromatiche, erba, mandorla, pinolo, pepe, balsamico. Verde, persistente.

**AROMATIC PROFILE.** Artichoke, arugula, aromatic herbs, grass, almond, pine nut, pepper, balsamic. Green, persistent.

## MONOCULTIVAR MAURINO

**CULTIVAR: MAURINO**
**FRUTTATO/FRUITY: 7 • AMARO/BITTER: 6 • PICCANTE/SPICY: 7**
**FASCIA PREZZO/PRICE RANGE: 5**

**PROFILO AROMATICO.** Pomodoro, rucola, erbe aromatiche, mela, erba, pepe. Verde, persistente.

**AROMATIC PROFILE.** Tomato, arugula, aromatic herbs, apple, grass, pepper. Green, persistent.

## MONOCULTIVAR MORAIOLO

**CULTIVAR: MORAIOLO**
**FRUTTATO/FRUITY: 6 • AMARO/BITTER: 7 • PICCANTE/SPICY: 7**
**FASCIA PREZZO/PRICE RANGE: 5**

**PROFILO AROMATICO.** Rucola, ortica, erba, pepe. Verde, persistente.

**AROMATIC PROFILE.** Arugula, nettle, grass, pepper. Green, persistent.

# Ricasoli

**Gaiole in Chianti (SI) | Cantine del Castello di Brolio | loc. Madonna a Brolio | tel. 0577 7301 | ricasoli.com**

**OLIVETO PROPRIO** SÌ
**CULTIVAR** Frantoio, Moraiolo, Leccino
**COLTIVAZIONE** Tradizionale
**RACCOLTA** Manuale
**ESTRAZIONE** Ciclo continuo
**FRANTOIO** NO
**LITRI PRODOTTI** 1.000
**OLIVE DA MENSA** NO
**OSPITALITÀ** SÌ
**RISTORAZIONE** SÌ

**AZIENDA.** La famiglia Ricasoli non ha bisogno di presentazioni, ed è legata a questo territorio dal 1100. La tenuta, condotta da Francesco Ricasoli, si estende per 1.200 ettari nel Chianti Classico. Accanto al vigneto ci sono 22 ettari destinati ai 4.000 olivi. 6 camere per gli ospiti.

**OLIVE GROVE** YES
**CULTIVAR** Frantoio, Moraiolo, Leccino
**GROWING METHOD** Traditional
**HARVEST METHOD** Manual
**EXTRACTION METHOD** Continuous cycle
**OIL MILL** NO
**LITRES PRODUCED** 1,000
**TABLE OLIVES** NO
**ACCOMODATIONS** YES
**RESTAURANT** YES

**OIL MAKER.** The Ricasoli family, whose roots in the territory go all the way back to 1100, needs no introduction. The estate, led by Francesco Ricasoli, spans 1,200 hectares in Chianti Classico. In addition to vineyards, they cultivate 22 hectares of olive groves, about 4,000 trees in all. Six guest rooms are available for rent.

## DOP CHIANTI CLASSICO MONOCULTIVAR FRANTOIO

**CULTIVAR: FRANTOIO**
**FRUTTATO/FRUITY: 6 • AMARO/BITTER: 5 • PICCANTE/SPICY: 6**
**FASCIA PREZZO/PRICE RANGE: 5**

**PROFILO AROMATICO.**
Carciofo, rucola, erba, mandorla, pepe. Verde, persistente.

**AROMATIC PROFILE.**
Artichoke, arugula, grass, almond, pepper. Green, persistent.

## DOP CHIANTI CLASSICO CASTELLO DI BROLIO

**CULTIVAR: FRANTOIO, MORAIOLO, LECCINO**
**FRUTTATO/FRUITY: 5 • AMARO/BITTER: 5 • PICCANTE/SPICY: 6**
**FASCIA PREZZO/PRICE RANGE: 5**

**PROFILO AROMATICO.**
Carciofo, rucola, erba, mandorla. Verde.

**AROMATIC PROFILE.**
Artichoke, arugula, grass, almond. Green.

## DOP CHIANTI CLASSICO MONOCULTIVAR MORAIOLO

**CULTIVAR: MORAIOLO**
**FRUTTATO/FRUITY: 5 • AMARO/BITTER: 5 • PICCANTE/SPICY: 5**
**FASCIA PREZZO/PRICE RANGE: 5**

**PROFILO AROMATICO.**
Mela, erba, pepe, balsamico. Verde.

**AROMATIC PROFILE.**
Apple, grass, pepper, balsamic, Green.

# Villa La Ripa

**Arezzo | loc. Antria, 38 |**
**tel. 335 1003351 | villalaripa.it**

**OLIVETO PROPRIO** SÌ
**CULTIVAR** Moraiolo, Frantoio, Leccino
**COLTIVAZIONE** Tradizionale
**RACCOLTA** Manuale
**ESTRAZIONE** Ciclo continuo
**FRANTOIO** NO
**LITRI PRODOTTI** 1.000
**OLIVE DA MENSA** NO
**OSPITALITÀ** NO
**RISTORAZIONE** NO

**AZIENDA.** Saverio Luzzi, neurologo per professione, ha rilevato questa tenuta in collina dalle origini antiche per dar sfogo alla sua passione per la terra, il vino, l'olio. 6 dei 12 ettari della superficie totale sono occupati dalle 1.000 piante di olivo. Oltre ai vini, si producono distillati e cosmetici.

**OLIVE GROVE** YES
**CULTIVAR** Moraiolo, Frantoio, Leccino
**GROWING METHOD** Traditional
**HARVEST METHOD** Manual
**EXTRACTION METHOD** Continuous cycle
**OIL MILL** NO
**LITRES PRODUCED** 1,000
**TABLE OLIVES** NO
**ACCOMODATIONS** NO
**RESTAURANT** NO

**OIL MAKER.** Saverio Luzzi, a neurologist by profession, took over this age-old, hillside estate so as to give vent to his passion for the land, wine and oil. 6 of the property's 12 hectares are occupied by olive trees, about 1,000 in all. In addition to oil and wine, they produce spirits and cosmetics.

## PSYCO IGP TOSCANO

**CULTIVAR: MORAIOLO, LECCINO, FRANTOIO**
**FRUTTATO/FRUITY: 7 • AMARO/BITTER: 6 • PICCANTE/SPICY: 7**
**FASCIA PREZZO/PRICE RANGE: 5**

**PROFILO AROMATICO.**
Carciofo, rucola, erba, mandorla, pepe, balsamico. Verde, persistente.

**AROMATIC PROFILE.**
Artichoke, arugula, grass, almond, pepper, balsamic. Green, persistent.

## TIRATARI IGP TOSCANO

**CULTIVAR: LECCINO, FRANTOIO, MORAIOLO**
**FRUTTATO/FRUITY: 6 • AMARO/BITTER: 5 • PICCANTE/SPICY: 6**
**FASCIA PREZZO/PRICE RANGE: 5**

**PROFILO AROMATICO.**
Pomodoro, erbe aromatiche, mela, lattuga, pepe. Verde.

**AROMATIC PROFILE.**
Tomato, aromatic herbs, apple, lettuce, pepper. Green.

# Rocca di Montegrossi

**Gaiole in Chianti (SI) | loc. San Marcellino | fraz. Monti in Chianti |**
**tel. 0577 747977 | roccadimontegrossi.it**

**OLIVETO PROPRIO** SÌ
**CULTIVAR** Correggiolo, Moraiolo
**COLTIVAZIONE** Biologica
**RACCOLTA** Manuale
**ESTRAZIONE** Ciclo continuo
**FRANTOIO** NO
**LITRI PRODOTTI** 2.000
**OLIVE DA MENSA** NO
**OSPITALITÀ** SÌ
**RISTORAZIONE** NO

**AZIENDA.** Marco Alessandro Ricasoli Firidolfi è a capo di questa realtà vitivinicola nota anche per la produzione di Chianti Classico. Vigneti e oliveti (questi ultimi in coltura promiscua con alberi da frutto) sono a regime biologico. Per l'olio 2.000 le piante a dimora su 12 dei 100 ettari di superficie totale. Ospitalità in 5 camere.

**OLIVE GROVE** YES
**CULTIVAR** Correggiolo, Moraiolo
**GROWING METHOD** Organic
**HARVEST METHOD** Manual
**EXTRACTION METHOD** Continuous cycle
**OIL MILL** NO
**LITRES PRODUCED** 2,000
**TABLE OLIVES** NO
**ACCOMODATIONS** YES
**RESTAURANT** NO

**OIL MAKER.** Marco Alessandro Ricasoli Firidolfi leads Rocca di Montegrossi, an estate that's also known for the production of Chianti Classico wines. The vineyards and olive groves (the latter of which are mixed with fruit orchards) are grown organically. For their oil, they rely on 2,000 trees, 12 of the property's 100 hectares. Five guest rooms are available for rent.

## DOP CHIANTI CLASSICO BIO

**CULTIVAR: CORREGGIOLO, MORAIOLO**
**FRUTTATO/FRUITY: 7 • AMARO/BITTER: 6 • PICCANTE/SPICY: 6**
**FASCIA PREZZO/PRICE RANGE: 5**

**PROFILO AROMATICO.** Carciofo, rucola, erba, mandorla, pepe, cipresso, balsamico. Verde, persistente.

**AROMATIC PROFILE.** Artichoke, arugula, grass, almond, pepper, cypress, balsamic. Green, persistent.

# La Sala del Torriano

**San Casciano in Val di Pesa (FI) | via Sorripa, 34 |**
**tel. 055 8240013 | lasala.it**

**OLIVETO PROPRIO** SÌ
**CULTIVAR** Frantoio, Maremmana, Leccino
**COLTIVAZIONE** Biologica
**RACCOLTA** Manuale
**ESTRAZIONE** Ciclo continuo
**FRANTOIO** NO
**LITRI PRODOTTI** 2.000
**OLIVE DA MENSA** NO
**OSPITALITÀ** SÌ
**RISTORAZIONE** NO

**AZIENDA.** Una tenuta dalle origini antiche, oggi di proprietà di Francesco Rossi Ferrini, nella parte più settentrionale del Chianti Classico. Si estende su 70 ettari complessivi di cui 14 destinati alla produzione di extravergine con 6.000 piante. Qui nascono anche ottimi vini e si può sostare nell'agriturismo panoramico.

**OLIVE GROVE** YES
**CULTIVAR** Frantoio, Maremmana, Leccino
**GROWING METHOD** Organic
**HARVEST METHOD** Manual
**EXTRACTION METHOD** Continuous cycle
**OIL MILL** NO
**LITRES PRODUCED** 2,000
**TABLE OLIVES** NO
**ACCOMODATIONS** YES
**RESTAURANT** NO

**OIL MAKER.** An estate with deep roots, La Sala del Torriano is today owned by Francesco Rossi Ferrini. The 70-hectare property, which is based in the northernmost part of the Chianti Classico, includes 14 hectares of olive groves (about 6,000 trees). Excellent wines are also produced here. Visitors are welcome at their panoramic farmstay.

## /// DOP CHIANTI CLASSICO BIO

**CULTIVAR: FRANTOIO, LECCINO, MORAIOLO**
**FRUTTATO/FRUITY: 6 • AMARO/BITTER: 6 • PICCANTE/SPICY: 6**
**FASCIA PREZZO/PRICE RANGE: 5**

**PROFILO AROMATICO.** Carciofo, cardo, rucola, ortica, erba, mandorla, pepe, balsamico. Verde, persistente.

**AROMATIC PROFILE.** Artichoke, cardoon, arugula, nettle, grass, almond, pepper, balsamic. Green, persistent.

# Leonardo Salustri

**Cinigiano (GR) | loc. La Cava, 7 | fraz. Poggi del Sasso |**
**tel. 0564 990529 | salustri.it**

**OLIVETO PROPRIO** SÌ
**CULTIVAR** Leccino, Frantoio, Olivastra, Moraiolo
**COLTIVAZIONE** Biologica
**RACCOLTA** Manuale
**ESTRAZIONE** Ciclo continuo
**FRANTOIO** NO
**LITRI PRODOTTI** 9.000
**OLIVE DA MENSA** NO
**OSPITALITÀ** SÌ
**RISTORAZIONE** NO

**AZIENDA.** La famiglia Salustri si dedica da molti anni alla produzione di vino e olio nel cuore della Maremma. Oggi c'è Leonardo a condurre una tenuta estesa per 100 ettari di cui 30 coltivati con 6.000 piante di olivo. Agriturismo di proprietà Il Mandorlo, in collina, con 15 camere.

**OLIVE GROVE** YES
**CULTIVAR** Leccino, Frantoio, Olivastra, Moraiolo
**GROWING METHOD** Organic
**HARVEST METHOD** Manual
**EXTRACTION METHOD** Continuous cycle
**OIL MILL** NO
**LITRES PRODUCED** 9,000
**TABLE OLIVES** NO
**ACCOMODATIONS** YES
**RESTAURANT** NO

**OIL MAKER.** The Salustri family have been producing wine and oil in the heart of Maremma for many years now. Today Leonardo Salustri is at the helm, overseeing a 100-hectare estate that includes 30 ha of olive groves (6,000 trees). 15 rooms are available for rent at their Il Mandorlo guest house.

## OLIO EXTRAVERGINE DI OLIVA BIO

**CULTIVAR: LECCINO, MORAIOLO**
**FRUTTATO/FRUITY: 6 • AMARO/BITTER: 5 • PICCANTE/SPICY: 6**
**FASCIA PREZZO/PRICE RANGE: 4**

**PROFILO AROMATICO.**
Carciofo, cardo, mela, mandorla, pinolo, pepe. Verde, persistente.

**AROMATIC PROFILE.**
Artichoke, cardoon, apple, almond, pine nute, pepper. Green, persistent.

## MONOCULTIVAR FRANTOIO BIO

**CULTIVAR: FRANTOIO**
**FRUTTATO/FRUITY: 6 • AMARO/BITTER: 6 • PICCANTE/SPICY: 6**
**FASCIA PREZZO/PRICE RANGE: 5**

**PROFILO AROMATICO.**
Carciofo, cardo, erba, mandorla, pepe. Verde, persistente.

**AROMATIC PROFILE.**
Artichoke, cardoon, grass, almond, pepper. Green, persistent.

## MONOCULTIVAR OLIVASTRA BIO

**CULTIVAR: OLIVASTRA**
**FRUTTATO/FRUITY: 6 • AMARO/BITTER: 5 • PICCANTE/SPICY: 5**
**FASCIA PREZZO/PRICE RANGE: 5**

**PROFILO AROMATICO.**
Carciofo, fiori, mela. Maturo, persistente.

**AROMATIC PROFILE.**
Artichoke, flowers, apple. Ripe, persistent.

# Fattoria San Michele a Torri

**Scandicci (FI) | via San Michele, 36 | loc. San Michele a Torri |**
**tel. 055 769111 | fattoriasanmichele.it**

**OLIVETO PROPRIO** SÌ
**CULTIVAR** Maurino, Leccino, Moraiolo, Frantoio, Pendolino
**COLTIVAZIONE** Biologica
**RACCOLTA** Manuale / Meccanica
**ESTRAZIONE** Ciclo continuo
**FRANTOIO** SÌ
**LITRI PRODOTTI** 30.000
**OLIVE DA MENSA** NO
**OSPITALITÀ** NO
**RISTORAZIONE** SÌ

**AZIENDA.** Si trova nel cuore del Chianti la tenuta di Paolo Nocentini. I terreni si estendono su 900 ettari, in parte destinati a seminativo, bosco e allevamenti di Cinta Senese. Agli olivi sono dedicati 110 ettari, con 30mila piante a dimora. Si producono e vendono inoltre salumi, carne, uova, verdura, pane, legumi, miele, marmellate, farine.

**OLIVE GROVE** YES
**CULTIVAR** Maurino, Leccino, Moraiolo, Frantoio, Pendolino
**GROWING METHOD** Organic
**HARVEST METHOD** Manual + mechanical
**EXTRACTION METHOD** Continuous cycle
**OIL MILL** YES
**LITRES PRODUCED** 30,000
**TABLE ÒLIVES** NO
**ACCOMODATIONS** NO
**RESTAURANT** YES

**OIL MAKER.** Paolo Nocentini's Fattoria San Michele a Torri is situated in the heart of Chianti. The 900-hectare estate includes arable land, woodlands and breeding grounds for Cinta Senese pigs. 110 hectares are dedicated to olive cultivation, about 30,000 trees in all. Charcuterie, meat, eggs, vegetables, bread, legumes, honey, jams, flours are also produced and sold.

## LAUDEMIO MONOCULTIVAR FRANTOIO BIO

**CULTIVAR: FRANTOIO**
**FRUTTATO/FRUITY: 6 · AMARO/BITTER: 5 · PICCANTE/SPICY: 6**
**FASCIA PREZZO/PRICE RANGE: 5**

**PROFILO AROMATICO.**
Carciofo, mela, ravanello, mandorla. Maturo, persistente.

**AROMATIC PROFILE.**
Artichoke, apple, radish, almond. Ripe, persistent.

## OLIO EXTRAVERGINE DI OLIVA BIO

**CULTIVAR: FRANTOIO, MORAIOLO, LECCINO**
**FRUTTATO/FRUITY: 6 · AMARO/BITTER: 6 · PICCANTE/SPICY: 6**
**FASCIA PREZZO/PRICE RANGE: 4**

**PROFILO AROMATICO.**
Carciofo, mela, mandorla. Maturo, persistente.

**AROMATIC PROFILE.**
Artichoke, apple, almond. Ripe, persistent.

# Oliviera Sant'Andrea

**Sinalunga (SI) | loc. Costallaia |**
**tel. 0577 704102 | oliodelcapunto.it**

**OLIVETO PROPRIO** SÌ
**CULTIVAR** Frantoio, Leccino, Maurino, Leccio del Corno, Moraiolo, Rossellino, Favolosa - FS17
**COLTIVAZIONE** Tradizionale / Biologica
**RACCOLTA** Meccanica
**ESTRAZIONE** Ciclo continuo
**FRANTOIO** SÌ
**LITRI PRODOTTI** 19.300
**OLIVE DA MENSA** NO
**OSPITALITÀ** NO
**RISTORAZIONE** NO

**AZIENDA.** Da 45 anni la famiglia Giganti, oggi con gli eredi del fondatore Enzo e Enrico, lavora a stretto contatto con la terra nelle colline nei dintorni di Siena. Il loro è un prodotto genuino e rispettoso del territorio, e nasce dalle 25mila piante coltivate su 54 ettari della tenuta. Si può acquistare dal sito.

**OLIVE GROVE** YES
**CULTIVAR** Frantoio, Leccino, Maurino, Leccio del Corno, Moraiolo, Rossellino, Favolosa - FS17
**GROWING METHOD** Traditional + organic
**HARVEST METHOD** Mechanical
**EXTRACTION METHOD** Continuous cycle
**OIL MILL** YES
**LITRES PRODUCED** 19,300
**TABLE OLIVES** NO
**ACCOMODATIONS** NO
**RESTAURANT** NO

**OIL MAKER.** For 45 years the Giganti family, today represented by Enzo and Enrico, have been working in close contact with the land in the hills around Siena. Theirs is a genuine product that respects the territory, drawing on the olives of 25,000 trees (cultivated on the estate's 54 hectares). Products can also be purchased from their website.

## OLIO DEL CAPUNTO ECCO! IGP TOSCANO

**CULTIVAR: MAURINO, CORREGGIOLO, LECCIO DEL CORNO, PENDOLINO**
**FRUTTATO/FRUITY: 6 • AMARO/BITTER: 5 • PICCANTE/SPICY: 6**
**FASCIA PREZZO/PRICE RANGE: 5**

**PROFILO AROMATICO.**
Pomodoro, erbe aromatiche, mela, erba, pepe. Verde.

**AROMATIC PROFILE.**
Tomato, aromatic herbs, apple, grass, pepper. Green.

# Frantoio di Santa Téa - Gonnelli 1585

**Reggello (FI) | via P. della Francesca | loc. Santa Tea |**
**tel. 055 868117 | gonnelli1585.it**

**OLIVETO PROPRIO** SÌ
**CULTIVAR** Frantoio, Leccino, Moraiolo, Pendolino, Leccio del Corno
**COLTIVAZIONE** Biologica
**RACCOLTA** Manuale
**ESTRAZIONE** Ciclo continuo
**FRANTOIO** SÌ
**LITRI PRODOTTI** 350.000
**OLIVE DA MENSA** NO
**OSPITALITÀ** NO
**RISTORAZIONE** SÌ

**AZIENDA.** 200 ettari di tenuta a conduzione biologica, e 48.000 alberi: è l'impresa di Giorgio Gonnelli, erede di una famiglia che porta avanti una tradizione secolare con un olio esportato e conosciuto in tutto il mondo. La Bottega di Santa Téa è sede di degustazioni e shop di eccellenze enogastronomiche.

**OLIVE GROVE** YES
**CULTIVAR** Frantoio, Leccino, Moraiolo, Pendolino, Leccio del Corno
**GROWING METHOD** Organic
**HARVEST METHOD** Manual
**EXTRACTION METHOD** Continuous cycle
**OIL MILL** YES
**LITRES PRODUCED** 350,000
**TABLE OLIVES** NO
**ACCOMODATIONS** NO
**RESTAURANT** YES

**OIL MAKER.** Heir to a family with a deep historical roots, Giorgio Gonnelli carries on a centuries-old tradition, producing and exporting his oil the world over. It's all made possible thanks to 200 hectares. The Bottega di Santa Téa hosts tastings as well as a shop where outstanding food and wine may be purchased.

## IGP TOSCANO COLLINE DI FIRENZE BIO

**CULTIVAR: FRANTOIO, MORAIOLO, LECCINO**
**FRUTTATO/FRUITY: 6 • AMARO/BITTER: 6 • PICCANTE/SPICY: 6**
**FASCIA PREZZO/PRICE RANGE: 5**

**PROFILO AROMATICO.**
Carciofo, rucola, erba, mandorla, pepe. Verde, persistente.

**AROMATIC PROFILE.**
Artichoke, arugula, grass, almond, pepper. Green, persistent.

## MONOCULTIVAR FRANTOIO BIO

**CULTIVAR: FRANTOIO**
**FRUTTATO/FRUITY: 6 • AMARO/BITTER: 4 • PICCANTE/SPICY: 5**
**FASCIA PREZZO/PRICE RANGE: 5**

**PROFILO AROMATICO.**
Carciofo, mela, mandorla, pepe. Maturo, persistente.

**AROMATIC PROFILE.**
Artichoke, apple, almond, pepper. Ripe, persistent.

## OLIVE VERDI

**CULTIVAR: FRANTOIO, MORAIOLO, LECCINO, PERANZANA**
**FRUTTATO/FRUITY: 5 • AMARO/BITTER: 5 • PICCANTE/SPICY: 5**
**FASCIA PREZZO/PRICE RANGE: 3**

**PROFILO AROMATICO.**
Carciofo, songino, mela, mandorla. Maturo, persistente.

**AROMATIC PROFILE.**
Artichoke, lamb's lettuce, apple, almond. Ripe, persistent.

# Scovaventi

**Manciano (GR) | loc. La Campigliola Paglieto, 56 |**
**tel. 389 0183033 | scovaventi.it**

**OLIVETO PROPRIO** SÌ
**CULTIVAR** Caninese, Cipressino, Leccino, Frantoio, Ascolana Tenera, Olivastra, Raggiola, Moraiolo, Maurino
**COLTIVAZIONE** Tradizionale / Biologica
**RACCOLTA** Meccanica
**ESTRAZIONE** Ciclo continuo
**FRANTOIO** NO
**LITRI PRODOTTI** 4.000
**OLIVE DA MENSA** NO
**OSPITALITÀ** NO
**RISTORAZIONE** NO

**AZIENDA.** Carolina Rosi, figlia del regista Francesco Rosi, ha reso questo podere un'azienda agricola immersa nella tranquillità della Maremma, dove si producono anche miele, confetture e conserve. 5.000 le piante di olivo coltivate nei 39 ettari della tenuta. Shop on line.

**OLIVE GROVE** YES
**CULTIVAR** Caninese, Cipressino, Leccino, Frantoio, Ascolana Tenera, Olivastra, Raggiola, Moraiolo, Maurino
**GROWING METHOD** Traditional + organic
**HARVEST METHOD** Mechanical
**EXTRACTION METHOD** Continuous cycle
**OIL MILL** NO
**LITRES PRODUCED** 4,000
**TABLE OLIVES** NO
**ACCOMODATIONS** NO
**RESTAURANT** NO

**OIL MAKER.** Carolina Rosi (daughter of director Francesco Rosi), transformed this property into a commercial farm immersed in the quiet of Maremma. Here they produce also honey, jams and preserves. About 5,000 olive trees occupy 39 hectares of the estate. Online shop.

## OSTRO BIO

**CULTIVAR: LECCINO, FRANTOIO, CIPRESSINO**
**FRUTTATO/FRUITY: 6 • AMARO/BITTER: 6 • PICCANTE/SPICY: 6**
**FASCIA PREZZO/PRICE RANGE: 5**

**PROFILO AROMATICO.** Carciofo, rucola, lattuga, erbe aromatiche, erba, balsamico. Verde, persistente.

**AROMATIC PROFILE.** Artichoke, arugula, lettuce, aromatic herbs, grass, balsamic. Green, persistent.

## IGP TOSCANO BIO

**CULTIVAR: RAGGIOLA, OLIVASTRA, LECCINO**
**FRUTTATO/FRUITY: 7 • AMARO/BITTER: 6 • PICCANTE/SPICY: 6**
**FASCIA PREZZO/PRICE RANGE: 5**

**PROFILO AROMATICO.** Carciofo, erba, mandorla, noce, pinolo, pepe. Verde, persistente.

**AROMATIC PROFILE.** Artichoke, grass, almond, walnut, pine nut, pepper. Green, persistent.

## GARBINO BIO

**CULTIVAR: LECCINO, CANINESE, ASCOLANA TENERA**
**FRUTTATO/FRUITY: 6 • AMARO/BITTER: 5 • PICCANTE/SPICY: 6**
**FASCIA PREZZO/PRICE RANGE: 5**

**PROFILO AROMATICO.** Carciofo, cardo, fiori, mela, mandorla. Maturo, persistente.

**AROMATIC PROFILE.** Artichoke, cardoon, flowers, apple, almond. Ripe, persistent.

# Maria Liana Stiavelli - Il Paluffo

**Certaldo (FI) | via Citerna, 144 | fraz. Fiano |**
**tel. 335 5395273 | paluffo.com**

**OLIVETO PROPRIO** SÌ
**CULTIVAR** Leccino, Frantoio, Morellino, Pendolino, Moraiolo, Leccio del Corno
**COLTIVAZIONE** Tradizionale
**RACCOLTA** Manuale
**ESTRAZIONE** Ciclo continuo
**FRANTOIO** NO
**LITRI PRODOTTI** 1.000
**OLIVE DA MENSA** NO
**OSPITALITÀ** SÌ
**RISTORAZIONE** NO

**AZIENDA.** Il Paluffo è un'antica villa toscana ristrutturata secondo i principi della bioedilizia, luogo ideale anche per soggiorni all'insegna del relax. Qui Maria Liana Stiavelli produce olio da 650 vecchie piante (più 150 giovani) coltivate in 5 ettari di terreno, nonché vini e miele, tutto acquistabile nello shop on line.

**OLIVE GROVE** YES
**CULTIVAR** Leccino, Frantoio, Morellino, Pendolino, Moraiolo, Leccio del Corno
**GROWING METHOD** Traditional
**HARVEST METHOD** Manual
**EXTRACTION METHOD** Continuous cycle
**OIL MILL** NO
**LITRES PRODUCED** 1,000
**TABLE OLIVES** NO
**ACCOMODATIONS** YES
**RESTAURANT** NO

**OIL MAKER.** Il Paluffo is an old Tuscan villa renovated according to the principles of green architecture, making it the perfect place for a relaxing stay. Here Maria Liana Stiavelli presses oil from the olives of 650 old trees (plus 150 young ones) cultivated on 5 hectares of land, as well as producing wine and honey, all of which can be purchased through their website.

## /// IGP TOSCANO

**CULTIVAR: FRANTOIO, MORAIOLO, LECCIO DEL CORNO, PENDOLINO**
**FRUTTATO/FRUITY: 7 • AMARO/BITTER: 6 • PICCANTE/SPICY: 7**
**FASCIA PREZZO/PRICE RANGE: 3**

**PROFILO AROMATICO.** Carciofo, rucola, mela, erba, mandorla, pepe, balsamico. Verde, persistente.

**AROMATIC PROFILE.** Artichoke, arugula, apple, grass, almond, pepper, balsamic. Green, persistent.

# Talente

San Casciano in Val di Pesa (FI) | via Empolese, 95c | fraz. Talente |
tel. 055 8290179 | oliocassiano.it

**OLIVETO PROPRIO** SÌ
**CULTIVAR** Frantoio, Leccino, Moraiolo
**COLTIVAZIONE** Tradizionale
**RACCOLTA** Manuale / Meccanica
**ESTRAZIONE** Ciclo continuo
**FRANTOIO** SÌ
**LITRI PRODOTTI** 30.000
**OLIVE DA MENSA** NO
**OSPITALITÀ** NO
**RISTORAZIONE** NO

**AZIENDA.** Federica Toschi Antoniella porta avanti la tenuta di famiglia nel cuore del Chianti Classico, in collina, sorta nel 1997. Il terreno si estende su 87 ettari di cui 73 destinati alla produzione di olio, con 15.000 piante a dimora. Ospitalità nell'agriturismo I Barronci.

**OLIVE GROVE** YES
**CULTIVAR** Frantoio, Leccino, Moraiolo
**GROWING METHOD** Traditional
**HARVEST METHOD** Manual + mechanical
**EXTRACTION METHOD** Continuous cycle
**OIL MILL** YES
**LITRES PRODUCED** 30,000
**TABLE OLIVES** NO
**ACCOMODATIONS** NO
**RESTAURANT** NO

**OIL MAKER.** Federica Toschi Antoniella's Talente (Est. 1997) is based in the heart of Chianti Classico. 87 hectares are cultivated. Of these 73 ha are dedicated to the production of oil, making for some 15,000 olive trees in all. Rooms are available for rent at their I Barronci farmstay.

## CASSIANO IGP TOSCANO COLLINE DI FIRENZE

**CULTIVAR: FRANTOIO, MORAIOLO, LECCINO**
**FRUTTATO/FRUITY: 6 • AMARO/BITTER: 6 • PICCANTE/SPICY: 6**
**FASCIA PREZZO/PRICE RANGE: 3**

**PROFILO AROMATICO.**
Carciofo, mela, erba, noce, pepe. Verde.

**AROMATIC PROFILE.**
Artichoke, apple, grass, walnut, pepper. Green.

## CASSIANO DOP CHIANTI CLASSICO

**CULTIVAR: FRANTOIO, MORAIOLO, LECCINO**
**FRUTTATO/FRUITY: 6 • AMARO/BITTER: 4 • PICCANTE/SPICY: 6**
**FASCIA PREZZO/PRICE RANGE: 4**

**PROFILO AROMATICO.**
Carciofo, cardo, mela, mandorla, pepe. Maturo, persistente.

**AROMATIC PROFILE.**
Artichoke, cardoon, apple, almond, pepper. Ripe, persistent.

# I Tattoli

**San Casciano in Val di Pesa (FI) | via Volterrana, 207 | fraz. La Romola | tel. 055 295609 | itattoli.com**

**OLIVETO PROPRIO** SÌ
**CULTIVAR** Leccio del Corno, Moraiolo, Frantoio, Pendolino
**COLTIVAZIONE** Tradizionale
**RACCOLTA** Meccanica
**ESTRAZIONE** Ciclo continuo
**FRANTOIO** NO
**LITRI PRODOTTI** 4.000
**OLIVE DA MENSA** NO
**OSPITALITÀ** NO
**RISTORAZIONE** NO

**AZIENDA.** Un paesaggio di vigne e olivi circonda la tenuta dei Bini Smaghi, cui si accede da un lungo viale di cipressi secolari. In questo suggestivo contesto crescono le circa 2.500 piante coltivate su 50 ettari di terreno. Vendita dal sito e visite su appuntamento.

**OLIVE GROVE** YES
**CULTIVAR** Leccio del Corno, Moraiolo, Frantoio, Pendolino
**GROWING METHOD** Traditional
**HARVEST METHOD** Mechanical
**EXTRACTION METHOD** Continuous cycle
**OIL MILL** NO
**LITRES PRODUCED** 4,000
**TABLE OLIVES** NO
**ACCOMODATIONS** NO
**RESTAURANT** NO

**OIL MAKER.** A landscape of vineyards and olive trees surrounds the Bini Smaghi family's estate. Indeed, to get to the property you have to pass down a long avenue of centuries-old cypresses. Here you'll also find some 2,500 olive trees across 50 hectares of land. Products may be purchased through their website. The property can be visited (by appointment).

## DOP CHIANTI CLASSICO

**CULTIVAR: FRANTOIO, MORAIOLO, LECCIO DEL CORNO, PENDOLINO**
**FRUTTATO/FRUITY: 7 • AMARO/BITTER: 6 • PICCANTE/SPICY: 7**
**FASCIA PREZZO/PRICE RANGE: 5**

**PROFILO AROMATICO.** Carciofo, rucola, ortica, erba, mandorla, pepe, balsamico. Verde, persistente.

**AROMATIC PROFILE.** Artichoke, arugula, nettle, grass, almond, pepper, balsamic. Green, persistent.

# Villa Travignoli

**Pelago (FI) | via Travignoli, 78 |**
**tel. 055 8361098 | travignoli.com**

**OLIVETO PROPRIO** SÌ
**CULTIVAR** Frantoio, Leccino
**COLTIVAZIONE** Tradizionale
**RACCOLTA** Manuale
**ESTRAZIONE** Ciclo continuo
**FRANTOIO** NO
**LITRI PRODOTTI** 3.000
**OLIVE DA MENSA** NO
**OSPITALITÀ** NO
**RISTORAZIONE** NO

**AZIENDA.** Una delle 150 imprese più antiche d'Italia, dal 1800 di proprietà della famiglia Busi, oggi rappresentata da Giovanni. Nome noto per i vini, produce anche extravergine coltivando a olivi 15 dei 90 ettari della tenuta, per un totale di 2.700 piante.

**OLIVE GROVE** YES
**CULTIVAR** Frantoio, Leccino
**GROWING METHOD** Traditional
**HARVEST METHOD** Manual
**EXTRACTION METHOD** Continuous cycle
**OIL MILL** NO
**LITRES PRODUCED** 3,000
**TABLE OLIVES** NO
**ACCOMODATIONS** NO
**RESTAURANT** NO

**OIL MAKER.** Villa Travignoli, one of Italy's 150 oldest businesses, has been owned by the Busi family (today represented by Giovanni) since 1800. A well-known name for wines, they also produce extra virgin olive oil, drawing on 2,700 trees (15 of the estate's 90 hectares).

## OLIO EXTRAVERGINE DI OLIVA

**CULTIVAR: FRANTOIO, LECCINO**
**FRUTTATO/FRUITY: 5 • AMARO/BITTER: 5 • PICCANTE/SPICY: 5**
**FASCIA PREZZO/PRICE RANGE: 2**

**PROFILO AROMATICO.**
Alloro, erbe aromatiche, mela, erba. Verde.

**AROMATIC PROFILE.**
Laurel, aromatic herbs, apple, grass. Green.

# Trebbio

**Scarperia e San Piero (FI) | loc. Il Trebbio, 18a |**
**tel. 0032 498123068 | trebbio.com**

**OLIVETO PROPRIO** SÌ
**CULTIVAR** Leccio del Corno, Moraiolo, Leccino, Frantoio, Maurino, Pendolino
**COLTIVAZIONE** Biologica
**RACCOLTA** Manuale / Meccanica
**ESTRAZIONE** Ciclo continuo
**FRANTOIO** NO
**LITRI PRODOTTI** 35.000
**OLIVE DA MENSA** NO
**OSPITALITÀ** SÌ
**RISTORAZIONE** NO

**AZIENDA.** Una storica realtà oggi a conduzione biologica e biodinamica, da 900 anni guidata dalla stessa famiglia. Clemente Corsini è attualmente al timone, con un terreno di 400 ettari di cui 70 destinati agli olivi. Ospitalità in 15 camere. Degustazioni e visite guidate.

**OLIVE GROVE** YES
**CULTIVAR** Leccio del Corno, Moraiolo, Leccino, Frantoio, Maurino, Pendolino
**GROWING METHOD** Organic
**HARVEST METHOD** Manual + mechanical
**EXTRACTION METHOD** Continuous cycle
**OIL MILL** NO
**LITRES PRODUCED** 35,000
**TABLE OLIVES** NO
**ACCOMODATIONS** YES
**RESTAURANT** NO

**OIL MAKER.** This historic producer, today both organic and biodynamic, has been managed by the same family for 900 years. Clemente Corsini is at the helm, overseeing 400 hectares, 70 of which are dedicated to olive cultivation. 15 guest rooms are available for rent. Tastings and guided tours are also held.

## PEPPERY INTENSE BIO

**CULTIVAR: LECCINO, MORAIOLO, FRANTOIO, LECCIO DEL CORNO**
**FRUTTATO/FRUITY: 7 • AMARO/BITTER: 6 • PICCANTE/SPICY: 7**
**FASCIA PREZZO/PRICE RANGE: 5**

**PROFILO AROMATICO.** Pomodoro, rucola, erbe aromatiche, erba, pepe, balsamico. Verde, persistente.

**AROMATIC PROFILE.** Tomato, arugula, aromatic herbs, grass, pepper, balsamic. Green, persistent.

# Fattoria Triboli

**Impruneta (FI) | via di Cappello, 44 |**
**tel. 389 1356259 | fattoriatriboli.it**

**OLIVETO PROPRIO** SÌ
**CULTIVAR** Leccio, Frantoio, Moraiolo, Leccio del Corno, Pendolino
**COLTIVAZIONE** Biologica
**RACCOLTA** Manuale
**ESTRAZIONE** Ciclo continuo
**FRANTOIO** SÌ
**LITRI PRODOTTI** 3.700
**OLIVE DA MENSA** NO
**OSPITALITÀ** NO
**RISTORAZIONE** NO

**AZIENDA.** Sostenibilità e trasparenza sono la base del lavoro di questa bella realtà a conduzione biologica, di proprietà di Alessandro Denegri. 84 ettari la superficie totale della tenuta, di cui quasi 22 destinati alla coltivazione delle 4.600 piante di olivo. Vendita on line anche di frutta e ortaggi, miele, formaggi vegan e cosmetici naturali.

**OLIVE GROVE** YES
**CULTIVAR** Leccio, Frantoio, Moraiolo, Leccio del Corno, Pendolino
**GROWING METHOD** Organic
**HARVEST METHOD** Manual
**EXTRACTION METHOD** Continuous cycle
**OIL MILL** YES
**LITRES PRODUCED** 3,700
**TABLE OLIVES** NO
**ACCOMODATIONS** NO
**RESTAURANT** NO

**OIL MAKER.** Sustainability and transparency are the principles that underpin the work carried out at Alessandro Denegri's Fattoria Triboli, a lovely, 84-hectare, organic estate. Almost 22 ha are dedicated to the cultivation of olives, about 4,600 trees in all. Produce, honey, vegan cheeses and natural cosmetics are all available for purchase online.

### PREMIUM BIO

**CULTIVAR: FRANTOIO, LECCINO, MORAIOLO**
**FRUTTATO/FRUITY: 7 • AMARO/BITTER: 7 • PICCANTE/SPICY: 7**
**FASCIA PREZZO/PRICE RANGE: 5**

**PROFILO AROMATICO.** Carciofo, rucola, ortica, erba, mandorla, pepe, balsamico. Verde, persistente.

**AROMATIC PROFILE.** Artichoke, arugula, nettle, grass, almond, pepper, balsamic. Green, persistent.

# Podere Val d'Orcia

**Sarteano (SI) | via Val d'Orcia, 4 |**
**tel. 392 6443020 | poderevaldorcia.com**

**OLIVETO PROPRIO** SÌ
**CULTIVAR** Frantoio, Leccino, Maurino, Pendolino, Rossellino, Leccio del Corno
**COLTIVAZIONE** Biologica
**RACCOLTA** Manuale
**ESTRAZIONE** Tradizionale
**FRANTOIO** NO
**LITRI PRODOTTI** 8.700
**OLIVE DA MENSA** NO
**OSPITALITÀ** SÌ
**RISTORAZIONE** SÌ

**AZIENDA.** Bella realtà nata nel 2006 per mano del lungimirante imprenditore Gianluca Magri, che fin da subito si rese conto delle grandi potenzialità di questo territorio, oggi patrimonio Unesco. Sugli ettari aziendali coltivati a oliveto dimorano circa 6.000 piante. Si produce anche farro monococco. Oltre all'ospitalità e alla ristorazione, ci sono centro benessere e maneggio.

**OLIVE GROVE** YES
**CULTIVAR** Frantoio, Leccino, Maurino, Pendolino, Rossellino, Leccio del Corno
**GROWING METHOD** Organic
**HARVEST METHOD** Manual
**EXTRACTION METHOD** Traditional
**OIL MILL** NO
**LITRES PRODUCED** 8,700
**TABLE OLIVES** NO
**ACCOMODATIONS** YES
**RESTAURANT** YES

**OIL MAKER.** This lovely farm was founded in 2006 by farsighted entrepreneur Gianluca Magri, who immediately realized the great potential of a territory today recognized as a UNESCO World Heritage Site. About 6,000 trees occupy the estate. Einkorn spelt is also produced. In addition to guest accommodations and dining, there's also a wellness center and riding stables.

## /// INFERNALE IGP TOSCANO BIO

**CULTIVAR: LECCINO, FRANTOIO**
**FRUTTATO/FRUITY: 7 • AMARO/BITTER: 6 • PICCANTE/SPICY: 6**
**FASCIA PREZZO/PRICE RANGE: 5**

**PROFILO AROMATICO.** Carciofo, erba, mandorla, pepe, cipresso, balsamico. Verde, persistente.

**AROMATIC PROFILE.** Artichoke, grass, almond, pepper, cypress, balsamic. Green, persistent.

# Castello Vicchiomaggio

**Greve in Chianti (FI) | via Vicchiomaggio, 4 | loc. Le Bolle |**
**tel. 055 854079 | vicchiomaggio.it**

**OLIVETO PROPRIO** SÌ
**CULTIVAR** Leccino, Frantoio, Moraiolo
**COLTIVAZIONE** Biologica
**RACCOLTA** Manuale
**ESTRAZIONE** Tradizionale
**FRANTOIO** NO
**LITRI PRODOTTI** 3.000
**OLIVE DA MENSA** NO
**OSPITALITÀ** SÌ
**RISTORAZIONE** SÌ

**AZIENDA.** Quella di John Matta e famiglia è una bella struttura in posizione panoramica da cui ammirare le distese dei vigneti del Chianti. Anche qui si produce vino, mentre per l'olio si coltivano 650 piante su 13 ettari della tenuta. Camere per pernottare e ristorante di cucina tipica con dehors nel giardino di lecci secolari.

**OLIVE GROVE** YES
**CULTIVAR** Leccino, Frantoio, Moraiolo
**GROWING METHOD** Organic
**HARVEST METHOD** Manual
**EXTRACTION METHOD** Traditional
**OIL MILL** NO
**LITRES PRODUCED** 3,000
**TABLE OLIVES** NO
**ACCOMODATIONS** YES
**RESTAURANT** YES

**OIL MAKER.** John Matta and his family oversee Castello Vicchiomaggio, a gorgeous property that offers panoramic views of Chianti's vineyards. Wine is produced here, but also olive oil, with 650 trees occupying 13 hectares. Rooms for overnight stays are available for rent. Enjoy traditional cuisine in a garden of age-old holm oaks.

## IGP TOSCANO BIO

**CULTIVAR: FRANTOIO, LECCINO, MORAIOLO**
**FRUTTATO/FRUITY: 6 • AMARO/BITTER: 6 • PICCANTE/SPICY: 7**
**FASCIA PREZZO/PRICE RANGE: 5**

**PROFILO AROMATICO.**
Carciofo, mela, mandorla, noce, pepe. Maturo, persistente.

**AROMATIC PROFILE.**
Artichoke, apple, almond, walnut, pepper. Ripe, persistent.

# Tenuta Le Viste

**Scandicci (FI) | via del Leone, 11 | fraz. Mosciano |**
**tel. 055 768002 | tenuta-leviste.it**

**OLIVETO PROPRIO** SÌ
**CULTIVAR** Morellino, Frantoio, Leccino, Pendolino, Moraiolo
**COLTIVAZIONE** Tradizionale
**RACCOLTA** Manuale
**ESTRAZIONE** Ciclo continuo
**FRANTOIO** NO
**LITRI PRODOTTI** 2.300
**OLIVE DA MENSA** NO
**OSPITALITÀ** SÌ
**RISTORAZIONE** NO

**AZIENDA.** Un'affascinante struttura sulle colline di Firenze dove trascorrere soggiorni nel verde e con tutte le comodità. Qui Alexandra Ern produce anche extravergine da cultivar locali. La tenuta si estende per 9.5 ettari (8 in conversione biodinamica) di cui 7 sono coltivati con 2.000 olivi.

**OLIVE GROVE** YES
**CULTIVAR** Morellino, Frantoio, Leccino, Pendolino, Moraiolo
**GROWING METHOD** Traditional
**HARVEST METHOD** Manual
**EXTRACTION METHOD** Continuous cycle
**OIL MILL** NO
**LITRES PRODUCED** 2,300
**TABLE OLIVES** NO
**ACCOMODATIONS** YES
**RESTAURANT** NO

**OIL MAKER.** A charming property based on the hills of Florence where you can spend your holidays surrounded by greenery, enjoying all the amenities. Here Alexandra Ern also produces extra virgin, drawing on local olive varieties. The estate unfolds across 9.5 hectares, 8 of which are being converted to biodynamic agriculture and 7 of which host olive groves (about 2,000 trees in all).

## OLIO EXTRAVERGINE DI OLIVA

**CULTIVAR: LECCINO, PENDOLINO, FRANTOIO, MORELLINO**
**FRUTTATO/FRUITY: 6 • AMARO/BITTER: 6 • PICCANTE/SPICY: 6**
**FASCIA PREZZO/PRICE RANGE: 4**

**PROFILO AROMATICO.**
Carciofo, erba, mandorla, noce, pepe, balsamico. Verde, persistente.

**AROMATIC PROFILE.**
Artichoke, grass, almond, walnut, pepper, balsamic. Green, persistent.

# Fattoria di Volmiano

**Calenzano (FI) | via di Volmiano, 28 |**
**tel. 055 8827114 | gondi.com**

**OLIVETO PROPRIO** SÌ
**CULTIVAR** Frantoio, Moraiolo, Leccino, Leccio del Corno
**COLTIVAZIONE** Biologico
**RACCOLTA** Manuale
**ESTRAZIONE** Ciclo continuo
**FRANTOIO** SÌ
**LITRI PRODOTTI** 16.000
**OLIVE DA MENSA** NO
**OSPITALITÀ** NO
**RISTORAZIONE** NO

**AZIENDA.** I Gondi sono una famiglia storica le cui origini risalgono all'epoca di Carlo Magno. Oggi Lapo e Gerardo sono alla guida di questa fattoria a conduzione biologica immersa in 540 ettari di terra. Di questi, 71 danno vita all'extravergine, grazie alla coltivazione di 23mila alberi. Esportano in tutto il mondo. Visite e degustazioni su prenotazione.

**OLIVE GROVE** YES
**CULTIVAR** Frantoio, Moraiolo, Leccino, Leccio del Corno
**GROWING METHOD** Organic
**HARVEST METHOD** Manual
**EXTRACTION METHOD** Continuous cycle
**OIL MILL** YES
**LITRES PRODUCED** 16,000
**TABLE OLIVES** NO
**ACCOMODATIONS** NO
**RESTAURANT** NO

**OIL MAKER.** The Gondi family's roots date back to the time of Charlemagne. Today Lapo and Gerardo lead this 540-hectare, organic estate, which includes 71 ha of olive groves (about 23,000 trees in all). Worldwide exports. Visits and tastings are available on request.

## /// LAUDEMIO BIO

**CULTIVAR: FRANTOIO, MORAIOLO, LECCINO, ALTRE**
**FRUTTATO/FRUITY: 6 • AMARO/BITTER: 6 • PICCANTE/SPICY: 6**
**FASCIA PREZZO/PRICE RANGE: 5**

**PROFILO AROMATICO.** Carciofo, cardo, mela, erba, mandorla, pepe, balsamico. Verde, persistente.

**AROMATIC PROFILE.** Artichoke, cardoon, apple, grass, almond, pepper, balsamic. Green, persistent.

**CULTIVAR PRINCIPALI/MAIN VARIETIES**

Raggia (o Raggiola), Coroncina, Carboncella, Ascolana Tenera

**CULTIVAR MINORI/MINOR VARIETIES**

Piantone di Mogliano, Piantone di Falerone, Sargano di Fermo, Ascolana Dura, Mignola

# MARCHE

**MANGIARE/EAT**

**L' Arcade**

l.mare A. Gramsci, 315 • Porto San Giorgio (FM)

tel. 0734 675961 • ristorantelarcade.it

**Casa Rapisarda**

via IV Novembre, 35 • Numana (AN)

tel. 071 9696138 • ristorantecasarapisarda.it

**Signore te ne ringrazi**

via della Pescheria Vecchia, 26 • Macerata

tel. 0733 222273 • signoreteneringrazi.it

**COMPRARE/SHOP**

**Giorno per giorno bio**

via L. Ferri, 84 • San Benedetto del Tronto (AP)

tel. 0735 584390 • giornopergiornobio.biz

# Oleificio Angelini

**Ascoli Piceno | via Faiano, 116a |**
**tel. 0736 251218 | olioangelini.it**

**OLIVETO PROPRIO** SÌ
**CULTIVAR** Moraiolo, Leccino, Carboncella, Pendolino, Frantoio, Ascolana Tenera
**COLTIVAZIONE** Tradizionale
**RACCOLTA** Meccanica
**ESTRAZIONE** Ciclo continuo
**FRANTOIO** SÌ
**LITRI PRODOTTI** 30.000
**OLIVE DA MENSA** NO
**OSPITALITÀ** NO
**RISTORAZIONE** NO

**AZIENDA.** La famiglia Angelini è alla terza generazione di frantoiani nella gestione di questa secolare realtà. Oggi l'azienda è coordinata da Cesare Viscione e, oltre all'impianto oleario, si contano 800 olivi distribuiti su 3 ettari. Si producono anche condimenti aromatizzati.

**OLIVE GROVE** YES
**CULTIVAR** Moraiolo, Leccino, Carboncella, Pendolino, Frantoio, Ascolana Tenera
**GROWING METHOD** Traditional
**HARVEST METHOD** Mechanical
**EXTRACTION METHOD** Continuous cycle
**OIL MILL** YES
**LITRES PRODUCED** 30,000
**TABLE OLIVES** NO
**ACCOMODATIONS** NO
**RESTAURANT** NO

**OIL MAKER.** Third-generation oil producers, the Angelini family oversee this centuries-old estate, today managed by Cesare Viscione. In addition to the oil mill, the property hosts 800 olive trees spread out over 3 hectares. Flavor-infused oils are produced as well.

## MONOCULTIVAR ASCOLANA TENERA

**CULTIVAR: ASCOLANA TENERA**
**FRUTTATO/FRUITY: 6 · AMARO/BITTER: 4 · PICCANTE/SPICY: 4**
**FASCIA PREZZO/PRICE RANGE: 3**

**PROFILO AROMATICO.**
Pomodoro, erbe aromatiche, mela, pepe. Verde.

**AROMATIC PROFILE.**
Tomato, aromatic herbs, apple, pepper. Green.

## IGP MARCHE BIO

**CULTIVAR: LECCINO, ASCOLANA TENERA, FRANTOIO, CARBONCELLA**
**FRUTTATO/FRUITY: 5 · AMARO/BITTER: 4 · PICCANTE/SPICY: 5**
**FASCIA PREZZO/PRICE RANGE: 2**

**PROFILO AROMATICO.**
Pomodoro, fiori, mela. Maturo.

**AROMATIC PROFILE.**
Tomato, flowers, apple. Ripe.

# La Collina delle Fate

**Fossombrone (PU) | loc. San Venanzio, 88 |**
**tel. 0721 1761018 | collinadellefate.com**

**OLIVETO PROPRIO** SÌ
**CULTIVAR** Raggiola, Leccino, Picholine, Maurino, Peranzana, Frantoio, Ascolana
**COLTIVAZIONE** In conversione
**RACCOLTA** Manuale
**ESTRAZIONE** Ciclo continuo
**FRANTOIO** SÌ
**LITRI PRODOTTI** 7.000
**OLIVE DA MENSA** NO
**OSPITALITÀ** SÌ
**RISTORAZIONE** SÌ

**AZIENDA.** Una bella tenuta vitivinicola di 128 ettari di cui 14 sono destinati a oliveto con circa 3.500 piante. Il merito va a Massimo Berloni, che del rispetto e amore per la natura e la terra ne ha fatto filosofia e ragione di vita.

**OLIVE GROVE** YES
**CULTIVAR** Raggiola, Leccino, Picholine, Maurino, Peranzana, Frantoio, Ascolana
**GROWING METHOD** Being converted
**HARVEST METHOD** Manual
**EXTRACTION METHOD** Continuous cycle
**OIL MILL** YES
**LITRES PRODUCED** 7,000
**TABLE OLIVES** NO
**ACCOMODATIONS** YES
**RESTAURANT** YES

**OIL MAKER.** This lovely wine-growing estate comprises 128 hectares, 14 of which are olive groves (about 3,500 trees). Credit its success to Massimo Berloni, who's based his personal philosophy and raison d'être on respect and love for nature.

## CAPPUCCINI

**CULTIVAR: RAGGIOLA, ASCOLANA, LECCINO**
**FRUTTATO/FRUITY: 7 • AMARO/BITTER: 6 • PICCANTE/SPICY: 6**
**FASCIA PREZZO/PRICE RANGE: 5**

**PROFILO AROMATICO.**
Pomodoro, erbe aromatiche, mela, pepe, balsamico. Verde, persistente.

**AROMATIC PROFILE.**
Tomato, aromatic herbs, apple, pepper, balsamic. Green, persistent.

## SINFOLIO MONOCULTIVAR RAGGIOLA

**CULTIVAR: RAGGIOLA**
**FRUTTATO/FRUITY: 7 • AMARO/BITTER: 7 • PICCANTE/SPICY: 8**
**FASCIA PREZZO/PRICE RANGE: 5**

**PROFILO AROMATICO.**
Rucola, erba, mandorla, noce. Verde, persistente.

**AROMATIC PROFILE.**
Arugula, grass, almond, walnut. Green, persistent.

# ★ Il Conventino di Monteciccardo

**Monteciccardo (PU) | via G. Turcato, 4 | loc. Conventino | tel. 0721 910574 | cmbio.it**

**OLIVETO PROPRIO** SÌ
**CULTIVAR** Rosciola, Pendolino, Leccino, Raggiola, Ascolana Tenera, Picholine
**COLTIVAZIONE** Biologica
**RACCOLTA** Meccanica
**ESTRAZIONE** Ciclo continuo
**FRANTOIO** SÌ
**LITRI PRODOTTI** 13.000
**OLIVE DA MENSA** NO
**OSPITALITÀ** NO
**RISTORAZIONE** NO

**AZIENDA.** Mattia, Francesca, Egidio Marcantoni sono alla guida di questa rappresentativa realtà in collina perfettamente inserita nel territorio. Olio nonché vino, miele e specialità alimentari in produzione. Il terreno conta 16 ettari di superficie con 7.600 piante. Vale una visita (su appuntamento).

**OLIVE GROVE** YES
**CULTIVAR** Rosciola, Pendolino, Leccino, Raggiola, Ascolana Tenera, Picholine
**GROWING METHOD** Organic
**HARVEST METHOD** Mechanical
**EXTRACTION METHOD** Continuous cycle
**OIL MILL** YES
**LITRES PRODUCED** 13,000
**TABLE OLIVES** NO
**ACCOMODATIONS** NO
**RESTAURANT** NO

**OIL MAKER.** Mattia, Francesca and Egidio Marcantoni lead this emblematic producer situated in the hills and perfectly integrated in the territory. Oil, wine, honey and food specialties are all produced. The estate, which comprises 16 hectares of terrain (7,600 trees), is worth a visit (by appointment only).

## FRÀ BERNARDO MONOCULTIVAR ASCOLANA TENERA BIO

**CULTIVAR: ASCOLANA TENERA**
**FRUTTATO/FRUITY: 7 • AMARO/BITTER: 4 • PICCANTE/SPICY: 5**
**FASCIA PREZZO/PRICE RANGE: 5**

**PROFILO AROMATICO.**
Pomodoro, mela, pepe, balsamico. Verde, persistente.

**AROMATIC PROFILE.**
Tomato, apple, pepper, balsamic. Green, persistent.

## FRÀ PASQUALE MONOCULTIVAR RAGGIOLA BIO

**CULTIVAR: RAGGIOLA**
**FRUTTATO/FRUITY: 8 • AMARO/BITTER: 7 • PICCANTE/SPICY: 7**
**FASCIA PREZZO/PRICE RANGE: 5**

**PROFILO AROMATICO.**
Erba, noce, mandorla, balsamico. Verde, persistente.

**AROMATIC PROFILE.**
Grass, walnut, almond, balsamic. Green, persistent.

## RISERVA BIO

**CULTIVAR: PICHOLINE, RAGGIOLA, ASCOLANA TENERA, LECCINO**
**FRUTTATO/FRUITY: 6 • AMARO/BITTER: 5 • PICCANTE/SPICY: 6**
**FASCIA PREZZO/PRICE RANGE: 5**

**PROFILO AROMATICO.**
Pomodoro, erbe aromatiche, pepe. Verde, persistente.

**AROMATIC PROFILE.**
Tomato, aromatic herbs, pepper. Green, persistent.

# ★ Emozioneolio

**Colli al Metauro (PU) | via Tomba, 50a | fraz. Serrungarina |**
**tel. 0721 371070 | emozioneolio.com**

**OLIVETO PROPRIO** SÌ
**CULTIVAR** Moraiolo, Leccino, Frantoio, Ascolana Tenera, Raggiola, Pendolino
**COLTIVAZIONE** Tradizionale
**RACCOLTA** Manuale
**ESTRAZIONE** Ciclo continuo
**FRANTOIO** NO
**LITRI PRODOTTI** 4.000
**OLIVE DA MENSA** NO
**OSPITALITÀ** NO
**RISTORAZIONE** NO

**AZIENDA.** È sempre un piacere assaggiare gli oli di Massimo Mosconi. Nei suoi extravergine si incontrano due territori, la montagna della Majella e le dolci colline pesaresi: il risultato sono profumi complessi, che raccontano bene la vocazione del centro Italia per l'olivicoltura. Si contano 3.000 olivi su circa 9 ettari.

**OLIVE GROVE** YES
**CULTIVAR** Moraiolo, Leccino, Frantoio, Ascolana Tenera, Raggiola, Pendolino
**GROWING METHOD** Traditional
**HARVEST METHOD** Manual
**EXTRACTION METHOD** Continuous cycle
**OIL MILL** NO
**LITRES PRODUCED** 4,000
**TABLE OLIVES** NO
**ACCOMODATIONS** NO
**RESTAURANT** NO

**OIL MAKER.** It's always a pleasure to taste Massimo Mosconi's oils. Two territories meet in his extra virgin: the Majella mountains and the gentle hills of Pesaro. The result is complex aromas, which aptly describe just how good central Italy is for olive growing. About 3,000 olive trees occupy 9 hectares.

## /// RISVEGLIO MONOCULTIVAR RAGGIOLA

**CULTIVAR: RAGGIOLA**
**FRUTTATO/FRUITY: 8 • AMARO/BITTER: 6 • PICCANTE/SPICY: 7**
**FASCIA PREZZO/PRICE RANGE: 5**

**PROFILO AROMATICO.**
Carciofo, cardo, ortica, erba, pepe, balsamico. Verde, persistente.

**AROMATIC PROFILE.**
Artichoke, cardoon, nettle, grass, pepper, balsamic. Green, persistent.

## // OPUS

**CULTIVAR: RAGGIOLA, INTOSSO**
**FRUTTATO/FRUITY: 7 • AMARO/BITTER: 5 • PICCANTE/SPICY: 6**
**FASCIA PREZZO/PRICE RANGE: 5**

**PROFILO AROMATICO.** Pomodoro, carciofo, erbe aromatiche, balsamico. Verde, persistente.

**AROMATIC PROFILE.** Tomato, artichoke, aromatic herbs, balsamic. Green, persistent.

# Ferretti Agricola

**Pedaso (FM) | via G. Rossini, 1 |**
**tel. 342 8006918 | ferrettiagricola.it**

**OLIVETO PROPRIO** SÌ
**CULTIVAR** Favolosa - FS17, Ascolana, Piantone di Mogliano, Leccio del Corno
**COLTIVAZIONE** Tradizionale
**RACCOLTA** Meccanica
**ESTRAZIONE** Ciclo continuo
**FRANTOIO** NO
**LITRI PRODOTTI** 1.000
**OLIVE DA MENSA** NO
**OSPITALITÀ** NO
**RISTORAZIONE** NO

**AZIENDA.** I Ferretti producono olio da quattro generazioni, in origine solo per la famiglia. Oggi questa realtà nel cuore della Valle dell'Aso, sulle colline tra i Monti Sibillini e l'Adriatico, è un riferimento solido per tutto il territorio. Tre i soci per 7 ettari di terreno con 5.800 piante. Visite su prenotazione tramite sito. Packaging elegante.

**OLIVE GROVE** YES
**CULTIVAR** Favolosa - FS17, Ascolana, Piantone di Mogliano, Leccio del Corno
**GROWING METHOD** Traditional
**HARVEST METHOD** Mechanical
**EXTRACTION METHOD** Continuous cycle
**OIL MILL** NO
**LITRES PRODUCED** 1,000
**TABLE OLIVES** NO
**ACCOMODATIONS** NO
**RESTAURANT** NO

**OIL MAKER.** The Ferrettis have been producing oil for four generations, though originally it was only for private consumption. Based in the heart of the Aso Valley (on the hills between the Sibillini Mountains and the Adriatic), today the producer is a solid touchstone for the entire territory. Three partners cultivate 7 hectares of land — about 5,800 trees in all. Visits can be made on appointment (book online). Elegant packaging.

## /// DAMA MONOCULTIVAR FAVOLOSA FS-17

**CULTIVAR: FAVOLOSA - FS17**
**FRUTTATO/FRUITY: 6 • AMARO/BITTER: 5 • PICCANTE/SPICY: 6**
**FASCIA PREZZO/PRICE RANGE: 5**

**PROFILO AROMATICO.**
Pomodoro, rucola, erbe aromatiche, erba. Verde, persistente.

**AROMATIC PROFILE.**
Tomato, arugula, aromatic herbs, grass. Green, persistent.

# Mazzola

Senigallia (AN) | s.da Bernardinelli, 297 | fraz. Scapezzano |
tel. 349 0700546 | cantinamazzola.it

**OLIVETO PROPRIO** SÌ
**CULTIVAR** Arbequina, Raggia, Frantoio, Leccino, Leccio del Corno
**COLTIVAZIONE** In conversione
**RACCOLTA** Manuale / Meccanica
**ESTRAZIONE** Ciclo continuo
**FRANTOIO** SÌ
**LITRI PRODOTTI** 7.000
**OLIVE DA MENSA** NO
**OSPITALITÀ** NO
**RISTORAZIONE** NO

**AZIENDA.** Manuel Giobbi è al timone di questa felice realtà, favorita anche dalla vicinanza al mare e dal clima temperato. Su 13 ettari di oliveto (in affitto e in riconversione biologica) sono messe a dimora 12.500 piante delle principali cultivar tipiche di questo territorio. Si produce anche vino.

**OLIVE GROVE** YES
**CULTIVAR** Arbequina, Raggia, Frantoio, Leccino, Leccio del Corno
**GROWING METHOD** Being converted
**HARVEST METHOD** Manual + mechanical
**EXTRACTION METHOD** Continuous cycle
**OIL MILL** YES
**LITRES PRODUCED** 7,000
**TABLE OLIVES** NO
**ACCOMODATIONS** NO
**RESTAURANT** NO

**OIL MAKER.** Manuel Giobbi leads Mazzola, a thriving estate favored by a temperate climate and the nearby sea. 12,500 olive trees (the area's main cultivars) occupy 13 hectares of rented groves that are currently being converted to organic farming. Wine is also produced.

## MONOCULTIVAR LECCIO DEL CORNO

**CULTIVAR: LECCIO DEL CORNO**
**FRUTTATO/FRUITY: 7 • AMARO/BITTER: 5 • PICCANTE/SPICY: 6**
**FASCIA PREZZO/PRICE RANGE: 5**

**PROFILO AROMATICO.**
Mandorla, pinolo, carciofo, noce. Verde, persistente.

**AROMATIC PROFILE.**
Almond, pine nut, artichoke, walnut. Green, persistent.

## MONOCULTIVAR RAGGIA

**CULTIVAR: RAGGIA**
**FRUTTATO/FRUITY: 6 • AMARO/BITTER: 6 • PICCANTE/SPICY: 7**
**FASCIA PREZZO/PRICE RANGE: 5**

**PROFILO AROMATICO.**
Erba, carciofo, balsamico. Verde, persistente.

**AROMATIC PROFILE.**
Grass, artichoke, balsamic. Green, persistent.

# Montecappone

Jesi (AN) | via Colle Olivo, 2 |
tel. 0731 205761 | montecappone.com

**OLIVETO PROPRIO** SÌ
**CULTIVAR** Leccino, Frantoio, Raggia, Ascolana Tenera, Rosciola, Piantone di Mogliano, Pendolino, Mignola
**COLTIVAZIONE** Tradizionale
**RACCOLTA** Manuale
**ESTRAZIONE** Ciclo continuo
**FRANTOIO** NO
**LITRI PRODOTTI** 3.000
**OLIVE DA MENSA** NO
**OSPITALITÀ** NO
**RISTORAZIONE** NO

**AZIENDA.** Nel cuore del territorio del Verdicchio dei Castelli di Jesi si trova la proprietà della famiglia Bomprezzi-Mirizzi. Una realtà che da sempre si distingue per l'eccellente produzione di vino, ma anche per quella di oro verde. Si contano, infatti, 4.500 olivi.

**OLIVE GROVE** YES
**CULTIVAR** Leccino, Frantoio, Raggia, Ascolana Tenera, Rosciola, Piantone di Mogliano, Pendolino, Mignola
**GROWING METHOD** Traditional
**HARVEST METHOD** Manual
**EXTRACTION METHOD** Continuous cycle
**OIL MILL** NO
**LITRES PRODUCED** 3,000
**TABLE OLIVES** NO
**ACCOMODATIONS** NO
**RESTAURANT** NO

**OIL MAKER.** The Bomprezzi-Mirizzi family's estate is situated in the heart of the Verdicchio dei Castelli di Jesi production zone. Montecappone has long stood out for its excellent traditional wine, but also for its "green gold". Indeed, 18 of the estate's 48 hectares host olive trees.

## MONOCULTIVAR ASCOLANA TENERA

**CULTIVAR: ASCOLANA TENERA**
**FRUTTATO/FRUITY: 7 • AMARO/BITTER: 5 • PICCANTE/SPICY: 6**
**FASCIA PREZZO/PRICE RANGE: 5**

**PROFILO AROMATICO.** Pomodoro, erbe aromatiche, mela, pepe. Verde, persistente.

**AROMATIC PROFILE.** Tomato, aromatic herbs, apple, pepper. Green, persistent.

## MONOCULTIVAR PIANTONE DI MOGLIANO

**CULTIVAR: PIANTONE DI MOGLIANO**
**FRUTTATO/FRUITY: 6 • AMARO/BITTER: 6 • PICCANTE/SPICY: 6**
**FASCIA PREZZO/PRICE RANGE: 5**

**PROFILO AROMATICO.** Carciofo, pinolo, noce, mandorla, pepe. Verde, persistente.

**AROMATIC PROFILE.** Artichoke, pine nut, walnut, almond, pepper. Green, persistent.

## MONOCULTIVAR RAGGIA

**CULTIVAR: RAGGIA**
**FRUTTATO/FRUITY: 7 • AMARO/BITTER: 7 • PICCANTE/SPICY: 7**
**FASCIA PREZZO/PRICE RANGE: 5**

**PROFILO AROMATICO.** Erba, rucola, pepe, balsamico. Verde, persistente.

**AROMATIC PROFILE.** Grass, arugula, pepper, balsamic. Green, persistent.

# Cantina La Murola

**Urbisaglia (MC) | c.da Villamagna, 9 |**
**tel. 0733 506843 | murola.it**

**OLIVETO PROPRIO** SÌ
**CULTIVAR** Leccino, Piantone di Mogliano
**COLTIVAZIONE** In conversione
**RACCOLTA** Meccanica
**ESTRAZIONE** Ciclo continuo
**FRANTOIO** NO
**LITRI PRODOTTI** 1.000
**OLIVE DA MENSA** NO
**OSPITALITÀ** NO
**RISTORAZIONE** NO

**AZIENDA.** Di storia e tradizioni molto antiche, risalenti addirittura al 1724, è oggi una realtà gestita con entusiasmo e passione da Jerzy Bonati Mosienicz. Famosa per la produzione di vini, spicca anche quella di olio, ottenuto da poco più di 2 ettari di terreno, in cui dimorano circa 1.000 olivi.

**OLIVE GROVE** YES
**CULTIVAR** Leccino, Piantone di Mogliano
**GROWING METHOD** Being converted
**HARVEST METHOD** Mechanical
**EXTRACTION METHOD** Continuous cycle
**OIL MILL** NO
**LITRES PRODUCED** 1,000
**TABLE OLIVES** NO
**ACCOMODATIONS** NO
**RESTAURANT** NO

**OIL MAKER.** A historical estate rooted in deep traditions (Est. 1724), today Cantina La Murola is managed with enthusiasm and passion by Jerzy Mostenicz Bonati. While most famous for its wines, its oil also stands out, thanks to 2 hectares of olive groves and over 1,000 trees.

## MONOCULTIVAR LECCINO

**CULTIVAR: LECCINO**
**FRUTTATO/FRUITY: 6 • AMARO/BITTER: 6 • PICCANTE/SPICY: 6**
**FASCIA PREZZO/PRICE RANGE: 4**

**PROFILO AROMATICO.**
Carciofo, noce, mandorla, pepe. Verde, persistente.

**AROMATIC PROFILE.**
Artichoke, walnut, almond, pepper. Green, persistent.

## MUROLIO MONOCULTIVAR PIANTONE DI MOGLIANO

**CULTIVAR: PIANTONE DI MOGLIANO**
**FRUTTATO/FRUITY: 5 • AMARO/BITTER: 5 • PICCANTE/SPICY: 6**
**FASCIA PREZZO/PRICE RANGE: 4**

**PROFILO AROMATICO.**
Carciofo, mela, pepe. Maturo.

**AROMATIC PROFILE.**
Artichoke, apple, pepper. Ripe.

# Frantoio L'Olinda

**San Marcello (AN) | via Serra, 72 |**
**tel. 393 9164881 | lolinda.it**

**OLIVETO PROPRIO** SÌ
**CULTIVAR** Raggia, Leccino, Mignola, Carboncella, Rosciola, Piantone di Mogliano, Coroncina, Ascolana Tenera
**COLTIVAZIONE** Biologica
**RACCOLTA** Manuale
**ESTRAZIONE** Ciclo continuo
**FRANTOIO** SÌ
**LITRI PRODOTTI** 10.000
**OLIVE DA MENSA** NO
**OSPITALITÀ** SÌ
**RISTORAZIONE** NO

**AZIENDA.** Inquadrarlo solo come un semplice frantoio oleario sarebbe assai riduttivo. Quella di Luca Sabbatini Rossetti è una realtà poliedrica che comprende un affascinante agriturismo immerso in un oliveto secolare, il frantoio di ultima generazione, ma anche 115 ettari di oliveti con 26mila alberi curati in regime biologico.

**OLIVE GROVE** YES
**CULTIVAR** Raggia, Leccino, Mignola, Carboncella, Rosciola, Piantone di Mogliano, Coroncina, Ascolana Tenera
**GROWING METHOD** Organic
**HARVEST METHOD** Manual
**EXTRACTION METHOD** Continuous cycle
**OIL MILL** YES
**LITRES PRODUCED** 10,000
**TABLE OLIVES** NO
**ACCOMODATIONS** YES
**RESTAURANT** NO

**OIL MAKER.** Pigeonholing Frantoio L'Olinda as a mere oil mill wouldn't be doing it justice. Luca Sabbatini Rossetti's multifaceted estate includes charming accommodations immersed in a centuries-old olive grove, a cutting-edge oil mill, and 115 hectares of organically-managed trees, about 26,000 in all.

## MONOCULTIVAR ASCOLANA BIO

**CULTIVAR: ASCOLANA TENERA**
**FRUTTATO/FRUITY: 6 • AMARO/BITTER: 5 • PICCANTE/SPICY: 6**
**FASCIA PREZZO/PRICE RANGE: 3**

**PROFILO AROMATICO.** Pomodoro, erba, pepe. Verde, persistente.

**AROMATIC PROFILE.** Tomato, grass, pepper. Green, persistent.

## MONOCULTIVAR MIGNOLA BIO

**CULTIVAR: MIGNOLA**
**FRUTTATO/FRUITY: 6 • AMARO/BITTER: 5 • PICCANTE/SPICY: 6**
**FASCIA PREZZO/PRICE RANGE: 3**

**PROFILO AROMATICO.** Mora, rucola, lampone. Maturo, persistente.

**AROMATIC PROFILE.** Blackberry, arugula, raspberry. Ripe, persistent.

# L'Olivaio

Castelleone di Suasa (AN) | via Case Nuove, 25 |
tel. 071 966123 | olivaio.it

**OLIVETO PROPRIO** SÌ
**CULTIVAR** Ascolana Tenera, Raggia, Ascolana Dura, Leccino, Pendolino
**COLTIVAZIONE** Biologica
**RACCOLTA** Meccanica
**ESTRAZIONE** Ciclo continuo
**FRANTOIO** SÌ
**LITRI PRODOTTI** 20.000
**OLIVE DA MENSA** NO
**OSPITALITÀ** NO
**RISTORAZIONE** NO

**AZIENDA.** La tenuta gestita da Valter Cestini e Davide Morganti mette radici a Castelleone di Suasa, una tranquilla località poco lontana da Senigallia. Qui si gestiscono 18 ettari di oliveto con 5.500 alberi, ma anche uno dei migliori frantoi della zona.

**OLIVE GROVE** YES
**CULTIVAR** Ascolana Tenera, Raggia, Ascolana Dura, Leccino, Pendolino
**GROWING METHOD** Organic
**HARVEST METHOD** Mechanical
**EXTRACTION METHOD** Continuous cycle
**OIL MILL** YES
**LITRES PRODUCED** 20,000
**TABLE OLIVES** NO
**ACCOMODATIONS** NO
**RESTAURANT** NO

**OIL MAKER.** The estate managed by Valter Cestini and Davide Morganti is based in Castellone di Suasa, a quiet hillside village situated near the coast. Here 5,500 olive trees occupy 18 hectares of terrain, but the property also hosts one of the best oil mills in the area.

## VERDE IGP MARCHE

**CULTIVAR: FRANTOIO, LECCINO, PENDOLINO**
**FRUTTATO/FRUITY: 7 • AMARO/BITTER: 6 • PICCANTE/SPICY: 7**
**FASCIA PREZZO/PRICE RANGE: 2**

**PROFILO AROMATICO.**
Carciofo, noce, erba, pepe, balsamico. Verde, persistente.

**AROMATIC PROFILE.**
Artichoke, walnut, grass, pepper, balsamic. Green, persistent.

## SUASAE MONOCULTIVAR RAGGIA

**CULTIVAR: RAGGIA**
**FRUTTATO/FRUITY: 6 • AMARO/BITTER: 6 • PICCANTE/SPICY: 6**
**FASCIA PREZZO/PRICE RANGE: 2**

**PROFILO AROMATICO.**
Erba, mela, rucola, mandorla. Verde, persistente.

**AROMATIC PROFILE.**
Grass, apple, arugula, almond. Green, persistent.

## SPALIÀ MONOCULTIVAR ASCOLANA TENERA

**CULTIVAR: ASCOLANA TENERA**
**FRUTTATO/FRUITY: 6 • AMARO/BITTER: 4 • PICCANTE/SPICY: 5**
**FASCIA PREZZO/PRICE RANGE: 5**

**PROFILO AROMATICO.**
Pomodoro, mela, erba. Verde.

**AROMATIC PROFILE.**
Tomato, apple, grass. Green.

# Olive Gregori

**Montalto delle Marche (AP) | via Lugugnano, 26 |**
**tel. 351 8190640 | olivegregori.it**

**OLIVETO PROPRIO** SÌ
**CULTIVAR** Lea, Leccino, Frantoio, Leccio del Corno, Picholine, Ascolana Tenera, Rosciola, Dritta
**COLTIVAZIONE** Biologica
**RACCOLTA** Meccanica
**ESTRAZIONE** Ciclo continuo
**FRANTOIO** SÌ
**LITRI PRODOTTI** 6.000
**OLIVE DA MENSA** SÌ
**OSPITALITÀ** NO
**RISTORAZIONE** NO

**AZIENDA.** Un'attività familiare con alle spalle un'esperienza pluridecennale che dal 2009 si dedica solo alla valorizzazione dell'oliva Ascolana del Piceno DOP. Immersa nel verde, dispone di 12 ettari di terreno con 3.000 piante. Vendita on line e possibilità di visite. In produzione anche olive in salamoia, al naturale, in patè.

**OLIVE GROVE** YES
**CULTIVAR** Lea, Leccino, Frantoio, Leccio del Corno, Picholine, Ascolana Tenera, Rosciola, Dritta
**GROWING METHOD** Organic
**HARVEST METHOD** Mechanical
**EXTRACTION METHOD** Continuous cycle
**OIL MILL** YES
**LITRES PRODUCED** 6,000
**TABLE OLIVES** YES
**ACCOMODATIONS** NO
**RESTAURANT** NO

**OIL MAKER.** A family business with decades of experience under its belt, since 2009 Olive Gregori has focused entirely on the Ascolana del Piceno DOP olive. The 12-hectare estate hosts 3,000 trees, all surrounded by greenery. The property can be visited and products are available for purchase online. Olives in brine, pâtés and more are also produced.

## MONOCULTIVAR ASCOLANA TENERA BIO

**CULTIVAR: ASCOLANA TENERA**
**FRUTTATO/FRUITY: 6 • AMARO/BITTER: 4 • PICCANTE/SPICY: 4**
**FASCIA PREZZO/PRICE RANGE: 5**

**PROFILO AROMATICO.** Pomodoro, rucola, erbe aromatiche, mela. Verde.

**AROMATIC PROFILE.** Tomato, arugula, aromatic herbs, apple. Green.

## MONOCULTIVAR ROSCIOLA BIO

**CULTIVAR: ROSCIOLA**
**FRUTTATO/FRUITY: 6 • AMARO/BITTER: 6 • PICCANTE/SPICY: 7**
**FASCIA PREZZO/PRICE RANGE: 5**

**PROFILO AROMATICO.** Mandorla, noce, fiori, mela, balsamico. Verde, persistente.

**AROMATIC PROFILE.** Almond, walnut, flowers, apple, balsamic. Green, persistent.

# Orto degli Ulivi

**Cupra Marittima (AP) | c.da San Michele, 54 |**
**tel. 339 4545317 | aziendaortodegliulivi.it**

**OLIVETO PROPRIO** SÌ
**CULTIVAR** Frantoio, Pendolino, Piantone di Falerone, Nebbia, Carboncella, Leccino, Sargano
**COLTIVAZIONE** Biologica
**RACCOLTA** Meccanica
**ESTRAZIONE** Ciclo continuo
**FRANTOIO** SÌ
**LITRI PRODOTTI** 1.000
**OLIVE DA MENSA** NO
**OSPITALITÀ** NO
**RISTORAZIONE** NO

**AZIENDA.** Una bella realtà biologica con oltre un secolo di tradizione nella produzione olearia alle spalle. La mission è da sempre la promozione e la custodia della biodiversità del territorio. 27 gli ettari complessivi di cui 6,3 coltivati a olivo, per circa 730 piante.

**OLIVE GROVE** YES
**CULTIVAR** Frantoio, Pendolino, Piantone di Falerone, Nebbia, Carboncella, Leccino, Sargano
**GROWING METHOD** Organic
**HARVEST METHOD** Mechanical
**EXTRACTION METHOD** Continuous cycle
**OIL MILL** YES
**LITRES PRODUCED** 1,000
**TABLE OLIVES** NO
**ACCOMODATIONS** NO
**RESTAURANT** NO

**OIL MAKER.** This lovely organic producer has over a century of experience in oil production under its belt. The mission has always been to promote and safeguard the area's biodiversity. 6,3 of the estate's 27 hectares host olive trees (730 in total).

## MONOCULTIVAR SARGANO DI SAN BENEDETTO BIO

**CULTIVAR: SARGANO**
**FRUTTATO/FRUITY: 7 • AMARO/BITTER: 6 • PICCANTE/SPICY: 7**
**FASCIA PREZZO/PRICE RANGE: 2**

**PROFILO AROMATICO.**
Rucola, noce, mandorla, pepe. Verde, persistente.

**AROMATIC PROFILE.**
Arugula, walnut, almond, pepper. Green, persistent.

## MONOCULTIVAR NEBBIA DEL MENOCCHIA BIO

**CULTIVAR: NEBBIA**
**FRUTTATO/FRUITY: 5 • AMARO/BITTER: 6 • PICCANTE/SPICY: 6**
**FASCIA PREZZO/PRICE RANGE: 2**

**PROFILO AROMATICO.**
Rucola, mela, pepe, balsamico. Verde, persistente.

**AROMATIC PROFILE.**
Arugula, apple, pepper, balsamic. Green, persistent.

## MONOCULTIVAR CARBONCELLA BIO

**CULTIVAR: CARBONCELLA**
**FRUTTATO/FRUITY: 6 • AMARO/BITTER: 5 • PICCANTE/SPICY: 5**
**FASCIA PREZZO/PRICE RANGE: 2**

**PROFILO AROMATICO.**
Carciofo, rucola, erba. Verde.

**AROMATIC PROFILE.**
Artichoke, arugula, grass. Green.

# Barbara Pacioni

**Montegranaro (FM) | via Guazzetti |**
**tel. 328 3646011 | ilfrantoiodelpiceno.it**

**OLIVETO PROPRIO** SÌ
**CULTIVAR** Raggia, Leccio del Corno, Frantoio, Piantone di Mogliano, Ascolana Tenera, Nostrale di Rigali, Leccino, Rosciola
**COLTIVAZIONE** Biologica
**RACCOLTA** Meccanica
**ESTRAZIONE** Ciclo continuo
**FRANTOIO** SÌ
**LITRI PRODOTTI** 7.000
**OLIVE DA MENSA** NO
**OSPITALITÀ** NO
**RISTORAZIONE** NO

**AZIENDA.** In posizione ottimale tra il mare e gli Appennini, il frantoio della famiglia Pacioni da anni lavora con serietà e passione. Grande nota di merito va all'opera di valorizzazione delle tipiche varietà autoctone attraverso lavorazioni mirate che puntano a esaltarne le caratteristiche organolettiche. Si contano 3.000 olivi su 11 ettari.

**OLIVE GROVE** YES
**CULTIVAR** Raggia, Leccio del Corno, Frantoio, Piantone di Mogliano, Ascolana Tenera, Nostrale di Rigali, Leccino, Rosciola
**GROWING METHOD** Organic
**HARVEST METHOD** Mechanical
**EXTRACTION METHOD** Continuous cycle
**OIL MILL** YES
**LITRES PRODUCED** 7,000
**TABLE OLIVES** NO
**ACCOMODATIONS** NO
**RESTAURANT** NO

**OIL MAKER.** Situated in a highly favorable position between the sea and the Apennines, Pacioni Barbara has been working with passion and commitment for years. The family deserve a special note of merit for the use of targeted pressing, aimed at bringing out the sensory characteristics of the territory's traditional, indigenous olive cultivars. 3,000 trees occupy 11 hectares.

## GOCCE DI FRANTOIO MONOCULTIVAR NOSTRALE DI RIGALI BIO

**CULTIVAR: NOSTRALE DI RIGALI**
**FRUTTATO/FRUITY: 8 • AMARO/BITTER: 7 • PICCANTE/SPICY: 7**
**FASCIA PREZZO/PRICE RANGE: 5**

**PROFILO AROMATICO.** Pomodoro, rucola, erba, erbe aromatiche, balsamico. Verde, persistente.

**AROMATIC PROFILE.** Tomato, arugula, grass, aromatic herbs, balsamic. Green, persistent.

## GOCCE DI FRANTOIO MONOCULTIVAR LECCIO DEL CORNO BIO

**CULTIVAR: LECCIO DEL CORNO**
**FRUTTATO/FRUITY: 7 • AMARO/BITTER: 6 • PICCANTE/SPICY: 7**
**FASCIA PREZZO/PRICE RANGE: 5**

**PROFILO AROMATICO.** Erba, carciofo, ortica, mandorla, balsamico. Verde, persistente.

**AROMATIC PROFILE.** Grass, artichoke, nettle, almond, balsamic. Green, persistent.

# Tenute Pieralisi - Monte Schiavo

**Maiolati Spontini (AN) | via Vivaio |**
**tel. 0731 700385 | tenutepieralisi.it**

**OLIVETO PROPRIO** SÌ
**CULTIVAR** Rosciola, Ascolana Dura, Carboncella, Sargano, Frantoio, Leccino
**COLTIVAZIONE** Biologica
**RACCOLTA** Meccanica
**ESTRAZIONE** Ciclo continuo
**FRANTOIO** SÌ
**LITRI PRODOTTI** 4.000
**OLIVE DA MENSA** NO
**OSPITALITÀ** NO
**RISTORAZIONE** NO

**AZIENDA.** La famiglia Pieralisi è un nome di riferimento nel panorama locale, che ha sempre basato la sua attività sulla valorizzazione di un territorio così vocato e ricco di risorse come quello delle colline di Jesi. La proprietà si estende su 300 ettari complessivi di cui 50 dedicati alle 25mila piante di olivo. Vendita on line e visite su appuntamento.

**OLIVE GROVE** YES
**CULTIVAR** Rosciola, Ascolana Dura, Carboncella, Sargano, Frantoio, Leccino
**GROWING METHOD** Organic
**HARVEST METHOD** Mechanical
**EXTRACTION METHOD** Continuous cycle
**OIL MILL** YES
**LITRES PRODUCED** 4,000
**TABLE OLIVES** NO
**ACCOMODATIONS** NO
**RESTAURANT** NO

**OIL MAKER.** The Pieralisi family is a touchstone among local producers, having long based their work on highlighting the attributes of the Jesi hills, a fertile territory rich in natural resources. 50 of the property's 300 hectares host olives trees, about 25,000 in all. The property can be visited (by appointment) and products are available for purchase online.

## 4 ORE IGP MARCHE MONOCULTIVAR FRANTOIO BIO

**CULTIVAR: FRANTOIO**
**FRUTTATO/FRUITY: 4 • AMARO/BITTER: 4 • PICCANTE/SPICY: 4**
**FASCIA PREZZO/PRICE RANGE: 3**

**PROFILO AROMATICO.**
Carciofo, mela, mandorla. Maturo.

**AROMATIC PROFILE.**
Artichoke, apple, almond. Ripe.

# Saladini Pilastri

**Spinetoli (AP) | via Saladini, 5 |**
**tel. 0736 899534 | saladinipilastri.it**

**OLIVETO PROPRIO** SÌ
**CULTIVAR** Peranzana, Caninese, Coroncina, Frantoio, Carboncella, Pendolino, Rosciola, Maurino, Moraiolo, Itrana, Ascolana Tenera, Leccino
**COLTIVAZIONE** Tradizionale
**RACCOLTA** Meccanica
**ESTRAZIONE** Ciclo continuo
**FRANTOIO** NO
**LITRI PRODOTTI** 5.000
**OLIVE DA MENSA** SÌ
**OSPITALITÀ** NO
**RISTORAZIONE** NO

**AZIENDA.** L'antica residenza di famiglia (175 ettari di cui 16 a olivi) è diventata simbolo di questo paesino della vallata del Tronto. Qui storia, tradizione e rispetto per la natura si intrecciano nei prodotti aziendali, dal vino bio all'olio.

**OLIVE GROVE** YES
**CULTIVAR** Peranzana, Caninese, Coroncina, Frantoio, Carboncella, Pendolino, Rosciola, Maurino, Moraiolo, Itrana, Ascolana Tenera, Leccino
**GROWING METHOD** Traditional
**HARVEST METHOD** Mechanical
**EXTRACTION METHOD** Continuous cycle
**OIL MILL** NO
**LITRES PRODUCED** 5,000
**TABLE OLIVES** YES
**ACCOMODATIONS** NO
**RESTAURANT** NO

**OIL MAKER.** The old family residence (175 hectares, 16 of which are olive groves) has become a symbol of this village in the Tronto valley. Here history, tradition and respect for nature converge in a range of products, from organic wine to oil.

## MONOCULTIVAR ASCOLANA TENERA

**CULTIVAR: ASCOLANA TENERA**
**FRUTTATO/FRUITY: 7 • AMARO/BITTER: 5 • PICCANTE/SPICY: 5**
**FASCIA PREZZO/PRICE RANGE: 4**

**PROFILO AROMATICO.**
Pomodoro, erbe aromatiche, mela, pepe. Verde, persistente.

**AROMATIC PROFILE.**
Tomato, aromatic herbs, apple, pepper. Green, persistent.

## OLIO EXTRAVERGINE DI OLIVA

**CULTIVAR: LECCINO, FRANTOIO, CARBONCELLA, PENDOLINO**
**FRUTTATO/FRUITY: 4 • AMARO/BITTER: 4 • PICCANTE/SPICY: 4**
**FASCIA PREZZO/PRICE RANGE: 3**

**PROFILO AROMATICO.**
Carciofo, mela, pepe. Maturo.

**AROMATIC PROFILE.**
Artichoke, apple, pepper. Ripe.

# La Scarpetta

**Recanati (MC) | c.da Vallememoria, 7 |**
**tel. 333 6452084 | oliolascarpetta.com**

**OLIVETO PROPRIO** SÌ
**CULTIVAR** Raggia, Mignola, Leccino, Pendolino, Ascolana Tenera, Frantoio, Carboncella, Sargano, Maurino
**COLTIVAZIONE** In conversione
**RACCOLTA** Manuale
**ESTRAZIONE** Ciclo continuo
**FRANTOIO** NO
**LITRI PRODOTTI** 1.000
**OLIVE DA MENSA** SÌ
**OSPITALITÀ** NO
**RISTORAZIONE** NO

**AZIENDA.** Cinzia Paci è la giovane donna che ha trasformato la casa di famiglia in un'azienda (5 ettari e 800 piante) e che da tre anni sta dando nuova vita al territorio in cui vive, con iniziative collegate ai vicini e con l'impegno a produrre un extravergine di qualità, seguendo la passione ereditata da nonna Fernanda e dal padre Stanco.

**OLIVE GROVE** YES
**CULTIVAR** Raggia, Mignola, Leccino, Pendolino, Ascolana Tenera, Frantoio, Carboncella, Sargano, Maurino
**GROWING METHOD** Being converted
**HARVEST METHOD** Manual
**EXTRACTION METHOD** Continuous cycle
**OIL MILL** NO
**LITRES PRODUCED** 1,000
**TABLE OLIVES** YES
**ACCOMODATIONS** NO
**RESTAURANT** NO

**OIL MAKER.** For 3 years now young Cinzia Paci, who transformed the family property into a business (5 hectares and 800 olive trees), has been bringing new life to the territory. Her initiatives are inspired by a commitment to producing quality extra virgin olive oil, following the passion she inherited from her grandmother Fernanda and father, Stanco.

## MONOCULTIVAR RAGGIA BIO

**CULTIVAR: RAGGIA**
**FRUTTATO/FRUITY: 7 · AMARO/BITTER: 5 · PICCANTE/SPICY: 6**
**FASCIA PREZZO/PRICE RANGE: 5**

**PROFILO AROMATICO.**
Erba, mela, mandorla, balsamico. Verde.

**AROMATIC PROFILE.**
Grass, apple, almond, balsamic. Green.

## MONOCULTIVAR MIGNOLA BIO

**CULTIVAR: MIGNOLA**
**FRUTTATO/FRUITY: 7 · AMARO/BITTER: 5 · PICCANTE/SPICY: 6**
**FASCIA PREZZO/PRICE RANGE: 5**

**PROFILO AROMATICO.**
Rucola, lampone, pepe, balsamico. Verde, persistente.

**AROMATIC PROFILE.**
Arugula, raspberry, pepper, balsamic. Green, persistent.

# Fattoria Le Terrazze

**Numana (AN) | via del Musone, 4 |**
**tel. 071 7390352 | fattorialeterrazze.it**

**OLIVETO PROPRIO** SÌ
**CULTIVAR** Leccino, Moraiolo, Frantoio, Piantone di Mogliano, Ascolana Tenera
**COLTIVAZIONE** Tradizionale
**RACCOLTA** Meccanica
**ESTRAZIONE** Ciclo continuo
**FRANTOIO** NO
**LITRI PRODOTTI** 4.300
**OLIVE DA MENSA** NO
**OSPITALITÀ** NO
**RISTORAZIONE** NO

**AZIENDA.** Un marchio storico dell'agroalimentare marchigiano, la cui data di fondazione risale al 1882. Siamo sui colli nei pressi del monte Conero: è qui che la famiglia Terni coordina il lavoro nei 128 ettari di proprietà divisi tra vigneto, oliveto di 2.300 alberi e produzione di miele.

**OLIVE GROVE** YES
**CULTIVAR** Leccino, Moraiolo, Frantoio, Piantone di Mogliano, Ascolana Tenera
**GROWING METHOD** Traditional
**HARVEST METHOD** Mechanical
**EXTRACTION METHOD** Continuous cycle
**OIL MILL** NO
**LITRES PRODUCED** 4,300
**TABLE OLIVES** NO
**ACCOMODATIONS** NO
**RESTAURANT** NO

**OIL MAKER.** One of the region's historic producers, Fattoria Le Terrazze's origins date back to 1882. Here on the hills near Mount Conero, the Terni family oversee 128 hectares of property divided into vineyards, olive groves (2,300 trees) and an area for the production of honey.

## MONOCULTIVAR ASCOLANA TENERA

**CULTIVAR: ASCOLANA TENERA**
**FRUTTATO/FRUITY: 8 • AMARO/BITTER: 5 • PICCANTE/SPICY: 7**
**FASCIA PREZZO/PRICE RANGE: 4**

**PROFILO AROMATICO.** Pomodoro, erbe aromatiche, mela, pepe, balsamico. Verde, persistente.

**AROMATIC PROFILE.** Tomato, aromatic herbs, apple, pepper, balsamic. Green, persistent.

## OLIO EXTRAVERGINE DI OLIVA

**CULTIVAR: FRANTOIO, LECCINO, PIANTONE DI MOGLIANO, ALTRE**
**FRUTTATO/FRUITY: 5 • AMARO/BITTER: 4 • PICCANTE/SPICY: 5**
**FASCIA PREZZO/PRICE RANGE: 3**

**PROFILO AROMATICO.** Carciofo, mela, mandorla. Verde.

**AROMATIC PROFILE.** Artichoke, apple, almond. Green.

## MONOCULTIVAR MORAIOLO

**CULTIVAR: MORAIOLO**
**FRUTTATO/FRUITY: 6 • AMARO/BITTER: 5 • PICCANTE/SPICY: 6**
**FASCIA PREZZO/PRICE RANGE: 4**

**PROFILO AROMATICO.** Erba, mela, pepe. Maturo.

**AROMATIC PROFILE.** Grass, apple, pepper. Ripe.

**CULTIVAR PRINCIPALI/MAIN VARIETIES**
Frantoio, Leccino, Moraiolo
**CULTIVAR MINORI/MINOR VARIETIES**
Dolce Agogia, San Felice, Nostrale di Rigali

# UMBRIA

**MANGIARE/EAT**

**Osteria A Priori**
via dei Priori, 39 • Perugia • tel. 075 5727098 • osteriaapriori.it

**Il Frantoio**
via Fontebella, 25 • Assisi (PG) • tel. 075 812242 • ristoranteilfrantoioassisi.it

**Olevm**
c.so G. Mameli, 55 • Montefalco (PG) • tel. 0742 379057 • olevm.it

**Tipico Osteria & Locanda del Capitano**
via Roma, 5/7 • Montone (PG)
tel. 075 9288040 • tipicomontone.it

**Alla Via di Mezzo da Giorgione**
via Santa Chiara da Montefalco, 52 • Montefalco (PG)
tel. 0742 362074 • ristoranteallaviadimezzo.it

**COMPRARE/SHOP**

**L' Angolo Divino**
via Roma, 99 • Terni • tel. 0744 1981289 • langolodivinoterni.it

**Bottega Vèra**
via del Duomo, 36 • Orvieto (TR) • tel. 349 2955121 • bottegaveraorvieto.it

**E*tra Vergine OLeOteca**
via Garibaldi, 9 • Spello (PG) • tel. 338 2292881

# Agricadd

Giano dell'Umbria (PG) | loc. Macciano, 19a |
tel. 335 5959500 | orodigiano.it

**OLIVETO PROPRIO** SÌ
**CULTIVAR** San Felice, Leccino, Moraiolo, Frantoio
**COLTIVAZIONE** Tradizionale
**RACCOLTA** Manuale
**ESTRAZIONE** Ciclo continuo
**FRANTOIO** NO
**LITRI PRODOTTI** 6.000
**OLIVE DA MENSA** NO
**OSPITALITÀ** NO
**RISTORAZIONE** NO

**AZIENDA.** La presenza della famiglia Pompilj nel borgo di villa Macciano risale al XVI secolo. In questo storico e prezioso contesto nasce Oro di Giano, una linea di prodotti che spazia dai legumi tipici del territorio, cereali e ovviamente olio extravergine. Dei 160 ettari di terreno 10 sono coltivati a oliveto.

**OLIVE GROVE** YES
**CULTIVAR** San Felice, Leccino, Moraiolo, Frantoio
**GROWING METHOD** Traditional
**HARVEST METHOD** Manual
**EXTRACTION METHOD** Continuous cycle
**OIL MILL** NO
**LITRES PRODUCED** 6,000
**TABLE OLIVES** NO
**ACCOMODATIONS** NO
**RESTAURANT** NO

**OIL MAKER.** The Pompilj family have roots in the village of Villa Macciano that date back to the 16th century. Founded in light of this historically significant legacy, Oro di Giano offers a line of products that spans everything from the area's traditional legumes to grains and, obviously, extra virgin oil.

## ORO DI GIANO MACCIANO DOP UMBRIA COLLI MARTANI

**CULTIVAR: LECCINO, FRANTOIO, MORAIOLO, SAN FELICE**
**FRUTTATO/FRUITY: 6 • AMARO/BITTER: 5 • PICCANTE/SPICY: 6**
**FASCIA PREZZO/PRICE RANGE: 5**

**PROFILO AROMATICO.** Carciofo, rucola, mela, mandorla, pinolo, pepe, balsamico. Verde, persistente.

**AROMATIC PROFILE.** Artichoke, arugula, apple, almond, pine nut, pepper, balsamic. Green, persistent.

## ORO DI GIANO MONOCULTIVAR SAN FELICE

**CULTIVAR: SAN FELICE**
**FRUTTATO/FRUITY: 7 • AMARO/BITTER: 6 • PICCANTE/SPICY: 6**
**FASCIA PREZZO/PRICE RANGE: 5**

**PROFILO AROMATICO.** Rucola, ortica, erba, pepe, conifere, balsamico. Verde, persistente.

**AROMATIC PROFILE.** Arugula, nettle, grass, pepper, conifer, balsamic. Green, persistent.

## ORO DI GIANO BASILIO

**CULTIVAR: LECCINO, FRANTOIO, MORAIOLO, SAN FELICE**
**FRUTTATO/FRUITY: 6 • AMARO/BITTER: 5 • PICCANTE/SPICY: 5**
**FASCIA PREZZO/PRICE RANGE: 4**

**PROFILO AROMATICO.** Carciofo, cardo, erba, mandorla, noce. Verde, persistente.

**AROMATIC PROFILE.** Artichoke, cardoon, grass, almond, walnut. Green, persistent.

# Antonelli San Marco

**Montefalco (PG) | loc. San Marco, 60 |**
**tel. 0742 379158 | antonellisanmarco.it**

**OLIVETO PROPRIO** SÌ
**CULTIVAR** Rossellino, Maurino, Frantoio, Moraiolo, San Felice, Pendolino, Leccino
**COLTIVAZIONE** Tradizionale / Biologica
**RACCOLTA** Manuale
**ESTRAZIONE** Tradizionale
**FRANTOIO** NO
**LITRI PRODOTTI** 4.000
**OLIVE DA MENSA** NO
**OSPITALITÀ** NO
**RISTORAZIONE** SÌ

**AZIENDA.** Un marchio storico in Umbria, e tra gli appassionati di vino di tutto il mondo, che si è sempre distinto per una produzione di qualità, sia sul fronte enologico che su quello olivicolo. La proprietà si estende per 170 ettari, in un solo corpo, tra boschi, vigneti e oliveti (3.600 alberi su 10 ettari). Produzione anche di salumi, ceci e farro.

**OLIVE GROVE** YES
**CULTIVAR** Rossellino, Maurino, Frantoio, Moraiolo, San Felice, Pendolino, Leccino
**GROWING METHOD** Traditional + organic
**HARVEST METHOD** Manual
**EXTRACTION METHOD** Traditional
**OIL MILL** NO
**LITRES PRODUCED** 4,000
**TABLE OLIVES** NO
**ACCOMODATIONS** NO
**RESTAURANT** YES

**OIL MAKER.** A historic Umbrian brand known among wine enthusiasts the world over, Antonelli San Marco has long stood out for its quality products, both wines and olive oils. A contiguous, single tract of land, the 170-hectare estate is comprised of woods, vineyards and olive groves (3,600 trees on 10 hectares). Cured meats, chickpeas and spelt are also produced.

## CHIUSA DI SATRIANO DOP UMBRIA BIO

**CULTIVAR: MAURINO, FRANTOIO, ROSSELLINO**
**FRUTTATO/FRUITY: 5 • AMARO/BITTER: 5 • PICCANTE/SPICY: 5**
**FASCIA PREZZO/PRICE RANGE: 4**

**PROFILO AROMATICO.**
Rucola, erba, mandorla, pepe, balsamico. Verde.

**AROMATIC PROFILE.**
Arugula, grass, almond, pepper, balsamic. Green.

## DOP UMBRIA BIO

**CULTIVAR: MORAIOLO, FRANTOIO, SAN FELICE, PENDOLINO**
**FRUTTATO/FRUITY: 3 • AMARO/BITTER: 4 • PICCANTE/SPICY: 4**
**FASCIA PREZZO/PRICE RANGE: 3**

**PROFILO AROMATICO.**
Carciofo, mela, mandorla, pinoli. Verde.

**AROMATIC PROFILE.**
Artichoke, apple, almond, pine nuts. Green.

# Matteo Baldeschi

**Tuoro sul Trasimeno (PG) | loc. Rio, 1 |**
**tel. 339 2290605 | aziendaagrariabaldeschi.it**

**OLIVETO PROPRIO** SÌ
**CULTIVAR** Frantoio, Moraiolo, Leccino, Dolce Agogia, Borgiona, Favolosa - FS17, Don Carlo
**COLTIVAZIONE** Tradizionale
**RACCOLTA** Meccanica
**ESTRAZIONE** Ciclo continuo
**FRANTOIO** NO
**LITRI PRODOTTI** 3.000
**OLIVE DA MENSA** NO
**OSPITALITÀ** SÌ
**RISTORAZIONE** NO

**AZIENDA.** Realtà giovane ma già solida, nata meno di dieci anni fa per opera di Matteo Baldeschi, che tuttora la porta avanti con professionalità. Oltre che sui 100 quintali di olive acquistate, la produzione conta su 2.000 piante accanto ad altre 2.500 in allevamento, coltivate su 12 dei 60 ettari della tenuta. Camere per pernottare.

**OLIVE GROVE** YES
**CULTIVAR** Frantoio, Moraiolo, Leccino, Dolce Agogia, Borgiona, Favolosa - FS17, Don Carlo
**GROWING METHOD** Traditional
**HARVEST METHOD** Mechanical
**EXTRACTION METHOD** Continuous cycle
**OIL MILL** NO
**LITRES PRODUCED** 3,000
**TABLE OLIVES** NO
**ACCOMODATIONS** YES
**RESTAURANT** NO

**OIL MAKER.** This young but already well-established producer was founded less than 10 years ago by Matteo Baldeschi, who continues to lead the business with dedication and expertise. In addition to the 10,000 kg of olives sourced from local farmers, Baldeschi draws on 2,000 estate trees — with 2,500 more on the way — cultivated on 12 of the property's 60 hectares. Guest accommodations are available for overnight stays.

## MONOCULTIVAR FAVOLOSA - FS17

**CULTIVAR: FAVOLOSA - FS17**
**FRUTTATO/FRUITY: 5 • AMARO/BITTER: 5 • PICCANTE/SPICY: 6**
**FASCIA PREZZO/PRICE RANGE: 4**

**PROFILO AROMATICO.**
Pomodoro, erbe aromatiche, balsamico. Verde.

**AROMATIC PROFILE.**
Tomato, aromatic herbs, balsamic. Green.

## MONOCULTIVAR DON CARLO

**CULTIVAR: DON CARLO**
**FRUTTATO/FRUITY: 7 • AMARO/BITTER: 7 • PICCANTE/SPICY: 7**
**FASCIA PREZZO/PRICE RANGE: 4**

**PROFILO AROMATICO.**
Rucola, erba, balsamico. Verde, persistente.

**AROMATIC PROFILE.**
Arugula, grass, balsamic. Green, persistent.

# Paolo Bettini

**Montefalco (PG) | via Rignano Centro, 8 | fraz. Cerrete |**
**tel. 0742 378127 | aziendabettini.com**

**OLIVETO PROPRIO** SÌ
**CULTIVAR** Frantoio, Leccino, Moraiolo, Rajo, Olivone
**COLTIVAZIONE** Biologica
**RACCOLTA** Manuale
**ESTRAZIONE** Ciclo continuo
**FRANTOIO** NO
**LITRI PRODOTTI** 1.400
**OLIVE DA MENSA** NO
**OSPITALITÀ** NO
**RISTORAZIONE** NO

**AZIENDA.** In una delle aree agricole più vocate dell'Umbria la famiglia Bettini da anni valorizza e tutela i frutti di questa terra. La produzione biologica è stata scelta in tempi non sospetti e i risultati sono senza dubbio soddisfacenti. La proprietà si sviluppa su circa 3 ettari che ospitano 700 olivi.

**OLIVE GROVE** YES
**CULTIVAR** Frantoio, Leccino, Moraiolo, Rajo, Olivone
**GROWING METHOD** Organic
**HARVEST METHOD** Manual
**EXTRACTION METHOD** Continuous cycle
**OIL MILL** NO
**LITRES PRODUCED** 1,400
**TABLE OLIVES** NO
**ACCOMODATIONS** NO
**RESTAURANT** NO

**OIL MAKER.** For years now the Bettini family have been working to bring out the best of one of Umbria's most fertile and productive territories. The Bettinis were ahead of the curve in opting for organic agriculture, and the results speak for themselves. Their 3-hectare property hosts some 700 olive trees.

## VOCI BIO

**CULTIVAR: MORAIOLO, LECCINO, FRANTOIO**
**FRUTTATO/FRUITY: 5 · AMARO/BITTER: 5 · PICCANTE/SPICY: 5**
**FASCIA PREZZO/PRICE RANGE: 3**

**PROFILO AROMATICO.**
Carciofo, mela, erba, mandorla, pepe. Verde.

**AROMATIC PROFILE.**
Artichoke, apple, grass, almond, pepper. Green.

## LECCIO MONOCULTIVAR LECCINO BIO

**CULTIVAR: LECCINO**
**FRUTTATO/FRUITY: 4 · AMARO/BITTER: 4 · PICCANTE/SPICY: 5**
**FASCIA PREZZO/PRICE RANGE: 3**

**PROFILO AROMATICO.**
Fiori, mela, mandorla. Maturo.

**AROMATIC PROFILE.**
Flowers, apple, almond. Ripe.

# Casale Ciaffardini

**Orvieto (TR) | loc. Poggente, 33 | tel. 331 3852918 |**
**antichicasalidicharme.com**

**OLIVETO PROPRIO** SÌ
**CULTIVAR** Moraiolo, Leccio del Corno, Frantoio, Maurino, Leccino, Caninese, Rosciola
**COLTIVAZIONE** Tradizionale
**RACCOLTA** Manuale
**ESTRAZIONE** Ciclo continuo
**FRANTOIO** NO
**LITRI PRODOTTI** 11.700
**OLIVE DA MENSA** NO
**OSPITALITÀ** SÌ
**RISTORAZIONE** SÌ

**AZIENDA.** Tenuta di charme alle porte di Orvieto, con una ospitalità in appartamenti di design e di massimo comfort. Qui Massimo Ciaffardini, insieme alle figlie Federica e Agnese, propone una full immersion nella "sua idea" di natura, fatta di fiori e di colture diverse, tra cui vigneti e oliveti che si estendono per 10 ettari con 3.500 piante.

**OLIVE GROVE** YES
**CULTIVAR** Moraiolo, Leccio del Corno, Frantoio, Maurino, Leccino, Caninese, Rosciola
**GROWING METHOD** Traditional
**HARVEST METHOD** Manual
**EXTRACTION METHOD** Continuous cycle
**OIL MILL** NO
**LITRES PRODUCED** 11,700
**TABLE OLIVES** NO
**ACCOMODATIONS** YES
**RESTAURANT** YES

**OIL MAKER.** A charming estate situated on the outskirts of Orvieto, Casale Ciaffardini brings together stylish apartments and maximum comfort. Massimo Ciaffardini, together with his daughters Federica and Agnese, offers guests full immersion in "his idea" of nature, one wrought of flowers and various crops, from vineyards to olive groves that span 10-plus hectares (3,500 trees).

## DOP COLLI ORVIETANI

**CULTIVAR: LECCINO, FRANTOIO, MORAIOLO, ROSCIOLA**
**FRUTTATO/FRUITY: 5 • AMARO/BITTER: 5 • PICCANTE/SPICY: 5**
**FASCIA PREZZO/PRICE RANGE: 5**

**PROFILO AROMATICO.**
Carciofo, mela, mandorla, noce. Maturo.

**AROMATIC PROFILE.**
Artichoke, apple, almond, walnut. Ripe.

# Clarici

**Foligno (PG) | via G. Garibaldi, 144 |**
**tel. 0742 340788 | clarici1874.it**

**OLIVETO PROPRIO** SÌ
**CULTIVAR** Frantoio, Moraiolo, Leccino
**COLTIVAZIONE** Biologica
**RACCOLTA** Manuale
**ESTRAZIONE** Ciclo continuo
**FRANTOIO** SÌ
**LITRI PRODOTTI** 15.000
**OLIVE DA MENSA** NO
**OSPITALITÀ** NO
**RISTORAZIONE** NO

**AZIENDA.** Siamo in una delle imprese olivicole più affascinanti dell'Umbria e strettamente legata al territorio. In una tenuta che si estende su 480 ettari (destinati anche a legumi e farro) vivono 25mila olivi messi a dimora in 100 ettari tra i 350 e i 600 metri. Il moderno frantoio è ospitato in una suggestiva struttura ottocentesca.

**OLIVE GROVE** YES
**CULTIVAR** Frantoio, Moraiolo, Leccino
**GROWING METHOD** Organic
**HARVEST METHOD** Manual
**EXTRACTION METHOD** Continuous cycle
**OIL MILL** YES
**LITRES PRODUCED** 15,000
**TABLE OLIVES** NO
**ACCOMODATIONS** NO
**RESTAURANT** NO

**OIL MAKER.** Clarici is one of Umbria's most conspicuous olive farms, one deeply rooted in the territory. The estate spans 480-plus hectares (also used for the cultivation of legumes and spelt), with 25,000 olive trees occupying 100 ha at elevations spanning 350 - 600 meters. The modern oil mill is housed in a picturesque, 19th-century building.

## MONOCULTIVAR MORAIOLO BIO

**CULTIVAR: MORAIOLO**
**FRUTTATO/FRUITY: 4 • AMARO/BITTER: 4 • PICCANTE/SPICY: 4**
**FASCIA PREZZO/PRICE RANGE: 4**

**PROFILO AROMATICO.**
Carciofo, fiori, mela, mandorla. Verde.

**AROMATIC PROFILE.**
Artichoke, flowers, apple, almond. Green.

## CLASSICO BIO

**CULTIVAR: FRANTOIO, LECCINO, MORAIOLO**
**FRUTTATO/FRUITY: 4 • AMARO/BITTER: 3 • PICCANTE/SPICY: 4**
**FASCIA PREZZO/PRICE RANGE: 4**

**PROFILO AROMATICO.**
Cardo, mela, mandorla. Maturo.

**AROMATIC PROFILE.**
Cardoon, apple, almond. Ripe.

# CM - Centumbrie

**Magione (PG) | loc. Osteria San Martino, 31 | fraz. Agello |**
**tel. 075 8244790 | centumbrie.com**

**OLIVETO PROPRIO** SÌ
**CULTIVAR** Frantoio, Moraiolo, Dolce Agogia, Leccino
**COLTIVAZIONE** Biologica
**RACCOLTA** Manuale / Meccanica
**ESTRAZIONE** Ciclo continuo
**FRANTOIO** SÌ
**LITRI PRODOTTI** 11.000
**OLIVE DA MENSA** NO
**OSPITALITÀ** SÌ
**RISTORAZIONE** SÌ

**AZIENDA.** Nata nel 2017 questa giovane realtà si è subito distinta per l'alta qualità di tutta la produzione. Il merito va alla famiglia Cinaglia e in particolare a Miriam che con passione segue le tante attività che caratterizzano il brand. La proprietà si sviluppa su 220 ettari di cui 30 a oliveto con 9.000 alberi.

**OLIVE GROVE** YES
**CULTIVAR** Frantoio, Moraiolo, Dolce Agogia, Leccino
**GROWING METHOD** Organic
**HARVEST METHOD** Manual+mechanical
**EXTRACTION METHOD** Continuous cycle
**OIL MILL** YES
**LITRES PRODUCED** 11,000
**TABLE OLIVES** NO
**ACCOMODATIONS** YES
**RESTAURANT** YES

**OIL MAKER.** Founded in 2017, this young producer immediately stood out for the high quality of its products. Credit its success to the Cinaglia family, and in particular to Miriam, who passionately oversees the many activities on the farm. The property is spread out over 220 hectares.

## DOP UMBRIA COLLI DEL TRASIMENO BIO

**CULTIVAR: FRANTOIO, MORAIOLO, DOLCE AGOGIA, LECCINO**
**FRUTTATO/FRUITY: 7 • AMARO/BITTER: 5 • PICCANTE/SPICY: 5**
**FASCIA PREZZO/PRICE RANGE: 5**

**PROFILO AROMATICO.**
Carciofo, ortica, erba, mandorla, pepe, balsamico. Verde, persistente.

**AROMATIC PROFILE.**
Artichoke, nettle, grass, almond, pepper, balsamic. Green, persistent.

## MONOCULTIVAR FRANTOIO BIO

**CULTIVAR: FRANTOIO**
**FRUTTATO/FRUITY: 5 • AMARO/BITTER: 4 • PICCANTE/SPICY: 4**
**FASCIA PREZZO/PRICE RANGE: 5**

**PROFILO AROMATICO.**
Carciofo, mela, mandorla, pepe. Verde.

**AROMATIC PROFILE.**
Artichoke, apple, almond, pepper. Green.

## MONOCULTIVAR DOLCE AGOGIA

**CULTIVAR: DOLCE AGOGIA**
**FRUTTATO/FRUITY: 5 • AMARO/BITTER: 5 • PICCANTE/SPICY: 5**
**FASCIA PREZZO/PRICE RANGE: 5**

**PROFILO AROMATICO.**
Mela, mandorla, scorza di limone. Maturo.

**AROMATIC PROFILE.**
Apple, almond, lemon zest. Ripe.

# Frantoio del Colle

**Panicale (PG) | via Edison, 22 | fraz. Tavernelle |**
**tel. 075 8355634 | frantoiodelcolleumbria.com**

**OLIVETO PROPRIO** SÌ
**CULTIVAR** Frantoio, Moraiolo, Leccino, Dolce Agogia
**COLTIVAZIONE** Biologica
**RACCOLTA** Manuale
**ESTRAZIONE** Ciclo continuo
**FRANTOIO** SÌ
**LITRI PRODOTTI** 5.200
**OLIVE DA MENSA** NO
**OSPITALITÀ** NO
**RISTORAZIONE** NO

**AZIENDA.** La proprietà di Maria Grazia Pichini si sviluppa per circa 8 ettari in zona collinare, dove dimorano 800 olivi di varietà autoctone regionali. Una bella realtà attenta alla sostenibilità dove si producono, inoltre, creme di olive e condimenti aromatizzati a base di olio extravergine.

**OLIVE GROVE** YES
**CULTIVAR** Frantoio, Moraiolo, Leccino, Dolce Agogia
**GROWING METHOD** Organic
**HARVEST METHOD** Manual
**EXTRACTION METHOD** Continuous cycle
**OIL MILL** YES
**LITRES PRODUCED** 5,200
**TABLE OLIVES** NO
**ACCOMODATIONS** NO
**RESTAURANT** NO

**OIL MAKER.** Maria Grazia Pichini cultivates 800 olive trees, all local varieties, across 8 hectares in the hills. It's a lovely property where issues of sustainability are taken into consideration. Olive creams and flavor-infused condiments based on extra virgin are also produced.

## /// VIGIÙ

**CULTIVAR: MORAIOLO, FRANTOIO**
**FRUTTATO/FRUITY: 6 • AMARO/BITTER: 6 • PICCANTE/SPICY: 6**
**FASCIA PREZZO/PRICE RANGE: 4**

**PROFILO AROMATICO.** Carciofo, cardo, rucola, erba, mandorla, pepe, balsamico. Verde, persistente.

**AROMATIC PROFILE.** Artichoke, cardoon, arugula, grass, almond, pepper, balsamic. Green, persistent.

## // OLIO EXTRAVERGINE DI OLIVA

**CULTIVAR: LECCINO, FRANTOIO, MORAIOLO, DOLCE AGOGIA**
**FRUTTATO/FRUITY: 6 • AMARO/BITTER: 5 • PICCANTE/SPICY: 5**
**FASCIA PREZZO/PRICE RANGE: 2**

**PROFILO AROMATICO.** Carciofo, mandorla, noce, pinolo, pepe. Verde.

**AROMATIC PROFILE.** Artichoke, almond, walnut, pine nut, pepper. Green.

# ★ Decimi

**Bettona (PG) | via Prigionieri, 19 | fraz. Passaggio |**
**tel. 075 987304 | oliodecimi.it**

**OLIVETO PROPRIO** SÌ
**CULTIVAR** Frantoio, Leccino, Moraiolo, San Felice
**COLTIVAZIONE** Tradizionale / Biologica
**RACCOLTA** Manuale
**ESTRAZIONE** Ciclo continuo
**FRANTOIO** SÌ
**LITRI PRODOTTI** 12.000
**OLIVE DA MENSA** NO
**OSPITALITÀ** NO
**RISTORAZIONE** NO

**AZIENDA.** Graziano Decimi è un vero artigiano frantoiano e rappresenta uno dei migliori esempi di come approcciare alla tecnologia per valorizzare le varietà autoctone. Esperienza, passione e continua ricerca dell'avanguardia sono le chiavi che mandano avanti questa realtà apprezzata in tutto il mondo.

**OLIVE GROVE** YES
**CULTIVAR** Frantoio, Leccino, Moraiolo, San Felice
**GROWING METHOD** Traditional + organic
**HARVEST METHOD** Manual
**EXTRACTION METHOD** Continuous cycle
**OIL MILL** YES
**LITRES PRODUCED** 12,000
**TABLE OLIVES** NO
**ACCOMODATIONS** NO
**RESTAURANT** NO

**OIL MAKER.** Graziano Decimi is a true craftsman of extra virgin, and his oil represents a prime example of how to use technology to bring out the best of native olive varieties. Experience, passion and the constant research of the latest methods play a key role in guaranteeing that Decimi is appreciated the world over.

## MONOCULTIVAR MORAIOLO

**CULTIVAR: MORAIOLO**
**FRUTTATO/FRUITY: 7 • AMARO/BITTER: 6 • PICCANTE/SPICY: 7**
**FASCIA PREZZO/PRICE RANGE: 5**

**PROFILO AROMATICO.** Rucola, cardo, ortica, erba, pepe, balsamico. Verde, persistente.

**AROMATIC PROFILE.** Arugula, cardoon, nettle, grass, pepper, balsamic. Green, persistent.

## N. 51 PRESIDIO SLOW FOOD

**CULTIVAR: MORAIOLO, ALTRE**
**FRUTTATO/FRUITY: 7 • AMARO/BITTER: 6 • PICCANTE/SPICY: 6**
**FASCIA PREZZO/PRICE RANGE: 5**

**PROFILO AROMATICO.** Erba, mandorla, noce, pepe, balsamico. Verde, persistente.

**AROMATIC PROFILE.** Grass, almond, walnut, pepper, balsamic. Green, persistent.

## EMOZIONE

**CULTIVAR: MORAIOLO, FRANTOIO, SAN FELICE, LECCINO**
**FRUTTATO/FRUITY: 6 • AMARO/BITTER: 5 • PICCANTE/SPICY: 6**
**FASCIA PREZZO/PRICE RANGE: 5**

**PROFILO AROMATICO.** Carciofo, rucola, ortica, erba, mandorla. Verde, persistente.

**AROMATIC PROFILE.** Artichoke, arugula, nettle, grass, almond. Green, persistent.

# Frantoio dell'Eremo

**Foligno (PG) | via Altolina | fraz. Belfiore |**
**tel. 349 8848455 | tenutabeddini.it**

**OLIVETO PROPRIO** SÌ
**CULTIVAR** Moraiolo, Frantoio, Leccino
**COLTIVAZIONE** Tradizionale / Biologica
**RACCOLTA** Manuale
**ESTRAZIONE** Ciclo continuo
**FRANTOIO** SÌ
**LITRI PRODOTTI** 6.000
**OLIVE DA MENSA** NO
**OSPITALITÀ** NO
**RISTORAZIONE** NO

**AZIENDA.** L'obiettivo di Giacomo Beddini e Sabrina Sargenti è stato sempre quello di realizzare un luogo dove il sogno di vivere lentamente e nella natura si potesse concretizzare. La Tenuta Beddini, nel Parco dell'Altolina, è il risultato di questi sforzi e della passione dei coniugi: i 28 ettari di proprietà comprendono un oliveto di 10mila alberi e un maneggio, tutto gestito all'insegna della sostenibilità.

**OLIVE GROVE** YES
**CULTIVAR** Moraiolo, Frantoio, Leccino
**GROWING METHOD** Traditional + organic
**HARVEST METHOD** Manual
**EXTRACTION METHOD** Continuous cycle
**OIL MILL** YES
**LITRES PRODUCED** 6,000
**TABLE OLIVES** NO
**ACCOMODATIONS** NO
**RESTAURANT** NO

**OIL MAKER.** Giacomo Beddini and Sabrina Sargenti's goal has always been to create a place where the dream of living slowly, immersed in nature, could come true. Tenuta Beddini, the result of their commitment and passion, is a 28-hectare estate situated in the Altolina Park. In addition to a riding stable, the property hosts 10,000 olive trees, all managed in keeping with principles of sustainability.

## L'ARDITO DOP UMBRIA COLLI ASSISI-SPOLETO

**CULTIVAR: MORAIOLO, LECCINO, FRANTOIO**
**FRUTTATO/FRUITY: 5 · AMARO/BITTER: 4 · PICCANTE/SPICY: 5**
**FASCIA PREZZO/PRICE RANGE: 2**

**PROFILO AROMATICO.**
Carciofo, fiori, mela, mandorla. Maturo.

**AROMATIC PROFILE.**
Artichoke, flowers, apple, almond. Ripe.

# Farchioni Olii

**Gualdo Cattaneo (PG) | via Madonna del Puglia |**
**tel. 0742 92951 | oliofarchioni.com**

**OLIVETO PROPRIO** SÌ
**CULTIVAR** Frantoio, Leccino, Moraiolo, Caninese, Favolosa, San Felice
**COLTIVAZIONE** Tradizionale / Biologica
**RACCOLTA** Meccanica
**ESTRAZIONE** Tradizionale
**FRANTOIO** SÌ
**LITRI PRODOTTI** 60.000
**OLIVE DA MENSA** NO
**OSPITALITÀ** NO
**RISTORAZIONE** NO

**AZIENDA.** Quella della famiglia Farchioni è la storia di una delle aziende protagoniste dell'olio italiano. Fondata nel 1977, ma dalle origini ben più antiche, oggi comprende un moderno frantoio e 550 ettari di oliveto in conduzione biologica (110 in biodinamica).

**OLIVE GROVE** YES
**CULTIVAR** Frantoio, Leccino, Moraiolo, Caninese, Favolosa, San Felice
**GROWING METHOD** Traditional + organic
**HARVEST METHOD** Mechanical
**EXTRACTION METHOD** Traditional
**OIL MILL** YES
**LITRES PRODUCED** 60,000
**TABLE OLIVES** NO
**ACCOMODATIONS** NO
**RESTAURANT** NO

**OIL MAKER.** The history of the Farchioni family is that of one of Italy's leading oil producers. The business was founded in 1977, but its origins go much further back. Today the estate includes a modern oil mill and 550 hectares of organically-managed olive grove.

## COLLEZIONE DI FAMIGLIA

**CULTIVAR: LECCIO DEL CORNO, MAURINO, MORAIOLO, FRANTOIO**
**FRUTTATO/FRUITY: 7 • AMARO/BITTER: 6 • PICCANTE/SPICY: 7**
**FASCIA PREZZO/PRICE RANGE: 4**

**PROFILO AROMATICO.**
Erba, mandorla, rucola, noce, ortica, pepe. Verde, persistente.

**AROMATIC PROFILE.**
Grass, almond, arugula, walnut, nettle, pepper. Green, persistent.

## SELEZIONE DOP UMBRIA COLLI MARTANI

**CULTIVAR: MORAIOLO, LECCINO, FRANTOIO, SAN FELICE**
**FRUTTATO/FRUITY: 7 • AMARO/BITTER: 6 • PICCANTE/SPICY: 6**
**FASCIA PREZZO/PRICE RANGE: 2**

**PROFILO AROMATICO.**
Carciofo, rucola, erba, mandorla, pepe, balsamico. Verde, persistente.

**AROMATIC PROFILE.**
Artichoke, arugula, grass, almond, pepper, balsamic. Green, persistent.

## OLIVICOLTURA EROICA

**CULTIVAR: MORAIOLO, LECCINO, FRANTOIO**
**FRUTTATO/FRUITY: 7 • AMARO/BITTER: 6 • PICCANTE/SPICY: 6**
**FASCIA PREZZO/PRICE RANGE: 4**

**PROFILO AROMATICO.**
Erbe aromatiche, mela, erba, pepe, balsamico. Verde, persistente.

**AROMATIC PROFILE.**
Aromatic herbs, apple, grass, pepper, balsamic. Green, persistent.

# Molino Il Fattore - Luigi Tega

Foligno (PG) | via dei Frantoi, 53 | fraz. Vescia |
tel. 0742 660015 | luigitega.it

**OLIVETO PROPRIO** SÌ
**CULTIVAR** Leccino, Moraiolo, Frantoio, Pendolino
**COLTIVAZIONE** Tradizionale
**RACCOLTA** Meccanica
**ESTRAZIONE** Ciclo continuo
**FRANTOIO** SÌ
**LITRI PRODOTTI** 60.000
**OLIVE DA MENSA** NO
**OSPITALITÀ** SÌ
**RISTORAZIONE** NO

**AZIENDA.** La bella realtà della famiglia Tega si trova in un piccolo borgo a una manciata di chilometri dal centro e gestisce il frantoio moderno ed efficiente con sapienza e professionalità. L'oliveto di proprietà comprende alcune "chiuse" di impareggiabile fascino per un totale di 5.000 alberi su 15 ettari.

**OLIVE GROVE** YES
**CULTIVAR** Leccino, Moraiolo, Frantoio, Pendolino
**GROWING METHOD** Traditional
**HARVEST METHOD** Mechanical
**EXTRACTION METHOD** Continuous cycle
**OIL MILL** YES
**LITRES PRODUCED** 60,000
**TABLE OLIVES** NO
**ACCOMODATIONS** YES
**RESTAURANT** NO

**OIL MAKER.** The Tega family's lovely farm is situated in a small village a few kilometers from the town center. Their modern and efficient oil mill is managed with wisdom and professionalism. Their 15-hectare olive grove (5,000 trees) includes certain "cloisters" of unmatched charm.

## OLIO DEL CARDINALE

**CULTIVAR: PERANZANA, MORAIOLO, FRANTOIO, LECCINO**
**FRUTTATO/FRUITY: 7 • AMARO/BITTER: 5 • PICCANTE/SPICY: 6**
**FASCIA PREZZO/PRICE RANGE: 2**

**PROFILO AROMATICO.**
Erba, ortica, erbe armatiche, noce, balsamico. Verde, persistente.

**AROMATIC PROFILE.**
Grass, nettle, aromatic herbs, walnut, balsamic. Green, persistent.

## LIRYS MONOCULTIVAR MORAIOLO

**CULTIVAR: MORAIOLO**
**FRUTTATO/FRUITY: 7 • AMARO/BITTER: 7 • PICCANTE/SPICY: 7**
**FASCIA PREZZO/PRICE RANGE: 4**

**PROFILO AROMATICO.**
Rucola, cardo, erba, mandorla, balsamico. Verde, persistente.

**AROMATIC PROFILE.**
Arugula, cardoon, grass, almond, balsamic. Green, persistent.

## SELECTION BIO

**CULTIVAR: MORAIOLO, FRANTOIO, LECCINO**
**FRUTTATO/FRUITY: 6 • AMARO/BITTER: 6 • PICCANTE/SPICY: 6**
**FASCIA PREZZO/PRICE RANGE: 4**

**PROFILO AROMATICO.**
Carciofo, rucola, cardo, mandorla. Verde, persistente.

**AROMATIC PROFILE.**
Artichoke, arugula, cardoon, almond. Green, persistent.

# Frantoio Filippi

**Giano dell'Umbria (PG) | loc. Case Sparse, 117 | fraz. Fabbri |**
**tel. 0742 90365 | frantoiofilippi.it**

**OLIVETO PROPRIO** SÌ
**CULTIVAR** Moraiolo, Leccino, Frantoio, San Felice
**COLTIVAZIONE** Tradizionale
**RACCOLTA** Manuale
**ESTRAZIONE** Ciclo continuo
**FRANTOIO** SÌ
**LITRI PRODOTTI** 3.000
**OLIVE DA MENSA** NO
**OSPITALITÀ** NO
**RISTORAZIONE** NO

**AZIENDA.** Situato non lontano dal Castello di Morcicchia, gode di una bellissima posizione collinare, di ampi e confortevoli spazi per accogliere i visitatori, di un frantoio modernissimo e di un originale parco che ospita una particolare collezione di olivi secolari.

**OLIVE GROVE** YES
**CULTIVAR** Moraiolo, Leccino, Frantoio, San Felice
**GROWING METHOD** Traditional
**HARVEST METHOD** Manual
**EXTRACTION METHOD** Continuous cycle
**OIL MILL** YES
**LITRES PRODUCED** 3,000
**TABLE OLIVES** NO
**ACCOMODATIONS** NO
**RESTAURANT** NO

**OIL MAKER.** Situated near the Castello di Morcicchia, this beautiful hillside estate hosts large, comfortable spaces to welcome visitors, a cutting-edge oil mill and an original olive grove where a unique collection of age-old trees are cultivated.

## DOP COLLI MARTANI

**CULTIVAR: MORAIOLO, LECCINO, FRANTOIO**
**FRUTTATO/FRUITY: 6 • AMARO/BITTER: 5 • PICCANTE/SPICY: 6**
**FASCIA PREZZO/PRICE RANGE: 5**

**PROFILO AROMATICO.**
Carciofo, rucola, erba, cardo, mandorla. Verde, persistente.

**AROMATIC PROFILE.**
Artichoke, arugula, grass, cardoon, almond. Green, persistent.

## EMBLEMA MONOCULTIVAR MORAIOLO

**CULTIVAR: MORAIOLO**
**FRUTTATO/FRUITY: 6 • AMARO/BITTER: 6 • PICCANTE/SPICY: 6**
**FASCIA PREZZO/PRICE RANGE: 5**

**PROFILO AROMATICO.**
Rucola, erba, pepe, balsamico. Verde, persistente.

**AROMATIC PROFILE.**
Arugula, grass, pepper, balsamic. Green, persistent.

## MANSO

**CULTIVAR: LECCINO, FRANTOIO, MORAIOLO, SAN FELICE**
**FRUTTATO/FRUITY: 5 • AMARO/BITTER: 5 • PICCANTE/SPICY: 5**
**FASCIA PREZZO/PRICE RANGE: 4**

**PROFILO AROMATICO.**
Carciofo, mela, mandorla. Verde.

**AROMATIC PROFILE.**
Artichoke, apple, almond. Green.

# Birra Flea

**Gualdo Tadino (PG) | via Fratelli Cairoli | tel. 075 9108159 | birraflea.com**

**OLIVETO PROPRIO** SÌ
**CULTIVAR** Nostrale di Rigali
**COLTIVAZIONE** Tradizionale
**RACCOLTA** Manuale
**ESTRAZIONE** Ciclo continuo
**FRANTOIO** NO
**LITRI PRODOTTI** 1.500
**OLIVE DA MENSA** NO
**OSPITALITÀ** SÌ
**RISTORAZIONE** SÌ

**AZIENDA.** La poliedrica attività imprenditoriale di Matteo Minelli ha un raggio d'azione molto ampio e spazia dalle energie rinnovabili alla birra artigianale che lo ha reso famoso ben oltre i confini regionali. In questo contesto si inserisce perfettamente l'ottima produzione olearia che può contare su un oliveto di 4 ettari che ospita 700 alberi.

**OLIVE GROVE** YES
**CULTIVAR** Nostrale di Rigali
**GROWING METHOD** Traditional
**HARVEST METHOD** Manual
**EXTRACTION METHOD** Continuous cycle
**OIL MILL** NO
**LITRES PRODUCED** 1,500
**TABLE OLIVES** NO
**ACCOMODATIONS** YES
**RESTAURANT** YES

**OIL MAKER.** Matteo Minelli's multifaceted business comprises a broad range of activities, from renewable energy to craft beer — a feat that's made him famous well beyond the region's borders. The production of extra virgin olive oil, grounded in a 4-hectare olive grove (700 trees), fits perfectly with the project.

## MONOCULTIVAR NOSTRALE DI RIGALI

**CULTIVAR: NOSTRALE DI RIGALI**
**FRUTTATO/FRUITY: 7 • AMARO/BITTER: 6 • PICCANTE/SPICY: 6**
**FASCIA PREZZO/PRICE RANGE: 4**

**PROFILO AROMATICO.**
Pomodoro, rucola, erba, noce. Verde.

**AROMATIC PROFILE.**
Tomato, arugula, grass, walnut. Green.

# Oleificio Sociale Foligno

**Foligno (PG) | via delle Industrie, 25 | fraz. Sant'Eraclio | tel. 0742 670262 | olioilcastello.it**

**OLIVETO PROPRIO** SÌ
**CULTIVAR** Moraiolo, Frantoio, Leccino
**COLTIVAZIONE** Tradizionale / Biologica
**RACCOLTA** Manuale / Meccanica
**ESTRAZIONE** Ciclo continuo
**FRANTOIO** SÌ
**LITRI PRODOTTI** 18.000
**OLIVE DA MENSA** NO
**OSPITALITÀ** NO
**RISTORAZIONE** NO

**AZIENDA.** Una realtà attiva dal 1970 che cerca di coniugare numeri con qualità cercando di valorizzare le varietà autoctone regionali in un contesto cooperativo. Le proprietà dei soci si sviluppano su 23 ettari dove dimorano 8.000 olivi, ma una parte della produzione proviene dalle drupe acquistate in zona.

**OLIVE GROVE** YES
**CULTIVAR** Moraiolo, Frantoio, Leccino
**GROWING METHOD** Traditional + organic
**HARVEST METHOD** Manual + mechanical
**EXTRACTION METHOD** Continuous cycle
**OIL MILL** YES
**LITRES PRODUCED** 18,000
**TABLE OLIVES** NO
**ACCOMODATIONS** NO
**RESTAURANT** NO

**OIL MAKER.** Active since 1970, Oleificio Sociale Foligno aims to combine high production volumes with quality by highlighting the attributes of the region's native olive cultivars, all through a cooperative business model. The members cultivate 23 hectares (8,000 trees), but a part of production also comes from locally-sourced olives.

## IL CASTELLO AMABILE

**CULTIVAR: LECCINO, FRANTOIO**
**FRUTTATO/FRUITY: 5 • AMARO/BITTER: 4 • PICCANTE/SPICY: 4**
**FASCIA PREZZO/PRICE RANGE: 2**

**PROFILO AROMATICO.**
Mela, mandorla, pepe. Maturo.

**AROMATIC PROFILE.**
Apple, almond, pepper. Ripe.

# Il Fontanaro

Paciano (PG) | voc. Montanaro, 64 | tel. 338 7338869 |
bestitalianoliveoil.com

**OLIVETO PROPRIO** SÌ
**CULTIVAR** Leccino, Pendolino, Dolce Agogia, Frantoio, Moraiolo
**COLTIVAZIONE** Tradizionale / Biologica
**RACCOLTA** Manuale
**ESTRAZIONE** Ciclo continuo
**FRANTOIO** SÌ
**LITRI PRODOTTI** 1.700
**OLIVE DA MENSA** NO
**OSPITALITÀ** SÌ
**RISTORAZIONE** NO

**AZIENDA.** Realtà di spicco dell'areale del Trasimeno sulle belle e dolci colline di Paciano, con un bel frantoio e una superficie di 40 ettari di cui 15 dedicati alle oltre 4.000 piante di olivo condotte in biologico da Lucia Verdacchi e dalla sua famiglia, fin dal 1972. Produzione anche di miele e vino. Due camere tra gli oliveti.

**OLIVE GROVE** YES
**CULTIVAR** Leccino, Pendolino, Dolce Agogia, Frantoio, Moraiolo
**GROWING METHOD** Traditional + organic
**HARVEST METHOD** Manual
**EXTRACTION METHOD** Continuous cycle
**OIL MILL** YES
**LITRES PRODUCED** 1,700
**TABLE OLIVES** NO
**ACCOMODATIONS** YES
**RESTAURANT** NO

**OIL MAKER.** One of Trasimeno's leading producers, Il Fontanaro is based on the lovely, gentle hills of Paciano. The 40-hectare property hosts an oil press and 4,000 olive trees (15 ha), all cultivated organically by Lucia Verdacchi and her family, who've looked after the property since 1972. Honey and wine are also produced. Two rooms are available for rent among the olive groves.

## OLIO DELLA PACE BIO

**CULTIVAR: FRANTOIO, LECCINO, MORAIOLO, DOLCE AGOGIA**
**FRUTTATO/FRUITY: 7 • AMARO/BITTER: 7 • PICCANTE/SPICY: 7**
**FASCIA PREZZO/PRICE RANGE: 5**

**PROFILO AROMATICO.**
Carciofo, erba, mandorla, noce, balsamico. Verde, persistente.

**AROMATIC PROFILE.**
Artichoke, grass, almond, walnut, balsamic. Green, persistent.

# ★ Frantoio Gaudenzi

**Trevi (PG) | loc. Camporeale, 6 | fraz. Pigge |**
**tel. 0742 781107 | frantoiogaudenzi.it**

**OLIVETO PROPRIO** SÌ
**CULTIVAR** Leccino, Frantoio, Moraiolo, San Felice, Dolce Agogia, Borgiona, Rosciola
**COLTIVAZIONE** Biologica
**RACCOLTA** Manuale / Meccanica
**ESTRAZIONE** Ciclo continuo
**FRANTOIO** SÌ
**LITRI PRODOTTI** 100.000
**OLIVE DA MENSA** NO
**OSPITALITÀ** NO
**RISTORAZIONE** NO

**AZIENDA.** La storia dei Gaudenzi inizia a metà Novecento, quando Vittorio Gaudenzi dà il via all'attività. Oggi l'azienda continua a investire nell'oliveto e nel frantoio, tenendo alta la bandiera dell'Umbria. Si contano 40mila olivi distribuiti in circa 150 ettari.

**OLIVE GROVE** YES
**CULTIVAR** Leccino, Frantoio, Moraiolo, San Felice, Dolce Agogia, Borgiona, Rosciola
**GROWING METHOD** Organic
**HARVEST METHOD** Manual + mechanical
**EXTRACTION METHOD** Continuous cycle
**OIL MILL** YES
**LITRES PRODUCED** 100,000
**TABLE OLIVES** NO
**ACCOMODATIONS** NO
**RESTAURANT** NO

**OIL MAKER.** The Gaudenzi family's roots go back to the mid-20th century, when Vittorio Gaudenzi founded the farm. Now the family continue to invest in their olive groves and mill. 40,000 olive trees occupy 150 hectares.

## SEVEN DOP UMBRIA COLLI DEL TRASIMENO

**CULTIVAR: FRANTOIO, DOLCE AGOGIA**
**FRUTTATO/FRUITY: 5 • AMARO/BITTER: 5 • PICCANTE/SPICY: 5**
**FASCIA PREZZO/PRICE RANGE: 5**

**PROFILO AROMATICO.**
Carciofo, mela, mandorla, pinolo, balsamico. Verde.

**AROMATIC PROFILE.**
Artichoke, apple, almond, pine nut, balsamic. Green.

## QUINTA LUNA

**CULTIVAR: MORAIOLO, FRANTOIO, LECCINO**
**FRUTTATO/FRUITY: 5 • AMARO/BITTER: 5 • PICCANTE/SPICY: 5**
**FASCIA PREZZO/PRICE RANGE: 2**

**PROFILO AROMATICO.**
Carciofo, cardo, mela, mandorla. Verde.

**AROMATIC PROFILE.**
Artichoke, cardoon, apple, almond. Green.

## CHIUSE DI SANT'ARCANGELO MONOCULTIVAR MORAIOLO BIO

**CULTIVAR: MORAIOLO**
**FRUTTATO/FRUITY: 5 • AMARO/BITTER: 5 • PICCANTE/SPICY: 6**
**FASCIA PREZZO/PRICE RANGE: 5**

**PROFILO AROMATICO.**
Cardo, rucola, erba, balsamico. Verde.

**AROMATIC PROFILE.**
Cardoon, arugula, grass, balsamic. Green.

# La Gioia

**Castel Ritaldi (PG) | via Ruicciano, 20 | fraz. Colle del Marchese | tel. 0743 254068 | lagioia.biz**

**OLIVETO PROPRIO** SÌ
**CULTIVAR** Leccino, Frantoio, Moraiolo, San Felice
**COLTIVAZIONE** Tradizionale
**RACCOLTA** Meccanica
**ESTRAZIONE** Ciclo continuo
**FRANTOIO** NO
**LITRI PRODOTTI** 4.000
**OLIVE DA MENSA** NO
**OSPITALITÀ** SÌ
**RISTORAZIONE** SÌ

**AZIENDA.** Daniel Aerni, attore, regista, agricoltore, e Marianne Aerni-Kühne, interior designer, si sono trasferiti qui dalla Svizzera circa 20 anni or sono. E hanno dato vita a questa felice realtà trasformando un frantoio plurisecolare in una fascinosa guest house che produce ottimo extravergine da oltre 1.000 piante aziendali.

**OLIVE GROVE** YES
**CULTIVAR** Leccino, Frantoio, Moraiolo, San Felice
**GROWING METHOD** Traditional
**HARVEST METHOD** Mechanical
**EXTRACTION METHOD** Continuous cycle
**OIL MILL** NO
**LITRES PRODUCED** 4,000
**TABLE OLIVES** NO
**ACCOMODATIONS** YES
**RESTAURANT** YES

**OIL MAKER.** About 20 years ago, Daniel Aerni (actor, director and farmer) and Marianne Aerni-Kühne (interior designer) moved here from Switzerland and founded this successful estate, transforming a centuries-old oil mill into a charming guest house that also produces excellent extra virgin olive oil from over 1,000 trees.

## OLIO EXTRAVERGINE DI OLIVA

**CULTIVAR: MORAIOLO, FRANTOIO, SAN FELICE, LECCINO**
**FRUTTATO/FRUITY: 6 • AMARO/BITTER: 6 • PICCANTE/SPICY: 6**
**FASCIA PREZZO/PRICE RANGE: 5**

**PROFILO AROMATICO.**
Carciofo, cardo, erba, mandorla, balsamico. Verde, persistente.

**AROMATIC PROFILE.**
Artichoke, cardoon, grass, almond, balsamic. Green, persistent.

# Gnavolini Raccolta Sapore

**Bastia Umbra (PG) | voc. Butine, 16/5 |**
**tel. 075 8004944 | raccoltasapore.it**

**OLIVETO PROPRIO** NO
**CULTIVAR** Frantoio, Leccino, Moraiolo, Pendolino, Leccio del Corno
**COLTIVAZIONE** Tradizionale / Biologica
**RACCOLTA** Manuale / Meccanica
**ESTRAZIONE** Ciclo continuo
**FRANTOIO** NO
**LITRI PRODOTTI** 3.700
**OLIVE DA MENSA** NO
**OSPITALITÀ** NO
**RISTORAZIONE** NO

**AZIENDA.** Fondata nel 1980 dal padre Roberto, oggi l'impresa è condotta dal figlio Gianmichele Gnavolini con l'obiettivo di dar valore alle produzioni agricole locali, a partire dai 10 ettari di oliveto di famiglia e selezionando partite di olive umbre di qualità. Azienda in crescita, presto avrà anche un frantoio.

**OLIVE GROVE** NO
**CULTIVAR** Frantoio, Leccino, Moraiolo, Pendolino, Leccio del Corno
**GROWING METHOD** Traditional + organic
**HARVEST METHOD** Manual + mechanical
**EXTRACTION METHOD** Continuous cycle
**OIL MILL** NO
**LITRES PRODUCED** 3,700
**TABLE OLIVES** NO
**ACCOMODATIONS** NO
**RESTAURANT** NO

**OIL MAKER.** Founded in 1980 by Roberto, today Gnavolini Raccolta Sapore is managed by his son Gianmichele, who aims to shine a light on local agriculture, starting with 10 hectares of estate olive groves and select batches of quality Umbrian olives. A growing producer, Gnavolini will soon have its own oil mill.

## SINE DIE

**CULTIVAR: FRANTOIO, LECCINO, FRANTOIO**
**FRUTTATO/FRUITY: 7 • AMARO/BITTER: 6 • PICCANTE/SPICY: 6**
**FASCIA PREZZO/PRICE RANGE: 5**

**PROFILO AROMATICO.** Carciofo, erbe aromatiche, erba, mandorla, pepe, balsamico. Verde, persistente.

**AROMATIC PROFILE.** Artichoke, aromatic herbs, grass, almond, pepper, balsamic. Green, persistent.

## ORO

**CULTIVAR: FRANTOIO, LECCINO, LECCIO DEL CORNO, MORAIOLO**
**FRUTTATO/FRUITY: 6 • AMARO/BITTER: 5 • PICCANTE/SPICY: 6**
**FASCIA PREZZO/PRICE RANGE: 4**

**PROFILO AROMATICO.** Carciofo, mela, erba, mandorla, pepe. Verde.

**AROMATIC PROFILE.** Artichoke, apple, grass, almond, pepper. Green.

# Agricola Locci

**Giano dell'Umbria (PG) | loc. Case Basse, 55 |**
**tel. 331 1930419 | agricolalocci.it**

**OLIVETO PROPRIO** SÌ
**CULTIVAR** Moraiolo, Frantoio, Leccino, Pendolino, San Felice, Tendellone
**COLTIVAZIONE** Tradizionale
**RACCOLTA** Manuale / Meccanica
**ESTRAZIONE** Ciclo continuo
**FRANTOIO** SÌ
**LITRI PRODOTTI** 15.000
**OLIVE DA MENSA** NO
**OSPITALITÀ** SÌ
**RISTORAZIONE** SÌ

**AZIENDA.** In un territorio storicamente vocato come quello che interseca i borghi di Montefalco, Bevagna e Giano dell'Umbria, si trova l'azienda di Lorenzo Locci. La proprietà si sviluppa su 22 ettari nei quali dimorano 8.000 olivi. Alla produzione di olio extravergine si aggiunge quella di vino.

**OLIVE GROVE** YES
**CULTIVAR** Moraiolo, Frantoio, Leccino, Pendolino, San Felice, Tendellone
**GROWING METHOD** Traditional
**HARVEST METHOD** Manual + mechanical
**EXTRACTION METHOD** Continuous cycle
**OIL MILL** YES
**LITRES PRODUCED** 15,000
**TABLE OLIVES** NO
**ACCOMODATIONS** YES
**RESTAURANT** YES

**OIL MAKER.** Lorenzo Locci's farm is located at a meeting point between the towns of Montefalco, Bevagna, and Giano dell'Umbria, a fertile and productive area. The 22-hectare property hosts 8,000 trees (local cultivars). In addition to extra virgin, they make wine.

## MONOCULTIVAR SAN FELICE

**CULTIVAR: SAN FELICE**
**FRUTTATO/FRUITY: 8 • AMARO/BITTER: 7 • PICCANTE/SPICY: 8**
**FASCIA PREZZO/PRICE RANGE: 5**

**PROFILO AROMATICO.** Carciofo, rucola, erba, pepe, balsamico. Verde, persistente.

**AROMATIC PROFILE.** Artichoke, arugula, grass, pepper, balsamic. Green, persistent.

## MONOCULTIVAR MORAIOLO

**CULTIVAR: MORAIOLO**
**FRUTTATO/FRUITY: 7 • AMARO/BITTER: 7 • PICCANTE/SPICY: 7**
**FASCIA PREZZO/PRICE RANGE: 5**

**PROFILO AROMATICO.** Erba, rucola, noce, pinolo, pepe, balsamico. Verde, persistente.

**AROMATIC PROFILE.** Grass, arugula, walnut, pine nut, pepper, balsamic. Green, persistent.

## SELEZIONE NUMERO 6

**CULTIVAR: MORAIOLO, LECCINO, FRANTOIO, PENDOLINO**
**FRUTTATO/FRUITY: 6 • AMARO/BITTER: 6 • PICCANTE/SPICY: 6**
**FASCIA PREZZO/PRICE RANGE: 4**

**PROFILO AROMATICO.** Carciofo, rucola, mela, erba. Verde, persistente.

**AROMATIC PROFILE.** Artichoke, arugula, apple, grass. Green, persistent.

# Frantoio Loreti

**Gualdo Tadino (PG) | Zona Industriale Nord |**
**tel. 328 9484747 | frantoioloreti.it**

**OLIVETO PROPRIO** SÌ
**CULTIVAR** Frantoio, Moraiolo, Nostrale di Rigali, Leccino, Pendolino
**COLTIVAZIONE** Tradizionale
**RACCOLTA** Manuale
**ESTRAZIONE** Ciclo continuo
**FRANTOIO** SÌ
**LITRI PRODOTTI** 8.000
**OLIVE DA MENSA** NO
**OSPITALITÀ** NO
**RISTORAZIONE** NO

**AZIENDA.** Realtà dalla lunga tradizione fondata da Egidio Tega e passata di padre in figlio fino a diventare un'impresa moderna dove sapienza antica e tecniche innovative convivono nel nome della qualità. Si acquistano 300 quintali di olive, che si aggiungono a quelle prodotte nei due ettari di proprietà.

**OLIVE GROVE** YES
**CULTIVAR** Frantoio, Moraiolo, Nostrale di Rigali, Leccino, Pendolino
**GROWING METHOD** Traditional
**HARVEST METHOD** Manual
**EXTRACTION METHOD** Continuous cycle
**OIL MILL** YES
**LITRES PRODUCED** 8,000
**TABLE OLIVES** NO
**ACCOMODATIONS** NO
**RESTAURANT** NO

**OIL MAKER.** A producer with deep roots, Frantoio Loreti was founded by Egidio Tega and passed down from father to son. Today it's a modern mill where time-honored wisdom and innovative techniques come together, all in the name of quality. 30,000 kilos of purchased olives combine with those cultivated.

## ISTANTE MONOCULTIVAR MORAIOLO

**CULTIVAR: MORAIOLO**
**FRUTTATO/FRUITY: 7 • AMARO/BITTER: 6 • PICCANTE/SPICY: 7**
**FASCIA PREZZO/PRICE RANGE: 5**

**PROFILO AROMATICO.**
Erba, rucola, pinolo, pepe, balsamico. Verde, persistente.

**AROMATIC PROFILE.**
Grass, arugula, pine nut, pepper, balsamic. Green, persistent.

## SESTO MONOCULTIVAR NOSTRALE DI RIGALI

**CULTIVAR: NOSTRALE DI RIGALI**
**FRUTTATO/FRUITY: 8 • AMARO/BITTER: 7 • PICCANTE/SPICY: 7**
**FASCIA PREZZO/PRICE RANGE: 5**

**PROFILO AROMATICO.**
Pomodoro, erbe aromatiche, erba, pepe, balsamico. Verde, persistente.

**AROMATIC PROFILE.**
Tomato, aromatic herbs, grass, pepper, balsamic. Green, persistent.

## MEMORIA

**CULTIVAR: NOSTRALE DI RIGALI, FRANTOIO, MORAIOLO, LECCINO**
**FRUTTATO/FRUITY: 6 • AMARO/BITTER: 6 • PICCANTE/SPICY: 6**
**FASCIA PREZZO/PRICE RANGE: 4**

**PROFILO AROMATICO.**
Carciofo, erba, mandorla, balsamico. Verde, persistente.

**AROMATIC PROFILE.**
Artichoke, grass, almond, balsamic. Green, persistent.

# Giulio Mannelli

**Bettona (PG) | via Montebalacca |**
**tel. 075 9869023 | agrariamannelli.it**

**OLIVETO PROPRIO** SÌ
**CULTIVAR** Leccino, Frantoio, Moraiolo, Ascolana Tenera, Nostrale di Rigali
**COLTIVAZIONE** Biologica
**RACCOLTA** Meccanica
**ESTRAZIONE** Ciclo continuo
**FRANTOIO** SÌ
**LITRI PRODOTTI** 10.000
**OLIVE DA MENSA** NO
**OSPITALITÀ** SÌ
**RISTORAZIONE** SÌ

**AZIENDA.** In un lembo di rara bellezza della campagna umbra si trova la poliedrica realtà di Giulio Mannelli. Frantoio all'avanguardia, oliveto di 14mila alberi, ma anche una struttura ricettiva con 2 ristoranti in grado di offrire una bella esperienza in questo contesto affascinante.

**OLIVE GROVE** YES
**CULTIVAR** Leccino, Frantoio, Moraiolo, Ascolana Tenera, Nostrale di Rigali
**GROWING METHOD** Organic
**HARVEST METHOD** Mechanical
**EXTRACTION METHOD** Continuous cycle
**OIL MILL** YES
**LITRES PRODUCED** 10,000
**TABLE OLIVES** NO
**ACCOMODATIONS** YES
**RESTAURANT** YES

**OIL MAKER.** Giulio Mannelli's multifaceted estate lies in a landscape of rare beauty, immersed in the Umbrian countryside. The drupes of his 14,000-tree olive grove are pressed in a state-of-the-art oil mill, but there's also a visitor center with 2 restaurants, offering guests the chance to have a memorable experience in a charming setting.

## MONOCULTIVAR ASCOLANA TENERA

**CULTIVAR: ASCOLANA TENERA**
**FRUTTATO/FRUITY: 8 • AMARO/BITTER: 5 • PICCANTE/SPICY: 5**
**FASCIA PREZZO/PRICE RANGE: 5**

**PROFILO AROMATICO.**
Pomodoro, erbe aromatiche, mela, balsamico. Verde, persistente.

**AROMATIC PROFILE.**
Tomato, aromatic herbs, apple, balsamic. Green, persistent.

## MOSTO D'OLIVA

**CULTIVAR: MORAIOLO, FRANTOIO, LECCINO**
**FRUTTATO/FRUITY: 6 • AMARO/BITTER: 6 • PICCANTE/SPICY: 6**
**FASCIA PREZZO/PRICE RANGE: 5**

**PROFILO AROMATICO.**
Alloro, erbe aromatiche, erba, mandorla, pepe. Verde.

**AROMATIC PROFILE.**
Laurel, aromatic herbs, grass, almond, pepper. Green.

# ★ Marfuga

Campello sul Clitunno (PG) | v.le Firenze |
tel. 0743 521338 | marfuga.it

**OLIVETO PROPRIO** SÌ
**CULTIVAR** Leccino, Moraiolo, Frantoio
**COLTIVAZIONE** Biologica
**RACCOLTA** Manuale
**ESTRAZIONE** Ciclo continuo
**FRANTOIO** SÌ
**LITRI PRODOTTI** 50.000
**OLIVE DA MENSA** NO
**OSPITALITÀ** NO
**RISTORAZIONE** NO

**AZIENDA.** Quella di Francesco Gradassi è una delle migliori realtà produttive regionali e nazionali che spicca per una eccellente costanza qualitativa, anche in difficili annate come quella trascorsa. L'oliveto conta circa 13mila alberi distribuiti in 30 ettari sui colli di Campello, Spoleto e Trevi, posizionati tra i 300 e i 600 metri d'altezza.

**OLIVE GROVE** YES
**CULTIVAR** Leccino, Moraiolo, Frantoio
**GROWING METHOD** Organic
**HARVEST METHOD** Manual
**EXTRACTION METHOD** Continuous cycle
**OIL MILL** YES
**LITRES PRODUCED** 50,000
**TABLE OLIVES** NO
**ACCOMODATIONS** NO
**RESTAURANT** NO

**OIL MAKER.** Francesco Gradassi's Marfuga winery is renowned for its consistently high quality, even in challenging years such as this last one, making it one of the region's (and Italy's) best producers. The 30-hectare olive grove hosts about 13,000 trees spread out over the hills of Campello, Spoleto and Trevi, at elevations spanning 300 - 600 meters.

## L'AFFIORANTE MONOCULTIVAR MORAIOLO BIO

**CULTIVAR: MORAIOLO**
**FRUTTATO/FRUITY: 7 • AMARO/BITTER: 7 • PICCANTE/SPICY: 7**
**FASCIA PREZZO/PRICE RANGE: 5**

**PROFILO AROMATICO.** Erba, rucola, ortica, radicchio, pepe, balsamico. Verde, persistente.

**AROMATIC PROFILE.** Grass, arugula, nettle, radicchio, pepper, balsamic. Green, persistent.

## SASSENTE MONOCULTIVAR FRANTOIO

**CULTIVAR: FRANTOIO**
**FRUTTATO/FRUITY: 7 • AMARO/BITTER: 6 • PICCANTE/SPICY: 7**
**FASCIA PREZZO/PRICE RANGE: 5**

**PROFILO AROMATICO.** Carciofo, cardo, rucola, erba, mandorla, pepe, balsamico. Verde, persistente.

**AROMATIC PROFILE.** Artichoke, cardoon, arugula, grass, almond, pepper, balsamic. Green, persistent.

## RISERVA DOP UMBRIA COLLI ASSISI SPOLETO BIO

**CULTIVAR: MORAIOLO, FRANTOIO**
**FRUTTATO/FRUITY: 7 • AMARO/BITTER: 7 • PICCANTE/SPICY: 7**
**FASCIA PREZZO/PRICE RANGE: 5**

**PROFILO AROMATICO.** Carciofo, rucola, noce, mandorla, pepe, balsamico. Verde, persistente.

**AROMATIC PROFILE.** Artichoke, arugula, walnut, almond, pepper, balsamic. Green, persistent.

# Gianfranco Melchiorri

**Spoleto (PG) | via G. Marcora, 53 | loc. Madonna di Lugo |**
**tel. 0743 221384 | oliomelchiorri.com**

**OLIVETO PROPRIO** SÌ
**CULTIVAR** Moraiolo
**COLTIVAZIONE** Tradizionale
**RACCOLTA** Manuale
**ESTRAZIONE** Ciclo continuo
**FRANTOIO** NO
**LITRI PRODOTTI** 5.000
**OLIVE DA MENSA** NO
**OSPITALITÀ** NO
**RISTORAZIONE** NO

**AZIENDA.** Da oltre 60 anni la famiglia Melchiorri produce olio in uno dei territori più vocati della regione. La proprietà, oggi guidata da Alessandro, si sviluppa su 4 ettari dove dimorano 2.000 olivi. Si commercializzano, inoltre, prodotti tipici umbri.

**OLIVE GROVE** YES
**CULTIVAR** Moraiolo
**GROWING METHOD** Traditional
**HARVEST METHOD** Manual
**EXTRACTION METHOD** Continuous cycle
**OIL MILL** NO
**LITRES PRODUCED** 5,000
**TABLE OLIVES** NO
**ACCOMODATIONS** NO
**RESTAURANT** NO

**OIL MAKER.** For over 60 years the Melchiorri family have been producing oil in one of the region's best areas. The 4-hectare property, now led by Alessandro, hosts 2,000 olive trees. Traditional Umbrian products are also sold.

## BLACK SELECTION

**CULTIVAR: MORAIOLO, FRANTOIO, LECCINO**
**FRUTTATO/FRUITY: 5 • AMARO/BITTER: 5 • PICCANTE/SPICY: 5**
**FASCIA PREZZO/PRICE RANGE: 2**

**PROFILO AROMATICO.**
Carciofo, erbe aromatiche, mela, mandorla. Maturo.

**AROMATIC PROFILE.**
Artichoke, aromatic herbs, apple, almond. Ripe.

## DOP UMBRIA COLLI ASSISI SPOLETO MONOCULTIVAR MORAIOLO

**CULTIVAR: MORAIOLO**
**FRUTTATO/FRUITY: 5 • AMARO/BITTER: 5 • PICCANTE/SPICY: 5**
**FASCIA PREZZO/PRICE RANGE: 2**

**PROFILO AROMATICO.**
Rucola, cardo, erba, pepe. Maturo.

**AROMATIC PROFILE.**
Arugula, cardoon, grass, pepper. Ripe.

# Agricola Mevante

**Bevagna (PG) | via Madonna della Neve, 1 | loc. Sasso |**
**tel. 349 8057501 | agricolamevante.com**

**OLIVETO PROPRIO** SÌ
**CULTIVAR** Frantoio, Leccino, Moraiolo
**COLTIVAZIONE** Integrata
**RACCOLTA** Manuale
**ESTRAZIONE** Ciclo continuo
**FRANTOIO** NO
**LITRI PRODOTTI** 2.000
**OLIVE DA MENSA** NO
**OSPITALITÀ** NO
**RISTORAZIONE** SÌ

**AZIENDA.** Paolo e Antonella Presciutti gestiscono con passione ed esperienza questa tenuta nei pressi di Marsciano. La proprietà si sviluppa su 5 ettari e comprende 3.500 olivi. Alla produzione di extravergine di qualità si aggiunge quella di vino.

**OLIVE GROVE** YES
**CULTIVAR** Frantoio, Leccino, Moraiolo
**GROWING METHOD**
**HARVEST METHOD** Manual
**EXTRACTION METHOD** Continuous cycle
**OIL MILL** NO
**LITRES PRODUCED** 2,000
**TABLE OLIVES** NO
**ACCOMODATIONS** NO
**RESTAURANT** YES

**OIL MAKER.** Paolo and Antonella Presciutti bring passion and experience to their work of managing Agricola Mevante, a farm based near Marsciano. The 5-hectare property hosts some 3,500 olive trees. In addition to quality EVOO, they produce wine.

## OLIO EXTRAVERGINE DI OLIVA

**CULTIVAR: LECCINO, FRANTOIO, MORAIOLO**
**FRUTTATO/FRUITY: 6 • AMARO/BITTER: 5 • PICCANTE/SPICY: 5**
**FASCIA PREZZO/PRICE RANGE: 3**

**PROFILO AROMATICO.**
Carciofo, erba, mandorla, pepe. Verde.

**AROMATIC PROFILE.**
Artichoke, grass, almond, pepper. Green.

# miaITALY

**Spello (PG) | via Roma, 51 |**
**tel. 338 2292881 | miaitaly.it**

**OLIVETO PROPRIO** SÌ
**CULTIVAR** Moraiolo, Nostrale di Rigali, Leccino, Frantoio
**COLTIVAZIONE** In conversione
**RACCOLTA** Manuale
**ESTRAZIONE** Ciclo continuo
**FRANTOIO** NO
**LITRI PRODOTTI** 1.200
**OLIVE DA MENSA** NO
**OSPITALITÀ** NO
**RISTORAZIONE** NO

**AZIENDA.** Estetica formale e qualità sostanziale vanno di pari passo nell'extravergine prodotto da Monia Caneschi, che nasce architetto.
La sua impresa, in conversione biodinamica, conta su una superficie totale di 3 ettari di cui 2,7 coltivati a olivi, per circa 1.000 piante. Si può visitare previo appuntamento.

**OLIVE GROVE** YES
**CULTIVAR** Moraiolo, Nostrale di Rigali, Leccino, Frantoio
**GROWING METHOD** Being converted
**HARVEST METHOD** Manual
**EXTRACTION METHOD** Continuous cycle
**OIL MILL** NO
**LITRES PRODUCED** 1,200
**TABLE OLIVES** NO
**ACCOMODATIONS** NO
**RESTAURANT** NO

**OIL MAKER.** The extra virgin olive oil produced by Monia Caneschi, an architect by trade, brings together visual appeal and considerable quality. Her 3-hectare farm (currently being converted to biodynamic agriculture) includes 2.7 hectares of olive groves (about 1,000 trees). The property can be visited by appointment.

## IL MIO IO

**CULTIVAR: MORAIOLO, NOSTRALE DI RIGALI**
**FRUTTATO/FRUITY: 6 • AMARO/BITTER: 5 • PICCANTE/SPICY: 7**
**FASCIA PREZZO/PRICE RANGE: 5**

**PROFILO AROMATICO.**
Pomodoro, erbe aromatiche, mela, erba, pepe, balsamico. Verde.

**AROMATIC PROFILE.**
Tomato, aromatic herbs, apple, grass, pepper, balsamic. Green.

# Monini

Spoleto (PG) | s.s. Flaminia, km 129 |
tel. 0743 232664 | monini.com

**OLIVETO PROPRIO** SÌ
**CULTIVAR** Moraiolo, Frantoio, Leccino
**COLTIVAZIONE** Biologica
**RACCOLTA** Meccanica
**ESTRAZIONE** Ciclo continuo
**FRANTOIO** SÌ
**LITRI PRODOTTI** 26.100
**OLIVE DA MENSA** SÌ
**OSPITALITÀ** NO
**RISTORAZIONE** NO

**AZIENDA.** Da oltre un secolo Monini è sinonimo di produzione e cultura dell'olio extravergine d'oliva in quel di Spoleto. Qui la famiglia guidata oggi da Zefferino e dalla sorella Maria Flora, dispone di un moderno frantoio e di 27 ettari olivetati, dove ci sono 7.000 piante curate dall'agronomo Marco Scanu.

**OLIVE GROVE** YES
**CULTIVAR** Moraiolo, Frantoio, Leccino
**GROWING METHOD** Organic
**HARVEST METHOD** Mechanical
**EXTRACTION METHOD** Continuous cycle
**OIL MILL** YES
**LITRES PRODUCED** 26,100
**TABLE OLIVES** YES
**ACCOMODATIONS** NO
**RESTAURANT** NO

**OIL MAKER.** The name "Monini" has been synonymous with the production and culture of extra virgin olive oil in Spoleto for over a century. Here the family (led today by Zefferino and his sister Maria Flora) avails itself of a modern oil mill and 27 hectares of olive groves, 7,000 trees cared for by agronomist Marco Scanu.

## MONOCULTIVAR NOCELLARA BIO

**CULTIVAR: NOCELLARA**
**FRUTTATO/FRUITY: 7 • AMARO/BITTER: 4 • PICCANTE/SPICY: 4**
**FASCIA PREZZO/PRICE RANGE: 2**

**PROFILO AROMATICO.** Pomodoro, erbe aromatiche, mela, melissa. Verde, persistente.

**AROMATIC PROFILE.** Tomato, aromatic herbs, apple, lemon balm. Green, persistent.

## MONOCULTIVAR CORATINA BIO

**CULTIVAR: CORATINA**
**FRUTTATO/FRUITY: 6 • AMARO/BITTER: 6 • PICCANTE/SPICY: 6**
**FASCIA PREZZO/PRICE RANGE: 2**

**PROFILO AROMATICO.** Rucola, erba, mandorla, pepe. Verde, persistente.

**AROMATIC PROFILE.** Arugula, grass, almond, pepper. Green, persistent.

## MONOCULTIVAR FRANTOIO BIO

**CULTIVAR: FRANTOIO**
**FRUTTATO/FRUITY: 6 • AMARO/BITTER: 6 • PICCANTE/SPICY: 6**
**FASCIA PREZZO/PRICE RANGE: 2**

**PROFILO AROMATICO.** Carciofo, cardo, erba, mandorla, pinolo, balsamico. Verde, persistente.

**AROMATIC PROFILE.** Artichoke, cardoon, grass, almond, pine nut, balsamic. Green, persistent.

# La Montagnola

Torgiano (PG) | via Roma, 11 |
tel. 335 5874094 | lamontagnola.it

**OLIVETO PROPRIO** SÌ
**CULTIVAR** Moraiolo, Frantoio, Leccino
**COLTIVAZIONE** Tradizionale
**RACCOLTA** Meccanica
**ESTRAZIONE** Ciclo continuo
**FRANTOIO** SÌ
**LITRI PRODOTTI** 6.000
**OLIVE DA MENSA** NO
**OSPITALITÀ** SÌ
**RISTORAZIONE** NO

**AZIENDA.** La proprietà gestita da Vittoria Iraci Borgia si estende per 20 ettari dove sono presenti una villa settecentesca (con frantoio annesso) e l'oliveto di 7.500 piante. La bella struttura agrituristica ospita vari appartamenti e una casa vacanza.

**OLIVE GROVE** YES
**CULTIVAR** Moraiolo, Frantoio, Leccino
**GROWING METHOD** Traditional
**HARVEST METHOD** Mechanical
**EXTRACTION METHOD** Continuous cycle
**OIL MILL** YES
**LITRES PRODUCED** 6,000
**TABLE OLIVES** NO
**ACCOMODATIONS** YES
**RESTAURANT** NO

**OIL MAKER.** The 20-hectare property managed by Vittoria Iraci Borgia includes an 18th-century villa (with adjoining oil mill) and an olive grove with 7,500 trees. In her lovely rural guest house there are various apartments available for rent and a holiday home.

## DOP UMBRIA COLLI MARTANI

CULTIVAR: MORAIOLO, FRANTOIO, ALTRE
FRUTTATO/FRUITY: 7 • AMARO/BITTER: 5 • PICCANTE/SPICY: 6
FASCIA PREZZO/PRICE RANGE: 2

**PROFILO AROMATICO.**
Carciofo, erbe aromatiche, mela, pepe. Maturo, persistente.

**AROMATIC PROFILE.**
Artichoke, aromatic herbs, apple, pepper. Ripe, persistent.

# Moretti Omero

**Giano dell'Umbria (PG) | via San Sabino, 19 |**
**tel. 0742 90426 | morettiomero.it**

**OLIVETO PROPRIO** SÌ
**CULTIVAR** Pendolino, Moraiolo, Leccino, San Felice, Frantoio
**COLTIVAZIONE** Biologica
**RACCOLTA** Manuale
**ESTRAZIONE** Ciclo continuo
**FRANTOIO** SÌ
**LITRI PRODOTTI** 6.500
**OLIVE DA MENSA** NO
**OSPITALITÀ** NO
**RISTORAZIONE** NO

**AZIENDA.** Omero Moretti, con la nuova generazione della famiglia (tutta al femminile) ormai stabilmente operativa in azienda, è uno dei protagonisti indiscussi dell'agricoltura umbra. Coltiva in biologico le sue vigne e i suoi circa 5.000 olivi.

**OLIVE GROVE** YES
**CULTIVAR** Pendolino, Moraiolo, Leccino, San Felice, Frantoio
**GROWING METHOD** Organic
**HARVEST METHOD** Manual
**EXTRACTION METHOD** Continuous cycle
**OIL MILL** YES
**LITRES PRODUCED** 6,500
**TABLE OLIVES** NO
**ACCOMODATIONS** NO
**RESTAURANT** NO

**OIL MAKER.** Omero Moretti and the latest generation of family, by now a permanent fixture on the estate, lead one of Umbria's most prominent producers. Together they cultivate vineyards and some 5,000 olive trees, all organic.

## CAMPOMILLENARIO BIO

**CULTIVAR: SAN FELICE, MORAIOLO**
**FRUTTATO/FRUITY: 6 • AMARO/BITTER: 5 • PICCANTE/SPICY: 6**
**FASCIA PREZZO/PRICE RANGE: 3**

**PROFILO AROMATICO.**
Erba, erbe aromatiche, fiori, mela, pinolo. Verde.

**AROMATIC PROFILE.**
Grass, aromatic herbs, flowers, apple, pine nut. Green.

## OLIO EXTRAVERGINE DI OLIVA BIO

**CULTIVAR: SAN FELICE, FRANTOIO, LECCINO, MORAIOLO**
**FRUTTATO/FRUITY: 5 • AMARO/BITTER: 5 • PICCANTE/SPICY: 5**
**FASCIA PREZZO/PRICE RANGE: 2**

**PROFILO AROMATICO.**
Carciofo, cardo, erba, mandorla. Maturo.

**AROMATIC PROFILE.**
Artichoke, cardoon, grass, almond. Ripe.

# Antico Frantoio Nunzi

Bevagna (PG) | via del Molino, 3 | fraz. Cantalupo |
tel. 0742 360381 | anticofrantoionunzi.it

**OLIVETO PROPRIO** SÌ
**CULTIVAR** Frantoio, Leccino, Moraiolo, Leccio del Corno
**COLTIVAZIONE** Tradizionale
**RACCOLTA** Meccanica
**ESTRAZIONE** Ciclo continuo
**FRANTOIO** SÌ
**LITRI PRODOTTI** 4.000
**OLIVE DA MENSA** NO
**OSPITALITÀ** NO
**RISTORAZIONE** SÌ

**AZIENDA.** In questa zona non lontana dalla splendida Bevagna, in una delle terre umbre più belle e vocate per l'agricoltura di qualità, si trova questo frantoio risalente al 1860. L'attività comprende la cura dell'oliveto di 800 alberi e, oltre all'extravergine, la produzione di lenticchie e ceci.

**OLIVE GROVE** YES
**CULTIVAR** Frantoio, Leccino, Moraiolo, Leccio del Corno
**GROWING METHOD** Traditional
**HARVEST METHOD** Mechanical
**EXTRACTION METHOD** Continuous cycle
**OIL MILL** YES
**LITRES PRODUCED** 4,000
**TABLE OLIVES** NO
**ACCOMODATIONS** NO
**RESTAURANT** YES

**OIL MAKER.** Founded in 1860 near the splendid town of Bevagna, Antico Frantoio Nunzi operates in a beautiful area — one of the region's most renowned for quality agriculture. Their extra virgin is pressed from the drupes of 800 olive trees. Lentils and chickpeas are also produced.

## MONOCULTIVAR LECCIO DEL CORNO

CULTIVAR: LECCIO DEL CORNO
FRUTTATO/FRUITY: 5 · AMARO/BITTER: 4 · PICCANTE/SPICY: 5
FASCIA PREZZO/PRICE RANGE: 3

**PROFILO AROMATICO.**
Carciofo, cardo, mela, mandorla. Verde.

**AROMATIC PROFILE.**
Artichoke, cardoon, apple, almond. Green.

# Pelagrilli

**Monteleone d'Orvieto (TR) | voc. Brecciarello, 3a |**
**tel. 0763 835097 | pelagrilli.it**

**OLIVETO PROPRIO** SÌ
**CULTIVAR** Frantoio, Moraiolo, Leccino
**COLTIVAZIONE** Tradizionale / Biologica
**RACCOLTA** Manuale
**ESTRAZIONE** Ciclo continuo
**FRANTOIO** SÌ
**LITRI PRODOTTI** 10.000
**OLIVE DA MENSA** NO
**OSPITALITÀ** NO
**RISTORAZIONE** NO

**AZIENDA.** Gestione familiare e appassionata quella di Renzo Pelagrilli, che segue amorevolmente l'impianto e i suoi 22 ettari di oliveto in biologico con circa 5.000 piante. Nello shop aziendale, oltre agli oli, si possono acquistare prodotti tipici come zafferano, pasta, conserve.

**OLIVE GROVE** YES
**CULTIVAR** Frantoio, Moraiolo, Leccino
**GROWING METHOD** Traditional + organic
**HARVEST METHOD** Manual
**EXTRACTION METHOD** Continuous cycle
**OIL MILL** YES
**LITRES PRODUCED** 10,000
**TABLE OLIVES** NO
**ACCOMODATIONS** NO
**RESTAURANT** NO

**OIL MAKER.** Renzo Pelagrilli lovingly tends to his 22 hectares of organic olive groves (about 5,000 trees), a family operation managed with passionate commitment. At their shop, in addition to oils, you can buy traditional products like saffron, pasta and preserves.

## DOP UMBRIA COLLI ORVIETANI

**CULTIVAR: LECCINO, FRANTOIO, MORAIOLO, ALTRE**
**FRUTTATO/FRUITY: 5 • AMARO/BITTER: 5 • PICCANTE/SPICY: 5**
**FASCIA PREZZO/PRICE RANGE: 5**

**PROFILO AROMATICO.**
Carciofo, mela, mandorla, pepe. Verde.

**AROMATIC PROFILE.**
Artichoke, apple, almond, pepper. Green.

# Coop. Oleificio Pozzuolese

**Castiglione del Lago (PG) | via Croce, 3 | fraz. Pozzuolo |**
**tel. 075 959151 | cooperativaoleificiopozzuolese.it**

**OLIVETO PROPRIO** SÌ
**CULTIVAR** Leccino, Dolce Agogia, Frantoio, Moraiolo
**COLTIVAZIONE** Tradizionale
**RACCOLTA** Manuale
**ESTRAZIONE** Ciclo continuo
**FRANTOIO** SÌ
**LITRI PRODOTTI** 50.000
**OLIVE DA MENSA** NO
**OSPITALITÀ** NO
**RISTORAZIONE** NO

**AZIENDA.** Cooperativa in attività da svariati decenni che raggruppa gran parte degli operatori locali, e che nel tempo ha modernizzato gli impianti investendo sempre più sulla qualità dell'extravergine. Oggi conta 254 soci e acquista 200 quintali di olive. Sui 0,3 ettari sono coltivate 54 piante. Esporta anche negli Stati Uniti.

**OLIVE GROVE** YES
**CULTIVAR** Leccino, Dolce Agogia, Frantoio, Moraiolo
**GROWING METHOD** Traditional
**HARVEST METHOD** Manual
**EXTRACTION METHOD** Continuous cycle
**OIL MILL** YES
**LITRES PRODUCED** 50,000
**TABLE OLIVES** NO
**ACCOMODATIONS** NO
**RESTAURANT** NO

**OIL MAKER.** A cooperative producer active for several decades, Coop. Oleificio Pozzuolese brings together the area's local growers. Over time the area cultivated has been modernized, and investments have been made in the name of quality. Today the coop draws on 254 members and purchases 20,000 kilos of olives. 54 trees occupy 0.3 hectares. The producer also exports to the U.S.

## MONOCULTIVAR DOLCE AGOGIA

**CULTIVAR: DOLCE AGOGIA**
**FRUTTATO/FRUITY: 3 · AMARO/BITTER: 3 · PICCANTE/SPICY: 4**
**FASCIA PREZZO/PRICE RANGE: 3**

**PROFILO AROMATICO.**
Carciofo, fiori, mela. Maturo.

**AROMATIC PROFILE.**
Artichoke, flowers, apple. Ripe.

# Alessandro Ricci

**Montecchio (TR) | via della Variante, 2 |**
**tel. 0744 951539 | olioricci.it**

**OLIVETO PROPRIO** SÌ
**CULTIVAR** Moraiolo, Leccino, Frantoio
**COLTIVAZIONE** Tradizionale
**RACCOLTA** Meccanica
**ESTRAZIONE** Ciclo continuo
**FRANTOIO** SÌ
**LITRI PRODOTTI** 15.000
**OLIVE DA MENSA** NO
**OSPITALITÀ** NO
**RISTORAZIONE** SÌ

**AZIENDA.** La famiglia Ricci si dedica all'olivicoltura su questi terreni già dalla metà dell'Ottocento e ancora oggi può contare su solide basi familiari nella gestione dell'azienda. Oggi la proprietà comprende 7.500 olivi che poggiano su terreni chiamati con i toponimi dei diversi luoghi in cui si trovano, per un totale di 25 ettari.

**OLIVE GROVE** YES
**CULTIVAR** Moraiolo, Leccino, Frantoio
**GROWING METHOD** Traditional
**HARVEST METHOD** Mechanical
**EXTRACTION METHOD** Continuous cycle
**OIL MILL** YES
**LITRES PRODUCED** 15,000
**TABLE OLIVES** NO
**ACCOMODATIONS** NO
**RESTAURANT** YES

**OIL MAKER.** The Riccis have been growing olives here since the mid-19th century. Today they still uphold a management approach rooted in a solid family foundation. 7,500 olive trees (25 hectares) occupy plots named after the various growing districts.

## RIANO

**CULTIVAR: FRANTOIO, MORAIOLO**
**FRUTTATO/FRUITY: 6 • AMARO/BITTER: 6 • PICCANTE/SPICY: 6**
**FASCIA PREZZO/PRICE RANGE: 4**

**PROFILO AROMATICO.**
Carciofo, rucola, erba, pepe. Verde, persistente.

**AROMATIC PROFILE.**
Artichoke, arugula, grass, pepper. Green, persistent.

## MONOCULTIVAR FRANTOIO

**CULTIVAR: FRANTOIO**
**FRUTTATO/FRUITY: 6 • AMARO/BITTER: 5 • PICCANTE/SPICY: 6**
**FASCIA PREZZO/PRICE RANGE: 4**

**PROFILO AROMATICO.**
Carciofo, mandorla, noce. Verde, persistente.

**AROMATIC PROFILE.**
Artichoke, almond, walnut. Green, persistent.

## MONOCULTIVAR MORAIOLO

**CULTIVAR: MORAIOLO**
**FRUTTATO/FRUITY: 5 • AMARO/BITTER: 5 • PICCANTE/SPICY: 5**
**FASCIA PREZZO/PRICE RANGE: 4**

**PROFILO AROMATICO.**
Carciofo, mela, erba. Maturo, persistente.

**AROMATIC PROFILE.**
Artichoke, apple, grass. Ripe, persistent.

# Cantina Semonte

Gubbio (PG) | loc. Semonte |
tel. 339 2310462 | vinisemonte.com

**OLIVETO PROPRIO** SÌ
**CULTIVAR** Frantoio, Leccino, Moraiolo
**COLTIVAZIONE** Tradizionale
**RACCOLTA** Manuale
**ESTRAZIONE** Tradizionale
**FRANTOIO** NO
**LITRI PRODOTTI** 1.200
**OLIVE DA MENSA** NO
**OSPITALITÀ** NO
**RISTORAZIONE** SÌ

**AZIENDA.** Una bella realtà nata nel 2010 e oggi gestita con passione dal giovane Giovanni Colaiacovo che, dopo gli studi in economia, ha deciso di prendere le redini dell'azienda avviata dai genitori Ubaldo e Carmela. Qui si producono vini e olio dai 1.300 olivi di varietà tipiche della zona, sulle colline appena fuori dalla cittadina. Al ristorante Il Custode pietanze tipiche locali.

**OLIVE GROVE** YES
**CULTIVAR** Frantoio, Leccino, Moraiolo
**GROWING METHOD** Traditional
**HARVEST METHOD** Manual
**EXTRACTION METHOD** Traditional
**OIL MILL** NO
**LITRES PRODUCED** 1,200
**TABLE OLIVES** NO
**ACCOMODATIONS** NO
**RESTAURANT** YES

**OIL MAKER.** Founded in 2010, today this lovely estate is managed with passionate commitment by young Giovanni Colaiacovo, who decided to take over the reins of the business started by his parents, Ubaldo and Carmela, after finishing his studies in economics. Here they make wine, but also EVOO, drawing on 1,300 olive trees (local cultivars) on the hills just outside town. At Il Custode, guests can enjoy traditional local dishes.

## ZANGOLO

**CULTIVAR: MORAIOLO, LECCINO, FRANTOIO**
**FRUTTATO/FRUITY: 6 · AMARO/BITTER: 6 · PICCANTE/SPICY: 6**
**FASCIA PREZZO/PRICE RANGE: 4**

**PROFILO AROMATICO.**
Carciofo, mandorla, noce, pepe, balsamico. Verde, persistente.

**AROMATIC PROFILE.**
Artichoke, almond, walnut, pepper, balsamic. Green, persistent.

# Frantoio Speranza

**Giano dell'Umbria (PG) | via Caldarello, 21 |**
**tel. 0742 90364 | frantoiosperanza.com**

**OLIVETO PROPRIO** SÌ
**CULTIVAR** San Felice, Moraiolo, Frantoio, Leccino
**COLTIVAZIONE** Tradizionale
**RACCOLTA** Meccanica
**ESTRAZIONE** Ciclo continuo
**FRANTOIO** SÌ
**LITRI PRODOTTI** 8.000
**OLIVE DA MENSA** NO
**OSPITALITÀ** NO
**RISTORAZIONE** NO

**AZIENDA.** Una realtà a conduzione familiare con oltre quarant'anni di storia alle spalle, dove si è sempre lavorato nel rispetto del territorio. Oggi la produzione si avvale di tecniche moderne sulla base delle procedure tradizionali. 1.500 le piante (alcune millenarie), cui si aggiungono 200 quintali di olive acquistate. Visite su appuntamento.

**OLIVE GROVE** YES
**CULTIVAR** San Felice, Moraiolo, Frantoio, Leccino
**GROWING METHOD** Traditional
**HARVEST METHOD** Mechanical
**EXTRACTION METHOD** Continuous cycle
**OIL MILL** YES
**LITRES PRODUCED** 8,000
**TABLE OLIVES** NO
**ACCOMODATIONS** NO
**RESTAURANT** NO

**OIL MAKER.** A family-run outfit with over 40 years of experience in the sector, at Frantoio Speranza the production of olive oil is carried out with respect for the territory, making use of modern techniques based on traditional oil-making methods. The drupes of their 1,500 trees (some of which go back a millennium or more) combine with 20,000 kilos of purchased olives. The property can be visited (by appointment).

## VERDORO MONOCULTIVAR FRANTOIO

**CULTIVAR: FRANTOIO**
**FRUTTATO/FRUITY: 7 • AMARO/BITTER: 7 • PICCANTE/SPICY: 7**
**FASCIA PREZZO/PRICE RANGE: 3**

**PROFILO AROMATICO.**
Carciofo, cardo, erba, mandorla, balsamico. Verde, persistente.

**AROMATIC PROFILE.**
Artichoke, cardoon, grass, almond, balsamico. Green, persistent.

## ORO MONOCULTIVAR SAN FELICE

**CULTIVAR: SAN FELICE**
**FRUTTATO/FRUITY: 6 • AMARO/BITTER: 4 • PICCANTE/SPICY: 4**
**FASCIA PREZZO/PRICE RANGE: 3**

**PROFILO AROMATICO.**
Rucola, mela, finocchio, mandorla. Maturo.

**AROMATIC PROFILE.**
Arugula, apple, fennel, almond. Ripe.

# Trevi Il Frantoio

**Trevi (PG) | via Bastia, 1 | fraz. Matigge |**
**tel. 0742 391631 | olioflaminio.it**

**OLIVETO PROPRIO** SÌ
**CULTIVAR** Leccino, Frantoio, Moraiolo
**COLTIVAZIONE** Tradizionale
**RACCOLTA** Meccanica
**ESTRAZIONE** Ciclo continuo
**FRANTOIO** SÌ
**LITRI PRODOTTI** 12.000
**OLIVE DA MENSA** NO
**OSPITALITÀ** NO
**RISTORAZIONE** NO

**AZIENDA.** Questa importante realtà vede la luce alla fine degli anni '60. Oggi il frantoio (grazie ai suoi 40 ettari di oliveto con 17mila piante) realizza alcuni degli oli più buoni della regione. L'azienda produce e commercializza anche aceto, pasta, legumi, cereali e oli aromatizzati.

**OLIVE GROVE** YES
**CULTIVAR** Leccino, Frantoio, Moraiolo
**GROWING METHOD** Traditional
**HARVEST METHOD** Mechanical
**EXTRACTION METHOD** Continuous cycle
**OIL MILL** YES
**LITRES PRODUCED** 12,000
**TABLE OLIVES** NO
**ACCOMODATIONS** NO
**RESTAURANT** NO

**OIL MAKER.** This notable producer got its start in the late 1960s. Thanks to its 40 hectares of olive groves (17,000 trees), Trevi Il Frantoio produces some of the best oils in the region today. Vinegar, pasta, pulses, grains and flavor-infused olive oils are also produced.

## OLIO FLAMINIO FRUTTATO

**CULTIVAR: MORAIOLO, FRANTOIO, LECCINO**
**FRUTTATO/FRUITY: 6 • AMARO/BITTER: 7 • PICCANTE/SPICY: 7**
**FASCIA PREZZO/PRICE RANGE: 3**

**PROFILO AROMATICO.**
Carciofo, alloro, mela, pepe. Verde, persistente.

**AROMATIC PROFILE.**
Artichoke, bay leaf, apple, pepper. Green, persistent.

# ★ Viola

**Foligno (PG) | via Borgo San Giovanni, 11b | fraz. Sant'Eraclio | tel. 0742 67515 | viola.it**

**OLIVETO PROPRIO** SÌ
**CULTIVAR** Leccino, Moraiolo, Frantoio
**COLTIVAZIONE** Tradizionale / Biologica
**RACCOLTA** Meccanica
**ESTRAZIONE** Ciclo continuo
**FRANTOIO** SÌ
**LITRI PRODOTTI** 30.000
**OLIVE DA MENSA** NO
**OSPITALITÀ** NO
**RISTORAZIONE** NO

**AZIENDA.** Tra i primi a capire l'importanza della ristorazione per l'extravergine, Marco Viola è un fuoriclasse. La proprietà, che si trova a pochi minuti dal centro di Foligno, conta circa 27mila olivi. Gli oli sono al vertice assoluto della realtà regionale. L'azienda produce anche legumi e cereali.

**OLIVE GROVE** YES
**CULTIVAR** Leccino, Moraiolo, Frantoio
**GROWING METHOD** Traditional + organic
**HARVEST METHOD** Mechanical
**EXTRACTION METHOD** Continuous cycle
**OIL MILL** YES
**LITRES PRODUCED** 30,000
**TABLE OLIVES** NO
**ACCOMODATIONS** NO
**RESTAURANT** NO

**OIL MAKER.** Marco Viola is a top-notch producer and one of the first to understand the importance of the restaurant business for extra virgin olive oil. Situated just a few minutes from the Foligno town center, his property hosts about 27,000 olive trees. Pulses and grains are also produced.

**MIGLIOR MONOCULTIVAR — BEST MONOVARIETAL**

## IL SINCERO MONOCULTIVAR MORAIOLO

**CULTIVAR: MORAIOLO**
**FRUTTATO/FRUITY: 7 • AMARO/BITTER: 6 • PICCANTE/SPICY: 7**
**FASCIA PREZZO/PRICE RANGE: 5**

**PROFILO AROMATICO.** Rucola, ortica, erba, pepe, balsamico. Verde, persistente.

**AROMATIC PROFILE.** Arugula, nettle, grass, pepper, balsamic. Green, persistent.

## COSTA DEL RIPARO BIO

**CULTIVAR: FRANTOIO, MORAIOLO**
**FRUTTATO/FRUITY: 7 • AMARO/BITTER: 7 • PICCANTE/SPICY: 7**
**FASCIA PREZZO/PRICE RANGE: 5**

**PROFILO AROMATICO.** Carciofo, rucola, erbe aromatiche, erba, noce, pepe, balsamico. Verde, persistente.

**AROMATIC PROFILE.** Artichoke, arugula, aromatic herbs, grass, walnut, pepper, balsamic. Green, persistent.

## COLLERUITA DOP UMBRIA COLLI ASSISI SPOLETO

**CULTIVAR: MORAIOLO, FRANTOIO, LECCINO**
**FRUTTATO/FRUITY: 7 • AMARO/BITTER: 6 • PICCANTE/SPICY: 6**
**FASCIA PREZZO/PRICE RANGE: 5**

**PROFILO AROMATICO.** Carciofo, rucola, ortica, erba, mandorla, pepe. Verde, persistente.

**AROMATIC PROFILE.** Artichoke, arugula, nettle, grass, almond, pepper. Green, persistent.

**CULTIVAR PRINCIPALI/MAIN VARIETIES**

Caninese, Carboncella, Itrana, Raja, Rosciola, Leccino, Frantoio, Maurino

**CULTIVAR MINORI/MINOR VARIETIES**

Core, Crogiolo, Marina, Montonese, Salviana

# LAZIO

**MANGIARE/EAT**

**Agriristorante Il Casaletto** • s.da Grottana, 9 • fraz. Grotte Santo Stefano Viterbo • tel. 0761 367077 • ilcasaletto.it

**Livello 1**
via Duccio di Buoninsegna, 25 • Roma • tel. 06 5033999 • ristorantelivello1.it

**Osteria di Maccarese** • via dei Pastori, 26a • Maccarese
tel. 06 30328324 • osteria-di-maccarese-borgo-san-giorgio.business.site

**La Piazzetta del Sole** • via XX Settembre, 129 • Farnese (VT)
tel. 0761 458606 • piazzettadelsole.com

**Ristorante degli Angeli** • loc. Madonna degli Angeli • Magliano Sabina (RI)
tel. 0744 91377 • ristorantedegliangeli.it

**Salvo Cravero Ristorante all'Olivo Country Club** • via Pantanetta snc
Bassano in Teverina (VT) • tel. 0761 407253 • salvocravero.com

**COMPRARE/SHOP**

**Buono - Bottega del Gusto** • via degli Orti della Farnesina, 205 • Roma
tel. 06 92939659 • buonofarnesina.it

**Eataly** • p.le XII Ottobre 1492 c/o Stazione Ostiense • Roma
tel. 06 90279201 • eataly.net

**Oliocentrica** • v.le Cesare Augusto, 40 • Latina
tel. 339 6657069 • oliocentrica.it

**Rinascente Food Market**
via del Tritone, 61 • Roma • tel. 02 91387388 • rinascente.it

**Salumeria Roscioli** • via dei Giubbonari, 21 • Roma
tel. 06 6875287 • salumeriaroscioli.com

**Sapord'Olio** • via Po, 84 • Roma • tel. 06 89270911 • sapordolio.com

**Trimani** • via Goito, 20 • Roma • tel. 06 4469661 • trimani.com

# Agamennone

Poggio San Lorenzo (RI) | loc. Rio Secco Sant'Antonio, 62 | tel. 334 7319704 | olioagamennone.it

**OLIVETO PROPRIO** SÌ
**CULTIVAR** Leccino, Carboncella
**COLTIVAZIONE** Biologica
**RACCOLTA** Manuale
**ESTRAZIONE** Ciclo continuo
**FRANTOIO** NO
**LITRI PRODOTTI** 3.500
**OLIVE DA MENSA** NO
**OSPITALITÀ** SÌ
**RISTORAZIONE** NO

**AZIENDA.** Nel cuore della Sabina, su un sito che già in epoca romana veniva utilizzato per attività agricole, dal 1600 la famiglia Agamennone si dedica alla coltivazione dell'olivo, oggi tutta in biologico: 32 ettari di cui 20 a oliveto con 2.100 piante. Produzione anche di miele, patè, creme, confetture di frutta.

**OLIVE GROVE** YES
**CULTIVAR** Leccino, Carboncella
**GROWING METHOD** Organic
**HARVEST METHOD** Manual
**EXTRACTION METHOD** Continuous cycle
**OIL MILL** NO
**LITRES PRODUCED** 3,500
**TABLE OLIVES** NO
**ACCOMODATIONS** YES
**RESTAURANT** NO

**OIL MAKER.** The Agamennone family have been cultivating olives here in the heart of Sabina since 1600, working a patch of land that's been used for agricultural purposes since ancient Roman times. Today their entirely organic, 32-hectare estate hosts 20 ha of olive groves (2,100 trees). They also produce honey, olive pâtés, purées and fruit jams.

## MONOCULTIVAR LECCINO BIO

**CULTIVAR: LECCINO**
**FRUTTATO/FRUITY: 5 • AMARO/BITTER: 5 • PICCANTE/SPICY: 5**
**FASCIA PREZZO/PRICE RANGE: 4**

**PROFILO AROMATICO.** Carciofo, mela, mandorla. Maturo.

**AROMATIC PROFILE.** Artichoke, apple, almond. Ripe.

# Agresti 1902

Itri (LT) | c.da Bucefalo, 23 |
tel. 348 0832726 | agresti1902.it

**OLIVETO PROPRIO** SÌ
**CULTIVAR** Itrana
**COLTIVAZIONE** Biologica
**RACCOLTA** Manuale
**ESTRAZIONE** Ciclo continuo
**FRANTOIO** NO
**LITRI PRODOTTI** 20.000
**OLIVE DA MENSA** NO
**OSPITALITÀ** NO
**RISTORAZIONE** NO

**AZIENDA.** Quattro ettari di oliveto con circa 2.000 piante di sola varietà Itrana: è questo il prezioso patrimonio di Agresti 1902, bella realtà nel cuore di una delle zone più vocate della regione.

**OLIVE GROVE** YES
**CULTIVAR** Itrana
**GROWING METHOD** Organic
**HARVEST METHOD** Manual
**EXTRACTION METHOD** Continuous cycle
**OIL MILL** NO
**LITRES PRODUCED** 20,000
**TABLE OLIVES** NO
**ACCOMODATIONS** NO
**RESTAURANT** NO

**OIL MAKER.** Four hectares of olive groves and 2,000 Itrana olive trees: this is the cherished estate cultivated by Agresti 1902, a successful producer based in the heart of one of the region's best areas for olive growing.

## DOP COLLINE PONTINE MONOCULTIVAR ITRANA BIO

**CULTIVAR: ITRANA**
**FRUTTATO/FRUITY: 7 • AMARO/BITTER: 3 • PICCANTE/SPICY: 4**
**FASCIA PREZZO/PRICE RANGE: 5**

**PROFILO AROMATICO.**
Pomodoro, erbe aromatiche, mela. Verde.

**AROMATIC PROFILE.**
Tomato, aromatic herbs, apple. Green.

## 501 ALTITUDO MONOCULTIVAR ITRANA BIO

**CULTIVAR: ITRANA**
**FRUTTATO/FRUITY: 6 • AMARO/BITTER: 4 • PICCANTE/SPICY: 4**
**FASCIA PREZZO/PRICE RANGE: 5**

**PROFILO AROMATICO.**
Pomodoro, erbe aromatiche, mela, banana. Maturo, persistente.

**AROMATIC PROFILE.**
Tomato, aromatic herbs, apple, banana. Ripe, persistent.

# Antiche Terre Pacella

**Sgurgola (FR) | via Monti Lepini, 14 |**
**tel. 392 7358442 | anticheterrepacella.com**

**OLIVETO PROPRIO** SÌ
**CULTIVAR** Frantoio, Rosciola, Moraiolo, Itrana, Leccino, Picholine
**COLTIVAZIONE** Tradizionale
**RACCOLTA** Manuale
**ESTRAZIONE** Ciclo continuo
**FRANTOIO** NO
**LITRI PRODOTTI** 10.000
**OLIVE DA MENSA** NO
**OSPITALITÀ** NO
**RISTORAZIONE** NO

**AZIENDA.** La proprietà di Mario Pacella si estende su ripide colline affacciate sulla valle del Sacco, a 500 metri di quota. Gli oltre 2 ettari di uliveti si articolano su terreni rocciosi di origine vulcanica e ospitano circa 600 piante, prevalentemente di Itrana.

**OLIVE GROVE** YES
**CULTIVAR** Frantoio, Rosciola, Moraiolo, Itrana, Leccino, Picholine
**GROWING METHOD** Traditional
**HARVEST METHOD** Manual
**EXTRACTION METHOD** Continuous cycle
**OIL MILL** NO
**LITRES PRODUCED** 10,000
**TABLE OLIVES** NO
**ACCOMODATIONS** NO
**RESTAURANT** NO

**OIL MAKER.** Mario Pacella's estate unfolds across the steep hills overlooking the Sacco valley, at 500 metres elevation. His 2-plus hectares of olive groves, which occupy the rocky, volcanic terrain here, host about 600 olive trees (mainly Itrana).

## OLIO EXTRAVERGINE DI OLIVA

**CULTIVAR: ITRANA, FRANTOIO, MORAIOLO, PICHOLINE**
**FRUTTATO/FRUITY: 5 • AMARO/BITTER: 5 • PICCANTE/SPICY: 5**
**FASCIA PREZZO/PRICE RANGE: 4**

**PROFILO AROMATICO.**
Pomodoro, mela, scorza di limone, pepe. Maturo, persistente.

**AROMATIC PROFILE.**
Tomato, apple, lemon zest, pepper. Ripe, persistent.

# Antolio

**Palombara Sabina (RM) | via Maremmana Inferiore, km 19 |**
**tel. 348 3960713 | antolio.eu**

**OLIVETO PROPRIO** SÌ
**CULTIVAR** Itrana, Frantoio, Leccino
**COLTIVAZIONE** Biologica
**RACCOLTA** Manuale
**ESTRAZIONE** Ciclo continuo
**FRANTOIO** NO
**LITRI PRODOTTI** 1.000
**OLIVE DA MENSA** NO
**OSPITALITÀ** NO
**RISTORAZIONE** NO

**AZIENDA.** Antonella Pompili ha qui, in Sabina, le sue radici, qui ha trascorso l'infanzia con i nonni Ida e Gigi i quali avevano ereditato la terra dal loro nonno, Memmo, che l'aveva acquisita a metà '800. E qui è tornata per accudire le sue 2.500 piante che vivono su 10 ettari coltivati in biologico. Antonella produce anche ciliegie.

**OLIVE GROVE** YES
**CULTIVAR** Itrana, Frantoio, Leccino
**GROWING METHOD** Organic
**HARVEST METHOD** Manual
**EXTRACTION METHOD** Continuous cycle
**OIL MILL** NO
**LITRES PRODUCED** 1,000
**TABLE OLIVES** NO
**ACCOMODATIONS** NO
**RESTAURANT** NO

**OIL MAKER.** Antonella Pompili has her roots here, in Sabina. She spent her childhood with her grandparents Ida and Gigi on a piece of land purchased by their own grandfather in the mid-19th century. And here she returned to look after 2,500 trees on 10 hectares of organically cultivated terrain. Antonella also produces cherries.

## INCANTO MONOCULTIVAR ITRANA BIO

**CULTIVAR: ITRANA**
**FRUTTATO/FRUITY: 4 · AMARO/BITTER: 4 · PICCANTE/SPICY: 4**
**FASCIA PREZZO/PRICE RANGE: 5**

**PROFILO AROMATICO.**
Pomodoro, fiori, tè verde, mela. Maturo.

**AROMATIC PROFILE.**
Tomato, flowers, green tea, apple. Ripe.

# Apis Organic

**Viterbo | s.da Campo Perello, 83 |**
**tel. 334 9737764 | apisorganic.com**

**OLIVETO PROPRIO** SÌ
**CULTIVAR** Caninese
**COLTIVAZIONE** Biologica
**RACCOLTA** Meccanica
**ESTRAZIONE** Ciclo continuo
**FRANTOIO** SÌ
**LITRI PRODOTTI** 1.000
**OLIVE DA MENSA** NO
**OSPITALITÀ** NO
**RISTORAZIONE** NO

**AZIENDA.** Dopo sei anni di lavori e ricerche, Gaia Garbarini Islas ha reso pienamente operativa la sua piccola oasi naturale. Ha recuperato terreni incolti, ha costruito la sua "bio-officina" in paglia e legno, ha cominciato a etichettare il suo olio che viene dagli olivi piantati su circa 3 ettari. Produce anche ottimo miele.

**OLIVE GROVE** YES
**CULTIVAR** Caninese
**GROWING METHOD** Organic
**HARVEST METHOD** Mechanical
**EXTRACTION METHOD** Continuous cycle
**OIL MILL** YES
**LITRES PRODUCED** 1,000
**TABLE OLIVES** NO
**ACCOMODATIONS** NO
**RESTAURANT** NO

**OIL MAKER.** After 6 years of work and research, Gaia Garbarini Islas has developed her small natural oasis into a fully functioning farm. She revived the uncultivated land here, built an "organic workshop" out of straw and wood, and began to sell her oil, which is pressed from olives cultivated on 3 hectares. Excellent honey is also produced.

## FANUM ORIGINI DOP TUSCIA MONOCULTIVAR CANINESE BIO

**CULTIVAR: CANINESE**
**FRUTTATO/FRUITY: 5 • AMARO/BITTER: 4 • PICCANTE/SPICY: 4**
**FASCIA PREZZO/PRICE RANGE: 4**

**PROFILO AROMATICO.**
Carciofo, cardo, mela, mandorla, pepe. Verde.

**AROMATIC PROFILE.**
Artichoke, cardoon, apple, almond, pepper. Green.

# La Fattoria Barbini

**Viterbo | s.da Freddano, 3 |**
**tel. 338 3472547 | lafattoriabarbini.it**

**OLIVETO PROPRIO** SÌ
**CULTIVAR** Caninese, Frantoio, Moraiolo, Leccio del Corno, Leccino
**COLTIVAZIONE** Biologica
**RACCOLTA** Manuale / Meccanica
**ESTRAZIONE** Ciclo continuo
**FRANTOIO** NO
**LITRI PRODOTTI** 1.000
**OLIVE DA MENSA** NO
**OSPITALITÀ** SÌ
**RISTORAZIONE** NO

**AZIENDA.** Bella e godibile realtà quella di Elisa Barbini, che offre anche due camere in azienda, immerse nel verde alle porte della cittadina medievale e a ridosso di una delle più belle tagliate etrusche della zona. Oltre due ettari con un oliveto storico e uno di nuovo impianto, Elisa coltiva tutto in biologico e produce anche miele.

**OLIVE GROVE** YES
**CULTIVAR** Caninese, Frantoio, Moraiolo, Leccio del Corno, Leccino
**GROWING METHOD** Organic
**HARVEST METHOD** Manual + mechanical
**EXTRACTION METHOD** Continuous cycle
**OIL MILL** NO
**LITRES PRODUCED** 1,000
**TABLE OLIVES** NO
**ACCOMODATIONS** YES
**RESTAURANT** NO

**OIL MAKER.** Elisa Barbini's lovely and appealing farm includes two rooms surrounded by greenery, all at the gates of the medieval town center and near one of the area's most beautiful, Etruscan rock-cut roads. 2-plus hectares host an old olive grove and a new one. Everything is cultivated organically. Honey is also produced.

## LISINA MONOCULTIVAR FRANTOIO BIO

**CULTIVAR: FRANTOIO**
**FRUTTATO/FRUITY: 6 • AMARO/BITTER: 6 • PICCANTE/SPICY: 6**
**FASCIA PREZZO/PRICE RANGE: 2**

**PROFILO AROMATICO.**
Carciofo, cardo, erba, mandorla, pepe. Verde, persistente.

**AROMATIC PROFILE.**
Artichoke, cardoon, grass, almond, pepper. Green, persistent.

# Frantoio Battaglini

Bolsena (VT) | via Cassia km 111,700 |
tel. 347 6012932 | frantoiobattaglini.com

**OLIVETO PROPRIO** SÌ
**CULTIVAR** Leccino, Moraiolo, Caninese, Frantoio
**COLTIVAZIONE** Biologica
**RACCOLTA** Manuale / Meccanica
**ESTRAZIONE** Ciclo continuo
**FRANTOIO** SÌ
**LITRI PRODOTTI** 20.000
**OLIVE DA MENSA** NO
**OSPITALITÀ** SÌ
**RISTORAZIONE** NO

**AZIENDA.** Quella dei fratelli Andrea e Stefano Battaglini, attiva dal 1935, è una delle realtà più importanti sul bacino vulcanico del lago di Bolsena. Sono 4.000 le piante distribuite su 12 ettari di terreno. Il loro frantoio lavora anche olive di zona selezionate con cura.

**OLIVE GROVE** YES
**CULTIVAR** Leccino, Moraiolo, Caninese, Frantoio
**GROWING METHOD** Organic
**HARVEST METHOD** Manual + mechanical
**EXTRACTION METHOD** Continuous cycle
**OIL MILL** YES
**LITRES PRODUCED** 20,000
**TABLE OLIVES** NO
**ACCOMODATIONS** YES
**RESTAURANT** NO

**OIL MAKER.** Active since 1935, Andrea and Stefano Battaglini's oil mill is one of the most important on the volcanic basin of Lake Bolsena. Their 4,000 trees occupy 12 hectares of land. The mill also presses carefully selected, local olives.

## IGP ROMA

**CULTIVAR: FRANTOIO, LECCINO**
**FRUTTATO/FRUITY: 6 • AMARO/BITTER: 5 • PICCANTE/SPICY: 6**
**FASCIA PREZZO/PRICE RANGE: 3**

**PROFILO AROMATICO.** Carciofo, rucola, erba, mandorla, pepe, balsamico. Verde, persistente.

**AROMATIC PROFILE.** Artichoke, arugula, grass, almond, pepper. balsamic. Green, persistent.

## FRANTOIO ANTICA TUSCIA BIO

**CULTIVAR: FRANTOIO, CANINESE, LECCINO**
**FRUTTATO/FRUITY: 6 • AMARO/BITTER: 6 • PICCANTE/SPICY: 6**
**FASCIA PREZZO/PRICE RANGE: 2**

**PROFILO AROMATICO.** Carciofo, rucola, mela, erba, mandorla. Verde, persistente.

**AROMATIC PROFILE.** Artichoke, arugula, apple, grass, almond. Green, persistent.

## DOP TUSCIA

**CULTIVAR: CANINESE, MORAIOLO, FRANTOIO**
**FRUTTATO/FRUITY: 5 • AMARO/BITTER: 5 • PICCANTE/SPICY: 5**
**FASCIA PREZZO/PRICE RANGE: 3**

**PROFILO AROMATICO.** Carciofo, mela, erba. Verde.

**AROMATIC PROFILE.** Artichoke, apple, grass. Green.

# Bianchini

**Tuscania (VT) | s.da Martana km 1,5 |**
**tel. 339 4569570 | aziendagricolabianchini.com**

**OLIVETO PROPRIO** SÌ
**CULTIVAR** Caninese, Nocellara Etnea, Sinopolese
**COLTIVAZIONE** Tradizionale
**RACCOLTA** Meccanica
**ESTRAZIONE** Ciclo continuo
**FRANTOIO** NO
**LITRI PRODOTTI** 10.000
**OLIVE DA MENSA** NO
**OSPITALITÀ** NO
**RISTORAZIONE** NO

**AZIENDA.** La famiglia Bianchini ha a che fare con le olive e l'olio dal 1930, con terreni tra Sicilia, Calabria e Tuscania dove il nonno di Rosa - che oggi segue l'azienda col marito Giorgio, entrambi ingegneri - si è innamorato della Caninese. I due giovani si applicano all'agricoltura con la metodica IOT monitorando tutto in digitale e puntando a un modello di economia circolare.

**OLIVE GROVE** YES
**CULTIVAR** Caninese, Nocellara Etnea, Sinopolese
**GROWING METHOD** Traditional
**HARVEST METHOD** Mechanical
**EXTRACTION METHOD** Continuous cycle
**OIL MILL** NO
**LITRES PRODUCED** 10,000
**TABLE OLIVES** NO
**ACCOMODATIONS** NO
**RESTAURANT** NO

**OIL MAKER.** The Bianchini family have been growing olives and producing oil since 1930, drawing on properties in Sicily, Calabria and Tuscania, where Rosa's grandfather (who now runs the business with her husband, Giorgio, both engineers) fell in love with the Caninese cultivar. The two young farmers apply the IOT method, monitoring everything digitally and aiming for a circular economy model.

## MONOCULTIVAR SINOPOLESE

**CULTIVAR: SINOPOLESE**
**FRUTTATO/FRUITY: 4 • AMARO/BITTER: 3 • PICCANTE/SPICY: 4**
**FASCIA PREZZO/PRICE RANGE: 3**

**PROFILO AROMATICO.** Songino, lattuga, mela, mandorla. Verde.

**AROMATIC PROFILE.** Lamb's lettuce, lettuce, apple, almond. Green.

## MONOCULTIVAR NOCELLARA ETNEA

**CULTIVAR: NOCELLARA ETNEA**
**FRUTTATO/FRUITY: 4 • AMARO/BITTER: 3 • PICCANTE/SPICY: 4**
**FASCIA PREZZO/PRICE RANGE: 4**

**PROFILO AROMATICO.** Pomodoro, mela, pepe. Maturo.

**AROMATIC PROFILE.** Tomato, apple, pepper. Ripe.

# Cappelli

**Montelibretti (RM) | c.so Umberto I, 67 |**
**tel. 333 2193807 | aziendacappelli.it**

**OLIVETO PROPRIO** SÌ
**CULTIVAR** Leccino, Frantoio, Carboncella, Pendolino, Moraiolo, Rosciola, Salviana
**COLTIVAZIONE** Tradizionale
**RACCOLTA** Manuale
**ESTRAZIONE** Ciclo continuo
**FRANTOIO** NO
**LITRI PRODOTTI** 7.000
**OLIVE DA MENSA** NO
**OSPITALITÀ** NO
**RISTORAZIONE** NO

**AZIENDA.** La giovane Giulia Cappelli gestisce con passione la tenuta, di proprietà della sua famiglia da tre generazioni. I 20 ettari di oliveti contano oltre 2.000 piante sulle colline che costeggiano la valle del Tevere. Produce anche confetture e crema di nocciole.

**OLIVE GROVE** YES
**CULTIVAR** Leccino, Frantoio, Carboncella, Pendolino, Moraiolo, Rosciola, Salviana
**GROWING METHOD** Traditional
**HARVEST METHOD** Manual
**EXTRACTION METHOD** Continuous cycle
**OIL MILL** NO
**LITRES PRODUCED** 7,000
**TABLE OLIVES** NO
**ACCOMODATIONS** NO
**RESTAURANT** NO

**OIL MAKER.** Young Giulia Cappelli brings a passionate commitment her work, overseeing the estate that's been in her family for 3 generations. Her 20 hectares of olive groves grow on the hills along the Tiber River Valley. Jams and hazelnut cream are also produced.

## MONOCULTIVAR LECCINO

**CULTIVAR: LECCINO**
**FRUTTATO/FRUITY: 5 • AMARO/BITTER: 4 • PICCANTE/SPICY: 5**
**FASCIA PREZZO/PRICE RANGE: 4**

**PROFILO AROMATICO.**
Cardo, lattuga, mela, mandorla. Verde.

**AROMATIC PROFILE.**
Cardoon, lettuce, apple, almond. Green.

## MONOCULTIVAR FRANTOIO

**CULTIVAR: FRANTOIO**
**FRUTTATO/FRUITY: 6 • AMARO/BITTER: 6 • PICCANTE/SPICY: 6**
**FASCIA PREZZO/PRICE RANGE: 5**

**PROFILO AROMATICO.**
Carciofo, rucola, erba, mandorla. Verde, persistente.

**AROMATIC PROFILE.**
Artichoke, arugula, grass, almond. Green, persistent.

## MONOCULTIVAR CARBONCELLA

**CULTIVAR: CARBONCELLA**
**FRUTTATO/FRUITY: 5 • AMARO/BITTER: 5 • PICCANTE/SPICY: 5**
**FASCIA PREZZO/PRICE RANGE: 5**

**PROFILO AROMATICO.**
Fiori, mela, mandorla. Verde.

**AROMATIC PROFILE.**
Flowers, apple, almond. Green.

# Tenuta di Carma

**Bagnoregio (VT) | loc. Podere, 6 |**
**tel. 335 319264 | concarma.com**

**OLIVETO PROPRIO** SÌ
**CULTIVAR** Leccino, Moraiolo, Frantoio, Maurino
**COLTIVAZIONE** Biologica
**RACCOLTA** Manuale
**ESTRAZIONE** Ciclo continuo
**FRANTOIO** SÌ
**LITRI PRODOTTI** 7.000
**OLIVE DA MENSA** NO
**OSPITALITÀ** SÌ
**RISTORAZIONE** NO

**AZIENDA.** Di fronte ai calanchi su cui svetta la suggestiva rocca di Civita, si estende la proprietà di Giulio Figarolo di Groppello, Giovanni Bulgari, Gianluca Pizzo e Francesca Zanoni: 19 ettari di oliveto con 7.000 piante che si aggiungono alle altre gestite dai soci tra Lazio, Umbria e Toscana.

**OLIVE GROVE** YES
**CULTIVAR** Leccino, Moraiolo, Frantoio, Maurino
**GROWING METHOD** Organic
**HARVEST METHOD** Manual
**EXTRACTION METHOD** Continuous cycle
**OIL MILL** YES
**LITRES PRODUCED** 7,000
**TABLE OLIVES** NO
**ACCOMODATIONS** YES
**RESTAURANT** NO

**OIL MAKER.** The property cultivated by Giulio Figarolo di Groppello, Giovanni Bulgari, Gianluca Pizzo and Francesca Zanoni lies in front of the gullies on which the picturesque fortress of Civita stands: 19 hectares of groves (7,000 trees) combine with others managed by partners in Lazio, Umbria and Tuscany.

## FORMICA ALTA

**CULTIVAR: FRANTOIO, MORAIOLO, LECCINO**
**FRUTTATO/FRUITY: 6 • AMARO/BITTER: 6 • PICCANTE/SPICY: 6**
**FASCIA PREZZO/PRICE RANGE: 4**

**PROFILO AROMATICO.** Carciofo, mandorla, noce, pinolo, pepe. Verde, persistente.

**AROMATIC PROFILE.** Artichoke, almond, walnut, pine nut, pepper, Green, persistent.

## ESSENZA DI CARMA BIO

**CULTIVAR: LECCINO, FRANTOIO**
**FRUTTATO/FRUITY: 6 • AMARO/BITTER: 5 • PICCANTE/SPICY: 6**
**FASCIA PREZZO/PRICE RANGE: 5**

**PROFILO AROMATICO.** Carciofo, mela, mandorla, pepe. Verde.

**AROMATIC PROFILE.** Artichoke, apple, almond, pepper. Green.

## CENTOXCENTO CARMA

**CULTIVAR: MORAIOLO, MAURINO, ALTRE**
**FRUTTATO/FRUITY: 5 • AMARO/BITTER: 5 • PICCANTE/SPICY: 6**
**FASCIA PREZZO/PRICE RANGE: 5**

**PROFILO AROMATICO.** Carciofo, mela, mandorla, pepe. Maturo, persistente.

**AROMATIC PROFILE.** Artichoke, apple, almond, pepper. Ripe, persistent.

# Ceccarelli

**Fara in Sabina (RI) | via Piave, 7 | fraz. Canneto Sabino | tel. 0765 34036 | olioceccarelli.it**

**OLIVETO PROPRIO** SÌ
**CULTIVAR** Frantoio, Leccino, Raja, Carboncella, Salviana
**COLTIVAZIONE** Tradizionale
**RACCOLTA** Manuale / Meccanica
**ESTRAZIONE** Ciclo continuo
**FRANTOIO** SÌ
**LITRI PRODOTTI** 50.000
**OLIVE DA MENSA** NO
**OSPITALITÀ** NO
**RISTORAZIONE** NO

**AZIENDA.** Realtà di riferimento in Sabina, questa di Pierluigi Ceccarelli che si basa su 120 ettari di cui 70 a oliveti con 18mila piante e un frantoio aziendale, accanto a frutteti con albicocche, pesche e ciliegie. L'azienda è una delle più blasonate in un'area storica della olivicoltura laziale.

**OLIVE GROVE** YES
**CULTIVAR** Frantoio, Leccino, Raja, Carboncella, Salviana
**GROWING METHOD** Traditional
**HARVEST METHOD** Manual + mechanical
**EXTRACTION METHOD** Continuous cycle
**OIL MILL** YES
**LITRES PRODUCED** 50,000
**TABLE OLIVES** NO
**ACCOMODATIONS** NO
**RESTAURANT** NO

**OIL MAKER.** A touchstone in Sabina, Pierluigi Ceccarelli's 120-hectare property includes 70 ha of olive groves (18,000 trees) and an estate oil mill, alongside orchards with apricots, peaches and cherries. The producer is among the most famous operating in a part of Lazio historically renowned for olive growing.

## COLLE SAN LORENZO

**CULTIVAR: FRANTOIO, LECCINO, CARBONCELLA, SALVIANA**
**FRUTTATO/FRUITY: 6 • AMARO/BITTER: 5 • PICCANTE/SPICY: 5**
**FASCIA PREZZO/PRICE RANGE: 2**

**PROFILO AROMATICO.**
Carciofo, erbe aromatiche, mela, mandorla. Maturo, persistente.

**AROMATIC PROFILE.**
Artichoke, aromatic herbs, apple, almond. Ripe, persistent.

# ★ Alfredo Cetrone

**Sonnino (LT) | via Consolare Frasso, 5800 |**
**tel. 0773 949008 | cetrone.it**

**OLIVETO PROPRIO** SÌ
**CULTIVAR** Itrana
**COLTIVAZIONE** Tradizionale
**RACCOLTA** Manuale
**ESTRAZIONE** Ciclo continuo
**FRANTOIO** SÌ
**LITRI PRODOTTI** 50.000
**OLIVE DA MENSA** SÌ
**OSPITALITÀ** NO
**RISTORAZIONE** NO

**AZIENDA.** Realtà d'avanguardia per l'agroalimentare di qualità e valido punto di riferimento per tutta la zona, nasce nel 1860 e oggi si estende su 100 ettari di terreno roccioso a 500 metri di altitudine dove vengono ospitate 20mila piante di varietà itrana. Ottime anche le olive da mensa.

**OLIVE GROVE** YES
**CULTIVAR** Itrana
**GROWING METHOD** Traditional
**HARVEST METHOD** Manual
**EXTRACTION METHOD** Continuous cycle
**OIL MILL** YES
**LITRES PRODUCED** 50,000
**TABLE OLIVES** YES
**ACCOMODATIONS** NO
**RESTAURANT** NO

**OIL MAKER.** Founded in 1860, Cetrone is a cutting-edge producer of quality agri-food and a veritable benchmark for the whole area. Today the estate spans 100 hectares of rocky terrain at 500 meters elevation. 20,000 Itra olive trees are cultivated. Excellent table olives as well.

## IN MONOCULTIVAR ITRANA

**CULTIVAR: ITRANA**
**FRUTTATO/FRUITY: 7 • AMARO/BITTER: 4 • PICCANTE/SPICY: 5**
**FASCIA PREZZO/PRICE RANGE: 5**

**PROFILO AROMATICO.** Pomodoro, erbe aromatiche, lattuga, mela, pepe. Verde, persistente.

**AROMATIC PROFILE.** Tomato, aromatic herbs, lettuce, apple, pepper. Green, persistent.

## NOVOLIO MONOCULTIVAR ITRANA

**CULTIVAR: ITRANA**
**FRUTTATO/FRUITY: 7 • AMARO/BITTER: 5 • PICCANTE/SPICY: 5**
**FASCIA PREZZO/PRICE RANGE: 5**

**PROFILO AROMATICO.** Pomodoro, erbe aromatiche, songino, mela, pepe. Verde, persistente.

**AROMATIC PROFILE.** Tomato, aromatic herbs, lamb's lettuce, apple, pepper. Green, persistent.

## DE MONOCULTIVAR ITRANA

**CULTIVAR: ITRANA**
**FRUTTATO/FRUITY: 6 • AMARO/BITTER: 3 • PICCANTE/SPICY: 4**
**FASCIA PREZZO/PRICE RANGE: 5**

**PROFILO AROMATICO.** Pomodoro, erbe aromatiche, mela. Verde.

**AROMATIC PROFILE.** Tomato, aromatic herbs, apple. Green.

# Colli della Regina

**Monte Romano (VT) | loc. Poggio Barone | tel. 320 2377072 | collidellaregina.com**

**OLIVETO PROPRIO** SÌ
**CULTIVAR** Caninese, Frantoio, Leccino
**COLTIVAZIONE** Tradizionale
**RACCOLTA** Meccanica
**ESTRAZIONE** Ciclo continuo
**FRANTOIO** NO
**LITRI PRODOTTI** 4.000
**OLIVE DA MENSA** NO
**OSPITALITÀ** NO
**RISTORAZIONE** NO

**AZIENDA.** Giulia e Giovanni Orecchio conducono da 6 anni questa bella azienda che si estende tra Tuscania e Monte Romano, territorio ricco di storia etrusca e di paesaggi collinari a ridosso del mare. La proprietà conta oltre 21 ettari di cui 19 a oliveto con circa 1.800 piante.

**OLIVE GROVE** YES
**CULTIVAR** Caninese, Frantoio, Leccino
**GROWING METHOD** Traditional
**HARVEST METHOD** Mechanical
**EXTRACTION METHOD** Continuous cycle
**OIL MILL** NO
**LITRES PRODUCED** 4,000
**TABLE OLIVES** NO
**ACCOMODATIONS** NO
**RESTAURANT** NO

**OIL MAKER.** Giulia and Giovanni Orecchio have been leading this lovely producer for 6 years now. The property unfolds between Tuscania and Monte Romano, in an area rich in Etruscan history and hilly landscapes not farm from the sea. 19 of the property's 21 hectares are olive groves, about 1,800 trees.

## ALBA

**CULTIVAR: LECCINO, FRANTOIO, CANINESE**
**FRUTTATO/FRUITY: 6 · AMARO/BITTER: 6 · PICCANTE/SPICY: 6**
**FASCIA PREZZO/PRICE RANGE: 2**

**PROFILO AROMATICO.**
Carciofo, cardo, mela, mandorla, pepe. Verde, persistente.

**AROMATIC PROFILE.**
Artichoke, cardoon, apple, almond, pepper, Green, persistent.

## ALBA MONOCULTIVAR CANINESE

**CULTIVAR: CANINESE**
**FRUTTATO/FRUITY: 6 · AMARO/BITTER: 5 · PICCANTE/SPICY: 5**
**FASCIA PREZZO/PRICE RANGE: 2**

**PROFILO AROMATICO.**
Fiori, mela, mandorla. Maturo, persistente.

**AROMATIC PROFILE.**
Flowers, apple, almond. Ripe, persistent.

# Colli Etruschi

**Blera (VT) | via degli Ulivi, 2 |**
**tel. 0761 470469 | collietruschi.it**

**OLIVETO PROPRIO** SÌ
**CULTIVAR** Leccino, Frantoio, Caninese
**COLTIVAZIONE** Tradizionale / Biologica
**RACCOLTA** Meccanica
**ESTRAZIONE** Ciclo continuo
**FRANTOIO** SÌ
**LITRI PRODOTTI** 190.000
**OLIVE DA MENSA** NO
**OSPITALITÀ** NO
**RISTORAZIONE** NO

**AZIENDA.** 300 soci, 800 ettari di oliveti, 45mila piante delle cultivar tipiche della zona: questi i numeri vincenti di Colli Etruschi, cooperativa nata nel 1965 e guidata con passione da Nicola Fazzi e Mario Leotta, una realtà di riferimento per la Tuscia intera, anche sul fronte della molitura.

**OLIVE GROVE** YES
**CULTIVAR** Leccino, Frantoio, Caninese
**GROWING METHOD** Traditional + organic
**HARVEST METHOD** Mechanical
**EXTRACTION METHOD** Continuous cycle
**OIL MILL** YES
**LITRES PRODUCED** 190,000
**TABLE OLIVES** NO
**ACCOMODATIONS** NO
**RESTAURANT** NO

**OIL MAKER.** 300 members, 800 hectares of olive groves, 45,000 trees (all local cultivars): these are the numbers behind Colli Etruschi, a touchstone for the whole of Tuscia, also on the milling front. Founded in 1965, today the cooperative is led with passion by Nicola Fazzi and Mario Leotta.

**MIGLIOR OLIO DOP** — **BEST PDO**

## EVO DOP TUSCIA MONOCULTIVAR CANINESE

**CULTIVAR: CANINESE**
**FRUTTATO/FRUITY: 7 • AMARO/BITTER: 6 • PICCANTE/SPICY: 6**
**FASCIA PREZZO/PRICE RANGE: 4**

**PROFILO AROMATICO.** Carciofo, cardo, erba, mandorla, noce, pepe, balsamico. Verde, persistente.

**AROMATIC PROFILE.** Artichoke, cardoon, grass, almond, walnut, pepper, balsamic. Green, persistent.

## CLASSICO IGP ROMA

**CULTIVAR: CANINESE, LECCINO, FRANTOIO**
**FRUTTATO/FRUITY: 6 • AMARO/BITTER: 5 • PICCANTE/SPICY: 6**
**FASCIA PREZZO/PRICE RANGE: 2**

**PROFILO AROMATICO.** Carciofo, songino, mela, mandorla. Verde, persistente.

**AROMATIC PROFILE.** Artichoke, lamb's lettuce, apple, almond. Green, persistent.

## IO BIO

**CULTIVAR: CANINESE, FRANTOIO, LECCINO**
**FRUTTATO/FRUITY: 5 • AMARO/BITTER: 5 • PICCANTE/SPICY: 5**
**FASCIA PREZZO/PRICE RANGE: 4**

**PROFILO AROMATICO.** Carciofo, mela, lattuga, erba, mandorla. Verde.

**AROMATIC PROFILE.** Artichoke, apple, lettuce, grass, almond. Green.

# Laura De Parri - Cerrosughero

Canino (VT) | s.s. 312 km 22,600 | loc. Cerrosughero | tel. 0761 438594 | oliocerrosughero.it

**OLIVETO PROPRIO** SÌ
**CULTIVAR** Caninese, Frantoio, Leccino, Maurino, Pendolino
**COLTIVAZIONE** In conversione
**RACCOLTA** Meccanica
**ESTRAZIONE** Ciclo continuo
**FRANTOIO** SÌ
**LITRI PRODOTTI** 25.000
**OLIVE DA MENSA** NO
**OSPITALITÀ** NO
**RISTORAZIONE** NO

**AZIENDA.** La tenuta di Laura De Parri è un inossidabile riferimento per tutta la zona e per l'areale che fa riferimento alla Dop Canino. La proprietà di sviluppa su terreni tufacei a base argillosa: 25 ettari circondati da pascoli e boschi dove vivono 7.000 olivi.

**OLIVE GROVE** YES
**CULTIVAR** Caninese, Frantoio, Leccino, Maurino, Pendolino
**GROWING METHOD** Being converted
**HARVEST METHOD** Mechanical
**EXTRACTION METHOD** Continuous cycle
**OIL MILL** YES
**LITRES PRODUCED** 25,000
**TABLE OLIVES** NO
**ACCOMODATIONS** NO
**RESTAURANT** NO

**OIL MAKER.** Laura De Parri's estate is an enduring touchstone for the territory and for the Dop Canino production zone in general. The estate unfolds across tuff soils with a clayey base: 25 hectares (7,000 olive trees) surrounded by pastures and woods.

## MONOCULTIVAR MAURINO

**CULTIVAR: MAURINO**
**FRUTTATO/FRUITY: 7 • AMARO/BITTER: 4 • PICCANTE/SPICY: 5**
**FASCIA PREZZO/PRICE RANGE: 5**

**PROFILO AROMATICO.** Pomodoro, erbe aromatiche, mandorla, pepe, balsamico. Verde, persistente.

**AROMATIC PROFILE.** Tomato, erbe aromatiche, almond, pepper, balsamic. Green, persistent.

## DOP CANINO SELEZIONE ORO

**CULTIVAR: CANINESE, FRANTOIO, MAURINO**
**FRUTTATO/FRUITY: 6 • AMARO/BITTER: 5 • PICCANTE/SPICY: 6**
**FASCIA PREZZO/PRICE RANGE: 5**

**PROFILO AROMATICO.** Carciofo, songino, mandorla, pinolo, pepe. Verde, persistente.

**AROMATIC PROFILE.** Artichoke, lamb's lettuce, almond, pine nut, pepper. Green, persistent.

## DOP CANINO

**CULTIVAR: CANINESE, FRANTOIO**
**FRUTTATO/FRUITY: 6 • AMARO/BITTER: 6 • PICCANTE/SPICY: 6**
**FASCIA PREZZO/PRICE RANGE: 4**

**PROFILO AROMATICO.** Carciofo, rucola, mela, mandorla. Verde, persistente.

**AROMATIC PROFILE.** Artichoke, arugula, apple, almond. Green, persistent.

# Andrea Degiovanni

**Vetralla (VT) | via Mazzacotto, 71 | fraz. Tre Croci |**
**tel. 338 8857418 | evodega.com**

**OLIVETO PROPRIO** SÌ
**CULTIVAR** Caninese, Leccino, Frantoio
**COLTIVAZIONE** Biologica
**RACCOLTA** Manuale
**ESTRAZIONE** Ciclo continuo
**FRANTOIO** NO
**LITRI PRODOTTI** 8.000
**OLIVE DA MENSA** NO
**OSPITALITÀ** NO
**RISTORAZIONE** NO

**AZIENDA.** La proprietà di Andrea Degiovanni si estende su 12 ettari di oliveti (con 1.000 piante di sola Caninese) a conduzione bio su terreni tufacei beneficiati dal microclima generato dal bacino del lago di Vico. L'azienda organizza corsi di potatura e degustazioni.

**OLIVE GROVE** YES
**CULTIVAR** Caninese, Leccino, Frantoio
**GROWING METHOD** Organic
**HARVEST METHOD** Manual
**EXTRACTION METHOD** Continuous cycle
**OIL MILL** NO
**LITRES PRODUCED** 8,000
**TABLE OLIVES** NO
**ACCOMODATIONS** NO
**RESTAURANT** NO

**OIL MAKER.** Andrea Degiovanni's 12 hectares of organically managed olive groves (1,000 Caninese olive trees) unfolds on tufaceous soils that benefit from the microclimate generated by the basin of Lake Vico. The producer organizes pruning courses and tastings as well.

## SUPREMO DEGÀ MONOCULTIVAR CANINESE BIO

**CULTIVAR: CANINESE**
**FRUTTATO/FRUITY: 6 · AMARO/BITTER: 7 · PICCANTE/SPICY: 6**
**FASCIA PREZZO/PRICE RANGE: 5**

**PROFILO AROMATICO.**
Rucola, radicchio, fiori, erba, mandorla. Verde, persistente.

**AROMATIC PROFILE.**
Arugula, radicchio, flowers, grass, almond. Green, persistent.

# DueNoveSei

**Moricone (RM)** | **via Ereto, 2** |
**tel. 339 8556096** | **duenovesei.com**

**OLIVETO PROPRIO** SÌ
**CULTIVAR** Rosciola, Frantoio, Pendolino, Leccio del Corno, Leccino, Carboncella, Salviana, Itrana
**COLTIVAZIONE** In conversione
**RACCOLTA** Manuale
**ESTRAZIONE** Ciclo continuo
**FRANTOIO** NO
**LITRI PRODOTTI** 5.000
**OLIVE DA MENSA** NO
**OSPITALITÀ** NO
**RISTORAZIONE** NO

**AZIENDA.** Marco Prosseda gestisce insieme al padre Adolfo l'azienda di famiglia. Siamo nella zona della Dop Sabina e qui 10 ettari di terreno in biologico sono di oliveti, con 1.600 piante. Si producono inoltre frutta, confetture, creme spalmabili, olio aromatizzato.

**OLIVE GROVE** YES
**CULTIVAR** Frantoio, Leccio del Corno, Leccino, Carboncella, Salviana, Itrana
**GROWING METHOD** Being converted
**HARVEST METHOD** Manual
**EXTRACTION METHOD** Continuous cycle
**OIL MILL** NO
**LITRES PRODUCED** 5,000
**TABLE OLIVES** NO
**ACCOMODATIONS** NO
**RESTAURANT** NO

**OIL MAKER.** Marco Prosseda manages the family business together with his father, Adolfo. Their 10 hectares of organic olive groves here in the Dop Sabina production zone host about 1,600 trees. Fruit, jams, spreadable creams, pâtés and flavored-infused oils are produced as well.

## ROSALENA

**CULTIVAR: CARBONCELLA, ITRANA, LECCIO DEL CORNO**
**FRUTTATO/FRUITY: 6 • AMARO/BITTER: 6 • PICCANTE/SPICY: 6**
**FASCIA PREZZO/PRICE RANGE: 5**

**PROFILO AROMATICO.** Carciofo, cardo, mela, erba, mandorla, pepe. Verde.

**AROMATIC PROFILE.** Artichoke, cardoon, apple, grass, almond, pepper. Green.

## DOP SABINA

**CULTIVAR: LECCINO, SALVIANA, CARBONCELLA**
**FRUTTATO/FRUITY: 6 • AMARO/BITTER: 5 • PICCANTE/SPICY: 6**
**FASCIA PREZZO/PRICE RANGE: 4**

**PROFILO AROMATICO.** Carciofo, songino, lattuga, mela, mandorla, pepe. Verde, persistente.

**AROMATIC PROFILE.** Artichoke, lamb's lettuce, lettuce, apple, almond, pepper. Green, persistent.

## ELIVIA

**CULTIVAR: CARBONCELLA, LECCIO DEL CORNO**
**FRUTTATO/FRUITY: 5 • AMARO/BITTER: 4 • PICCANTE/SPICY: 4**
**FASCIA PREZZO/PRICE RANGE: 4**

**PROFILO AROMATICO.** Carciofo, mela, mandorla. Maturo, persistente.

**AROMATIC PROFILE.** Artichoke, apple, almond. Ripe, persistent.

# G.E.M.M.A.

Cervaro (FR) | via Noceromana, 10 |
tel. 06 9882476 | agricolagemma.com

**OLIVETO PROPRIO** SÌ
**CULTIVAR** Leccino, Moraiolo
**COLTIVAZIONE** Biologica
**RACCOLTA** Meccanica
**ESTRAZIONE** Ciclo continuo
**FRANTOIO** NO
**LITRI PRODOTTI** 3.500
**OLIVE DA MENSA** NO
**OSPITALITÀ** NO
**RISTORAZIONE** NO

**AZIENDA.** Questa di Emilio Tommasi è una bella realtà nata nel 2016 nel cuore della Ciociaria. La tenuta si estende su una superficie che si aggira sui 40 ettari di oliveti - di cui la metà condotti in biologico e i restanti in conversione - con 12mila alberi di leccino e moraiolo.

**OLIVE GROVE** YES
**CULTIVAR** Leccino, Moraiolo
**GROWING METHOD** Organic
**HARVEST METHOD** Mechanical
**EXTRACTION METHOD** Continuous cycle
**OIL MILL** NO
**LITRES PRODUCED** 3,500
**TABLE OLIVES** NO
**ACCOMODATIONS** NO
**RESTAURANT** NO

**OIL MAKER.** Emilio Tommasi's G.E.M.M.A. is a lovely producer founded in 2016 in the heart of Ciociaria. Around 40 hectares of groves (12,000 Leccino and Moraiolo olive trees) are cultivated. Half of these are organic and the rest are in the process of being converted.

## MONOCULTIVAR MORAIOLO BIO

**CULTIVAR: MORAIOLO**
**FRUTTATO/FRUITY: 5 • AMARO/BITTER: 4 • PICCANTE/SPICY: 5**
**FASCIA PREZZO/PRICE RANGE: 4**

**PROFILO AROMATICO.**
Carciofo, mela, pepe. Maturo, persistente.

**AROMATIC PROFILE.**
Artichoke, apple, pepper. Ripe, persistent.

# Attilio Gabrielli

**Monte Romano (VT) | via Monte Cavallo, 2 |**
**tel. 327 6758404 | ristoranteilnoce.it**

**OLIVETO PROPRIO** SÌ
**CULTIVAR** Caninese
**COLTIVAZIONE** Biologica
**RACCOLTA** Meccanica
**ESTRAZIONE** Ciclo continuo
**FRANTOIO** NO
**LITRI PRODOTTI** 2.000
**OLIVE DA MENSA** NO
**OSPITALITÀ** NO
**RISTORAZIONE** SÌ

**AZIENDA.** Attilio Gabrielli è il titolare e patron dell'azienda agrituristica che porta il suo cognome. Un'accattivante struttura impreziosita dal valido ristorante Il Noce che però si distingue anche per la produzione olivicola. La proprietà infatti si sviluppa su circa 47 ettari di cui 9 dedicati ai 400 olivi. Nel resto della tenuta si coltiva la vite e pascolano bovini di razza maremmana.

**OLIVE GROVE** YES
**CULTIVAR** Caninese
**GROWING METHOD** Organic
**HARVEST METHOD** Mechanical
**EXTRACTION METHOD** Continuous cycle
**OIL MILL** NO
**LITRES PRODUCED** 2,000
**TABLE OLIVES** NO
**ACCOMODATIONS** NO
**RESTAURANT** YES

**OIL MAKER.** Attilio Gabrielli owns the farm that bears his surname, a charming, 47-hectare property that also features the valid Il Noce restaurant. Their notable EVOO is pressed from the drupes of 400 trees (9 hectares of olive groves), while the rest of the estate hosts vineyards and pastures for Maremma cattle grazing.

## IL NOCE MONOCULTIVAR CANINO

**CULTIVAR: CANINESE**
**FRUTTATO/FRUITY: 7 • AMARO/BITTER: 6 • PICCANTE/SPICY: 6**
**FASCIA PREZZO/PRICE RANGE: 2**

**PROFILO AROMATICO.**
Rucola, erbe aromatiche, erba, mandorla, pepe. Verde, persistente.

**AROMATIC PROFILE.**
Arugula, aromatic herbs, grass, almond, pepper. Green, persistent.

# Giorgio Grani

**Viterbo | s.da Signorino, 3 |**
**tel. 339 2967446 | olioevoilsignorino.com**

**OLIVETO PROPRIO** SÌ
**CULTIVAR** Caninese, Frantoio, Leccino, Pendolino
**COLTIVAZIONE** Biologica
**RACCOLTA** Manuale / Meccanica
**ESTRAZIONE** Ciclo continuo
**FRANTOIO** NO
**LITRI PRODOTTI** 2.000
**OLIVE DA MENSA** NO
**OSPITALITÀ** SÌ
**RISTORAZIONE** SÌ

**AZIENDA.** Bella realtà a pochi minuti dalle mura cittadine, vicina a una delle più suggestive tagliate etrusche della zona. Oltre all'olio, l'azienda offre una country house di charme con vendita diretta giornaliera - e orario continuato - di miele, biscotti, lavanda, cosmesi, grani antichi, legumi e farine.

**OLIVE GROVE** YES
**CULTIVAR** Caninese, Frantoio, Leccino, Pendolino
**GROWING METHOD** Organic
**HARVEST METHOD** Manual + mechanical
**EXTRACTION METHOD** Continuous cycle
**OIL MILL** NO
**LITRES PRODUCED** 2,000
**TABLE OLIVES** NO
**ACCOMODATIONS** YES
**RESTAURANT** YES

**OIL MAKER.** This lovely producer is situated just a few minutes from the city walls and near to one of the area's most evocative, Etruscan rock-cut roads. In addition to producing oil, they offer accommodations in a charming country house with direct sales (all day) of honey, biscuits, lavender, cosmetics, ancient grains, pulses and flours.

## IL SIGNORINO DOP TUSCIA BIO

**CULTIVAR: CANINESE, FRANTOIO, LECCINO**
**FRUTTATO/FRUITY: 6 • AMARO/BITTER: 5 • PICCANTE/SPICY: 6**
**FASCIA PREZZO/PRICE RANGE: 4**

**PROFILO AROMATICO.**
Ortica, erbe aromatiche, mandorla, noce. Verde, persistente.

**AROMATIC PROFILE.**
Nettle, aromatic herbs, almond, walnut. Green, persistent.

# I & P

**Canino (VT) | s.da Comunale della Sala, 12 |**
**tel. 392 1058829 | iandp.it**

**OLIVETO PROPRIO** SÌ
**CULTIVAR** Frantoio, Rosciola, Maurino, Pendolino, Caninese, Leccino
**COLTIVAZIONE** In conversione
**RACCOLTA** Manuale / Meccanica
**ESTRAZIONE** Ciclo continuo
**FRANTOIO** SÌ
**LITRI PRODOTTI** 10.000
**OLIVE DA MENSA** NO
**OSPITALITÀ** NO
**RISTORAZIONE** NO

**AZIENDA.** La passione maniacale di Paolo Borzatta per l'olivicoltura e l'extravergine si capisce andandolo a trovare nella sua azienda nel cuore della Tuscia. Su 52 ettari in conversione biologica vivono 3.600 piante, molte secolari e tutte divise in cru; attenzione ai più minimi dettagli, dal campo al frantoio.

**OLIVE GROVE** YES
**CULTIVAR** Frantoio, Rosciola, Maurino, Pendolino, Caninese, Leccino
**GROWING METHOD** Boing converted
**HARVEST METHOD** Manual+mechanical
**EXTRACTION METHOD** Continuous cycle
**OIL MILL** YES
**LITRES PRODUCED** 10,000
**TABLE OLIVES** NO
**ACCOMODATIONS** NO
**RESTAURANT** NO

**OIL MAKER.** The best way to understand Paolo Borzatta's obsession with olive growing and extra virgin olive oil is to visit the producer at his estate in the heart of Tuscia. 3,600 trees occupy 52 hectares. Many of these go back a century or more, and they're all divided into crus.

## CRU DEI CRU

**CULTIVAR: CANINESE, ITRANA, MAURINO**
**FRUTTATO/FRUITY: 7 • AMARO/BITTER: 6 • PICCANTE/SPICY: 6**
**FASCIA PREZZO/PRICE RANGE: 5**

**PROFILO AROMATICO.** Rucola, ortica, erbe aromatiche, mela, erba, pepe, balsamico. Verde, persistente.

**AROMATIC PROFILE.** Arugula, nettle, aromatic herbs, apple, grass, pepper, balsamic. Green, persistent.

## GRAND CRU 40 RUBBIE MONOCULTIVAR MAURINO

**CULTIVAR: MAURINO**
**FRUTTATO/FRUITY: 7 • AMARO/BITTER: 7 • PICCANTE/SPICY: 7**
**FASCIA PREZZO/PRICE RANGE: 5**

**PROFILO AROMATICO.** Pomodoro, rucola, erbe aromatiche, mandorla, pepe, balsamico. Verde, persistente.

**AROMATIC PROFILE.** Tomato, arugula, aromatic herbs, almond, pepper, balsamic. Green, persistent.

## GRAND CRU CAPOTERZO MONOCULTIVAR CANINESE

**CULTIVAR: CANINESE**
**FRUTTATO/FRUITY: 6 • AMARO/BITTER: 6 • PICCANTE/SPICY: 6**
**FASCIA PREZZO/PRICE RANGE: 5**

**PROFILO AROMATICO.** Carciofo, cardo, mandorla, noce, pepe. Verde, persistente.

**AROMATIC PROFILE.** Artichoke, cardoon, almond, walnut, pepper. Green, persistent.

# Italagrikola

**Blera (VT) | Poggio delle Lumache | loc. Civitella Cesi |**
**tel. 333 8646855 | olioilbucolico.it**

**OLIVETO PROPRIO** SÌ
**CULTIVAR** Caninese, Pendolino, Frantoio, Leccino, Moraiolo
**COLTIVAZIONE** Biologica
**RACCOLTA** Meccanica
**ESTRAZIONE** Ciclo continuo
**FRANTOIO** NO
**LITRI PRODOTTI** 1.500
**OLIVE DA MENSA** NO
**OSPITALITÀ** NO
**RISTORAZIONE** NO

**AZIENDA.** Bella realtà attiva dal 2013, di proprietà della famiglia Scoponi, che si estende per 16 ettari a 300 metri di altitudine. L'oliveto di 13 ettari ospita 3.700 piante che poggiano su un terreno argilloso e roccioso coltivato in biologico. Visite su appuntamento.

**OLIVE GROVE** YES
**CULTIVAR** Caninese, Pendolino, Frantoio, Leccino, Moraiolo
**GROWING METHOD** Organic
**HARVEST METHOD** Mechanical
**EXTRACTION METHOD** Continuous cycle
**OIL MILL** NO
**LITRES PRODUCED** 1,500
**TABLE OLIVES** NO
**ACCOMODATIONS** NO
**RESTAURANT** NO

**OIL MAKER.** Active since 2013, the Scoponi family's lovely estate unfolds across 16 hectares at 300 meters above sea level. 13 hectares of clayey and rocky soils, all cultivated organically, host 3,700 trees. The property can be visited (by appointment).

## IL BUCOLICO BIO

**CULTIVAR: FRANTOIO, LECCINO, CANINESE, MORAIOLO**
**FRUTTATO/FRUITY: 6 • AMARO/BITTER: 5 • PICCANTE/SPICY: 6**
**FASCIA PREZZO/PRICE RANGE: 4**

**PROFILO AROMATICO.**
Carciofo, spinaci, erba, mandorla, pepe. Verde, persistente.

**AROMATIC PROFILE.**
Artichoke, spinach, grass, almond, pepper. Green, persistent.

# Genesio Mancini - Il Frantoio

Itri (LT) | s.da prov.le Itri-Sperlonga, 12 |
tel. 380 1905859 | frantoiogenesiomancini.com

**OLIVETO PROPRIO** SÌ
**CULTIVAR** Itrana
**COLTIVAZIONE** Tradizionale
**RACCOLTA** Manuale / Meccanica
**ESTRAZIONE** Ciclo continuo
**FRANTOIO** SÌ
**LITRI PRODOTTI** 5.000
**OLIVE DA MENSA** SÌ
**OSPITALITÀ** NO
**RISTORAZIONE** NO

**AZIENDA.** Ha solamente pochi anni l'avventura di Giuliano Mancini, figlia di una tradizione decennale nella lavorazione dell'olio evo. Il frantoio acquista circa 400 quintali di olive, da cui derivano sia l'extravergine che la produzione di olive Itrana da mensa, e le creme di olive.

**OLIVE GROVE** YES
**CULTIVAR** Itrana
**GROWING METHOD** Traditional
**HARVEST METHOD** Manual + mechanical
**EXTRACTION METHOD** Continuous cycle
**OIL MILL** YES
**LITRES PRODUCED** 5,000
**TABLE OLIVES** YES
**ACCOMODATIONS** NO
**RESTAURANT** NO

**OIL MAKER.** Giuliano Mancini's business may only be a few years old, but it hails from a long tradition producing extra virgin olive oil. The mill buys about 40,000 kilos of olives, which are used to produce Itrana table olives, press extra virgin olive oil and make olive creams as well.

## L'ITRANA MONOCULTIVAR ITRANA

**CULTIVAR: ITRANA**
**FRUTTATO/FRUITY: 7 • AMARO/BITTER: 4 • PICCANTE/SPICY: 5**
**FASCIA PREZZO/PRICE RANGE: 3**

**PROFILO AROMATICO.**
Pomodoro, songino, erbe aromatiche, mela, pepe. Verde.

**AROMATIC PROFILE.**
Tomato, lamb's lettuce, aromatic herbs, apple, pepper. Green.

# Marchesi

**Montelibretti (RM) | via Roma, 273 A/1 | tel. 0774 608237 |**
**oliomarchesi.com**

**OLIVETO PROPRIO** SÌ
**CULTIVAR** Rosciola, Carboncella, Leccino, Salviana, Frantoio
**COLTIVAZIONE** In conversione
**RACCOLTA** Meccanica
**ESTRAZIONE** Ciclo continuo
**FRANTOIO** SÌ
**LITRI PRODOTTI** 18.000
**OLIVE DA MENSA** NO
**OSPITALITÀ** NO
**RISTORAZIONE** NO

**AZIENDA.** Annalisa Salvi guida con tenacia e passione questa bella realtà olearia alle porte della Capitale. Nata nel 1980, può contare su 20 ettari (in conversione biologica) di oliveto con 2.000 piante delle cultivar tipiche della zona. Le drupe vengono molite nel frantoio aziendale entro 4 ore dalla raccolta.

**OLIVE GROVE** YES
**CULTIVAR** Rosciola, Carboncella, Leccino, Salviana, Frantoio
**GROWING METHOD** Being converted
**HARVEST METHOD** Mechanical
**EXTRACTION METHOD** Continuous cycle
**OIL MILL** YES
**LITRES PRODUCED** 18,000
**TABLE OLIVES** NO
**ACCOMODATIONS** NO
**RESTAURANT** NO

**OIL MAKER.** Annalisa Salvi brings tenacity and passion to her work of leading this lovely producer based on the outskirts of the capital. Founded in 1980, today the property spans 20 hectares of groves (currently being converted to organic), about 2,000 trees in all. The area's traditional olive cultivars are represented. The drupes are pressed in the estate mill within 4 hours of harvest.

## ANTICO CASALE FALCONIERI MONOCULTIVAR ROSCIOLA

**CULTIVAR: ROSCIOLA**
**FRUTTATO/FRUITY: 4 · AMARO/BITTER: 3 · PICCANTE/SPICY: 4**
**FASCIA PREZZO/PRICE RANGE: 3**

**PROFILO AROMATICO.**
Fiori, mela, pinolo. Verde.

**AROMATIC PROFILE.**
Flowers, apple, pine nut. Green.

# Roberta Marcoaldi

**Montelibretti (RM) | via Moriconese, 123 |**
**tel. 0774 608789**

**OLIVETO PROPRIO** SÌ
**CULTIVAR** Leccino, Frantoio, Salviana, Carboncella, Itrana, Pendolino, Olivastra
**COLTIVAZIONE** Tradizionale
**RACCOLTA** Manuale
**ESTRAZIONE** Ciclo continuo
**FRANTOIO** NO
**LITRI PRODOTTI** 8.000
**OLIVE DA MENSA** SÌ
**OSPITALITÀ** NO
**RISTORAZIONE** NO

**AZIENDA.** Quella di Roberta Marcoaldi e Antonio Mancini è una bella realtà situata nella parte romana della Dop Sabina e attiva dal 2009. L'attività si concentra prevalentemente sulla produzione olivicola grazie ai 900 olivi. Si producono inoltre frutta, verdura, conserve e confetture.

**OLIVE GROVE** YES
**CULTIVAR** Leccino, Frantoio, Salviana, Carboncella, Itrana, Pendolino, Olivastra
**GROWING METHOD** Traditional
**HARVEST METHOD** Manual
**EXTRACTION METHOD** Continuous cycle
**OIL MILL** NO
**LITRES PRODUCED** 8,000
**TABLE OLIVES** YES
**ACCOMODATIONS** NO
**RESTAURANT** NO

**OIL MAKER.** Active since 2009, Roberta Marcoaldi and Antonio Mancini's lovely farm is situated in the "Roman" part of the Sabina. Business concentrates mainly on olive growing, drawing on 900 trees spread out over about 10 hectares. Fruit, vegetables, preserves and jams are also produced.

## MONOCULTIVAR LECCINO

**CULTIVAR: LECCINO**
**FRUTTATO/FRUITY: 7 • AMARO/BITTER: 5 • PICCANTE/SPICY: 5**
**FASCIA PREZZO/PRICE RANGE: 4**

**PROFILO AROMATICO.** Carciofo, songino, mela, mandorla, pepe, balsamico. Verde, persistente.

**AROMATIC PROFILE.** Artichoke, lamb's lettuce, apple, almond, pepper, balsamic. Green, persistent.

## MONOCULTIVAR FRANTOIO

**CULTIVAR: FRANTOIO**
**FRUTTATO/FRUITY: 6 • AMARO/BITTER: 6 • PICCANTE/SPICY: 6**
**FASCIA PREZZO/PRICE RANGE: 4**

**PROFILO AROMATICO.** Carciofo, rucola, erba, mandorla, pepe. Verde, persistente.

**AROMATIC PROFILE.** Artichoke, arugula, grass, almond, pepper. Green, persistent.

## MONOCULTIVAR CARBONCELLA

**CULTIVAR: CARBONCELLA**
**FRUTTATO/FRUITY: 6 • AMARO/BITTER: 5 • PICCANTE/SPICY: 6**
**FASCIA PREZZO/PRICE RANGE: 4**

**PROFILO AROMATICO.** Ortica, mela, erba, noce. Verde.

**AROMATIC PROFILE.** Nettle, apple, grass, walnut. Green.

# Mater Olea

**Prossedi (LT)** | **c.da Sellena** |
**tel. 339 8843524** | **materolea.it**

**OLIVETO PROPRIO** SÌ
**CULTIVAR** Frantoio, Itrana, Leccino, Coratina, Sivigliana
**COLTIVAZIONE** Tradizionale
**RACCOLTA** Manuale / Meccanica
**ESTRAZIONE** Ciclo continuo
**FRANTOIO** SÌ
**LITRI PRODOTTI** 8.000
**OLIVE DA MENSA** NO
**OSPITALITÀ** NO
**RISTORAZIONE** NO

**AZIENDA.** Felice e giovanissima realtà olivicola realizzata da Igor Antoniani che ne gestisce la proprietà. La superficie olivetata si sviluppa su 8 ettari (4 sono in affitto) con circa 2.500 piante di varietà non solo locali. Si produce inoltre pregiato zafferano.

**OLIVE GROVE** YES
**CULTIVAR** Frantoio, Itrana, Leccino, Coratina, Sivigliana
**GROWING METHOD** Traditional
**HARVEST METHOD** Manual + mechanical
**EXTRACTION METHOD** Continuous cycle
**OIL MILL** YES
**LITRES PRODUCED** 8,000
**TABLE OLIVES** NO
**ACCOMODATIONS** NO
**RESTAURANT** NO

**OIL MAKER.** This young and successful producer was founded by Igor Antoniani, who also manages the property. Eight hectares of olive groves (4 of which are rented) host about 2,500 trees. Both local and non-local varieties are cultivated. Prized saffron is also produced.

## ELEGANTE

**CULTIVAR: ITRANA, FRANTOIO, SIVIGLIANA**
**FRUTTATO/FRUITY: 7 • AMARO/BITTER: 6 • PICCANTE/SPICY: 6**
**FASCIA PREZZO/PRICE RANGE: 3**

**PROFILO AROMATICO.**
Pomodoro, erbe aromatiche, rucola, erba, pepe. Verde, persistente.

**AROMATIC PROFILE.**
Tomato, aromatic herbs, arugula, grass, pepper. Green, persistent.

## EVOOLEA

**CULTIVAR: FRANTOIO, ITRANA**
**FRUTTATO/FRUITY: 6 • AMARO/BITTER: 4 • PICCANTE/SPICY: 6**
**FASCIA PREZZO/PRICE RANGE: 3**

**PROFILO AROMATICO.**
Pomodoro, erbe aromatiche, mela, pepe. Maturo, persistente.

**AROMATIC PROFILE.**
Tomato, aromaic herbs, apple, pepper. Ripe, persistent.

# Molino 7cento

**Cori (LT) | c.da Sant'Angelo, 36 |**
**tel. 06 9677642 | molino7cento.it**

**OLIVETO PROPRIO** SÌ
**CULTIVAR** Itrana
**COLTIVAZIONE** Tradizionale / Biologica
**RACCOLTA** Manuale
**ESTRAZIONE** Tradizionale
**FRANTOIO** NO
**LITRI PRODOTTI** 1.300
**OLIVE DA MENSA** SÌ
**OSPITALITÀ** SÌ
**RISTORAZIONE** SÌ

**AZIENDA.** Dal 2015 la famiglia Miceli gestisce questa azienda agricola di 22 ettari che comprende anche una struttura agrituristica con 8 camere che offrono ospitalità, tra olivi e viti, in un casale del 1700 che dà anche il nome alla tenuta. L'oliveto si sviluppa su 4 ettari su cui vivono 2.300 piante. Si producono anche vino, zafferano e conserve.

**OLIVE GROVE** YES
**CULTIVAR** Itrana
**GROWING METHOD** Traditional + organic
**HARVEST METHOD** Manual
**EXTRACTION METHOD** Traditional
**OIL MILL** NO
**LITRES PRODUCED** 1,300
**TABLE OLIVES** YES
**ACCOMODATIONS** YES
**RESTAURANT** YES

**OIL MAKER.** The Miceli family have been managing this 22-hectare farm since 2015. The property includes a country guest house, built in 1700 (and after which the estate was named), with 8 rooms available for rent amidst olive trees and vines. The olive grove occupies 4 hectares (2,300 trees). Wine, saffron and preserves are also produced.

## MOLI MONOCULTIVAR ITRANA BIO

**CULTIVAR: ITRANA**
**FRUTTATO/FRUITY: 5 • AMARO/BITTER: 2 • PICCANTE/SPICY: 3**
**FASCIA PREZZO/PRICE RANGE: 3**

**PROFILO AROMATICO.**
Pomodoro, erbe aromatiche, fiori, mela. Verde.

**AROMATIC PROFILE.**
Tomato, aromatic herbs, flowers, apple. Green.

# Frantoio Oleario F.lli Narducci

**Moricone (RM) | via della Comunità Europea |**
**tel. 0774 605800 | frantoionarducci.it**

**OLIVETO PROPRIO** SÌ
**CULTIVAR** Salviana, Carboncella, Frantoio, Itrana, Leccino, Pendolino
**COLTIVAZIONE** Tradizionale
**RACCOLTA** Manuale / Meccanica
**ESTRAZIONE** Ciclo continuo
**FRANTOIO** SÌ
**LITRI PRODOTTI** 25.000
**OLIVE DA MENSA** NO
**OSPITALITÀ** NO
**RISTORAZIONE** SÌ

**AZIENDA.** Fondato nel 1959, è uno storico frantoio oggi di proprietà di 5 soci nonché riferimento per la produzione di extravergine di qualità per tutta la zona. L'oliveto, di circa 2.800 piante, si estende per circa 22 ettari. L'azienda realizza anche oli aromatizzati, birra artigianale e cosmetici.

**OLIVE GROVE** YES
**CULTIVAR** Salviana, Carboncella, Frantoio, Itrana, Leccino, Pendolino
**GROWING METHOD** Traditional
**HARVEST METHOD** Manual + mechanical
**EXTRACTION METHOD** Continuous cycle
**OIL MILL** YES
**LITRES PRODUCED** 25,000
**TABLE OLIVES** NO
**ACCOMODATIONS** NO
**RESTAURANT** YES

**OIL MAKER.** This historic mill, founded in 1959 (and today owned by 5 partners), is a touchstone for the production of quality EVOO in the area. The 22-hectare olive grove hosts some 2,800 trees. Flavor-infused oils, craft beers and cosmetics are also produced.

## AMOR IGP OLIO DI ROMA

**CULTIVAR: SALVIANA, FRANTOIO**
**FRUTTATO/FRUITY: 5 • AMARO/BITTER: 4 • PICCANTE/SPICY: 5**
**FASCIA PREZZO/PRICE RANGE: 5**

**PROFILO AROMATICO.**
Carciofo, songino, mela, mandorla, pepe. Verde.

**AROMATIC PROFILE.**
Artichoke, lamb's lettuce, apple, almond, pepper. Green

## DOP SABINA

**CULTIVAR: FRANTOIO, SALVIANA, CARBONCELLA**
**FRUTTATO/FRUITY: 6 • AMARO/BITTER: 6 • PICCANTE/SPICY: 6**
**FASCIA PREZZO/PRICE RANGE: 2**

**PROFILO AROMATICO.**
Carciofo, cardo, mandorla, pepe. Verde.

**AROMATIC PROFILE.**
Artichoke, cardoon, almond, pepper. Green.

# Eredi Ercole Nisini

**Viterbo | s.da Vallalta, 11d |**
**tel. 340 2640928 | basolio.weebly.com**

**OLIVETO PROPRIO** SÌ
**CULTIVAR** Caninese, Leccino, Pendolino, Frantoio
**COLTIVAZIONE** Biologica
**RACCOLTA** Manuale
**ESTRAZIONE** Ciclo continuo
**FRANTOIO** NO
**LITRI PRODOTTI** 1.000
**OLIVE DA MENSA** NO
**OSPITALITÀ** NO
**RISTORAZIONE** NO

**AZIENDA.** Fondata nel 2003 dagli eredi di Ercole Nisini, l'azienda dal 2013 è guidata dalla figlia Brunella e da suo marito Basilio Esposito che si dedicano alla cura dell'oliveto, alla raccolta delle olive, alla produzione e alla commercializzazione dell'extravergine.

**OLIVE GROVE** YES
**CULTIVAR** Caninese, Leccino, Pendolino, Frantoio
**GROWING METHOD** Organic
**HARVEST METHOD** Manual
**EXTRACTION METHOD** Continuous cycle
**OIL MILL** NO
**LITRES PRODUCED** 1,000
**TABLE OLIVES** NO
**ACCOMODATIONS** NO
**RESTAURANT** NO

**OIL MAKER.** This oil producer was founded in 2003 by the heirs of Ercole Nisini. Since 2013 the business has been managed by his daughter Brunella and her husband, Basilio Esposito, who oversee cultivation of the grove, harvest, production and sales.

## BASOLIO BIO

**CULTIVAR: CANINESE, FRANTOIO, LECCINO, PENDOLINO**
**FRUTTATO/FRUITY: 6 • AMARO/BITTER: 5 • PICCANTE/SPICY: 6**
**FASCIA PREZZO/PRICE RANGE: 2**

**PROFILO AROMATICO.**
Carciofo, mela, mandorla, pinolo. Verde, persistente.

**AROMATIC PROFILE.**
Artichoke, apple, almond, pine nut. Green, persistent.

# Nùmenòre

**Montelibretti (RM) | via Roma, 163 |**
**tel. 328 7111196**

**OLIVETO PROPRIO** SÌ
**CULTIVAR** Leccino, Frantoio, Carboncella, Pendolino, Salviana, Olivastra
**COLTIVAZIONE** In conversione
**RACCOLTA** Manuale
**ESTRAZIONE** Ciclo continuo
**FRANTOIO** NO
**LITRI PRODOTTI** 4.000
**OLIVE DA MENSA** NO
**OSPITALITÀ** NO
**RISTORAZIONE** NO

**AZIENDA.** Il giovane e appassionato Francesco Meschini è a capo di questa altrettanto giovane realtà olearia nelle campagne a pochi chilometri dalla Capitale. Gli ettari di oliveto sono 7, nei quali dimorano circa 1.300 piante. La tenuta produce anche ciliegie, fichi e melagrane.

**OLIVE GROVE** YES
**CULTIVAR** Leccino, Frantoio, Carboncella, Pendolino, Salviana, Olivastra
**GROWING METHOD** Being converted
**HARVEST METHOD** Manual
**EXTRACTION METHOD** Continuous cycle
**OIL MILL** NO
**LITRES PRODUCED** 4,000
**TABLE OLIVES** NO
**ACCOMODATIONS** NO
**RESTAURANT** NO

**OIL MAKER.** Francesco Meschini, a young and passionate producer, leads this equally young oil producer based in the countryside a few kilometers from the capital. Seven hectares of olive groves are occupied by some 1,300 trees. The estate also produces cherries, figs and pomegranates.

## LA PRIMA ORA MONOCULTIVAR SALVIANA

**CULTIVAR: SALVIANA**
**FRUTTATO/FRUITY: 6 • AMARO/BITTER: 4 • PICCANTE/SPICY: 5**
**FASCIA PREZZO/PRICE RANGE: 3**

**PROFILO AROMATICO.** Erbe aromatiche, songino, lattuga, mela, erba. Verde, persistente.

**AROMATIC PROFILE.** Aromatic herbs, lamb's lettuce, lettuce, apple, grass. Green, persistent.

## VALLE SELVA

**CULTIVAR: LECCINO, FRANTOIO, CARBONCELLA, PENDOLINO**
**FRUTTATO/FRUITY: 5 • AMARO/BITTER: 5 • PICCANTE/SPICY: 5**
**FASCIA PREZZO/PRICE RANGE: 2**

**PROFILO AROMATICO.** Carciofo, cardo, mandorla. Maturo.

**AROMATIC PROFILE.** Artichoke, cardoon, almond. Ripe.

# Olio Traldi - Francesca Boni

Vetralla (VT) | s.da Poggio Montano, 34 | loc. La Carrozza |
tel. 0761 477686 | oliotraldi.com

**OLIVETO PROPRIO** SÌ
**CULTIVAR** Caninese, Leccino, Pendolino, Frantoio, Moraiolo
**COLTIVAZIONE** Tradizionale
**RACCOLTA** Meccanica
**ESTRAZIONE** Ciclo continuo
**FRANTOIO** NO
**LITRI PRODOTTI** 87.500
**OLIVE DA MENSA** NO
**OSPITALITÀ** SÌ
**RISTORAZIONE** SÌ

**AZIENDA.** La proprietà di Francesca Boni (che la segue insieme alla madre Elisabetta Traldi, aiutate dall'agronomo Vittorio Alfieri) conta 150 ettari, di cui 32 a oliveti su terreni tufacei dove vivono 4.000 piante. Ospitalità in 6 camere, si producono cosmetici a base di olio evo. Conveniente il prezzo degli extravergine in latte da 5 litri.

**OLIVE GROVE** YES
**CULTIVAR** Caninese, Leccino, Pendolino, Frantoio, Moraiolo
**GROWING METHOD** Traditional
**HARVEST METHOD** Mechanical
**EXTRACTION METHOD** Continuous cycle
**OIL MILL** NO
**LITRES PRODUCED** 87,500
**TABLE OLIVES** NO
**ACCOMODATIONS** YES
**RESTAURANT** YES

**OIL MAKER.** Francesca Boni, together with her mother, Elisabetta Traldi, and agronomist Vittorio Alfieri, oversee 150 hectares of terrain, 32 of which are olive groves (4,000 trees). They also manage 6 guest rooms and produce cosmetics based on EVOO. Their 5-liter cans come at a good price.

## EXIMIUS MONOCULTIVAR CANINESE

**CULTIVAR: CANINESE**
**FRUTTATO/FRUITY: 7 • AMARO/BITTER: 6 • PICCANTE/SPICY: 7**
**FASCIA PREZZO/PRICE RANGE: 2**

**PROFILO AROMATICO.** Cardo, rucola, erba, mandorla, noce, pepe, balsamico, Verde, persistente.

**AROMATIC PROFILE.** Cardoon, arugula, grass, almond, walnut, pepper, balsamic. Green, persistent.

## ATHOS

**CULTIVAR: FRANTOIO, MORAIOLO**
**FRUTTATO/FRUITY: 6 • AMARO/BITTER: 6 • PICCANTE/SPICY: 6**
**FASCIA PREZZO/PRICE RANGE: 2**

**PROFILO AROMATICO.** Rucola, erba, ortica, mandorla, pepe. Verde, persistente.

**AROMATIC PROFILE.** Arugula, grass, nettle, almond, pepper. Green, persistent.

# Olivicola di Canino

**Canino (VT) | via P. Nenni, 1 |**
**tel. 0761 438095 | olivicolacanino.it**

**OLIVETO PROPRIO** SÌ
**CULTIVAR** Caninese, Maurino, Pendolino, Leccino
**COLTIVAZIONE** Tradizionale / Biologica
**RACCOLTA** Manuale / Meccanica
**ESTRAZIONE** Ciclo continuo
**FRANTOIO** SÌ
**LITRI PRODOTTI** 100.000
**OLIVE DA MENSA** NO
**OSPITALITÀ** NO
**RISTORAZIONE** NO

**AZIENDA.** Luciano Stocchi è il leader di questa cooperativa fondata nel 1988 e costituita da 240 soci che coltivano uliveti nel cuore della Dop Canino e costituiscono una solida realtà di riferimento per il territorio. Gli uliveti dei soci si articolano su 300 ettari al confine con la Toscana.

**OLIVE GROVE** YES
**CULTIVAR** Caninese, Maurino, Pendolino, Leccino
**GROWING METHOD** Traditional + organic
**HARVEST METHOD** Manual + mechanical
**EXTRACTION METHOD** Continuous cycle
**OIL MILL** YES
**LITRES PRODUCED** 100,000
**TABLE OLIVES** NO
**ACCOMODATIONS** NO
**RESTAURANT** NO

**OIL MAKER.** Founded in 1988 and today led by Luciano Stocchi, Olivicola di Canino is made up of 240 members. This cooperative operates in the heart of the Dop Canino production zone, serving as a solid touchstone for the territory. 300 hectares are cultivated on the border with Tuscany.

## /// DOP CANINO MONOCULTIVAR CANINESE

**CULTIVAR: CANINESE**
**FRUTTATO/FRUITY: 6 · AMARO/BITTER: 5 · PICCANTE/SPICY: 6**
**FASCIA PREZZO/PRICE RANGE: 2**

**PROFILO AROMATICO.**
Carciofo, erba, ortica, mandorla, pepe. Verde, persistente.

**AROMATIC PROFILE.**
Artichoke, grass, nettle, almond, pepper. Green, persistent.

# L'Oro delle Donne

**Marino (RM) | v.le G. Mazzini, 20 |**
**tel. 06 93668007 | orodelledonne.it**

**OLIVETO PROPRIO** SÌ
**CULTIVAR** Carboncella, Rosciola, Leccino, Frantoio, Itrana, Moraiolo
**COLTIVAZIONE** Biologica
**RACCOLTA** Manuale
**ESTRAZIONE** Ciclo continuo
**FRANTOIO** NO
**LITRI PRODOTTI** 6.000
**OLIVE DA MENSA** NO
**OSPITALITÀ** NO
**RISTORAZIONE** NO

**AZIENDA.** Mauro Gargano da anni è al timone di questa valida e conosciuta realtà dei Castelli Romani. La tenuta si estende per 32 ettari di origine vulcanica a 300 metri di altitudine dove si coltiva anche la vite accanto a circa 3.000 piante di olivo (in 17 ettari). Si producono inoltre vino, birra e farina.

**OLIVE GROVE** YES
**CULTIVAR** Carboncella, Rosciola, Leccino, Frantoio, Itrana, Moraiolo
**GROWING METHOD** Organic
**HARVEST METHOD** Manual
**EXTRACTION METHOD** Continuous cycle
**OIL MILL** NO
**LITRES PRODUCED** 6,000
**TABLE OLIVES** NO
**ACCOMODATIONS** NO
**RESTAURANT** NO

**OIL MAKER.** Mauro Gargano has been leading this valid and well-known Castelli Romani producer for years now. The estate's 32 hectares unfold on volcanic terrain at 300 meters elevation. Here vineyards are cultivated alongside some 3,000 olive trees (17 hectares in all). Wine, beer and flour are also produced.

## OLIO EXTRAVERGINE DI OLIVA BIO

**CULTIVAR: CARBONCELLA, ROSCIOLA, FRANTOIO, LECCINO**
**FRUTTATO/FRUITY: 5 • AMARO/BITTER: 4 • PICCANTE/SPICY: 5**
**FASCIA PREZZO/PRICE RANGE: 2**

**PROFILO AROMATICO.**
Carciofo, mela, mandorla, pepe. Maturo, persistente.

**AROMATIC PROFILE.**
Artichoke, apple, almond, pepper. Ripe, persistent.

# Palombelli Riccardo

**Cori (LT) | via Colle I, 118 |**
**tel. 339 8667461**

**OLIVETO PROPRIO** SÌ
**CULTIVAR** Itrana
**COLTIVAZIONE** Tradizionale
**RACCOLTA** Manuale
**ESTRAZIONE** Tradizionale
**FRANTOIO** NO
**LITRI PRODOTTI** 1.000
**OLIVE DA MENSA** NO
**OSPITALITÀ** NO
**RISTORAZIONE** NO

**AZIENDA.** La tenuta dispone di 4 ettari di oliveto (su 11 totali) in cui sono messe a dimora 1.000 piante di sola cultivar Itrana, in un territorio collinare particolarmente vocato per l'olivicoltura. Le drupe vengono molite in un frantoio di fiducia entro 10 ore dalla raccolta.

**OLIVE GROVE** YES
**CULTIVAR** Itrana
**GROWING METHOD** Traditional
**HARVEST METHOD** Manual
**EXTRACTION METHOD** Traditional
**OIL MILL** NO
**LITRES PRODUCED** 1,000
**TABLE OLIVES** NO
**ACCOMODATIONS** NO
**RESTAURANT** NO

**OIL MAKER.** 4 of the estate's 11 hectares host olive groves, about 1,000 trees (all Itrana) in a hilly area that's particularly well suited to olive growing. The drupes are pressed in a trusted mill within 10 hours of harvest.

## MONOCULTIVAR ITRANA

**CULTIVAR: ITRANA**
**FRUTTATO/FRUITY: 6 • AMARO/BITTER: 4 • PICCANTE/SPICY: 5**
**FASCIA PREZZO/PRICE RANGE: 3**

**PROFILO AROMATICO.**
Pomodoro, lattuga, mela, pepe. Verde.

**AROMATIC PROFILE.**
Tomato, lettuce, apple, pepper. Green.

# Frantoio di Piensi

**Bagnoregio (VT) | loc. Piensi |**
**tel. 0761 793601 | frantoiodipiensi.it**

**OLIVETO PROPRIO** NO
**CULTIVAR** Caninese, Leccino, Frantoio, Pendolino, Moraiolo, Maurino
**COLTIVAZIONE** Tradizionale / Biologica
**RACCOLTA** Meccanica
**ESTRAZIONE** Ciclo continuo
**FRANTOIO** SÌ
**LITRI PRODOTTI** 6.000
**OLIVE DA MENSA** NO
**OSPITALITÀ** NO
**RISTORAZIONE** NO

**AZIENDA.** Fondato nel 1991 per continuare e dare nuovo impulso all'antica tradizione di famiglia di produzione e commercializzazione d'olio extravergine di qualità, oggi, gestito da Roberto Chiovelli, è un moderno impianto con la lavorazione delle olive a temperatura controllata in assenza di ossigeno.

**OLIVE GROVE** NO
**CULTIVAR** Caninese, Leccino, Frantoio, Pendolino, Moraiolo, Maurino
**GROWING METHOD** Traditional + organic
**HARVEST METHOD** Mechanical
**EXTRACTION METHOD** Continuous cycle
**OIL MILL** YES
**LITRES PRODUCED** 6,000
**TABLE OLIVES** NO
**ACCOMODATIONS** NO
**RESTAURANT** NO

**OIL MAKER.** Founded in 1991 to give a boost to a time-honored family tradition of making quality extra virgin olive oil, today Frantoio di Piensi is a modern mill that operates in controlled-temperature olive pressing, all managed by Roberto Chiovelli.

## PRIMIO

**CULTIVAR: FRANTOIO, LECCINO**
**FRUTTATO/FRUITY: 6 • AMARO/BITTER: 6 • PICCANTE/SPICY: 6**
**FASCIA PREZZO/PRICE RANGE: 2**

**PROFILO AROMATICO.**
Carciofo, ortica, mela, mandorla, noce, pepe. Verde, persistente.

**AROMATIC PROFILE.**
Artichoke, nettle, apple, almond, walnut, pepper. Green, persistent.

## OLIVASTRO BIO

**CULTIVAR: FRANTOIO, LECCINO, MORAIOLO, CANINESE**
**FRUTTATO/FRUITY: 6 • AMARO/BITTER: 6 • PICCANTE/SPICY: 6**
**FASCIA PREZZO/PRICE RANGE: 2**

**PROFILO AROMATICO.**
Carciofo, mela, mandorla. Verde, persistente.

**AROMATIC PROFILE.**
Artichoke, apple, almond. Green, persistent.

## ETICHETTA SCURA

**CULTIVAR: FRANTOIO, LECCINO, MORAIOLO, MAURINO**
**FRUTTATO/FRUITY: 6 • AMARO/BITTER: 5 • PICCANTE/SPICY: 6**
**FASCIA PREZZO/PRICE RANGE: 2**

**PROFILO AROMATICO.**
Carciofo, cardo, mandorla, pepe. Verde.

**AROMATIC PROFILE.**
Artichoke, cardoon, almond, pepper. Green.

# Tenuta Il Principato

**Canino (VT) | s.da prov.le Riminino |**
**tel. 329 5817730 | tenutailprincipato.it**

**OLIVETO PROPRIO** SÌ
**CULTIVAR** Caninese, Leccino, Frantoio, Pendolino, Maurino
**COLTIVAZIONE** Tradizionale
**RACCOLTA** Meccanica
**ESTRAZIONE** Ciclo continuo
**FRANTOIO** SÌ
**LITRI PRODOTTI** 2.500
**OLIVE DA MENSA** NO
**OSPITALITÀ** NO
**RISTORAZIONE** NO

**AZIENDA.** Questa è un'interessante realtà gestita direttamente dal titolare, Claudio Di Pietro, che porta avanti una lunga e storica tradizione familiare. Dispone di 5 ettari di oliveto in cui sono messe a dimora 1.200 piante delle cultivar più tipiche della zona, Caninese in primis.

**OLIVE GROVE** YES
**CULTIVAR** Caninese, Leccino, Frantoio, Pendolino, Maurino
**GROWING METHOD** Traditional
**HARVEST METHOD** Mechanical
**EXTRACTION METHOD** Continuous cycle
**OIL MILL** YES
**LITRES PRODUCED** 2,500
**TABLE OLIVES** NO
**ACCOMODATIONS** NO
**RESTAURANT** NO

**OIL MAKER.** This notable producer is managed directly by its owner, Claudio Di Pietro, who's carrying on a long and time-honored family tradition of olive growing. 5 hectares of groves host about 1,200 trees. The area's classic olive varieties, foremost Caninese, are cultivated.

## PRASINUM

**CULTIVAR: MAURINO, LECCINO, CANINESE, FRANTOIO**
**FRUTTATO/FRUITY: 6 · AMARO/BITTER: 6 · PICCANTE/SPICY: 6**
**FASCIA PREZZO/PRICE RANGE: 2**

**PROFILO AROMATICO.**
Carciofo, cardo, finocchio, anice, mandorla. Verde, persistente.

**AROMATIC PROFILE.**
Artichoke, cardoon, fennel, anise, almond. Green, persistent.

## PURPUREUM MONOCULTIVAR CANINESE

**CULTIVAR: CANINESE**
**FRUTTATO/FRUITY: 6 · AMARO/BITTER: 5 · PICCANTE/SPICY: 6**
**FASCIA PREZZO/PRICE RANGE: 2**

**PROFILO AROMATICO.**
Erbe aromatiche, erba, mandorla, noce, pepe. Verde, persistente.

**AROMATIC PROFILE.**
Aromatic herbs, grass, almond, walnut, pepper. Green, persistent.

# ★ Americo Quattrociocchi

**Terracina (LT) | s.s. 148 Pontina, km 99 |**
**tel. 0773 1530775 | olioquattrociocchi.it**

**OLIVETO PROPRIO** SÌ
**CULTIVAR** Itrana, Frantoio, Leccino, Moraiolo
**COLTIVAZIONE** Tradizionale / Biologica
**RACCOLTA** Manuale
**ESTRAZIONE** Ciclo continuo
**FRANTOIO** SÌ
**LITRI PRODOTTI** 7.500.000
**OLIVE DA MENSA** NO
**OSPITALITÀ** NO
**RISTORAZIONE** NO

**AZIENDA.** La straordinaria realtà di Americo Quattrociocchi si espande fino al confine meridionale della Dop Colline Pontine. Alla sede di Alatri si aggiunge, infatti, quella di Terracina così che la sua azienda oggi comprende 110 ettari e 45mila piante, tutte in biologico, ed esporta in vari Paesi esteri.

**OLIVE GROVE** YES
**CULTIVAR** Itrana, Frantoio, Leccino, Moraiolo
**GROWING METHOD** Traditional + organic
**HARVEST METHOD** Manual
**EXTRACTION METHOD** Continuous cycle
**OIL MILL** YES
**LITRES PRODUCED** 7,500,000
**TABLE OLIVES** NO
**ACCOMODATIONS** NO
**RESTAURANT** NO

**OIL MAKER.** Quattrociocchi's extraordinary estate unfolds in the south of the DOP Colline Pontine production zone. In addition to the Alatri property, there are also groves in Terracina, bringing the total area cultivated to 110 hectares (45,000 trees), all organic. Exports to various foreign countries.

## /// SUPERBO BIO

**CULTIVAR: ITRANA, MORAIOLO**
**FRUTTATO/FRUITY: 8 • AMARO/BITTER: 7 • PICCANTE/SPICY: 7**
**FASCIA PREZZO/PRICE RANGE: 4**

**PROFILO AROMATICO.** Pomodoro, rucola, erbe aromatiche, ortica, erba, pepe, balsamico. Verde, persistente.

**AROMATIC PROFILE.** Tomato, arugula, aromatic herbs, nettle, grass, pepper, balsamic. Green, persistent.

## // OLIVASTRO MONOCULTIVAR ITRANA BIO

**CULTIVAR: ITRANA**
**FRUTTATO/FRUITY: 8 • AMARO/BITTER: 6 • PICCANTE/SPICY: 7**
**FASCIA PREZZO/PRICE RANGE: 4**

**PROFILO AROMATICO.** Pomodoro, erbe aromatiche, mela, songino, erba, pepe, balsamico. Verde, persistente.

**AROMATIC PROFILE.** Tomato, aromatic herbs, apple, lamb's lettuce, grass, pepper, balsamic. Green, persistent.

## // CLASSICO MONOCULTIVAR ITRANA BIO

**CULTIVAR: ITRANA**
**FRUTTATO/FRUITY: 8 • AMARO/BITTER: 6 • PICCANTE/SPICY: 6**
**FASCIA PREZZO/PRICE RANGE: 4**

**PROFILO AROMATICO.**
Pomodoro, erbe aromatiche, mela, pepe, balsamico. Verde, persistente.

**AROMATIC PROFILE.**
Tomato, aromatic herbs, apple, pepper, balsamic. Green, persistent.

# San Bartolomeo

**Viterbo | s.da Teverina km 7,200 |**
**tel. 0761 251782 | pollosanbartolomeo.it**

**OLIVETO PROPRIO** SÌ
**CULTIVAR** Caninese, Frantoio, Maurino, Itrana
**COLTIVAZIONE** Biologica
**RACCOLTA** Meccanica
**ESTRAZIONE** Ciclo continuo
**FRANTOIO** SÌ
**LITRI PRODOTTI** 70.000
**OLIVE DA MENSA** NO
**OSPITALITÀ** NO
**RISTORAZIONE** NO

**AZIENDA.** Quella dei Marsan è un'azienda che nasce negli anni '90 come allevamento avicolo bio a terra (carne e uova) e in libertà. La proprietà si estende per 570 ettari di cui 200 dedicati agli oliveti (splendidi) e alle 25mila piante di cui oltre la metà sono in produzione.

**OLIVE GROVE** YES
**CULTIVAR** Caninese, Frantoio, Maurino, Itrana
**GROWING METHOD** Organic
**HARVEST METHOD** Mechanical
**EXTRACTION METHOD** Continuous cycle
**OIL MILL** YES
**LITRES PRODUCED** 70,000
**TABLE OLIVES** NO
**ACCOMODATIONS** NO
**RESTAURANT** NO

**OIL MAKER.** The Marsan family's San Bartolomeo was founded in the 1990s as an organic, free-range poultry farm for meat and eggs. The property spans 570 hectares, 200 of which host (gorgeous) olive groves. Of the 25,000 trees that dwell here, over half contribute to production.

## MONOCULTIVAR FRANTOIO BIO

**CULTIVAR: FRANTOIO**
**FRUTTATO/FRUITY: 6 • AMARO/BITTER: 5 • PICCANTE/SPICY: 5**
**FASCIA PREZZO/PRICE RANGE: 3**

**PROFILO AROMATICO.**
Cardo, erba, mandorla, noce. Verde, persistente.

**AROMATIC PROFILE.**
Cardoon, grass, almond, walnut. Green, persistent.

# Casale San Giorgio

**Aprilia (LT) | via Casalazzara, 13 |**
**tel. 346 0214349 | casalesangiorgio.it**

**OLIVETO PROPRIO** SÌ
**CULTIVAR** Koroneiki, Arbosana, Sikitita, Vittoria, Arbequina
**COLTIVAZIONE** Tradizionale
**RACCOLTA** Meccanica
**ESTRAZIONE** Ciclo continuo
**FRANTOIO** SÌ
**LITRI PRODOTTI** 4.000
**OLIVE DA MENSA** NO
**OSPITALITÀ** SÌ
**RISTORAZIONE** NO

**AZIENDA.** Patrizia Gioia de Leone guida una delle realtà più interessanti della zona: 17mila piante, disposte su 10 ettari di oliveto in impianto superintensivo. Si producono anche patè, sottoli, creme cosmetiche all'olio, cioccolato. Disponibili due ville da sei posti in agriturismo.

**OLIVE GROVE** YES
**CULTIVAR** Koroneiki, Arbosana, Sikitita, Vittoria, Arbequina
**GROWING METHOD** Traditional
**HARVEST METHOD** Mechanical
**EXTRACTION METHOD** Continuous cycle
**OIL MILL** YES
**LITRES PRODUCED** 4,000
**TABLE OLIVES** NO
**ACCOMODATIONS** YES
**RESTAURANT** NO

**OIL MAKER.** Patrizia Gioia de Leone leads one of the area's most notable producers: 17,000 trees spread out over 10 hectares of extremely densely planted olive groves. Pâtés, bottled vegetables, EVOO cosmetics and chocolate are also produced. Two six-person villas are available for rent.

## MAESTRALE

**CULTIVAR: KORONEIKI, SIKITITA, VITTORIA**
**FRUTTATO/FRUITY: 5 • AMARO/BITTER: 4 • PICCANTE/SPICY: 5**
**FASCIA PREZZO/PRICE RANGE: 2**

**PROFILO AROMATICO.**
Carciofo, songino, mela, mandorla, pepe. Verde.

**AROMATIC PROFILE.**
Artichoke, lamb's lettuce, apple, almond, pepper. Green.

## PONENTINO

**CULTIVAR: ARBEQUINA, ARBOSANA, VITTORIA**
**FRUTTATO/FRUITY: 4 • AMARO/BITTER: 4 • PICCANTE/SPICY: 5**
**FASCIA PREZZO/PRICE RANGE: 2**

**PROFILO AROMATICO.**
Lattuga, songino, mela. Verde.

**AROMATIC PROFILE.**
Lettuce, lamb's lettuce, apple. Green.

# Cantina Sant'Andrea

**Terracina (LT) | via Renibbio Pod. 1720 | loc. Borgo Vodice |**
**tel. 0773 755028 | cantinasantandrea.it**

**OLIVETO PROPRIO** SÌ
**CULTIVAR** Itrana
**COLTIVAZIONE** Tradizionale
**RACCOLTA** Manuale
**ESTRAZIONE** Ciclo continuo
**FRANTOIO** NO
**LITRI PRODOTTI** 50.000
**OLIVE DA MENSA** NO
**OSPITALITÀ** SÌ
**RISTORAZIONE** SÌ

**AZIENDA.** Nella seconda metà degli anni '60 Andrea Pandolfo e la famiglia si stabiliscono a Terracina dove cominciano a produrre vino, oggi conosciuto e apprezzato anche fuori dai confini regionali. Attualmente a gestire la proprietà c'è Gabriele Pandolfo, parliamo di 100 ettari totali di cui 7 dedicati ai 2.000 olivi, mentre il resto è destinato alla vigna.

**OLIVE GROVE** YES
**CULTIVAR** Itrana
**GROWING METHOD** Traditional
**HARVEST METHOD** Manual
**EXTRACTION METHOD** Continuous cycle
**OIL MILL** NO
**LITRES PRODUCED** 50,000
**TABLE OLIVES** NO
**ACCOMODATIONS** YES
**RESTAURANT** YES

**OIL MAKER.** Andrea Pandolfo and his family settled in Terracina in the late 1960s and began producing wine (now known and appreciated throughout the country). Today Gabriele Pandolfo oversees the 100-hectare estate, which includes 7 ha of olive groves (about 2,000 trees), while the rest of the property is dedicated to wine-growing.

## MONOCULTIVAR ITRANA

**CULTIVAR: ITRANA**
**FRUTTATO/FRUITY: 7 • AMARO/BITTER: 4 • PICCANTE/SPICY: 5**
**FASCIA PREZZO/PRICE RANGE: 2**

**PROFILO AROMATICO.**
Pomodoro, erbe aromatiche, mela, pepe. Verde, persistente.

**AROMATIC PROFILE.**
Tomato, aromatic herbs, apple, pepper. Green, persistent.

# Frantoio Oleario Francesco Santinelli

Caprarola (VT) | via San Liborio, 25 |
tel. 0761 645241 | frantoiosantinelli.com

**OLIVETO PROPRIO** NO
**CULTIVAR** Leccino, Frantoio, Caninese
**COLTIVAZIONE**
**RACCOLTA**
**ESTRAZIONE**
**FRANTOIO** SÌ
**LITRI PRODOTTI** 5.000
**OLIVE DA MENSA** NO
**OSPITALITÀ** NO
**RISTORAZIONE** NO

**AZIENDA.** Nelle campagne attigue al lago di Vico, Francesco Santinelli e Roberta Costantini conducono questa realtà risalente al 1984: un moderno e ben curato frantoio che di anno in anno molisce olive provenienti da agricoltori di fiducia della zona.

**OLIVE GROVE** NO
**CULTIVAR** Leccino, Frantoio, Caninese
**GROWING METHOD**
**HARVEST METHOD**
**EXTRACTION METHOD**
**OIL MILL** YES
**LITRES PRODUCED** 5,000
**TABLE OLIVES** NO
**ACCOMODATIONS** NO
**RESTAURANT** NO

**OIL MAKER.** Francesco Santinelli and Roberta Costantini operate in the countryside around Lake Vico, managing a modern and well-maintained oil mill (Est. 1984) that, year after year, presses olives sourced from trusted local farmers.

## OLIO EXTRAVERGINE DI OLIVA BIO

**CULTIVAR: FRANTOIO, LECCINO**
**FRUTTATO/FRUITY: 5 • AMARO/BITTER: 4 • PICCANTE/SPICY: 5**
**FASCIA PREZZO/PRICE RANGE: 2**

**PROFILO AROMATICO.**
Fiori, mela, mandorla, pepe. Verde.

**AROMATIC PROFILE.**
Flowers, apple, almond, pepper. Green.

# Silvi Sabina Sapori

Palombara Sabina (RM) | s.da prov.le Ponte delle Tavole, 42 | fraz. Stazzano | tel. 0774 635423 | silvisabinasapori.it

**OLIVETO PROPRIO** SÌ
**CULTIVAR** Salviana, Carboncella, Leccino, Frantoio
**COLTIVAZIONE** Tradizionale
**RACCOLTA** Manuale
**ESTRAZIONE** Ciclo continuo
**FRANTOIO** NO
**LITRI PRODOTTI** 10.000
**OLIVE DA MENSA** SÌ
**OSPITALITÀ** NO
**RISTORAZIONE** NO

**AZIENDA.** La tenuta di Domenico Silvi, proprietà di famiglia dal 1922, si trova a un'altitudine di 3-400 metri. L'oliveto si estende per 12 ettari con 1.300 piante. Oltre all'extravergine si producono patè, olive disidratate e oli aromatizzati, ma anche ciliegie.

**OLIVE GROVE** YES
**CULTIVAR** Salviana, Carboncella, Leccino, Frantoio
**GROWING METHOD** Traditional
**HARVEST METHOD** Manual
**EXTRACTION METHOD** Continuous cycle
**OIL MILL** NO
**LITRES PRODUCED** 10,000
**TABLE OLIVES** YES
**ACCOMODATIONS** NO
**RESTAURANT** NO

**OIL MAKER.** Domenico Silvi's estate, which has been in the family since 1922, unfolds at elevations spanning 300 - 400 metres. The olive grove covers 12 hectares (about 1,300 trees). In addition to extra virgin, they produce pâtés, dehydrated olives, flavor-infused oils and cherries.

## MONOCULTIVAR SALVIANA

**CULTIVAR: SALVIANA**
**FRUTTATO/FRUITY: 5 • AMARO/BITTER: 4 • PICCANTE/SPICY: 5**
**FASCIA PREZZO/PRICE RANGE: 5**

**PROFILO AROMATICO.**
Erbe aromatiche, songino, fiori, mela. Verde.

**AROMATIC PROFILE.**
Aromatic herbs, lamb's lettuce, flowers, apple. Green.

# Sociano

**Bagnoregio (VT) | p.zza San Francesco di Paola, 6 |**
**tel. 339 6102273 | agriturismosociano.it**

**OLIVETO PROPRIO** SÌ
**CULTIVAR** Frantoio, Maurino, Moraiolo, Leccino
**COLTIVAZIONE** Biologica
**RACCOLTA** Manuale
**ESTRAZIONE** Ciclo continuo
**FRANTOIO** NO
**LITRI PRODOTTI** 2.000
**OLIVE DA MENSA** NO
**OSPITALITÀ** SÌ
**RISTORAZIONE** NO

**AZIENDA.** Quella della famiglia Colesanti è una vasta tenuta di quasi 400 ettari dove vengono allevate vacche Chianine e api da miele. Sono 5 gli ettari destinati a oliveto con 2.000 piante. Ospitalità in 35 camere recuperate in casali del 1600 con piscina a due passi dalla Valle dei Calanchi.

**OLIVE GROVE** YES
**CULTIVAR** Frantoio, Maurino, Moraiolo, Leccino
**GROWING METHOD** Organic
**HARVEST METHOD** Manual
**EXTRACTION METHOD** Continuous cycle
**OIL MILL** NO
**LITRES PRODUCED** 2,000
**TABLE OLIVES** NO
**ACCOMODATIONS** YES
**RESTAURANT** NO

**OIL MAKER.** The Colesanti family's Sociano is a vast estate of almost 400 hectares where Chianina cattle and honey bees are raised. Five hectares of olive groves host 2,000 trees. 35 rooms are also available for rent in renovated, 17th-century farmhouses (there's also a swimming pool), all just a stone's throw from the Valle dei Calanchi.

## MONOCULTIVAR FRANTOIO BIO

**CULTIVAR: FRANTOIO**
**FRUTTATO/FRUITY: 5 • AMARO/BITTER: 5 • PICCANTE/SPICY: 5**
**FASCIA PREZZO/PRICE RANGE: 2**

**PROFILO AROMATICO.**
Carciofo, mela, mandorla, pepe. Verde.

**AROMATIC PROFILE.**
Artichoke, apple, almond, pepper. Green.

# Eco Fattoria Il Sogno Verde

**Canino (VT) | loc. Santa Lucia |**
**tel. 371 4837315 |**

**OLIVETO PROPRIO** SÌ
**CULTIVAR**
**COLTIVAZIONE** Biologica
**RACCOLTA** Meccanica
**ESTRAZIONE** Ciclo continuo
**FRANTOIO** NO
**LITRI PRODOTTI**
**OLIVE DA MENSA** NO
**OSPITALITÀ** NO
**RISTORAZIONE** NO

**AZIENDA.** Emanuele Moscini ha ripreso in mano l'azienda agricola che avevano realizzato a Canino i bisnonni, fin dalla metà del 1800. Oggi è lui a guidare i 25 ettari in cui coltiva nocciole, orticole e aromatiche e di cui ne ha destinati 7 all'oliveto di circa 400 piante.

**OLIVE GROVE** YES
**CULTIVAR**
**GROWING METHOD** Organic
**HARVEST METHOD** Mechanical
**EXTRACTION METHOD** Continuous cycle
**OIL MILL** NO
**LITRES PRODUCED**
**TABLE OLIVES** NO
**ACCOMODATIONS** NO
**RESTAURANT** NO

**OIL MAKER.** Emanuele Moscini manages the farm founded by his great-grandparents in Canino in the mid-1800s. Across 25 hectares he grows hazelnuts, vegetables and herbs. There are also 7 ha of olive groves with about 400 trees.

## DOP CANINO MONOCULTIVAR CANINESE BIO

**CULTIVAR: CANINESE**
**FRUTTATO/FRUITY: 6 • AMARO/BITTER: 5 • PICCANTE/SPICY: 5**
**FASCIA PREZZO/PRICE RANGE: 5**

**PROFILO AROMATICO.**
Carciofo, mela, mandorla, pepe. Maturo, persistente.

**AROMATIC PROFILE.**
Artichoke, apple, almond, pepper. Ripe, persistent.

# Terra Forte

Blera (VT) | loc. Fossato Leco |
tel. 334 3056279 | agricolaterraforte.it

**OLIVETO PROPRIO** SÌ
**CULTIVAR** Caninese
**COLTIVAZIONE** Biologica
**RACCOLTA** Meccanica
**ESTRAZIONE** Ciclo continuo
**FRANTOIO** NO
**LITRI PRODOTTI** 3.000
**OLIVE DA MENSA** NO
**OSPITALITÀ** NO
**RISTORAZIONE** NO

**AZIENDA.** Pier Carlo Torelli gestisce con passione e competenza i 200 ettari di boschi, seminativi, pascoli e oliveto nel cuore della Tuscia. Nella proprietà si contano 1.400 olivi i cui frutti vengono lavorati nel frantoio della cooperativa Colli Etruschi. Si producono inoltre bacche di goji, zafferano e canapa.

**OLIVE GROVE** YES
**CULTIVAR** Caninese
**GROWING METHOD** Organic
**HARVEST METHOD** Mechanical
**EXTRACTION METHOD** Continuous cycle
**OIL MILL** NO
**LITRES PRODUCED** 3,000
**TABLE OLIVES** NO
**ACCOMODATIONS** NO
**RESTAURANT** NO

**OIL MAKER.** Pier Carlo Torelli brings passion and skill to his work of managing 200 hectares of woods, arable land, pastures and olive groves in the heart of Tuscia. The olives of 1,400 trees are pressed in the mill run by the Colli Etruschi cooperative. Goji berries, saffron and hemp are also produced.

## VIS DIAMANTE MONOCULTIVAR CANINESE BIO

**CULTIVAR: CANINESE**
**FRUTTATO/FRUITY: 6 • AMARO/BITTER: 6 • PICCANTE/SPICY: 6**
**FASCIA PREZZO/PRICE RANGE: 4**

**PROFILO AROMATICO.**
Carciofo, cardo, erba, rucola, noce, balsamico. Verde, persistente.

**AROMATIC PROFILE.**
Artichoke, cardoon, grass, arugula, walnut, balsamic. Green, persistent.

# Terre del Sovescio

Itri (LT) | via Burali d'Arezzo, 60 |
tel. 348 2628304 | terredelsovescio.com

**OLIVETO PROPRIO** SÌ
**CULTIVAR** Itrana
**COLTIVAZIONE** Tradizionale
**RACCOLTA** Meccanica
**ESTRAZIONE** Ciclo continuo
**FRANTOIO** NO
**LITRI PRODOTTI** 2.000
**OLIVE DA MENSA** SÌ
**OSPITALITÀ** NO
**RISTORAZIONE** NO

**AZIENDA.** Cristoforo Soprano conduce la sua azienda con la preziosa collaborazione dell'agronomo Massimo Perrotta: 2.000 piante su 16 ettari di cui 8 a oliveto dedicati alla cultivar Itrana. Produce anche olive da mensa ed erbe aromatiche.

**OLIVE GROVE** YES
**CULTIVAR** Itrana
**GROWING METHOD** Traditional
**HARVEST METHOD** Mechanical
**EXTRACTION METHOD** Continuous cycle
**OIL MILL** NO
**LITRES PRODUCED** 2,000
**TABLE OLIVES** YES
**ACCOMODATIONS** NO
**RESTAURANT** NO

**OIL MAKER.** Cristoforo Soprano manages Terre del Sovescio with the valued support of agronomist Massimo Perrotta. 2,000 Itrana olive trees occupy 8 of the property's 16 hectares. Table olives and aromatic herbs are also produced.

## MONOCULTIVAR ITRANA

**CULTIVAR: ITRANA**
**FRUTTATO/FRUITY: 7 • AMARO/BITTER: 4 • PICCANTE/SPICY: 5**
**FASCIA PREZZO/PRICE RANGE: 3**

**PROFILO AROMATICO.** Pomodoro, erbe aromatiche, mela, pepe. Vede, persistente.

**AROMATIC PROFILE.** Tomato, aromatic herbs, apple, pepper. Green, persistent.

# Podere Tiberi

**Cellere (VT) | s.da prov.le Doganella km 17,910 | fraz. Il Querceto | tel. 331 7155143 | poderetiberi.com**

**OLIVETO PROPRIO** SÌ
**CULTIVAR** Caninese, Maurino, Leccino, Frantoio
**COLTIVAZIONE** Biologica
**RACCOLTA** Meccanica
**ESTRAZIONE** Ciclo continuo
**FRANTOIO** NO
**LITRI PRODOTTI** 1.000
**OLIVE DA MENSA** NO
**OSPITALITÀ** NO
**RISTORAZIONE** NO

**AZIENDA.** Maria Clara Tiberi è una giovane e intraprendente olivicoltrice nel cuore della Tuscia, a due passi da Canino. Con passione e ostinazione segue i lavori sia nell'oliveto di 1.400 alberi su 5 ettari (di 8 totali, da quest'anno certificati bio), che nel frantoio della cooperativa Colli Etruschi di Blera.

**OLIVE GROVE** YES
**CULTIVAR** Caninese, Maurino, Leccino, Frantoio
**GROWING METHOD** Organic
**HARVEST METHOD** Mechanical
**EXTRACTION METHOD** Continuous cycle
**OIL MILL** NO
**LITRES PRODUCED** 1,000
**TABLE OLIVES** NO
**ACCOMODATIONS** NO
**RESTAURANT** NO

**OIL MAKER.** Maria Clara Tiberi is a young and enterprising olive grower based in the heart of Tuscia, just a stone's throw from Canino. With passion and determination she oversees a 1,400-tree olive grove (5 of the property's 8 hectares) and the work of pressing the drupes in an oil mill run by the Colli Etruschi di Blera cooperative.

## AURUM BIO

**CULTIVAR: MAURINO, LECCINO, FRANTOIO**
**FRUTTATO/FRUITY: 7 • AMARO/BITTER: 6 • PICCANTE/SPICY: 7**
**FASCIA PREZZO/PRICE RANGE: 3**

**PROFILO AROMATICO.** Carciofo, rucola, ortica, erba, mandorla, pepe, balsamico. Verde, persistente.

**AROMATIC PROFILE.** Artichoke, arugula, nettle, grass, almond, pepper, balsamic. Green, persistent.

## MONOCULTIVAR CANINESE BIO

**CULTIVAR: CANINESE**
**FRUTTATO/FRUITY: 6 • AMARO/BITTER: 5 • PICCANTE/SPICY: 5**
**FASCIA PREZZO/PRICE RANGE: 4**

**PROFILO AROMATICO.**
Carciofo, mela, mandorla, pinolo. Vede, persistente.

**AROMATIC PROFILE.**
Artichoke, apple, almond, pine nut. Green, persistent.

# Frantoio Tuscus

**Vetralla (VT) | v.le Eugenio IV, 107 |**
**tel. 0761 477889 | frantoiotuscus.com**

**OLIVETO PROPRIO** NO
**CULTIVAR** Peranzana, Caninese, Frantoio, Leccino, Maurino, Bolzone
**COLTIVAZIONE** Biologica
**RACCOLTA** Meccanica
**ESTRAZIONE** Ciclo continuo
**FRANTOIO** SÌ
**LITRI PRODOTTI** 45.000
**OLIVE DA MENSA** NO
**OSPITALITÀ** NO
**RISTORAZIONE** NO

**AZIENDA.** Quella di Giampaolo Sodano, nata nel 1999, è una delle realtà di riferimento della Tuscia olivicola. Ed è sulla qualità che si è concentrato il lavoro di questi anni, grazie al coordinamento tra l'azienda agricola L'Olivaia (che dispone di 7.000 piante) e il moderno frantoio Tuscus.

**OLIVE GROVE** NO
**CULTIVAR** Peranzana, Caninese, Frantoio, Leccino, Maurino, Bolzone
**GROWING METHOD** Organic
**HARVEST METHOD** Mechanical
**EXTRACTION METHOD** Continuous cycle
**OIL MILL** YES
**LITRES PRODUCED** 45,000
**TABLE OLIVES** NO
**ACCOMODATIONS** NO
**RESTAURANT** NO

**OIL MAKER.** Founded in 1999, Giampaolo Sodano's Frantoio Tuscus is one of Tuscia's most prominent oil producers. In recent years their work has focused on giving a further boost to the quality of their products, drawing on a collaboration between the Olivaia farm (which has 7,000 trees) and Tuscus's modern mill.

## RE LARIS GRAND CRU

**CULTIVAR: CANINESE, LECCINO, FRANTOIO, BOLZONE**
**FRUTTATO/FRUITY: 5 • AMARO/BITTER: 5 • PICCANTE/SPICY: 5**
**FASCIA PREZZO/PRICE RANGE: 2**

**PROFILO AROMATICO.**
Carciofo, cardo, erba, mandorla, pepe. Verde.

**AROMATIC PROFILE.**
Artichoke, cardoon, grass, almond, pepper. Green.

# Vin.Pia.

**Roccasecca dei Volsci (LT) | via Fontana Cannarelle, 13 | tel. 0773 902830 | frantoiovinpia.it**

**OLIVETO PROPRIO** SÌ
**CULTIVAR** Frantoio, Itrana, Leccino
**COLTIVAZIONE** Tradizionale
**RACCOLTA** Manuale
**ESTRAZIONE** Ciclo continuo
**FRANTOIO** SÌ
**LITRI PRODOTTI** 3.000
**OLIVE DA MENSA** NO
**OSPITALITÀ** NO
**RISTORAZIONE** NO

**AZIENDA.** Antonio Carfagna gestisce il frantoio oleario di famiglia realizzato dai nonni nel secondo dopoguerra a Priverno e trasferitosi alla fine degli anni '80 a Roccasecca. L'impianto è stato rinnovato nel 2019 e permette di lavorare a due fasi. L'azienda partecipa attivamente alle attività di diffusione della cultura olearia e del Museo dell'Olio e delle Tradizioni Popolari del paesino del Frusinate.

**OLIVE GROVE** YES
**CULTIVAR** Frantoio, Itrana, Leccino
**GROWING METHOD** Traditional
**HARVEST METHOD** Manual
**EXTRACTION METHOD** Continuous cycle
**OIL MILL** YES
**LITRES PRODUCED** 3,000
**TABLE OLIVES** NO
**ACCOMODATIONS** NO
**RESTAURANT** NO

**OIL MAKER.** Antonio Carfagna oversees the family oil mill, set up by his grandparents in Priverno after WW II and moved to Roccasecca in the late 1980s. The mill was updated in 2019 so that it now allows for two phases of pressing. Vin.Pia. works actively to raise awareness about oil culture and to support the local Museum of Oil and Folk Traditions.

## ARMONICO MONOCULTIVAR FRANTOIO

**CULTIVAR: FRANTOIO**
**FRUTTATO/FRUITY: 4 • AMARO/BITTER: 4 • PICCANTE/SPICY: 5**
**FASCIA PREZZO/PRICE RANGE: 2**

**PROFILO AROMATICO.**
Mela, mandorla, pepe. Verde.

**AROMATIC PROFILE.**
Apple, almond, pepper. Green.

## ELEGANTE MONOCULTIVAR ITRANA

**CULTIVAR: ITRANA**
**FRUTTATO/FRUITY: 5 • AMARO/BITTER: 4 • PICCANTE/SPICY: 5**
**FASCIA PREZZO/PRICE RANGE: 2**

**PROFILO AROMATICO.**
Fiori, mela, mandorla. Maturo.

**AROMATIC PROFILE.**
Flowers, apple, almond. Ripe.

# Visagi Coraggiosi

**Farnese (VT) | loc. Piana Albertina |**
**tel. 348 2306172 | visagicoraggiosi.com**

**OLIVETO PROPRIO** SÌ
**CULTIVAR** Caninese
**COLTIVAZIONE** Biologica
**RACCOLTA** Meccanica
**ESTRAZIONE** Ciclo continuo
**FRANTOIO** NO
**LITRI PRODOTTI** 2.300
**OLIVE DA MENSA** NO
**OSPITALITÀ** NO
**RISTORAZIONE** NO

**AZIENDA.** Alessandro Corinaldi e Cecilia Bozzi conducono in biologico la loro azienda di 8 ettari, dedicata ai loro 3 figli (Virginia, Sarah e Giorgio) che danno nome all'impresa con le loro iniziali. I terreni ospitano circa 1.400 piante, tutte dell'antica tipica varietà Caninese.

**OLIVE GROVE** YES
**CULTIVAR** Caninese
**GROWING METHOD** Organic
**HARVEST METHOD** Mechanical
**EXTRACTION METHOD** Continuous cycle
**OIL MILL** NO
**LITRES PRODUCED** 2,300
**TABLE OLIVES** NO
**ACCOMODATIONS** NO
**RESTAURANT** NO

**OIL MAKER.** Alessandro Corinaldi and Cecilia Bozzi cultivate their 8-hectare property organically. Dedicated to their 3 children (Virginia, Sarah and Giorgio, whose combined initials give the estate its name), Visagi Coraggiosi hosts 1,400 trees, all the ancient Caninese olive variety.

## MONOCULTIVAR CANINESE BIO

**CULTIVAR: CANINESE, FRANTOIO**
**FRUTTATO/FRUITY: 6 · AMARO/BITTER: 6 · PICCANTE/SPICY: 6**
**FASCIA PREZZO/PRICE RANGE: 4**

**PROFILO AROMATICO.**
Carciofo, rucola, mandorla, pepe. Verde.

**AROMATIC PROFILE.**
Artichoke, arugula, almond, pepper. Green.

# Vitainnova

**Formia (LT) | via Pagnano, 21 |**
**tel. 329 6443081 | vitainnova.it**

**OLIVETO PROPRIO** SÌ
**CULTIVAR** Itrana
**COLTIVAZIONE** In conversione
**RACCOLTA** Manuale
**ESTRAZIONE** Ciclo continuo
**FRANTOIO** NO
**LITRI PRODOTTI** 1.100
**OLIVE DA MENSA** SÌ
**OSPITALITÀ** NO
**RISTORAZIONE** NO

**AZIENDA.** Luigi Versaggi Panno insieme a sua moglie Natalia Bogdanova e al figlio Alessandro, hanno scelto di fare i vendicatori degli oliveti tra Lazio e Campania: prendono in affidamento gli appezzamenti abbandonati di Itrana e li rimettono in produzione, li salvano e insieme ad essi salvano il territorio dal degrado e dall'erosione. Al momento hanno 7 ettari e circa 900 piante.

**OLIVE GROVE** YES
**CULTIVAR** Itrana
**GROWING METHOD** Being converted
**HARVEST METHOD** Manual
**EXTRACTION METHOD** Continuous cycle
**OIL MILL** NO
**LITRES PRODUCED** 1,100
**TABLE OLIVES** YES
**ACCOMODATIONS** NO
**RESTAURANT** NO

**OIL MAKER.** Luigi Versaggi Panno, his wife Natalia Bogdanova, and their son Alessandro have taken up the cause of defending Lazio and Campania's abandoned olive groves, putting plots of Itrana back into production and saving them (and the territories) from degradation and erosion. At the moment they have 7 hectares and about 900 trees.

## VITANOVA PRIMUM MONOCULTIVAR ITRANA

**CULTIVAR: ITRANA**
**FRUTTATO/FRUITY: 6 • AMARO/BITTER: 4 • PICCANTE/SPICY: 4**
**FASCIA PREZZO/PRICE RANGE: 5**

**PROFILO AROMATICO.** Pomodoro, erbe aromatiche, mela, pepe. Verde.

**AROMATIC PROFILE.** Tomato, aromatic herbs, apple, pepper. Green.

## VITANOVA VITRUVIO MONOCULTIVAR ITRANA

**CULTIVAR: ITRANA**
**FRUTTATO/FRUITY: 5 • AMARO/BITTER: 3 • PICCANTE/SPICY: 4**
**FASCIA PREZZO/PRICE RANGE: 5**

**PROFILO AROMATICO.** Pomodoro, fiori, mela. Maturo.

**AROMATIC PROFILE.** Tomato, flowers, apple. Ripe.

**CULTIVAR PRINCIPALI/MAIN VARIETIES**

Dritta, Gentile di Chieti, Intosso

**CULTIVAR MINORI/MINOR VARIETIES**

Carpinetana, Cucco, Toccolana, Tortiglione

# ABRUZZO

**MANGIARE/EAT**

**Arca**

v.le G. Mazzini, 109 • Alba Adriatica (TE)

tel. 0861 714647 • arcaristorante.it

**La Bandiera**

c.da Pastini, 4 • Civitella Casanova (PE) • tel. 085 845219 • labandiera.it

**Caldora Punta Vallevò**

s.s. 16 Adriatica Nord • Rocca San Giovanni (CH) • tel. 0872 609185

**COMPRARE/SHOP**

**Enoteca Faieta**

via Vestina, 128 • Montesilvano (PE)

tel. 085 4689428 • enotecafaieta.it

**H2no**

via Fontesecco, 18 • L'Aquila • tel. 0862 581367

**Le Sommelier**

via Nino Bixio, 7a • San Salvo (CH) • tel. 339 1509425

# Cascina Bruno

**Elice (PE) | s.da San Pietro c.da Collina | tel. 329 1289997 | cascinabruno.com**

**OLIVETO PROPRIO** SÌ
**CULTIVAR** Coratina, Dritta, Leccino, Leccio del Corno, Intosso, Castiglionese
**COLTIVAZIONE** Tradizionale
**RACCOLTA** Manuale
**ESTRAZIONE** Ciclo continuo
**FRANTOIO** NO
**LITRI PRODOTTI** 3.500
**OLIVE DA MENSA** NO
**OSPITALITÀ** NO
**RISTORAZIONE** NO

**AZIENDA.** Grande è la passione di Francesco Bruno Rubini per il lavoro agricolo, tale da portarlo a gestire, a soli 29 anni, un'azienda di 15 ettari dedicati a 1.400 olivi e all'elicicoltura. Al resto ci pensa la sua mentalità imprenditoriale giovane e intraprendente. Si producono inoltre cosmetici a base di bava di lumaca, farina e pasta di grano Senatore Cappelli.

**OLIVE GROVE** YES
**CULTIVAR** Coratina, Dritta, Leccino, Leccio del Corno, Intosso, Castiglionese
**GROWING METHOD** Traditional
**HARVEST METHOD** Manual
**EXTRACTION METHOD** Continuous cycle
**OIL MILL** NO
**LITRES PRODUCED** 3,500
**TABLE OLIVES** NO
**ACCOMODATIONS** NO
**RESTAURANT** NO

**OIL MAKER.** Francesco Bruno Rubini's passion for agricultural work is so great that at the age of just 29 he's already managing a 15-hectare property dedicated to 1,400 olive trees and snail farming. His young and enterprising mindset takes care of the rest. Snail-based cosmetics, flour and Senatore Cappelli wheat pasta are also produced.

## ZEPHIRO MONOCULTIVAR LECCIO DEL CORNO

**CULTIVAR: LECCIO DEL CORNO**
**FRUTTATO/FRUITY: 6 • AMARO/BITTER: 5 • PICCANTE/SPICY: 6**
**FASCIA PREZZO/PRICE RANGE: 3**

**PROFILO AROMATICO.**
Carciofo, erba, mandorla, pepe. Verde.

**AROMATIC PROFILE.**
Artichoke, grass, almond, pepper. Green.

## RECTA MONOCULTIVAR DRITTA

**CULTIVAR: DRITTA**
**FRUTTATO/FRUITY: 6 • AMARO/BITTER: 6 • PICCANTE/SPICY: 6**
**FASCIA PREZZO/PRICE RANGE: 3**

**PROFILO AROMATICO.**
Cardo, ravanello, erba, pepe. Maturo, persistente.

**AROMATIC PROFILE.**
Cardoon, radish, grass, pepper. Ripe, persistent.

# Agricola Colle Stelle

**Loreto Aprutino (PE) | c.da Marzengo, 5 |**
**tel. 339 2171199 | collestelle.com**

**OLIVETO PROPRIO** Sì
**CULTIVAR** Dritta, Leccino, Pendolino, Frantoio, Intosso
**COLTIVAZIONE** Biologica
**RACCOLTA** Meccanica
**ESTRAZIONE** Ciclo continuo
**FRANTOIO** NO
**LITRI PRODOTTI** 1.000
**OLIVE DA MENSA** NO
**OSPITALITÀ** NO
**RISTORAZIONE** NO

**AZIENDA.** I protagonisti di questa giovane realtà produttiva sono Domenica Sileo e Davide Carrara, che con passione e determinazione hanno deciso di intraprendere il percorso dell'agricoltura biodinamica nei circa 6 ettari di oliveto con 1.000 piante. Si produce anche vino.

**OLIVE GROVE** YES
**CULTIVAR** Dritta, Leccino, Pendolino, Frantoio, Intosso
**GROWING METHOD** Organic
**HARVEST METHOD** Mechanical
**EXTRACTION METHOD** Continuous cycle
**OIL MILL** NO
**LITRES PRODUCED** 1,000
**TABLE OLIVES** NO
**ACCOMODATIONS** NO
**RESTAURANT** NO

**OIL MAKER.** Domenica Sileo and Davide Carrara lead this young producer, bringing passion and determination to the work of managing their 6-hectare olive grove (1,000 trees) cultivated according to the principles of biodynamic agriculture. Wine is also produced.

## RIGEL BIO

**CULTIVAR: DRITTA, PENDOLINO, LECCINO, FRANTOIO**
**FRUTTATO/FRUITY: 6 • AMARO/BITTER: 5 • PICCANTE/SPICY: 6**
**FASCIA PREZZO/PRICE RANGE: 4**

**PROFILO AROMATICO.**
Pomodoro, rucola, erbe aromatiche, pepe, balsamico. Verde, persistente.

**AROMATIC PROFILE.**
Tomato, arugula, aromatic herbs, pepper, balsamic. Green, persistent.

## ALDEBARAN MONOCULTIVAR DRITTA BIO

**CULTIVAR: DRITTA**
**FRUTTATO/FRUITY: 6 • AMARO/BITTER: 6 • PICCANTE/SPICY: 6**
**FASCIA PREZZO/PRICE RANGE: 4**

**PROFILO AROMATICO.**
Carciofo, ortica, erbe aromatiche, erba, pepe. Verde, persistente.

**AROMATIC PROFILE.**
Artichoke, nettle, aromatic herbs, grass, pepper. Green, persistent.

# Frantoio Timando De Juliis

Pianella (PE) | via Santa Ciriaca, 1035 |
tel. 085 971400 | oliodejuliis.it

**OLIVETO PROPRIO** SÌ
**CULTIVAR** Dritta, Leccino, Intosso
**COLTIVAZIONE** Tradizionale / Biologica
**RACCOLTA** Meccanica
**ESTRAZIONE** Ciclo continuo
**FRANTOIO** SÌ
**LITRI PRODOTTI** 30.000
**OLIVE DA MENSA** NO
**OSPITALITÀ** NO
**RISTORAZIONE** NO

**AZIENDA.** Nel 1972 Timando De Juliis ha iniziato l'attività agricola e oggi può contare su 50 ettari di oliveto (20 in affitto), su cui vivono oltre 11.500 piante. Oltre al pregiato extravergine si producono condimenti aromatizzati, paté di olive e farina.

**OLIVE GROVE** YES
**CULTIVAR** Dritta, Leccino, Intosso
**GROWING METHOD** Traditional + organic
**HARVEST METHOD** Mechanical
**EXTRACTION METHOD** Continuous cycle
**OIL MILL** YES
**LITRES PRODUCED** 30,000
**TABLE OLIVES** NO
**ACCOMODATIONS** NO
**RESTAURANT** NO

**OIL MAKER.** Timando De Juliis began farming in 1972. Today he cultivates more than 11,500 olive trees (50 hectares, 20 of which are rented). In addition to prized extra virgin olive oil, flavored condiments, olive pâtés and flour are all produced.

## DON SAVERIO DOP APRUTINO PESCARESE MONOCULTIVAR DRITTA

**CULTIVAR: DRITTA**
**FRUTTATO/FRUITY: 6 • AMARO/BITTER: 6 • PICCANTE/SPICY: 6**
**FASCIA PREZZO/PRICE RANGE: 4**

**PROFILO AROMATICO.** Carciofo, ortica, cardo, rucola, erba, pepe, balsamico. Verde, persistente.

**AROMATIC PROFILE.** Artichoke, nettle, cardoon, arugula, grass, pepper, balsamic. Green, persistent.

## REGINA DOP APRUTINO PESCARESE

**CULTIVAR: DRITTA, LECCINO**
**FRUTTATO/FRUITY: 7 • AMARO/BITTER: 6 • PICCANTE/SPICY: 7**
**FASCIA PREZZO/PRICE RANGE: 2**

**PROFILO AROMATICO.** Erba, ortica, rucola, mandorla, pepe, balsamico. Verde, persistente.

**AROMATIC PROFILE.** Grass, nettle, arugula, almond, pepper, balsamic. Green, persistent.

## REGINA EVO

**CULTIVAR: DRITTA, FRANTOIO, BELLA DI CERIGNOLA**
**FRUTTATO/FRUITY: 7 • AMARO/BITTER: 4 • PICCANTE/SPICY: 5**
**FASCIA PREZZO/PRICE RANGE: 2**

**PROFILO AROMATICO.** Piselli, fava, songino, mela, pepe. Verde, persistente.

**AROMATIC PROFILE.** Peas, broad beans, common cornsalad, apple, pepper. Green, persistent.

# Gaia

Città Sant'Angelo (PE) | s.da San Pietro, 96 |
tel. 339 5668695

**OLIVETO PROPRIO** SÌ
**CULTIVAR** Leccino, Frantoio, Castiglionese, Dritta, Posolella, Capolga
**COLTIVAZIONE** In conversione
**RACCOLTA** Meccanica
**ESTRAZIONE** Ciclo continuo
**FRANTOIO** NO
**LITRI PRODOTTI** 1.000
**OLIVE DA MENSA** NO
**OSPITALITÀ** NO
**RISTORAZIONE** NO

**AZIENDA.** In attività dal 2006, la tenuta agricola di Marina Isabella Lucchi si trova in un territorio particolarmente vocato alla coltivazione dell'olivo. Sono 7 gli ettari di terreno in riconversione biologica, sui quali trovano posto 600 piante ben curate.

**OLIVE GROVE** YES
**CULTIVAR** Leccino, Frantoio, Castiglionese, Dritta, Posolella, Capolga
**GROWING METHOD** Being converted
**HARVEST METHOD** Mechanical
**EXTRACTION METHOD** Continuous cycle
**OIL MILL** NO
**LITRES PRODUCED** 1,000
**TABLE OLIVES** NO
**ACCOMODATIONS** NO
**RESTAURANT** NO

**OIL MAKER.** Est. 2006, Marina Isabella Lucchi's Gaia is based in an area that's particularly well suited to the cultivation of olive trees. Seven hectares of land, currently being converted to organic agriculture, host 600 carefully farmed trees.

**AMARA**

**CULTIVAR: DRITTA, POSOLELLA, CASTIGLIONESE, CAPOLGA**
**FRUTTATO/FRUITY: 6 • AMARO/BITTER: 6 • PICCANTE/SPICY: 7**
**FASCIA PREZZO/PRICE RANGE: 4**

**PROFILO AROMATICO.**
Erba, ortica, cardo, rucola, pepe. Verde, persistente.

**AROMATIC PROFILE.**
Grass, nettle, cardoon, arugula, pepper. Green, persistent.

# Frantoio Gatti

Sant'Omero (TE) | via Colle San Polo, 45 | fraz. Poggio Morello | tel. 328 4181570 | frantoiogatti.com

**OLIVETO PROPRIO** Sì
**CULTIVAR** Frantoio, Leccino, Carboncella, Dritta, Tortiglione
**COLTIVAZIONE** Tradizionale
**RACCOLTA** Meccanica
**ESTRAZIONE** Ciclo continuo
**FRANTOIO** NO
**LITRI PRODOTTI** 4.000
**OLIVE DA MENSA** NO
**OSPITALITÀ** NO
**RISTORAZIONE** NO

**AZIENDA.** Pregevole realtà di lunga e solida gestione familiare, oggi capitanata da Marina Sistilli. Nel cuore di un piccolo borgo antico si porta avanti la tradizione con un piglio moderno, sia per quello che riguarda l'impianto, sia per la coltivazione delle 600 piante distribuite su 3 ettari di oliveto.

**OLIVE GROVE** YES
**CULTIVAR** Frantoio, Leccino, Carboncella, Dritta, Tortiglione
**GROWING METHOD** Traditional
**HARVEST METHOD** Mechanical
**EXTRACTION METHOD** Continuous cycle
**OIL MILL** NO
**LITRES PRODUCED** 4,000
**TABLE OLIVES** NO
**ACCOMODATIONS** NO
**RESTAURANT** NO

**OIL MAKER.** This commendable producer, now led by Marina Sistilli, has a long and solid tradition of family management. Based in the heart of a small ancient village, at Frantoio Gatti tradition is carried on with an eye towards modern methods, both when it comes to milling and to the cultivation of their 3 hectares of olive groves (600 trees).

## MEA

**CULTIVAR: CARBONCELLA, FRANTOIO, TORTIGLIONE**
**FRUTTATO/FRUITY: 6 • AMARO/BITTER: 5 • PICCANTE/SPICY: 5**
**FASCIA PREZZO/PRICE RANGE: 3**

**PROFILO AROMATICO.** Carciofo, asparago, erbe aromatiche. Maturo, persistente.

**AROMATIC PROFILE.** Artichoke, asparagus, aromatic herbs. Ripe, persistent.

# Giardini di Giulio

**Tocco da Casauria (PE) | via Municipio, 20 |**
**tel. 338 8259016 | giardinidigiulio.com**

**OLIVETO PROPRIO** SÌ
**CULTIVAR** Toccolana, Ascolana
**COLTIVAZIONE** Biologica
**RACCOLTA** Meccanica
**ESTRAZIONE** Ciclo continuo
**FRANTOIO** NO
**LITRI PRODOTTI** 3.000
**OLIVE DA MENSA** SÌ
**OSPITALITÀ** NO
**RISTORAZIONE** NO

**AZIENDA.** Da tre generazioni la famiglia Di Giulio, oggi capitanata da Stefano, conduce questa splendida tenuta situata tra mare e collina. Si contano un migliaio di piante, tra cui molte secolari, disposte su 3,6 ettari a 350 metri di altitudine.

**OLIVE GROVE** YES
**CULTIVAR** Toccolana, Ascolana
**GROWING METHOD** Organic
**HARVEST METHOD** Mechanical
**EXTRACTION METHOD** Continuous cycle
**OIL MILL** NO
**LITRES PRODUCED** 3,000
**TABLE OLIVES** YES
**ACCOMODATIONS** NO
**RESTAURANT** NO

**OIL MAKER.** The Di Giulio family, now represented by Stefano, have managed this splendid estate situated between the sea and the hills across three generations. About 1,000 trees, many of which go back a century or more, occupy 3.6 hectares at 350 metres elevation.

## MONOCULTIVAR TOCCOLANA BIO

**CULTIVAR: TOCCOLANA**
**FRUTTATO/FRUITY: 6 · AMARO/BITTER: 5 · PICCANTE/SPICY: 6**
**FASCIA PREZZO/PRICE RANGE: 4**

**PROFILO AROMATICO.**
Erba, erbe aromatiche, pinolo, pepe, balsamico. Verde, persistente.

**AROMATIC PROFILE.**
Grass, aromatic herbs, pine nut, pepper, balsamic. Green, persistent.

## MONOCULTIVAR ASCOLANA BIO

**CULTIVAR: ASCOLANA TENERA**
**FRUTTATO/FRUITY: 7 · AMARO/BITTER: 4 · PICCANTE/SPICY: 5**
**FASCIA PREZZO/PRICE RANGE: 4**

**PROFILO AROMATICO.**
Pomodoro, erbe aromatiche, mela, balsamico. Verde, persistente.

**AROMATIC PROFILE.**
Tomato, aromatic herbs, apple, balsamic. Green, persistent.

# Frantoio Oleario Giocondo

**San Vito Chietino (CH) | via San Rocco Vecchio, 9 |**
**tel. 347 1656911 | frantoiogiocondo.it**

**OLIVETO PROPRIO** SÌ
**CULTIVAR** Gentile di Chieti, Leccio del Corno, Leccino, Rustica dell'Aquila, Gentile de L'Aquila
**COLTIVAZIONE** Biologica
**RACCOLTA** Meccanica
**ESTRAZIONE** Ciclo continuo
**FRANTOIO** SÌ
**LITRI PRODOTTI** 10.000
**OLIVE DA MENSA** NO
**OSPITALITÀ** NO
**RISTORAZIONE** NO

**AZIENDA.** Nel cuore della costa dei Trabocchi si trova questo frantoio dalla storica gestione familiare attiva dal 1930 e ancora oggi tra le eccellenze della zona. Maria La Barba, la titolare, oltre all'impianto oleario gestisce anche le 1.000 piante su 3 ettari condotti in biologico e acquista altre olive nella zona.

**OLIVE GROVE** YES
**CULTIVAR** Gentile di Chieti, Leccio del Corno, Leccino, Rustica dell'Aquila, Gentile de L'Aquila
**GROWING METHOD** Organic
**HARVEST METHOD** Mechanical
**EXTRACTION METHOD** Continuous cycle
**OIL MILL** YES
**LITRES PRODUCED** 10,000
**TABLE OLIVES** NO
**ACCOMODATIONS** NO
**RESTAURANT** NO

**OIL MAKER.** Frantoio Oleario Giocondo, active in the heart of the Trabocchi coast since 1930 and still among the area's most prominent producers, has a long history of family management. In addition to managing the oil mill, owner Maria La Barba cultivates 1,000 trees on 3 organic hectares. Olives are also sourced locally.

## SALSEDINE

**CULTIVAR: GENTILE DI CHIETI, ALTRE**
**FRUTTATO/FRUITY: 6 • AMARO/BITTER: 4 • PICCANTE/SPICY: 5**
**FASCIA PREZZO/PRICE RANGE: 2**

**PROFILO AROMATICO.** Piselli, fava, asparago, lattuga, sedano, pepe. Verde, persistente.

**AROMATIC PROFILE.** Peas, broad beans, asparagus, lettuce, celery, pepper. Green, persistent.

# Oleificio Goccia d'Oro

**Penne (PE) | c.da Arci, 23 |**
**tel. 085 8270631 | gocciadoro.com**

**OLIVETO PROPRIO** SÌ
**CULTIVAR** Dritta, Leccino
**COLTIVAZIONE** Tradizionale / Biologica
**RACCOLTA** Manuale
**ESTRAZIONE** Ciclo continuo
**FRANTOIO** SÌ
**LITRI PRODOTTI** 17.000
**OLIVE DA MENSA** NO
**OSPITALITÀ** NO
**RISTORAZIONE** NO

**AZIENDA.** Dal 1993 la famiglia Giancaterino si occupa di olio. Giuliano, affiancato dalla moglie Ezia e dai due figli, negli anni ha saputo imporre il suo concetto di qualità, incentrato sull'approvvigionamento di frutti sani al giusto grado di maturazione e su tecniche di estrazione al passo coi tempi.

**OLIVE GROVE** YES
**CULTIVAR** Dritta, Leccino
**GROWING METHOD** Traditional + organic
**HARVEST METHOD** Manual
**EXTRACTION METHOD** Continuous cycle
**OIL MILL** YES
**LITRES PRODUCED** 17,000
**TABLE OLIVES** NO
**ACCOMODATIONS** NO
**RESTAURANT** NO

**OIL MAKER.** The Giancaterino family have been producing oil since 1993. Over the years Giuliano, supported by his wife, Ezia, and their two children, has managed to establish a personal vision of quality, one focused on the cultivation of healthy olives harvested at the right moment and on milling techniques that are in step with the times.

## PEPITA MONOCULTIVAR DRITTA

**CULTIVAR: DRITTA**
**FRUTTATO/FRUITY: 5 • AMARO/BITTER: 4 • PICCANTE/SPICY: 4**
**FASCIA PREZZO/PRICE RANGE: 2**

**PROFILO AROMATICO.**
Carciofo, mela, mandorla. Maturo, persistente.

**AROMATIC PROFILE.**
Artichoke, apple, almond. Ripe, persistent.

# Frantoio Gran Sasso

**Isola del Gran Sasso d'Italia (TE) | c.da Tembrietta | tel. 329 3525513 | frantoiogransasso.it**

**OLIVETO PROPRIO** SÌ
**CULTIVAR** Tortiglione, Leccio del Corno, Ortice, Leccino, Frantoio, Ascolana Tenera, Intosso, Picholine, Dritta
**COLTIVAZIONE** Tradizionale
**RACCOLTA** Manuale
**ESTRAZIONE** Ciclo continuo
**FRANTOIO** SÌ
**LITRI PRODOTTI** 25.000
**OLIVE DA MENSA** NO
**OSPITALITÀ** NO
**RISTORAZIONE** NO

**AZIENDA.** Il frantoio di Antonio Trivellizzi prende nome dalla cittadina a oltre 400 metri di altitudine. L'azienda conta su 20 ettari di oliveti con 2.000 piante, in più acquista olive selezionate in zona. Si producono anche farina da grano solina, ceci, farro e lenticchie.

**OLIVE GROVE** YES
**CULTIVAR** Tortiglione, Leccio del Corno, Ortice, Leccino, Frantoio, Ascolana Tenera, Intosso, Picholine, Dritta
**GROWING METHOD** Traditional
**HARVEST METHOD** Manual
**EXTRACTION METHOD** Continuous cycle
**OIL MILL** YES
**LITRES PRODUCED** 25,000
**TABLE OLIVES** NO
**ACCOMODATIONS** NO
**RESTAURANT** NO

**OIL MAKER.** Antonio Trivellizzi's oil mill takes its name from the area where it's based (at 400-plus meters elevation). The olives cultivated across 20 hectares of groves combine with select, locally sourced crop. Solina flour, chickpeas, spelt and lentils are also produced.

## /// 949

**CULTIVAR: TORTIGLIONE, DRITTA**
**FRUTTATO/FRUITY: 6 • AMARO/BITTER: 6 • PICCANTE/SPICY: 7**
**FASCIA PREZZO/PRICE RANGE: 4**

**PROFILO AROMATICO.** Erba, cardo, noce, mandorla, rucola, pepe. Verde, persistente.

**AROMATIC PROFILE.** Grass, cardoon, walnut, almond, arugula, pepper. Green, persistent.

## // INSULAE

**CULTIVAR: LECCINO, FRANTOIO, PENDOLINO**
**FRUTTATO/FRUITY: 6 • AMARO/BITTER: 5 • PICCANTE/SPICY: 5**
**FASCIA PREZZO/PRICE RANGE: 2**

**PROFILO AROMATICO.** Carciofo, cardo, mandorla. Verde.

**AROMATIC PROFILE.** Artichoke, cardoon, almond. Green.

## // COLLI UBERTI

**CULTIVAR: DRITTA, FRANTOIO, LECCINO**
**FRUTTATO/FRUITY: 6 • AMARO/BITTER: 4 • PICCANTE/SPICY: 5**
**FASCIA PREZZO/PRICE RANGE: 2**

**PROFILO AROMATICO.** Erbe aromatiche, mela, fiori. Maturo, persistente.

**AROMATIC PROFILE.** Aromatic herbs, apple, flowers. Ripe, persistent.

# Guardiani Farchione

**Tocco da Casauria (PE) | via XX Settembre, 30 |**
**tel. 085 880509 | guardianifarchione.com**

**OLIVETO PROPRIO** Sì
**CULTIVAR** Leccino, Dritta, Toccolana, Intosso
**COLTIVAZIONE** Biologica
**RACCOLTA** Manuale
**ESTRAZIONE** Ciclo continuo
**FRANTOIO** NO
**LITRI PRODOTTI** 4.000
**OLIVE DA MENSA** NO
**OSPITALITÀ** NO
**RISTORAZIONE** NO

**AZIENDA.** Dal 1976 la famiglia Guardiani Farchione gestisce questa rinomata realtà agricola storicamente vocata alla produzione vitivinicola. La produzione aziendale si completa con l'oliveto di 6.000 alberi distribuiti su 25 ettari, il tutto nel suggestivo borgo di Tocco da Casauria.

**OLIVE GROVE** YES
**CULTIVAR** Leccino, Dritta, Toccolana, Intosso
**GROWING METHOD** Organic
**HARVEST METHOD** Manual
**EXTRACTION METHOD** Continuous cycle
**OIL MILL** NO
**LITRES PRODUCED** 4,000
**TABLE OLIVES** NO
**ACCOMODATIONS** NO
**RESTAURANT** NO

**OIL MAKER.** The Guardiani Farchione family have managed this renowned estate, reputed for its wines, since 1976. The property also includes a 25-hectare olive grove (6,000 trees), all in the charming village of Tocco da Casauria.

## MONOCULTIVAR INTOSSO BIO

**CULTIVAR: INTOSSO**
**FRUTTATO/FRUITY: 6 · AMARO/BITTER: 5 · PICCANTE/SPICY: 5**
**FASCIA PREZZO/PRICE RANGE: 4**

**PROFILO AROMATICO.**
Pomodoro, erbe aromatiche, mela, ortica, songino. Verde.

**AROMATIC PROFILE.**
Tomato, aromatic herbs, apple, nettle, common cornsalad. Green.

# Oleificio La Farciola Nicola

**Lanciano (CH) | c.da Re di Coppe, 29 |**
**tel. 0872 41126 | oleificiolafarciola.it**

**OLIVETO PROPRIO** SÌ
**CULTIVAR** Gentile, Moraiolo, Leccino, Peranzana, Crognalegno
**COLTIVAZIONE** Tradizionale
**RACCOLTA** Meccanica
**ESTRAZIONE** Ciclo continuo
**FRANTOIO** SÌ
**LITRI PRODOTTI** 12.000
**OLIVE DA MENSA** NO
**OSPITALITÀ** NO
**RISTORAZIONE** NO

**AZIENDA.** Dal 2010 Nicola La Farciola, erede di una tradizione familiare nel settore molto più longeva, tiene ben salde le redini di questa bella realtà. 4 gli ettari di oliveto aziendali, con 600 alberi; in più si acquistano 600 quintali di olive accuratamente selezionate.

**OLIVE GROVE** YES
**CULTIVAR** Gentile, Moraiolo, Leccino, Peranzana, Crognalegno
**GROWING METHOD** Traditional
**HARVEST METHOD** Mechanical
**EXTRACTION METHOD** Continuous cycle
**OIL MILL** YES
**LITRES PRODUCED** 12,000
**TABLE OLIVES** NO
**ACCOMODATIONS** NO
**RESTAURANT** NO

**OIL MAKER.** Nicola La Farciola, heir to a much longer family tradition in the sector, has been skilfully managing this lovely estate since 2010. The drupes from 4 hectares of groves (600 trees) combine with an additional 60,000 kilos of locally sourced olives.

## RAGGIO D'OLIVA

**CULTIVAR: GENTILE, MORAIOLO, LECCINO, PERANZANA**
**FRUTTATO/FRUITY: 6 • AMARO/BITTER: 6 • PICCANTE/SPICY: 6**
**FASCIA PREZZO/PRICE RANGE: 4**

**PROFILO AROMATICO.**
Carciofo, erba, mandorla, noce, pepe, balsamico. Verde, persistente.

**AROMATIC PROFILE.**
Artichoke, grass, almond, walnut, pepper, balsamic. Green, persistent.

# Alessandro Mancini

**Fossacesia (CH) | s.s. 524 Lanciano-Fossacesia Ovest, 62 |**
**tel. 0872 607775 | mancinialessandro.it**

**OLIVETO PROPRIO** SÌ
**CULTIVAR** Leccino, Dritta, Frantoio, Peranzana, Itrana, Gentile di Chieti
**COLTIVAZIONE** Tradizionale
**RACCOLTA** Meccanica
**ESTRAZIONE** Ciclo continuo
**FRANTOIO** SÌ
**LITRI PRODOTTI** 30.000
**OLIVE DA MENSA** SÌ
**OSPITALITÀ** NO
**RISTORAZIONE** NO

**AZIENDA.** A pochi chilometri dalla Costa dei Trabocchi si trova il frantoio dei fratelli Mancini, una realtà che, dal 2008, è apprezzata in tutta la zona e non solo. Oltre all'impianto oleario la proprietà comprende 6 ettari di oliveto dove sono ospitati 1.500 alberi. Si producono inoltre olive da tavola e passata di pomodoro.

**OLIVE GROVE** YES
**CULTIVAR** Leccino, Dritta, Frantoio, Peranzana, Itrana, Gentile di Chieti
**GROWING METHOD** Traditional
**HARVEST METHOD** Mechanical
**EXTRACTION METHOD** Continuous cycle
**OIL MILL** YES
**LITRES PRODUCED** 30,000
**TABLE OLIVES** YES
**ACCOMODATIONS** NO
**RESTAURANT** NO

**OIL MAKER.** Based a few kilometers from Costa dei Trabocchi, the Mancini family's oil mill (Est. 2008) is appreciated throughout the area and beyond. In addition to an estate mill, the property includes 6 hectares of olive groves, where 1,500 trees are cultivated. Table olives and tomato purée is also produced.

## SUA MAESTÀ

**CULTIVAR: PERANZANA, LECCINO, DRITTA**
**FRUTTATO/FRUITY: 5 • AMARO/BITTER: 5 • PICCANTE/SPICY: 5**
**FASCIA PREZZO/PRICE RANGE: 2**

**PROFILO AROMATICO.**
Mela, mandorla, fiori, pinolo. Maturo, persistente.

**AROMATIC PROFILE.**
Apple, almond, flowers, pine nut. Ripe, persistent.

# Tenuta Masciangelo

**Francavilla al Mare (CH) | c.da Sant'Elena, 10 |**
**tel. 085 60729 | tenutamasciangelo.com**

**OLIVETO PROPRIO** SÌ
**CULTIVAR** Pendolino, Gentile di Chieti, Cucco, Frantoio, Caninese, Ascolana, Bella di Cerignola, Leccino
**COLTIVAZIONE** Biologica
**RACCOLTA** Manuale
**ESTRAZIONE** Ciclo continuo
**FRANTOIO** NO
**LITRI PRODOTTI** 3.500
**OLIVE DA MENSA** NO
**OSPITALITÀ** SÌ
**RISTORAZIONE** SÌ

**AZIENDA.** Ruggero Masciangelo si dedica con passione alla gestione di questa bella realtà con la tenuta agricola e il relais Tema con tutti i comfort. Nei 12 ettari di proprietà la maggior parte sono a oliveto con 2.100 alberi, mentre il resto è riservato a vitigni autoctoni.

**OLIVE GROVE** YES
**CULTIVAR** Pendolino, Gentile di Chieti, Cucco, Frantoio, Caninese, Ascolana, Bella di Cerignola, Leccino
**GROWING METHOD** Organic
**HARVEST METHOD** Manual
**EXTRACTION METHOD** Continuous cycle
**OIL MILL** NO
**LITRES PRODUCED** 3,500
**TABLE OLIVES** NO
**ACCOMODATIONS** YES
**RESTAURANT** YES

**OIL MAKER.** Ruggero Masciangelo brings passionate commitment to his work of managing his estate and relais (equipped with all the comforts). Most of the property's 12 hectares are olive groves (2,100 trees), while the rest is reserved for local grape cultivars

## LINEA MARIA

**CULTIVAR: BELLA DI CERIGNOLA, GENTILE DI CHIETI, FRANTOIO**
**FRUTTATO/FRUITY: 8 • AMARO/BITTER: 4 • PICCANTE/SPICY: 5**
**FASCIA PREZZO/PRICE RANGE: 5**

**PROFILO AROMATICO.** Piselli, fave, asparago, sedano, pepe. Verde, persistente.

**AROMATIC PROFILE.** Peas, broad beans, asparagus, celery, pepper. Green, persistent.

## LINEA WELLNESS

**CULTIVAR: GENTILE DI CHIETI, FRANTOIO, CANINESE, BELLA DI CERIGNOLA**
**FRUTTATO/FRUITY: 5 • AMARO/BITTER: 3 • PICCANTE/SPICY: 4**
**FASCIA PREZZO/PRICE RANGE: 5**

**PROFILO AROMATICO.** Carciofo, mela, fave, songino, pepe. Verde.

**AROMATIC PROFILE.** Artichoke, apple, broad beans, common cornsalad, pepper. Green.

## LINEA GOURMET

**CULTIVAR: GENTILE DI CHIETI, FRANTOIO, CANINESE, LECCINO**
**FRUTTATO/FRUITY: 6 • AMARO/BITTER: 5 • PICCANTE/SPICY: 5**
**FASCIA PREZZO/PRICE RANGE: 4**

**PROFILO AROMATICO.** Carciofo, mela, mandorla, pepe. Maturo, persistente.

**AROMATIC PROFILE.** Artichoke, apple, almond, pepper. Ripe, persistent.

# ★ Tommaso Masciantonio Trappeto di Caprafico

**Casoli (CH) | c.da Caprafico, 35 | tel. 0871 897457 | trappetodicaprafico.com**

**OLIVETO PROPRIO** SÌ
**CULTIVAR** Crognalegno, Intosso, Gentile di Chieti
**COLTIVAZIONE** Biologica
**RACCOLTA** Meccanica
**ESTRAZIONE** Ciclo continuo
**FRANTOIO** SÌ
**LITRI PRODOTTI** 25.000
**OLIVE DA MENSA** SÌ
**OSPITALITÀ** SÌ
**RISTORAZIONE** NO

**AZIENDA.** La storia della famiglia inizia nel 1874 Masciantonio fino ad arrivare ai giorni nostri con Tommaso. Sulle dolci colline tra Casoli e Guardiagrele sono disseminati i 20 ettari olivetati (dal 2004 in regime biologico) per un totale di 5.000 piante. Si producono, inoltre, eccellenti vini.

**OLIVE GROVE** YES
**CULTIVAR** Crognalegno, Intosso, Gentile di Chieti
**GROWING METHOD** Organic
**HARVEST METHOD** Mechanical
**EXTRACTION METHOD** Continuous cycle
**OIL MILL** YES
**LITRES PRODUCED** 25,000
**TABLE OLIVES** YES
**ACCOMODATIONS** YES
**RESTAURANT** NO

**OIL MAKER.** The story of Masciantonio family began in 1874 and has passed down today to Tommaso. Their 20 hectares of olive groves (5,000 trees) are scattered on the rolling hills between Casoli and Guardiagrele. The rest of production focuses on excellent wines.

## /// CROGNALE MONOCULTIVAR CROGNALEGNO

**CULTIVAR: CROGNALEGNO**
**FRUTTATO/FRUITY: 8 • AMARO/BITTER: 7 • PICCANTE/SPICY: 7**
**FASCIA PREZZO/PRICE RANGE: 5**

**PROFILO AROMATICO.** Erba, rucola, cardo, ortica, pinolo, mandorla, pepe, balsamico. Verde, persistente.

**AROMATIC PROFILE.** Grass, arugula, cardoon, nettle, pine nut, almond, pepper, balsamic. Green, persistent.

## // MONOCULTIVAR INTOSSO

**CULTIVAR: INTOSSO**
**FRUTTATO/FRUITY: 7 • AMARO/BITTER: 6 • PICCANTE/SPICY: 6**
**FASCIA PREZZO/PRICE RANGE: 5**

**PROFILO AROMATICO.** Pomodoro, rucola, erbe aromatiche, mela, pepe, balsamico. Verde, persistente.

**AROMATIC PROFILE.** Tomato, arugula, aromatic herbs, apple, pepper, balsamic. Green, persistent.

## // DOP COLLINE TEATINE BIO

**CULTIVAR: GENTILE DI CHIETI, INTOSSO**
**FRUTTATO/FRUITY: 7 • AMARO/BITTER: 5 • PICCANTE/SPICY: 6**
**FASCIA PREZZO/PRICE RANGE: 5**

**PROFILO AROMATICO.** Pomodoro, lattuga, erbe aromatiche, mela, pepe, balsamico. Verde, persistente.

**AROMATIC PROFILE.** Tomato, lettuce, aromatic herbs, apple, pepper, balsamic. Green, persistent.

# ★ Frantoio Mercurius

**Penne (PE) | c.da Planoianni, 14 | tel. 085 8279937 |**
**frantoiomercurius.com**

**OLIVETO PROPRIO** SÌ
**CULTIVAR** Dritta, Intosso, Castiglionese, Leccio del Corno, Altre
**COLTIVAZIONE** Biologica
**RACCOLTA** Meccanica
**ESTRAZIONE** Ciclo continuo
**FRANTOIO** SÌ
**LITRI PRODOTTI** 35.000
**OLIVE DA MENSA** NO
**OSPITALITÀ** NO
**RISTORAZIONE** NO

**AZIENDA.** Il frantoio che Claudio Di Mercurio gestisce insieme ai suoi familiari è un punto di riferimento qualitativo per tutta la zona e la regione. Passione, esperienza e ostinazione sono gli elementi che trainano il lavoro in frantoio e nell'oliveto di circa 5.500 piante (di cui 1.800 secolari).

**OLIVE GROVE** YES
**CULTIVAR** Dritta, Intosso, Castiglionese, Leccio del Corno, Altre
**GROWING METHOD** Organic
**HARVEST METHOD** Mechanical
**EXTRACTION METHOD** Continuous cycle
**OIL MILL** YES
**LITRES PRODUCED** 35,000
**TABLE OLIVES** NO
**ACCOMODATIONS** NO
**RESTAURANT** NO

**OIL MAKER.** The oil mill managed by Claudio Di Mercurio and his family is a touchstone for the territory and region in general. Passion, experience and determination are the elements that drive their work, both when it comes to pressing the olives and cultivating their 5,500 trees.

## FLORES BIO

**CULTIVAR: GENTILE DE L'AQUILA, RUSTICA DELL'AQUILA, DRITTA, ALTRE**
**FRUTTATO/FRUITY: 7 • AMARO/BITTER: 5 • PICCANTE/SPICY: 6**
**FASCIA PREZZO/PRICE RANGE: 4**

**PROFILO AROMATICO.** Pomodoro, lattuga, erbe aromatiche, mela, erba, pepe, balsamico. Verde, persistente.

**AROMATIC PROFILE.** Tomato, lettuce, aromatic herbs, apple, grass, pepper, balsamic. Green, persistent.

## VENUS BIO

**CULTIVAR: ASCOLANA DURA, ALTRE**
**FRUTTATO/FRUITY: 7 • AMARO/BITTER: 5 • PICCANTE/SPICY: 5**
**FASCIA PREZZO/PRICE RANGE: 4**

**PROFILO AROMATICO.** Pomodoro, mela, erbe aromatiche, songino, pepe, balsamico. Verde, persistente.

**AROMATIC PROFILE.** Tomato, apple, aromatic herbs, common cornsalad, pepper, balsamic. Green, persistent.

## VESTA DOP APRUTINO PESCARESE MONOCULTIVAR DRITTA BIO

**CULTIVAR: DRITTA**
**FRUTTATO/FRUITY: 6 • AMARO/BITTER: 5 • PICCANTE/SPICY: 6**
**FASCIA PREZZO/PRICE RANGE: 4**

**PROFILO AROMATICO.** Pomodoro, erbe aromatiche, mela. Verde, persistente.

**AROMATIC PROFILE.** Tomato, aromatic herbs, apple. Green, persistent.

# Occhiocupo

**Città Sant'Angelo (PE) | via Torre Liquerizia, 15 |**
**tel. 348 3215815**

**OLIVETO PROPRIO** SÌ
**CULTIVAR** Dritta, Leccino, Leccio del Corno, Castiglionese, Intosso, Cucco
**COLTIVAZIONE** Tradizionale
**RACCOLTA** Manuale
**ESTRAZIONE** Ciclo continuo
**FRANTOIO** NO
**LITRI PRODOTTI** 4.000
**OLIVE DA MENSA** NO
**OSPITALITÀ** NO
**RISTORAZIONE** NO

**AZIENDA.** Ai piedi del borgo di Città Sant'Angelo trova il suo spazio la proprietà di Fabio Occhiocupo. Qui l'azienda si sviluppa su poco più di 7 ettari dedicati all'oliveto che comprende oltre un migliaio di alberi di varietà autoctone.

**OLIVE GROVE** YES
**CULTIVAR** Dritta, Leccino, Leccio del Corno, Castiglionese, Intosso, Cucco
**GROWING METHOD** Traditional
**HARVEST METHOD** Manual
**EXTRACTION METHOD** Continuous cycle
**OIL MILL** NO
**LITRES PRODUCED** 4,000
**TABLE OLIVES** NO
**ACCOMODATIONS** NO
**RESTAURANT** NO

**OIL MAKER.** Fabio Occhiocupo's estate is based at the foot of the village of Città Sant'Angelo. Here just over 7 hectares of groves are cultivated, about 1,000 trees (all local olive varieties).

## OLIO SAPIENS

**CULTIVAR: LECCINO, CASTIGLIONESE, DRITTA**
**FRUTTATO/FRUITY: 7 · AMARO/BITTER: 4 · PICCANTE/SPICY: 5**
**FASCIA PREZZO/PRICE RANGE: 4**

**PROFILO AROMATICO.** Piselli, fave, mela, pepe. Verde.

**AROMATIC PROFILE.** Peas, broad beans, apple, pepper. Green.

## 850 MONOCULTIVAR LECCIO DEL CORNO

**CULTIVAR: LECCIO DEL CORNO**
**FRUTTATO/FRUITY: 6 · AMARO/BITTER: 5 · PICCANTE/SPICY: 6**
**FASCIA PREZZO/PRICE RANGE: 3**

**PROFILO AROMATICO.** Erba, mela, erbe aromatiche, balsamico. Verde.

**AROMATIC PROFILE.** Grass, apple, aromatic herbs, balsamic. Green.

## SENES MONOCULTIVAR DRITTA

**CULTIVAR: DRITTA**
**FRUTTATO/FRUITY: 6 · AMARO/BITTER: 5 · PICCANTE/SPICY: 6**
**FASCIA PREZZO/PRICE RANGE: 2**

**PROFILO AROMATICO.** Carciofo, mela, erba, pepe. Maturo, persistente.

**AROMATIC PROFILE.** Artichoke, apple, grass, pepper. Ripe, persistent.

# Frantoio Olearius

**Cupello (CH) | via del Turismo, 10 |**
**tel. 0873 317674 | frantoioolearius.it**

**OLIVETO PROPRIO** SÌ
**CULTIVAR** Gentile di Chieti, Frantoio, Moraiolo, Leccino, Peranzana, Leccio del Corno, Intosso, Ascolana, Cerasuola, Bella di Cerignola
**COLTIVAZIONE** Tradizionale / Biologica
**RACCOLTA** Meccanica
**ESTRAZIONE** Ciclo continuo
**FRANTOIO** SÌ
**LITRI PRODOTTI** 15.000
**OLIVE DA MENSA** NO
**OSPITALITÀ** NO
**RISTORAZIONE** NO

**AZIENDA.** Filomena Tenaglia gestisce con passione ed esperienza questa pregevole realtà nata nel 1967 per volontà del padre. Oggi l'azienda conta 45 ettari, di cui 37 dedicati all'oliveto che conta 7.000 alberi. A completare la produzione oli aromatizzati, sottoli, olive in salamoia e per le festività il panettolio.

**OLIVE GROVE** YES
**CULTIVAR** Gentile di Chieti, Frantoio, Moraiolo, Leccino, Peranzana, Leccio del Corno, Intosso, Ascolana, Cerasuola, Bella di Cerignola
**GROWING METHOD** Traditional + organic
**HARVEST METHOD** Mechanical
**EXTRACTION METHOD** Continuous cycle
**OIL MILL** YES
**LITRES PRODUCED** 15,000
**TABLE OLIVES** NO
**ACCOMODATIONS** NO
**RESTAURANT** NO

**OIL MAKER.** Filomena Tenaglia brings passion and experience to her work of managing Frantoio Olearius, a commendable producer founded by her father 1967. Today the estate spans 45 hectares, 37 of which are dedicated to olive groves (7,000 trees). Flavor-infused oils, bottled vegetables, olives in brine and panettolio (a holiday special) are also produced.

## DOP COLLINE TEATINE

**CULTIVAR: GENTILE DI CHIETI, LECCINO**
**FRUTTATO/FRUITY: 6 • AMARO/BITTER: 5 • PICCANTE/SPICY: 6**
**FASCIA PREZZO/PRICE RANGE: 3**

**PROFILO AROMATICO.** Carciofo, cardo, erbe aromatiche, erba, mandorla. Verde, persistente.

**AROMATIC PROFILE.** Artichoke, cardoon, aromatic herbs, grass, almond. Green, persistent.

## POLERCIA

**CULTIVAR: PERANZANA, INTOSSO**
**FRUTTATO/FRUITY: 5 • AMARO/BITTER: 4 • PICCANTE/SPICY: 4**
**FASCIA PREZZO/PRICE RANGE: 2**

**PROFILO AROMATICO.** Pomodoro, erbe aromatiche, agrumi. Maturo, persistente.

**AROMATIC PROFILE.** Tomato, aromatic herbs, citrus. Ripe, persistent.

# Pierluigi Pace

**Loreto Aprutino (PE) | via del Baio, 5 |**
**tel. 339 5875002 | oliopretole.it**

**OLIVETO PROPRIO** SÌ
**CULTIVAR** Dritta
**COLTIVAZIONE** Tradizionale
**RACCOLTA** Meccanica
**ESTRAZIONE** Ciclo continuo
**FRANTOIO** NO
**LITRI PRODOTTI** 3.000
**OLIVE DA MENSA** NO
**OSPITALITÀ** NO
**RISTORAZIONE** NO

**AZIENDA.** Fu Emidio Pace, titolare di un'importante azienda agricola con frantoio, a trasmettere al figlio Pierluigi la passione per l'olivicoltura e la produzione olearia. Nel 1987 quest'ultimo acquistò un oliveto secolare per mettere a frutto questa esperienza. Oggi si contano un migliaio di piante disposte su circa 4 ettari di oliveto.

**OLIVE GROVE** YES
**CULTIVAR** Dritta
**GROWING METHOD** Traditional
**HARVEST METHOD** Mechanical
**EXTRACTION METHOD** Continuous cycle
**OIL MILL** NO
**LITRES PRODUCED** 3,000
**TABLE OLIVES** NO
**ACCOMODATIONS** NO
**RESTAURANT** NO

**OIL MAKER.** Emidio Pace, the owner of a major farm and oil mill, passed on a passion for olive growing and oil production to his son Pierluigi. In 1987 the latter purchased an age-old olive grove to put this experience to good use. Today 1,000 trees occupy about 4 hectares of land.

## PRETOLE MONOCULTIVAR DRITTA

**CULTIVAR: DRITTA**
**FRUTTATO/FRUITY: 5 • AMARO/BITTER: 5 • PICCANTE/SPICY: 6**
**FASCIA PREZZO/PRICE RANGE: 3**

**PROFILO AROMATICO.**
Carciofo, mela, mandorla, pepe. Maturo, persistente.

**AROMATIC PROFILE.**
Artichoke, apple, almond, pepper. Ripe, persistent.

## PRETOLE

**CULTIVAR: DRITTA, LECCINO**
**FRUTTATO/FRUITY: 5 • AMARO/BITTER: 4 • PICCANTE/SPICY: 5**
**FASCIA PREZZO/PRICE RANGE: 2**

**PROFILO AROMATICO.**
Carciofo, mandorla, pepe. Maturo, persistente.

**AROMATIC PROFILE.**
Artichoke, almond, pepper. Ripe, persistent.

# Marina Palusci

Pianella (PE) | c.da Fonte Gallo, 2 | tel. 339 2285185 |
olivetopependone.com

**OLIVETO PROPRIO** SÌ
**CULTIVAR** Leccino, Frantoio, Dritta, Leccio del Corno, Maurino, Pendolino, Intosso, Moraiolo
**COLTIVAZIONE** Tradizionale / Biologica
**RACCOLTA** Manuale
**ESTRAZIONE** Ciclo continuo
**FRANTOIO** NO
**LITRI PRODOTTI** 58.800
**OLIVE DA MENSA** NO
**OSPITALITÀ** NO
**RISTORAZIONE** SÌ

**AZIENDA.** Massimiliano d'Addario, figlio di Marina Palusci, è il giovane imprenditore che gestisce questa bella proprietà da 4 generazioni a conduzione familiare. Gli oliveti aziendali si estendono per 48 ettari con 18mila piante. Si producono anche vini naturali e pasta.

**OLIVE GROVE** YES
**CULTIVAR** Leccino, Frantoio, Dritta, Leccio del Corno, Maurino, Pendolino, Intosso, Moraiolo
**GROWING METHOD** Traditional + organic
**HARVEST METHOD** Manual
**EXTRACTION METHOD** Continuous cycle
**OIL MILL** NO
**LITRES PRODUCED** 58,800
**TABLE OLIVES** NO
**ACCOMODATIONS** NO
**RESTAURANT** YES

**OIL MAKER.** Young entrepreneur Massimiliano d'Addario (son of Marina Palusci) oversees an estate that's been in his family for 4 generations. 48 hectares of olive groves host 18,000 trees. Natural wines and pasta are also produced.

## I OIL MONOCULTIVAR INTOSSO

**CULTIVAR: INTOSSO**
**FRUTTATO/FRUITY: 7 • AMARO/BITTER: 5 • PICCANTE/SPICY: 6**
**FASCIA PREZZO/PRICE RANGE: 5**

**PROFILO AROMATICO.** Pomodoro, songino, erbe aromatiche, mela, pepe, balsamico. Verde, persistente.

**AROMATIC PROFILE.** Tomato, common cornsalad, aromatic herbs, apple, pepper, balsamic. Green, persistent.

## OLIOMANIA BIO

**CULTIVAR: DRITTA, MAURINO, FRANTOIO, INTOSSO**
**FRUTTATO/FRUITY: 7 • AMARO/BITTER: 6 • PICCANTE/SPICY: 6**
**FASCIA PREZZO/PRICE RANGE: 3**

**PROFILO AROMATICO.** Pomodoro, rucola, erbe aromatiche, erba, pepe, balsamico. Verde, persistente.

**AROMATIC PROFILE.** Tomato, arugula, aromatic herbs, grass, pepper, balsamic. Green, persistent.

## L'UOMO DI FERRO MONOCULTIVAR DRITTA

**CULTIVAR: DRITTA**
**FRUTTATO/FRUITY: 6 • AMARO/BITTER: 5 • PICCANTE/SPICY: 6**
**FASCIA PREZZO/PRICE RANGE: 3**

**PROFILO AROMATICO.** Carciofo, rucola, erba, mandorla, pepe, balsamico. Verde, persistente.

**AROMATIC PROFILE.** Artichoke, arugula, grass, almond, pepper, balsamic. Green, persistent.

# ★ La Selvotta

**Vasto (CH) | via Buonanotte, 10 | tel. 0873 801658 |**
**laselvotta.it**

**OLIVETO PROPRIO** SÌ
**CULTIVAR** Frantoio, Bella di Cerignola, Gentile di Chieti, Peranzana, Nebbio di Chieti, Leccino, I-77
**COLTIVAZIONE** Integrata
**RACCOLTA** Manuale / Meccanica
**ESTRAZIONE** Ciclo continuo
**FRANTOIO** SÌ
**LITRI PRODOTTI** 16.500
**OLIVE DA MENSA** SÌ
**OSPITALITÀ** SÌ
**RISTORAZIONE** NO

**AZIENDA.** La famiglia Sputore rappresenta una delle più significative realtà olearie della regione. Gli ettari dedicati all'olivo sono circa 18, in collina, con 3.700 piante di cui molte centenarie. L'azienda produce anche vini, cioccolato e sottoli.

**OLIVE GROVE** YES
**CULTIVAR** Frantoio, Bella di Cerignola, Gentile di Chieti, Peranzana, Nebbio di Chieti, Leccino, I-77
**GROWING METHOD**
**HARVEST METHOD** Manual + mechanical
**EXTRACTION METHOD** Continuous cycle
**OIL MILL** YES
**LITRES PRODUCED** 16,500
**TABLE OLIVES** YES
**ACCOMODATIONS** YES
**RESTAURANT** NO

**OIL MAKER.** The Sputore family are among the region's most prominent oil producers. Some 18 hectares of hillside olive groves are home to 3,700 trees, many of which go centuries back. Wines, chocolate and bottled vegetables are also produced.

## OLIVA GROSSA MONOCULTIVAR BELLA DI CERIGNOLA

**CULTIVAR: BELLA DI CERIGNOLA**
**FRUTTATO/FRUITY: 6 • AMARO/BITTER: 3 • PICCANTE/SPICY: 5**
**FASCIA PREZZO/PRICE RANGE: 2**

**PROFILO AROMATICO.**
Piselli, fava, asparago, carciofo, pepe. Verde, persistente.

**AROMATIC PROFILE.**
Peas, broad beans, asparagus, artichoke, pepper. Green, persistent.

## ELECTUM

**CULTIVAR: PERANZANA, GENTILE DI CHIETI**
**FRUTTATO/FRUITY: 6 • AMARO/BITTER: 4 • PICCANTE/SPICY: 5**
**FASCIA PREZZO/PRICE RANGE: 2**

**PROFILO AROMATICO.**
Carciofo, cardo, mela, mandorla, pepe. Verde, persistente.

**AROMATIC PROFILE.**
Artichoke, cardoon, apple, almond, pepper. Green, persistent.

## MONOCULTIVAR GENTILE DI CHIETI

**CULTIVAR: GENTILE DI CHIETI**
**FRUTTATO/FRUITY: 5 • AMARO/BITTER: 4 • PICCANTE/SPICY: 5**
**FASCIA PREZZO/PRICE RANGE: 2**

**PROFILO AROMATICO.**
Carciofo, mela, mandorla. Maturo, persistente.

**AROMATIC PROFILE.**
Artichoke, apple, almond. Ripe, persistent.

# Skygreen

**Nocciano (PE) | c.da Fonteschiavo, 76 |**
**tel. 348 3717017 | skygreen.eu**

**OLIVETO PROPRIO** SÌ
**CULTIVAR** Ascolana Tenera, Leccino, Dritta, Moraiolo, Frantoio, Itrana
**COLTIVAZIONE** Tradizionale
**RACCOLTA** Meccanica
**ESTRAZIONE** Ciclo continuo
**FRANTOIO** NO
**LITRI PRODOTTI** 1.000
**OLIVE DA MENSA** NO
**OSPITALITÀ** NO
**RISTORAZIONE** NO

**AZIENDA.** La bella realtà di Fabio Conti è attiva dal 2015 in una zona da sempre vocata all'olivicoltura come quella alle pendici della Majella. La proprietà si estende per 10 ettari di oliveto che ospita 1.000 piante. Il titolare, si occupa personalmente di tutte le fasi produttive e commerciali.

**OLIVE GROVE** YES
**CULTIVAR** Ascolana Tenera, Leccino, Dritta, Moraiolo, Frantoio, Itrana
**GROWING METHOD** Traditional
**HARVEST METHOD** Mechanical
**EXTRACTION METHOD** Continuous cycle
**OIL MILL** NO
**LITRES PRODUCED** 1,000
**TABLE OLIVES** NO
**ACCOMODATIONS** NO
**RESTAURANT** NO

**OIL MAKER.** Active since 2015, Fabio Conti's Skygreen is based on the slopes of Majella, an area long appreciated by olive growers. The property spans 10 hectares — about 1,000 trees. The owner personally oversees all stages of production and sales.

## OLIO MUSINO OLIVAGGIO

**CULTIVAR: DRITTA, ASCOLANA TENERA**
**FRUTTATO/FRUITY: 5 • AMARO/BITTER: 5 • PICCANTE/SPICY: 6**
**FASCIA PREZZO/PRICE RANGE: 5**

**PROFILO AROMATICO.**
Erbe aromatiche, mela, pepe, balsamico. Verde, persistente.

**AROMATIC PROFILE.**
Aromatic herbs, apple, pepper, balsamic. Green, persistent.

# Ernesto Tiberio

Tollo (CH) | via Ciccospreca, 57 |
tel. 0871 961286 | aziendatiberio.it

**OLIVETO PROPRIO** SÌ
**CULTIVAR** Gentile di Chieti, Leccino, Dritta, Leccio del Corno, Frantoio
**COLTIVAZIONE** Tradizionale / Biologica
**RACCOLTA** Manuale / Meccanica
**ESTRAZIONE** Ciclo continuo/ Tradizionale
**FRANTOIO** SÌ
**LITRI PRODOTTI** 15.000
**OLIVE DA MENSA** NO
**OSPITALITÀ** NO
**RISTORAZIONE** NO

**AZIENDA.** Quella dei Tiberio è un'impresa familiare attiva da ben quattro generazioni. Gli oliveti si estendono per un totale di 3 ettari (su 10 totali tutti bio) e ospitano circa 600 piante. Con esperienza e passione i fratelli Valerio e Lorenzo seguono il processo produttivo dalla raccolta alla lavorazione e hanno dato vita anche a un microbirrificio.

**OLIVE GROVE** YES
**CULTIVAR** Gentile di Chieti, Leccino, Dritta, Leccio del Corno, Frantoio
**GROWING METHOD** Traditional + organic
**HARVEST METHOD** Manual + mechanical
**EXTRACTION METHOD** Continuous cycle Tradition
**OIL MILL** YES
**LITRES PRODUCED** 15,000
**TABLE OLIVES** NO
**ACCOMODATIONS** NO
**RESTAURANT** NO

**OIL MAKER.** The Tiberio family have been farming for four generations. Their 3 hectares of olive groves (out of 10 total, all organic) host about 600 trees. Brothers Valerio and Lorenzo bring experience and passion to their work of overseeing all stages of production, from harvesting to pressing. They've also launched a microbrewery.

## COLONIA AUGUSTEA MONOCULTIVAR GENTILE DI CHIETI

**CULTIVAR: GENTILE DI CHIETI, DRITTA**
**FRUTTATO/FRUITY: 6 • AMARO/BITTER: 5 • PICCANTE/SPICY: 6**
**FASCIA PREZZO/PRICE RANGE: 2**

**PROFILO AROMATICO.**
Carciofo, noce, mandorla, balsamico. Verde, persistente.

**AROMATIC PROFILE.**
Artichoke, walnut, almond, balsamic. Green, persistent.

## AMARILLO

**CULTIVAR: GENTILE DI LARINO, LECCIO DEL CORNO, FRANTOIO, PERANZANA**
**FRUTTATO/FRUITY: 6 • AMARO/BITTER: 6 • PICCANTE/SPICY: 6**
**FASCIA PREZZO/PRICE RANGE: 2**

**PROFILO AROMATICO.**
Carciofo, mela, mandorla. Maturo, persistente.

**AROMATIC PROFILE.**
Artichoke, apple, almond. Ripe, persistent.

# Frantoio Tini

**Castilenti (TE) | c.da Pizzannocca, 1 |**
**tel. 339 5969504 | frantoiotini.it**

**OLIVETO PROPRIO** SÌ
**CULTIVAR** Dritta, Castiglionese, Leccino, Frantoio, Leccio del Corno
**COLTIVAZIONE** Tradizionale / Biologica
**RACCOLTA** Manuale
**ESTRAZIONE** Ciclo continuo
**FRANTOIO** SÌ
**LITRI PRODOTTI** 7.000
**OLIVE DA MENSA** NO
**OSPITALITÀ** NO
**RISTORAZIONE** NO

**AZIENDA.** Comincia nel 1921 la storia di questo frantoio, con uno dei primi impianti della zona: una tradizione di famiglia che prosegue ancora oggi. Oggi è Vincenzo, figlio di Carmine, a guidare questa bella struttura immersa nelle splendide colline abruzzesi: un impianto oleario all'avanguardia e un centinaio di olivi.

**OLIVE GROVE** YES
**CULTIVAR** Dritta, Castiglionese, Leccino, Frantoio, Leccio del Corno
**GROWING METHOD** Traditional + organic
**HARVEST METHOD** Manual
**EXTRACTION METHOD** Continuous cycle
**OIL MILL** YES
**LITRES PRODUCED** 7,000
**TABLE OLIVES** NO
**ACCOMODATIONS** NO
**RESTAURANT** NO

**OIL MAKER.** The story of Frantoio Tini, one of the first mills in the area, goes back to 1921 — and the family tradition continues today. Vincenzo, son of Carmine, now leads this lovely property, overseeing a cutting-edge mill and 100 trees immersed in the splendid hills of Abruzzo.

## CARAVAGGIO MONOCULTIVAR DRITTA

**CULTIVAR: DRITTA**
**FRUTTATO/FRUITY: 7 • AMARO/BITTER: 6 • PICCANTE/SPICY: 6**
**FASCIA PREZZO/PRICE RANGE: 4**

**PROFILO AROMATICO.**
Erba, rucola, pepe, balsamico. Verde, persistente.

**AROMATIC PROFILE.**
Grass, arugula, pepper, balsamic. Green, persistent.

## MANTEGNA MONOCULTIVAR LECCIO DEL CORNO

**CULTIVAR: LECCIO DEL CORNO**
**FRUTTATO/FRUITY: 6 • AMARO/BITTER: 5 • PICCANTE/SPICY: 6**
**FASCIA PREZZO/PRICE RANGE: 4**

**PROFILO AROMATICO.**
Carciofo, noce, mandorla, pepe. Verde, persistente.

**AROMATIC PROFILE.**
Artichoke, walnut, almond, pepper. Green, persistent.

## TINTORETTO MONOCULTIVAR CASTIGLIONESE

**CULTIVAR: CASTIGLIONESE**
**FRUTTATO/FRUITY: 5 • AMARO/BITTER: 5 • PICCANTE/SPICY: 5**
**FASCIA PREZZO/PRICE RANGE: 4**

**PROFILO AROMATICO.**
Carciofo, cardo, erba, pepe. Verde, persistente.

**AROMATIC PROFILE.**
Artichoke, cardoon, grass, pepper. Green, persistent.

# Tocco d'Italy

**Tocco da Casauria (PE) | via G. Agnelli, 2 |**
**tel. 333 4612870 | mormaj.wine**

**OLIVETO PROPRIO** SÌ
**CULTIVAR** Toccolana, Leccino
**COLTIVAZIONE** Biologica
**RACCOLTA** Manuale
**ESTRAZIONE** Ciclo continuo
**FRANTOIO** NO
**LITRI PRODOTTI** 1.000
**OLIVE DA MENSA** NO
**OSPITALITÀ** NO
**RISTORAZIONE** NO

**AZIENDA.** La proprietà di Francesco Di Gregorio, con il prezioso supporto di Andrea Calloni, nasce dalla passione per la natura e l'attaccamento al territorio. L'azienda si sviluppa su 10 ettari dove sono ospitati un migliaio di olivi. La produzione si completa con una selezione di vini naturali.

**OLIVE GROVE** YES
**CULTIVAR** Toccolana, Leccino
**GROWING METHOD** Organic
**HARVEST METHOD** Manual
**EXTRACTION METHOD** Continuous cycle
**OIL MILL** NO
**LITRES PRODUCED** 1,000
**TABLE OLIVES** NO
**ACCOMODATIONS** NO
**RESTAURANT** NO

**OIL MAKER.** Francesco Di Gregorio's estate (made possible thanks to valuable support from Andrea Calloni) was founded out of a passion for nature and a bond with the territory. 10 hectares of land are home to about 1,000 trees. A selection of natural wines are also produced.

## MONOCULTIVAR TOCCOLANA BIO

**CULTIVAR: TOCCOLANA**
**FRUTTATO/FRUITY: 7 • AMARO/BITTER: 5 • PICCANTE/SPICY: 6**
**FASCIA PREZZO/PRICE RANGE: 3**

**PROFILO AROMATICO.**
Erba, rucola, erbe aromatiche, mela, pepe. Verde, persistente.

**AROMATIC PROFILE.**
Grass, arugula, aromatic herbs, apple, pepper. Green, persistent.

## MONOCULTIVAR LECCINO BIO

**CULTIVAR: LECCINO**
**FRUTTATO/FRUITY: 6 • AMARO/BITTER: 5 • PICCANTE/SPICY: 5**
**FASCIA PREZZO/PRICE RANGE: 3**

**PROFILO AROMATICO.**
Carciofo, lattuga. mela, mandorla. Verde.

**AROMATIC PROFILE.**
Artichoke, lettuce. apple, almond. Green.

# Fattoria Torre delle Valli

Civitella Casanova (PE) | c.da Torre delle Valli, 44 | fraz. Vestea |
tel. 339 3992833 | fattoriatorredellevalli.it

**OLIVETO PROPRIO** SÌ
**CULTIVAR** Dritta, Leccino, Itrana, Moraiolo, Ascolana Tenera
**COLTIVAZIONE** Biologica
**RACCOLTA** Manuale
**ESTRAZIONE** Ciclo continuo
**FRANTOIO** NO
**LITRI PRODOTTI** 12.000
**OLIVE DA MENSA** SÌ
**OSPITALITÀ** NO
**RISTORAZIONE** NO

**AZIENDA.** Nata nel 2016, quella di Luca Pratesi è una delle realtà olearie più interessanti della zona. Gli ettari totali di proprietà sono 34, di cui 17 dedicati agli oliveti che annoverano circa 3.600 piante. Alla produzione di olio extravergine si aggiunge quella di vino.

**OLIVE GROVE** YES
**CULTIVAR** Dritta, Leccino, Itrana, Moraiolo, Ascolana Tenera
**GROWING METHOD** Organic
**HARVEST METHOD** Manual
**EXTRACTION METHOD** Continuous cycle
**OIL MILL** NO
**LITRES PRODUCED** 12,000
**TABLE OLIVES** YES
**ACCOMODATIONS** NO
**RESTAURANT** NO

**OIL MAKER.** Founded in 2016, Luca Pratesi's Fattoria Torre delle Valli is one of the area's most notable oil producers. 17 of the property's 34 hectares are dedicated to olive groves, about 3,600 trees in all. In addition to extra virgin, they make wine.

## MONOCULTIVAR MORAIOLO BIO

**CULTIVAR: MORAIOLO**
**FRUTTATO/FRUITY: 6 • AMARO/BITTER: 4 • PICCANTE/SPICY: 5**
**FASCIA PREZZO/PRICE RANGE: 4**

**PROFILO AROMATICO.**
Erba, ortica, pepe, balsamico. Verde, persistente.

**AROMATIC PROFILE.**
Grass, nettle, pepper, balsamic. Green, persistent.

# Ulivi Maior

**Collecorvino (PE) | via Villa Barberi, 1 |**
**tel. 349 7300323**

**OLIVETO PROPRIO** SÌ
**CULTIVAR** Leccino, Dritta
**COLTIVAZIONE** Tradizionale
**RACCOLTA** Meccanica
**ESTRAZIONE** Ciclo continuo
**FRANTOIO** NO
**LITRI PRODOTTI** 4.000
**OLIVE DA MENSA** NO
**OSPITALITÀ** NO
**RISTORAZIONE** NO

**AZIENDA.** Una giovane realtà quella di Giampietro Mattiuzzo, che dal 2017 gestisce questa proprietà che comprende 9 ettari di oliveto dove sono ospitati 1.200 alberi di varietà autoctone e tipiche del centro Italia. Grande attenzione viene riposta nella raccolta e nelle fasi di lavorazione delle olive.

**OLIVE GROVE** YES
**CULTIVAR** Leccino, Dritta
**GROWING METHOD** Traditional
**HARVEST METHOD** Mechanical
**EXTRACTION METHOD** Continuous cycle
**OIL MILL** NO
**LITRES PRODUCED** 4,000
**TABLE OLIVES** NO
**ACCOMODATIONS** NO
**RESTAURANT** NO

**OIL MAKER.** Giampietro Mattiuzzo has been managing this young producer since 2017. 9 hectares of olive groves (1,200 trees) host native varieties and those common to central Italy. Great attention is paid to the harvesting and processing of the olives.

## DOP APRUTINO PESCARESE MONOCULTIVAR DRITTA

**CULTIVAR: DRITTA**
**FRUTTATO/FRUITY: 7 • AMARO/BITTER: 6 • PICCANTE/SPICY: 6**
**FASCIA PREZZO/PRICE RANGE: 3**

**PROFILO AROMATICO.** Carciofo, cardo, mandorla, pepe. Verde, persistente.

**AROMATIC PROFILE.** Artichoke, cardoon, almond, pepper. Green, persistent.

## DOP APRUTINO PESCARESE

**CULTIVAR: DRITTA, LECCINO**
**FRUTTATO/FRUITY: 5 • AMARO/BITTER: 5 • PICCANTE/SPICY: 6**
**FASCIA PREZZO/PRICE RANGE: 3**

**PROFILO AROMATICO.** Carciofo, mela, pepe. Maturo, persistente.

**AROMATIC PROFILE.** Artichoke, apple, pepper. Ripe, persistent.

# Ursini

**Fossacesia (CH) | via Santa Maria La Nova, 12 | loc. Villa Scorciosa |**
**tel. 0872 579060 | ursini.com**

**OLIVETO PROPRIO** SÌ
**CULTIVAR** Cucco, Intosso, Leccino, Gentile di Chieti, Leccio del Corno
**COLTIVAZIONE** Tradizionale
**RACCOLTA** Meccanica
**ESTRAZIONE** Ciclo continuo
**FRANTOIO** SÌ
**LITRI PRODOTTI** 60.000
**OLIVE DA MENSA** SÌ
**OSPITALITÀ** NO
**RISTORAZIONE** NO

**AZIENDA.** Quella della famiglia Ursini è una realtà di riferimento in fatto di produzione olearia per tutta la regione. Sono 9 gli ettari di oliveto, nei quali dimorano 2.400 piante. Oltre agli oli, l'offerta aziendale si completa con un'ampia gamma di specialità come sughi, conserve, olive da mensa, sottoli.

**OLIVE GROVE** YES
**CULTIVAR** Cucco, Intosso, Leccino, Gentile di Chieti, Leccio del Corno
**GROWING METHOD** Traditional
**HARVEST METHOD** Mechanical
**EXTRACTION METHOD** Continuous cycle
**OIL MILL** YES
**LITRES PRODUCED** 60,000
**TABLE OLIVES** YES
**ACCOMODATIONS** NO
**RESTAURANT** NO

**OIL MAKER.** The Ursini family serves as a cornerstone for the province and Abruzzo region in general. Their 9-hectare olive grove hosts some 2,400 trees. In addition to various types of oils, the producer offers a wide range of food specialties, sauces, preserves, table olives, and bottled vegetables.

## TANDEM OLEA

**CULTIVAR: INTOSSO, LECCIO DEL CORNO**
**FRUTTATO/FRUITY: 8 • AMARO/BITTER: 4 • PICCANTE/SPICY: 5**
**FASCIA PREZZO/PRICE RANGE: 5**

**PROFILO AROMATICO.** Pomodoro, songino, erbe aromatiche, mela, pepe, balsamico. Verde, persistente.

**AROMATIC PROFILE.** Tomato, lamb's lettuce, aromatic herbs, apple, pepper, balsamic. Green, persistent.

## SOLO INTOSSO MONOCULTIVAR

**CULTIVAR: INTOSSO**
**FRUTTATO/FRUITY: 7 • AMARO/BITTER: 5 • PICCANTE/SPICY: 6**
**FASCIA PREZZO/PRICE RANGE: 5**

**PROFILO AROMATICO.**
Pomodoro, erbe aromatiche, mela, pepe, balsamico. Verde, persistente.

**AROMATIC PROFILE.**
Tomato, aromatic herbs, apple, pepper, balsamic. Green, persistent.

## OPERA MASTRA

**CULTIVAR: DRITTA, PERANZANA, GENTILE DI CHIETI, CUCCO**
**FRUTTATO/FRUITY: 6 • AMARO/BITTER: 4 • PICCANTE/SPICY: 5**
**FASCIA PREZZO/PRICE RANGE: 5**

**PROFILO AROMATICO.**
Pomodoro, erbe aromatiche, mela. Maturo, persistente.

**AROMATIC PROFILE.**
Tomato, aromatic herbs, apple. Ripe, persistent.

# Agro Alimentare Valle Trigno

**Celenza sul Trigno (CH) | zona industriale | loc. La Fara |**
**tel. 0873 958374 | agroalimentarevalletrigno.it**

**OLIVETO PROPRIO** SÌ
**CULTIVAR** Gentile di Chieti, Cucco, Rumignana, Olivastra, Leccino
**COLTIVAZIONE** Biologica
**RACCOLTA** Manuale
**ESTRAZIONE** Ciclo continuo
**FRANTOIO** SÌ
**LITRI PRODOTTI** 5.000
**OLIVE DA MENSA** NO
**OSPITALITÀ** NO
**RISTORAZIONE** NO

**AZIENDA.** Nella seconda metà degli anni '90 Antonio Tamburro prende le redini della proprietà agricola appartenuta ai nonni. Oggi la produzione si articola tra l'extravergine, ottenuto grazie agli 800 olivi su 4 ettari, e la pasta da grano Senatore Cappelli. Tutto rigorosamente in regime biologico.

**OLIVE GROVE** YES
**CULTIVAR** Gentile di Chieti, Cucco, Rumignana, Olivastra, Leccino
**GROWING METHOD** Organic
**HARVEST METHOD** Manual
**EXTRACTION METHOD** Continuous cycle
**OIL MILL** YES
**LITRES PRODUCED** 5,000
**TABLE OLIVES** NO
**ACCOMODATIONS** NO
**RESTAURANT** NO

**OIL MAKER.** Antonio Tamburro took over the reins of his grandparents' farm in the late 1990s. Today they produce extra virgin olive oil, pressed from the drupes of 800 olive trees on 4 hectares of land, and Senatore Cappelli wheat pasta. All their products are strictly organic.

## 9932 MONOCULTIVAR RUMIGNANA BIO

**CULTIVAR: RUMIGNANA**
**FRUTTATO/FRUITY: 5 • AMARO/BITTER: 5 • PICCANTE/SPICY: 5**
**FASCIA PREZZO/PRICE RANGE: 2**

**PROFILO AROMATICO.**
Carciofo, fiori, mela, mandorla. Maturo, persistente.

**AROMATIC PROFILE.**
Artichoke, flowers, apple, almond. Ripe, persistent.

## 9932 MONOCULTIVAR GENTILE DI CHIETI BIO

**CULTIVAR: GENTILE DI CHIETI**
**FRUTTATO/FRUITY: 5 • AMARO/BITTER: 4 • PICCANTE/SPICY: 5**
**FASCIA PREZZO/PRICE RANGE: 2**

**PROFILO AROMATICO.**
Erbe aromatiche, fiori, mela, pepe. Maturo, persistente.

**AROMATIC PROFILE.**
Aromatic herbs, flowers, apple, pepper. Ripe, persistent.

# I Vignali

Torre de' Passeri (PE) | via San Vittorino, 4 |
tel. 328 7975453

**OLIVETO PROPRIO** SÌ
**CULTIVAR** Leccino, Ascolana Tenera, Toccolana, Intosso, Gentile di Chieti
**COLTIVAZIONE** In conversione
**RACCOLTA** Manuale
**ESTRAZIONE** Ciclo continuo
**FRANTOIO** NO
**LITRI PRODOTTI** 1.000
**OLIVE DA MENSA** NO
**OSPITALITÀ** NO
**RISTORAZIONE** NO

**AZIENDA.** "Giovane" realtà agricola gestita con passione e tenacia da Alessandro Ciarlo, che segue le coltivazioni personalmente in ogni loro fase. Oltre a produrre vino, qui si fa anche olio extravergine d'oliva, ricavato da circa 2,5 ettari di oliveto in cui sono a dimora 850 piante.

**OLIVE GROVE** YES
**CULTIVAR** Leccino, Ascolana Tenera, Toccolana, Intosso, Gentile di Chieti
**GROWING METHOD** Being converted
**HARVEST METHOD** Manual
**EXTRACTION METHOD** Continuous cycle
**OIL MILL** NO
**LITRES PRODUCED** 1,000
**TABLE OLIVES** NO
**ACCOMODATIONS** NO
**RESTAURANT** NO

**OIL MAKER.** This "young" farm is managed with passion and tenacity by Alessandro Ciarlo, who personally oversees cultivation of his crops. In addition to making wine, he presses extra virgin olive oil from the drupes of 850 olive trees (about 2.5 hectares of land).

## /// RAMO D'ORO BIO

**CULTIVAR: LECCINO, GENTILE DI CHIETI, ASCOLANA TENERA, INTOSSO**
**FRUTTATO/FRUITY: 6 • AMARO/BITTER: 6 • PICCANTE/SPICY: 6**
**FASCIA PREZZO/PRICE RANGE: 4**

**PROFILO AROMATICO.**
Carciofo, cardo, erba, mandorla, pepe. Verde, persistente.

**AROMATIC PROFILE.**
Artichoke, cardoon, grass, almond, pepper. Green, persistent.

**CULTIVAR PRINCIPALI/MAIN VARIETIES**

Aurina, Gentile di Larino,
Oliva Nera di Colletorto

**CULTIVAR MINORI/MINOR VARIETIES**

Paesana, Rumignana, Saligna di Larino, Sperone di Gallo

# MOLISE

**MANGIARE/EAT**

**Existo Osteria Molisana**
c.so Marcelli, 317 • Isernia • tel. 0865 299379

**Locanda Mammì**
c.da Castelnuovo, 86 • Agnone (IS)
tel. 0865 77379 • locandamammi.it

**Miseria & Nobiltà**
via Sant'Antonio Abate, 16 • Campobasso • tel. 0874 94268

**COMPRARE/SHOP**

**Pilla**
c.so F.lli Brigida, 126 • Termoli (CB) • tel. 0875 705976

**Pistilli**
via IV Novembre, 89 • Campobasso
tel. 0874 69106 • bevandepistilli.com

**Sapori&Sapori**
via Mons. S. Bologna, 17c • Campobasso • tel. 0874 311110

**Vinoteca AM**
via G. Tedesco, 24 • Isernia • tel. 391 3938447

# Andrea Caterina

Ururi (CB) | c.da Lungarella |
tel. 338 2551624 | oliocaterina.com

**OLIVETO PROPRIO** SÌ
**CULTIVAR** Gentile di Larino, Peranzana, Leccino, Nera Colletorto, Paesana bianca, Loccio del Corno
**COLTIVAZIONE** Biologica
**RACCOLTA** Manuale
**ESTRAZIONE** Ciclo continuo
**FRANTOIO** SÌ
**LITRI PRODOTTI** 7.000
**OLIVE DA MENSA** NO
**OSPITALITÀ** NO
**RISTORAZIONE** NO

**AZIENDA.** Quella di Andrea Caterina è una bella realtà agricola situata a poca distanza da Larino. La proprietà si sviluppa su una dozzina di ettari dove sono presenti 3.500 olivi delle tipiche varietà locali. L'azienda acquista anche olive selezionate, che vengono poi trasformate nell'impianto di proprietà.

**OLIVE GROVE** YES
**CULTIVAR** Gentile di Larino, Peranzana, Leccino, Nera Colletorto, Paesana bianca, Leccio del Corno
**GROWING METHOD** Organic
**HARVEST METHOD** Manual
**EXTRACTION METHOD** Continuous cycle
**OIL MILL** YES
**LITRES PRODUCED** 7,000
**TABLE OLIVES** NO
**ACCOMODATIONS** NO
**RESTAURANT** NO

**OIL MAKER.** Andrea Caterina's lovely farm is situated a short distance from Larino. The property spans a dozen or so hectares and hosts some 3,500 olive trees (local varieties). The producer also purchases select olives, which are then pressed at their own mill.

## MONTESECCO MONOCULTIVAR PERANZANA BIO

**CULTIVAR: PERANZANA**
**FRUTTATO/FRUITY: 7 • AMARO/BITTER: 4 • PICCANTE/SPICY: 5**
**FASCIA PREZZO/PRICE RANGE: 3**

**PROFILO AROMATICO.**
Pomodoro, erbe aromatiche, mela, pepe, balsamico. Verde, persistente.

**AROMATIC PROFILE.**
Tomato, aromatic herbs, apple, pepper, balsamic. Green, persistent.

## CENTOUNDICI MONOCULTIVAR GENTILE DI LARINO BIO

**CULTIVAR: GENTILE DI LARINO**
**FRUTTATO/FRUITY: 6 • AMARO/BITTER: 5 • PICCANTE/SPICY: 6**
**FASCIA PREZZO/PRICE RANGE: 3**

**PROFILO AROMATICO.**
Carciofo, mela, mandorla, pepe. Maturo, persistente.

**AROMATIC PROFILE.**
Artichoke, apple, almond, pepper. Ripe, persistent.

# Marina Colonna

**San Martino in Pensilis (CB) | c.da Bosco Pontoni |**
**tel. 0875 603006 | marinacolonna.it**

**OLIVETO PROPRIO** SÌ
**CULTIVAR** Cima di Melfi, Gentile di Larino, Coratina, Carolea, Majatica, Frantoio, Peranzana, Itrana, Favolosa - FS17, Termite di Bitetto, Bella di Cerignola, Leccino, Ascolana Tenera, Kalamata
**COLTIVAZIONE** Tradizionale / Biologica
**RACCOLTA** Manuale / Meccanica
**ESTRAZIONE** Ciclo continuo
**FRANTOIO** SÌ
**LITRI PRODOTTI** 40.000
**OLIVE DA MENSA** SÌ
**OSPITALITÀ** SÌ
**RISTORAZIONE** SÌ

**AZIENDA.** Uno dei più solidi punti di riferimento molisani, anche a livello storico, per l'extravergine di qualità. Una realtà di 160 ettari di cui 55 dedicati alle 15.000 piante di olivo. Produce anche oli aromatizzati, olive da tavola, sughi e passate di pomodoro, patè di ortaggi, capperi sotto sale, pomodorini semisecchi.

**OLIVE GROVE** YES
**CULTIVAR** Cima di Melfi, Gentile di Larino, Coratina, Carolea, Majatica, Frantoio, Peranzana, Itrana, Favolosa - FS17, Termite di Bitetto, Bella di Cerignola, Leccino, Ascolana Tenera, Kalamata
**GROWING METHOD** Traditional + organic
**HARVEST METHOD** Manual + mechanical
**EXTRACTION METHOD** Continuous cycle
**OIL MILL** YES
**LITRES PRODUCED** 40,000
**TABLE OLIVES** YES
**ACCOMODATIONS** YES
**RESTAURANT** YES

**OIL MAKER.** Marina Colonna is an important touchstone for the region, both in terms of its history and when it comes to the production of quality extra virgin olive oil. Of the 160 hectares cultivated, 55 are home to olive groves, some 15,000 trees in all. Flavor-infused oils, table olives, tomato sauces, purées, vegetable pâtés, salted capers and semi-dried cherry tomatoes are all produced as well.

## /// MOLENSIS

**CULTIVAR: GENTILE DI LARINO, ASCOLANA**
**FRUTTATO/FRUITY: 7 • AMARO/BITTER: 5 • PICCANTE/SPICY: 6**
**FASCIA PREZZO/PRICE RANGE: 5**

**PROFILO AROMATICO.**
Pomodoro, rucola, songino, mela, erba. Verde, persistente.

**AROMATIC PROFILE.**
Tomato, arugula, common cornsalad, apple, grass. Green, persistent.

# Ernesto Di Muccio

**Venafro (IS) | via G. Magno, 32 |**
**tel. 339 3801635 | oliolicinivs.it**

**OLIVETO PROPRIO** SÌ
**CULTIVAR** Aurina, Leccino, Leccio del Corno
**COLTIVAZIONE** Tradizionale
**RACCOLTA** Manuale
**ESTRAZIONE** Ciclo continuo
**FRANTOIO** NO
**LITRI PRODOTTI** 1.500
**OLIVE DA MENSA** NO
**OSPITALITÀ** NO
**RISTORAZIONE** NO

**AZIENDA.** Piccola e solida realtà familiare che affonda le sue radici nel 1948 e che si è sempre occupata di olivicoltura: oggi è guidata da Ernesto Di Muccio e dispone di 2 ettari di oliveto, con 635 alberi prevalentemente della varietà Aurina.

**OLIVE GROVE** YES
**CULTIVAR** Aurina, Leccino, Leccio del Corno
**GROWING METHOD** Traditional
**HARVEST METHOD** Manual
**EXTRACTION METHOD** Continuous cycle
**OIL MILL** NO
**LITRES PRODUCED** 1,500
**TABLE OLIVES** NO
**ACCOMODATIONS** NO
**RESTAURANT** NO

**OIL MAKER.** Founded in 1948, this small and solid family business has always grown olives. Today Ernesto Di Muccio manages the property and its 2 hectares of groves with 635 trees.

## LICINIVS EX ALBIS VLIVIS

**CULTIVAR: AURINA, PENDOLINO**
**FRUTTATO/FRUITY: 6 • AMARO/BITTER: 4 • PICCANTE/SPICY: 5**
**FASCIA PREZZO/PRICE RANGE: 5**

**PROFILO AROMATICO.**
Carciofo, cardo, mela, mandorla, pepe. Verde.

**AROMATIC PROFILE.**
Artichoke, cardoon, apple, almond, pepper. Green.

## LICINIVS

**CULTIVAR: AURINA, LECCIO DEL CORNO, PENDOLINO**
**FRUTTATO/FRUITY: 5 • AMARO/BITTER: 4 • PICCANTE/SPICY: 4**
**FASCIA PREZZO/PRICE RANGE: 4**

**PROFILO AROMATICO.**
Carciofo, fiori, mela, mandorla. Maturo, persistente.

**AROMATIC PROFILE.**
Artichoke, flowers, apple, almond. Ripe, persistent.

# Giorgio Tamaro

**Termoli (CB) | via Po, 92 |**
**tel. 0875 81703 | oliotamaro.it**

**OLIVETO PROPRIO** SÌ
**CULTIVAR** Oliva nera di Colletorto, Rumignana
**COLTIVAZIONE** Biologica
**RACCOLTA** Manuale / Meccanica
**ESTRAZIONE** Ciclo continuo
**FRANTOIO** NO
**LITRI PRODOTTI** 1.600
**OLIVE DA MENSA** NO
**OSPITALITÀ** NO
**RISTORAZIONE** NO

**AZIENDA.** Sono 23 anni che Giorgio Tamaro guida questa azienda nata nel 1898: lui ne ha fatto una impresa agricola modello, ricca di innovazioni tecniche e tecnologiche che la mettono ai vertici dell'olivicoltura molisana. Circa 4 gli ettari di proprietà, su cui vivono meno di un migliaio di olivi, molti dei quali ultracentenari.

**OLIVE GROVE** YES
**CULTIVAR** Oliva nera di Colletorto, Rumignana
**GROWING METHOD** Organic
**HARVEST METHOD** Manual + mechanical
**EXTRACTION METHOD** Continuous cycle
**OIL MILL** NO
**LITRES PRODUCED** 1,600
**TABLE OLIVES** NO
**ACCOMODATIONS** NO
**RESTAURANT** NO

**OIL MAKER.** Over 23 years Giorgio Tamaro has transformed this farm (Est. 1898) into a model producer. Indeed, by virtue of a range of technical and technological innovations, it's become one of Molise's top olive growers. Fewer than 1,000 olive trees, many of which go back more than a century, occupy about 4 hectares of property.

## COLLE D'ANGIÒ MONOCULTIVAR RUMIGNANA BIO

**CULTIVAR: RUMIGNANA**
**FRUTTATO/FRUITY: 6 • AMARO/BITTER: 6 • PICCANTE/SPICY: 6**
**FASCIA PREZZO/PRICE RANGE: 5**

**PROFILO AROMATICO.**
Carciofo, cardo, erba, mandorla, pepe. Verde, persistente.

**AROMATIC PROFILE.**
Artichoke, cardoon, grass, almond, pepper. Green, persistent.

# Tenuta Terra Sacra

**Lupara (CB) | c.da Fara |**
**tel. 0875 81213 | tenutaterrasacra.it**

**OLIVETO PROPRIO** SÌ
**CULTIVAR** Gentile, Olivastra, Rumignana, Leccino, Oliva nera di Colletorto, Sperone di Gallo
**COLTIVAZIONE** Biologica
**RACCOLTA** Manuale
**ESTRAZIONE** Ciclo continuo
**FRANTOIO** NO
**LITRI PRODOTTI** 1.000
**OLIVE DA MENSA** SÌ
**OSPITALITÀ** NO
**RISTORAZIONE** NO

**AZIENDA.** Salvatore Benedetto, con il prezioso supporto dell'agronomo Paolo Di Luzio, segue con amore l'oliveto di 3 ettari (la tenuta in totale ne ha 5), nei quali trovano posto circa 900 piante delle cultivar locali. Inoltre si producono paté e crema di olive.

**OLIVE GROVE** YES
**CULTIVAR** Gentile, Olivastra, Rumignana, Leccino, Oliva nera di Colletorto, Sperone di Gallo
**GROWING METHOD** Organic
**HARVEST METHOD** Manual
**EXTRACTION METHOD** Continuous cycle
**OIL MILL** NO
**LITRES PRODUCED** 1,000
**TABLE OLIVES** YES
**ACCOMODATIONS** NO
**RESTAURANT** NO

**OIL MAKER.** Supported by agronomist Paolo Di Luzio, Salvatore Benedetto lovingly tends to 3 hectares of olive groves (the estate totals 5). There are about 900 trees here, all local cultivars. Pâtés and olive creams are produced as well.

## ESSENTIA BIO

**CULTIVAR: LECCINO, GENTILE**
**FRUTTATO/FRUITY: 7 • AMARO/BITTER: 6 • PICCANTE/SPICY: 7**
**FASCIA PREZZO/PRICE RANGE: 5**

**PROFILO AROMATICO.**
Carciofo, ortica, rucola, erba, pepe, balsamico. Verde, persistente.

**AROMATIC PROFILE.**
Artichoke, nettle, arugula, grass, pepper, balsamic. Green, persistent.

## CENTOLUNE BIO

**CULTIVAR: GENTILE, OLIVASTRA, RUMIGNANA, OLIVA NERA DI COLLETORTO**
**FRUTTATO/FRUITY: 6 • AMARO/BITTER: 5 • PICCANTE/SPICY: 6**
**FASCIA PREZZO/PRICE RANGE: 5**

**PROFILO AROMATICO.**
Pomodoro, lattuga, erba, pepe, balsamico. Verde, persistente.

**AROMATIC PROFILE.**
Tomato, lettuce, grass, pepper, balsamic. Green, persistent.

**CULTIVAR PRINCIPALI/MAIN VARIETIES**

Caiazzana, Ortice, Ortolana, Pisciottana, Racioppella, Ravece, Tonda, Rotondella

**CULTIVAR MINORI/MINOR VARIETIES**

Carpellese, Salella, Nostrale di Felitto

# CAMPANIA

**MANGIARE/EAT**

**50 Kalò**
p.zza Sannazaro, 201b • Napoli • tel. 081 19204667 •50kalo.it

**Danì Maison**
via Montetignuso, 4 • Ischia (NA) • tel. 081 993190 •danimaison.it

**George Restaurant del Grand Hotel Parker's** • c.so Vittorio Emanuele, 135 Napoli • tel. 081 7612474 •georgerestaurant.it

**Nonna Nannina** • via Pietro Formosa, 14 • Cava de' Tirreni (SA) tel. 089 341190 • nonnanannina.it

**Oasis Sapori Antichi** • via Provinciale, 8 • Vallesaccarda (AV) tel. 0827 97021 •oasis-saporiantichi.it

**Quattro Passi** • via A. Vespucci, 13n • loc. Marina del Cantone Massa Lubrense (NA) • tel. 081 8081271 • ristorantequattropassi.com

**Francesco & Salvatore Salvo** • riviera di Chiaia, 271 • Napoli tel. 081 3599926 •pizzeriasalvo.it

**Viva lo Re** • c.so Resina, 261 • Ercolano (NA) • tel. 081 7390207 • vivalore.it

**COMPRARE/SHOP**

**La Botte**
s.s. Appia, 168 • Casagiove (CE) • tel. 0823 468130 •enotecalabotte.it

**Divinoinvigna**
via S. Freud, 33 • Napoli • tel. 081 3722670 •divinoinvigna.it

**Gusti e Delizie**
via Roma, 28 • Ravello (SA) • tel. 089 857802 • gustiedelizie.it

# Fattoria Ambrosio

**Salento (SA) | loc. Coste Palazza |**
**tel. 335 412467 | fattoriaambrosio.it**

**OLIVETO PROPRIO** SÌ
**CULTIVAR** Itrana, Favolosa, Frantoio
**COLTIVAZIONE** Tradizionale
**RACCOLTA** Meccanica
**ESTRAZIONE** Ciclo continuo
**FRANTOIO** SÌ
**LITRI PRODOTTI** 5.000
**OLIVE DA MENSA** NO
**OSPITALITÀ** SÌ
**RISTORAZIONE** SÌ

**AZIENDA.** Una delle più interessanti realtà della regione, attiva dal 1938. La proprietà si estende su 100 ettari, di cui 25 a oliveto, con circa 7.000 piante, accanto a boschi e macchia mediterranea. Ospitalità e ristorazione presso l'agriturismo La Petrosa (lapetrosa.it) a Ceraso.

**OLIVE GROVE** YES
**CULTIVAR** Itrana, Favolosa, Frantoio
**GROWING METHOD** Traditional
**HARVEST METHOD** Mechanical
**EXTRACTION METHOD** Continuous cycle
**OIL MILL** YES
**LITRES PRODUCED** 5,000
**TABLE OLIVES** NO
**ACCOMODATIONS** YES
**RESTAURANT** YES

**OIL MAKER.** Active since 1938, Fattoria Ambrosio is one of the region's most notable producers. 25 of the estate's 100 hectares are olive groves, about 7,000 trees that grow alongside woods and Mediterranean scrub. Guest accommodations and food are available at their La Petrosa farmstay (lapetrosa.it) in Ceraso.

**MIGLIOR BLEND** / **BEST BLEND**

## RISERVA

**CULTIVAR: ITRANA, CORATINA**
**FRUTTATO/FRUITY: 8 • AMARO/BITTER: 5 • PICCANTE/SPICY: 6**
**FASCIA PREZZO/PRICE RANGE: 5**

**PROFILO AROMATICO.** Pomodoro, erbe aromatiche, mela, erba, mandorla, pepe, balsamico. Verde, persistente.

**AROMATIC PROFILE.** Tomato, aromatic herbs, apple, grass, almond, pepper, balsamic. Green, persistent.

## IDRA MONOCULTIVAR ITRANA

**CULTIVAR: ITRANA**
**FRUTTATO/FRUITY: 8 • AMARO/BITTER: 4 • PICCANTE/SPICY: 4**
**FASCIA PREZZO/PRICE RANGE: 5**

**PROFILO AROMATICO.** Pomodoro, erbe aromatiche, mela, erba, pepe, balsamico. Verde, persistente.

**AROMATIC PROFILE.** Tomato, aromatic herbs, apple, grass, pepper, balsamic. Green, persistent.

## CRUX BIO

**CULTIVAR: CORATINA, FAVOLOSA**
**FRUTTATO/FRUITY: 6 • AMARO/BITTER: 6 • PICCANTE/SPICY: 6**
**FASCIA PREZZO/PRICE RANGE: 5**

**PROFILO AROMATICO.** Rucola, ortica, erba, mandorla, pepe, balsamico. Verde, persistente.

**AROMATIC PROFILE.** Arugula, nettle, grass, almond, pepper, balsamic. Green, persistent.

# Barone di Visceglia

**Salerno | c.so Vittorio Emanuele, 111 |**
**tel. 349 8268596 | baronedivisceglia.com**

**OLIVETO PROPRIO** SÌ
**CULTIVAR** Frantoio, Carpellese
**COLTIVAZIONE** In conversione
**RACCOLTA** Meccanica
**ESTRAZIONE** Ciclo continuo
**FRANTOIO** NO
**LITRI PRODOTTI** 1.000
**OLIVE DA MENSA** NO
**OSPITALITÀ** NO
**RISTORAZIONE** NO

**AZIENDA.** Giovane realtà fortemente voluta e creata da Nicola Maria Caggiano di Visceglia, situata nel comune di Buccino, zona particolarmente vocata alla coltura dell'olivo. La tenuta, di 17 ettari di superficie totale, dispone di circa 12 ettari di oliveto, nei quali dimorano 2.500 piante, di cui 500 secolari.

**OLIVE GROVE** YES
**CULTIVAR** Frantoio, Carpellese
**GROWING METHOD** Being converted
**HARVEST METHOD** Mechanical
**EXTRACTION METHOD** Continuous cycle
**OIL MILL** NO
**LITRES PRODUCED** 1,000
**TABLE OLIVES** NO
**ACCOMODATIONS** NO
**RESTAURANT** NO

**OIL MAKER.** Founded thanks to the commitment and determination of Nicola Maria Caggiano di Visceglia, this young producer is based in Buccino, an area particularly well suited to olive cultivation. 12 of the estate's 17 hectares host olive groves, about 2,500 trees (500 of which go back a century or more).

## OLIO EXTRAVERGINE DI OLIVA

**CULTIVAR: FRANTOIO, CARPELLESE**
**FRUTTATO/FRUITY: 5 • AMARO/BITTER: 5 • PICCANTE/SPICY: 5**
**FASCIA PREZZO/PRICE RANGE: 3**

**PROFILO AROMATICO.**
Carciofo, mela, mandorla. Maturo.

**AROMATIC PROFILE.**
Artichoke, apple, almond. Ripe.

# I Cigliuti

**Ceraso (SA) | via Petrosa | loc. Cigliuti e Isca di Pace | tel. 0974 72888 | chrisma.farm**

**OLIVETO PROPRIO** SÌ
**CULTIVAR** Leccino, Pisciottana, Coratina, Frantoio, Pendolino, Nocellara
**COLTIVAZIONE** Biologica
**RACCOLTA** Meccanica
**ESTRAZIONE** Ciclo continuo
**FRANTOIO** NO
**LITRI PRODOTTI** 1.600
**OLIVE DA MENSA** NO
**OSPITALITÀ** NO
**RISTORAZIONE** NO

**AZIENDA.** Nel cuore del Parco Nazionale del Cilento, Stefano Schiavo gestisce una splendida tenuta di 120 ettari di proprietà, di cui 80 destinati alla forestazione, 8 dedicati alla coltivazione del Fico Bianco del Cilento, 25 quelli in cui dimora l'oliveto, con circa 1.036 piante.

**OLIVE GROVE** YES
**CULTIVAR** Leccino, Pisciottana, Coratina, Frantoio, Pendolino, Nocellara
**GROWING METHOD** Organic
**HARVEST METHOD** Mechanical
**EXTRACTION METHOD** Continuous cycle
**OIL MILL** NO
**LITRES PRODUCED** 1,600
**TABLE OLIVES** NO
**ACCOMODATIONS** NO
**RESTAURANT** NO

**OIL MAKER.** Based in the heart of the Cilento National Park, Stefano Schiavo's splendid, 120-hectare estate is made up of 80 ha of forest, 25 ha of olive groves (1,036 trees) and 8 ha of orchards dedicated to the Cilento white fig.

## OLIO EXTRAVERGINE DI OLIVA BIO

**CULTIVAR: LECCINO, FRANTOIO, CORATINA, PISCIOTTANA**
**FRUTTATO/FRUITY: 6 • AMARO/BITTER: 6 • PICCANTE/SPICY: 6**
**FASCIA PREZZO/PRICE RANGE: 4**

**PROFILO AROMATICO.** Carciofo, erbe aromatiche, mela, erba, ortica, mandorla. Verde, persistente.

**AROMATIC PROFILE.** Artichoke, aromatic herbs, apple, grass, nettle, almond. Green, persistent.

## CORA MONOCULTIVAR CORATINA BIO

**CULTIVAR: CORATINA**
**FRUTTATO/FRUITY: 7 • AMARO/BITTER: 7 • PICCANTE/SPICY: 7**
**FASCIA PREZZO/PRICE RANGE: 5**

**PROFILO AROMATICO.** Carciofo, cardo, erba, mandorla, pepe, balsamico. Verde, persistente.

**AROMATIC PROFILE.** Artichoke, cardoon, grass, almond, pepper, balsamic. Green, persistent.

# Benedetta Cipriano

**Piedimonte Matese (CE) | via Pigna Pioppetelli, 23 | loc. Pigna - Montecalvo | tel. 0823 785644**

**OLIVETO PROPRIO** SÌ
**CULTIVAR** Frantoio, Tonda del Matese, Leccino, Rosciola
**COLTIVAZIONE** Biologica
**RACCOLTA** Manuale / Meccanica
**ESTRAZIONE** Ciclo continuo
**FRANTOIO** NO
**LITRI PRODOTTI** 1.200
**OLIVE DA MENSA** NO
**OSPITALITÀ** NO
**RISTORAZIONE** NO

**AZIENDA.** Nel cuore del parco del Matese si trova questa azienda a conduzione familiare presente dal 2008. In questa zona trova il suo spazio naturale la varietà autoctona tonda del Matese che in azienda trova il suo giusto risalto. L'oliveto si sviluppa su poco meno di 5 ettari e comprende 1.200 alberi. Si producono, inoltre, vino e cereali.

**OLIVE GROVE** YES
**CULTIVAR** Frantoio, Tonda del Matese, Leccino, Rosciola
**GROWING METHOD** Organic
**HARVEST METHOD** Manual + mechanical
**EXTRACTION METHOD** Continuous cycle
**OIL MILL** NO
**LITRES PRODUCED** 1,200
**TABLE OLIVES** NO
**ACCOMODATIONS** NO
**RESTAURANT** NO

**OIL MAKER.** This family-run producer has been active in the heart of the Matese park since 2008. Here the native Tonda del Matese olive thrives and at Cipriano it receives its proper emphasis. The olive groves, just under 5 hectares, are home to 1,200 trees. Wine and grains are also produced.

## KOINÈ TONDA DEL MATESE BIO

**CULTIVAR: TONDA DEL MATESE, FRANTOIO, LECCINO**
**FRUTTATO/FRUITY: 6 • AMARO/BITTER: 5 • PICCANTE/SPICY: 5**
**FASCIA PREZZO/PRICE RANGE: 3**

**PROFILO AROMATICO.**
Erbe aromatiche, erba, ortica, pepe. Verde, persistente.

**AROMATIC PROFILE.**
Aromatic herbs, grass, nettle, pepper. Green, persistent.

## KOINÈ OLIVAGGIO BIO

**CULTIVAR: TONDA DEL MATESE, ROSCIOLA, FRANTOIO, LECCINO**
**FRUTTATO/FRUITY: 6 • AMARO/BITTER: 5 • PICCANTE/SPICY: 5**
**FASCIA PREZZO/PRICE RANGE: 3**

**PROFILO AROMATICO.**
Pomodoro, erbe aromatiche, mela. Verde.

**AROMATIC PROFILE.**
Tomato, aromatic herbs, apple. Green.

# Frantoio De Ruosi

Carinola (CE) | via Nazionale, 10 | fraz. Casanova |
tel. 0823 939358 | olioderuosi.it

**OLIVETO PROPRIO** SÌ
**CULTIVAR** Itrana, Santa Caterina, Frantoio, Leccino, Sessana, Coratina
**COLTIVAZIONE** Biologica
**RACCOLTA** Meccanica
**ESTRAZIONE** Ciclo continuo
**FRANTOIO** SÌ
**LITRI PRODOTTI** 7.000
**OLIVE DA MENSA** NO
**OSPITALITÀ** NO
**RISTORAZIONE** NO

**AZIENDA.** Fin dai primi anni '50 questa azienda è tra le realtà olivicole di riferimento nella zona. Oggi la proprietà è gestita dalla seconda generazione alla quale si deve il riammodernamento, nel 2009, del frantoio di proprietà. La superficie olivetata conta 3.000 alberi disposti su una decina di ettari di terreni. Si producono, inoltre, sottoli.

**OLIVE GROVE** YES
**CULTIVAR** Itrana, Santa Caterina, Frantoio, Leccino, Sessana, Coratina
**GROWING METHOD** Organic
**HARVEST METHOD** Mechanical
**EXTRACTION METHOD** Continuous cycle
**OIL MILL** YES
**LITRES PRODUCED** 7,000
**TABLE OLIVES** NO
**ACCOMODATIONS** NO
**RESTAURANT** NO

**OIL MAKER.** This producer has been a touchstone for local olive growing since the early 1950s. Today the property is managed by the second generation of family, who are responsible for having updated the estate oil mill in 2009. The 10 hectares of olive groves cultivated host about 3,000 trees. Bottled vegetables are also produced.

## MONTE GRECI MONOCULTIVAR ITRANA BIO

**CULTIVAR: ITRANA**
**FRUTTATO/FRUITY: 5 • AMARO/BITTER: 4 • PICCANTE/SPICY: 5**
**FASCIA PREZZO/PRICE RANGE: 2**

**PROFILO AROMATICO.** Pomodoro, fiori, mela. Maturo, persistente.

**AROMATIC PROFILE.** Tomato, flowers, apple. Ripe, persistent.

## SOLO

**CULTIVAR: SANTA CATERINA, LECCINO, FRANTOIO, CORATINA**
**FRUTTATO/FRUITY: 6 • AMARO/BITTER: 5 • PICCANTE/SPICY: 5**
**FASCIA PREZZO/PRICE RANGE: 2**

**PROFILO AROMATICO.** Mela, erba, pepe. Maturo, persistente.

**AROMATIC PROFILE.** Apple, grass, pepper. Ripe, persistent.

# Oleificio Fam

**Venticano (AV) | c.da Ilici, 5 |**
**tel. 0825 965829 | oliofam.it**

**OLIVETO PROPRIO** SÌ
**CULTIVAR** Ravece
**COLTIVAZIONE** Biologica
**RACCOLTA** Manuale
**ESTRAZIONE** Ciclo continuo
**FRANTOIO** SÌ
**LITRI PRODOTTI** 30.000
**OLIVE DA MENSA** NO
**OSPITALITÀ** NO
**RISTORAZIONE** NO

**AZIENDA.** Nata nel 1998, anno dopo anno si conferma una realtà di riferimento per l'olio in Campania. I fratelli Tranfaglia si occupano della trasformazione delle olive provenienti dalle 2.500 piante di proprietà sugli 11 ettari di oliveto e da quelle selezionate e acquistate in zona. Si producono anche oli aromatizzati e cosmesi.

**OLIVE GROVE** YES
**CULTIVAR** Ravece
**GROWING METHOD** Organic
**HARVEST METHOD** Manual
**EXTRACTION METHOD** Continuous cycle
**OIL MILL** YES
**LITRES PRODUCED** 30,000
**TABLE OLIVES** NO
**ACCOMODATIONS** NO
**RESTAURANT** NO

**OIL MAKER.** Founded in 1998, Oleificio Fam has proven year after year to be a touchstone for oil production in the region. The Tranfaglia brothers press the olives from 2,500 estate trees (11 hectares of olive groves) and those selected and purchased locally. Flavor-infused oils and cosmetics are produced as well.

## FRUTTATO INTENSO MONOCULTIVAR CORATINA

**CULTIVAR: CORATINA**
**FRUTTATO/FRUITY: 8 • AMARO/BITTER: 7 • PICCANTE/SPICY: 7**
**FASCIA PREZZO/PRICE RANGE: 2**

**PROFILO AROMATICO.**
Ortica, erba, noce, mandorla, pepe, balsamico. Verde, persistente.

**AROMATIC PROFILE.**
Nettle, grass, walnut, almond, pepper, balsamic. Green, persistent.

## MONOCULTIVAR RAVECE

**CULTIVAR: RAVECE**
**FRUTTATO/FRUITY: 6 • AMARO/BITTER: 4 • PICCANTE/SPICY: 6**
**FASCIA PREZZO/PRICE RANGE: 4**

**PROFILO AROMATICO.**
Pomodoro, erbe aromatiche, mela, pepe. Verde, persistente.

**AROMATIC PROFILE.**
Tomato, aromatic herbs, apple, pepper. Green, persistent.

## DOP IRPINIA COLLINE DELL'UFITA

**CULTIVAR: RAVECE, OGLIAROLA, MARINESE**
**FRUTTATO/FRUITY: 6 • AMARO/BITTER: 5 • PICCANTE/SPICY: 7**
**FASCIA PREZZO/PRICE RANGE: 3**

**PROFILO AROMATICO.**
Pomodoro, mandorla, pepe. Verde.

**AROMATIC PROFILE.**
Tomato, almond, pepper. Green.

# Feudi di San Gregorio

**Sorbo Serpico (AV) | loc. Cerza Grossa | tel. 0825 986611 | feudi.it**

**OLIVETO PROPRIO** NO
**CULTIVAR** Peranzana, Coratina, Ravece, Ogliarola
**COLTIVAZIONE** Biologica
**RACCOLTA** Manuale
**ESTRAZIONE** Ciclo continuo
**FRANTOIO** NO
**LITRI PRODOTTI** 2.000
**OLIVE DA MENSA** NO
**OSPITALITÀ** SÌ
**RISTORAZIONE** SÌ

**AZIENDA.** Fondata nel 1986, la Feudi San Gregorio di Antonio Capaldo e soci è famosa in tutto il mondo per la produzione di vini di eccellenza, ma dalla tenuta si ricava anche olio extravergine d'oliva. La superficie totale dell'oliveto ammonta a 2 ettari, con 270 piante, in più l'azienda acquista olive selezionate. Si producono anche ortaggi.

**OLIVE GROVE** NO
**CULTIVAR** Peranzana, Coratina, Ravece, Ogliarola
**GROWING METHOD** Organic
**HARVEST METHOD** Manual
**EXTRACTION METHOD** Continuous cycle
**OIL MILL** NO
**LITRES PRODUCED** 2,000
**TABLE OLIVES** NO
**ACCOMODATIONS** YES
**RESTAURANT** YES

**OIL MAKER.** Founded in 1986, Feudi San Gregorio is famous throughout the world for its excellent wines, but Antonio Capaldo and his partners also make extra virgin olive oil. Two hectares of groves are farmed (270 trees), plus the producer sources select olives. Vegetables are cultivated as well.

## MR. "O" BIO

**CULTIVAR: RAVECE, OGLIAROLA, PERANZANA, CORATINA**
**FRUTTATO/FRUITY: 4 • AMARO/BITTER: 4 • PICCANTE/SPICY: 5**
**FASCIA PREZZO/PRICE RANGE: 4**

**ROFILO AROMATICO.**
rba, ortica, mandorla, pinolo, pepe. erde.

**AROMATIC PROFILE.**
Grass, nettle, almond, pine nut, pepper. Green.

# Nicolangelo Marsicani

**Morigerati (SA) | c.da Croceviale | fraz. Sicilì |**
**tel. 0974 982074 | marsicani.com**

**OLIVETO PROPRIO** SÌ
**CULTIVAR** Pisciottana, Frantoio, Leccino, Moraiolo, Rotondella
**COLTIVAZIONE** Tradizionale
**RACCOLTA** Meccanica
**ESTRAZIONE** Ciclo continuo
**FRANTOIO** SÌ
**LITRI PRODOTTI** 150.000
**OLIVE DA MENSA** NO
**OSPITALITÀ** NO
**RISTORAZIONE** NO

**AZIENDA.** Quella di Nicolangelo Marsicani è una realtà tra le protagoniste più importanti del basso Cilento agricolo. Il raggio d'azione del titolare però va ben oltre i confini regionali e la sua esperienza gli permette di assistere un gran numero di olivicoltori che a lui affidano le loro olive.

**OLIVE GROVE** YES
**CULTIVAR** Pisciottana, Frantoio, Leccino, Moraiolo, Rotondella
**GROWING METHOD** Traditional
**HARVEST METHOD** Mechanical
**EXTRACTION METHOD** Continuous cycle
**OIL MILL** YES
**LITRES PRODUCED** 150,000
**TABLE OLIVES** NO
**ACCOMODATIONS** NO
**RESTAURANT** NO

**OIL MAKER.** Nicolangelo Marsicani is one of the most important producers operating in southern Cilento. Indeed his influence extends well beyond regional borders, a reputation that has inspired a large number of olive growers to entrust him with the drupes of their olive trees.

## ALTER EGO

**CULTIVAR: ITRANA, ALTRE**
**FRUTTATO/FRUITY: 8 • AMARO/BITTER: 5 • PICCANTE/SPICY: 5**
**FASCIA PREZZO/PRICE RANGE: 4**

**PROFILO AROMATICO.** Pomodoro, erbe aromatiche, songino, mela, pepe, balsamico. Verde, persistente.

**AROMATIC PROFILE.** Tomato, aromatic herbs, lamb's lettuce, apple, pepper, balsamic. Green, persistent.

## ALGORITMO 22 DOP CILENTO

**CULTIVAR: FRANTOIO, ALTRE**
**FRUTTATO/FRUITY: 6 • AMARO/BITTER: 7 • PICCANTE/SPICY: 8**
**FASCIA PREZZO/PRICE RANGE: 5**

**PROFILO AROMATICO.** Erbe aromatiche, erba, songino, radicchio, balsamico. Verde, persistente.

**AROMATIC PROFILE.** Aromatic herbs, grass, lamb's lettuce, radicchio, balsamic. Green, persistent.

## VIRIDE MONOCULTIVAR CORATINA BIO

**CULTIVAR: CORATINA**
**FRUTTATO/FRUITY: 7 • AMARO/BITTER: 7 • PICCANTE/SPICY: 7**
**FASCIA PREZZO/PRICE RANGE: 4**

**PROFILO AROMATICO.** Rucola, erba, mandorla, pepe, balsamico. Verde, persistente.

**AROMATIC PROFILE.** Arugula, grass, almond, pepper, balsamic. Green, persistent.

# Masseria dei Nunzi

**Castelvetere in Val Fortore (BN) | c.so Vittorio Emanuele III, 66b | tel. 0824 1984845 | masseriadeinunzi.com**

**OLIVETO PROPRIO** SÌ
**CULTIVAR** Ortice, Leccio del Corno, Olivella, Leccino, Pendolino, Ortolana, Racioppella
**COLTIVAZIONE** In conversione
**RACCOLTA** Manuale
**ESTRAZIONE** Ciclo continuo
**FRANTOIO** NO
**LITRI PRODOTTI** 2.500
**OLIVE DA MENSA** NO
**OSPITALITÀ** NO
**RISTORAZIONE** NO

**AZIENDA.** Quella di Barbara Bibbò è una felice realtà olearia. Nata nel 2017, situata nell'Alto Sannio a circa 700 metri di altezza, conta su 140 ettari complessivi di terreno, di cui 17 olivetati in conversione biologica con 4.000 piante, molte secolari. Si produce anche miele.

**OLIVE GROVE** YES
**CULTIVAR** Ortice, Leccio del Corno, Olivella, Leccino, Pendolino, Ortolana, Racioppella
**GROWING METHOD** Being converted
**HARVEST METHOD** Manual
**EXTRACTION METHOD** Continuous cycle
**OIL MILL** NO
**LITRES PRODUCED** 2,500
**TABLE OLIVES** NO
**ACCOMODATIONS** NO
**RESTAURANT** NO

**OIL MAKER.** Barbara Bibbò's Masseria dei Nunzi is a successful oil producer. Founded in 2017, the 140-hectare estate is based in Alto Sannio at about 700 meters elevation. 17 ha host olive groves, which are currently being converted to organic production. Many of the 4,000 trees cultivated here go back a century or more. Honey is also produced.

## OLEUM SAN GIORGIO MONOCULTIVAR ORTICE

**CULTIVAR: ORTICE**
**FRUTTATO/FRUITY: 6 • AMARO/BITTER: 5 • PICCANTE/SPICY: 5**
**FASCIA PREZZO/PRICE RANGE: 5**

**PROFILO AROMATICO.** Pomodoro, erbe aromatiche, mela, banana. Maturo, persistente.

**AROMATIC PROFILE.** Tomato, aromatic herbs, apple, banana. Ripe, persistent.

# Monserrato 1973

**Benevento | c.da La Francesca | loc. Monserrato |**
**tel. 0824 565041 | monserrato1973.it**

**OLIVETO PROPRIO** SÌ
**CULTIVAR** Ortice, Pampagliosa, Femminella, Racioppella, Ortolana, Frantoio
**COLTIVAZIONE** Biologica
**RACCOLTA** Meccanica
**ESTRAZIONE** Ciclo continuo
**FRANTOIO** NO
**LITRI PRODOTTI** 2.000
**OLIVE DA MENSA** NO
**OSPITALITÀ** NO
**RISTORAZIONE** NO

**AZIENDA.** Quella di Paola Zecchina è una bella realtà del Beneventano attiva fin dal 1973. La proprietà si estende su 50 ettari, di cui 6 dedicati ai 2.600 olivi, e segue i principi dell'agricoltura biologica. Si producono anche vino e pasta da grano Saragolla.

**OLIVE GROVE** YES
**CULTIVAR** Ortice, Pampagliosa, Femminella, Racioppella, Ortolana, Frantoio
**GROWING METHOD** Organic
**HARVEST METHOD** Mechanical
**EXTRACTION METHOD** Continuous cycle
**OIL MILL** NO
**LITRES PRODUCED** 2,000
**TABLE OLIVES** NO
**ACCOMODATIONS** NO
**RESTAURANT** NO

**OIL MAKER.** Situated a few kilometers from the Benevento city center, Paola Zecchina's lovely estate has been active since 1973. The property spans over 50 hectares, 6 of which are dedicated to olive farming, with 2,600 trees. Wine and Saragolla wheat pasta are also produced.

## SATANASSO BIO

**CULTIVAR: RACIOPPELLA, PAMPAGLIOSA, ORTOLANA, FRANTOIO**
**FRUTTATO/FRUITY: 6 · AMARO/BITTER: 6 · PICCANTE/SPICY: 6**
**FASCIA PREZZO/PRICE RANGE: 2**

**PROFILO AROMATICO.**
Carciofo, erba, mandorla, noce, pinolo, pepe. Verde, persistente.

**AROMATIC PROFILE.**
Artichoke, grass, almond, walnut, pine nut, pepper. Green, persistent.

## MANALONGA BIO

**CULTIVAR: FEMMINELLA, ORTOLANA, FRANTOIO, LECCINO**
**FRUTTATO/FRUITY: 5 · AMARO/BITTER: 5 · PICCANTE/SPICY: 5**
**FASCIA PREZZO/PRICE RANGE: 2**

**PROFILO AROMATICO.**
Fiori, mela, erba, mandorla. Verde, persistente.

**AROMATIC PROFILE.**
Flowers, apple, grass, almond. Green, persistent.

## MONOCULTIVAR ORTICE BIO

**CULTIVAR: ORTICE**
**FRUTTATO/FRUITY: 6 · AMARO/BITTER: 4 · PICCANTE/SPICY: 5**
**FASCIA PREZZO/PRICE RANGE: 3**

**PROFILO AROMATICO.**
Pomodoro, erbe aromatiche, cardo, balsamico. Verde, persistente.

**AROMATIC PROFILE.**
Tomato, aromatic herbs, cardoon, balsamic. Green, persistent.

# Mucrae

**Morcone (BN) | via Piana, 82 | loc. Canepino |**
**tel. 366 4323253**

**OLIVETO PROPRIO** SÌ
**CULTIVAR** Ortice, Leccio del Corno, Leccino, Frantoio
**COLTIVAZIONE** Tradizionale
**RACCOLTA** Meccanica
**ESTRAZIONE** Ciclo continuo
**FRANTOIO** NO
**LITRI PRODOTTI** 30.000
**OLIVE DA MENSA** NO
**OSPITALITÀ** NO
**RISTORAZIONE** NO

**AZIENDA.** Nel cuore del Sannio, Pasquale Parlapiano, con il prezioso supporto dell'agronomo Giuseppe Martuccio, dal 2018 tiene ben salde le redini della sua tenuta, 11 ettari di cui 7 di oliveto con 1.800 piante, in maggioranza della cultivar autoctona leccio del corno. Si produce anche vino.

**OLIVE GROVE** YES
**CULTIVAR** Ortice, Leccio del Corno, Leccino, Frantoio
**GROWING METHOD** Traditional
**HARVEST METHOD** Mechanical
**EXTRACTION METHOD** Continuous cycle
**OIL MILL** NO
**LITRES PRODUCED** 30,000
**TABLE OLIVES** NO
**ACCOMODATIONS** NO
**RESTAURANT** NO

**OIL MAKER.** Pasquale Parlapiano has been cultivating his estate in the heart of Sannio since 2018, drawing on the invaluable support of agronomist Giuseppe Martuccio. 7 of the property's 11 hectares are olive groves, 1,800 trees in all (mostly the native Leccio del Corno cultivar). Wine is also produced.

## MAGNITUDO MONOCULTIVAR OGLIAROLA GARGANICA

**CULTIVAR: OGLIAROLA GARGANICA**
**FRUTTATO/FRUITY: 7 • AMARO/BITTER: 6 • PICCANTE/SPICY: 7**
**FASCIA PREZZO/PRICE RANGE: 3**

**PROFILO AROMATICO.**
Carciofo, mandorla, rucola, erba, ortica, balsamico. Verde, persistente.

**AROMATIC PROFILE.**
Artichoke, almond, arugula, grass, nettle, balsamic. Green, persistent.

# Il Mulino della Signora

**Sturno (AV) | c.da Sterparo |**
**tel. 0825 437207 | ilmulinodellasignora.it**

**OLIVETO PROPRIO** SÌ
**CULTIVAR** Ogliarola, Nostrale, Leccino, Ravece, Marinese, Frantoio
**COLTIVAZIONE** Integrata
**RACCOLTA** Manuale / Meccanica
**ESTRAZIONE** Ciclo continuo
**FRANTOIO** NO
**LITRI PRODOTTI** 3.000
**OLIVE DA MENSA** NO
**OSPITALITÀ** SÌ
**RISTORAZIONE** SÌ

**AZIENDA.** Una pregevole country house circondata dal verde gestita con passione da Gianfranco Testa, dispone di 17 ettari di terreni. Di questi 6 sono adibiti a oliveto con 2.400 piante. Si coltivano anche cereali e vigne. Sono presenti oleoteca, ristorante e 7 fra camere e suite. Telefonare sempre prima della visita.

**OLIVE GROVE** YES
**CULTIVAR** Ogliarola, Nostrale, Leccino, Ravece, Marinese, Frantoio
**GROWING METHOD**
**HARVEST METHOD** Manual + mechanical
**EXTRACTION METHOD** Continuous cycle
**OIL MILL** NO
**LITRES PRODUCED** 3,000
**TABLE OLIVES** NO
**ACCOMODATIONS** YES
**RESTAURANT** YES

**OIL MAKER.** This 17-hectare estate comes complete with a fine country house surrounded by greenery, all managed with a passionate commitment by Gianfranco Testa. Six hectares are used for olive growing — about 2,400 trees. Grains and wine grapes are also cultivated. There's an oleoteca (for tasting and buying olive oil), a restaurant, and 7 rooms / suites available for rent. Always call before visiting.

## MONOCULTIVAR RAVECE

**CULTIVAR: RAVECE**
**FRUTTATO/FRUITY: 6 • AMARO/BITTER: 4 • PICCANTE/SPICY: 5**
**FASCIA PREZZO/PRICE RANGE: 3**

**PROFILO AROMATICO.**
Pomodoro, fiori, mela. Maturo, persistente.

**AROMATIC PROFILE.**
Tomato, flowers, apple. Ripe, persistent.

# Petrazzuoli

**Ruviano (CE) | via Scoccilli, 29 |**
**tel. 346 0649866 | petrazzuoli.it**

**OLIVETO PROPRIO** SÌ
**CULTIVAR** Caiazzana, Ortice, Frantoio, Pendolino, Bosana, Favolosa - FS17
**COLTIVAZIONE** Tradizionale
**RACCOLTA** Meccanica
**ESTRAZIONE** Ciclo continuo
**FRANTOIO** NO
**LITRI PRODOTTI** 5.000
**OLIVE DA MENSA** NO
**OSPITALITÀ** NO
**RISTORAZIONE** NO

**AZIENDA.** Nel XII secolo il principe di Capua affidò la cura dei propri terreni alla famiglia Petra; il loro olio diventò cosi rinomato che da Petra divennero Petra-zzu-oli. Oggi è Giovanni a occuparsi degli olivi: 1.500 piante, molte secolari, su 5 ettari. Un olio è prodotto appositamente per il famoso pizzaiolo casertano Sasà Martucci.

**OLIVE GROVE** YES
**CULTIVAR** Caiazzana, Ortice, Frantoio, Pendolino, Bosana, Favolosa - FS17
**GROWING METHOD** Traditional
**HARVEST METHOD** Mechanical
**EXTRACTION METHOD** Continuous cycle
**OIL MILL** NO
**LITRES PRODUCED** 5,000
**TABLE OLIVES** NO
**ACCOMODATIONS** NO
**RESTAURANT** NO

**OIL MAKER.** In the 12th century the prince of Capua entrusted care of his land to the Petra family. Their oil became so famous that from Petra they became "Petra-zzu-oli" (oil makers). Today Giovanni oversees the property's 5 hectares and 1,500 trees, many of which go back a century or more. There's also an oil specially produced for the famous Caserta pizza chef Sasà Martucci.

## FONTANA LUPO

**CULTIVAR: FRANTOIO, LECCINO, CAIAZZANA, BOSANA**
**FRUTTATO/FRUITY: 6 • AMARO/BITTER: 4 • PICCANTE/SPICY: 5**
**FASCIA PREZZO/PRICE RANGE: 2**

**PROFILO AROMATICO.**
Erbe aromatiche, fiori, mela. Maturo.

**AROMATIC PROFILE.**
Aromatic herbs, flowers, apple. Ripe.

# La Petrosa

**Ceraso (SA) | via Fabbrica, 112 | loc. Petrosa |**
**tel. 0974 61370 | lapetrosa.it**

**OLIVETO PROPRIO** SÌ
**CULTIVAR** Leccino, Frantoio, Rotondella, Pisciottana
**COLTIVAZIONE** Biologica
**RACCOLTA** Meccanica
**ESTRAZIONE** Ciclo continuo
**FRANTOIO** NO
**LITRI PRODOTTI** 1.500
**OLIVE DA MENSA** NO
**OSPITALITÀ** SÌ
**RISTORAZIONE** SÌ

**AZIENDA.** Quella di Edmondo Soffritti è una realtà poliedrica che comprende l'azienda agricola, l'agriturismo e un ristorante. Per la parte olivicola si contano 1.700 piante in 8 ettari. Si producono anche formaggi, verdure, conserve, confetture, farine, pane, pasta, biscotti.

**OLIVE GROVE** YES
**CULTIVAR** Leccino, Frantoio, Rotondella, Pisciottana
**GROWING METHOD** Organic
**HARVEST METHOD** Mechanical
**EXTRACTION METHOD** Continuous cycle
**OIL MILL** NO
**LITRES PRODUCED** 1,500
**TABLE OLIVES** NO
**ACCOMODATIONS** YES
**RESTAURANT** YES

**OIL MAKER.** Edmondo Soffritti's La Petrosa is a multifaceted estate, complete with farm, accommodations and a restaurant. In terms of olive growing, 1,700 trees occupy 8 hectares. Cheeses, vegetables, preserves, jams, flours, bread, pasta and biscuits are also produced.

## /// UNO.7 MONOCULTIVAR FRANTOIO BIO

**CULTIVAR: FRANTOIO**
**FRUTTATO/FRUITY: 6 · AMARO/BITTER: 6 · PICCANTE/SPICY: 6**
**FASCIA PREZZO/PRICE RANGE: 2**

**PROFILO AROMATICO.**
Carciofo, cardo, rucola, erba, mandorla, pepe. Verde, persistente.

**AROMATIC PROFILE.**
Artichoke, cardoon, arugula, almond, pepper. Green, persistent.

# Pietra dei Venti

**Postiglione (SA) | via Santa Maria |**
**tel. 334 8208905 | pietradeiventi.it**

**OLIVETO PROPRIO** SÌ
**CULTIVAR** Rotondella, Coratina, Carpellese, Leccino
**COLTIVAZIONE** Biologica
**RACCOLTA** Manuale
**ESTRAZIONE** Ciclo continuo
**FRANTOIO** NO
**LITRI PRODOTTI** 3.000
**OLIVE DA MENSA** NO
**OSPITALITÀ** NO
**RISTORAZIONE** NO

**AZIENDA.** La famiglia di Ecle e Vincenzo Pacella conduce da generazioni la proprietà, curando le 700 piante su circa 4 ettari di oliveto in regime biologico nel Parco nazionale del Cilento, Vallo di Diano e Alburni. La molitura avviene entro 5 ore dalla raccolta.

**OLIVE GROVE** YES
**CULTIVAR** Rotondella, Coratina, Carpellese, Leccino
**GROWING METHOD** Organic
**HARVEST METHOD** Manual
**EXTRACTION METHOD** Continuous cycle
**OIL MILL** NO
**LITRES PRODUCED** 3,000
**TABLE OLIVES** NO
**ACCOMODATIONS** NO
**RESTAURANT** NO

**OIL MAKER.** Ecle and Vincenzo Pacella's family have managed this property for generations, overseeing 700 trees across some 4 hectares of olive groves in the Cilento, Vallo di Diano and Alburni National Park. Pressing takes place within 5 hours of harvest.

## SIRIO MONOCULTIVAR CARPELLESE

**CULTIVAR: CARPELLESE**
**FRUTTATO/FRUITY: 6 • AMARO/BITTER: 6 • PICCANTE/SPICY: 6**
**FASCIA PREZZO/PRICE RANGE: 5**

**PROFILO AROMATICO.** Carciofo, cardo, rucola, mandorla, pepe. Verde, persistente.

**AROMATIC PROFILE.** Artichoke, cardoon, arugula, almond, pepper. Green, persistent.

## PEGASO MONOCULTIVAR CORATINA

**CULTIVAR: CORATINA**
**FRUTTATO/FRUITY: 7 • AMARO/BITTER: 7 • PICCANTE/SPICY: 7**
**FASCIA PREZZO/PRICE RANGE: 5**

**PROFILO AROMATICO.** Rucola, erba, mandorla, pinolo, pepe. Verde, persistente.

**AROMATIC PROFILE.** Arugula, grass, almond, pine nut, pepper. Green, persistent.

## AURI MONOCULTIVAR ROTONDELLA

**CULTIVAR: ROTONDELLA**
**FRUTTATO/FRUITY: 6 • AMARO/BITTER: 5 • PICCANTE/SPICY: 6**
**FASCIA PREZZO/PRICE RANGE: 5**

**PROFILO AROMATICO.** Songino, mela, noce, pepe, balsamico. Verde, persistente.

**AROMATIC PROFILE.** Lamb's lettuce, apple, walnut, pepper, balsamic. Green, persistent.

# Frantoio Porto di Mola

**Rocca d'Evandro (CE) | s.s. 430 km 16,200 |**
**tel. 0823 925801 | frantoioportodimola.it**

**OLIVETO PROPRIO** SÌ
**CULTIVAR** Frantoio, Leccino, Itrana, Sessana, Rosciola
**COLTIVAZIONE** Tradizionale
**RACCOLTA** Manuale
**ESTRAZIONE** Ciclo continuo
**FRANTOIO** SÌ
**LITRI PRODOTTI** 100.000
**OLIVE DA MENSA** NO
**OSPITALITÀ** NO
**RISTORAZIONE** SÌ

**AZIENDA.** Dal 2002, Antimo Esposito è l'appassionato titolare e gestore di questa bella realtà agricola dell'Alto Casertano, oltre 300 ettari complessivi fra vigneti, cantina, aree verdi e oliveto, quest'ultimo di 26 ettari, con 12.000 piante a dimora.

**OLIVE GROVE** YES
**CULTIVAR** Frantoio, Leccino, Itrana, Sessana, Rosciola
**GROWING METHOD** Traditional
**HARVEST METHOD** Manual
**EXTRACTION METHOD** Continuous cycle
**OIL MILL** YES
**LITRES PRODUCED** 100,000
**TABLE OLIVES** NO
**ACCOMODATIONS** NO
**RESTAURANT** YES

**OIL MAKER.** Passionate owner and manager Antimo Esposito has been overseeing this lovely estate in the Alto Casertano area since 2002. 300-plus hectares host vineyards, a cellar, green areas and olive groves, the last of which (26 hectares) are home to 12,000 trees.

## DOP TERRE AURUNCHE MONOCULTIVAR SESSANA

**CULTIVAR: SESSANA**
**FRUTTATO/FRUITY: 5 • AMARO/BITTER: 4 • PICCANTE/SPICY: 4**
**FASCIA PREZZO/PRICE RANGE: 2**

**PROFILO AROMATICO.**
Fiori, mela, mandorla. Maturo.

**AROMATIC PROFILE.**
Flowers, apple, almond. Ripe.

# Ragozzino De Marco

**Pontelatone (CE) | via Madonna delle Grazie |**
**tel. 0823 876819 | olioragozzinodemarco.it**

**OLIVETO PROPRIO** SÌ
**CULTIVAR** Corniola, Caiazzana, Leccino, Frantoio, Peranzana, Ortice, Itrana
**COLTIVAZIONE** Tradizionale / Biologica
**RACCOLTA** Meccanica
**ESTRAZIONE** Ciclo continuo
**FRANTOIO** SÌ
**LITRI PRODOTTI** 6.000
**OLIVE DA MENSA** NO
**OSPITALITÀ** SÌ
**RISTORAZIONE** SÌ

**AZIENDA.** Ai piedi dei Monti Trebulani, nell'Alto Casertano, si trova questa bella realtà gestita da Marianna Ragozzino, che ha deciso di puntare sulle varietà locali attraverso un percorso di recupero degli olivi più antichi. Dei 50 ettari aziendali 34 sono di oliveto, con 5.000 alberi.

**OLIVE GROVE** YES
**CULTIVAR** Corniola, Caiazzana, Leccino, Frantoio, Peranzana, Ortice, Itrana
**GROWING METHOD** Traditional + organic
**HARVEST METHOD** Mechanical
**EXTRACTION METHOD** Continuous cycle
**OIL MILL** YES
**LITRES PRODUCED** 6,000
**TABLE OLIVES** NO
**ACCOMODATIONS** YES
**RESTAURANT** YES

**OIL MAKER.** This lovely estate is situated at the foot of the Trebulani Mountains, in the Alto Casertano area. Marianna Ragozzino has decided to focus on local olive varieties by reviving the oldest trees. 34 of the property's 50 hectares are olive groves — about 5,000 trees in all.

## DON RAFFAÈ BIO

**CULTIVAR: CORNIOLA, CAIAZZANA, FRANTOIO, LECCINO**
**FRUTTATO/FRUITY: 4 • AMARO/BITTER: 3 • PICCANTE/SPICY: 4**
**FASCIA PREZZO/PRICE RANGE: 4**

**PROFILO AROMATICO.**
Mela, mandorla. Maturo.

**AROMATIC PROFILE.**
Apple, almond. Ripe.

# Marco Rizzo

**Felitto (SA) | loc. San Giorgio |**
**tel. 333 5772480 | oliorizzo.it**

**OLIVETO PROPRIO** SÌ
**CULTIVAR** Carpellese, Frantoio, Leccino, Moraiolo, Nostrale, Rotondella, Cammarotana, Coratina
**COLTIVAZIONE** Biologica
**RACCOLTA** Meccanica
**ESTRAZIONE** Ciclo continuo
**FRANTOIO** SÌ
**LITRI PRODOTTI** 13.000
**OLIVE DA MENSA** NO
**OSPITALITÀ** SÌ
**RISTORAZIONE** SÌ

**AZIENDA.** Quella del giovane Marco Rizzo è tra le più interessanti realtà campane. In pieno Parco Nazionale del Cilento, a ridosso delle splendide gole del fiume Calore, dimorano le 6.000 piante su 40 ettari di oliveto. Si producono anche olive denocciolate sott'olio.

**OLIVE GROVE** YES
**CULTIVAR** Carpellese, Frantoio, Leccino, Moraiolo, Nostrale, Rotondella, Cammarotana, Coratina
**GROWING METHOD** Organic
**HARVEST METHOD** Mechanical
**EXTRACTION METHOD** Continuous cycle
**OIL MILL** YES
**LITRES PRODUCED** 13,000
**TABLE OLIVES** NO
**ACCOMODATIONS** YES
**RESTAURANT** YES

**OIL MAKER.** Young Marco Rizzo is one of Campania's most notable producers. Smack in the middle of the Cilento National Park, near the splendid gorges of the Calore river, he cultivates some 6,000 olive trees across 40 hectares of land. Pitted olives in oil are also produced.

## IMPRONTA BIO

**CULTIVAR: ROTONDELLA, ALTRE**
**FRUTTATO/FRUITY: 8 • AMARO/BITTER: 4 • PICCANTE/SPICY: 5**
**FASCIA PREZZO/PRICE RANGE: 5**

**PROFILO AROMATICO.** Pomodoro, erbe aromatiche, mela, agrumi, balsamico. Verde, persistente.

**AROMATIC PROFILE.** Tomato, aromatic herbs, apple, citrus fruit, balsamic. Green, persistent.

## TALISMANO MONOCULTIVAR CARPELLESE BIO

**CULTIVAR: CARPELLESE**
**FRUTTATO/FRUITY: 7 • AMARO/BITTER: 6 • PICCANTE/SPICY: 8**
**FASCIA PREZZO/PRICE RANGE: 5**

**PROFILO AROMATICO.** Carciofo, rucola, ortica, erba, mandorla, pepe, balsamico. Verde, persistente.

**AROMATIC PROFILE.** Artichoke, arugula, nettle, grass, almond, pepper, balsamic. Green, persistent.

## INCIPIT MONOCULTIVAR NOSTRALE BIO

**CULTIVAR: NOSTRALE**
**FRUTTATO/FRUITY: 7 • AMARO/BITTER: 7 • PICCANTE/SPICY: 7**
**FASCIA PREZZO/PRICE RANGE: 5**

**PROFILO AROMATICO.** Rucola, erba, mandorla, pepe, balsamico. Verde, persistente.

**AROMATIC PROFILE.** Arugula, grass, almond, pepper, balsamic. Green, persistent.

# Tenuta SantiQuaranta

**Camerota (SA) | via Pantana, 1 | fraz. Licusati |**
**tel. 349 3057793 | tenutasantiquaranta.com**

**OLIVETO PROPRIO** SÌ
**CULTIVAR** Frantoio, Leccino, Coratina
**COLTIVAZIONE** Biologica
**RACCOLTA** Manuale
**ESTRAZIONE** Ciclo continuo
**FRANTOIO** NO
**LITRI PRODOTTI** 1.200
**OLIVE DA MENSA** NO
**OSPITALITÀ** NO
**RISTORAZIONE** NO

**AZIENDA.** Quella di Alessia Avallone è una realtà agricola che nasce nel 2016. La proprietà si sviluppa su circa 3 ettari nei quali si contano 500 olivi. Una parte delle drupe viene acquistata da produttori della zona. Tutta la produzione è biologica certificata.

**OLIVE GROVE** YES
**CULTIVAR** Frantoio, Leccino, Coratina
**GROWING METHOD** Organic
**HARVEST METHOD** Manual
**EXTRACTION METHOD** Continuous cycle
**OIL MILL** NO
**LITRES PRODUCED** 1,200
**TABLE OLIVES** NO
**ACCOMODATIONS** NO
**RESTAURANT** NO

**OIL MAKER.** Alessia Avallone's Tenuta SantiQuaranta was founded in 2016. The olives of about 500 trees (3 hectares) combine with crop that's sourced locally. All their oils are certified organic.

**EST**

**CULTIVAR: CORATINA, FRANTOIO, LECCINO**
**FRUTTATO/FRUITY: 7 • AMARO/BITTER: 6 • PICCANTE/SPICY: 7**
**FASCIA PREZZO/PRICE RANGE: 2**

**PROFILO AROMATICO.**
Carciofo, rucola, mandorla, pepe, balsamico. Verde, persistente.

**AROMATIC PROFILE.**
Artichoke, arugula, almond, pepper, balsamic. Green, persistent.

# Sole di Cajani

**Caggiano (SA) | loc. Spinosiello, 10a |**
**tel. 0975 393585 | soledicajani.com**

**OLIVETO PROPRIO** SÌ
**CULTIVAR** Carpellese, Frantoio, Picholine, Pendolino
**COLTIVAZIONE** Biologica
**RACCOLTA** Manuale
**ESTRAZIONE** Ciclo continuo
**FRANTOIO** SÌ
**LITRI PRODOTTI** 4.200
**OLIVE DA MENSA** NO
**OSPITALITÀ** NO
**RISTORAZIONE** NO

**AZIENDA.** Nel territorio della valle del Tanagro si trova la tenuta di Pasqualina Gambino, coordinata da Pietro Raimondo, che si estende per 6,5 ettari in cui trovano posto circa 1.875 piante; il resto dei terreni è coltivato a cereali, ortaggi e legumi. Si producono anche legumi secchi e sottoli.

**OLIVE GROVE** YES
**CULTIVAR** Carpellese, Frantoio, Picholine, Pendolino
**GROWING METHOD** Organic
**HARVEST METHOD** Manual
**EXTRACTION METHOD** Continuous cycle
**OIL MILL** YES
**LITRES PRODUCED** 4,200
**TABLE OLIVES** NO
**ACCOMODATIONS** NO
**RESTAURANT** NO

**OIL MAKER.** Pasqualina Gambino's estate unfolds in the Tanagro valley, 6.5 hectares (managed by Petro Raimondo) that are home to 1,875 olive trees, grains, vegetables and legumes. Dried pulses and bottled vegetables are also produced.

## VERBÌO MONOCULTIVAR CARPELLESE BIO

**CULTIVAR: CARPELLESE**
**FRUTTATO/FRUITY: 8 • AMARO/BITTER: 4 • PICCANTE/SPICY: 4**
**FASCIA PREZZO/PRICE RANGE: 2**

**PROFILO AROMATICO.**
Pomodoro, erbe aromatiche, mela, balsamico. Verde.

**AROMATIC PROFILE.**
Tomato, aromatic herbs, apple, balsamic. Green.

## MAGISTO MONOCULTIVAR PICHOLINE BIO

**CULTIVAR: PICHOLINE**
**FRUTTATO/FRUITY: 6 • AMARO/BITTER: 5 • PICCANTE/SPICY: 6**
**FASCIA PREZZO/PRICE RANGE: 3**

**PROFILO AROMATICO.**
Alloro, fiori, mela, pepe. Verde.

**AROMATIC PROFILE.**
Laurel, flowers, apple, pepper. Green.

# Terre di Molinara

**Molinara (BN) | via Regina Margherita, 138 |**
**tel. 392 6032721 | terredimolinara.it**

**OLIVETO PROPRIO** Sì
**CULTIVAR** Ortice, Leccino, Peranzana, Frantoio, Aulivello
**COLTIVAZIONE** Biologica
**RACCOLTA** Manuale / Meccanica
**ESTRAZIONE** Ciclo continuo
**FRANTOIO** Sì
**LITRI PRODOTTI** 9.500
**OLIVE DA MENSA** NO
**OSPITALITÀ** Sì
**RISTORAZIONE** Sì

**AZIENDA.** La cooperativa ha rilevato anche oliveti abbandonati e piantagioni di proprietari impossibilitati a proseguire il lavoro di cura delle piante. La tenuta (14 soci guidati da Rocco Cirocco) conta su 12 ettari di oliveto con 3.200 piante di cultivar locali, inclusa l'Aulivello di Molinara scoperta da loro e in attesa di classificazione.

**OLIVE GROVE** YES
**CULTIVAR** Ortice, Leccino, Peranzana, Frantoio, Aulivello
**GROWING METHOD** Organic
**HARVEST METHOD** Manual + mechanical
**EXTRACTION METHOD** Continuous cycle
**OIL MILL** YES
**LITRES PRODUCED** 9,500
**TABLE OLIVES** NO
**ACCOMODATIONS** YES
**RESTAURANT** YES

**OIL MAKER.** This cooperative producer (14 members led by Rocco Cirocco) cultivates 12 hectares of land, including plots taken over from owners who are unable to continue the work of caring for their groves. Their 3,200 trees are all local cultivars, including the Aulivello di Molinara variety (still awaiting classification) that they themselves discovered.

## EROICO MONOCULTIVAR ORTICE

**CULTIVAR: ORTICE**
**FRUTTATO/FRUITY: 7 • AMARO/BITTER: 5 • PICCANTE/SPICY: 6**
**FASCIA PREZZO/PRICE RANGE: 5**

**PROFILO AROMATICO.** Pomodoro, erbe aromatiche, songino, mela, pepe. Verde, persistente.

**AROMATIC PROFILE.** Tomato, aromatic herbs, lamb's lettuce, apple, pepper. Green, persistent.

## ELAIOS MONOCULTIVAR ORTICE BIO

**CULTIVAR: ORTICE**
**FRUTTATO/FRUITY: 6 • AMARO/BITTER: 4 • PICCANTE/SPICY: 5**
**FASCIA PREZZO/PRICE RANGE: 4**

**PROFILO AROMATICO.** Pomodoro, erbe aromatiche, mela, pepe. Maturo, persistente.

**AROMATIC PROFILE.** Tomato, aromatic herbs, apple, pepper. Ripe, persistent.

# Torre a Oriente

**Torrecuso (BN) | loc. Mercuri I, 19 |**
**tel. 0824 874274 | torreaoriente.com**

**OLIVETO PROPRIO** SÌ
**CULTIVAR** Ortice, Leccino, Ortolana, Racioppella, Frantoio, Leccio del Corno
**COLTIVAZIONE** Biologica
**RACCOLTA** Meccanica
**ESTRAZIONE** Ciclo continuo
**FRANTOIO** SÌ
**LITRI PRODOTTI** 3.000
**OLIVE DA MENSA** NO
**OSPITALITÀ** SÌ
**RISTORAZIONE** SÌ

**AZIENDA.** Tra il Taburno e il Fortore, circa 1.700 olivi in una tenuta di 24 ettari (7 a oliveto) da cui si ricavano anche vini, legumi, cereali, passate e marmellate, prodotti di cosmesi. Alla guida Patrizia Iannella e Giorgio Gentilcore, che nel 2002 hanno unito passioni ed esperienze.

**OLIVE GROVE** YES
**CULTIVAR** Ortice, Leccino, Ortolana, Racioppella, Frantoio, Leccio del Corno,
**GROWING METHOD** Organic
**HARVEST METHOD** Mechanical
**EXTRACTION METHOD** Continuous cycle
**OIL MILL** YES
**LITRES PRODUCED** 3,000
**TABLE OLIVES** NO
**ACCOMODATIONS** YES
**RESTAURANT** YES

**OIL MAKER.** Situated between the Taburno massif and the Fortore river, Torre a Oriente is a 24-hectare estate with 7 ha of olive groves (1,700 trees). The rest of the property is used to produce wine, pulses, grains, purées and jams. At the helm are Patrizia Iannella and Giorgio Gentilcore.

## CUORE D'ORTICE MONOCULTIVAR ORTICE BIO

**CULTIVAR: ORTICE**
**FRUTTATO/FRUITY: 7 • AMARO/BITTER: 5 • PICCANTE/SPICY: 6**
**FASCIA PREZZO/PRICE RANGE: 5**

**PROFILO AROMATICO.** Pomodoro, erbe aromatiche, mela, erba, pepe, balsamico. Verde, persistente.

**AROMATIC PROFILE.** Tomato, aromatic herbs, apple, grass, pepper, balsamic. Green, persistent.

## MELELLA MONOCULTIVAR ORTOLANA BIO

**CULTIVAR: ORTOLANA**
**FRUTTATO/FRUITY: 7 • AMARO/BITTER: 4 • PICCANTE/SPICY: 5**
**FASCIA PREZZO/PRICE RANGE: 5**

**PROFILO AROMATICO.**
Mela, mandorla, noce, pinolo, pepe. Verde, persistente.

**AROMATIC PROFILE.**
Apple, almond, walnut, pine nut, pepper. Green, persistent.

## GRAPPOLETTO MONOCULTIVAR LECCIO DEL CORNO BIO

**CULTIVAR: LECCIO DEL CORNO**
**FRUTTATO/FRUITY: 5 • AMARO/BITTER: 3 • PICCANTE/SPICY: 4**
**FASCIA PREZZO/PRICE RANGE: 5**

**PROFILO AROMATICO.**
Erbe aromatiche, fiori, mela, scorza di mandarino, mandorla. Verde.

**AROMATIC PROFILE.**
Aromatic herbs, flowers, apple, mandarin's zest, almond. Green.

# Olio Torretta

**Battipaglia (SA) | via Serroni Alto, 29 | fraz. Torretta |**
**tel. 0828 672615 | oliotorretta.it**

**OLIVETO PROPRIO** SÌ
**CULTIVAR** Frantoio, Carpellese, Rotondella, Favolosa - FS17
**COLTIVAZIONE** Tradizionale / Biologica
**RACCOLTA** Manuale / Meccanica
**ESTRAZIONE** Ciclo continuo
**FRANTOIO** SÌ
**LITRI PRODOTTI** 40.000
**OLIVE DA MENSA** NO
**OSPITALITÀ** NO
**RISTORAZIONE** NO

**AZIENDA.** Maria Provenza è una delle produttrici più capaci e appassionate della sua regione: una realtà arrivata oggi alla quarta generazione, con una sessantina di anni di esperienza alle spalle. L'oliveto si sviluppa su 50 ettari con 50mila piante seguite con cura in ogni stagione.

**OLIVE GROVE** YES
**CULTIVAR** Frantoio, Carpellese, Rotondella, Favolosa - FS17
**GROWING METHOD** Traditional + organic
**HARVEST METHOD** Manual + mechanical
**EXTRACTION METHOD** Continuous cycle
**OIL MILL** YES
**LITRES PRODUCED** 40,000
**TABLE OLIVES** NO
**ACCOMODATIONS** NO
**RESTAURANT** NO

**OIL MAKER.** Maria Provenza is one of the region's most capable and passionate producers. Now in its fourth generation, Torretta has some 60 years of experience under its belt. The 50-hectare estate is home to 50,000 trees, which are looked after carefully in every season.

## DAFNE BIO

**CULTIVAR: CARPELLESE, FRANTOIO**
**FRUTTATO/FRUITY: 7 • AMARO/BITTER: 7 • PICCANTE/SPICY: 7**
**FASCIA PREZZO/PRICE RANGE: 4**

**PROFILO AROMATICO.** Pomodoro, rucola, erbe aromatiche, erba, balsamico. Verde, persistente.

**AROMATIC PROFILE.** Tomato, arugula, aromatic herbs, grass, balsamic. Green, persistent.

## REA DOP COLLINE SALERNITANE

**CULTIVAR: CARPELLESE, FRANTOIO, ROTONDELLA**
**FRUTTATO/FRUITY: 7 • AMARO/BITTER: 8 • PICCANTE/SPICY: 7**
**FASCIA PREZZO/PRICE RANGE: 4**

**PROFILO AROMATICO.** Rucola, radicchio, erba, mandorla, pepe, balsamico. Verde, persistente.

**AROMATIC PROFILE.** Arugula, radicchio, grass, almond, pepper, balsamic. Green, persistent.

# Olearia Zollo

**San Leucio del Sannio (BN) | via Abate Andrea, 46 |**
**tel. 0824 45017 | oleariazollo.com**

**OLIVETO PROPRIO** SÌ
**CULTIVAR** Leccino
**COLTIVAZIONE** Biologica
**RACCOLTA** Meccanica
**ESTRAZIONE** Ciclo continuo
**FRANTOIO** SÌ
**LITRI PRODOTTI** 2.000
**OLIVE DA MENSA** NO
**OSPITALITÀ** NO
**RISTORAZIONE** SÌ

**AZIENDA.** Una storia che comincia nel 1949 quando Costantino Zollo avviò un piccolo frantoio oleario alle porte di Benevento. Oggi l'azienda è arrivata alla terza generazione e in questi anni ha visto l'ammodernamento dell'impianto oleario e anche lo sbarco negli Stati Uniti dal punto di vista commerciale. L'oliveto conta 1.500 piante e si estende per 5 ettari.

**OLIVE GROVE** YES
**CULTIVAR** Leccino
**GROWING METHOD** Organic
**HARVEST METHOD** Mechanical
**EXTRACTION METHOD** Continuous cycle
**OIL MILL** YES
**LITRES PRODUCED** 2,000
**TABLE OLIVES** NO
**ACCOMODATIONS** NO
**RESTAURANT** YES

**OIL MAKER.** Olearia Zollo got its start in 1949, when Costantino Zollo founded a small oil mill on the outskirts of Benevento. Recently the producer, now in its third generation of family management, upgraded the oil mill and established a presence in the USA. 1,500 trees occupy 5 hectares of terrain.

## 'ONNA RACHELE MONOCULTIVAR LECCINO BIO

**CULTIVAR: LECCINO**
**FRUTTATO/FRUITY: 5 • AMARO/BITTER: 5 • PICCANTE/SPICY: 6**
**FASCIA PREZZO/PRICE RANGE: 4**

**PROFILO AROMATICO.**
Carciofo, mela, mandorla, pepe. Maturo, persistente.

**AROMATIC PROFILE.**
Artichoke, apple, almond, pepper. Ripe, persistent.

**CULTIVAR PRINCIPALI/MAIN VARIETIES**

Ogliarola (barese, garganica e salentina), Cellina di Nardò, Coratina, Peranzana, Cima di Bitonto

**CULTIVAR MINORI/MINOR VARIETIES**

Cima di Mola, Nociara, Signora Francesca

# PUGLIA

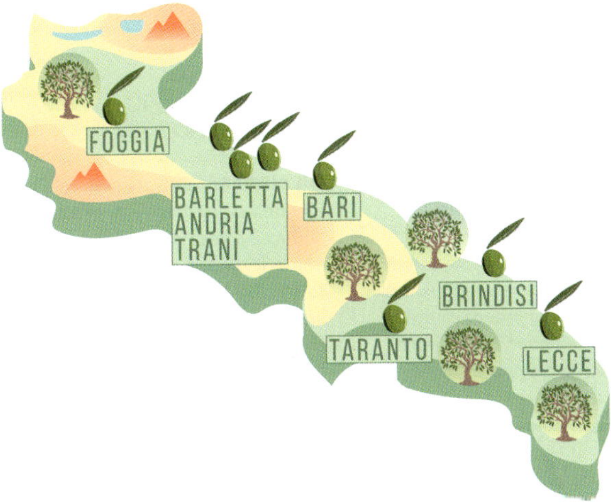


**MANGIARE/EAT**

**La Bul**

via P. Villari, 52 • Bari • tel. 080 5230576 • ristorantelabul.it

**Pashà**

via Morgantini, 2 • Conversano (BA)
tel. 080 4951079 • ristorantepasha.com

**Il Patriarca**

via Beccherie Lisi, 15 • Bitonto (BA)
tel. 080 3740840 • ilpatriarcaristorante.it

**Radici**

via M. Cilenti, 6 • Vico del Gargano (FG)
tel. 0884 226701 • radicivicodelgargano.com

**Enoteca Vesta**

via Duomo, 14 • Vieste (FG) • tel. 0884 706411 • enotecavesta.it

**U' Vulesce Vino e Cucina**

via C. Battisti, 3 • Cerignola (FG) • tel. 0885 425798

**COMPRARE/SHOP**

**Anelli Enoteca Delizie dal 1970**

via F. Consiglio, 6 • Brindisi
tel. 0831 563507 • anellienoteca.com

**Enoteca Dell'Olio dal 1970 - Il Tempio Divino**

via G. Falcone, 41 • Trani (BT) • tel. 0883 403789

# Adriatica Vivai - Profumi di Castro

**Fasano (BR) | via Lecce di Speziale | fraz. Speziale |**
**tel. 339 4101859 | profumidicastro.it**

**OLIVETO PROPRIO** SÌ
**CULTIVAR** Coratina, Carolea, Leccino, Frantoio, Picholine, Ogliarola Salentina
**COLTIVAZIONE** Tradizionale / Biologica
**RACCOLTA** Manuale / Meccanica
**ESTRAZIONE** Ciclo continuo
**FRANTOIO** SÌ
**LITRI PRODOTTI** 25.000
**OLIVE DA MENSA** NO
**OSPITALITÀ** NO
**RISTORAZIONE** NO

**AZIENDA.** Dal vivaio al campo. Così la famiglia Conserva ha dato vita, 33 anni fa, all'azienda che oggi conta 15mila piante su 45 ettari di cui 40 bio le cui olive vengono molite in un moderno frantoio aziendale. I Conserva producono anche frutta, ortaggi, piante da orto e vini.

**OLIVE GROVE** YES
**CULTIVAR** Coratina, Carolea, Leccino, Frantoio, Picholine, Ogliarola Salentina
**GROWING METHOD** Traditional+organic
**HARVEST METHOD** Manual+mechanical
**EXTRACTION METHOD** Continuous cycle
**OIL MILL** YES
**LITRES PRODUCED** 25,000
**TABLE OLIVES** NO
**ACCOMODATIONS** NO
**RESTAURANT** NO

**OIL MAKER.** The Conserva family founded Adriatica Vivai - Profumi di Castro 33 years ago. Both a nursery and a farm, the property is home to 15,000 olive trees across 45 hectares (40 of which are organic). The Conservas also produce fruit, vegetables, garden plants and wines.

## MONOCULTIVAR CORATINA BIO

**CULTIVAR: CORATINA**
**FRUTTATO/FRUITY: 7 · AMARO/BITTER: 7 · PICCANTE/SPICY: 8**
**FASCIA PREZZO/PRICE RANGE: 2**

**PROFILO AROMATICO.** Rucola, radicchio, erba, mandorla, pepe, balsamico. Verde, persistente.

**AROMATIC PROFILE.** Arugula, radicchio, grass, almond, pepper, balsamic. Green, persistent.

## MONOCULTIVAR PICHOLINE BIO

**CULTIVAR: PICHOLINE**
**FRUTTATO/FRUITY: 6 · AMARO/BITTER: 5 · PICCANTE/SPICY: 6**
**FASCIA PREZZO/PRICE RANGE: 2**

**PROFILO AROMATICO.** Pomodoro, erbe aromatiche, lattuga, pepe, balsamico. Verde, persistente.

**AROMATIC PROFILE.** Tomato, aromatic herbs, lettuce, pepper, balsamic. Green, persistent.

## AFFIORATO BIO

**CULTIVAR: CORATINA, PICHOLINE, CAROLEA**
**FRUTTATO/FRUITY: 6 · AMARO/BITTER: 5 · PICCANTE/SPICY: 5**
**FASCIA PREZZO/PRICE RANGE: 2**

**PROFILO AROMATICO.** Pomodoro, erbe aromatiche, fiori, mela, pepe. Verde, persistente.

**AROMATIC PROFILE.** Tomato, aromatic herbs, flowers, apple, pepper. Green, persistent.

# Eralda Agalliu

Vieste (FG) | via Monti, 17 |
tel. 329 0718023 | oliodellavalle.it

**OLIVETO PROPRIO** SÌ
**CULTIVAR** Ogliarola Garganica
**COLTIVAZIONE** Tradizionale
**RACCOLTA** Meccanica
**ESTRAZIONE** Ciclo continuo
**FRANTOIO** NO
**LITRI PRODOTTI** 9.000
**OLIVE DA MENSA** NO
**OSPITALITÀ** NO
**RISTORAZIONE** NO

**AZIENDA.** Lo scorso anno ha vinto il premio come migliore fruttato intenso del Gargano e migliore extravergine di Vieste nel concorso locale ExtraGargano. L'azienda di Klodjan Agalliu e di sua moglie Eralda è giovane, ma parte bene. Giunti dall'Albania a inizio millennio, si sono dedicati all'olivicoltura e dal 2016 hanno le loro 1.600 piante di Ogliarola Garganica secolari.

**OLIVE GROVE** YES
**CULTIVAR** Ogliarola Garganica
**GROWING METHOD** Traditional
**HARVEST METHOD** Mechanical
**EXTRACTION METHOD** Continuous cycle
**OIL MILL** NO
**LITRES PRODUCED** 9,000
**TABLE OLIVES** NO
**ACCOMODATIONS** NO
**RESTAURANT** NO

**OIL MAKER.** Managed by Klodjan Agalliu and his wife, Eralda, this producer may be young, but it's off to a good start (they've already won prizes for the best intense-fruity olive oil in ExtraGargano contest and the best extra virgin in Vieste). After arriving in Italy from Albania in the early aughts, the pair set about growing olives, and since 2016 they've been cultivating their own 1,600, age-old Ogliarola Garganica trees.

## OLIO DELLA VALLE MONOCULTIVAR OGLIAROLA GARGANICA

**CULTIVAR: OGLIAROLA GARGANICA**
**FRUTTATO/FRUITY: 5 • AMARO/BITTER: 6 • PICCANTE/SPICY: 6**
**FASCIA PREZZO/PRICE RANGE: 3**

**PROFILO AROMATICO.** Carciofo, rucola, mela, mandorla. Verde.

**AROMATIC PROFILE.** Artichoke, arugula, apple, almond. Green.

# Agape

**Sannicandro di Bari (BA) | vico Mondelli, 8 |**
**tel. 347 5140124**

**OLIVETO PROPRIO** SÌ
**CULTIVAR** Coratina, Carolea
**COLTIVAZIONE** Tradizionale
**RACCOLTA** Meccanica
**ESTRAZIONE** Ciclo continuo
**FRANTOIO** NO
**LITRI PRODOTTI** 4.500
**OLIVE DA MENSA** SÌ
**OSPITALITÀ** NO
**RISTORAZIONE** NO

**AZIENDA.** Nicola Giannone ha cominciato l'impresa nel 2016, insieme alla moglie Grazia Pietroforte che ha portato in dote anche altri oliveti per continuare così le tradizioni familiari. L'azienda è a 360°, con una decina di ettari a oliveto e altri 5 a mandorle e miele. Si producono olive da mensa Termite di Bitetto.

**OLIVE GROVE** YES
**CULTIVAR** Coratina, Carolea
**GROWING METHOD** Traditional
**HARVEST METHOD** Mechanical
**EXTRACTION METHOD** Continuous cycle
**OIL MILL** NO
**LITRES PRODUCED** 4,500
**TABLE OLIVES** YES
**ACCOMODATIONS** NO
**RESTAURANT** NO

**OIL MAKER.** When Nicola Giannone founded Agape in 2016 together with his wife, Grazia Pietroforte (who had inherited her own olive groves), the pair were carrying on a family tradition. Today this multifaceted producers draws on about 10 hectares of olive groves and another 5 used to cultivate almonds and make honey. Termite di Bitetto table olives are also produced.

## SMERALDO MONOCULTIVAR CORATINA

**CULTIVAR: CORATINA**
**FRUTTATO/FRUITY: 7 · AMARO/BITTER: 7 · PICCANTE/SPICY: 7**
**FASCIA PREZZO/PRICE RANGE: 2**

**PROFILO AROMATICO.**
Rucola, radicchio, erba, mandorla, pepe, balsamico. Verde, persistente.

**AROMATIC PROFILE.**
Arugula, radicchio, grass, almond, pepper, balsamic. Green, persistent.

# Agrimaggiore

**Barletta | c.da Santa Maria |**
**tel. 320 7023554 | agrimaggiore.it**

**OLIVETO PROPRIO** SÌ
**CULTIVAR** Coratina, Peranzana, Leccino
**COLTIVAZIONE** Biologica
**RACCOLTA** Meccanica
**ESTRAZIONE** Ciclo continuo
**FRANTOIO** NO
**LITRI PRODOTTI** 2.500
**OLIVE DA MENSA** SÌ
**OSPITALITÀ** NO
**RISTORAZIONE** NO

**AZIENDA.** Nella Valle dell'Ofanto, i Dibenedetto aderiscono alla Strada dell'Olio e portano avanti da oltre 40 anni la passione per il loro territorio coltivando 50 ettari in biologico di cui 10 destinati a oliveto con 1.400 piante soprattutto di Coratina e Peranzana; il resto è coltivato a frutta e uva sia da tavola che da vino.

**OLIVE GROVE** YES
**CULTIVAR** Coratina, Peranzana, Leccino
**GROWING METHOD** Organic
**HARVEST METHOD** Mechanical
**EXTRACTION METHOD** Continuous cycle
**OIL MILL** NO
**LITRES PRODUCED** 2,500
**TABLE OLIVES** YES
**ACCOMODATIONS** NO
**RESTAURANT** NO

**OIL MAKER.** Based in the Ofanto Valley, the Dibenedetto family have been pursuing their passion for their territory for over 40 years, cultivating 50 organic hectares, 10 of which are destined for olive groves (1,400 trees, mainly Coratina and Peranzana). The rest is used for fruit, including table and wine grapes. The producer also adheres to the "Strada dell'Olio" initiative.

## MONOCULTIVAR CORATINA BIO

**CULTIVAR: CORATINA**
**FRUTTATO/FRUITY: 6 • AMARO/BITTER: 7 • PICCANTE/SPICY: 7**
**FASCIA PREZZO/PRICE RANGE: 5**

**PROFILO AROMATICO.**
Rucola, ortica, erba, mandorla, pepe, balsamico. Verde, persistente.

**AROMATIC PROFILE.**
Arugula, nettle, grass, almond, pepper, balsamic. Green, persistent.

## MONOCULTIVAR PERANZANA BIO

**CULTIVAR: PERANZANA**
**FRUTTATO/FRUITY: 6 • AMARO/BITTER: 4 • PICCANTE/SPICY: 4**
**FASCIA PREZZO/PRICE RANGE: 5**

**PROFILO AROMATICO.**
Pomodoro, erbe aromatiche, mela. Maturo, persistente.

**AROMATIC PROFILE.**
Tomato, aromatic herbs, apple. Ripe, persistent.

# Agriolea

Ostuni (BR) | c.da Montelamorte |
tel. 0831 011691 | agriolea.it

**OLIVETO PROPRIO** SÌ
**CULTIVAR** Coratina, Ogliarola Salentina, Picholine, Leccino, Frantoio
**COLTIVAZIONE** Tradizionale
**RACCOLTA** Meccanica
**ESTRAZIONE** Ciclo continuo
**FRANTOIO** SÌ
**LITRI PRODOTTI** 30.000
**OLIVE DA MENSA** NO
**OSPITALITÀ** NO
**RISTORAZIONE** NO

**AZIENDA.** Massimo Iaia, insieme alla moglie Rosanna e alla figlia Antonella sommelier dell'olio e con il sostegno dell'agronomo Cosimo Damiano Guarini, gestisce oliveto e frantoio a ridosso della Città Bianca salentina, immersi nel paesaggio degli Olivi Monumentali, con 5.000 piante su 80 ettari.

**OLIVE GROVE** YES
**CULTIVAR** Coratina, Ogliarola Salentina, Picholine, Leccino, Frantoio
**GROWING METHOD** Traditional
**HARVEST METHOD** Mechanical
**EXTRACTION METHOD** Continuous cycle
**OIL MILL** YES
**LITRES PRODUCED** 30,000
**TABLE OLIVES** NO
**ACCOMODATIONS** NO
**RESTAURANT** NO

**OIL MAKER.** Massimo Iaia, together with his wife, Rosanna, their daughter Antonella (an oil sommelier) and agronomist Cosimo Damiano Guarini, manages an olive grove and mill near Ostuni, the "White City" of Salento. 5,000 trees on 80 hectares of terrain are cultivated amidst a landscape of "Monumental Olives".

## ARDORE MONOCULTIVAR CORATINA

**CULTIVAR: CORATINA**
**FRUTTATO/FRUITY: 7 • AMARO/BITTER: 8 • PICCANTE/SPICY: 8**
**FASCIA PREZZO/PRICE RANGE: 2**

**PROFILO AROMATICO.** Rucola, erbe aromatiche, erba, mandorla, pepe, balsamico. Verde, persistente.

**AROMATIC PROFILE.** Arugula, aromatic herbs, grass, almond, pepper, balsamic. Green, persistent.

# Albori

**Torremaggiore (FG) | via L. Grassi |**
**tel. 328 6258437 | olioalbori.com**

**OLIVETO PROPRIO** NO
**CULTIVAR** Peranzana, Leccino, Coratina
**COLTIVAZIONE** Tradizionale
**RACCOLTA** Manuale
**ESTRAZIONE** Ciclo continuo
**FRANTOIO** NO
**LITRI PRODOTTI** 1.500
**OLIVE DA MENSA** NO
**OSPITALITÀ** NO
**RISTORAZIONE** NO

**AZIENDA.** Quello di Giovannipio Gravina è un progetto nato nel 2020 e tutto rivolto alla valorizzazione delle varietà autoctone e delle tipicità di questa zona. Per questo motivo le olive che caratterizzano gli oli monovarietali e i blend provengono dal territorio del Foggiano tra Daunia e Capitanata.

**OLIVE GROVE** NO
**CULTIVAR** Peranzana, Leccino, Coratina
**GROWING METHOD** Traditional
**HARVEST METHOD** Manual
**EXTRACTION METHOD** Continuous cycle
**OIL MILL** NO
**LITRES PRODUCED** 1,500
**TABLE OLIVES** NO
**ACCOMODATIONS** NO
**RESTAURANT** NO

**OIL MAKER.** Giovannipio Gravina's Albori was founded in 2020 with a focus on the area's native olive varieties and characteristic features. For this reason, the olives that make up their monovarietal oils and blends hail from the Foggia area (Daunia and Capitanata).

## MONOCULTIVAR PERANZANA

**CULTIVAR: PERANZANA**
**FRUTTATO/FRUITY: 5 • AMARO/BITTER: 4 • PICCANTE/SPICY: 5**
**FASCIA PREZZO/PRICE RANGE: 5**

**PROFILO AROMATICO.**
Pomodoro, erbe aromatiche, mela, pepe. Verde, persistente.

**AROMATIC PROFILE.**
Tomato, aromatic herbs, apple, pepper. Green, persistent.

## GRAN CRU

**CULTIVAR: CORATINA, PERANZANA, LECCINO**
**FRUTTATO/FRUITY: 5 • AMARO/BITTER: 5 • PICCANTE/SPICY: 5**
**FASCIA PREZZO/PRICE RANGE: 5**

**PROFILO AROMATICO.**
Carciofo, mela, erba, pepe. Maturo.

**AROMATIC PROFILE.**
Artichoke, apple, grass, pepper. Ripe.

# Tenute Allegretti

**Fasano (BR) | c.da La Spetterrata, 1a | fraz. Montalbano | tel. 080 4810319 | tenuteallegretti.com**

**OLIVETO PROPRIO** SÌ
**CULTIVAR** Coratina, Picholine, Leccino, Cima di Melfi, Nocellara Etnea, Ogliarola Barese, Frantoio
**COLTIVAZIONE** Biologica
**RACCOLTA** Meccanica
**ESTRAZIONE** Ciclo continuo
**FRANTOIO** SÌ
**LITRI PRODOTTI** 80.000
**OLIVE DA MENSA** NO
**OSPITALITÀ** SÌ
**RISTORAZIONE** NO

**AZIENDA.** Raccogliendo l'eredità dei nonni, Marco Rizzi ha dato il via alla sua impresa agricola nel 2013 e segue, con cura e attenzione in ogni fase, 12mila piante su un centinaio di ettari di oliveto in conduzione biologica. 8 le camere a disposizione dei visitatori.

**OLIVE GROVE** YES
**CULTIVAR** Coratina, Picholine, Leccino, Cima di Melfi, Nocellara Etnea, Ogliarola Barese, Frantoio
**GROWING METHOD** Organic
**HARVEST METHOD** Mechanical
**EXTRACTION METHOD** Continuous cycle
**OIL MILL** YES
**LITRES PRODUCED** 80,000
**TABLE OLIVES** NO
**ACCOMODATIONS** YES
**RESTAURANT** NO

**OIL MAKER.** Carrying on the work of his grandparents, Marco Rizzi launched his farm in 2013 and cultivates, with care and attention every step of the way, 12,000 olive trees on 100 or so hectares of organically managed groves. Eight rooms are available for rent.

## MONOCULTIVAR CORATINA BIO

**CULTIVAR: CORATINA**
**FRUTTATO/FRUITY: 7 · AMARO/BITTER: 8 · PICCANTE/SPICY: 8**
**FASCIA PREZZO/PRICE RANGE: 5**

**PROFILO AROMATICO.**
Erba, rucola, mandorla, noce, pepe, balsamico. Verde, persistente.

**AROMATIC PROFILE.**
Grass, arugula, almond, walnut, pepper, balsamic. Green, persistent.

# Amore Coltivato

**Bitonto (BA) | s.da Vicinale Altone |**
**tel. 331 8523861 | amorecoltivato.com**

**OLIVETO PROPRIO** SÌ
**CULTIVAR** Cima di Bitonto, Coratina, Pasola, Termite di Bitetto
**COLTIVAZIONE** Tradizionale
**RACCOLTA** Meccanica
**ESTRAZIONE** Ciclo continuo
**FRANTOIO** NO
**LITRI PRODOTTI** 2.900
**OLIVE DA MENSA** NO
**OSPITALITÀ** NO
**RISTORAZIONE** NO

**AZIENDA.** Maria Carmela Achille ha 2 ettari di oliveto e 500 piante e le coltiva con tale amore da volerle far lavorare solo dal grande Salvatore Stallone, nel suo frantoio alle Tre Colonne distante una decina di chilometri. Ottenendo risultati praticamente perfetti.

**OLIVE GROVE** YES
**CULTIVAR** Cima di Bitonto, Coratina, Pasola, Termite di Bitetto
**GROWING METHOD** Traditional
**HARVEST METHOD** Mechanical
**EXTRACTION METHOD** Continuous cycle
**OIL MILL** NO
**LITRES PRODUCED** 2,900
**TABLE OLIVES** NO
**ACCOMODATIONS** NO
**RESTAURANT** NO

**OIL MAKER.** Maria Carmela Achille brings such love to her work of managing 2 hectares of olive groves (500 trees) that she'll only let the great Salvatore Stallone press the drupes harvested at his Tre Colonne mill, about 10 kilometers away. The result is practically perfect.

## MONOCULTIVAR CORATINA

**CULTIVAR: CORATINA**
**FRUTTATO/FRUITY: 7 • AMARO/BITTER: 7 • PICCANTE/SPICY: 7**
**FASCIA PREZZO/PRICE RANGE: 4**

**PROFILO AROMATICO.** Rucola, ortica, erba, mandorla, pepe. Verde, persistente.

**AROMATIC PROFILE.** Arugula, nettle, grass, almond, pepper. Green, persistent.

## U PRIISCE MONOCULTIVAR FAVOLOSA-FS17

**CULTIVAR: FAVOLOSA - FS17**
**FRUTTATO/FRUITY: 5 • AMARO/BITTER: 4 • PICCANTE/SPICY: 4**
**FASCIA PREZZO/PRICE RANGE: 4**

**PROFILO AROMATICO.** Pomodoro, erbe aromatiche, fiori, mela. Verde.

**AROMATIC PROFILE.** Tomato, aromatic herbs, flowers, apple. Green.

## MONOCULTIVAR CIMA DI BITONTO

**CULTIVAR: CIMA DI BITONTO**
**FRUTTATO/FRUITY: 7 • AMARO/BITTER: 7 • PICCANTE/SPICY: 7**
**FASCIA PREZZO/PRICE RANGE: 4**

**PROFILO AROMATICO.** Carciofo, cardo, rucola, erba. Verde, persistente.

**AROMATIC PROFILE.** Artichoke, cardoon, arugula, grass. Green, persistent.

# Felice Ardito

**Andria (BT) | via E. Fermi, 57 |**
**tel. 0883 546934 | arditofelice.it**

**OLIVETO PROPRIO** SÌ
**CULTIVAR** Coratina
**COLTIVAZIONE** Biologica
**RACCOLTA** Manuale / Meccanica
**ESTRAZIONE** Ciclo continuo
**FRANTOIO** NO
**LITRI PRODOTTI** 60.000
**OLIVE DA MENSA** NO
**OSPITALITÀ** NO
**RISTORAZIONE** NO

**AZIENDA.** Felice Ardito ha costruito questa bella realtà nella zona di Andria forte di un'esperienza di quattro generazioni di olivicoltori. Oggi la gestisce insieme alla moglie Nicla seguendo con estrema cura e passione tutto il lavoro che va dal campo al frantoio. La proprietà oggi si estende per 55 ettari in 30 dei quali dimorano 10mila olivi della sola varietà coratina.

**OLIVE GROVE** YES
**CULTIVAR** Coratina
**GROWING METHOD** Organic
**HARVEST METHOD** Manual + mechanical
**EXTRACTION METHOD** Continuous cycle
**OIL MILL** NO
**LITRES PRODUCED** 60,000
**TABLE OLIVES** NO
**ACCOMODATIONS** NO
**RESTAURANT** NO

**OIL MAKER.** Felice Ardito built this lovely farm in Andria bolstered by a long family tradition of olive growing. Today he manages it together with his wife, Nicla, painstakingly managing each stage of production, from the field to the mill. 30 of the property's 55 hectares host olive groves, about 10,000 trees, all Coratina.

## ORG.OLIO DOP TERRA DI BARI MONOCULTIVAR CORATINA BIO

**CULTIVAR: CORATINA**
**FRUTTATO/FRUITY: 6 · AMARO/BITTER: 6 · PICCANTE/SPICY: 7**
**FASCIA PREZZO/PRICE RANGE: 2**

**PROFILO AROMATICO.**
Mela, mandorla, pinolo, pepe, balsamico. Verde, persistente.

**AROMATIC PROFILE.**
Apple, almond, pine nut, pepper, balsamic. Green, persistent.

# Bio Orto

**Apricena (FG) | loc. Posta dei Colli | tel. 0882 645787 | bio-orto.com**

**OLIVETO PROPRIO** SÌ
**CULTIVAR** Peranzana, Coratina, Ogliarola
**COLTIVAZIONE** Biologica
**RACCOLTA** Manuale
**ESTRAZIONE** Ciclo continuo
**FRANTOIO** SÌ
**LITRI PRODOTTI** 40.000
**OLIVE DA MENSA** NO
**OSPITALITÀ** NO
**RISTORAZIONE** NO

**AZIENDA.** A metà '900 Giulia e Pietro Passalacqua approdano sul Tavoliere e fondano un'azienda orticola. Oggi alla guida di questa realtà tra le più grandi bio in Europa, ci sono i nipoti Tiziano, Nino jr. e Giulia con il marito Mirko: gestiscono 500 ettari di frutteti e orti di cui 20 a oliveto con 2.000 piante. Producono conserve di pomodoro.

**OLIVE GROVE** YES
**CULTIVAR** Peranzana, Coratina, Ogliarola
**GROWING METHOD** Organic
**HARVEST METHOD** Manual
**EXTRACTION METHOD** Continuous cycle
**OIL MILL** YES
**LITRES PRODUCED** 40,000
**TABLE OLIVES** NO
**ACCOMODATIONS** NO
**RESTAURANT** NO

**OIL MAKER.** Giulia and Pietro Passalacqua arrived in the Tavoliere delle Puglie plains in the mid-1900s and founded a farm here. Today Bio Orto, one of Europe's largest organic producers, is managed by their grandchildren Tiziano, Nino Jr. and Giulia, as well as Giulia's husband, Mirko. Together they oversee 500 hectares of orchards and farmland, 20 of which host olive groves (2,000 trees). Canned tomatoes are produced us well.

## MONOCULTIVAR PERANZANA BIO

**CULTIVAR: PERANZANA**
**FRUTTATO/FRUITY: 5 • AMARO/BITTER: 3 • PICCANTE/SPICY: 4**
**FASCIA PREZZO/PRICE RANGE: 4**

**PROFILO AROMATICO.** Pomodoro, erbe aromatiche, fiori, lattuga, mela. Verde.

**AROMATIC PROFILE.** Tomato, aromatic herbs, flowers, lettuce, apple. Green.

# BioMasseria Sacco

**Carpino (FG) | via Cavour, 40 |**
**tel. 330 554509 | biomasseriasacco.it**

**OLIVETO PROPRIO** SÌ
**CULTIVAR** Frantoio, Ogliarola Garganica, Coratina
**COLTIVAZIONE** Biologica
**RACCOLTA** Meccanica
**ESTRAZIONE** Ciclo continuo
**FRANTOIO** NO
**LITRI PRODOTTI** 30.000
**OLIVE DA MENSA** NO
**OSPITALITÀ** NO
**RISTORAZIONE** NO

**AZIENDA.** Nella fertile pianura a sud-est del lago di Varano, nel Parco Nazionale del Gargano, la famiglia Sacco porta avanti da generazioni l'azienda di famiglia che dalla metà degli anni '80 ha scelto l'agricoltura naturale e biologica per coltivare gli oltre 17 ettari di oliveto con 3.300 piante. Produzione anche di fave essiccate.

**OLIVE GROVE** YES
**CULTIVAR** Frantoio, Ogliarola Garganica, Coratina
**GROWING METHOD** Organic
**HARVEST METHOD** Mechanical
**EXTRACTION METHOD** Continuous cycle
**OIL MILL** NO
**LITRES PRODUCED** 30,000
**TABLE OLIVES** NO
**ACCOMODATIONS** NO
**RESTAURANT** NO

**OIL MAKER.** For generations the Sacco family have been carrying on the family business here in the fertile plains that unfold south-east of Lake Varano, in the Gargano National Park. Since the mid-1980s, they've adopted a natural and organic approach to cultivating 17-plus hectares of olive groves (3,300 trees). Dried broad beans are also produced.

## DON CARLOS BIO

**CULTIVAR: CORATINA, FRANTOIO, OGLIAROLA**
**FRUTTATO/FRUITY: 6 · AMARO/BITTER: 7 · PICCANTE/SPICY: 7**
**FASCIA PREZZO/PRICE RANGE: 2**

**PROFILO AROMATICO.**
Carciofo, rucola, mandorla, pepe. Verde, persistente.

**AROMATIC PROFILE.**
Artichoke, arugula, almond, pepper. Green, persistent.

## DONNA ROSA MONOCULTIVAR FRANTOIO BIO

**CULTIVAR: FRANTOIO**
**FRUTTATO/FRUITY: 5 · AMARO/BITTER: 5 · PICCANTE/SPICY: 6**
**FASCIA PREZZO/PRICE RANGE: 2**

**PROFILO AROMATICO.**
Carciofo, mela, mandorla. Maturo, persistente.

**AROMATIC PROFILE.**
Artichoke, apple, almond. Ripe, persistent.

# Bioverde

**Torremaggiore (FG) | via Don Tommaso Leccisotti |**
**tel. 0882 307357**

**OLIVETO PROPRIO** NO
**CULTIVAR** Peranzana
**COLTIVAZIONE** Tradizionale / Biologica
**RACCOLTA** Manuale
**ESTRAZIONE** Ciclo continuo
**FRANTOIO** SÌ
**LITRI PRODOTTI** 5.000
**OLIVE DA MENSA** NO
**OSPITALITÀ** NO
**RISTORAZIONE** NO

**AZIENDA.** Michele e Andrea D'Ettorres seguono la tradizione di famiglia, ma hanno da qualche anno deciso di trasformare i frutti della terra: vino, pomodori e dallo scorso anno anche olive con un moderno frantoio che lavora le drupe Peranzana dai 23 ettari aziendali unite a 20mila quintali di olive selezionate in zona.

**OLIVE GROVE** NO
**CULTIVAR** Peranzana
**GROWING METHOD** Traditional + organic
**HARVEST METHOD** Manual
**EXTRACTION METHOD** Continuous cycle
**OIL MILL** YES
**LITRES PRODUCED** 5,000
**TABLE OLIVES** NO
**ACCOMODATIONS** NO
**RESTAURANT** NO

**OIL MAKER.** Michele and Andrea D'Ettorres are following in their family's footsteps, but some years back they decided to move into processing as well. Today they produce wine, tomatoes and, as of last year, oil, drawing on a modern mill that presses Peranzana olives harvested from 23 hectares of land and 20,000 kilos of locally sourced crop.

## PREGIATO DELICATO MONOCULTIVAR PERANZANA

**CULTIVAR: PERANZANA**
**FRUTTATO/FRUITY: 4 • AMARO/BITTER: 4 • PICCANTE/SPICY: 4**
**FASCIA PREZZO/PRICE RANGE: 3**

**PROFILO AROMATICO.**
Pomodoro, fiori, mela. Maturo.

**AROMATIC PROFILE.**
Tomato, flowers, apple. Ripe.

# Maria Bisceglie

Bari | via N. Green, 20 | loc. Santo Spirito |
tel. 340 4524172 | oliogangalupo.com

**OLIVETO PROPRIO** SÌ
**CULTIVAR** Coratina
**COLTIVAZIONE** Tradizionale
**RACCOLTA** Manuale
**ESTRAZIONE** Ciclo continuo
**FRANTOIO** NO
**LITRI PRODOTTI** 6.000
**OLIVE DA MENSA** NO
**OSPITALITÀ** NO
**RISTORAZIONE** NO

**AZIENDA.** Luigi e Vito Girone hanno ereditato da papà Michele e mamma Maria Bisceglie la passione per i loro oliveti. Cinque anni fa decidono di trasformare e vendere il frutto delle loro 5.000 piante su 20 ettari. Produzione anche di mandorle e pesto.

**OLIVE GROVE** YES
**CULTIVAR** Coratina
**GROWING METHOD** Traditional
**HARVEST METHOD** Manual
**EXTRACTION METHOD** Continuous cycle
**OIL MILL** NO
**LITRES PRODUCED** 6,000
**TABLE OLIVES** NO
**ACCOMODATIONS** NO
**RESTAURANT** NO

**OIL MAKER.** Luigi and Vito Girone inherited a passion for olive growing from their father, Michele, and mother, Maria Bisceglie. Five years ago they decided to press and sell the oil of their 5,000 trees (20 hectares). Almonds and pesto are also produced.

## GANGALUPO MONOCULTIVAR CORATINA

**CULTIVAR: CORATINA**
**FRUTTATO/FRUITY: 7 · AMARO/BITTER: 7 · PICCANTE/SPICY: 7**
**FASCIA PREZZO/PRICE RANGE: 4**

**PROFILO AROMATICO.** Cardo, rucola, ortica, erba, mandorla, pepe. Verde, persistente.

**AROMATIC PROFILE.** Cardoon, arugula, nettle, grass, almond, pepper. Green, persistent.

# Cantasole

**Brindisi | c.da Flaminio |**
**tel. 340 9260269 | cantasole.com**

**OLIVETO PROPRIO** SÌ
**CULTIVAR** Cima di Melfi, Peranzana, Leccino, Biancolilla, Arbequina, Picholine, Coratina, Nociara, Cellina di Nardò
**COLTIVAZIONE** Tradizionale
**RACCOLTA** Meccanica
**ESTRAZIONE** Ciclo continuo
**FRANTOIO** NO
**LITRI PRODOTTI** 10.000
**OLIVE DA MENSA** NO
**OSPITALITÀ** SÌ
**RISTORAZIONE** NO

**AZIENDA.** Una storia olivicola di lungo corso quella della famiglia De Marco, attiva in questo settore dal 1885 e oggi ben rappresentata da Fabrizio e Arianna. La proprietà consta di 180 ettari di oliveto dove dimorano circa 30mila piante.

**OLIVE GROVE** YES
**CULTIVAR** Cima di Melfi, Peranzana, Leccino, Biancolilla, Arbequina, Picholine, Coratina, Nociara, Cellina di Nardò
**GROWING METHOD** Traditional
**HARVEST METHOD** Mechanical
**EXTRACTION METHOD** Continuous cycle
**OIL MILL** NO
**LITRES PRODUCED** 10,000
**TABLE OLIVES** NO
**ACCOMODATIONS** YES
**RESTAURANT** NO

**OIL MAKER.** Active in the sector since 1885, the De Marco family (today represented by Fabrizio and Arianna) have a long history of olive growing. The property consists of 180 hectares of olive groves, about 30,000 trees in all.

## MONOCULTIVAR CORATINA

**CULTIVAR: CORATINA**
**FRUTTATO/FRUITY: 6 • AMARO/BITTER: 6 • PICCANTE/SPICY: 6**
**FASCIA PREZZO/PRICE RANGE: 5**

**PROFILO AROMATICO.** Rucola, fiori, sambuco, erba, pepe. Verde, persistente.

**AROMATIC PROFILE.** Arugula, flowers, elderberry blossom, grass, pepper. Green, persistent.

## MONOCULTIVAR BIANCOLILLA

**CULTIVAR: BIANCOLILLA**
**FRUTTATO/FRUITY: 5 • AMARO/BITTER: 6 • PICCANTE/SPICY: 6**
**FASCIA PREZZO/PRICE RANGE: 5**

**PROFILO AROMATICO.** Rucola, mela, pepe. Maturo, persistente.

**AROMATIC PROFILE.** Arugula, apple, pepper. Ripe, persistent.

## MONOCULTIVAR PERANZANA

**CULTIVAR: PERANZANA**
**FRUTTATO/FRUITY: 5 • AMARO/BITTER: 5 • PICCANTE/SPICY: 5**
**FASCIA PREZZO/PRICE RANGE: 5**

**PROFILO AROMATICO.** Pomodoro, erbe aromatiche, mela. Maturo, persistente.

**AROMATIC PROFILE.** Tomato, aromatic herbs, apple. Ripe, persistent.

# Elia Caprioli

**Vieste (FG) | c.da Monte Giordano |**
**tel. 340 3687323 | olioilsecolare.com**

**OLIVETO PROPRIO** SÌ
**CULTIVAR** Ogliarola Garganica
**COLTIVAZIONE** Biologica
**RACCOLTA** Manuale
**ESTRAZIONE** Ciclo continuo
**FRANTOIO** NO
**LITRI PRODOTTI** 20.000
**OLIVE DA MENSA** NO
**OSPITALITÀ** SÌ
**RISTORAZIONE** SÌ

**AZIENDA.** Sull'estrema punta del Gargano, Elia Caprioli e sua moglie Sara curano 2.500 piante di Ogliarola Garganica su una quindicina di ettari gestiti in biologico e impiantati dai genitori di lui, Matteo e Gabriella. In una suggestiva cornice tra campagna e mare, si può anche dormire in agriturismo.

**OLIVE GROVE** YES
**CULTIVAR** Ogliarola Garganica
**GROWING METHOD** Organic
**HARVEST METHOD** Manual
**EXTRACTION METHOD** Continuous cycle
**OIL MILL** NO
**LITRES PRODUCED** 20,000
**TABLE OLIVES** NO
**ACCOMODATIONS** YES
**RESTAURANT** YES

**OIL MAKER.** At the extreme tip of the Gargano region, Elia Caprioli and his wife, Sara, oversee 2,500 Ogliarola Garganica olive trees across 15 hectares of organically managed terrain originally planted by his parents, Matteo and Gabriella. Guests are welcome to stay overnight in a scenic landscape situated between the countryside and the sea.

## LE FRONDE GOCCIADORO MONOCULTIVAR OGLIAROLA GARGANICA BIO

**CULTIVAR: OGLIAROLA GARGANICA**
**FRUTTATO/FRUITY: 6 • AMARO/BITTER: 7 • PICCANTE/SPICY: 6**
**FASCIA PREZZO/PRICE RANGE: 2**

**PROFILO AROMATICO.**
Carciofo, cardo, erba, mandorla, pepe. Verde, persistente.

**AROMATIC PROFILE.**
Artichoke, cardoon, grass, almond, pepper. Green, persistent.

# Maria Caputo

**Molfetta (BA) | s.s. 16 per Giovinazzo km 778,5 | fraz. Terza Cala |**
**tel. 380 7292603 | oliogranpregio.com**

**OLIVETO PROPRIO** SÌ
**CULTIVAR** Coratina, Peranzana
**COLTIVAZIONE** Biologica
**RACCOLTA** Manuale
**ESTRAZIONE** Ciclo continuo
**FRANTOIO** SÌ
**LITRI PRODOTTI** 9.000
**OLIVE DA MENSA** NO
**OSPITALITÀ** NO
**RISTORAZIONE** NO

**AZIENDA.** Olivicoltori e frantoiani da generazioni, Maria Caputo insieme ai figli Antonio e Ignazio Altomare gestiscono in biologico il frantoio e la tenuta di famiglia fondata dal nonno Ignazio. Hanno a disposizione 16 ettari con 4.500 piante, da oltre dieci anni convertiti al biologico.

**OLIVE GROVE** YES
**CULTIVAR** Coratina, Peranzana
**GROWING METHOD** Organic
**HARVEST METHOD** Manual
**EXTRACTION METHOD** Continuous cycle
**OIL MILL** YES
**LITRES PRODUCED** 9,000
**TABLE OLIVES** NO
**ACCOMODATIONS** NO
**RESTAURANT** NO

**OIL MAKER.** Maria Caputo and her sons (Antonio and Ignazio Altomare), who hail from a long line of olive growers and oil millers, manage this organic oil mill and family estate, founded by grandfather Ignazio. 16 hectares host 4,500 trees, which were converted to organic more than 10 years ago.

## GRAN PREGIO MONOCULTIVAR CORATINA BIO

**CULTIVAR: CORATINA**
**FRUTTATO/FRUITY: 8 • AMARO/BITTER: 8 • PICCANTE/SPICY: 7**
**FASCIA PREZZO/PRICE RANGE: 3**

**PROFILO AROMATICO.** Rucola, ortica, erba, mandorla, pepe, balsamico. Verde, persistente.

**AROMATIC PROFILE.** Arugula, nettle, grass, almond, pepper, balsamic. Green, persistent.

## GRAN PREGIO CUVÈE BIO

**CULTIVAR: CORATINA, PERANZANA**
**FRUTTATO/FRUITY: 7 • AMARO/BITTER: 6 • PICCANTE/SPICY: 6**
**FASCIA PREZZO/PRICE RANGE: 4**

**PROFILO AROMATICO.** Rucola, erba, mandorla, pepe. Verde, persistente.

**AROMATIC PROFILE.** Arugula, grass, almond, pepper. Green, persistent.

## GRAN PREGIO MONOCULTIVAR PERANZANA BIO

**CULTIVAR: PERANZANA**
**FRUTTATO/FRUITY: 6 • AMARO/BITTER: 5 • PICCANTE/SPICY: 6**
**FASCIA PREZZO/PRICE RANGE: 4**

**PROFILO AROMATICO.** Pomodoro, erbe aromatiche, mela, pepe. Verde, persistente.

**AROMATIC PROFILE.** Tomato, aromatic herbs, apple, pepper. Green, persistent.

# Francesco Chiaromonte

**Sannicandro di Bari (BA) | via M. Ranieri, 7c |**
**tel. 338 9023192 | aziendachiaromonte.com**

**OLIVETO PROPRIO** SÌ
**CULTIVAR** Coratina, Ogliarola
**COLTIVAZIONE** Biologica
**RACCOLTA** Manuale
**ESTRAZIONE** Ciclo continuo
**FRANTOIO** NO
**LITRI PRODOTTI** 7.000
**OLIVE DA MENSA** SÌ
**OSPITALITÀ** NO
**RISTORAZIONE** NO

**AZIENDA.** Francesco e Marika Chiaromonte gestiscono l'azienda di famiglia che conta 25 ettari di cui 8 a oliveto con 1.150 piante coltivate in biologico. Produzione anche di olive da mensa Termite di Bitetto, mandorle, frutta e confetture.

**OLIVE GROVE** YES
**CULTIVAR** Coratina, Ogliarola
**GROWING METHOD** Organic
**HARVEST METHOD** Manual
**EXTRACTION METHOD** Continuous cycle
**OIL MILL** NO
**LITRES PRODUCED** 7,000
**TABLE OLIVES** YES
**ACCOMODATIONS** NO
**RESTAURANT** NO

**OIL MAKER.** Francesco and Marika Chiaromonte are responsible for overseeing the family's 25-hectare property, which includes 8 ha of organically cultivated olive groves (about 1,150 trees). Termite di Bitetto table olives, almonds, fruit and jams are also produced.

## GOLD MONOCULTIVAR CORATINA

**CULTIVAR: CORATINA**
**FRUTTATO/FRUITY: 6 • AMARO/BITTER: 7 • PICCANTE/SPICY: 6**
**FASCIA PREZZO/PRICE RANGE: 2**

**PROFILO AROMATICO.**
Rucola, erba, mandorla, noce, pepe, balsamico. Verde, persistente.

**AROMATIC PROFILE.**
Arugula, grass, almond, walnut, pepper, balsamic. Green, persistent.

# Ciccolella

**Molfetta (BA) | s.da Vicinale Fondo Favale | tel. 080 9023998 | oliociccolella.it**

FRANTOIO DELL'ANNO · OIL MILL OF THE YEAR

**OLIVETO PROPRIO** SÌ
**CULTIVAR** Coratina, Ogliarola Barese
**COLTIVAZIONE** Tradizionale / Biologica
**RACCOLTA** Meccanica
**ESTRAZIONE** Ciclo continuo
**FRANTOIO** SÌ
**LITRI PRODOTTI** 45.000
**OLIVE DA MENSA** NO
**OSPITALITÀ** NO
**RISTORAZIONE** NO

**AZIENDA.** Giuseppe Ciccolella e sua moglie Francesca curano i loro 8.000 olivi distribuiti su 30 ettari a Nord di Bari, di cui una ventina sono coltivati in regime biologico. Da anni sono diventati un riferimento per molti olivicoltori della zona che affidano loro la lavorazione delle olive puntando così sulla qualità delle lavorazioni. In azienda si coltiva anche grano da cui nascono i tradizionali taralli e si producono oli aromatizzati.

**OLIVE GROVE** YES
**CULTIVAR** Coratina, Ogliarola Barese
**GROWING METHOD** Traditional + organic
**HARVEST METHOD** Mechanical
**EXTRACTION METHOD** Continuous cycle
**OIL MILL** YES
**LITRES PRODUCED** 45,000
**TABLE OLIVES** NO
**ACCOMODATIONS** NO
**RESTAURANT** NO

**OIL MAKER.** Giuseppe Ciccolella and his wife, Francesca, look after 8,000 olive trees spread out over 30 hectares of land north of Bari (about 20 ha are cultivated organically). they have become a reference for many olive growers in the area who entrust them with the processing of the olives, thus focusing on the quality of the workmanship. Wheat is also grown on the farm, and is used to make taralli (a traditional regional snack). Flavor-infused oils are produced as well.

## COPPADORO MONOCULTIVAR CORATINA

**CULTIVAR: CORATINA**
**FRUTTATO/FRUITY: 7 • AMARO/BITTER: 7 • PICCANTE/SPICY: 7**
**FASCIA PREZZO/PRICE RANGE: 5**

**PROFILO AROMATICO.** Rucola, ortica, radicchio, erba, mandorla, pepe, balsamico. Verde, persistente.

**AROMATIC PROFILE.** Arugula, nettle, radicchio, grass, almond, pepper, balsamic. Green, persistent.

## ORGANIC CRU BIO

**CULTIVAR: CORATINA, OGLIAROLA BARESE**
**FRUTTATO/FRUITY: 7 • AMARO/BITTER: 6 • PICCANTE/SPICY: 7**
**FASCIA PREZZO/PRICE RANGE: 5**

**PROFILO AROMATICO.** Carciofo, rucola, erba, mandorla, pinolo, pepe, balsamico. Verde, persistente.

**AROMATIC PROFILE.** Artichoke, arugula, grass, almond, pine nut, pepper, balsamic. Green, persistent.

# Coop. di Comunità Borgo Ajeni

**San Michele Salentino (BR) | c.da Ajeni |**
**tel. 0831 961028 | cooperativaborgoajeni.it**

**OLIVETO PROPRIO** NO
**CULTIVAR** Cellina di Nardò, Ogliarola, Cima di Melfi, Carolea, Picholine, Leccino
**COLTIVAZIONE** Tradizionale / Biologica
**RACCOLTA** Manuale / Meccanica
**ESTRAZIONE** Ciclo continuo
**FRANTOIO** SÌ
**LITRI PRODOTTI** 200.000
**OLIVE DA MENSA** NO
**OSPITALITÀ** NO
**RISTORAZIONE** NO

**AZIENDA.** Sorta intorno al borgo dove era la Masseria Ajeni del Principe di San Vito, oggi la cooperativa guidata da Rocco Monaco e Domenico Anselmi punta a fare un lavoro per tutta la comunità locale: aggrega 153 agricoltori con 20mila piante su 270 ettari (in parte bio) e punta a valorizzare le tradizioni del territorio.

**OLIVE GROVE** NO
**CULTIVAR** Cellina di Nardò, Ogliarola, Cima di Melfi, Carolea, Picholine, Leccino
**GROWING METHOD** Traditional + organic
**HARVEST METHOD** Manual + mechanical
**EXTRACTION METHOD** Continuous cycle
**OIL MILL** YES
**LITRES PRODUCED** 200,000
**TABLE OLIVES** NO
**ACCOMODATIONS** NO
**RESTAURANT** NO

**OIL MAKER.** Based around the village where the Masseria Ajeni del Principe di San Vito once stood, today this coop is led by Rocco Monaco and Domenico Anselmi, whose aim it is to benefit the entire community, with an eye towards local tradition. 153 farmers cultivate 20,000 trees on 270 hectares of land (a part of which is organic).

## MONOCULTIVAR CORATINA

**CULTIVAR: CORATINA**
**FRUTTATO/FRUITY: 6 • AMARO/BITTER: 6 • PICCANTE/SPICY: 6**
**FASCIA PREZZO/PRICE RANGE: 3**

**PROFILO AROMATICO.**
Carciofo, mandorla, pepe. Maturo, persistente.

**AROMATIC PROFILE.**
Artichoke, almond, pepper. Ripe, persistent.

# Frantoio Oleario Congedi

**Ugento (LE) | via Mare c.da Masseria Bianco |**
**tel. 0833 555263 | oliocongedi.com**

**OLIVETO PROPRIO** SÌ
**CULTIVAR** Frantoio, Coratina, Favolosa, Leccino
**COLTIVAZIONE** Tradizionale / Biologica
**RACCOLTA** Manuale / Meccanica
**ESTRAZIONE** Ciclo continuo
**FRANTOIO** SÌ
**LITRI PRODOTTI** 100.000
**OLIVE DA MENSA** SÌ
**OSPITALITÀ** NO
**RISTORAZIONE** NO

**AZIENDA.** La storia della famiglia Congedi comincia nel 1917 con una donna, Luce Damiani. Oggi sono Ettore e Matteo Congedi a portare avanti il frantoio e l'azienda con i suoi 48 ettari di cui la metà a oliveto con 10mila piante. Produzione anche di pasta e vino, taralli e sottoli.

**OLIVE GROVE** YES
**CULTIVAR** Frantoio, Coratina, Favolosa, Leccino
**GROWING METHOD** Traditional + organic
**HARVEST METHOD** Manual + mechanical
**EXTRACTION METHOD** Continuous cycle
**OIL MILL** YES
**LITRES PRODUCED** 100,000
**TABLE OLIVES** YES
**ACCOMODATIONS** NO
**RESTAURANT** NO

**OIL MAKER.** The Congedi family got their start in 1917 with a woman, Luce Damiani. Today Ettore and Matteo Congedi carry on the oil mill and the 48-hectare property, about half of which is olive groves (10,000 trees). Pasta, wine, taralli and bottled vegetables are also produced.

## DENÒ

**CULTIVAR: CORATINA, FAVOLOSA**
**FRUTTATO/FRUITY: 6 • AMARO/BITTER: 6 • PICCANTE/SPICY: 6**
**FASCIA PREZZO/PRICE RANGE: 4**

**PROFILO AROMATICO.**
Rucola, mela, ortica, erba, mandorla, pepe. Verde.

**AROMATIC PROFILE.**
Arugula, apple, nettle, grass, almond, pepper. Green.

# Donato Conserva

**Modugno (BA) | c.da Gravinella |**
**tel. 346 3944870 | oliomimi.com**

**OLIVETO PROPRIO** SÌ
**CULTIVAR** Cima di Melfi, Coratina, Ogliarola, Nocellara del Belìce, Peranzana, Leccino
**COLTIVAZIONE** Tradizionale
**RACCOLTA** Manuale
**ESTRAZIONE** Ciclo continuo
**FRANTOIO** SÌ
**LITRI PRODOTTI** 60.000
**OLIVE DA MENSA** NO
**OSPITALITÀ** NO
**RISTORAZIONE** NO

**AZIENDA.** Donato Conserva cura direttamente gli 80 ettari di oliveto dove vivono le 22mila piante originariamente impiantate dal padre Domenico (Mimì) . Ormai da 10 anni, l'azienda ha scelto la via della qualità selezionando e acquistando anche 150 quintali di olive in zona.

**OLIVE GROVE** YES
**CULTIVAR** Cima di Melfi, Coratina, Ogliarola, Nocellara del Belìce, Peranzana, Leccino
**GROWING METHOD** Traditional
**HARVEST METHOD** Manual
**EXTRACTION METHOD** Continuous cycle
**OIL MILL** YES
**LITRES PRODUCED** 60,000
**TABLE OLIVES** NO
**ACCOMODATIONS** NO
**RESTAURANT** NO

**OIL MAKER.** Donato Conserva personally oversees 80 hectares of olive groves, where 22,000 trees originally planted by his parents are cultivated. For 10 years now, the Conservas have chosen to pursue the utmost quality by sourcing an additional 15,000 kilos of select olives.

## MIMÌ MONOCULTIVAR CORATINA

**CULTIVAR: CORATINA**
**FRUTTATO/FRUITY: 7 • AMARO/BITTER: 6 • PICCANTE/SPICY: 6**
**FASCIA PREZZO/PRICE RANGE: 5**

**PROFILO AROMATICO.** Erba, mandorla, noce, pinolo, pepe, balsamico. Verde, persistente.

**AROMATIC PROFILE.** Grass, almond, walnut, pine nut, pepper, balsamic. Green, persistent.

## MIMÌ MONOCULTIVAR PERANZANA

**CULTIVAR: PERANZANA**
**FRUTTATO/FRUITY: 6 • AMARO/BITTER: 6 • PICCANTE/SPICY: 6**
**FASCIA PREZZO/PRICE RANGE: 5**

**PROFILO AROMATICO.** Pomodoro, erbe aromatiche, songino, mela, balsamico. Verde, persistente.

**AROMATIC PROFILE.** Tomato, aromatic herbs, lamb's lettuce, apple, balsamic. Green, persistent.

## MIMÌ MONOCULTIVAR OGLIAROLA

**CULTIVAR: OGLIAROLA**
**FRUTTATO/FRUITY: 6 • AMARO/BITTER: 5 • PICCANTE/SPICY: 6**
**FASCIA PREZZO/PRICE RANGE: 5**

**PROFILO AROMATICO.** Mela, mandorla, pinolo, pepe. Verde, persistente.

**AROMATIC PROFILE.** Apple, almond, pine nut, pepper. Green, persistent.

# Lucrezia Conversano

**Cerignola (FG) | c.da Quarto |**
**tel. 392 4110675 | oliololu.it**

**OLIVETO PROPRIO** SÌ
**CULTIVAR** Coratina
**COLTIVAZIONE** Tradizionale
**RACCOLTA** Manuale
**ESTRAZIONE** Ciclo continuo
**FRANTOIO** NO
**LITRI PRODOTTI** 8.000
**OLIVE DA MENSA** SÌ
**OSPITALITÀ** NO
**RISTORAZIONE** NO

**AZIENDA.** Coratina per l'extravergine e Bella di Cerignola per le olive da mensa: sono le due cultivar cui Lucrezia Conversano dedica il suo lavoro nei 14 ettari della sua azienda in cui vivono 2.000 olivi assistiti anche dalle cure dell'agronomo Alfonso Mogavero.

**OLIVE GROVE** YES
**CULTIVAR** Coratina
**GROWING METHOD** Traditional
**HARVEST METHOD** Manual
**EXTRACTION METHOD** Continuous cycle
**OIL MILL** NO
**LITRES PRODUCED** 8,000
**TABLE OLIVES** YES
**ACCOMODATIONS** NO
**RESTAURANT** NO

**OIL MAKER.** Coratina for extra virgin and Bella di Cerignola for table olives — these are the two varieties that Lucrezia Conversano cultivates on 14 hectares of terrain (2,000 trees), supported by agronomist Alfonso Mogavero.

## OLIO LOLÙ MONOCULTIVAR CORATINA

**CULTIVAR: CORATINA**
**FRUTTATO/FRUITY: 7 · AMARO/BITTER: 8 · PICCANTE/SPICY: 7**
**FASCIA PREZZO/PRICE RANGE: 4**

**ROFILO AROMATICO.**
arciofo, rucola, erba, mandorla, epe, balsamico. Verde, persistente.

**AROMATIC PROFILE.**
Artichoke, arugula, grass, almond, pepper, balsamic. Green, persistent.

# ★ De Carlo

**Bitritto (BA) | via XXIV Maggio, 54b | tel. 080 630767 | oliodecarlo.com**

**OLIVETO PROPRIO** SÌ
**CULTIVAR** Picciotella, Signora Francesca, Ogliarola, Coratina, Peranzana, Favolosa - FS17
**COLTIVAZIONE** Tradizionale / Biologica
**RACCOLTA** Manuale / Meccanica
**ESTRAZIONE** Ciclo continuo
**FRANTOIO** SÌ
**LITRI PRODOTTI** 98.000
**OLIVE DA MENSA** SÌ
**OSPITALITÀ** SÌ
**RISTORAZIONE** NO

**AZIENDA.** Dal 1700 i De Carlo sono su queste terre. Oggi, con oltre 25mila olivi su 120 ettari, portano avanti il vessillo della Puglia dell'extravergine e dell'agricoltura di qualità. Da citare anche la produzione di olive da mensa in salamoia, patè di oliva, sottoli.

**OLIVE GROVE** YES
**CULTIVAR** Picciotella, Signora Francesca, Ogliarola, Coratina, Peranzana, Favolosa - FS17
**GROWING METHOD** Traditional + organic
**HARVEST METHOD** Manual+mechanical
**EXTRACTION METHOD** Continuous cycle
**OIL MILL** YES
**LITRES PRODUCED** 98,000
**TABLE OLIVES** YES
**ACCOMODATIONS** YES
**RESTAURANT** NO

**OIL MAKER.** The De Carlos have been here since 1700. Today, with over 25,000 olive trees on 120 hectares, they serve as a standard bearer of the region's extra virgin and quality agriculture in general. It's also worth mentioning the production of table olives in brine, bottled vegetables.

## /// L'OLIO DI FELICE GARIBALDI MONOCULTIVAR OGLIAROLA

**CULTIVAR: OGLIAROLA**
**FRUTTATO/FRUITY: 7 · AMARO/BITTER: 5 · PICCANTE/SPICY: 6**
**FASCIA PREZZO/PRICE RANGE: 4**

**PROFILO AROMATICO.** Pomodoro, erbe aromatiche, mela, pepe, balsamico. Verde, persistente.

**AROMATIC PROFILE.** Tomato, aromatic herbs, apple, pepper, balsamic. Green, persistent.

## // MONOCULTIVAR PERANZANA

**CULTIVAR: PERANZANA**
**FRUTTATO/FRUITY: 6 · AMARO/BITTER: 6 · PICCANTE/SPICY: 6**
**FASCIA PREZZO/PRICE RANGE: 4**

**PROFILO AROMATICO.** Carciofo, mela, ortica, erba, pinolo. Verde, persistente.

**AROMATIC PROFILE.** Artichoke, apple, nettle, grass, pine nut. Green, persistent.

## // TENUTA TORRE DI MOSSA DOP TERRA DI BARI MONOCULTIVAR CORATINA

**CULTIVAR: CORATINA**
**FRUTTATO/FRUITY: 6 · AMARO/BITTER: 6 · PICCANTE/SPICY: 7**
**FASCIA PREZZO/PRICE RANGE: 4**

**PROFILO AROMATICO.** Rucola, mela, erba, mandorla, pepe. Verde, persistente.

**AROMATIC PROFILE.** Arugula, apple, grass, almond, pepper. Green, persistent.

# De Robertis

**Trani (BT) | via dei Gelsi, 47 c.da Schinosa |**
**tel. 320 0853911 | www.derobertis-oliveoil.com**

**OLIVETO PROPRIO** SÌ
**CULTIVAR** Coratina
**COLTIVAZIONE** Tradizionale
**RACCOLTA** Manuale / Meccanica
**ESTRAZIONE** Ciclo continuo
**FRANTOIO** NO
**LITRI PRODOTTI** 30.000
**OLIVE DA MENSA** NO
**OSPITALITÀ** SÌ
**RISTORAZIONE** NO

**AZIENDA.** Paolo Milicic (ex financial controller) e la moglie Ottilia De Robertis gestiscono questa splendida attività agrituristica voluta negli anni '80 da Donato, padre di lei. Oggi l'azienda si estende per circa 28 ettari dove vengono ospitate 4.500 piante. Produzione di oli aromatizzati.

**OLIVE GROVE** YES
**CULTIVAR** Coratina
**GROWING METHOD** Traditional
**HARVEST METHOD** Manual + mechanical
**EXTRACTION METHOD** Continuous cycle
**OIL MILL** NO
**LITRES PRODUCED** 30,000
**TABLE OLIVES** NO
**ACCOMODATIONS** YES
**RESTAURANT** NO

**OIL MAKER.** Paolo Milicic (a former financial controller) and his wife, Ottilia De Robertis, manage this splendid agricultural producer and hospitality center, founded by Ottilia's father in the 1980s. Today the property spans about 28 hectares and is home to some 4,500 olive trees. Flavor-infused oils are also produced.

## CHIAROSCURO MONOCULTIVAR CORATINA

**CULTIVAR: CORATINA**
**FRUTTATO/FRUITY: 7 • AMARO/BITTER: 8 • PICCANTE/SPICY: 8**
**FASCIA PREZZO/PRICE RANGE: 5**

**PROFILO AROMATICO.**
Rucola, radicchio, cicoria, erba, mandorla. Verde, persistente.

**AROMATIC PROFILE.**
Arugula, radicchio, chicory, grass, almond. Green, persistent.

# Riccardo Di Leo

**Andria (BT) | via Vittorio Veneto, 44 |**
**tel. 380 7580610 | dileotenutebio.com**

**OLIVETO PROPRIO** SÌ
**CULTIVAR** Coratina
**COLTIVAZIONE** Biologica
**RACCOLTA** Manuale
**ESTRAZIONE** Ciclo continuo
**FRANTOIO** NO
**LITRI PRODOTTI** 30.000
**OLIVE DA MENSA** SÌ
**OSPITALITÀ** NO
**RISTORAZIONE** NO

**AZIENDA.** Nelle campagne tra Andria-Trani-Corato Riccardo Di Leo coltiva olivi, fichi e pesche che da una ventina di anni punta a trasformare in prodotti di eccellenza che raccontano un territorio ricco e vigoroso. In 35 ettari vivono circa 6.000 piante di Coratina, Nolca e Pasola (olive da tavola).

**OLIVE GROVE** YES
**CULTIVAR** Coratina
**GROWING METHOD** Organic
**HARVEST METHOD** Manual
**EXTRACTION METHOD** Continuous cycle
**OIL MILL** NO
**LITRES PRODUCED** 30,000
**TABLE OLIVES** YES
**ACCOMODATIONS** NO
**RESTAURANT** NO

**OIL MAKER.** Riccardo Di Leo cultivates olive trees, figs and peaches in the countryside straddling Andria, Trani and Corato. For about 20 years now the producer has had his sights set high, working to bring out the best of a rich and vigorous territory. About 6,000 Coratina, Nolca and Pasola olive trees (the last of which are used for table olives) occupy 35 hectares of land.

## /// DOP TERRA DI BARI MONOCULTIVAR CORATINA BIO

**CULTIVAR: CORATINA**
**FRUTTATO/FRUITY: 7 • AMARO/BITTER: 6 • PICCANTE/SPICY: 6**
**FASCIA PREZZO/PRICE RANGE: 5**

**PROFILO AROMATICO.**
Rucola, fiori, erba, mandorla, pinolo, pepe. Verde, persistente.

**AROMATIC PROFILE.**
Arugula, flowers, grass, almond, pine nut, pepper. Green, persistent.

# Di Molfetta Pantaleo

**Bisceglie (BT) | via Ruvo, 86 |**
**tel. 080 3921478 | dimolfettafrantoiani.it**

**OLIVETO PROPRIO** SÌ
**CULTIVAR** Coratina, Ogliarola, Peranzana
**COLTIVAZIONE** Tradizionale / Biologica
**RACCOLTA** Manuale / Meccanica
**ESTRAZIONE** Ciclo continuo
**FRANTOIO** SÌ
**LITRI PRODOTTI** 3.000.000
**OLIVE DA MENSA** NO
**OSPITALITÀ** NO
**RISTORAZIONE** SÌ

**AZIENDA.** La storia inizia nel 1930, poi nel 1950 nasce un frantoio a Trani che dopo poco si trasferisce a Bisceglie e comincia a perseguire la qualità. L'azienda conta oggi su 30 ettari di oliveto di cui una decina in biologico su cui vivono circa 7.000 piante. Produzione anche di sottoli e di cosmetici all'extravergine.

**OLIVE GROVE** YES
**CULTIVAR** Coratina, Ogliarola, Peranzana
**GROWING METHOD** Traditional + organic
**HARVEST METHOD** Manual + mechanical
**EXTRACTION METHOD** Continuous cycle
**OIL MILL** YES
**LITRES PRODUCED** 3,000,000
**TABLE OLIVES** NO
**ACCOMODATIONS** NO
**RESTAURANT** YES

**OIL MAKER.** Di Molfetta got its start in 1930. Then, in 1950, an oil mill was set up in Trani — shortly thereafter the business moved to Bisceglie and began to focus on quality commercial production. Today the 30-hectare property (about 10 ha of which are organic) hosts some 7,000 trees. Bottled vegetables and extra virgin cosmetics are also produced.

## MONOCULTIVAR CORATINA BIO

**CULTIVAR: CORATINA**
**FRUTTATO/FRUITY: 6 • AMARO/BITTER: 5 • PICCANTE/SPICY: 6**
**FASCIA PREZZO/PRICE RANGE: 2**

**PROFILO AROMATICO.** Erbe aromatiche, songino, mela, erba, mandorla, pepe, balsamico. Verde, persistente.

**AROMATIC PROFILE.** Aromatic herbs, lamb's lettuce, apple, grass, almond, pepper, balsamic. Green, persistent.

## "I" INTENSO MONOCULTIVAR CORATINA

**CULTIVAR: CORATINA**
**FRUTTATO/FRUITY: 6 • AMARO/BITTER: 6 • PICCANTE/SPICY: 6**
**FASCIA PREZZO/PRICE RANGE: 2**

**PROFILO AROMATICO.**
Erbe aromatiche, lattuga, mela, mandorla. Verde, persistente.

**AROMATIC PROFILE.**
Aromatic herbs, lettuce, apple, almond. Green, persistent.

## "D" DELICATO

**CULTIVAR: OGLIAROLA, PERANZANA, CORATINA**
**FRUTTATO/FRUITY: 6 • AMARO/BITTER: 4 • PICCANTE/SPICY: 4**
**FASCIA PREZZO/PRICE RANGE: 2**

**PROFILO AROMATICO.**
Pomodoro, erbe aromatiche, mela. Verde.

**AROMATIC PROFILE.**
Tomato, aromatic herbs, apple. Green.

# Di Niso

**Bisceglie (BT) | via G. Amendola, 17 |**
**tel. 347 8373978 | agricoladiniso.it**

**OLIVETO PROPRIO** SÌ
**CULTIVAR** Coratina
**COLTIVAZIONE** Tradizionale
**RACCOLTA** Manuale
**ESTRAZIONE** Ciclo continuo
**FRANTOIO** NO
**LITRI PRODOTTI** 3.000
**OLIVE DA MENSA** SÌ
**OSPITALITÀ** NO
**RISTORAZIONE** NO

**AZIENDA.** A fine '800 Mauro Di Niso acquistò gli oliveti secolari che ancor oggi (30 ettari e 4.000 piante), con uno sguardo al futuro e uno al passato, sono curati dai fratelli Nardo e Giuseppe Di Niso che da anni hanno sposato la potatura a vaso policonico, in sostituzione del vecchio vaso barese.

**OLIVE GROVE** YES
**CULTIVAR** Coratina
**GROWING METHOD** Traditional
**HARVEST METHOD** Manual
**EXTRACTION METHOD** Continuous cycle
**OIL MILL** NO
**LITRES PRODUCED** 3,000
**TABLE OLIVES** YES
**ACCOMODATIONS** NO
**RESTAURANT** NO

**OIL MAKER.** In the late-19th century, Mauro Di Niso bought the centuries-old olive groves tended to today by brothers Nardo and Giuseppe Di Niso (30 hectares and 4,000 trees). Here they're inspired by the past but have an eye towards the future, having embraced a cone-shape pruning technique ("potatura a vaso policonico") instead of traditional, vase-shape pruning.

## /// MONOCULTIVAR CORATINA

**CULTIVAR: CORATINA**
**FRUTTATO/FRUITY: 7 • AMARO/BITTER: 8 • PICCANTE/SPICY: 7**
**FASCIA PREZZO/PRICE RANGE: 4**

**PROFILO AROMATICO.**
Rucola, erba, radicchio, mandorla, pepe, balsamico. Verde, persistente.

**AROMATIC PROFILE.**
Arugula, grass, radicchio, almond, pepper, balsamic. Green, persistent.

# Donna Francesca

**Bitonto (BA) | via Le Matine | loc. Mariotto |**
**tel. 349 0858013 | donnafrancesca.it**

**OLIVETO PROPRIO** SÌ
**CULTIVAR** Coratina, Ogliarola Barese, Cima di Melfi, Nocellara, Peranzana
**COLTIVAZIONE** Tradizionale
**RACCOLTA** Manuale
**ESTRAZIONE** Ciclo continuo
**FRANTOIO** NO
**LITRI PRODOTTI** 15.000
**OLIVE DA MENSA** NO
**OSPITALITÀ** NO
**RISTORAZIONE** NO

**AZIENDA.** Piero Palmieri e Francesca Dellorusso, con il supporto dell'agronomo Giuseppe Marrone, gestiscono la tenuta di 130 ettari di cui 80 a oliveto che ha alle spalle 5 generazioni di agricoltori. L'azienda produce anche mandorle, creme spalmabili, condimenti e conserve di pomodoro.

**OLIVE GROVE** YES
**CULTIVAR** Coratina, Ogliarola Barese, Cima di Melfi, Nocellara, Peranzana
**GROWING METHOD** Traditional
**HARVEST METHOD** Manual
**EXTRACTION METHOD** Continuous cycle
**OIL MILL** NO
**LITRES PRODUCED** 15,000
**TABLE OLIVES** NO
**ACCOMODATIONS** NO
**RESTAURANT** NO

**OIL MAKER.** Following in the footsteps of 5 generations of farmers, Piero Palmieri and Francesca Dellorusso, supported by agronomist Giuseppe Marrone, cultivate 130 hectares of land, 80 of which are olive groves. Almonds, spreads, fruit-based condiments and tomato preserves are also produced.

## MONOCULTIVAR CORATINA

**CULTIVAR: CORATINA**
**FRUTTATO/FRUITY: 7 • AMARO/BITTER: 7 • PICCANTE/SPICY: 7**
**FASCIA PREZZO/PRICE RANGE: 5**

**PROFILO AROMATICO.**
Rucola, ortica, erba, mandorla, pepe, balsamico. Verde, persistente.

**AROMATIC PROFILE.**
Arugula, nettle, grass, almond, pepper, balsamic. Green, persistent.

## SPACE - SARTORIA AGRICOLA

**CULTIVAR: CORATINA, OGLIAROLA BARESE, PERANZANA**
**FRUTTATO/FRUITY: 6 • AMARO/BITTER: 7 • PICCANTE/SPICY: 7**
**FASCIA PREZZO/PRICE RANGE: 5**

**PROFILO AROMATICO.**
Rucola, erba, mandorla, pepe. Verde, persistente.

**AROMATIC PROFILE.**
Arugula, grass, almond, pepper. Green, persistent.

## MONOCULTIVAR OGLIAROLA BARESE

**CULTIVAR: OGLIAROLA BARESE**
**FRUTTATO/FRUITY: 6 • AMARO/BITTER: 5 • PICCANTE/SPICY: 6**
**FASCIA PREZZO/PRICE RANGE: 5**

**PROFILO AROMATICO.**
Pomodoro, erbe aromatiche, fiori, mela. Verde, persistente.

**AROMATIC PROFILE.**
Tomato, aromatic herbs, flowers, apple. Green, persistent.

# Tenute Donna Vittoria

**San Giovanni Rotondo (FG) | s.da prov.le 58 |
loc. Masseria Polveracchio | tel. 0882 411474**

**OLIVETO PROPRIO** SÌ
**CULTIVAR** Ogliarola Garganica, Coratina
**COLTIVAZIONE** Biologica
**RACCOLTA** Meccanica
**ESTRAZIONE** Ciclo continuo
**FRANTOIO** NO
**LITRI PRODOTTI** 3.000
**OLIVE DA MENSA** NO
**OSPITALITÀ** NO
**RISTORAZIONE** NO

**AZIENDA.** In un paesaggio scolpito dagli olivi monumentali, fin dal 1700 questa realtà - guidata oggi da Maurizio Palladino - si prende cura, in regime biologico, della cultivar di eccellenza di questa zona, l'Ogliarola. L'azienda promuove anche l'iniziativa "adotta un albero" per contribuire a sostenere l'olivicoltura ecosostenibile.

**OLIVE GROVE** YES
**CULTIVAR** Ogliarola Garganica, Coratina
**GROWING METHOD** Organic
**HARVEST METHOD** Mechanical
**EXTRACTION METHOD** Continuous cycle
**OIL MILL** NO
**LITRES PRODUCED** 3,000
**TABLE OLIVES** NO
**ACCOMODATIONS** NO
**RESTAURANT** NO

**OIL MAKER.** At Tenute Donna Vittoria they've been cultivating the ogliarola, the area's olive par excellence, since the 18th century. The producer, led today by Maurizio Palladino, operates in a landscape adorned with monumental olive trees. Indeed, Donna Vittoria's "adopt a tree" initiative has helped support sustainable olive growing.

## MONOCULTIVAR CORATINA BIO

**CULTIVAR: CORATINA**
**FRUTTATO/FRUITY: 7 • AMARO/BITTER: 7 • PICCANTE/SPICY: 7**
**FASCIA PREZZO/PRICE RANGE: 5**

**PROFILO AROMATICO.** Rucola, erbe aromatiche, erba, mandorla, pepe, balsamico. Verde, persistente.

**AROMATIC PROFILE.** Arugula, aromatic herbs, grass, almond, pepper, balsamic. Green, persistent.

## MONOCULTIVAR OGLIAROLA GARGANICA BIO

**CULTIVAR: OGLIAROLA GARGANICA**
**FRUTTATO/FRUITY: 6 • AMARO/BITTER: 4 • PICCANTE/SPICY: 5**
**FASCIA PREZZO/PRICE RANGE: 4**

**PROFILO AROMATICO.** Erbe aromatiche, fiori, mela. Maturo, persistente.

**AROMATIC PROFILE.** Aromatic herbs, flowers, apple. Ripe, persistent.

# Tenuta Esse

**Alberobello (BA) | via F. Tinelli, 2 |**
**tel. 348 3475546 | tenutaesse.it**

**OLIVETO PROPRIO** SÌ
**CULTIVAR** Olivastra, Favolosa - FS17, Leccino
**COLTIVAZIONE** Biologica
**RACCOLTA** Manuale / Meccanica
**ESTRAZIONE** Ciclo continuo
**FRANTOIO** NO
**LITRI PRODOTTI** 1.000
**OLIVE DA MENSA** NO
**OSPITALITÀ** NO
**RISTORAZIONE** NO

**AZIENDA.** Danilo Speciale, agronomo, ha acquistato da poco l'azienda agricola insieme a sua moglie Caterina Miraglia. Due ettari, ancora poche piante, ma l'obiettivo è crescere e triplicare i numeri velocemente con una maniacale attenzione alla qualità. "Esse" dal cognome di Danilo: segno identitario e auspicio di continuità.

**OLIVE GROVE** YES
**CULTIVAR** Olivastra, Favolosa - FS17, Leccino
**GROWING METHOD** Organic
**HARVEST METHOD** Manual + mechanical
**EXTRACTION METHOD** Continuous cycle
**OIL MILL** NO
**LITRES PRODUCED** 1,000
**TABLE OLIVES** NO
**ACCOMODATIONS** NO
**RESTAURANT** NO

**OIL MAKER.** Agronomist Danilo Speciale purchased this farm together with his wife, Caterina Miraglia. At the moment just two hectares of land are cultivated, still only a few trees, but the goal is to triple the numbers quickly while maintaining painstaking attention to quality. "Esse", the first initial of Danilo's surname, comes from the producer's desire to personally represent the project and maintain continuity.

## OLIO EXTRAVERGINE DI OLIVA

**CULTIVAR: OLIVASTRA, LECCINO**
**FRUTTATO/FRUITY: 6 • AMARO/BITTER: 7 • PICCANTE/SPICY: 6**
**FASCIA PREZZO/PRICE RANGE: 4**

**PROFILO AROMATICO.**
Carciofo, mela, mandorla. Maturo, persistente.

**AROMATIC PROFILE.**
Artichoke, apple, almond. Ripe, persistent.

# ★ Fratelli Ferrara

**Canosa di Puglia (BT) | c.da Posta Locone | tel. 335 356733 | fratelli-ferrara.it**

**OLIVETO PROPRIO** SÌ
**CULTIVAR** Leccino, Coratina, Dritta, Carolea, Oliana, Arbosana, Lecciana (Leccino +Arbosana), Olidia
**COLTIVAZIONE** Tradizionale / Biologica
**RACCOLTA** Meccanica
**ESTRAZIONE** Ciclo continuo
**FRANTOIO** NO
**LITRI PRODOTTI** 1.500
**OLIVE DA MENSA** NO
**OSPITALITÀ** NO
**RISTORAZIONE** NO

**AZIENDA.** Risale a oltre 200 anni fa e ha visto ben sei generazioni succedersi sui suoi terreni, l'azienda dei fratelli Ferrara. È estesa per 513 ettari, coltivati a oliveto, grano duro, "colture industriali". Attività principale l'olivicoltura: 163 ettari e oltre 15mila piante. Obiettivo: qualità estrema.

**OLIVE GROVE** YES
**CULTIVAR** Leccino, Coratina, Dritta, Carolea, Oliana, Arbosana, Lecciana (Leccino +Arbosana), Olidia
**GROWING METHOD** Traditional + organic
**HARVEST METHOD** Mechanical
**EXTRACTION METHOD** Continuous cycle
**OIL MILL** NO
**LITRES PRODUCED** 1,500
**TABLE OLIVES** NO
**ACCOMODATIONS** NO
**RESTAURANT** NO

**OIL MAKER.** Six generations of family have managed this farm, whose roots go back more than 200 years. 513 hectares are home to olive groves, durum wheat and row crops. Their main focus is olive growing, with 163 hectares hosting 15,000-plus trees. Their mission? Superb quality.

## POSTA LOCONE MONOCULTIVAR CORATINA

**CULTIVAR: CORATINA**
**FRUTTATO/FRUITY: 7 • AMARO/BITTER: 7 • PICCANTE/SPICY: 7**
**FASCIA PREZZO/PRICE RANGE: 3**

**PROFILO AROMATICO.** Rucola, ortica, erba, mandorla, pepe, balsamico. Verde, persistente.

**AROMATIC PROFILE.** Arugula, nettle, grass, almond, pepper, balsamic. Green, persistent.

## FONTANA ROSA

**CULTIVAR: CORATINA, LECCINO**
**FRUTTATO/FRUITY: 6 • AMARO/BITTER: 6 • PICCANTE/SPICY: 7**
**FASCIA PREZZO/PRICE RANGE: 3**

**PROFILO AROMATICO.** Carciofo, cardo, erba, pepe. Verde, persistente.

**AROMATIC PROFILE.** Artichoke, cardoon, grass, pepper. Green, persistent.

# Le Ferre

**Castellaneta (TA) | c.da Catalano s.s. 7 km 610,125 |**
**tel. 099 8493207 | olioleferre.com**

**OLIVETO PROPRIO** SÌ
**CULTIVAR** Ogliarola, Coratina, Leccino, Frantoio, Peranzana
**COLTIVAZIONE** Tradizionale / Biologica
**RACCOLTA** Meccanica
**ESTRAZIONE** Ciclo continuo
**FRANTOIO** SÌ
**LITRI PRODOTTI** 120.000
**OLIVE DA MENSA** NO
**OSPITALITÀ** NO
**RISTORAZIONE** NO

**AZIENDA.** Sono circa 4.000 (su 10 ettari) gli olivi della tenuta guidata da Giuseppe Esposito. La maggior parte delle olive utilizzate per la produzione vengono acquistate nella zona. Producono anche una linea di 33 tipologie di oli aromatizzati.

**OLIVE GROVE** YES
**CULTIVAR** Ogliarola, Coratina, Leccino, Frantoio, Peranzana
**GROWING METHOD** Traditional / organic
**HARVEST METHOD** Mechanical
**EXTRACTION METHOD** Continuous cycle
**OIL MILL** YES
**LITRES PRODUCED** 120,000
**TABLE OLIVES** NO
**ACCOMODATIONS** NO
**RESTAURANT** NO

**OIL MAKER.** Some 4,000 olive trees (10 hectares) are cultivated on the estate led by Giuseppe Esposito, but most of the olives used for production are sourced from local farmers. They also produce 33 different types of flavor-infused oils.

## SELEZIONE

**CULTIVAR: CORATINA, PICHOLINE**
**FRUTTATO/FRUITY: 6 • AMARO/BITTER: 5 • PICCANTE/SPICY: 5**
**FASCIA PREZZO/PRICE RANGE: 5**

**PROFILO AROMATICO.**
Pomodoro, erbe aromatiche, erba, pepe, balsamico. Verde, persistente.

**AROMATIC PROFILE.**
Tomato, aromatic herbs, grass, pepper, balsamic. Green, persistent.

## MULTIVARIETALE

**CULTIVAR: CORATINA, OGLIAROLA, LECCINO, FRANTOIO**
**FRUTTATO/FRUITY: 5 • AMARO/BITTER: 4 • PICCANTE/SPICY: 4**
**FASCIA PREZZO/PRICE RANGE: 2**

**PROFILO AROMATICO.**
Pomodoro, erbe aromatiche, mela. Verde.

**AROMATIC PROFILE.**
Tomato, aromatic herbs, apple. Green.

# Masseria Il Frantoio

**Ostuni (BR) | s.s. 16, km 874 |**
**tel. 0831 332441**

**OLIVETO PROPRIO** SÌ
**CULTIVAR** Leccino, Coratina, Nocellara, Ogliarola Salentina, Cima di Melfi, Picholine, Frantoio
**COLTIVAZIONE** Biologica
**RACCOLTA** Manuale / Meccanica
**ESTRAZIONE** Ciclo continuo
**FRANTOIO** NO
**LITRI PRODOTTI** 8.000
**OLIVE DA MENSA** NO
**OSPITALITÀ** SÌ
**RISTORAZIONE** SÌ

**AZIENDA.** Risalente al 1500, la suggestiva masseria sorge tra olivi centenari e offre ospitalità e ristoro in una suggestiva location. Maria Ciannamea, insieme alla sua famiglia, gestisce in biologico 60 ettari di oliveti con oltre 4.000 piante (molte secolari) e produce anche ottimi rosoli e confetture.

**OLIVE GROVE** YES
**CULTIVAR** Leccino, Coratina, Nocellara, Ogliarola Salentina, Cima di Melfi, Picholine, Frantoio
**GROWING METHOD** Organic
**HARVEST METHOD** Manual + mechanical
**EXTRACTION METHOD** Continuous cycle
**OIL MILL** NO
**LITRES PRODUCED** 8,000
**TABLE OLIVES** NO
**ACCOMODATIONS** YES
**RESTAURANT** YES

**OIL MAKER.** Standing out amidst centuries-old olive trees, the charming, 16th-century masseria offers visitors accommodations and food in a scenic setting. Maria Ciannamea, together with her family, manages 60 hectares of organic olive groves with over 4,000 trees (many of which go back a century or more). Excellent liqueurs and jams are also produced.

## TANGERE STELLAS MONOCULTIVAR PICHOLINE BIO

**CULTIVAR: PICHOLINE**
**FRUTTATO/FRUITY: 6 • AMARO/BITTER: 4 • PICCANTE/SPICY: 5**
**FASCIA PREZZO/PRICE RANGE: 5**

**PROFILO AROMATICO.**
Pomodoro, songino, erbe aromatiche, fiori, mela. Verde.

**AROMATIC PROFILE.**
Tomato, lamb's lettuce, aromatic herbs, flowers, apple. Green.

# Il Frantolio

**Cisternino (BR) | c.da Tesoro, 25 |**
**tel. 080 4444671 | ilfrantolio.com**

PREMIO OLIO&TURISMO BEST EVOO&TOURISM

**OLIVETO PROPRIO** SÌ
**CULTIVAR** Ogliarola, Cellina di Nardò, Coratina, Cerasuola
**COLTIVAZIONE** Tradizionale / Biologica
**RACCOLTA** Manuale / Meccanica
**ESTRAZIONE** Ciclo continuo
**FRANTOIO** SÌ
**LITRI PRODOTTI** 14.000
**OLIVE DA MENSA** NO
**OSPITALITÀ** NO
**RISTORAZIONE** NO

**AZIENDA.** Dal 1917, nel cuore della Valle d'Itria, la famiglia di Pietro D'Amico - oggi affiancato dai figli Antonello e Vitamaria - gestisce la tenuta che si sviluppa su 27 ettari di oliveto di cui 15 bio e 12 in conversione con circa 6.000 piante. Un'attrazione anche per i turisti che vengono qui in tour organizzati per poter ammirare l'antico frantoio e i trulli situati all'interno degli spazi aziendali. Produzione anche di vino, taralli, miele, sottoli e cosmetici naturali.

**OLIVE GROVE** YES
**CULTIVAR** Ogliarola, Cellina di Nardò, Coratina, Cerasuola
**GROWING METHOD** Traditional + organic
**HARVEST METHOD** Manual + mechanical
**EXTRACTION METHOD** Continuous cycle
**OIL MILL** YES
**LITRES PRODUCED** 14,000
**TABLE OLIVES** NO
**ACCOMODATIONS** NO
**RESTAURANT** NO

**OIL MAKER.** Based in the heart of the Valle d'Itria, Pietro D'Amico's family have managed 27 hectares of olive groves, 15 ha of which are organic and 12 of which are being converted, since 1917. The producer, who today has the support of Pietro's children Antonello and Vitamaria, also makes wine, traditional taralli, honey, bottled vegetables and natural cosmetics. An attraction also for tourists who come here on organized tours to admire the ancient oil mill and the trulli located within the company premises.

## /// TRISOLE BIO

**CULTIVAR: CORATINA, OGLIAROLA, CERASUOLA**
**FRUTTATO/FRUITY: 7 • AMARO/BITTER: 6 • PICCANTE/SPICY: 7**
**FASCIA PREZZO/PRICE RANGE: 5**

**ROFILO AROMATICO.** Erba, mandorla, rbe aromatiche, balsamico, noce, rtica. Verde, persistente.

**AROMATIC PROFILE.** Grass, almond, aromatic herbs, balsamic, walnut, nettle. Green, persistent.

# Il Gargano a Tavola

**Torremaggiore (FG) | via E. Jacovelli, 16 |**
**tel. 328 3781066 | ilgarganoatavola.it**

**OLIVETO PROPRIO** SÌ
**CULTIVAR** Peranzana
**COLTIVAZIONE** Tradizionale
**RACCOLTA** Meccanica
**ESTRAZIONE** Ciclo continuo
**FRANTOIO** NO
**LITRI PRODOTTI** 1.000
**OLIVE DA MENSA** NO
**OSPITALITÀ** NO
**RISTORAZIONE** NO

**AZIENDA.** Andrea Michele De Cesare insieme alla sua famiglia ha dato vita a questa impresa con l'obiettivo di esportare in tutta Italia la tradizione culinaria e gastronomica pugliese. Lo fa a partire dall'extravergine con oltre due ettari di oliveto e 280 piante.

**OLIVE GROVE** YES
**CULTIVAR** Peranzana
**GROWING METHOD** Traditional
**HARVEST METHOD** Mechanical
**EXTRACTION METHOD** Continuous cycle
**OIL MILL** NO
**LITRES PRODUCED** 1,000
**TABLE OLIVES** NO
**ACCOMODATIONS** NO
**RESTAURANT** NO

**OIL MAKER.** Andrea Michele De Cesare and his family founded this business with the aim of exporting traditional regional specialties throughout Italy. Their work starts with extra virgin pressed from the olives of 280 trees (2 hectares of groves).

## FEMA MONOCULTIVAR PERANZANA

**CULTIVAR: PERANZANA**
**FRUTTATO/FRUITY: 6 • AMARO/BITTER: 5 • PICCANTE/SPICY: 5**
**FASCIA PREZZO/PRICE RANGE: 3**

**PROFILO AROMATICO.** Pomodoro, erbe aromatiche, mela, pepe. Verde, persistente.

**AROMATIC PROFILE.** Tomato, aromatic herbs, apple, pepper. Green, persistent.

# Agricola Giuliani

**Castelnuovo della Daunia (FG) | p.zza Canelli, 8 |**
**tel. 0882 994750 | agricolagiuliani.it**

**OLIVETO PROPRIO** Sì
**CULTIVAR** Peranzana, Leccino, Frantoio, Pendolino, Bella di Cerignola, Sperone di Gallo
**COLTIVAZIONE** Tradizionale / Biologica
**RACCOLTA** Meccanica
**ESTRAZIONE** Ciclo continuo
**FRANTOIO** NO
**LITRI PRODOTTI** 9.000
**OLIVE DA MENSA** NO
**OSPITALITÀ** NO
**RISTORAZIONE** NO

**AZIENDA.** Vincenzomaria Giuliani è un giovane produttore che ha preso le redini della tenuta di famiglia nella zona dell'Alto Tavoliere. La proprietà si sviluppa su 120 ettari di cui 17 dedicati all'oliveto con 3.600 piante. Si producono anche birra artigianale, sottoli e patè.

**OLIVE GROVE** YES
**CULTIVAR** Peranzana, Leccino, Frantoio, Pendolino, Bella di Cerignola, Sperone di Gallo
**GROWING METHOD** Traditional+organic
**HARVEST METHOD** Mechanical
**EXTRACTION METHOD** Continuous cycle
**OIL MILL** NO
**LITRES PRODUCED** 9,000
**TABLE OLIVES** NO
**ACCOMODATIONS** NO
**RESTAURANT** NO

**OIL MAKER.** The young producer Vincenzomaria Giuliani has taken over the reins of the family estate in the Alto Tavoliere plains. The property unfolds across 120 hectares, 17 of which are dedicated to 3,600 olive trees. Craft beer, bottled vegetables and pâtés are also produced.

## EX UA BELLISSIMA

**CULTIVAR: PERANZANA, BELLA DI CERIGNOLA**
**FRUTTATO/FRUITY: 6 • AMARO/BITTER: 4 • PICCANTE/SPICY: 5**
**FASCIA PREZZO/PRICE RANGE: 5**

**PROFILO AROMATICO.** Pisello, fava, asparago, mela, pinolo. Verde, persistente.

**AROMATIC PROFILE.** Green pea, broad bean, asparagus, apple, pine nut. Green, persistent.

## EX UA N.127 MONOCULTIVAR PERANZANA

**CULTIVAR: PERANZANA**
**FRUTTATO/FRUITY: 6 • AMARO/BITTER: 5 • PICCANTE/SPICY: 6**
**FASCIA PREZZO/PRICE RANGE: 5**

**PROFILO AROMATICO.** Pomodoro, pisello, asparago, erbe aromatiche, mela, pepe. Verde, persistente.

**AROMATIC PROFILE.** Tomato, green pea, asparagus, aromatic herbs, apple, pepper. Green, persistent.

## EX UA

**CULTIVAR: PERANZANA, LECCINO**
**FRUTTATO/FRUITY: 5 • AMARO/BITTER: 5 • PICCANTE/SPICY: 5**
**FASCIA PREZZO/PRICE RANGE: 3**

**PROFILO AROMATICO.** Pomodoro, erbe aromatiche, mela, pepe. Verde.

**AROMATIC PROFILE.** Tomato, aromatic herbs, apple, pepper. Green.

# Olio Guglielmi

**Andria (BT) | via Canosa, 443 |**
**tel. 0883 591815 | olioguglielmi.it**

**OLIVETO PROPRIO** SÌ
**CULTIVAR** Leccino, Ogliarola, Coratina, Peranzana, Frantoio, Favolosa - FS17
**COLTIVAZIONE** Tradizionale / Biologica
**RACCOLTA** Manuale / Meccanica
**ESTRAZIONE** Ciclo continuo
**FRANTOIO** SÌ
**LITRI PRODOTTI** 1.000.000
**OLIVE DA MENSA** NO
**OSPITALITÀ** NO
**RISTORAZIONE** NO

**AZIENDA.** Da oltre 60 anni la famiglia Guglielmi produce olio extravergine di oliva nelle campagne di Andria. Oggi la tenuta, creata da nonno Guglielmo, viene portata avanti da Riccardo e Vincenzo Guglielmi. I circa 200 ettari di uliveti bio ospitano grosso modo 90mila piante.

**OLIVE GROVE** YES
**CULTIVAR** Leccino, Ogliarola, Coratina, Peranzana, Frantoio, Favolosa - FS17
**GROWING METHOD** Traditional + organic
**HARVEST METHOD** Manual + mechanical
**EXTRACTION METHOD** Continuous cycle
**OIL MILL** YES
**LITRES PRODUCED** 1,000,000
**TABLE OLIVES** NO
**ACCOMODATIONS** NO
**RESTAURANT** NO

**OIL MAKER.** The Guglielmi family have been producing extra virgin olive oil in the Andria countryside for over 60 years. Today the estate, founded by grandfather Guglielmo, is managed by Riccardo and Vincenzo Guglielmi. Some 200 hectares of organic olive groves host around 90,000 trees.

## MONOCULTIVAR CORATINA

**CULTIVAR: CORATINA**
**FRUTTATO/FRUITY: 6 • AMARO/BITTER: 6 • PICCANTE/SPICY: 7**
**FASCIA PREZZO/PRICE RANGE: 5**

**PROFILO AROMATICO.**
Rucola, mela, erba, mandorla, pepe. Verde, persistente.

**AROMATIC PROFILE.**
Arugula, apple, grass, almond, pepper. Green, persistent.

## OLIO DI PUGLIA IGP MONOCULTIVAR CORATINA

**CULTIVAR: CORATINA**
**FRUTTATO/FRUITY: 5 • AMARO/BITTER: 6 • PICCANTE/SPICY: 7**
**FASCIA PREZZO/PRICE RANGE: 5**

**PROFILO AROMATICO.**
Rucola, erba, mandorla, pepe. Maturo, persistente.

**AROMATIC PROFILE.**
Arugula, grass, almond, pepper. Ripe, persistent.

## MONOCULTIVAR PERANZANA

**CULTIVAR: PERANZANA**
**FRUTTATO/FRUITY: 5 • AMARO/BITTER: 4 • PICCANTE/SPICY: 4**
**FASCIA PREZZO/PRICE RANGE: 5**

**PROFILO AROMATICO.**
Pomodoro, erbe aromatiche, fiori, mela. Verde.

**AROMATIC PROFILE.**
Tomato, aromatic herbs, flowers, apple. Green.

# ★ Olio Intini

**Alberobello (BA) | c.da Popoleto |**
**tel. 080 4325983 | oliointini.it**

OLIVICOLTORE DELL'ANNO · OLIVE GROWER OF THE YEAR

**OLIVETO PROPRIO** SÌ
**CULTIVAR** Picholine, Olivastra, Coratina, Cima di Mola
**COLTIVAZIONE** Tradizionale / Biologica
**RACCOLTA** Manuale / Meccanica
**ESTRAZIONE** Ciclo continuo
**FRANTOIO** SÌ
**LITRI PRODOTTI** 20.000
**OLIVE DA MENSA** NO
**OSPITALITÀ** NO
**RISTORAZIONE** NO

**AZIENDA.** Quella di Pietro Intini è una delle più interessanti realtà della regione, attiva dal 1928. Particolare il progetto dedicato alla cultivar Cima di Mola. In 25 ettari di oliveto vivono 5.600 piante. L'azienda acquista circa 1.000 quintali di olive e produce anche oli aromatizzati e vino.

**OLIVE GROVE** YES
**CULTIVAR** Picholine, Olivastra, Coratina, Cima di Mola
**GROWING METHOD** Traditional + organic
**HARVEST METHOD** Manual + mechanical
**EXTRACTION METHOD** Continuous cycle
**OIL MILL** YES
**LITRES PRODUCED** 20,000
**TABLE OLIVES** NO
**ACCOMODATIONS** NO
**RESTAURANT** NO

**OIL MAKER.** One of the region's most intriguing producers, Pietro Intini's Olio Intini has been active since 1928. 5,600 trees occupy 25 hectares of olive groves (the producer sources around 100,000 kilos of additional olives as well). Flavor-infused oils and wine are also produced.

## MONOCULTIVAR CORATINA

**CULTIVAR: CORATINA**
**FRUTTATO/FRUITY: 7 • AMARO/BITTER: 8 • PICCANTE/SPICY: 8**
**FASCIA PREZZO/PRICE RANGE: 5**

**PROFILO AROMATICO.** Rucola, erba, mandorla, pepe. Verde, persistente.

**AROMATIC PROFILE.** Arugula, grass, almond, pepper. Green, persistent.

## BLEND ORO

**CULTIVAR: PICHOLINE, CORATINA, OLIVASTRA**
**FRUTTATO/FRUITY: 7 • AMARO/BITTER: 7 • PICCANTE/SPICY: 7**
**FASCIA PREZZO/PRICE RANGE: 5**

**PROFILO AROMATICO.** Pomodoro, rucola, erbe aromatiche, mela, erba, balsamico. Verde, persistente.

**AROMATIC PROFILE.** Tomato, arugula, aromatic herbs, apple, grass, balsamic. Green, persistent.

## MONOCULTIVAR CIMA DI MOLA

**CULTIVAR: CIMA DI MOLA**
**FRUTTATO/FRUITY: 7 • AMARO/BITTER: 6 • PICCANTE/SPICY: 7**
**FASCIA PREZZO/PRICE RANGE: 5**

**PROFILO AROMATICO.** Rucola, ortica, erba, noce, pinolo, pepe. Verde, persistente.

**AROMATIC PROFILE.** Arugula, nettle, grass, walnut, pine nut, pepper. Green, persistent.

# Lamacupa

**Corato (BA) | s.da Est. Lamacupa, 8e |**
**tel. 347 6563644 | lamacupa.it**

**OLIVETO PROPRIO** SÌ
**CULTIVAR** Coratina
**COLTIVAZIONE** Tradizionale
**RACCOLTA** Manuale
**ESTRAZIONE** Ciclo continuo
**FRANTOIO** NO
**LITRI PRODOTTI** 10.000
**OLIVE DA MENSA** NO
**OSPITALITÀ** NO
**RISTORAZIONE** NO

**AZIENDA.** Nasce da una scelta di vita l'azienda di Maria Rosa Arbore e Luigi Malcangi: obiettivo tirare fuori e far conoscere al mondo il meglio della Coratina. Lo fanno a partire da 10 ettari di oliveto con circa 1.200 piante. Si producono anche oli aromatizzati e uva. E si organizzano visite ed esperienze in oliveto.

**OLIVE GROVE** YES
**CULTIVAR** Coratina
**GROWING METHOD** Traditional
**HARVEST METHOD** Manual
**EXTRACTION METHOD** Continuous cycle
**OIL MILL** NO
**LITRES PRODUCED** 10,000
**TABLE OLIVES** NO
**ACCOMODATIONS** NO
**RESTAURANT** NO

**OIL MAKER.** When Maria Rosa Arbore and Luigi Malcangi founded Lamacupa, they made a lifestyle choice: the goal was to shine a light on the Coratina olive, making it known to the world. They draw on 10 hectares of olive groves (around 1,200 trees). Flavor-infused oils and grapes are also produced. Visits and activities in their olive groves are organized as well.

## AMUE MONOCULTIVAR CORATINA

**CULTIVAR: CORATINA**
**FRUTTATO/FRUITY: 7 • AMARO/BITTER: 6 • PICCANTE/SPICY: 7**
**FASCIA PREZZO/PRICE RANGE: 4**

**PROFILO AROMATICO.**
Rucola, ortica, erba, mandorla, pepe. Verde, persistente.

**AROMATIC PROFILE.**
Arugula, nettle, grass, almond, pepper. Green, persistent.

# Olio Lamantea

**Bisceglie (BT) | via Lancellotti, 8 |**
**tel. 080 9648072 | oliolamantea.it**

**OLIVETO PROPRIO** SÌ
**CULTIVAR** Nocellara, Carolea, Coratina, Ogliarola
**COLTIVAZIONE** Tradizionale
**RACCOLTA** Manuale
**ESTRAZIONE** Ciclo continuo
**FRANTOIO** NO
**LITRI PRODOTTI** 40.000
**OLIVE DA MENSA** NO
**OSPITALITÀ** NO
**RISTORAZIONE** NO

**AZIENDA.** Nel 1950 la famiglia Lamantea acquista i primi ettari di oliveto. Oggi, dopo aver chiuso tutta la filiera nel 2003, è Mario Lamantea, con il sostegno dell'agronomo Giuseppe Quercia, a condurre i 15 ettari dove vivono 3.500 piante. Produzione di sottoli, pasta tradizionale, legumi, olio alle cime di rapa.

**OLIVE GROVE** YES
**CULTIVAR** Nocellara, Carolea, Coratina, Ogliarola
**GROWING METHOD** Traditional
**HARVEST METHOD** Manual
**EXTRACTION METHOD** Continuous cycle
**OIL MILL** NO
**LITRES PRODUCED** 40,000
**TABLE OLIVES** NO
**ACCOMODATIONS** NO
**RESTAURANT** NO

**OIL MAKER.** In 1950 the Lamantea family bought their first hectares of olive groves. Then, in 2003, they purchased their own mill. Today Mario Lamantea is at the helm, cultivating 15 hectares (3,500 trees) with the support of agronomist Giuseppe Quercia. They also produce bottled vegetables, traditional pasta, pulses, and an oil flavored with broccoli rabe.

## ZERO 1 MONOCULTIVAR CORATINA

**CULTIVAR: CORATINA**
**FRUTTATO/FRUITY: 7 • AMARO/BITTER: 7 • PICCANTE/SPICY: 7**
**FASCIA PREZZO/PRICE RANGE: 4**

**PROFILO AROMATICO.** Rucola, erba, mandorla, pepe, balsamico. Verde, persistente.

**AROMATIC PROFILE.** Arugula, grass, almond, pepper, balsamic. Green, persistent.

## 20 FILARI

**CULTIVAR: NOCELLARA, CORATINA**
**FRUTTATO/FRUITY: 6 • AMARO/BITTER: 6 • PICCANTE/SPICY: 6**
**FASCIA PREZZO/PRICE RANGE: 5**

**PROFILO AROMATICO.** Pomodoro, rucola, erbe aromatiche, mela, pepe. Verde, persistente.

**AROMATIC PROFILE.** Tomato, arugula, aromatic herbs, apple, pepper. Green, persistent.

# Lamedica Oleum

**Torremaggiore (FG) | via Villaglori, 96 |**
**tel. 388 1557851 | lamedicaoleum.com**

**OLIVETO PROPRIO** SÌ
**CULTIVAR** Peranzana, Rotondella
**COLTIVAZIONE** Tradizionale
**RACCOLTA** Meccanica
**ESTRAZIONE** Ciclo continuo
**FRANTOIO** NO
**LITRI PRODOTTI** 1.100
**OLIVE DA MENSA** NO
**OSPITALITÀ** NO
**RISTORAZIONE** NO

**AZIENDA.** La valorizzazione della Peranzana, varietà simbolo di questo territorio, è stata fin dall'inizio una delle parole chiave di questa azienda. Un percorso iniziato circa 70 anni fa e che oggi vede la terza generazione attiva in campo nella cura dei 2.000 olivi disposti su una quindicina di ettari.

**OLIVE GROVE** YES
**CULTIVAR** Peranzana, Rotondella
**GROWING METHOD** Traditional
**HARVEST METHOD** Mechanical
**EXTRACTION METHOD** Continuous cycle
**OIL MILL** NO
**LITRES PRODUCED** 1,100
**TABLE OLIVES** NO
**ACCOMODATIONS** NO
**RESTAURANT** NO

**OIL MAKER.** At Lamedica Oleum promoting the attributes of the Peranzana olive, a cultivar that's come to represent the area, has been a key priority from the outset. A journey that began about 70 years ago now sees the third generation of family at the helm, with 2,000 olive trees cultivated across 15 hectares of terrain.

## OLIO EXTRAVERGINE DI OLIVA

**CULTIVAR: PERANZANA, ROTONDELLA**
**FRUTTATO/FRUITY: 5 • AMARO/BITTER: 5 • PICCANTE/SPICY: 5**
**FASCIA PREZZO/PRICE RANGE: 2**

**PROFILO AROMATICO.**
Carciofo, fiori, mela. Maturo, persistente.

**AROMATIC PROFILE.**
Artichoke, flowers, apple. Ripe, persistent.

# ★ Sabino Leone

**Canosa di Puglia (BT) | c.da Cefalicchio s.da prov.le 143, km 5 | tel. 0883 1957758 | sabinoleone.it**

**OLIVETO PROPRIO** SÌ
**CULTIVAR** Coratina, Peranzana, Frantoio, Carolea, Ogliarola Garganica
**COLTIVAZIONE** Biologica
**RACCOLTA** Meccanica
**ESTRAZIONE** Ciclo continuo
**FRANTOIO** SÌ
**LITRI PRODOTTI** 300.000
**OLIVE DA MENSA** NO
**OSPITALITÀ** NO
**RISTORAZIONE** NO

**AZIENDA.** Dal 1999 qui si fanno grandi extravergine con una lavorazione in stile sartoriale. Sui circa 180 ettari di oliveti trovano dimora circa 60mila olivi, mentre nei restanti 140 si coltivano grano e vite. Si producono anche legumi, pasta secca e confetture.

**OLIVE GROVE** YES
**CULTIVAR** Coratina, Peranzana, Frantoio, Carolea, Ogliarola Garganica
**GROWING METHOD** Organic
**HARVEST METHOD** Mechanical
**EXTRACTION METHOD** Continuous cycle
**OIL MILL** YES
**LITRES PRODUCED** 300,000
**TABLE OLIVES** NO
**ACCOMODATIONS** NO
**RESTAURANT** NO

**OIL MAKER.** Here they've been making superb, uniquely crafted extra virgin olive oils since 1999. The estate's 180 hectares of olive groves are home to about trees, while an additional 140 ha host wheat and vineyards. Pulses, dried pasta and jams are also produced.

## LA M'NENN MONOCULTIVAR FRANTOIO

**CULTIVAR: FRANTOIO**
**FRUTTATO/FRUITY: 6 • AMARO/BITTER: 6 • PICCANTE/SPICY: 6**
**FASCIA PREZZO/PRICE RANGE: 5**

**PROFILO AROMATICO.**
Carciofo, erba, mandorla. Verde, persistente.

**AROMATIC PROFILE.**
Artichoke, grass, almond. Green, persistent.

## LA FEMM'N MONOCULTIVAR OGLIAROLA GARGANICA

**CULTIVAR: OGLIAROLA GARGANICA**
**FRUTTATO/FRUITY: 7 • AMARO/BITTER: 4 • PICCANTE/SPICY: 5**
**FASCIA PREZZO/PRICE RANGE: 5**

**PROFILO AROMATICO.**
Pomodoro, erbe aromatiche, songino, mela. Verde, persistente.

**AROMATIC PROFILE.**
Tomato, aromatic herbs, lamb's lettuce, apple. Green, persistent.

## DON GIOACCHINO DOP TERRA DI BARI CASTEL DEL MONTE MONOCULTIVAR CORATINA

**CULTIVAR: CORATINA**
**FRUTTATO/FRUITY: 6 • AMARO/BITTER: 6 • PICCANTE/SPICY: 6**
**FASCIA PREZZO/PRICE RANGE: 5**

**PROFILO AROMATICO.**
Rucola, erba, mandorla, pepe. Verde, persistente.

**AROMATIC PROFILE.**
Arugula, grass, almond, pepper. Green, persistent.

# Maselli

**Alberobello (BA) | via D. Alighieri, 13 |**
**tel. 389 1241306 | oliomaselli.it**

**OLIVETO PROPRIO** SÌ
**CULTIVAR** Termite di Bitetto, Cima di Melfi, Coratina, Cima di Mola, Ogliarola, Leccino, Oliva Rossa
**COLTIVAZIONE** Biologica
**RACCOLTA** Meccanica
**ESTRAZIONE** Ciclo continuo
**FRANTOIO** NO
**LITRI PRODOTTI** 2.500
**OLIVE DA MENSA** NO
**OSPITALITÀ** NO
**RISTORAZIONE** NO

**AZIENDA.** Tra le campagne di Alberobello e Acquaviva delle Fonti si trova la bella tenuta di Maria Antonietta Maselli, che di professione fa la farmacista. Quella per l'olio è una passione ereditata dal padre e trasmessa al figlio Andrea Pezzolla, agronomo, insieme al quale conduce i 10 ettari di oliveti con più di 1.000 piante presenti.

**OLIVE GROVE** YES
**CULTIVAR** Termite di Bitetto, Cima di Melfi, Coratina, Cima di Mola, Ogliarola, Leccino, Oliva Rossa
**GROWING METHOD** Organic
**HARVEST METHOD** Mechanical
**EXTRACTION METHOD** Continuous cycle
**OIL MILL** NO
**LITRES PRODUCED** 2,500
**TABLE OLIVES** NO
**ACCOMODATIONS** NO
**RESTAURANT** NO

**OIL MAKER.** Maria Antonietta Maselli's lovely estate unfolds between the countryside of Alberobello and Acquaviva delle Fonti. A pharmacist by trade, Maselli inherited a passion for oil from her father, and then passed it on to her own son Andrea Pezzolla, an agronomist. Together they cultivate 10 hectares of olive groves (more than 1,000 trees total).

## MONOCULTIVAR CORATINA

**CULTIVAR: CORATINA**
**FRUTTATO/FRUITY: 7 · AMARO/BITTER: 7 · PICCANTE/SPICY: 7**
**FASCIA PREZZO/PRICE RANGE: 3**

**PROFILO AROMATICO.** Rucola, ortica, erba, mandorla, pinolo, pepe, balsamico. Verde, persistente.

**AROMATIC PROFILE.** Arugula, nettle, grass, almond, pine nut, pepper, balsamic. Green, persistent.

# Giovanni Mazzarrino

**Palagianello (TA) | c.da Serrapizzuta, 19a | loc. Mangiaricotta |**
**tel. 328 0189953 | oliomazzarrino.it**

**OLIVETO PROPRIO** SÌ
**CULTIVAR** Frantoio, Cima di Melfi, Leccino, Coratina, Nocellara
**COLTIVAZIONE** Tradizionale / Biologica
**RACCOLTA** Meccanica
**ESTRAZIONE** Ciclo continuo
**FRANTOIO** SÌ
**LITRI PRODOTTI** 20.000
**OLIVE DA MENSA** SÌ
**OSPITALITÀ** SÌ
**RISTORAZIONE** NO

**AZIENDA.** Immersa nel Parco delle Gravine a cavallo dei territori di Palagianello e Castellaneta, tra uliveti secolari, l'azienda agricola Mazzarrino risale al 1811 quando si chiamava Masseria Mangiaricotta: oggi la conduce Giovanni Mazzarrino e conta 37 ettari di oliveto di cui 27 in biologico.

**OLIVE GROVE** YES
**CULTIVAR** Frantoio, Cima di Melfi, Leccino, Coratina, Nocellara
**GROWING METHOD** Traditional + organic
**HARVEST METHOD** Mechanical
**EXTRACTION METHOD** Continuous cycle
**OIL MILL** YES
**LITRES PRODUCED** 20,000
**TABLE OLIVES** YES
**ACCOMODATIONS** YES
**RESTAURANT** NO

**OIL MAKER.** Mazzarrino, which dates back to 1811 (when it was called Masseria Mangiaricotta), lies immersed in the Parco delle Gravine amidst centuries-old olive groves, between the towns of Palagianello and Castellaneta. Today the property is managed by Giovanni Mazzarrino, who cultivates 37 hectares of olive groves, 27 of which are organic.

## INTREPIDO

**CULTIVAR: CORATINA, FRANTOIO**
**FRUTTATO/FRUITY: 6 • AMARO/BITTER: 6 • PICCANTE/SPICY: 5**
**FASCIA PREZZO/PRICE RANGE: 2**

**PROFILO AROMATICO.**
Rucola, erba, mandorla, pepe. Maturo, persistente.

**AROMATIC PROFILE.**
Arugula, grass, almond, pepper. Ripe, persistent.

## CRU SERRAPIZZUTA BIO

**CULTIVAR: NOCELLARA MESSINESE, CORATINA**
**FRUTTATO/FRUITY: 4 • AMARO/BITTER: 3 • PICCANTE/SPICY: 4**
**FASCIA PREZZO/PRICE RANGE: 2**

**PROFILO AROMATICO.**
Pomodoro, fiori, mela. Maturo.

**AROMATIC PROFILE.**
Tomato, flowers, apple. Ripe.

# Monsignore

**Fasano (BR) | c.da Pezze di Monsignore | fraz. Pezze di Greco | tel. 080 4998720 | monsignore.shop**

**OLIVETO PROPRIO** SÌ
**CULTIVAR** Ogliarola, Leccino, Coratina, Frantoio, Picholine
**COLTIVAZIONE** Tradizionale
**RACCOLTA** Manuale / Meccanica
**ESTRAZIONE** Ciclo continuo
**FRANTOIO** SÌ
**LITRI PRODOTTI** 10.000
**OLIVE DA MENSA** SÌ
**OSPITALITÀ** SÌ
**RISTORAZIONE** NO

**AZIENDA.** Nella piana fasanese si trova questa bella realtà agrituristica familiare che affonda le radici nel lontano 1955. Oggi sono i figli di Piero Barnaba e Caterina Sacco - Donato e Giovanni - a gestire con passione l'azienda che produce vino e olio dagli 850 olivi (molti monumentali) disposti su 28 ettari.

**OLIVE GROVE** YES
**CULTIVAR** Ogliarola, Leccino, Coratina, Frantoio, Picholine
**GROWING METHOD** Traditional
**HARVEST METHOD** Manual + mechanical
**EXTRACTION METHOD** Continuous cycle
**OIL MILL** YES
**LITRES PRODUCED** 10,000
**TABLE OLIVES** YES
**ACCOMODATIONS** YES
**RESTAURANT** NO

**OIL MAKER.** You'll find this lovely, family-managed producer and farm stay in the Fasano plain. Founded in 1955, today the property is managed by Donato and Giovanni (sons of Piero Barnaba and Caterina Sacco), who produce wine and oil with a passionate commitment to their work. FOr the latter, they draw on 850 trees (many of which are monumental) spread out over 28 hectares.

## MONOCULTIVAR CORATINA

**CULTIVAR: CORATINA**
**FRUTTATO/FRUITY: 6 · AMARO/BITTER: 6 · PICCANTE/SPICY: 6**
**FASCIA PREZZO/PRICE RANGE: 4**

**PROFILO AROMATICO.**
Carciofo, mela, erba, mandorla. Verde, persistente.

**AROMATIC PROFILE.**
Artichoke, apple, grass, almond. Green, persistent.

## MONOCULTIVAR PICHOLINE

**CULTIVAR: PICHOLINE**
**FRUTTATO/FRUITY: 5 · AMARO/BITTER: 7 · PICCANTE/SPICY: 6**
**FASCIA PREZZO/PRICE RANGE: 4**

**PROFILO AROMATICO.**
Rucola, fiori, mela. Maturo, persistente.

**AROMATIC PROFILE.**
Arugula, flowers, apple. Ripe, persistent.

# Olio Monte Fedele

**Bovino (FG) | via A. De Gasperi, 13 |**
**tel. 351 6985496 | oliomontefedele.com**

**OLIVETO PROPRIO** SÌ
**CULTIVAR** Ogliarola Garganica, Leccino
**COLTIVAZIONE** Tradizionale
**RACCOLTA** Manuale / Meccanica
**ESTRAZIONE** Ciclo continuo
**FRANTOIO** NO
**LITRI PRODOTTI** 1.000
**OLIVE DA MENSA** NO
**OSPITALITÀ** NO
**RISTORAZIONE** NO

**AZIENDA.** Nelle dolci campagne di Monte Fedele, tra Campania e Puglia, Antonio e Gaetano Schiavone portano avanti l'azienda di famiglia dedicata all'Ogliarola Garganica, con quasi 4 ettari di oliveto e oltre 600 piante. Producono anche conserve e creme spalmabili a base di olive.

**OLIVE GROVE** YES
**CULTIVAR** Ogliarola Garganica, Leccino
**GROWING METHOD** Traditional
**HARVEST METHOD** Manual + mechanical
**EXTRACTION METHOD** Continuous cycle
**OIL MILL** NO
**LITRES PRODUCED** 1,000
**TABLE OLIVES** NO
**ACCOMODATIONS** NO
**RESTAURANT** NO

**OIL MAKER.** In the rolling countryside of Monte Fedele, between Campania and Puglia, Antonio and Gaetano Schiavone carry on the family business, cultivating 600 Ogliarola Garganica olive trees on almost 4 hectares of land. They also produce preserves and olive-based spreads.

## /// MONOCULTIVAR OGLIAROLA GARGANICA

**CULTIVAR: OGLIAROLA GARGANICA**
**FRUTTATO/FRUITY: 6 • AMARO/BITTER: 6 • PICCANTE/SPICY: 7**
**FASCIA PREZZO/PRICE RANGE: 5**

**PROFILO AROMATICO.** Carciofo, cardo, rucola, erba, mandorla, pinolo, pepe. Verde, persistente.

**AROMATIC PROFILE.** Artichoke, cardoon, arugula, grass, almond, pine nut, pepper. Green, persistent.

# Frantoio Oleario Domenica Mossa

**Sannicandro di Bari (BA) | via P. Thaon di Revel, 141 |**
**tel. 080 9934812 | natyoure.it**

**OLIVETO PROPRIO** SÌ
**CULTIVAR** Coratina
**COLTIVAZIONE** Tradizionale / Biologica
**RACCOLTA** Meccanica
**ESTRAZIONE** Ciclo continuo
**FRANTOIO** SÌ
**LITRI PRODOTTI** 30.000
**OLIVE DA MENSA** NO
**OSPITALITÀ** NO
**RISTORAZIONE** NO

**AZIENDA.** Domenica Mossa ha preso le redini del frantoio oleario una ventina di anni fa puntando sull'innovazione tecnologica (ultrasuoni) e sulla valorizzazione della Coratina: nell'olio extravergine, ma anche nella cosmetica con una linea che porta lo stesso nome dell'olio: Natyoure.

**OLIVE GROVE** YES
**CULTIVAR** Coratina
**GROWING METHOD** Traditional + organic
**HARVEST METHOD** Mechanical
**EXTRACTION METHOD** Continuous cycle
**OIL MILL** YES
**LITRES PRODUCED** 30,000
**TABLE OLIVES** NO
**ACCOMODATIONS** NO
**RESTAURANT** NO

**OIL MAKER.** When Domenica Mossa took over this oil mill about 20 years ago, she began by focusing on technological innovation (ultrasound) and on promoting the attributes of the Coratina olive. Extra virgin is produced along with a line of oil-based cosmetics that shares the same name: Natyoure.

## NATYOURE GOLD MONOCULTIVAR CORATINA BIO

**CULTIVAR: CORATINA**
**FRUTTATO/FRUITY: 6 · AMARO/BITTER: 7 · PICCANTE/SPICY: 7**
**FASCIA PREZZO/PRICE RANGE: 5**

**PROFILO AROMATICO.**
Rucola, ortica, erba, mandorla, pepe, balsamico. Verde, persistente.

**AROMATIC PROFILE.**
Arugula, nettle, grass, almond, pepper, balsamic. Green, persistent.

## NATYOURE

**CULTIVAR: CORATINA, ALTRE**
**FRUTTATO/FRUITY: 6 · AMARO/BITTER: 6 · PICCANTE/SPICY: 6**
**FASCIA PREZZO/PRICE RANGE: 5**

**PROFILO AROMATICO.**
Carciofo, erba, mandorla, pepe. Verde, persistente.

**AROMATIC PROFILE.**
Artichoke, grass, almond, pepper. Green, persistent.

# Tenute Motolese

**Grottaglie (TA) | via Masseria Angiulli Grande, 55 | c.da Angiulli | tel. 335 5399647 | motolese.it**

**OLIVETO PROPRIO** SÌ
**CULTIVAR** Peranzana, Coratina, Frantoio, Leccino, Cima di Melfi, Ogliarola Leccese
**COLTIVAZIONE** Biologica
**RACCOLTA** Meccanica
**ESTRAZIONE** Ciclo continuo
**FRANTOIO** NO
**LITRI PRODOTTI** 2.000
**OLIVE DA MENSA** SÌ
**OSPITALITÀ** SÌ
**RISTORAZIONE** NO

**AZIENDA.** La storia di queste tenute risale a otto generazioni fa e oggi Nicola Motolese gestisce con passione la proprietà. Dei 180 ettari totali un centinaio sono dedicati all'oliveto di 9.600 alberi, mentre il resto è riservato alla vigna e alla produzione di vino. Ospitalità in azienda: 5 camere in una villa del 1700.

**OLIVE GROVE** YES
**CULTIVAR** Peranzana, Coratina, Frantoio, Leccino, Cima di Melfi, Ogliarola Leccese
**GROWING METHOD** Organic
**HARVEST METHOD** Mechanical
**EXTRACTION METHOD** Continuous cycle
**OIL MILL** NO
**LITRES PRODUCED** 2,000
**TABLE OLIVES** YES
**ACCOMODATIONS** YES
**RESTAURANT** NO

**OIL MAKER.** Steeped in history, Tenute Motolese spans 8 generations of family. Today the estate is managed by Nicola Motolese, who's deeply committed to his work. 100 of the property's 180 hectares are dedicated to olive growing (9,600 trees), while the rest are reserved for vineyards and wine production. Five guest rooms are available for rent in an 18th-century villa.

## OLIO EXTRAVERGINE DI OLIVA

**CULTIVAR: CORATINA, LECCINO**
**FRUTTATO/FRUITY: 5 • AMARO/BITTER: 4 • PICCANTE/SPICY: 4**
**FASCIA PREZZO/PRICE RANGE: 2**

**PROFILO AROMATICO.**
Carciofo, fiori, mela, mandorla. Verde.

**AROMATIC PROFILE.**
Artichoke, flowers, apple, almond. Green.

# Frantoio Muraglia

**Andria (BT) | via San Candido, 83 |**
**tel. 0883 1950959 | frantoiomuraglia.it**

**OLIVETO PROPRIO** SÌ
**CULTIVAR** Coratina, Peranzana
**COLTIVAZIONE** Tradizionale / Biologica
**RACCOLTA** Manuale / Meccanica
**ESTRAZIONE** Ciclo continuo
**FRANTOIO** SÌ
**LITRI PRODOTTI** 60.000
**OLIVE DA MENSA** NO
**OSPITALITÀ** NO
**RISTORAZIONE** NO

**AZIENDA.** Nella zona più vocata all'olivicoltura pugliese, Savino Muraglia porta avanti da cinque generazioni la tradizione frantoiana di famiglia, con 16.800 piante in 56 ettari gestiti sia in biologico che in convenzionale. Produzione anche di olio affumicato e di oli aromatizzati naturalmente.

**OLIVE GROVE** YES
**CULTIVAR** Coratina, Peranzana
**GROWING METHOD** Traditional + organic
**HARVEST METHOD** Manual + mechanical
**EXTRACTION METHOD** Continuous cycle
**OIL MILL** YES
**LITRES PRODUCED** 60,000
**TABLE OLIVES** NO
**ACCOMODATIONS** NO
**RESTAURANT** NO

**OIL MAKER.** Five generations of family have been producing oil at Savino Muraglia, where 16,800 trees are cultivated across 56 hectares (managed both organically and conventionally) in the region's best territory for olive growing. Smoked olive oils and naturally flavored oils are also produced.

## GRAN CRU TENUTA MACCHIA DI ROSE MONOCULTIVAR CORATINA

**CULTIVAR: CORATINA**
**FRUTTATO/FRUITY: 7 • AMARO/BITTER: 7 • PICCANTE/SPICY: 7**
**FASCIA PREZZO/PRICE RANGE: 5**

**PROFILO AROMATICO.**
Rucola, erba, mandorla, pepe, balsamico. Verde, persistente.

**AROMATIC PROFILE.**
Arugula, grass, almond, pepper, balsamic. Green, persistent.

## MONOCULTIVAR CORATINA DENOCCIOLATO

**CULTIVAR: CORATINA**
**FRUTTATO/FRUITY: 6 • AMARO/BITTER: 7 • PICCANTE/SPICY: 6**
**FASCIA PREZZO/PRICE RANGE: 5**

**PROFILO AROMATICO.**
Radicchio, rucola, erba, mandorla. Verde, persistente.

**AROMATIC PROFILE.**
Radicchio, arugula, grass, almond. Green, persistent.

# Olidda

Giovinazzo (BA) | c.da Zurlo |
tel. 339 6311765 | olidda.com

**OLIVETO PROPRIO** SÌ
**CULTIVAR** Coratina, Ogliarola Barese
**COLTIVAZIONE** Tradizionale
**RACCOLTA** Meccanica
**ESTRAZIONE** Ciclo continuo
**FRANTOIO** NO
**LITRI PRODOTTI** 1.000
**OLIVE DA MENSA** NO
**OSPITALITÀ** NO
**RISTORAZIONE** NO

**AZIENDA.** Tutti lo chiamano Massimiliano, anche se all'anagrafe è Vincenzo: è lui, cuoco attualmente impegnato in Algeria, ad aver avviato l'azienda seguita dai due figli, Manuela ed Elio (anche lui cuoco). La passione per il loro territorio e i prodotti di questa terra li spinge a dare tutto per i loro 1.150 alberi di Coratina e Ogliarola.

**OLIVE GROVE** YES
**CULTIVAR** Coratina, Ogliarola Barese
**GROWING METHOD** Traditional
**HARVEST METHOD** Mechanical
**EXTRACTION METHOD** Continuous cycle
**OIL MILL** NO
**LITRES PRODUCED** 1,000
**TABLE OLIVES** NO
**ACCOMODATIONS** NO
**RESTAURANT** NO

**OIL MAKER.** Chef Massimiliano (everyone calls him that, even if it's "Vincenzo" on his birth certificate) founded the business currently run by his two children, Manuela and Elio (the latter is also a chef). A passion for the territory and its products drives them to do the best by their 1,150 Coratina and Ogliarola olive trees.

## /// MONOCULTIVAR CORATINA

**CULTIVAR: CORATINA**
**FRUTTATO/FRUITY: 7 • AMARO/BITTER: 7 • PICCANTE/SPICY: 7**
**FASCIA PREZZO/PRICE RANGE: 4**

**PROFILO AROMATICO.**
Rucola, erba, mandorla, pinolo, pepe, balsamico. Verde, persistente.

**AROMATIC PROFILE.**
Arugula, grass, almond, pine nut, pepper, balsamic. Green, persistent.

# Mario Felice Ortore

**Carpino (FG) | via Mazzini, 65 |**
**tel. 0884 997107 | ortore.com**

**OLIVETO PROPRIO** Sì
**CULTIVAR** Ogliarola Garganica
**COLTIVAZIONE** Biologica
**RACCOLTA** Meccanica
**ESTRAZIONE** Ciclo continuo
**FRANTOIO** NO
**LITRI PRODOTTI** 4.000
**OLIVE DA MENSA** Sì
**OSPITALITÀ** NO
**RISTORAZIONE** NO

**AZIENDA.** Fondata da Rocco Ortore agli inizi del 1900, oggi sono i suoi pronipoti a portare avanti l'azienda agricola biologica di oltre 20 ettari che accanto alle pregiate fave di Carpino, al vino e alle farine da grani aziendali, produce anche ottimo extravergine prevalentemente dalla cultivar Ogliarola Garganica.

**OLIVE GROVE** YES
**CULTIVAR** Ogliarola Garganica
**GROWING METHOD** Organic
**HARVEST METHOD** Mechanical
**EXTRACTION METHOD** Continuous cycle
**OIL MILL** NO
**LITRES PRODUCED** 4,000
**TABLE OLIVES** YES
**ACCOMODATIONS** NO
**RESTAURANT** NO

**OIL MAKER.** Founded by Rocco Ortore in the early 1900s, the farm is managed today by his great-grandchildren, who cultivate over 20 organic hectares which, alongside their prized Carpino beans, give rise to wine and flour from estate grains. Their excellent extra virgin is pressed mainly from Ogliarola Garganica olives.

## C'ERA UNA VOLTA MONOCULTIVAR OGLIAROLA GARGANICA BIO

**CULTIVAR: OGLIAROLA GARGANICA**
**FRUTTATO/FRUITY: 6 · AMARO/BITTER: 4 · PICCANTE/SPICY: 4**
**FASCIA PREZZO/PRICE RANGE: 3**

**PROFILO AROMATICO.**
Pomodoro, erbe aromatiche, mela. Maturo.

**AROMATIC PROFILE.**
Tomato, aromatic herbs, apple. Ripe.

# Giuseppe Pannarale

**Torremaggiore (FG) | v.le A. Moro, 142 |**
**tel. 0882 381468 | agricolapannarale.it**

**OLIVETO PROPRIO** SÌ
**CULTIVAR** Peranzana, Rotondella
**COLTIVAZIONE** In conversione
**RACCOLTA** Manuale
**ESTRAZIONE** Ciclo continuo
**FRANTOIO** NO
**LITRI PRODOTTI** 12.000
**OLIVE DA MENSA** SÌ
**OSPITALITÀ** NO
**RISTORAZIONE** NO

**AZIENDA.** Primo fu Vincenzo, bisnonno di Giuseppe che guida oggi l'azienda messa in piedi nel 1885 e che rappresenta la quarta generazione della famiglia. La coltivazione, legata fortemente alla Peranzana, si basa su oltre 13 ettari di oliveto con 2.400 piante. Produzione anche di ottime olive da mensa.

**OLIVE GROVE** YES
**CULTIVAR** Peranzana, Rotondella
**GROWING METHOD** Being converted
**HARVEST METHOD** Manual
**EXTRACTION METHOD** Continuous cycle
**OIL MILL** NO
**LITRES PRODUCED** 12,000
**TABLE OLIVES** YES
**ACCOMODATIONS** NO
**RESTAURANT** NO

**OIL MAKER.** Giuseppe Pannarale represents the 4th generation of family to manage this farm (it was Vincenzo, Giuseppe's great-grandfather, who founded it back in 1885). 13 hectares of olive groves host some 2,400 trees, with cultivation centering heavily on the Peranzana olive. Excellent table olives are also produced.

## 1885

**CULTIVAR: PERANZANA, ROTONDELLA**
**FRUTTATO/FRUITY: 6 • AMARO/BITTER: 5 • PICCANTE/SPICY: 6**
**FASCIA PREZZO/PRICE RANGE: 2**

**PROFILO AROMATICO.**
Carciofo, erbe aromatiche, mela, mandorla. Verde, persistente.

**AROMATIC PROFILE.**
Artichoke, aromatic herbs, apple, almond. Green, persistent.

## CASINO MEZZANOLA MONOCULTIVAR PERANZANA

**CULTIVAR: PERANZANA**
**FRUTTATO/FRUITY: 5 • AMARO/BITTER: 5 • PICCANTE/SPICY: 5**
**FASCIA PREZZO/PRICE RANGE: 3**

**PROFILO AROMATICO.**
Pomodoro, erbe aromatiche, fiori, mela. Verde.

**AROMATIC PROFILE.**
Tomato, aromatic herbs, flowers, apple. Green.

# Frantoio Oleario Perniola

**Altamura (BA) | via Santeramo in Colle, 191 | tel. 080 3146493 | olioperniola.it**

**OLIVETO PROPRIO** SÌ
**CULTIVAR** Coratina, Peranzana, Leccino, Ogliarola Barese
**COLTIVAZIONE** Tradizionale / Biologica
**RACCOLTA** Manuale
**ESTRAZIONE** Ciclo continuo
**FRANTOIO** SÌ
**LITRI PRODOTTI** 35.000
**OLIVE DA MENSA** NO
**OSPITALITÀ** NO
**RISTORAZIONE** NO

**AZIENDA.** Inizia nel 1963 la storia di questa azienda fondata da Giuseppe Oliva e Maria Perniola la quale ha proseguito l'attività dopo la morte del compagno. Oggi è la figlia Patrizia, col marito Biagio e i loro tre figli, a seguire l'oliveto e a selezionare le olive da trasformare in extravergine.

**OLIVE GROVE** YES
**CULTIVAR** Coratina, Peranzana, Leccino, Ogliarola Barese
**GROWING METHOD** Traditional + organic
**HARVEST METHOD** Manual
**EXTRACTION METHOD** Continuous cycle
**OIL MILL** YES
**LITRES PRODUCED** 35,000
**TABLE OLIVES** NO
**ACCOMODATIONS** NO
**RESTAURANT** NO

**OIL MAKER.** The producer founded by Giuseppe Oliva and Maria Perniola got its start 1963 and continued after the death of the former. Today their daughter Patrizia, her husband, Biagio, and their three children all look after the property, selecting the olives to be transformed into extra virgin olive oil.

## PURO MONOCULTIVAR CORATINA

**CULTIVAR: CORATINA**
**FRUTTATO/FRUITY: 6 • AMARO/BITTER: 6 • PICCANTE/SPICY: 7**
**FASCIA PREZZO/PRICE RANGE: 2**

**PROFILO AROMATICO.**
Carciofo, rucola, erba, mandorla, pepe. Maturo, persistente.

**AROMATIC PROFILE.**
Artichoke, arugula, grass, almond, pepper. Ripe, persistent.

# Masseria Pezze Galere

Fasano (BR) | Case Sparse, 10 | fraz. Speziale |
tel. 328 9779770 | masseriapezzegalere.it

**OLIVETO PROPRIO** SÌ
**CULTIVAR** Coratina, Picholine, Leccino, Frantoio, Ogliarola
**COLTIVAZIONE** Tradizionale
**RACCOLTA** Meccanica
**ESTRAZIONE** Ciclo continuo
**FRANTOIO** NO
**LITRI PRODOTTI** 1.000
**OLIVE DA MENSA** NO
**OSPITALITÀ** SÌ
**RISTORAZIONE** NO

**AZIENDA.** Antico appezzamento colonizzato nel 1600 dai Duchi di Conversano. La storia dell'azienda - 25 ettari e 3.000 piante, oggi accudite da Francesco Semeraro e sua moglie Alba con il figlio Giacomo - inizia nel 1859, con i primi olivi secolari importati da Taranto.

**OLIVE GROVE** YES
**CULTIVAR** Coratina, Picholine, Leccino, Frantoio, Ogliarola
**GROWING METHOD** Traditional
**HARVEST METHOD** Mechanical
**EXTRACTION METHOD** Continuous cycle
**OIL MILL** NO
**LITRES PRODUCED** 1,000
**TABLE OLIVES** NO
**ACCOMODATIONS** YES
**RESTAURANT** NO

**OIL MAKER.** Masseria Pezze Galere has its roots in an old parcel of land colonized by the Dukes of Conversano in the 1600s (the first olive trees were imported from Taranto in 1859). Today the 25-hectare estate and its 3,000 olive trees are managed by Francesco Semeraro, his wife, Alba, and their son Giacomo.

## GIACOMÌ MONOCULTIVAR CORATINA

**CULTIVAR: CORATINA**
**FRUTTATO/FRUITY: 8 • AMARO/BITTER: 7 • PICCANTE/SPICY: 7**
**FASCIA PREZZO/PRICE RANGE: 5**

**PROFILO AROMATICO.** Rucola, erba, mandorla, pepe, balsamico. Verde, persistente.

**AROMATIC PROFILE.** Arugula, grass, almond, pepper, balsamic. Green, persistent.

## ALBA MONOCULTIVAR PICHOLINE

**CULTIVAR: PICHOLINE**
**FRUTTATO/FRUITY: 6 • AMARO/BITTER: 6 • PICCANTE/SPICY: 7**
**FASCIA PREZZO/PRICE RANGE: 5**

**PROFILO AROMATICO.** Pomodoro, erbe aromatiche, fiori, mela, balsamico. Verde, persistente.

**AROMATIC PROFILE.** Tomato, aromatic herbs, flowers, apple, balsamic. Green, persistent.

## FRÀ MONOCULTIVAR FRANTOIO

**CULTIVAR: FRANTOIO**
**FRUTTATO/FRUITY: 6 • AMARO/BITTER: 6 • PICCANTE/SPICY: 6**
**FASCIA PREZZO/PRICE RANGE: 5**

**PROFILO AROMATICO.** Carciofo, erba, mandorla, pepe. Verde, persistente.

**AROMATIC PROFILE.** Artichoke, grass, almond, pepper. Green, persistent.

# Simona Piccarreta

**Corato (BA) | via Salomone da Sicilia, 20 |**
**tel. 346 1833773 | oliosapore.com**

**OLIVETO PROPRIO** SÌ
**CULTIVAR** Coratina
**COLTIVAZIONE** Tradizionale
**RACCOLTA** Meccanica
**ESTRAZIONE** Ciclo continuo
**FRANTOIO** NO
**LITRI PRODOTTI** 10.000
**OLIVE DA MENSA** NO
**OSPITALITÀ** NO
**RISTORAZIONE** NO

**AZIENDA.** Realtà giovane dedicata - ovviamente - alla Coratina e gestita da due fratelli poco più che ventenni, Simona e Antonio Piccarreta: sono loro a gestire gli oltre 16 ettari di oliveto con 3.000 piante con l'obiettivo di ottenere un extravergine di alto profilo.

**OLIVE GROVE** YES
**CULTIVAR** Coratina
**GROWING METHOD** Traditional
**HARVEST METHOD** Mechanical
**EXTRACTION METHOD** Continuous cycle
**OIL MILL** NO
**LITRES PRODUCED** 10,000
**TABLE OLIVES** NO
**ACCOMODATIONS** NO
**RESTAURANT** NO

**OIL MAKER.** This young producer (dedicated to the Coratina olive, naturally) is managed by two siblings in their early 20s, Simona and Antonio Piccarreta. The pair cultivate 3,000 trees (16-plus hectares), aiming to press high-quality extra virgin olive oil.

## OLIO SAPORÈ-MADE IN PUGLIA DOP TERRA DI BARI CASTEL DEL MONTE MONOCULTIVAR CORATINA

**CULTIVAR: CORATINA**
**FRUTTATO/FRUITY: 6 • AMARO/BITTER: 7 • PICCANTE/SPICY: 7**
**FASCIA PREZZO/PRICE RANGE: 4**

**PROFILO AROMATICO.**
Rucola, erba, mandorla, pepe. Verde, persistente.

**AROMATIC PROFILE.**
Arugula, grass, almond, pepper. Green, persistent.

# Oliveti Pileri

**Terlizzi (BA) | via Mazzini, 25 |**
**tel. 347 4717794 | olivetipileri.it**

**OLIVETO PROPRIO** SÌ
**CULTIVAR** Coratina, Ogliarola Barese
**COLTIVAZIONE** Biologica
**RACCOLTA** Meccanica
**ESTRAZIONE** Ciclo continuo
**FRANTOIO** NO
**LITRI PRODOTTI** 3.000
**OLIVE DA MENSA** NO
**OSPITALITÀ** NO
**RISTORAZIONE** NO

**AZIENDA.** Dal 1980 la famiglia Pileri si prende cura degli olivi sull'antica via Appia Traiana. Oggi i figli dell'avvocato Ottavio Pileri, che diede vita all'azienda, coltivano in biologico oltre 13 ettari di oliveto con 3.000 piante di Coratina e Ogliarola Barese.

**OLIVE GROVE** YES
**CULTIVAR** Coratina, Ogliarola Barese
**GROWING METHOD** Organic
**HARVEST METHOD** Mechanical
**EXTRACTION METHOD** Continuous cycle
**OIL MILL** NO
**LITRES PRODUCED** 3,000
**TABLE OLIVES** NO
**ACCOMODATIONS** NO
**RESTAURANT** NO

**OIL MAKER.** The Pileri family have been overseeing olive trees here on the ancient Via Appia Traiana since 1980. Today the sons of founder Ottavio Pileri (a lawyer) cultivate over 13 hectares of organic groves — 3,000 Coratina and Ogliarola Barese olive trees.

## HORATIUM MONOCULTIVAR CORATINA BIO

**CULTIVAR: CORATINA**
**FRUTTATO/FRUITY: 7 • AMARO/BITTER: 7 • PICCANTE/SPICY: 7**
**FASCIA PREZZO/PRICE RANGE: 5**

**PROFILO AROMATICO.**
Rucola, ortica, erba, mandorla, pepe. Verde, persistente.

**AROMATIC PROFILE.**
Arugula, nettle, grass, almond, pepper. Green, persistent.

## VERGILIUM MONOCULTIVAR CORATINA BIO

**CULTIVAR: CORATINA**
**FRUTTATO/FRUITY: 7 • AMARO/BITTER: 6 • PICCANTE/SPICY: 7**
**FASCIA PREZZO/PRICE RANGE: 5**

**PROFILO AROMATICO.**
Carciofo, rucola, erba, mandorla, pepe. Verde, persistente.

**AROMATIC PROFILE.**
Artichoke, arugula, grass, almond, pepper. Green, persistent.

# Frantoio Principe

**Torremaggiore (FG) | via Foggia km 0,200 |**
**tel. 0882 382684 | frantoioprincipe.com**

**OLIVETO PROPRIO** SÌ
**CULTIVAR** Peranzana
**COLTIVAZIONE** Biologica
**RACCOLTA** Meccanica
**ESTRAZIONE** Ciclo continuo
**FRANTOIO** SÌ
**LITRI PRODOTTI** 35.000
**OLIVE DA MENSA** SÌ
**OSPITALITÀ** SÌ
**RISTORAZIONE** SÌ

**AZIENDA.** Dal 1980 i fratelli D'Ettorres (Pasquale, Vincenzo e Roberto) hanno preso in mano l'azienda di famiglia fondata dal padre che si sviluppa su 52 ettari di oliveto coltivati in biologico e oggi la gestiscono insieme ai figli. Il frantoio seleziona e acquista anche diversi quintali di olive locali.

**OLIVE GROVE** YES
**CULTIVAR** Peranzana
**GROWING METHOD** Organic
**HARVEST METHOD** Mechanical
**EXTRACTION METHOD** Continuous cycle
**OIL MILL** YES
**LITRES PRODUCED** 35,000
**TABLE OLIVES** YES
**ACCOMODATIONS** YES
**RESTAURANT** YES

**OIL MAKER.** The D'Ettorres brothers (Pasquale, Vincenzo and Roberto) took over the business founded by their father, 52 hectares of organically cultivated olive groves, and manage it today together with their children. The mill also sources select, local olives.

**MIGLIOR RAPPORTO Q/P** — **BEST QUALITY/PRICE**

## OLIO PRINCIPE MONOCULTIVAR PERANZANA

**CULTIVAR: PERANZANA**
**FRUTTATO/FRUITY: 6 • AMARO/BITTER: 4 • PICCANTE/SPICY: 5**
**FASCIA PREZZO/PRICE RANGE: 2**

**PROFILO AROMATICO.** Pomodoro, lattuga, erbe aromatiche, mela, pinolo, balsamico. Verde, persistente.

**AROMATIC PROFILE.** Tomato, lettuce, aromatic herbs, apple, pine nut, balsamic. Green, persistent.

# Pujje

Palagianello (TA) | c.da Serrapizzuta, 19a |
tel. 340 8740626 | pujje.it

**OLIVETO PROPRIO** SÌ
**CULTIVAR** Cima di Melfi, Coratina, Nocellara Messinese, Frantoio, Ogliarola Salentina, Peranzana, Leccino, Nociara
**COLTIVAZIONE** Tradizionale
**RACCOLTA** Meccanica
**ESTRAZIONE** Ciclo continuo
**FRANTOIO** SÌ
**LITRI PRODOTTI** 10.000
**OLIVE DA MENSA** NO
**OSPITALITÀ** NO
**RISTORAZIONE** NO

**AZIENDA.** Nel cuore della Murgia Tarantina si trova la bella realtà olivicola gestita e coordinata da Angelo Ture, Giovanni Mazzarrino e Monica Pica. L'oliveto si estende su 50 ettari dove sono presenti circa 16mila alberi.

**OLIVE GROVE** YES
**CULTIVAR** Cima di Melfi, Coratina, Nocellara Messinese, Frantoio, Ogliarola Salentina, Peranzana, Leccino, Nociara
**GROWING METHOD** Traditional
**HARVEST METHOD** Mechanical
**EXTRACTION METHOD** Continuous cycle
**OIL MILL** YES
**LITRES PRODUCED** 10,000
**TABLE OLIVES** NO
**ACCOMODATIONS** NO
**RESTAURANT** NO

**OIL MAKER.** Pujje, a lovely olive farm managed and coordinated by Angelo Ture, Giovanni Mazzarrino and Monica Pica, lies in the heart of the Murge tarantine. The 50-hectare grove is home to some 16,000 trees.

## ANFITRITE

**CULTIVAR: FRANTOIO, NOCIARA, PERANZANA, CORATINA**
**FRUTTATO/FRUITY: 5 • AMARO/BITTER: 5 • PICCANTE/SPICY: 5**
**FASCIA PREZZO/PRICE RANGE: 5**

**PROFILO AROMATICO.**
Carciofo, rucola, mandorla, pepe. Maturo, persistente.

**AROMATIC PROFILE.**
Artichoke, arugula, almond, pepper. Ripe, persistent.

# Olio Roccia

**Ascoli Satriano (FG) | via Cerignola |**
**tel. 0885 661043 | olioroccia.it**

**OLIVETO PROPRIO** Sì
**CULTIVAR** Peranzana, Coratina
**COLTIVAZIONE** Biologica
**RACCOLTA** Manuale
**ESTRAZIONE** Ciclo continuo
**FRANTOIO** Sì
**LITRI PRODOTTI** 10.000
**OLIVE DA MENSA** NO
**OSPITALITÀ** NO
**RISTORAZIONE** NO

**AZIENDA.** Antonietta e Pasquale Roccia conducono in biologico la loro azienda che si stende su 10 ettari di oliveto dove vivono circa 2.000 piante di Coratina e Peranzana. Il frantoio aziendale - passione di famiglia - punta a tirarne fuori il meglio.

**OLIVE GROVE** YES
**CULTIVAR** Peranzana, Coratina
**GROWING METHOD** Organic
**HARVEST METHOD** Manual
**EXTRACTION METHOD** Continuous cycle
**OIL MILL** YES
**LITRES PRODUCED** 10,000
**TABLE OLIVES** NO
**ACCOMODATIONS** NO
**RESTAURANT** NO

**OIL MAKER.** Antonietta and Pasquale Roccia organically cultivate about 2,000 Coratina and Peranzana olive trees (10 hectares of groves). The estate mill — a family passion — aims to bring out the best of their drupes.

## MONOCULTIVAR CORATINA BIO

**CULTIVAR: CORATINA**
**FRUTTATO/FRUITY: 6 • AMARO/BITTER: 6 • PICCANTE/SPICY: 7**
**FASCIA PREZZO/PRICE RANGE: 5**

**PROFILO AROMATICO.**
Rucola, erba, ortica, mandorla, pepe. Verde, persistente.

**AROMATIC PROFILE.**
Arugula, grass, nettle, almond, pepper. Green, persistent.

## MONOCULTIVAR PERANZANA BIO

**CULTIVAR: PERANZANA**
**FRUTTATO/FRUITY: 5 • AMARO/BITTER: 4 • PICCANTE/SPICY: 5**
**FASCIA PREZZO/PRICE RANGE: 5**

**PROFILO AROMATICO.**
Pomodoro, erbe aromatiche, fiori, mela, pepe. Verde.

**AROMATIC PROFILE.**
Tomato, aromatic herbs, flowers, apple, pepper. Green.

# Oleificio Salamida

**Alberobello (BA) | c.da Popoleto, 7 |**
**tel. 080 4323332 | oleificiosalamida.it**

**OLIVETO PROPRIO** SÌ
**CULTIVAR** Olivastra, Leccino, Cima di Melfi, Cima di Mola, Oliva Rossa
**COLTIVAZIONE** Tradizionale / Biologica
**RACCOLTA** Meccanica
**ESTRAZIONE** Ciclo continuo
**FRANTOIO** SÌ
**LITRI PRODOTTI** 30.000
**OLIVE DA MENSA** NO
**OSPITALITÀ** SÌ
**RISTORAZIONE** NO

**AZIENDA.** Nei 20 ettari di oliveto dove sono a dimora 4.000 piante, nel cuore della Valle d'Itria, da generazioni vive la famiglia Salamida che vent'anni fa ha deciso di chiudere la filiera produttiva. Dalle sue olive, e dalle altre selezionate in zona, ricava extravergine e condimenti aromatizzati.

**OLIVE GROVE** YES
**CULTIVAR** Olivastra, Leccino, Cima di Melfi, Cima di Mola, Oliva Rossa
**GROWING METHOD** Traditional + organic
**HARVEST METHOD** Mechanical
**EXTRACTION METHOD** Continuous cycle
**OIL MILL** YES
**LITRES PRODUCED** 30,000
**TABLE OLIVES** NO
**ACCOMODATIONS** YES
**RESTAURANT** NO

**OIL MAKER.** The Salamida family have lived here in the heart of the Valle d'Itria for generations, but 20 years ago they decided to set up their own mill, allowing them to oversee all stages of production. The drupes cultivated across 20 hectares of olive groves (4,000 trees) and sourced locally are pressed into extra virgin olive oil and flavor-infused condiments.

## MONOCULTIVAR OLIVA ROSSA

**CULTIVAR: OLIVA ROSSA**
**FRUTTATO/FRUITY: 5 • AMARO/BITTER: 5 • PICCANTE/SPICY: 5**
**FASCIA PREZZO/PRICE RANGE: 2**

**PROFILO AROMATICO.** Carciofo, fiori, mela, mandorla. Verde.

**AROMATIC PROFILE.** Artichoke, flowers, apple, almond. Green.

# Emmanuel Sanarica

Montemesola (TA) | v.le degli Olivi, 12 |
tel. 329 9538774 | olioulive.com

**OLIVETO PROPRIO** SÌ
**CULTIVAR** Coratina, Picholine, Leccino, Frantoio, Ogliarola Salentina, Cellina di Nardò, Nociara, Cima di Melfi, Pendolino
**COLTIVAZIONE** Tradizionale
**RACCOLTA** Manuale / Meccanica
**ESTRAZIONE** Ciclo continuo
**FRANTOIO** NO
**LITRI PRODOTTI** 1.500
**OLIVE DA MENSA** NO
**OSPITALITÀ** NO
**RISTORAZIONE** NO

**AZIENDA.** 85 ettari e 3.000 alberi, una terra esposta a Est e Ovest, nel mezzo fra la Murgia tarantina e il Mar Piccolo di Taranto, con forti escursioni termiche ed espressioni aromatiche eccezionalmente intense. Qui Emmanuel Sanarica continua una secolare tradizione di famiglia con la sua azienda che ha appena due anni.

**OLIVE GROVE** YES
**CULTIVAR** Coratina, Picholine, Leccino, Frantoio, Ogliarola Salentina, Cellina di Nardò, Nociara, Cima di Melfi, Pendolino
**GROWING METHOD** Traditional
**HARVEST METHOD** Manual + mechanical
**EXTRACTION METHOD** Continuous cycle
**OIL MILL** NO
**LITRES PRODUCED** 1,500
**TABLE OLIVES** NO
**ACCOMODATIONS** NO
**RESTAURANT** NO

**OIL MAKER.** 85 hectares and 3,000 trees, an estate with an eastern and western exposure set between the Murge tarantine and the Mar Piccolo of Taranto, an area where strong temperature ranges give rise to exceptionally intense aromatic expressions. Today Emmanuel Sanarica carries on a centuries-old family tradition, even if his young business has only been around for a couple of years.

## ULIVÈ GRAND CRU

**CULTIVAR: CORATINA, CIMA DI MELFI, FRANTOIO, ALTRE**
**FRUTTATO/FRUITY: 6 • AMARO/BITTER: 6 • PICCANTE/SPICY: 7**
**FASCIA PREZZO/PRICE RANGE: 5**

**PROFILO AROMATICO.**
Rucola, mela, erba, mandorla, pepe. Verde, persistente.

**AROMATIC PROFILE.**
Arugula, apple, grass, almond, pepper. Green, persistent.

# ★ Olearia Schiralli

**Binetto (BA) | s.da prov.le Bitetto-Binetto | tel. 080 7831755 | crudo.it**

**OLIVETO PROPRIO** SÌ
**CULTIVAR** Signora Francesca, Ogliarola Barese, Coratina
**COLTIVAZIONE** Tradizionale
**RACCOLTA** Meccanica
**ESTRAZIONE** Ciclo continuo
**FRANTOIO** SÌ
**LITRI PRODOTTI** 45.000
**OLIVE DA MENSA** SÌ
**OSPITALITÀ** NO
**RISTORAZIONE** NO

**AZIENDA.** Con i suoi 25 ettari di oliveto e una accorta selezione di olive, l'azienda dei fratelli Schiralli è da anni nell'olimpo regionale dell'extravergine. Ottima la Termite di Bitetto lavorata in salamoia. Si producono inoltre sottoli, paté di olive, taralli, tozzetti, treccine e passata di pomodoro.

**OLIVE GROVE** YES
**CULTIVAR** Signora Francesca, Ogliarola Barese, Coratina
**GROWING METHOD** Traditional
**HARVEST METHOD** Mechanical
**EXTRACTION METHOD** Continuous cycle
**OIL MILL** YES
**LITRES PRODUCED** 45,000
**TABLE OLIVES** YES
**ACCOMODATIONS** NO
**RESTAURANT** NO

**OIL MAKER.** Drawing on 25 hectares of groves and select olives sourced locally, the Schiralli family have been one of the region's elite producers for some time now. Their Bitetto Termite olives in brine are excellent. Bottled vegetables, olive pâtés, taralli, tozzetti, treccine and tomato purées are also produced.

## CRUDO MONOCULTIVAR OGLIAROLA

**CULTIVAR: OGLIAROLA**
**FRUTTATO/FRUITY: 7 • AMARO/BITTER: 6 • PICCANTE/SPICY: 8**
**FASCIA PREZZO/PRICE RANGE: 2**

**PROFILO AROMATICO.** Carciofo, cardo, rucola, erba, pepe. Verde, persistente.

**AROMATIC PROFILE.** Artichoke, cardoon, arugula, grass, pepper. Green, persistent.

## SEICINQUEZERO MONOCULTIVAR CORATINA

**CULTIVAR: CORATINA**
**FRUTTATO/FRUITY: 6 • AMARO/BITTER: 6 • PICCANTE/SPICY: 7**
**FASCIA PREZZO/PRICE RANGE: 2**

**PROFILO AROMATICO.** Mela, erba, mandorla, pepe. Verde, persistente.

**AROMATIC PROFILE.** Apple, grass, almond, pepper. Green, persistent.

# Nicole Schiralli and Family

**Binetto (BA) | s.da prov.le Bitetto-Binetto |**
**tel. 380 5850613 | nicoleschiralli.it**

**OLIVETO PROPRIO** SÌ
**CULTIVAR** Coratina, Ogliarola, Signora Francesca
**COLTIVAZIONE** Tradizionale
**RACCOLTA** Meccanica
**ESTRAZIONE** Ciclo continuo
**FRANTOIO** SÌ
**LITRI PRODOTTI** 2.000
**OLIVE DA MENSA** SÌ
**OSPITALITÀ** NO
**RISTORAZIONE** NO

**AZIENDA.** Il marchio è uno spin-off della casa madre Schiralli: Nicole è la figlia di Gaetano e la nipote di Giuseppe e segue in particolare la commercializzazione degli oli "di casa" nel Nord Italia. Olive e qualità sono certificate dalla "family".

**OLIVE GROVE** YES
**CULTIVAR** Coratina, Ogliarola, Signora Francesca
**GROWING METHOD** Traditional
**HARVEST METHOD** Mechanical
**EXTRACTION METHOD** Continuous cycle
**OIL MILL** YES
**LITRES PRODUCED** 2,000
**TABLE OLIVES** YES
**ACCOMODATIONS** NO
**RESTAURANT** NO

**OIL MAKER.** Nicole Schiralli and Family is a spin-off of Schiralli. Nicole, Gaetano's daughter and Giuseppe's granddaughter, oversees the sale of their Apulian oils in Italy's north, bolstered by the Schiralli family name and reputation for quality.

## /// 01 MONOCULTIVAR CORATINA

**CULTIVAR: CORATINA**
**FRUTTATO/FRUITY: 7 · AMARO/BITTER: 7 · PICCANTE/SPICY: 7**
**FASCIA PREZZO/PRICE RANGE: 5**

**PROFILO AROMATICO.** Rucola, ortica, erba, mandorla, pinolo, pepe, balsamico. Verde, persistente.

**AROMATIC PROFILE.** Arugula, nettle, grass, almond, pine nut, pepper, balsamic. Green, persistent.

# Podere Serraglio

**San Severo (FG) | p.zza Cavallotti ang. c.so Garibaldi, 130 | tel. 0882 374842 | podereserraglio.it**

**OLIVETO PROPRIO** SÌ
**CULTIVAR** Peranzana, Leccino, Santa Caterina
**COLTIVAZIONE** Biologica
**RACCOLTA** Manuale
**ESTRAZIONE** Ciclo continuo
**FRANTOIO** NO
**LITRI PRODOTTI** 7.000
**OLIVE DA MENSA** NO
**OSPITALITÀ** NO
**RISTORAZIONE** NO

**AZIENDA.** Nasce a metà degli anni '70 questa impresa fondata da Enrico Cassano spinto dalla passione per l'agricoltura di qualità del figlio Lorenzo, che ha chiuso la filiera biologica nella coltivazione di grano e di olive cui sono dedicati circa 4 dei 42 ettari aziendali totali. Si producono anche pasta, farine e prodotti da forno.

**OLIVE GROVE** YES
**CULTIVAR** Peranzana, Leccino, Santa Caterina
**GROWING METHOD** Organic
**HARVEST METHOD** Manual
**EXTRACTION METHOD** Continuous cycle
**OIL MILL** NO
**LITRES PRODUCED** 7,000
**TABLE OLIVES** NO
**ACCOMODATIONS** NO
**RESTAURANT** NO

**OIL MAKER.** Podere Serraglio was founded in the mid-1970s by Enrico Cassano, who was inspired by his son Lorenzo's passion for quality agriculture. It was the latter who opted for the organic cultivation of wheat and olives (4 of the estate's 42 hectares are olive groves). Pasta, flour and baked goods are also produced.

## MONOCULTIVAR PERANZANA BIO

**CULTIVAR: PERANZANA**
**FRUTTATO/FRUITY: 5 • AMARO/BITTER: 4 • PICCANTE/SPICY: 5**
**FASCIA PREZZO/PRICE RANGE: 3**

**PROFILO AROMATICO.** Pomodoro, erbe aromatiche, fiori, mela, pepe. Verde.

**AROMATIC PROFILE.** Tomato, aromatic herbs, flowers, apple, pepper. Green.

## OLIO EXTRAVERGINE DI OLIVA BIO

**CULTIVAR: LECCINO, SANTA CATERINA, ALTRE**
**FRUTTATO/FRUITY: 5 • AMARO/BITTER: 5 • PICCANTE/SPICY: 5**
**FASCIA PREZZO/PRICE RANGE: 3**

**PROFILO AROMATICO.** Pomodoro, erbe aromatiche, fiori, mela. Verde.

**AROMATIC PROFILE.** Tomato, aromatic herbs, flowers, apple. Green.

# Oliveto Spiavento

**San Severo (FG) | via Don Paolo Venusi, 34 |**
**tel. 348 4452980 | olivetospiavento.it**

**OLIVETO PROPRIO** SÌ
**CULTIVAR** Peranzana
**COLTIVAZIONE** Biologica
**RACCOLTA** Manuale / Meccanica
**ESTRAZIONE** Ciclo continuo
**FRANTOIO** NO
**LITRI PRODOTTI** 3.000
**OLIVE DA MENSA** NO
**OSPITALITÀ** NO
**RISTORAZIONE** NO

**AZIENDA.** Da oltre 60 anni e tre generazioni la famiglia di Alessia Fabiano coltiva, nei 16 ettari di proprietà, circa 1.500 olivi centenari di cultivar Peranzana. Molta attenzione (anche sui prezzi) per le spedizioni in Italia e all'estero.

**OLIVE GROVE** YES
**CULTIVAR** Peranzana
**GROWING METHOD** Organic
**HARVEST METHOD** Manual + mechanical
**EXTRACTION METHOD** Continuous cycle
**OIL MILL** NO
**LITRES PRODUCED** 3,000
**TABLE OLIVES** NO
**ACCOMODATIONS** NO
**RESTAURANT** NO

**OIL MAKER.** For 60 years Alessia Fabiano's family have been cultivating some 1,500 centuries-old, Peranzana olive trees on 16 hectares of property. Plenty of attention is paid to shipping throughout Italy and abroad, a fact that's reflected in the prices of their oils.

## MONOCULTIVAR PERANZANA BIO

**CULTIVAR: PERANZANA**
**FRUTTATO/FRUITY: 5 • AMARO/BITTER: 4 • PICCANTE/SPICY: 4**
**FASCIA PREZZO/PRICE RANGE: 2**

**PROFILO AROMATICO.**
Pomodoro, erbe aromatiche, mela. Maturo.

**AROMATIC PROFILE.**
Tomato, aromatic herbs, apple. Ripe.

# Tatamà

San Vito dei Normanni (BR) | c.da Affarano |
tel. 349 2330383 | tatamaaziendaagricola.com

**OLIVETO PROPRIO** Sì
**CULTIVAR** Cellina di Nardò, Ogliarola Salentina
**COLTIVAZIONE** Biologica
**RACCOLTA** Manuale / Meccanica
**ESTRAZIONE** Ciclo continuo
**FRANTOIO** NO
**LITRI PRODOTTI** 2.000
**OLIVE DA MENSA** NO
**OSPITALITÀ** NO
**RISTORAZIONE** NO

**AZIENDA.** A poca distanza dall'oasi naturale di Torre Guaceto si trova la bella realtà di Danilo Alfonso Prete che dal 2016 gestisce e coordina l'attività dell'azienda di famiglia. L'amore per questa terra l'ha ereditata dal nonno Alfonso che gli ha trasmesso passione e know how. Oggi la proprietà si sviluppa su 6 ettari dove dimorano 400 olivi di cultivar autoctone, ma anche grano duro della varietà Senatore Cappelli.

**OLIVE GROVE** YES
**CULTIVAR** Cellina di Nardò, Ogliarola Salentina
**GROWING METHOD** Organic
**HARVEST METHOD** Manual + mechanical
**EXTRACTION METHOD** Continuous cycle
**OIL MILL** NO
**LITRES PRODUCED** 2,000
**TABLE OLIVES** NO
**ACCOMODATIONS** NO
**RESTAURANT** NO

**OIL MAKER.** Danilo Alfonso Prete has been managing and coordinating the family business, which is based near the Torre Guaceto nature reserve, since 2016. He inherited a love for the land from his grandfather Alfonso who passed on his passion and know-how. Today the 6-hectare property hosts 400 olive trees (local varieties), but also Senatore Cappelli durum wheat.

## MONOCULTIVAR CELLINA DI NARDÒ BIO

**CULTIVAR: CELLINA DI NARDÒ**
**FRUTTATO/FRUITY: 5 • AMARO/BITTER: 4 • PICCANTE/SPICY: 4**
**FASCIA PREZZO/PRICE RANGE: 3**

**PROFILO AROMATICO.** Fiori, mela, mora, pepe. Maturo, persistente.

**AROMATIC PROFILE.** Flowers, apple, blackberry, pepper. Ripe, persistent.

# Terresanseveresi

San Severo (FG) | via Belmonte, 71 |
tel. 379 2917457 | terresanseveresi.it

**OLIVETO PROPRIO** SÌ
**CULTIVAR** Peranzana, Leccino, Coratina
**COLTIVAZIONE** Tradizionale / Biologica
**RACCOLTA** Manuale
**ESTRAZIONE** Ciclo continuo
**FRANTOIO** NO
**LITRI PRODOTTI** 1.500
**OLIVE DA MENSA** NO
**OSPITALITÀ** NO
**RISTORAZIONE** NO

**AZIENDA.** Questa realtà giovane ha radici forti e ben piantate nella tradizione familiare che nasce dall'amore per questa terra della famiglia Bentivoglio. Oggi alla guida ci sono Elena D'Elia e Gianluca Bentivoglio che si prendono cura delle loro 1.000 piante (per metà in regime biologico) e ne commercializzano l'extravergine.

**OLIVE GROVE** YES
**CULTIVAR** Peranzana, Leccino, Coratina
**GROWING METHOD** Traditional + organic
**HARVEST METHOD** Manual
**EXTRACTION METHOD** Continuous cycle
**OIL MILL** NO
**LITRES PRODUCED** 1,500
**TABLE OLIVES** NO
**ACCOMODATIONS** NO
**RESTAURANT** NO

**OIL MAKER.** Terresanseveresi may be a young producer, but it has deep roots thanks to the Bentivoglio family's love for this land. Today Elena D'Elia and Gianluca Bentivoglio are at the helm, cultivating 1,000 trees (half of them organically) and selling the family's extra virgin olive oil.

## ORO DAUNIO MONOCULTIVAR PERANZANA

**CULTIVAR: PERANZANA**
**FRUTTATO/FRUITY: 6 • AMARO/BITTER: 5 • PICCANTE/SPICY: 6**
**FASCIA PREZZO/PRICE RANGE: 4**

**PROFILO AROMATICO.**
Pomodoro, rucola, erbe aromatiche, mela, pepe. Verde, persistente.

**AROMATIC PROFILE.**
Tomato, arugula, aromatic herbs, apple, pepper. Green, persistent.

## ORO DAUNIO BIO

**CULTIVAR: LECCINO, CORATINA**
**FRUTTATO/FRUITY: 5 • AMARO/BITTER: 4 • PICCANTE/SPICY: 5**
**FASCIA PREZZO/PRICE RANGE: 4**

**PROFILO AROMATICO.**
Pomodoro, fiori, mela. Maturo, persistente.

**AROMATIC PROFILE.**
Tomato, flowers, apple. Ripe, persistent.

# Podere Torre delle Monache

Nardò (LE) | s.da Santa Maria, 4 |
tel. 339 8210041 | torredellemonache.it

**OLIVETO PROPRIO** SÌ
**CULTIVAR** Ogliarola Barese, Coratina
**COLTIVAZIONE** Tradizionale
**RACCOLTA** Manuale
**ESTRAZIONE** Ciclo continuo
**FRANTOIO** NO
**LITRI PRODOTTI** 1.000
**OLIVE DA MENSA** NO
**OSPITALITÀ** NO
**RISTORAZIONE** NO

**AZIENDA.** Nelle campagne di Triggiano - territorio carsico noto anche per la Lama San Giorgio - alle porte del capoluogo pugliese, Francesca Genchi e Stefano Piatti portano avanti una bella produzione di olio extravergine realizzato dalle olive delle loro 400 piante.

**OLIVE GROVE** YES
**CULTIVAR** Ogliarola Barese, Coratina
**GROWING METHOD** Traditional
**HARVEST METHOD** Manual
**EXTRACTION METHOD** Continuous cycle
**OIL MILL** NO
**LITRES PRODUCED** 1,000
**TABLE OLIVES** NO
**ACCOMODATIONS** NO
**RESTAURANT** NO

**OIL MAKER.** Just outside the regional capital, in the countryside of Triggiano (a territory known for its unique rock formations), Francesca Genchi and Stefano Piatti press extra virgin from the drupes of their 400 olive trees.

## /// MONOCULTIVAR OGLIAROLA BARESE

**CULTIVAR: OGLIAROLA BARESE**
**FRUTTATO/FRUITY: 7 • AMARO/BITTER: 7 • PICCANTE/SPICY: 7**
**FASCIA PREZZO/PRICE RANGE: 4**

**ROFILO AROMATICO.** Carciofo, edano, rucola, erbe aromatiche, erba, epe, balsamico. Verde, persistente.

**AROMATIC PROFILE.** Artichoke, celery, arugula, aromatic herbs, grass, pepper, balsamic. Green, persistent.

# Torrerivera

**Andria (BT) | c.da Rivera |**
**tel. 339 7238166 | torrerivera.it**

**OLIVETO PROPRIO** SÌ
**CULTIVAR** Coratina, Nocellara, Sant'Agostino, Uovo di Piccione, Peranzana, Leccino, Carolea
**COLTIVAZIONE** Biologica
**RACCOLTA** Meccanica
**ESTRAZIONE** Ciclo continuo
**FRANTOIO** SÌ
**LITRI PRODOTTI** 7.000
**OLIVE DA MENSA** NO
**OSPITALITÀ** NO
**RISTORAZIONE** NO

**AZIENDA.** Del vasto latifondo di 1.400 ettari appartenente alla famiglia Rivera, nei primi del '900 una parte (90 ettari, 56 di oliveti) venne acquistata dai Civita. Oggi sono Nicoletta, Alessandra e Daniele Ferrazza a gestire le 16mila piante. Si producono anche cereali e taralli.

**OLIVE GROVE** YES
**CULTIVAR** Coratina, Nocellara, Sant'Agostino, Uovo di Piccione, Peranzana, Leccino, Carolea
**GROWING METHOD** Organic
**HARVEST METHOD** Mechanical
**EXTRACTION METHOD** Continuous cycle
**OIL MILL** YES
**LITRES PRODUCED** 7,000
**TABLE OLIVES** NO
**ACCOMODATIONS** NO
**RESTAURANT** NO

**OIL MAKER.** In the early 1900s, a part of the Rivera family's vast 1,400-hectare estate was purchased by the Civita family (90 hectares, 56 of which olive groves). Today Nicoletta, Alessandra and Daniele Ferrazza manage its 16,000 trees. Grains and taralli are also produced.

## MONOCULTIVAR CORATINA BIO

**CULTIVAR: CORATINA**
**FRUTTATO/FRUITY: 7 · AMARO/BITTER: 7 · PICCANTE/SPICY: 7**
**FASCIA PREZZO/PRICE RANGE: 5**

**PROFILO AROMATICO.** Rucola, erba, mandorla, pepe, balsamico. Verde, persistente.

**AROMATIC PROFILE.** Arugula, grass, almond, pepper, balsamic. Green, persistent.

## MONOCULTIVAR NOCELLARA BIO

**CULTIVAR: NOCELLARA**
**FRUTTATO/FRUITY: 6 · AMARO/BITTER: 4 · PICCANTE/SPICY: 4**
**FASCIA PREZZO/PRICE RANGE: 5**

**PROFILO AROMATICO.** Pomodoro, erbe aromatiche, mela. Maturo, persistente.

**AROMATIC PROFILE.** Tomato, aromatic herbs, apple. Ripe, persistent.

## BLEND 022 BIO

**CULTIVAR: CORATINA, NOCELLARA, SANT'AGOSTINO, UOVO DI PICCIONE**
**FRUTTATO/FRUITY: 5 · AMARO/BITTER: 4 · PICCANTE/SPICY: 5**
**FASCIA PREZZO/PRICE RANGE: 5**

**PROFILO AROMATICO.** Pomodoro, mela. Maturo.

**AROMATIC PROFILE.** Tomato, apple. Ripe.

# I Tre Arieti

**Molfetta (BA) | via A. Moravia, 5 |**
**tel. 328 5673604 | olioitrearieti.it**

**OLIVETO PROPRIO** SÌ
**CULTIVAR** Ogliarola Barese, Coratina
**COLTIVAZIONE** Tradizionale
**RACCOLTA** Meccanica
**ESTRAZIONE** Ciclo continuo
**FRANTOIO** NO
**LITRI PRODOTTI** 6.000
**OLIVE DA MENSA** NO
**OSPITALITÀ** NO
**RISTORAZIONE** NO

**AZIENDA.** I fratelli Angelantonio, Francesco e Mauro Patimo sono la quarta generazione alla guida dell'azienda di famiglia. Si sono strutturati 12 anni fa e hanno nel cassetto il sogno del frantoio, ma al momento curano i loro 16 ettari con 1.650 piante e moliscono in zona. Obiettivo: qualità.

**OLIVE GROVE** YES
**CULTIVAR** Ogliarola Barese, Coratina
**GROWING METHOD** Traditional
**HARVEST METHOD** Mechanical
**EXTRACTION METHOD** Continuous cycle
**OIL MILL** NO
**LITRES PRODUCED** 6,000
**TABLE OLIVES** NO
**ACCOMODATIONS** NO
**RESTAURANT** NO

**OIL MAKER.** Brothers Angelantonio, Francesco and Mauro Patimo represent the fourth generation to lead the family business. They launched 12 years ago, and dream of opening their own oil mill, but at the moment they're busy overseeing 16 hectares (1,650 trees), relying on a local facility to press their olives. Their mission? Quality.

## OLIO PIETRA DOP TERRA DI BARI MONOCULTIVAR CORATINA

**CULTIVAR: CORATINA**
**FRUTTATO/FRUITY: 6 • AMARO/BITTER: 7 • PICCANTE/SPICY: 7**
**FASCIA PREZZO/PRICE RANGE: 2**

**PROFILO AROMATICO.**
Rucola, erba, mandorla, pepe. Verde, persistente.

**AROMATIC PROFILE.**
Arugula, grass, almond, pepper. Green, persistent.

# Trotta

**Manfredonia (FG) | via Scaloria |**
**tel. 338 6710811 | agribiotrotta.it**

**OLIVETO PROPRIO** SÌ
**CULTIVAR** Leccino, Coratina, Ogliarola
**COLTIVAZIONE** Biologica
**RACCOLTA** Meccanica
**ESTRAZIONE** Ciclo continuo
**FRANTOIO** NO
**LITRI PRODOTTI** 4.000
**OLIVE DA MENSA** SÌ
**OSPITALITÀ** NO
**RISTORAZIONE** NO

**AZIENDA.** Da tre generazioni l'azienda di Domenico Trotta, splendida realtà agricola nel territorio fra i comuni di Manfredonia, San Giovanni Rotondo e Monte Sant'Angelo, cura 10 ettari di oliveti vista mare tutti in biologico con circa 2.000 piante.

**OLIVE GROVE** YES
**CULTIVAR** Leccino, Coratina, Ogliarola
**GROWING METHOD** Organic
**HARVEST METHOD** Mechanical
**EXTRACTION METHOD** Continuous cycle
**OIL MILL** NO
**LITRES PRODUCED** 4,000
**TABLE OLIVES** YES
**ACCOMODATIONS** NO
**RESTAURANT** NO

**OIL MAKER.** For three generations Domenico Trotta's family have overseen ten hectares of splendid olive groves (about 2,000 trees, all organic) overlooking the sea in the municipalities of Manfredonia, San Giovanni Rotondo and Monte Sant'Angelo.

## MAXIMUM MONOCULTIVAR CORATINA BIO

**CULTIVAR: CORATINA**
**FRUTTATO/FRUITY: 7 • AMARO/BITTER: 7 • PICCANTE/SPICY: 7**
**FASCIA PREZZO/PRICE RANGE: 5**

**PROFILO AROMATICO.**
Rucola, erba, mandorla, pepe, balsamico. Verde, persistente.

**AROMATIC PROFILE.**
Arugula, grass, almond, pepper, balsamic. Green, persistent.

## NOSTRUM BIO

**CULTIVAR: OGLIAROLA GARGANICA, LECCINO**
**FRUTTATO/FRUITY: 6 • AMARO/BITTER: 5 • PICCANTE/SPICY: 5**
**FASCIA PREZZO/PRICE RANGE: 3**

**PROFILO AROMATICO.**
Pomodoro, fiori, mela. Maturo, persistente.

**AROMATIC PROFILE.**
Tomato, flowers, apple. Ripe, persistent.

# Uliveto - Scisci

Monopoli (BA) | c.da Marzone, 429 |
tel. 080 9376459 | agriscisci.it

**OLIVETO PROPRIO** SÌ
**CULTIVAR** Coratina, Picholine, Peranzana
**COLTIVAZIONE** Tradizionale
**RACCOLTA** Meccanica
**ESTRAZIONE** Ciclo continuo
**FRANTOIO** SÌ
**LITRI PRODOTTI** 200.000
**OLIVE DA MENSA** NO
**OSPITALITÀ** NO
**RISTORAZIONE** NO

**AZIENDA.** Nel moderno frantoio di proprietà, l'azienda produce 200 quintali di olio con le olive dei suoi 10 ettari di oliveto e con quelle acquistate da altri produttori della zona. L'azienda offre anche un certo assortimento di conserve e sottoli.

**OLIVE GROVE** YES
**CULTIVAR** Coratina, Picholine, Peranzana
**GROWING METHOD** Traditional
**HARVEST METHOD** Mechanical
**EXTRACTION METHOD** Continuous cycle
**OIL MILL** YES
**LITRES PRODUCED** 200,000
**TABLE OLIVES** NO
**ACCOMODATIONS** NO
**RESTAURANT** NO

**OIL MAKER.** Uliveto - Scisci presses 20,000 liters of oil in their modern mill, drawing on 10 hectares of olive groves and locally sourced crop. An array of preserves and bottled produce are also offered.

## I GRANDI OLI MONOCULTIVAR CORATINA

**CULTIVAR: CORATINA**
**FRUTTATO/FRUITY: 7 • AMARO/BITTER: 7 • PICCANTE/SPICY: 7**
**FASCIA PREZZO/PRICE RANGE: 3**

**PROFILO AROMATICO.** Rucola, spinaci, erba, mandorla, pepe, balsamico. Verde, persistente.

**AROMATIC PROFILE.** Arugula, spinach, grass, almond, pepper, balsamic. Green, persistent.

## I GRANDI OLI L'OLIO DI MIA FIGLIA

**CULTIVAR: PICHOLINE, CORATINA, PERANZANA**
**FRUTTATO/FRUITY: 6 • AMARO/BITTER: 6 • PICCANTE/SPICY: 6**
**FASCIA PREZZO/PRICE RANGE: 3**

**PROFILO AROMATICO.** Pomodoro, erbe aromatiche, mela, pepe. Verde, persistente.

**AROMATIC PROFILE.** Tomato, aromatic herbs, apple, pepper. Green, persistent.

## I GRANDI OLI MONOCULTIVAR PICHOLINE

**CULTIVAR: PICHOLINE**
**FRUTTATO/FRUITY: 6 • AMARO/BITTER: 7 • PICCANTE/SPICY: 7**
**FASCIA PREZZO/PRICE RANGE: 3**

**PROFILO AROMATICO.** Carciofo, mela, noce. Maturo, persistente.

**AROMATIC PROFILE.** Artichoke, apple, walnut. Ripe, persistent.

# Vaira

Carpino (FG) | via dei Faggi, 1 |
tel. 328 2557977 | cooperativavaira.puglia.it

**OLIVETO PROPRIO** SÌ
**CULTIVAR** Ogliarola Garganica, Leccino
**COLTIVAZIONE** Biologica
**RACCOLTA** Meccanica
**ESTRAZIONE** Ciclo continuo
**FRANTOIO** NO
**LITRI PRODOTTI** 50.000
**OLIVE DA MENSA** SÌ
**OSPITALITÀ** NO
**RISTORAZIONE** NO

**AZIENDA.** Sono state le sorelle Vaira, spinte dal sostegno del padre Domenico, a dar vita a questa cooperativa "familiare" che conta 10 soci e cura 6.000 piante su una cinquantina di ettari, in biologico, all'interno del Parco nazionale del Gargano dove gli appezzamenti sono disegnati dai tipici muretti a secco.

**OLIVE GROVE** YES
**CULTIVAR** Ogliarola Garganica, Leccino
**GROWING METHOD** Organic
**HARVEST METHOD** Mechanical
**EXTRACTION METHOD** Continuous cycle
**OIL MILL** NO
**LITRES PRODUCED** 50,000
**TABLE OLIVES** YES
**ACCOMODATIONS** NO
**RESTAURANT** NO

**OIL MAKER.** The Vaira sisters founded this "family" cooperative (10 members) with the support of their father, Domenico. Some 6,000 trees are organically cultivated in the Gargano National Park — 50 hectares of land delineated by the area's traditional dry stone walls.

## IL SECOLARE MONOCULTIVAR OGLIAROLA GARGANICA BIO

**CULTIVAR: OGLIAROLA GARGANICA**
**FRUTTATO/FRUITY: 7 • AMARO/BITTER: 4 • PICCANTE/SPICY: 5**
**FASCIA PREZZO/PRICE RANGE: 3**

**PROFILO AROMATICO.** Carciofo, finocchietto, anice, mandorla, noce, pepe. Verde, persistente.

**AROMATIC PROFILE.** Artichoke, wild fennel, anise, almond, walnut, pepper. Green, persistent.

# Vallillo

Serracapriola (FG) | c.da Casale Defensa |
tel. 0882 682565 | vallillo.it

**OLIVETO PROPRIO** SÌ
**CULTIVAR** Peranzana
**COLTIVAZIONE** Tradizionale
**RACCOLTA** Meccanica
**ESTRAZIONE** Ciclo continuo
**FRANTOIO** SÌ
**LITRI PRODOTTI** 4.000
**OLIVE DA MENSA** NO
**OSPITALITÀ** SÌ
**RISTORAZIONE** NO

**AZIENDA.** Da contadini a imprenditori, la famiglia Vallillo guidata da Lucia e dal marito Cosimo e supportata dal lavoro dei figli, conduce l'azienda di 12 ettari e 1.400 piante con decisione e dedizione e, sempre con attenzione a qualità e territorio, producono anche grano e pasta.

**OLIVE GROVE** YES
**CULTIVAR** Peranzana
**GROWING METHOD** Traditional
**HARVEST METHOD** Mechanical
**EXTRACTION METHOD** Continuous cycle
**OIL MILL** YES
**LITRES PRODUCED** 4,000
**TABLE OLIVES** NO
**ACCOMODATIONS** YES
**RESTAURANT** NO

**OIL MAKER.** The Vallillo family, led by Lucia and her husband, Cosimo, went from being farmers to managing a business. Today, together with their children, they bring decisiveness and dedication to their work, overseeing 12 hectares (1,400 trees) while paying keen attention to quality and the territory. Wheat and pasta are also produced.

## PROVENZALE MONOCULTIVAR PERANZANA

**CULTIVAR: PERANZANA**
**FRUTTATO/FRUITY: 4 • AMARO/BITTER: 4 • PICCANTE/SPICY: 4**
**FASCIA PREZZO/PRICE RANGE: 4**

**PROFILO AROMATICO.**
Lattuga, fiori, mela. Maturo.

**AROMATIC PROFILE.**
Lettuce, flowers, apple. Ripe.

## MONOCULTIVAR PERANZANA

**CULTIVAR: PERANZANA**
**FRUTTATO/FRUITY: 4 • AMARO/BITTER: 4 • PICCANTE/SPICY: 4**
**FASCIA PREZZO/PRICE RANGE: 5**

**PROFILO AROMATICO.**
Fiori, mela, lattuga. Maturo.

**AROMATIC PROFILE.**
Flowers, apple, lettuce. Ripe.

# Tenuta Venterra

Grottaglie (TA) | c.da Mannara |
tel. 099 9915296 | tenutaventerra.it

**OLIVETO PROPRIO** SÌ
**CULTIVAR** Ogliarola, Nocellara del Belìce, Biancolilla, Frantoio, Coratina, Peranzana, Picholine, Leccino
**COLTIVAZIONE** Biologica
**RACCOLTA** Manuale / Meccanica
**ESTRAZIONE** Ciclo continuo
**FRANTOIO** SÌ
**LITRI PRODOTTI** 10.000
**OLIVE DA MENSA** NO
**OSPITALITÀ** NO
**RISTORAZIONE** NO

**AZIENDA.** Una realtà che ha fatto della sostenibilità una filosofia di business. L'azienda dispone di un frantoio, interrato a 3,5 metri rispetto al piano di campagna, che sfrutta l'energia solare per la produzione di energia elettrica, mentre il nocciolino viene utilizzato come combustibile e la sansa come fertilizzante. Coltiva circa 67mila piante in biologico su 87 ettari.

**OLIVE GROVE** YES
**CULTIVAR** Ogliarola, Nocellara del Belìce, Biancolilla, Frantoio, Coratina, Peranzana, Picholine, Leccino
**GROWING METHOD** Organic
**HARVEST METHOD** Manual + mechanical
**EXTRACTION METHOD** Continuous cycle
**OIL MILL** YES
**LITRES PRODUCED** 10,000
**TABLE OLIVES** NO
**ACCOMODATIONS** NO
**RESTAURANT** NO

**OIL MAKER.** Tenuta Venterra has made sustainability a business philosophy. The producer manages an oil mill buried 3.5 meters below ground, using solar energy to produce electricity. The pits are then recycled for fuel and the pomace is transformed into fertilizer. 67,000 trees are cultivated across 87 hectares.

## CRU #312 MONOCULTIVAR PICHOLINE BIO

**CULTIVAR: PICHOLINE**
**FRUTTATO/FRUITY: 6 • AMARO/BITTER: 5 • PICCANTE/SPICY: 5**
**FASCIA PREZZO/PRICE RANGE: 4**

**PROFILO AROMATICO.**
Lattuga, songino, mela, pepe, balsamico. Verde.

**AROMATIC PROFILE.**
Lettuce, lamb's lettuce, applepepper, balsamic. Green.

# Podere Verdegilda

**Spinazzola (BT) | c.da Sionello |**
**tel. 389 4845418 | podereverdegilda.it**

**OLIVETO PROPRIO** SÌ
**CULTIVAR** Coratina, Peranzana, Cima di Melfi, Frantoio, Leccino
**COLTIVAZIONE** Biologica
**RACCOLTA** Manuale / Meccanica
**ESTRAZIONE** Ciclo continuo
**FRANTOIO** SÌ
**LITRI PRODOTTI** 1.500
**OLIVE DA MENSA** NO
**OSPITALITÀ** NO
**RISTORAZIONE** NO

**AZIENDA.** Trentotto ettari in biologico di cui oltre 13 destinati a oliveto con 4.000 piante: è il regno di Gianpaolo Lovaglio, affiancato dalla moglie Cristina, ereditato dalla famiglia di lui e fondato da suo nonno. Oggi con un bel frantoio all'avanguardia si punta a fare qualità. Produzione anche di legumi, miele, zafferano e vino.

**OLIVE GROVE** YES
**CULTIVAR** Coratina, Peranzana, Cima di Melfi, Frantoio, Leccino
**GROWING METHOD** Organic
**HARVEST METHOD** Manual+ mechanical
**EXTRACTION METHOD** Continuous cycle
**OIL MILL** YES
**LITRES PRODUCED** 1,500
**TABLE OLIVES** NO
**ACCOMODATIONS** NO
**RESTAURANT** NO

**OIL MAKER.** It was Gianpaolo Lovaglio's grandfather who founded Podere Verdegilda. Today, supported by his wife, Cristina, Gianpaolo cultivates 38 organic hectares, 13 of which are used for olive growing (4,000 trees). Thanks to a cutting-edge oil mill, the focus has shifted to quality. Pulses, honey, saffron and wine are also produced.

## MONOCULTIVAR CORATINA BIO

**CULTIVAR: CORATINA**
**FRUTTATO/FRUITY: 6 • AMARO/BITTER: 7 • PICCANTE/SPICY: 7**
**FASCIA PREZZO/PRICE RANGE: 4**

**PROFILO AROMATICO.**
Rucola, erba, mandorla, noce. Verde, persistente.

**AROMATIC PROFILE.**
Arugula, grass, almond, walnut. Green, persistent.

**CULTIVAR PRINCIPALI/MAIN VARIETIES**
Carolea, Majatica, Ogliarola del Vulture
**CULTIVAR MINORI/MINOR VARIETIES**
Fasolina, Rapollese di Lavello, Ogliarola del Bradano

# BASILICATA

**MANGIARE/EAT**

**Vitantonio Lombardo**
via Madonna delle Virtù, 13 • Matera
tel. 0835 335475 • vlristorante.it

**Dimora Ulmo**
via Pennino, 28 • Matera • tel. 0835 1650398 • dimoraulmo.it

**COMPRARE/SHOP**

**Il Buongustaio**
p.zza Vittorio Veneto, 1 • Matera
tel. 0835 331982 • ilbuongustaiomatera.it

**Cantina di Bacco**
via Parigi, 36 • Potenza • tel. 0971 449215 • cantinadibacco.wine

**Eccellenze Lucane**
via Vittorio Emanuele II, 33 • Venosa (PZ) • tel. 366 1787410

**Pollino Divino**
c.so Garibaldi, 5/7 • Rotonda (PZ) • tel. 340 1728969

# Frantoio Oleario Alamprese

**Venosa (PZ) | via Emilia,7 |**
**tel. 0972 31038 | frantoioalamprese.com**

**OLIVETO PROPRIO** SÌ
**CULTIVAR** Ogliarola del Vulture, Frantoio, Leccino, Coratina, Nocellara del Belìce, Koroneiki
**COLTIVAZIONE** Tradizionale / Biologica
**RACCOLTA** Manuale / Meccanica
**ESTRAZIONE** Ciclo continuo
**FRANTOIO** SÌ
**LITRI PRODOTTI** 30.000
**OLIVE DA MENSA** NO
**OSPITALITÀ** SÌ
**RISTORAZIONE** SÌ

**AZIENDA.** Sergio Alamprese oltre a possedere 6 ettari di oliveto con 3.000 piante, acquista olive dai produttori locali per trasformarle nel suo impianto. Produce inoltre grano duro, favino, orzo, avena, colza, legumi, girasoli ed erba medica. Ospitalità in un comodo b&b.

**OLIVE GROVE** YES
**CULTIVAR** Ogliarola del Vulture, Frantoio, Leccino, Coratina, Nocellara del Belìce, Koroneiki
**GROWING METHOD** Traditional + organic
**HARVEST METHOD** Manual + mechanical
**EXTRACTION METHOD** Continuous cycle
**OIL MILL** YES
**LITRES PRODUCED** 30,000
**TABLE OLIVES** NO
**ACCOMODATIONS** YES
**RESTAURANT** YES

**OIL MAKER.** In addition to his 6 hectares of estate groves (3,000 trees), Sergio Alamprese relies on local growers for his olives. Durum wheat, field beans, barley, oats, rapeseed, pulses, sunflowers and alfalfa are also produced. Guests can also stay at their comfortable B&B.

## /// OLIO EXTRAVERGINE DI OLIVA

**CULTIVAR: OGLIAROLA DEL VULTURE, FRANTOIO, CORATINA, NOCELLARA**
**FRUTTATO/FRUITY: 6 • AMARO/BITTER: 6 • PICCANTE/SPICY: 7**
**FASCIA PREZZO/PRICE RANGE: 2**

**PROFILO AROMATICO.** Carciofo, ortica, erbe aromatiche, mandorla, pepe, balsamico. Verde, persistente.

**AROMATIC PROFILE.** Artichoke, nettle, aromatic herbs, almond, pepper, balsamic. Green, persistent.

# Frantoiani del Vùlture

**Venosa (PZ)** | **c.da Le Tufarelle** |
**tel. 349 7218828** | **oliovu.com**

**OLIVETO PROPRIO** SÌ
**CULTIVAR** Coratina, Frantoio, Peranzana, Ogliarola del Vulture, Cima di Melfi, Rotondella
**COLTIVAZIONE** Tradizionale / Biologica
**RACCOLTA** Manuale / Meccanica
**ESTRAZIONE** Ciclo continuo
**FRANTOIO** NO
**LITRI PRODOTTI** 10.000
**OLIVE DA MENSA** NO
**OSPITALITÀ** NO
**RISTORAZIONE** NO

**AZIENDA.** 15 soci, 110 ettari di oliveto, 10.340 piante delle principali cultivar peculiari della regione: la cooperativa nasce nel 2007 per riunire i frantoiani della zona del Vulture nell'intento di promuovere e valorizzare il territorio attraverso l'olivicoltura di qualità.

**OLIVE GROVE** YES
**CULTIVAR** Coratina, Frantoio, Peranzana, Ogliarola del Vulture, Cima di Melfi, Rotondella
**GROWING METHOD** Traditional + organic
**HARVEST METHOD** Manual + mechanical
**EXTRACTION METHOD** Continuous cycle
**OIL MILL** NO
**LITRES PRODUCED** 10,000
**TABLE OLIVES** NO
**ACCOMODATIONS** NO
**RESTAURANT** NO

**OIL MAKER.** 15 members, 110 hectares of olive groves, 10,340 trees. The cooperative Frantoiani del Vùlture was founded in 2007 to bring together local producers with the aim of developing and promoting the area through quality olive growing.

## VÙ MONOCULTIVAR CORATINA

**CULTIVAR: CORATINA**
**FRUTTATO/FRUITY: 7 • AMARO/BITTER: 7 • PICCANTE/SPICY: 7**
**FASCIA PREZZO/PRICE RANGE: 2**

**PROFILO AROMATICO.** Erba, rucola, radicchio, mandorla, pepe. Verde, persistente.

**AROMATIC PROFILE.** Grass, arugula, radicchio, almond, pepper. Green, persistent.

## VÙ MONOCULTIVAR PERANZANA

**CULTIVAR: PERANZANA**
**FRUTTATO/FRUITY: 5 • AMARO/BITTER: 5 • PICCANTE/SPICY: 5**
**FASCIA PREZZO/PRICE RANGE: 2**

**PROFILO AROMATICO.** Pomodoro, lattuga, erbe aromatiche, fiori, mela. Verde.

**AROMATIC PROFILE.** Tomato, lettuce, aromatic herbs, flowers, apple. Green.

# Elena Fucci

**Barile (PZ) | c.da Solagna del Titolo |**
**tel. 320 4879945 | elenafuccivini.com**

**OLIVETO PROPRIO** SÌ
**CULTIVAR** Ogliarola del Vulture, Cima di Melfi, Pendolino
**COLTIVAZIONE** Biologica
**RACCOLTA** Manuale
**ESTRAZIONE** Ciclo continuo
**FRANTOIO** NO
**LITRI PRODOTTI** 1.500
**OLIVE DA MENSA** NO
**OSPITALITÀ** NO
**RISTORAZIONE** NO

**AZIENDA.** Il nome di Elena Fucci è quello di una donna che ha fatto (e sta facendo) la storia dell'Aglianico del Vulture grazie al suo Titolo, etichetta pluripremiata e tra le migliori referenze italiane. Con la stessa passione e cura segue anche il lavoro nell'oliveto di 600 alberi che si sviluppa su un paio di ettari.

**OLIVE GROVE** YES
**CULTIVAR** Ogliarola del Vulture, Cima di Melfi, Pendolino
**GROWING METHOD** Organic
**HARVEST METHOD** Manual
**EXTRACTION METHOD** Continuous cycle
**OIL MILL** NO
**LITRES PRODUCED** 1,500
**TABLE OLIVES** NO
**ACCOMODATIONS** NO
**RESTAURANT** NO

**OIL MAKER.** Elena Fucci made (and is making) history in Aglianico del Vulture thanks to her award-winning wine, Titolo (one of Italy's best). With the same passion and care, she also cultivates 600 olive trees over a couple hectares of groves.

## TITOLIO BIO

**CULTIVAR: OGLIAROLA DEL VULTURE, CIMA DI MELFI, PENDOLINO**
**FRUTTATO/FRUITY: 7 • AMARO/BITTER: 7 • PICCANTE/SPICY: 7**
**FASCIA PREZZO/PRICE RANGE: 4**

**PROFILO AROMATICO.**
Erba, rucola, mandorla, pinolo, pepe, balsamico. Verde, persistente.

**AROMATIC PROFILE.**
Grass, arugula, almond, pine nut, pepper, balsamic. Green, persistent.

# Tenute Giardino Santo Stefano

**Rapone (PZ) | loc. Giardino |**
**tel. 389 9275491 | lorocolato.it**

**OLIVETO PROPRIO** SÌ
**CULTIVAR** Leccio del Corno, Ravece, Pendolino
**COLTIVAZIONE** Tradizionale / Biologica
**RACCOLTA** Manuale
**ESTRAZIONE** Ciclo continuo
**FRANTOIO** NO
**LITRI PRODOTTI** 1.500
**OLIVE DA MENSA** NO
**OSPITALITÀ** NO
**RISTORAZIONE** NO

**AZIENDA.** Dal 2019 Gerarda Maria Del Cogliano è saldamente al timone della sua tenuta, in favorevole posizione collinare, circa 8 ettari di oliveto, in parte in conversione biologica, in cui sono distribuiti 3.200 alberi. Lodevole l'attenzione al packaging, leggero, infrangibile e riciclabile.

**OLIVE GROVE** YES
**CULTIVAR** Leccio del Corno, Ravece, Pendolino
**GROWING METHOD** Traditional + organic
**HARVEST METHOD** Manual
**EXTRACTION METHOD** Continuous cycle
**OIL MILL** NO
**LITRES PRODUCED** 1,500
**TABLE OLIVES** NO
**ACCOMODATIONS** NO
**RESTAURANT** NO

**OIL MAKER.** Since 2019 Gerarda Maria Del Cogliano has been steadily guiding her estate, about 8 hectares of favorably positioned, hillside olive groves (3,200 trees), part of which are being converted to organic. Commendable attention is paid to the bottles used, which are light, unbreakable and recyclable.

## L'OROCOLATO MONOCULTIVAR RAVECE

**CULTIVAR: RAVECE**
**FRUTTATO/FRUITY: 6 • AMARO/BITTER: 4 • PICCANTE/SPICY: 5**
**FASCIA PREZZO/PRICE RANGE: 3**

**PROFILO AROMATICO.**
Pomodoro, erbe aromatiche, erba, pepe. Verde, persistente.

**AROMATIC PROFILE.**
Tomato, aromatic herbs, grass, pepper. Green, persistent.

## L'OROCOLATO MONOCULTIVAR PENDOLINO

**CULTIVAR: PENDOLINO**
**FRUTTATO/FRUITY: 5 • AMARO/BITTER: 5 • PICCANTE/SPICY: 5**
**FASCIA PREZZO/PRICE RANGE: 2**

**PROFILO AROMATICO.**
Carciofo, noce, mela, mandorla, pepe. Verde.

**AROMATIC PROFILE.**
Artichoke, walnut, apple, almond, pepper. Green.

## L'OROCOLATO MONOCULTIVAR LECCIO DEL CORNO

**CULTIVAR: LECCIO DEL CORNO**
**FRUTTATO/FRUITY: 5 • AMARO/BITTER: 4 • PICCANTE/SPICY: 4**
**FASCIA PREZZO/PRICE RANGE: 2**

**PROFILO AROMATICO.**
Carciofo, mela, mandorla. Maturo.

**AROMATIC PROFILE.**
Artichoke, apple, almond. Ripe.

# Tenuta Lagala

Venosa (PZ) | c.da La Maddalena |
tel. 0972 32735 | lagala.it

**OLIVETO PROPRIO** SÌ
**CULTIVAR** Ogliarola, Coratina
**COLTIVAZIONE** Tradizionale
**RACCOLTA** Manuale
**ESTRAZIONE** Ciclo continuo/Tradizionale
**FRANTOIO** NO
**LITRI PRODOTTI** 1.100
**OLIVE DA MENSA** NO
**OSPITALITÀ** SÌ
**RISTORAZIONE** SÌ

**AZIENDA.** A pochi chilometri dal centro della cittadina si trova la proprietà di Arnaldo Lagala, 30 ettari dove si concentra un insieme di attività che vanno dall'ospitalità (sono disponibili 7 camere) alla ristorazione, passando per la produzione di vino, pasta e olio. L'oliveto conta 350 piante su 1,5 ettari.

**OLIVE GROVE** YES
**CULTIVAR** Ogliarola, Coratina
**GROWING METHOD** Traditional
**HARVEST METHOD** Manual
**EXTRACTION METHOD** Continuous cycle Tradition
**OIL MILL** NO
**LITRES PRODUCED** 1,100
**TABLE OLIVES** NO
**ACCOMODATIONS** YES
**RESTAURANT** YES

**OIL MAKER.** Arnaldo Lagala's 30-hectare estate hosts a range of activities, from hospitality (7 guest rooms) to dining, wine production, pasta and oil. The 1.5-hectare olive grove is home to 350 trees.

## ESSENZA

**CULTIVAR: OGLIAROLA, CORATINA**
**FRUTTATO/FRUITY: 4 • AMARO/BITTER: 3 • PICCANTE/SPICY: 4**
**FASCIA PREZZO/PRICE RANGE: 4**

**PROFILO AROMATICO.**
Carciofo, erbe aromatiche, mela, pepe. Verde.

**AROMATIC PROFILE.**
Artichoke, aromatic herbs, apple, pepper. Green.

# Leo Martinelli

**Montescaglioso (MT) | via Molinello, 46 |**
**tel. 331 3614956 | itrecolli.it**

**OLIVETO PROPRIO** SÌ
**CULTIVAR** Frantoio, Leccino, Picholine, Nociara, Cima di Melfi, Coratina
**COLTIVAZIONE** Biologica
**RACCOLTA** Meccanica
**ESTRAZIONE** Ciclo continuo
**FRANTOIO** NO
**LITRI PRODOTTI** 2.000
**OLIVE DA MENSA** NO
**OSPITALITÀ** NO
**RISTORAZIONE** NO

**AZIENDA.** Da più di vent'anni Leo Martinelli, con impegno e passione costanti, conduce la sua tenuta, 19 ettari di cui 8 a oliveto coltivato in biologico, nel quale sono messe a dimora circa 2.000 piante delle cultivar tipiche della zona, a partire dalla coratina.

**OLIVE GROVE** YES
**CULTIVAR** Frantoio, Leccino, Picholine, Nociara, Cima di Melfi, Coratina
**GROWING METHOD** Organic
**HARVEST METHOD** Mechanical
**EXTRACTION METHOD** Continuous cycle
**OIL MILL** NO
**LITRES PRODUCED** 2,000
**TABLE OLIVES** NO
**ACCOMODATIONS** NO
**RESTAURANT** NO

**OIL MAKER.** Leo Martinelli has been managing his 19-hectare estate for more than 20 years, bringing constant commitment and passion to his work. Some 2,000 olive trees (the area's local cultivars, foremost Coratina) occupy 8 hectares of organically cultivated groves.

## ETICHETTA NERA BIO

**CULTIVAR: CORATINA, FRANTOIO, PICHOLINE, CIMA DI MELFI**
**FRUTTATO/FRUITY: 6 • AMARO/BITTER: 5 • PICCANTE/SPICY: 5**
**FASCIA PREZZO/PRICE RANGE: 2**

**PROFILO AROMATICO.**
Carciofo, rucola, mela, pepe.
Maturo, persistente.

**AROMATIC PROFILE.**
Artichoke, arugula, apple, pepper.
Ripe, persistent.

# Vincenzo Marvulli

**Matera | via Dante, 9 |**
**tel. 338 6079006**

**OLIVETO PROPRIO** SÌ
**CULTIVAR** Ogliarola del Bradano, Coratina, Racioppa, Tarantina
**COLTIVAZIONE** Biologica
**RACCOLTA** Manuale
**ESTRAZIONE** Ciclo continuo
**FRANTOIO** NO
**LITRI PRODOTTI** 4.000
**OLIVE DA MENSA** NO
**OSPITALITÀ** NO
**RISTORAZIONE** NO

**AZIENDA.** Fondata nel 1960 da Vincenzo Marvulli, l'azienda è oggi gestita dal figlio Giovanni. Si producono extravergine, ma anche legumi, farro perlato, pasta bio di grano duro Senatore Cappelli e pasta bio di farro. Gli olivi sono 2.700 distribuiti su 30 ettari dei 92 totali.

**OLIVE GROVE** YES
**CULTIVAR** Ogliarola del Bradano, Coratina, Racioppa, Tarantina
**GROWING METHOD** Organic
**HARVEST METHOD** Manual
**EXTRACTION METHOD** Continuous cycle
**OIL MILL** NO
**LITRES PRODUCED** 4,000
**TABLE OLIVES** NO
**ACCOMODATIONS** NO
**RESTAURANT** NO

**OIL MAKER.** Founded in 1960 by Vincenzo Marvulli, the property is today managed by his son Giovanni. They produce extra virgin olive oil, but also pulses, pearl spelt, organic, Senatore Cappelli durum wheat pasta and organic spelt pasta. 2,700 olive trees occupy 30 of the estate's 92 hectares.

## CENZINO MONOCULTIVAR CORATINA BIO

**CULTIVAR: CORATINA**
**FRUTTATO/FRUITY: 7 • AMARO/BITTER: 7 • PICCANTE/SPICY: 7**
**FASCIA PREZZO/PRICE RANGE: 2**

**PROFILO AROMATICO.**
Erba, ortica, rucola, mandorla, pepe, balsamico. Verde, persistente.

**AROMATIC PROFILE.**
Grass, nettle, arugula, almond, pepper, balsamic. Green, persistent.

## CENZINO MONOCULTIVAR OGLIAROLA DEL BRADANO BIO

**CULTIVAR: OGLIAROLA DEL BRADANO**
**FRUTTATO/FRUITY: 6 • AMARO/BITTER: 6 • PICCANTE/SPICY: 7**
**FASCIA PREZZO/PRICE RANGE: 2**

**PROFILO AROMATICO.**
Erba, rucola, pinolo, pepe, balsamico. Verde, persistente.

**AROMATIC PROFILE.**
Grass, arugula, pine nut, pepper, balsamic. Green, persistent.

# Savino Montanaro

**Palazzo San Gervasio (PZ) | Zona P.A.I.P. |**
**tel. 0972 44320 | montanaro1938.com**

**OLIVETO PROPRIO** NO
**CULTIVAR** Coratina, Peranzana, Leccino
**COLTIVAZIONE** Tradizionale
**RACCOLTA** Manuale
**ESTRAZIONE** Ciclo continuo
**FRANTOIO** SÌ
**LITRI PRODOTTI** 9.000
**OLIVE DA MENSA** NO
**OSPITALITÀ** NO
**RISTORAZIONE** NO

**AZIENDA.** Dal 1938, attraverso 4 generazioni, la famiglia Montanaro - oggi Savino - è al timone di questa azienda che trasforma olive selezionate in olio extravergine d'oliva di qualità. Stesso discorso per le coltivazioni di legumi (ceci, fave, lenticchie, fagioli e via dicendo). Si organizzano degustazioni.

**OLIVE GROVE** NO
**CULTIVAR** Coratina, Peranzana, Leccino
**GROWING METHOD** Traditional
**HARVEST METHOD** Manual
**EXTRACTION METHOD** Continuous cycle
**OIL MILL** YES
**LITRES PRODUCED** 9,000
**TABLE OLIVES** NO
**ACCOMODATIONS** NO
**RESTAURANT** NO

**OIL MAKER.** The Montanaro family, today represented by Savino (the fourth-generation), have been transforming select olives into quality extra virgin oil since 1938. The same holds for legumes (chickpeas, broad beans, lentils, beans and so on). Tastings are organized as well.

## MONOCULTIVAR PERANZANA

**CULTIVAR: PERANZANA**
**FRUTTATO/FRUITY: 5 · AMARO/BITTER: 5 · PICCANTE/SPICY: 5**
**FASCIA PREZZO/PRICE RANGE: 4**

**PROFILO AROMATICO.** Carciofo, lattuga, mela, mandorla. Verde.

**AROMATIC PROFILE.** Artichoke, lettuce, apple, almond. Green.

## OLIO EXTRAVERGINE DI OLIVA

**CULTIVAR: LECCINO, CORATINA**
**FRUTTATO/FRUITY: 5 · AMARO/BITTER: 5 · PICCANTE/SPICY: 5**
**FASCIA PREZZO/PRICE RANGE: 4**

**PROFILO AROMATICO.** Carciofo, fiori, mandorla, mela. Verde.

**AROMATIC PROFILE.** Artichoke, flowers, almond, apple. Green.

## MONOCULTIVAR CORATINA

**CULTIVAR: CORATINA**
**FRUTTATO/FRUITY: 6 · AMARO/BITTER: 5 · PICCANTE/SPICY: 6**
**FASCIA PREZZO/PRICE RANGE: 4**

**PROFILO AROMATICO.** Carciofo, mela, mandorla. Maturo, persistente.

**AROMATIC PROFILE.** Artichoke, apple, almond. Ripe, persistent.

# Market Residenza I Navigli

**Acerenza (PZ) | c.da Mezzana di Bochicchio |**
**tel. 333 7476497 | raranatura.it**

**OLIVETO PROPRIO** SÌ
**CULTIVAR** Coratina, Acerenza, Ogliarola del Vulture, Peranzana
**COLTIVAZIONE** Tradizionale
**RACCOLTA** Manuale
**ESTRAZIONE** Ciclo continuo
**FRANTOIO** NO
**LITRI PRODOTTI** 3.500
**OLIVE DA MENSA** NO
**OSPITALITÀ** NO
**RISTORAZIONE** NO

**AZIENDA.** In un antico borgo a 800 metri di altezza, Simone Di Gaetano è al timone di questa azienda, nata nel 1993, che dispone di 10 ettari di oliveto in regime biodinamico dove dimorano 2.000 piante. Le drupe vengono raccolte manualmente e frante al massimo entro 6 ore.

**OLIVE GROVE** YES
**CULTIVAR** Coratina, Acerenza, Ogliarola del Vulture, Peranzana
**GROWING METHOD** Traditional
**HARVEST METHOD** Manual
**EXTRACTION METHOD** Continuous cycle
**OIL MILL** NO
**LITRES PRODUCED** 3,500
**TABLE OLIVES** NO
**ACCOMODATIONS** NO
**RESTAURANT** NO

**OIL MAKER.** Founded in 1993, Market Residenza I Navigli is based in an ancient village, at 800 metres elevation. Simone Di Gaetano leads the producer, cultivating 10 hectares of biodynamic olive groves (2,000 trees). The drupes are harvested manually and pressed within 6 hours at the most.

## ACHEROLIO MONOCULTIVAR ACERENZA

**CULTIVAR: ACERENZA**
**FRUTTATO/FRUITY: 8 • AMARO/BITTER: 6 • PICCANTE/SPICY: 7**
**FASCIA PREZZO/PRICE RANGE: 5**

**PROFILO AROMATICO.** Pomodoro, erbe aromatiche, songino, melissa, pepe, balsamico. Verde, persistente.

**AROMATIC PROFILE.** Tomato, aromatic herbs, lamb's lettuce, lemon balm, pepper, balsamic. Green, persistent.

## ASSO DI ULIVO MONOCULTIVAR OGLIAROLA DEL VULTURE

**CULTIVAR: OGLIAROLA DEL VULTURE**
**FRUTTATO/FRUITY: 7 • AMARO/BITTER: 7 • PICCANTE/SPICY: 7**
**FASCIA PREZZO/PRICE RANGE: 5**

**PROFILO AROMATICO.**
Erba, rucola, pinolo, mandorla, pepe, balsamico. Verde, persistente.

**AROMATIC PROFILE.**
Grass, arugula, pine nut, almond, pepper, balsamic. Green, persistent.

## ASSO DI ULIVO

**CULTIVAR: ACERENZA, CORATINA, OGLIAROLA**
**FRUTTATO/FRUITY: 7 • AMARO/BITTER: 5 • PICCANTE/SPICY: 7**
**FASCIA PREZZO/PRICE RANGE: 5**

**PROFILO AROMATICO.**
Pomodoro, erbe aromatiche, pepe, balsamico. Verde, persistente.

**AROMATIC PROFILE.**
Tomato, aromatic herbs, pepper, balsamic. Green, persistent.

# Frantoio Oleario F.lli Pace

**Pietragalla (PZ) | via Austria, 1 |**
**tel. 0971 644111 | oliopace.it**

**OLIVETO PROPRIO** NO
**CULTIVAR** Peranzana, Majatica, Ogliarola del Bradano, Coratina
**COLTIVAZIONE** Tradizionale / Biologica
**RACCOLTA** Manuale / Meccanica
**ESTRAZIONE** Ciclo continuo
**FRANTOIO** SÌ
**LITRI PRODOTTI** 54.800
**OLIVE DA MENSA** SÌ
**OSPITALITÀ** NO
**RISTORAZIONE** NO

**AZIENDA.** Una realtà - quella dei fratelli Canio e Rocco Pace - impegnata nella lavorazione delle olive di quattro diversi centri di raccolta regionali. Si selezionano produttori per poi molire e imbottigliare il prodotto finale. Fra le tipologie, una è realizzata seguendo il metodo Veronelli con olive denocciolate. Si producono anche sottoli e si organizzano visite guidate.

**OLIVE GROVE** NO
**CULTIVAR** Peranzana, Majatica, Ogliarola del Bradano, Coratina
**GROWING METHOD** Traditional + organic
**HARVEST METHOD** Manual + mechanical
**EXTRACTION METHOD** Continuous cycle
**OIL MILL** YES
**LITRES PRODUCED** 54,800
**TABLE OLIVES** YES
**ACCOMODATIONS** NO
**RESTAURANT** NO

**OIL MAKER.** Canio and Rocco Pace press olives sourced from four different regional collection centres. Producers are selected, and their crop is then milled and bottled. One of their oils is made following the Veronelli method (using pitted olives). Bottled vegetables are also produced. Guided tours are organised as well.

## AURUM IGP OLIO LUCANO MONOCULTIVAR CORATINA BIO

**CULTIVAR: CORATINA**
**FRUTTATO/FRUITY: 6 • AMARO/BITTER: 5 • PICCANTE/SPICY: 6**
**FASCIA PREZZO/PRICE RANGE: 4**

**PROFILO AROMATICO.** Carciofo, rucola, mela, erba, mandorla, pepe. Verde, persistente.

**AROMATIC PROFILE.** Artichoke, arugula, apple, grass, almond, pepper. Green, persistent.

**CULTIVAR PRINCIPALI/MAIN VARIETIES**
Carolea, Cassanese, Dolce di Rossano, Ottobratica
**CULTIVAR MINORI/MINOR VARIETIES**
Grossa di Gerace, Tondina, Roggianella, Sinopolese

# CALABRIA

**MANGIARE/EAT**

**L' A Gourmet Accademia**
l.go C. Colombo, 6 • Reggio Calabria
tel. 0965 312968 • laccademia.it

**Abbruzzino**
via Fiume Savuto • loc. Santo Janni • Catanzaro
tel. 0961 799008 • abbruzzino.it

**De Gustibus**
via Rimembranze, 57 • Palmi (RC) • tel. 0966 25069 • degustibuspalmi.it

**La Locanda di Alia**
via letticelli, 55 • Castrovillari (CS) • tel. 0981 46370 • locandadialia.it

**ME Restaurant**
s.da prov.le per Vibo Marina • loc. Ponte di Ferro • Pizzo (VV)
tel. 0963 534532 • merestaurant.it

**Qafiz**
loc. Calabretto, 1 • Santa Cristina d'Aspromonte (RC)
tel. 0966 878800 • qafiz.it

**COMPRARE/SHOP**

**Bottega di Casa Barbieri**
p.tta della Cattedrale, 1 • Altomonte (CS)
tel. 0981 948851 • famigliabarbieri.net

# Frantolio Acri

**Corigliano - Rossano (CS) | c.da Piragineti |**
**tel. 0983 500037 | frantolioacri.it**

**OLIVETO PROPRIO** SÌ
**CULTIVAR** Frantoio, Carolea, Dolce di Rossano, Nocellara Etnea, Coratina, Nocellara del Belìce
**COLTIVAZIONE** Tradizionale / Biologica
**RACCOLTA** Meccanica
**ESTRAZIONE** Ciclo continuo
**FRANTOIO** SÌ
**LITRI PRODOTTI** 30.000
**OLIVE DA MENSA** NO
**OSPITALITÀ** NO
**RISTORAZIONE** NO

**AZIENDA.** Giovanni Acri, coadiuvato da Piero De Simone, gestisce la tenuta (nata nel 1952) di circa 3.000 piante su 11 ettari di cui 7 in biologico. Il suo frantoio acquista in zona e lavora anche 2.000 quintali di olive. Produzione inoltre di oli aromatizzati.

**OLIVE GROVE** YES
**CULTIVAR** Frantoio, Carolea, Dolce di Rossano, Nocellara Etnea, Coratina, Nocellara del Belìce
**GROWING METHOD** Traditional + organic
**HARVEST METHOD** Mechanical
**EXTRACTION METHOD** Continuous cycle
**OIL MILL** YES
**LITRES PRODUCED** 30,000
**TABLE OLIVES** NO
**ACCOMODATIONS** NO
**RESTAURANT** NO

**OIL MAKER.** Founded in 1952, Frantolio Acri is managed by Giovanni Acri (who also relies on the support of Piero De Simone). 11 hectares host about 3,000 trees. The mill also presses about 200,000 kilos of olives sourced locally. Flavor-infused oils are also produced.

## VIVACE MONOCULTIVAR NOCELLARA DEL BELÌCE

**CULTIVAR: NOCELLARA DEL BELÌCE**
**FRUTTATO/FRUITY: 7 • AMARO/BITTER: 3 • PICCANTE/SPICY: 4**
**FASCIA PREZZO/PRICE RANGE: 2**

**PROFILO AROMATICO.**
Pomodoro, erbe aromatiche, mela, balsamico. Verde.

**AROMATIC PROFILE.**
Tomato, aromatic herbs, apple, balsamic. Green.

## VIGOROSO MONOCULTIVAR CORATINA

**CULTIVAR: CORATINA**
**FRUTTATO/FRUITY: 3 • AMARO/BITTER: 3 • PICCANTE/SPICY: 4**
**FASCIA PREZZO/PRICE RANGE: 2**

**PROFILO AROMATICO.**
Carciofo, mela, mandorla. Verde.

**AROMATIC PROFILE.**
Artichoke, apple, almond. Green.

## VELLUTATO

**CULTIVAR: CAROLEA, DOLCE DI ROSSANO**
**FRUTTATO/FRUITY: 5 • AMARO/BITTER: 4 • PICCANTE/SPICY: 5**
**FASCIA PREZZO/PRICE RANGE: 2**

**PROFILO AROMATICO.**
Fiori, mela, mandorla. Verde.

**AROMATIC PROFILE.**
Flowers, apple, almond. Green.

# Bruno Alifraco

**Laureana di Borrello (RC) | c.da Brisi | fraz. Bellantone |**
**tel. 338 4390347 | alifraco.it**

**OLIVETO PROPRIO** SÌ
**CULTIVAR** Tombarello, Ottobratica, Ciciarello
**COLTIVAZIONE** Tradizionale
**RACCOLTA** Meccanica
**ESTRAZIONE** Ciclo continuo
**FRANTOIO** NO
**LITRI PRODOTTI** 10.000
**OLIVE DA MENSA** NO
**OSPITALITÀ** NO
**RISTORAZIONE** NO

**AZIENDA.** Nel territorio di Laureana di Borrello nasce nel 2018 l'azienda di Bruno Alifraco. La proprietà si sviluppa su 17 ettari di cui 7 dedicati all'oliveto di 650 alberi di tipiche varietà autoctone. Si effettua vendita online.

**OLIVE GROVE** YES
**CULTIVAR** Tombarello, Ottobratica, Ciciarello
**GROWING METHOD** Traditional
**HARVEST METHOD** Mechanical
**EXTRACTION METHOD** Continuous cycle
**OIL MILL** NO
**LITRES PRODUCED** 10,000
**TABLE OLIVES** NO
**ACCOMODATIONS** NO
**RESTAURANT** NO

**OIL MAKER.** Bruno Alifraco's estate was founded in Laureana di Borrello, in 2018. The property unfolds across 17 hectares, 7 ha of which host about 650 olive trees (the area's native varieties). Products are also sold online.

## GOCCIA ORO MONOCULTIVAR OTTOBRATICA

**CULTIVAR: OTTOBRATICA**
**FRUTTATO/FRUITY: 5 • AMARO/BITTER: 4 • PICCANTE/SPICY: 5**
**FASCIA PREZZO/PRICE RANGE: 4**

**PROFILO AROMATICO.**
Carciofo, mela, mandorla. Maturo.

**AROMATIC PROFILE.**
Artichoke, apple, almond. Ripe.

## GOCCIA VERDE MONOCULTIVAR CICIARELLO

**CULTIVAR: CICIARELLO**
**FRUTTATO/FRUITY: 4 • AMARO/BITTER: 4 • PICCANTE/SPICY: 5**
**FASCIA PREZZO/PRICE RANGE: 4**

**PROFILO AROMATICO.**
Mela, mandorla, pepe. Maturo.

**AROMATIC PROFILE.**
Apple, almond, pepper. Ripe.

# Frantoio Converso

**Corigliano - Rossano (CS) | c.da San Paolo (via N. Mazzei) | loc. Area Urbana Rossano | tel. 0983 031656 | frantoioconverso.com**

**OLIVETO PROPRIO** SÌ
**CULTIVAR** Dolce di Rossano, Coratina, Carolea
**COLTIVAZIONE** Tradizionale / Biologica
**RACCOLTA** Manuale / Meccanica
**ESTRAZIONE** Ciclo continuo
**FRANTOIO** SÌ
**LITRI PRODOTTI** 70.000
**OLIVE DA MENSA** NO
**OSPITALITÀ** NO
**RISTORAZIONE** SÌ

**AZIENDA.** Quella di Guglielmo Converso è una bella e moderna azienda situata tra le colline presilane e la costa, in un territorio vocato alla produzione di olio d'oliva extravergine. La proprietà comprende 47 ettari con 13mila alberi. Si commercializzano anche cosmetici a base di olio.

**OLIVE GROVE** YES
**CULTIVAR** Dolce di Rossano, Coratina, Carolea
**GROWING METHOD** Traditional + organic
**HARVEST METHOD** Manual+mechanical
**EXTRACTION METHOD** Continuous cycle
**OIL MILL** YES
**LITRES PRODUCED** 70,000
**TABLE OLIVES** NO
**ACCOMODATIONS** NO
**RESTAURANT** YES

**OIL MAKER.** Guglielmo Converso's Frantoio Converso is a nice, modern oil mill based in an area set between the Presila hills and the coast (a territory particularly well suited to the production of EVOO). The estate comprises 47 hectares of groves (13,000 trees). Natural, oil-based cosmetics are also sold.

## HARMONIA BIO

**CULTIVAR: CORATINA, CAROLEA**
**FRUTTATO/FRUITY: 5 • AMARO/BITTER: 5 • PICCANTE/SPICY: 5**
**FASCIA PREZZO/PRICE RANGE: 4**

**PROFILO AROMATICO.**
Pomodoro, fiori, mela, erba, mandorla. Verde, persistente.

**AROMATIC PROFILE.**
Tomato, flowers, apple, grass, almond. Green, persistent.

## SAECULARIS MONOCULTIVAR DOLCE DI ROSSANO BIO

**CULTIVAR: DOLCE DI ROSSANO**
**FRUTTATO/FRUITY: 5 • AMARO/BITTER: 4 • PICCANTE/SPICY: 4**
**FASCIA PREZZO/PRICE RANGE: 3**

**PROFILO AROMATICO.**
Mela, mandorla, scorza di limone. Verde.

**AROMATIC PROFILE.**
Apple, almond, lemon zest. Green.

## SELIGERE MONOCULTIVAR CAROLEA BIO

**CULTIVAR: CAROLEA**
**FRUTTATO/FRUITY: 4 • AMARO/BITTER: 3 • PICCANTE/SPICY: 4**
**FASCIA PREZZO/PRICE RANGE: 3**

**PROFILO AROMATICO.**
Fiori, mela, mandorla. Maturo.

**AROMATIC PROFILE.**
Flowers, apple, almond. Ripe.

# Tenute Cristiano

Lamezia Terme (CZ) | c.da Angillito |
tel. 338 6264205 | tenutecristiano.com

**OLIVETO PROPRIO** SÌ
**CULTIVAR** Carolea, Coratina, Nocellara Messinese
**COLTIVAZIONE** Biologica
**RACCOLTA** Manuale / Meccanica
**ESTRAZIONE** Ciclo continuo
**FRANTOIO** NO
**LITRI PRODOTTI** 50.000
**OLIVE DA MENSA** NO
**OSPITALITÀ** NO
**RISTORAZIONE** NO

**AZIENDA.** La famiglia Cristiano gestisce questa tenuta dal 1919 e ancora oggi, grazie all'esperienza di Antonio, punta a valorizzare la Carolea, varietà regina di questi luoghi. L'oliveto di 37 ettari è seguito dall'esperto Antonio Lauro. Un brand ben presente oltreconfine grazie alla passione di Isabella Cristiano.

**OLIVE GROVE** YES
**CULTIVAR** Carolea, Coratina, Nocellara Messinese
**GROWING METHOD** Organic
**HARVEST METHOD** Manual + mechanical
**EXTRACTION METHOD** Continuous cycle
**OIL MILL** NO
**LITRES PRODUCED** 50,000
**TABLE OLIVES** NO
**ACCOMODATIONS** NO
**RESTAURANT** NO

**OIL MAKER.** The Cristiano family have been managing this estate since 1919. And thanks in part to Antonio's experience, they continue to and promote the area's main olive cultivar, Carolea. 37-hectare olive grove is managed by Antonio Lauro. The brand has also established a presence abroad thanks to Isabella Cristiano.

## MONOCULTIVAR CAROLEA BIO

**CULTIVAR: CAROLEA**
**FRUTTATO/FRUITY: 5 • AMARO/BITTER: 5 • PICCANTE/SPICY: 5**
**FASCIA PREZZO/PRICE RANGE: 5**

**PROFILO AROMATICO.**
Rucola, mela, mandorla, pepe, balsamico. Verde, persistente.

**AROMATIC PROFILE.**
Arugula, apple, almond, pepper, balsamic. Green, persistent.

## GRAND CRU

**CULTIVAR: CAROLEA, NOCELLARA MESSINESE**
**FRUTTATO/FRUITY: 4 • AMARO/BITTER: 5 • PICCANTE/SPICY: 5**
**FASCIA PREZZO/PRICE RANGE: 5**

**PROFILO AROMATICO.**
Mela, mandorla, pepe. Verde.

**AROMATIC PROFILE.**
Apple, almond, pepper. Green.

## ORGANIC BIO

**CULTIVAR: CAROLEA, CORATINA**
**FRUTTATO/FRUITY: 3 • AMARO/BITTER: 3 • PICCANTE/SPICY: 5**
**FASCIA PREZZO/PRICE RANGE: 5**

**PROFILO AROMATICO.**
Erbe aromatiche, fiori, mela, pepe. Verde.

**AROMATIC PROFILE.**
Aromatic herbs, flowers, apple, pepper. Green.

# Pasquale De Bellis

**San Demetrio Corone (CS) | c.da Macchia del Pozzo | tel. 0984 956009 | oliodebellis.it**

**OLIVETO PROPRIO** SÌ
**CULTIVAR** Dolce di Rossano, Tondina, Carolea, Frantoio, Biancolilla, Nocellara Messinese, Nocellara del Belìce
**COLTIVAZIONE** Biologica
**RACCOLTA** Meccanica
**ESTRAZIONE** Ciclo continuo
**FRANTOIO** NO
**LITRI PRODOTTI** 6.000
**OLIVE DA MENSA** SÌ
**OSPITALITÀ** NO
**RISTORAZIONE** NO

**AZIENDA.** Quella della famiglia De Bellis è una tradizione di lungo corso cominciata nel 1882. Oggi Pasquale gestisce questa realtà di 85 ettari sulle colline che si affacciano sulla piana di Sibari. Oltre agli 8.000 olivi, disposti su una cinquantina di ettari, qui si producono frumento e sottoli.

**OLIVE GROVE** YES
**CULTIVAR** Dolce di Rossano, Tondina, Carolea, Frantoio, Biancolilla, Nocellara Messinese, Nocellara del Belìce
**GROWING METHOD** Organic
**HARVEST METHOD** Mechanical
**EXTRACTION METHOD** Continuous cycle
**OIL MILL** NO
**LITRES PRODUCED** 6,000
**TABLE OLIVES** YES
**ACCOMODATIONS** NO
**RESTAURANT** NO

**OIL MAKER.** The De Bellis family have deep roots in agriculture that go all the way back to 1882. Today Pasquale manages this 85-hectare estate on the hills overlooking the Sibari plains. In addition to cultivating 8,000 olive trees, spread out over 50 hectares, they produce wheat and bottled vegetables.

## OLIO EXTRAVERGINE DI OLIVA BIO

**CULTIVAR: DOLCE DI ROSSANO, BIANCOLILLA, CAROLEA, TONDINA**
**FRUTTATO/FRUITY: 5 • AMARO/BITTER: 4 • PICCANTE/SPICY: 5**
**FASCIA PREZZO/PRICE RANGE: 2**

**PROFILO AROMATICO.**
Carciofo, mela, mandorla, pepe. Verde.

**AROMATIC PROFILE.**
Artichoke, apple, almond, pepper. Green.

# De Luca

Lamezia Terme (CZ) | via Zara, 44 |
tel. 389 5852741 | oliodiolivaitaly.com

**OLIVETO PROPRIO** SÌ
**CULTIVAR** Carolea
**COLTIVAZIONE** Tradizionale
**RACCOLTA** Manuale / Meccanica
**ESTRAZIONE** Ciclo continuo
**FRANTOIO** NO
**LITRI PRODOTTI** 9.000
**OLIVE DA MENSA** NO
**OSPITALITÀ** NO
**RISTORAZIONE** NO

**AZIENDA.** Nel cuore della piana lametina trova il suo spazio l'azienda della famiglia De Luca, una realtà olivicola tutta dedicata alla produzione di olive della varietà autoctona Carolea. La proprietà si estende su 4 ettari dove dimorano 900 olivi.

**OLIVE GROVE** YES
**CULTIVAR** Carolea
**GROWING METHOD** Traditional
**HARVEST METHOD** Manual + mechanical
**EXTRACTION METHOD** Continuous cycle
**OIL MILL** NO
**LITRES PRODUCED** 9,000
**TABLE OLIVES** NO
**ACCOMODATIONS** NO
**RESTAURANT** NO

**OIL MAKER.** The De Luca family's estate, which is dedicated entirely to the native Carolea olive, lies in the heart of the Lamezia plains. 4-plus hectares are home to about 900 trees.

## DOP LAMETIA MONOCULTIVAR CAROLEA

**CULTIVAR: CAROLEA**
**FRUTTATO/FRUITY: 3 • AMARO/BITTER: 3 • PICCANTE/SPICY: 4**
**FASCIA PREZZO/PRICE RANGE: 5**

**PROFILO AROMATICO.**
Pomodoro, fiori, mela. Verde.

**AROMATIC PROFILE.**
Tomato, flowers, apple. Green.

# Frantoio Dianto

**Feroleto Antico (CZ) | c.da Regolizia, 18 |**
**tel. 0968 32515 | oliodianto.com**

**OLIVETO PROPRIO** SÌ
**CULTIVAR** Carolea
**COLTIVAZIONE** Tradizionale
**RACCOLTA** Meccanica
**ESTRAZIONE** Ciclo continuo
**FRANTOIO** SÌ
**LITRI PRODOTTI** 50.000
**OLIVE DA MENSA** SÌ
**OSPITALITÀ** NO
**RISTORAZIONE** NO

**AZIENDA.** Una storia di lungo corso quella della famiglia Fazio, iniziata nel 1934 e ancora oggi attiva grazie alla quarta generazione che ha deciso di continuare questo lavoro con immutata passione. La proprietà si sviluppa su una cinquantina di ettari che ospitano 10mila olivi della tipica varietà autoctona di questa zona.

**OLIVE GROVE** YES
**CULTIVAR** Carolea
**GROWING METHOD** Traditional
**HARVEST METHOD** Mechanical
**EXTRACTION METHOD** Continuous cycle
**OIL MILL** YES
**LITRES PRODUCED** 50,000
**TABLE OLIVES** YES
**ACCOMODATIONS** NO
**RESTAURANT** NO

**OIL MAKER.** The Fazio family have deep roots in agriculture that stretch all the way back to 1934. The business is still active today thanks to the 4th generation of family, who continue the family tradition with the same passion as their ancestors. The 50-hectare property is home to about 10,000 trees, the area's native olive cultivars.

## SANTU MAURO LAMETIA MONOCULTIVAR CAROLEA

**CULTIVAR: CAROLEA**
**FRUTTATO/FRUITY: 5 • AMARO/BITTER: 4 • PICCANTE/SPICY: 5**
**FASCIA PREZZO/PRICE RANGE: 4**

**PROFILO AROMATICO.**
Carciofo, mandorla, pepe, balsamico. Verde.

**AROMATIC PROFILE.**
Artichoke, almond, pepper, balsamic. Green.

## 9-BRE (NOVEMBRE) MONOCULTIVAR CAROLEA

**CULTIVAR: CAROLEA**
**FRUTTATO/FRUITY: 5 • AMARO/BITTER: 4 • PICCANTE/SPICY: 4**
**FASCIA PREZZO/PRICE RANGE: 3**

**PROFILO AROMATICO.**
Mela, mandorla, balsamico. Verde.

**AROMATIC PROFILE.**
Apple, almond, balsamic. Green.

## 8-BRE (OTTOBRE) MONOCULTIVAR CAROLEA

**CULTIVAR: CAROLEA**
**FRUTTATO/FRUITY: 4 • AMARO/BITTER: 4 • PICCANTE/SPICY: 4**
**FASCIA PREZZO/PRICE RANGE: 3**

**PROFILO AROMATICO.**
Carciofo, mela, mandorla. Maturo.

**AROMATIC PROFILE.**
Artichoke, apple, almond. Ripe.

# Sorelle Garzo

Seminara (RC) | via Fontana Santa Maria |
tel. 0966 317478 | oliodolciterre.it

**OLIVETO PROPRIO** SÌ
**CULTIVAR** Ottobratica, Sinopolese, Roggianella
**COLTIVAZIONE** In conversione
**RACCOLTA** Meccanica
**ESTRAZIONE** Ciclo continuo
**FRANTOIO** SÌ
**LITRI PRODOTTI** 20.000
**OLIVE DA MENSA** NO
**OSPITALITÀ** NO
**RISTORAZIONE** NO

**AZIENDA.** Pietro Garzo fondò questa realtà olivicola nel 1965 quando cominciò a coltivare l'oliveto dei genitori e acquistò un frantoio con macine in pietra. Oggi sono le figlie Consuelo, Alessia e Maria Rosa a gestire con successo i 40 ettari di oliveto, situati nella parte meridionale della piana di Gioia Tauro, e il frantoio di ultima generazione.

**OLIVE GROVE** YES
**CULTIVAR** Ottobratica, Sinopolese, Roggianella
**GROWING METHOD** Being converted
**HARVEST METHOD** Mechanical
**EXTRACTION METHOD** Continuous cycle
**OIL MILL** YES
**LITRES PRODUCED** 20,000
**TABLE OLIVES** NO
**ACCOMODATIONS** NO
**RESTAURANT** NO

**OIL MAKER.** Pietro Garzo founded this oil produce in 1965, when he began cultivating his parents' olive grove and bought an oil mill with stone grinders. Today his daughters Consuelo, Alessia and Maria Rosa successfully manage the property's 40 hectares, situated in the southern part of the Gioia Tauro plains, and cutting-edge oil mill.

## DOLCITERRE ROSI

**CULTIVAR: ROGGIANELLA, SINOPOLESE**
**FRUTTATO/FRUITY: 7 • AMARO/BITTER: 5 • PICCANTE/SPICY: 5**
**FASCIA PREZZO/PRICE RANGE: 5**

**PROFILO AROMATICO.**
Pomodoro, rucola, erbe aromatiche, mela, erba. Verde, persistente.

**AROMATIC PROFILE.**
Tomato, arugula, aromatic herbs, apple, grass. Green, persistent.

## DOLCITERRE MONOCULTIVAR OTTOBRATICA

**CULTIVAR: OTTOBRATICA**
**FRUTTATO/FRUITY: 6 • AMARO/BITTER: 6 • PICCANTE/SPICY: 6**
**FASCIA PREZZO/PRICE RANGE: 4**

**PROFILO AROMATICO.**
Rucola, ortica, erba, balsamico. Verde, persistente.

**AROMATIC PROFILE.**
Arugula, nettle, grass, balsamic. Green, persistent.

# Olearia Geraci

**Corigliano - Rossano (CS) | c.da Irpietro |**
**tel. 0983 891835 | geracitalia.com**

**OLIVETO PROPRIO** SÌ
**CULTIVAR** Frantoio, Coratina, Leccino, Nocellara Messinese, Dolce di Rossano, Nocellara del Belìce
**COLTIVAZIONE** Tradizionale / Biologica
**RACCOLTA** Manuale
**ESTRAZIONE** Ciclo continuo
**FRANTOIO** SÌ
**LITRI PRODOTTI** 125.000
**OLIVE DA MENSA** NO
**OSPITALITÀ** SÌ
**RISTORAZIONE** NO

**AZIENDA.** Nella piana di Sibari trova il suo spazio l'azienda della famiglia Geraci fondata dal nonno Giuseppe nel 1935. Oggi la proprietà si sviluppa su una quarantina di ettari dove dimorano 18mila olivi. Si producono, inoltre, agrumi, melograni e cosmetici.

**OLIVE GROVE** YES
**CULTIVAR** Frantoio, Coratina, Leccino, Nocellara Messinese, Dolce di Rossano, Nocellara del Belìce
**GROWING METHOD** Traditional + organic
**HARVEST METHOD** Manual
**EXTRACTION METHOD** Continuous cycle
**OIL MILL** YES
**LITRES PRODUCED** 125,000
**TABLE OLIVES** NO
**ACCOMODATIONS** YES
**RESTAURANT** NO

**OIL MAKER.** Founded in 1935 by grandfather Giuseppe, the Geraci family's estate is situated in the Sibari plains. Today the 40-hectare property is home to some 18,000 olive trees. Citrus fruits and pomegranates are produced. Cosmetics are sold as well.

## CORBIÒ BIO

**CULTIVAR: NOCELLARA DEL BELÌCE, NOCELLARA MESSINESE**
**FRUTTATO/FRUITY: 4 • AMARO/BITTER: 4 • PICCANTE/SPICY: 4**
**FASCIA PREZZO/PRICE RANGE: 4**

**PROFILO AROMATICO.** Carciofo, fiori, mela, mandorla. Verde.

**AROMATIC PROFILE.** Artichoke, flowers, apple, almond. Green.

## DOP BRUZIO MONOCULTIVAR DOLCE DI ROSSANO

**CULTIVAR: DOLCE DI ROSSANO**
**FRUTTATO/FRUITY: 5 • AMARO/BITTER: 4 • PICCANTE/SPICY: 4**
**FASCIA PREZZO/PRICE RANGE: 4**

**PROFILO AROMATICO.** Pomodoro, mela, erba. Verde.

**AROMATIC PROFILE.** Tomato, apple, grass. Green.

## ORO DOLCE

**CULTIVAR: NOCELLARA MESSINESE, CORATINA**
**FRUTTATO/FRUITY: 5 • AMARO/BITTER: 4 • PICCANTE/SPICY: 5**
**FASCIA PREZZO/PRICE RANGE: 2**

**PROFILO AROMATICO.** Pomodoro, mela. Verde.

**AROMATIC PROFILE.** Tomato, apple. Green.

# Ferdinando Giacco

Taurianova (RC) | c.so Europa, 81 | fraz. Amato |
tel. 328 0652983 | oliogiacco.it

**OLIVETO PROPRIO** SÌ
**CULTIVAR** Ottobratica, Sinopolese, Tonda di Filogaso
**COLTIVAZIONE** Tradizionale / Biologica
**RACCOLTA** Meccanica
**ESTRAZIONE** Ciclo continuo
**FRANTOIO** SÌ
**LITRI PRODOTTI** 20.000
**OLIVE DA MENSA** NO
**OSPITALITÀ** NO
**RISTORAZIONE** NO

**AZIENDA.** In una zona dolcemente collinare della Piana di Gioia Tauro, a circa 150 metri di altitudine, si trova questa azienda nata un'ottantina di anni fa per volere di Giuseppe Giacco. Oggi è Ferdinando a portare avanti l'attività con la gestione dell'oliveto di 3.000 alberi.

**OLIVE GROVE** YES
**CULTIVAR** Ottobratica, Sinopolese, Tonda di Filogaso
**GROWING METHOD** Traditional + organic
**HARVEST METHOD** Mechanical
**EXTRACTION METHOD** Continuous cycle
**OIL MILL** YES
**LITRES PRODUCED** 20,000
**TABLE OLIVES** NO
**ACCOMODATIONS** NO
**RESTAURANT** NO

**OIL MAKER.** Founded 80 years ago at the behest of Giuseppe Giacco, Oleificio Giacco is based in the gentle hills of Piana di Gioia Tauro, at about 150 meters elevation. Today Ferdinando carries on the business, cultivating 3,000 olive trees.

## OLIO EXTRAVERGINE DI OLIVA BIO

**CULTIVAR: TONDA DI FILOGASO, OTTOBRATICA, SINOPOLESE**
**FRUTTATO/FRUITY: 6 • AMARO/BITTER: 6 • PICCANTE/SPICY: 6**
**FASCIA PREZZO/PRICE RANGE: 2**

**PROFILO AROMATICO.**
Carciofo, mela, mandorla, balsamico. Verde, persistente.

**AROMATIC PROFILE.**
Artichoke, apple, almond, balsamic. Green, persistent.

## OLIO EXTRAVERGINE DI OLIVA

**CULTIVAR: OTTOBRATICA, SINOPOLESE**
**FRUTTATO/FRUITY: 6 • AMARO/BITTER: 4 • PICCANTE/SPICY: 5**
**FASCIA PREZZO/PRICE RANGE: 2**

**PROFILO AROMATICO.**
Mela, erba, mandorla, balsamico. Verde.

**AROMATIC PROFILE.**
Apple, grass, almond, balsamic. Green.

# F.lli Girimonti

**Scandale (KR) | via Sant'Antonio, 100 |**
**tel. 338 5482579 | fratelligirimonti.com**

**OLIVETO PROPRIO** SÌ
**CULTIVAR** Nocellara Messinese, Borgese, Carolea, Nocellara del Belìce
**COLTIVAZIONE** Tradizionale / Biologica
**RACCOLTA** Manuale
**ESTRAZIONE** Ciclo continuo
**FRANTOIO** NO
**LITRI PRODOTTI** 3.500
**OLIVE DA MENSA** NO
**OSPITALITÀ** NO
**RISTORAZIONE** NO

**AZIENDA.** Giuseppe e Antonio Girimonti gestiscono l'azienda di famiglia nata oltre 70 anni fa. Su 20 ettari di oliveto (14 bio e 6 in conversione) vivono 2.000 piante. L'azienda acquista e lavora in frantoi locali anche olive della zona e produce origano.

**OLIVE GROVE** YES
**CULTIVAR** Nocellara Messinese, Borgese, Carolea, Nocellara del Belìce
**GROWING METHOD** Traditional + organic
**HARVEST METHOD** Manual
**EXTRACTION METHOD** Continuous cycle
**OIL MILL** NO
**LITRES PRODUCED** 3,500
**TABLE OLIVES** NO
**ACCOMODATIONS** NO
**RESTAURANT** NO

**OIL MAKER.** Giuseppe and Antonio Girimonti manage the business founded by their family more than 70 years ago. 2,000 trees occupy 20 hectares of olive groves (14 organic and 6 in the process of being converted). F.lli Girimonti also buys olives and presses them in local mills. Oregano is also produced.

## LEONIA BIO

**CULTIVAR: CAROLEA, BORGESE, NOCELLARA**
**FRUTTATO/FRUITY: 4 • AMARO/BITTER: 4 • PICCANTE/SPICY: 4**
**FASCIA PREZZO/PRICE RANGE: 2**

**PROFILO AROMATICO.**
Carciofo, mela, mandorla. Maturo.

**AROMATIC PROFILE.**
Artichoke, apple, almond. Ripe.

# Pasquale Labonia

**Caloveto (CS) | c.da Serra |**
**tel. 328 3721261 | tenutalabonia.it**

**OLIVETO PROPRIO** SÌ
**CULTIVAR** Carolea, Coratina, Dolce di Rossano, Nocellara
**COLTIVAZIONE** Tradizionale / Biologica
**RACCOLTA** Manuale / Meccanica
**ESTRAZIONE** Ciclo continuo
**FRANTOIO** SÌ
**LITRI PRODOTTI** 7.000
**OLIVE DA MENSA** SÌ
**OSPITALITÀ** SÌ
**RISTORAZIONE** SÌ

**AZIENDA.** Pasquale Labonia gestisce il frantoio e 5.800 piante ospitate nei 15 ettari di oliveto per metà bio e metà in conversione. In particolare, l'azienda è molto attiva nella valorizzazione della tradizionale cultivar Dolce di Rossano. Produzione anche di conserve e olive da mensa.

**OLIVE GROVE** YES
**CULTIVAR** Carolea, Coratina, Dolce di Rossano, Nocellara
**GROWING METHOD** Traditional + organic
**HARVEST METHOD** Manual + mechanical
**EXTRACTION METHOD** Continuous cycle
**OIL MILL** YES
**LITRES PRODUCED** 7,000
**TABLE OLIVES** YES
**ACCOMODATIONS** YES
**RESTAURANT** YES

**OIL MAKER.** Pasquale Labonia manages the oil mill and the property's 5,800 olive trees (15 hectares, half organic and half in the process of being converted). In particular, the producer actively promotes the area's traditional "Dolce di Rossano" olive. Preserves and table olives are also produced.

## IL TRADIZIONALE MONOCULTIVAR DOLCE DI ROSSANO

**CULTIVAR: DOLCE DI ROSSANO**
**FRUTTATO/FRUITY: 5 • AMARO/BITTER: 4 • PICCANTE/SPICY: 5**
**FASCIA PREZZO/PRICE RANGE: 4**

**PROFILO AROMATICO.**
Rucola, fiori, mela, erba. Verde.

**AROMATIC PROFILE.**
Arugula, flowers, apple, grass. Green.

# ★ Tenute Librandi Pasquale

**Vaccarizzo Albanese (CS) | via Marina, 23 |**
**tel. 0983 84068 | oliolibrandi.it**

**OLIVETO PROPRIO** SÌ
**CULTIVAR** Nocellara Messinese, Nocellara Etnea, Carolea, Nocellara del Belìce, Dolce di Rossano, Frantoio, Leccino, Giarraffa
**COLTIVAZIONE** Biologica
**RACCOLTA** Manuale / Meccanica
**ESTRAZIONE** Ciclo continuo
**FRANTOIO** SÌ
**LITRI PRODOTTI** 80.000
**OLIVE DA MENSA** NO
**OSPITALITÀ** SÌ
**RISTORAZIONE** SÌ

**AZIENDA.** A ridosso del versante settentrionale dell'altipiano della Sila Greca si trova la proprietà della famiglia Librandi oggi gestita dai fratelli Michele, Carmela, Angela, Lucia e Pino. Un'eccellenza dell'olivicoltura calabrese che da oltre mezzo secolo ci abitua a oli che stupiscono in ogni annata. Ben 153 gli ettari di oliveto e circa 30mila piante di varietà autoctone e non solo.

**OLIVE GROVE** YES
**CULTIVAR** Nocellara Messinese, Nocellara Etnea, Carolea, Nocellara del Belìce, Dolce di Rossano, Frantoio, Leccino, Giarraffa
**GROWING METHOD** Organic
**HARVEST METHOD** Manual + mechanical
**EXTRACTION METHOD** Continuous cycle
**OIL MILL** YES
**LITRES PRODUCED** 80,000
**TABLE OLIVES** NO
**ACCOMODATIONS** YES
**RESTAURANT** YES

**OIL MAKER.** The Librandi family's Tenute Librandi Pasquale, today managed by siblings Michele, Carmela, Angela, Lucia and Pino, lies near the northern slope of the Sila Greca plateau. One of Calabria's most prominent producers, for over half a century they've accustomed us to oils that amaze year in, year out. Some 153 hectares host 30,000 trees (native olive cultivars and more).

## MONOCULTIVAR CAROLEA BIO

**CULTIVAR: CAROLEA**
**FRUTTATO/FRUITY: 6 • AMARO/BITTER: 4 • PICCANTE/SPICY: 5**
**FASCIA PREZZO/PRICE RANGE: 5**

**PROFILO AROMATICO.**
Pomodoro, rucola, erba, pepe, balsamico. Verde, persistente.

**AROMATIC PROFILE.**
Tomato, arugula, grass, pepper, balsamic. Green, persistent.

## MONOCULTIVAR NOCELLARA DEL BELÌCE BIO

**CULTIVAR: NOCELLARA DEL BELÌCE**
**FRUTTATO/FRUITY: 6 • AMARO/BITTER: 4 • PICCANTE/SPICY: 5**
**FASCIA PREZZO/PRICE RANGE: 5**

**PROFILO AROMATICO.**
Pomodoro, erbe aromatiche, mela. Verde.

**AROMATIC PROFILE.**
Tomato, aromatic herbs, apple. Green.

# Minniti

**Reggio Calabria | via Arangea, 126 |**
**tel. 347 9120315 | oliominniti.it**

**OLIVETO PROPRIO** SÌ
**CULTIVAR** Carolea
**COLTIVAZIONE** Tradizionale
**RACCOLTA** Meccanica
**ESTRAZIONE** Ciclo continuo
**FRANTOIO** NO
**LITRI PRODOTTI** 2.500
**OLIVE DA MENSA** NO
**OSPITALITÀ** NO
**RISTORAZIONE** NO

**AZIENDA.** La passione per questo lavoro Ismaele Minniti l'ha ereditata dal nonno Domenico quando da piccolo lo aiutava nell'oliveto di famiglia. Grazie a lui ha deciso di puntare tutto sulla valorizzazione della Carolea, varietà autoctona calabrese, che qui caratterizza l'oliveto con 600 alberi.

**OLIVE GROVE** YES
**CULTIVAR** Carolea
**GROWING METHOD** Traditional
**HARVEST METHOD** Mechanical
**EXTRACTION METHOD** Continuous cycle
**OIL MILL** NO
**LITRES PRODUCED** 2,500
**TABLE OLIVES** NO
**ACCOMODATIONS** NO
**RESTAURANT** NO

**OIL MAKER.** Ismaele Minniti inherited a passion for his work as a child, while working in the family olive grove with his grandfather Domenico. It was the latter who inspired Ismaele to go all in on the Carolea olive, a native Calabrian variety that dominates his 600-tree grove.

## MONOCULTIVAR CAROLEA

**CULTIVAR: CAROLEA**
**FRUTTATO/FRUITY: 4 • AMARO/BITTER: 4 • PICCANTE/SPICY: 5**
**FASCIA PREZZO/PRICE RANGE: 2**

**PROFILO AROMATICO.**
Fiori, mela, mandorla. Verde.

**AROMATIC PROFILE.**
Flowers, apple, almond. Green.

# Angelo Oliverio

**San Giovanni in Fiore (CS) | via Maruzza, 1 |**
**tel. 333 8342935 | jannia.it**

**OLIVETO PROPRIO** SÌ
**CULTIVAR** Pennulara, Ottobratica, Carolea
**COLTIVAZIONE** Tradizionale
**RACCOLTA** Manuale
**ESTRAZIONE** Ciclo continuo
**FRANTOIO** NO
**LITRI PRODOTTI** 1.000
**OLIVE DA MENSA** NO
**OSPITALITÀ** NO
**RISTORAZIONE** NO

**AZIENDA.** L'avventura di Angelo e Francesca Oliverio nasce tre anni fa dal desiderio di recupero di un oliveto secolare di famiglia situato nell'area della pre-Sila. La proprietà si sviluppa su 5 ettari dove sono ospitati 500 olivi molti dei quali della varietà autoctona Pennulara risalente all'anno 1000 quando venne impiantata dai monaci Basiliani.

**OLIVE GROVE** YES
**CULTIVAR** Pennulara, Ottobratica, Carolea
**GROWING METHOD** Traditional
**HARVEST METHOD** Manual
**EXTRACTION METHOD** Continuous cycle
**OIL MILL** NO
**LITRES PRODUCED** 1,000
**TABLE OLIVES** NO
**ACCOMODATIONS** NO
**RESTAURANT** NO

**OIL MAKER.** Angelo and Francesca Oliverio launched their project three years ago, inspired by a desire to revive their family's centuries-old olive groves in the Presila region. The 5-hectare property is home to about 500 olive trees, many of which are the native Pennulara variety, whose origins date back to the year 1000, when it was first planted by Basilian monks.

## JANNIA BLEND

**CULTIVAR: OTTOBRATICA, CARBONA, PENNULARA**
**FRUTTATO/FRUITY: 5 • AMARO/BITTER: 3 • PICCANTE/SPICY: 4**
**FASCIA PREZZO/PRICE RANGE: 4**

**PROFILO AROMATICO.**
Carciofo, fiori, mela, mandorla. Verde.

**AROMATIC PROFILE.**
Artichoke, flowers, apple, almond. Green.

# Petronio

Lamezia Terme (CZ) | via A. Cappelli, 122 |
tel. 388 0518327

**OLIVETO PROPRIO** Sì
**CULTIVAR** Carolea, Frantoio
**COLTIVAZIONE** Biologica
**RACCOLTA** Meccanica
**ESTRAZIONE** Ciclo continuo
**FRANTOIO** NO
**LITRI PRODOTTI** 6.000
**OLIVE DA MENSA** NO
**OSPITALITÀ** NO
**RISTORAZIONE** NO

**AZIENDA.** Una storia di lungo corso caratterizza questa azienda oggi gestita da Michelangelo Notarianni. La proprietà è un'eredità del nonno - il senatore Petronio, molto noto e amato a Lametia, scomparso nel 2017 - e comprende 13 ettari di oliveto con 4.000 alberi.

**OLIVE GROVE** YES
**CULTIVAR** Carolea, Frantoio
**GROWING METHOD** Organic
**HARVEST METHOD** Mechanical
**EXTRACTION METHOD** Continuous cycle
**OIL MILL** NO
**LITRES PRODUCED** 6,000
**TABLE OLIVES** NO
**ACCOMODATIONS** NO
**RESTAURANT** NO

**OIL MAKER.** Petronio has deep roots. Michelangelo Notarianni inherited the property from his grandfather, Senator Petronio (a well-known and loved figure in Lametia, who passed away in 2017). 13 hectares of olive groves host about 4,000 trees.

## OLIO SENATORE PETRONIO DOP LAMETIA MONOCULTIVAR CAROLEA BIO

**CULTIVAR: CAROLEA**
**FRUTTATO/FRUITY: 5 • AMARO/BITTER: 5 • PICCANTE/SPICY: 5**
**FASCIA PREZZO/PRICE RANGE: 2**

**PROFILO AROMATICO.**
Carciofo, cardo, mela, mandorla, balsamico. Verde.

**AROMATIC PROFILE.**
Artichoke, cardoon, apple, almond, Balsamic. Green.

# F.lli Renzo

**Corigliano - Rossano (CS) | c.da Amica | loc. Onda |**
**tel. 328 1073552 | tenutaterrarossa.it**

**OLIVETO PROPRIO** SÌ
**CULTIVAR** Dolce di Rossano, Carolea, Frantoio, Leccino, Nocellara Messinese
**COLTIVAZIONE** Biologica
**RACCOLTA** Manuale / Meccanica
**ESTRAZIONE** Ciclo continuo
**FRANTOIO** NO
**LITRI PRODOTTI** 4.000
**OLIVE DA MENSA** NO
**OSPITALITÀ** SÌ
**RISTORAZIONE** SÌ

**AZIENDA.** Quella dei fratelli Renzo è una realtà agricola poliedrica che si sviluppa su una cinquantina di ettari dedicati ai 7.500 olivi, ma anche alla coltivazione di agrumi autoctoni in parte trasformati in confetture. Ospitalità nelle 8 camere in una struttura di fine Cinquecento con ristorante.

**OLIVE GROVE** YES
**CULTIVAR** Dolce di Rossano, Carolea, Frantoio, Leccino, Nocellara Messinese
**GROWING METHOD** Organic
**HARVEST METHOD** Manual + mechanical
**EXTRACTION METHOD** Continuous cycle
**OIL MILL** NO
**LITRES PRODUCED** 4,000
**TABLE OLIVES** NO
**ACCOMODATIONS** YES
**RESTAURANT** YES

**OIL MAKER.** The Renzo family's multifaceted farm unfolds across 50 hectares of terrain. Here you'll find 7,500 olive trees, though they also grow Liscioni lemons, oranges and clementines, a part of which are transformed into jams. A late-16th century villa hosts 8 guest rooms and a restaurant.

## /// OROLIO LIMITED EDITION

**CULTIVAR: CORATINA, DOLCE DI ROSSANO, NOCELLARA MESSINESE**
**FRUTTATO/FRUITY: 5 • AMARO/BITTER: 4 • PICCANTE/SPICY: 5**
**FASCIA PREZZO/PRICE RANGE: 5**

**PROFILO AROMATICO.**
Carciofo, cardo, ortica, mela, mandorla, pepe. Verde.

**AROMATIC PROFILE.**
Artichoke, cardoon, nettle, apple, almond, pepper. Green.

## // OROLIO MONOCULTIVAR DOLCE DI ROSSANO

**CULTIVAR: DOLCE DI ROSSANO**
**FRUTTATO/FRUITY: 6 • AMARO/BITTER: 4 • PICCANTE/SPICY: 4**
**FASCIA PREZZO/PRICE RANGE: 4**

**PROFILO AROMATICO.**
Pomodoro, erbe aromatiche, mela, pepe. Verde, persistente.

**AROMATIC PROFILE.**
Tomato, aromatic herbs, apple, pepper. Green, persistent.

## // OROLIO

**CULTIVAR: NOCELLARA MESSINESE, DOLCE DI ROSSANO**
**FRUTTATO/FRUITY: 6 • AMARO/BITTER: 3 • PICCANTE/SPICY: 4**
**FASCIA PREZZO/PRICE RANGE: 5**

**PROFILO AROMATICO.**
Pomodoro, erbe aromatiche. Verde.

**AROMATIC PROFILE.**
Tomato, aromatic herbs. Green.

# Domenico Rotella

Tiriolo (CZ) | v.le G. Mazzini, 214 |
tel. 338 2705322 | rotellaolii.com

**OLIVETO PROPRIO** SÌ
**CULTIVAR** Carolea
**COLTIVAZIONE** Biologica
**RACCOLTA** Manuale / Meccanica
**ESTRAZIONE** Ciclo continuo
**FRANTOIO** SÌ
**LITRI PRODOTTI** 2.000
**OLIVE DA MENSA** NO
**OSPITALITÀ** NO
**RISTORAZIONE** SÌ

**AZIENDA.** Una storia che ha inizio nel 1940 quando Giuseppe Michele Rotella avviò questa impresa familiare dedicandosi alla coltivazione delle olive e alla loro estrazione. Oggi Domenico Rotella e il resto della famiglia continuano, con la stessa passione, a portare avanti questa azienda che conta 7.000 olivi disposti su una novantina di ettari.

**OLIVE GROVE** YES
**CULTIVAR** Carolea
**GROWING METHOD** Organic
**HARVEST METHOD** Manual + mechanical
**EXTRACTION METHOD** Continuous cycle
**OIL MILL** YES
**LITRES PRODUCED** 2,000
**TABLE OLIVES** NO
**ACCOMODATIONS** NO
**RESTAURANT** YES

**OIL MAKER.** A producer whose origins go back to 1940, when Giuseppe Michele Rotella began cultivating olives and pressing oil. Today Domenico Rotella and the rest of the family continue the tradition with the same passion, managing 7,000 olive trees spread out over about 90 hectares.

## NONNO PEPPE MONOCULTIVAR CAROLEA BIO

**CULTIVAR: CAROLEA**
**FRUTTATO/FRUITY: 5 • AMARO/BITTER: 5 • PICCANTE/SPICY: 5**
**FASCIA PREZZO/PRICE RANGE: 4**

**PROFILO AROMATICO.**
Rucola, mela, erba, mandorla. Verde, persistente.

**AROMATIC PROFILE.**
Arugula, apple, grass, almond. Green, persistent.

# Olearia San Giorgio

**San Giorgio Morgeto (RC) | c.da Ricevuto, 18 |**
**tel. 0966 935321 | olearia.it**

**OLIVETO PROPRIO** SÌ
**CULTIVAR** Ottobratica, Sinopolese, Carolea, Roggianella, Ciciarello, Nocellara Messinese, Cassanese
**COLTIVAZIONE** Tradizionale / Biologica
**RACCOLTA** Meccanica
**ESTRAZIONE** Ciclo continuo
**FRANTOIO** SÌ
**LITRI PRODOTTI** 130.000
**OLIVE DA MENSA** SÌ
**OSPITALITÀ** NO
**RISTORAZIONE** NO

**AZIENDA.** Una realtà di riferimento nel panorama della produzione olearia di qualità, nata nel 1940 e gestita con passione dalla famiglia Fazari. L'azienda coltiva 150 ettari con 25mila olivi, tutti di varietà autoctone calabresi, all'interno del Parco Nazionale dell'Aspromonte.

**OLIVE GROVE** YES
**CULTIVAR** Ottobratica, Sinopolese, Carolea, Roggianella, Ciciarello, Nocellara Messinese, Cassanese
**GROWING METHOD** Traditional + organic
**HARVEST METHOD** Mechanical
**EXTRACTION METHOD** Continuous cycle
**OIL MILL** YES
**LITRES PRODUCED** 130,000
**TABLE OLIVES** YES
**ACCOMODATIONS** NO
**RESTAURANT** NO

**OIL MAKER.** Founded in 1940, this regional touchstone for quality oil production is managed today by the deeply committed Fazari family. 150 hectares host 25,000 olive trees, all native Calabrian varieties, in the Aspromonte National Park.

## L'OTTOBRATICO MONOCULTIVAR OTTOBRATICA

**CULTIVAR: OTTOBRATICA**
**FRUTTATO/FRUITY: 4 • AMARO/BITTER: 3 • PICCANTE/SPICY: 4**
**FASCIA PREZZO/PRICE RANGE: 2**

**PROFILO AROMATICO.**
Pomodoro, erbe aromatiche, mela, soncino, pinolo. Verde.

**AROMATIC PROFILE.**
Tomato, aromatic herbs, apple, lamb's lettuce, pine nut. Green.

## TERRE DI SAN MAURO BIO

**CULTIVAR: OTTOBRATICA, SINOPOLESE, CAROLEA, ROGGIANELLA**
**FRUTTATO/FRUITY: 5 • AMARO/BITTER: 4 • PICCANTE/SPICY: 4**
**FASCIA PREZZO/PRICE RANGE: 4**

**PROFILO AROMATICO.**
Lattuga, erbe aromatiche, mela. Verde.

**AROMATIC PROFILE.**
Lettuce, aromatic herbs, apple. Green.

## ALTANUM IGP OLIO DI CALABRIA

**CULTIVAR: OTTOBRATICA, CAROLEA, SINOPOLESE, ROGGIANELLA**
**FRUTTATO/FRUITY: 5 • AMARO/BITTER: 3 • PICCANTE/SPICY: 4**
**FASCIA PREZZO/PRICE RANGE: 3**

**PROFILO AROMATICO.**
Carciofo, mela, lattuga. Maturo.

**AROMATIC PROFILE.**
Artichoke, apple, lettuce. Ripe.

# Santa Tecla

**Cosoleto (RC) | c.da Santa Tecla, 6 |**
**tel. 340 2526312 | oliosantatecla.com**

**OLIVETO PROPRIO** SÌ
**CULTIVAR** Leccino, Sinopolese, Ottobratica, Nocellara del Belìce
**COLTIVAZIONE** Tradizionale
**RACCOLTA** Meccanica
**ESTRAZIONE** Ciclo continuo
**FRANTOIO** NO
**LITRI PRODOTTI** 15.000
**OLIVE DA MENSA** NO
**OSPITALITÀ** NO
**RISTORAZIONE** NO

**AZIENDA.** Quella di Rita Licastro è una importante realtà nel cuore dell'Aspromonte attiva dal 1995. L'appassionata titolare, dopo aver lasciato la professione di avvocatessa, ha deciso di dedicarsi alla gestione degli oliveti di famiglia e di dar vita a un'azienda che oggi conta 22 ettari di tenute dove è inserito un oliveto di 2.500 alberi. Si producono, inoltre, patè di olive, olive secche e olive in salamoia.

**OLIVE GROVE** YES
**CULTIVAR** Leccino, Sinopolese, Ottobratica, Nocellara del Belìce
**GROWING METHOD** Traditional
**HARVEST METHOD** Mechanical
**EXTRACTION METHOD** Continuous cycle
**OIL MILL** NO
**LITRES PRODUCED** 15,000
**TABLE OLIVES** NO
**ACCOMODATIONS** NO
**RESTAURANT** NO

**OIL MAKER.** Active since 1995, Rita Licastro's Santa Tecla is a major oil producer based in the heart of Aspromonte. After leaving her job as a lawyer, Rita decided to devote herself to managing the family olive groves. Deeply committed to the project, today she cultivates 22 hectares of land (2,500 trees). Olive pâtés, dried olives and olives in brine are also produced.

## DOMINA E TERRA MONOCULTIVAR OTTOBRATICO

**CULTIVAR: OTTOBRATICA**
**FRUTTATO/FRUITY: 5 • AMARO/BITTER: 4 • PICCANTE/SPICY: 5**
**FASCIA PREZZO/PRICE RANGE: 2**

**PROFILO AROMATICO.**
Carciofo, fiori, mela. Maturo.

**AROMATIC PROFILE.**
Artichoke, flowers, apple. Ripe.

## OLIO EXTRAVERGINE DI OLIVA

**CULTIVAR: OTTOBRATICA, SINOPOLESE**
**FRUTTATO/FRUITY: 4 • AMARO/BITTER: 4 • PICCANTE/SPICY: 4**
**FASCIA PREZZO/PRICE RANGE: 2**

**PROFILO AROMATICO.**
Carciofo, mela, mandorla. Maturo.

**AROMATIC PROFILE.**
Artichoke, apple, almond. Ripe.

# Elodia Severini

**Mottafollone (CS) | via Giovanni XIII, 9 |**
**tel. 347 6048070 | tenutaseverini.it**

**OLIVETO PROPRIO** SÌ
**CULTIVAR** Carolea, Nocellara del Belìce, Leccino, Giarraffa
**COLTIVAZIONE** Tradizionale
**RACCOLTA** Meccanica
**ESTRAZIONE** Ciclo continuo
**FRANTOIO** NO
**LITRI PRODOTTI** 5.000
**OLIVE DA MENSA** SÌ
**OSPITALITÀ** NO
**RISTORAZIONE** NO

**AZIENDA.** La realtà di Elodia Severini, attiva dal 1992, si sviluppa in un territorio da sempre vocato all'olivicoltura come quello tra la parte sud del Parco nazionale del Pollino e la Piana di Sibari. La proprietà si sviluppa su 44 ettari di cui 10 dedicati ai 4.800 olivi di varietà autoctone e non.

**OLIVE GROVE** YES
**CULTIVAR** Carolea, Nocellara del Belìce, Leccino, Giarraffa
**GROWING METHOD** Traditional
**HARVEST METHOD** Mechanical
**EXTRACTION METHOD** Continuous cycle
**OIL MILL** NO
**LITRES PRODUCED** 5,000
**TABLE OLIVES** YES
**ACCOMODATIONS** NO
**RESTAURANT** NO

**OIL MAKER.** Active since 1992, Elodia Severini lies in the southern part of the Pollino National Park and the Piana di Sibari plains, an area long recognized for its olive oils. The property unfolds across 44 hectares, 10 of which host 4,800 olive trees (native and non-native varieties).

## IL GENERALE MONOCULTIVAR CAROLEA

**CULTIVAR: CAROLEA**
**FRUTTATO/FRUITY: 4 • AMARO/BITTER: 3 • PICCANTE/SPICY: 4**
**FASCIA PREZZO/PRICE RANGE: 3**

**PROFILO AROMATICO.**
Fiori, mela, mandorla, pinolo. Verde.

**AROMATIC PROFILE.**
Flowers, apple, almond, pine nut. Green.

# Tabatà

Calopezzati (CS) | via Don Luigi Sturzo, 71 |
tel. 331 9096356 | tabatà.it

**OLIVETO PROPRIO** SÌ
**CULTIVAR** Dolce di Rossano, Tondina, Biancolilla, Carolea, Frantoio
**COLTIVAZIONE** Biologica
**RACCOLTA** Meccanica
**ESTRAZIONE** Ciclo continuo
**FRANTOIO** NO
**LITRI PRODOTTI** 2.500
**OLIVE DA MENSA** NO
**OSPITALITÀ** NO
**RISTORAZIONE** NO

**AZIENDA.** I Tabatà erano gli antenati di Ginevra Tranquillo: lei da Milano è tornata nelle terre degli avi per riprendere in mano l'azienda di famiglia, con l'aiuto della mamma Loredana Sapia, per farne una realtà moderna: qui segue in biologico gli oliveti di 6 ettari in tre appezzamenti con 3.000 piante.

**OLIVE GROVE** YES
**CULTIVAR** Dolce di Rossano, Tondina, Biancolilla, Carolea, Frantoio
**GROWING METHOD** Organic
**HARVEST METHOD** Mechanical
**EXTRACTION METHOD** Continuous cycle
**OIL MILL** NO
**LITRES PRODUCED** 2,500
**TABLE OLIVES** NO
**ACCOMODATIONS** NO
**RESTAURANT** NO

**OIL MAKER.** The Tabatàs were Ginevra Tranquillo's ancestors. Ginevra returned here from Milan to take over the family business and, drawing on the support of her mother, Loredana Sapia, she transformed the property into a modern farm. Divided into 3 plots, her 6-hectare, organic olive grove is home to 3,000 trees.

## SELEZIONE IDA BIO

CULTIVAR: CAROLEA, DOLCE DI ROSSANO
FRUTTATO/FRUITY: 4 · AMARO/BITTER: 3 · PICCANTE/SPICY: 4
FASCIA PREZZO/PRICE RANGE: 3

**PROFILO AROMATICO.**
Pomodoro, mela. Maturo.

**AROMATIC PROFILE.**
Tomato, apple. Ripe.

## MONOCULTIVAR DOLCE DI ROSSANO BIO

CULTIVAR: DOLCE DI ROSSANO
FRUTTATO/FRUITY: 4 · AMARO/BITTER: 3 · PICCANTE/SPICY: 4
FASCIA PREZZO/PRICE RANGE: 4

**PROFILO AROMATICO.**
Carciofo, mela, mandorla. Maturo.

**AROMATIC PROFILE.**
Artichoke, apple, almond. Ripe.

## SELEZIONE CATALDO BIO

CULTIVAR: BIANCOLILLA, DOLCE DI ROSSANO
FRUTTATO/FRUITY: 4 · AMARO/BITTER: 3 · PICCANTE/SPICY: 4
FASCIA PREZZO/PRICE RANGE: 4

**PROFILO AROMATICO.**
Fiori, mela. Maturo.

**AROMATIC PROFILE.**
Flowers, apple. Ripe.

# Le Terre della Carolea

**San Pietro a Maida (CZ) | via P. Sgrò, 181 |**
**tel. 351 5747194 | leterredellacarolea.it**

**OLIVETO PROPRIO** SÌ
**CULTIVAR** Carolea
**COLTIVAZIONE** In conversione
**RACCOLTA** Meccanica
**ESTRAZIONE** Ciclo continuo
**FRANTOIO** NO
**LITRI PRODOTTI** 4.500
**OLIVE DA MENSA** SÌ
**OSPITALITÀ** NO
**RISTORAZIONE** NO

**AZIENDA.** La bella realtà di Elia Gullo porta il nome della varietà regina di questo territorio già nell'intestazione aziendale. È la Carolea, infatti la cultivar protagonista dell'oliveto di proprietà che si sviluppa su 5 ettari dove vengono ospitati 500 alberi. Si effettua vendita online.

**OLIVE GROVE** YES
**CULTIVAR** Carolea
**GROWING METHOD** Being converted
**HARVEST METHOD** Mechanical
**EXTRACTION METHOD** Continuous cycle
**OIL MILL** NO
**LITRES PRODUCED** 4,500
**TABLE OLIVES** YES
**ACCOMODATIONS** NO
**RESTAURANT** NO

**OIL MAKER.** Elia Gullo's Le Terre della Carolea makes clear the importance of the territory's major cultivar in its name. Indeed, Carolea dominates their estate olive grove, 5 hectares and 500 trees. Products are also sold online.

## CAROLEUS MONOCULTIVAR CAROLEA

**CULTIVAR: CAROLEA**
**FRUTTATO/FRUITY: 5 • AMARO/BITTER: 5 • PICCANTE/SPICY: 5**
**FASCIA PREZZO/PRICE RANGE: 4**

**PROFILO AROMATICO.**
Rucola, mela, erba. Verde, persistente.

**AROMATIC PROFILE.**
Arugula, apple, grass. Green, persistent.

# I Tesori del Sole

**Lamezia Terme (CZ) | c.da Feudo Nicotera | fraz. Sant'Eufemia |**
**tel. 340 8625962 | tesoridelsole.it**

**OLIVETO PROPRIO** SÌ
**CULTIVAR** Carolea, Coratina, Ottobratica, Nocellara del Belìce, Nocellara Messinese
**COLTIVAZIONE** Biologica
**RACCOLTA** Meccanica
**ESTRAZIONE** Ciclo continuo
**FRANTOIO** SÌ
**LITRI PRODOTTI** 70.000
**OLIVE DA MENSA** NO
**OSPITALITÀ** SÌ
**RISTORAZIONE** NO

**AZIENDA.** Nella piana di Lamezia Terme si trova la proprietà della famiglia De Lorenzo-Filippone che si estende su circa 90 ettari dove dimorano 15mila olivi. A questo si aggiunge anche l'ospitalità in 2 comode camere.

**OLIVE GROVE** YES
**CULTIVAR** Carolea, Coratina, Ottobratica, Nocellara del Belìce, Nocellara Messinese
**GROWING METHOD** Organic
**HARVEST METHOD** Mechanical
**EXTRACTION METHOD** Continuous cycle
**OIL MILL** YES
**LITRES PRODUCED** 70,000
**TABLE OLIVES** NO
**ACCOMODATIONS** YES
**RESTAURANT** NO

**OIL MAKER.** The De Lorenzo-Filippone family's 90-hectare property (15,000 trees) lies in the plains of Lamezia Terme. Two comfortable rooms are available for rent as well.

## MONOCULTIVAR CORATINA BIO

**CULTIVAR: CORATINA**
**FRUTTATO/FRUITY: 5 • AMARO/BITTER: 4 • PICCANTE/SPICY: 6**
**FASCIA PREZZO/PRICE RANGE: 2**

**PROFILO AROMATICO.** Rucola, erba, mandorla, pepe. Verde.

**AROMATIC PROFILE.** Arugula, grass, almond, pepper. Green.

## MONOCULTIVAR CAROLEA BIO

**CULTIVAR: CAROLEA**
**FRUTTATO/FRUITY: 4 • AMARO/BITTER: 3 • PICCANTE/SPICY: 4**
**FASCIA PREZZO/PRICE RANGE: 2**

**PROFILO AROMATICO.** Erbe aromatiche, fiori, mela, mandorla. Verde.

**AROMATIC PROFILE.** Aromatic herbs, flowers, apple, almond. Green.

## DOP LAMETIA MONOCULTIVAR CAROLEA

**CULTIVAR: CAROLEA**
**FRUTTATO/FRUITY: 4 • AMARO/BITTER: 3 • PICCANTE/SPICY: 4**
**FASCIA PREZZO/PRICE RANGE: 2**

**PROFILO AROMATICO.** Fiori, mela, noce, mandorla. Verde.

**AROMATIC PROFILE.** Flowers, apple, walnut, almond. Green.

# Oleificio Torchia

Tiriolo (CZ) | p.zza IV Novembre, 47 | loc. Bivio Rocca | fraz. Pratora |
tel. 0961 991698 | oleificiotorchia.com

**OLIVETO PROPRIO** SÌ
**CULTIVAR** Carolea, Cassanese, Coratina, Nocellara
**COLTIVAZIONE** Biologica
**RACCOLTA** Manuale / Meccanica
**ESTRAZIONE** Ciclo continuo
**FRANTOIO** SÌ
**LITRI PRODOTTI** 20.000
**OLIVE DA MENSA** NO
**OSPITALITÀ** SÌ
**RISTORAZIONE** SÌ

**AZIENDA.** A ridosso dei Monti della Sila si trova questa importante realtà che nasce nel 1959 per volontà di Federico Torchia. Oggi l'azienda è gestita in regime biologico dai suoi figli Giuseppe e Tommaso e dispone di un oliveto di 235 ettari con 28mila alberi situati a 690 metri di altitudine.

**OLIVE GROVE** YES
**CULTIVAR** Carolea, Cassanese, Coratina, Nocellara
**GROWING METHOD** Organic
**HARVEST METHOD** Manual + mechanical
**EXTRACTION METHOD** Continuous cycle
**OIL MILL** YES
**LITRES PRODUCED** 20,000
**TABLE OLIVES** NO
**ACCOMODATIONS** YES
**RESTAURANT** YES

**OIL MAKER.** Founded in 1959 by Federico Torchia, this major producer is based at the foot of the Monti della Sila mountain range. Today the property is organically farmed by Federico's sons Giuseppe and Tommaso, who oversee 235 hectares of olive groves (28,000 trees) at 690 metres elevation.

## OLIO EXTRAVERGINE DI OLIVA

**CULTIVAR: CORATINA, CAROLEA, NOCELLARA**
**FRUTTATO/FRUITY: 6 • AMARO/BITTER: 6 • PICCANTE/SPICY: 6**
**FASCIA PREZZO/PRICE RANGE: 3**

**PROFILO AROMATICO.** Pomodoro, rucola, erbe aromatiche, mandorla, balsamico. Verde, persistente.

**AROMATIC PROFILE.** Tomato, arugula, aromatic herbs, almond, balsamic. Green, persistent.

# La Valle

**San Mauro Marchesato (KR) | c.da Valle |**
**tel. 339 2066151 | oliolavalle.com**

**OLIVETO PROPRIO** SÌ
**CULTIVAR** Carolea, Borgese, Leccino, Nocellara Messinese, Frantoio, Biancolilla
**COLTIVAZIONE** Biologica
**RACCOLTA** Meccanica
**ESTRAZIONE** Ciclo continuo
**FRANTOIO** NO
**LITRI PRODOTTI** 4.500
**OLIVE DA MENSA** NO
**OSPITALITÀ** SÌ
**RISTORAZIONE** NO

**AZIENDA.** Si espande su una vasta area di oltre 100 ettari la proprietà di Salvatore Rota, tra l'altopiano silano e le brezze dello Jonio. Parliamo di una realtà attiva nell'olivicoltura dal 1910 e che oggi comprende 67 ettari di oliveto dove sono presenti oltre 10mila alberi.

**OLIVE GROVE** YES
**CULTIVAR** Carolea, Borgese, Leccino, Nocellara Messinese, Frantoio, Biancolilla
**GROWING METHOD** Organic
**HARVEST METHOD** Mechanical
**EXTRACTION METHOD** Continuous cycle
**OIL MILL** NO
**LITRES PRODUCED** 4,500
**TABLE OLIVES** NO
**ACCOMODATIONS** YES
**RESTAURANT** NO

**OIL MAKER.** Salvatore Rota's property spans a vast area (over 100 hectares) between the Sila plateau and the breezes of the Ionian Sea. Active in olive growing since 1910, today La Valle includes 67 hectares of groves — more than 10,000 trees in all.

## OLIO EXTRAVERGINE DI OLIVA BIO

**CULTIVAR: CAROLEA, BIANCOLILLA, NOCELLARA MESSINESE, BORGESE**
**FRUTTATO/FRUITY: 5 • AMARO/BITTER: 5 • PICCANTE/SPICY: 5**
**FASCIA PREZZO/PRICE RANGE: 2**

**PROFILO AROMATICO.** Carciofo, mandorla, pepe. Maturo, persistente.

**AROMATIC PROFILE.** Artichoke, almond, pepper. Ripe, persistent.

**CULTIVAR PRINCIPALI/MAIN VARIETIES**

Biancolilla, Cerasuola, Moresca, Nocellara (del Belíce, Etnea, Messinese), Ogliarola Messinese, Tonda Iblea

**CULTIVAR MINORI/MINOR VARIETIES**

Giarraffa, Minuta, Piddiccuddara, Santagatese, Verdello, Verdese, Zaituna

# SICILIA

**MANGIARE/EAT**

**Bio Bistrot alla Dimora Botteghelle**
c.so Vittorio Emanuele, 156 • Trapani
tel. 0923 569685 • dimorabotteghelle.com

**Coria**
via Infermeria, 24 • Caltagirone (CT)
tel. 0933 26596 • ristorantecoria.it

**Duomo**
via Cap. Bocchieri, 31 • loc. Ibla • Ragusa
tel. 0932 651265 • cicciosultano.it

**Al Fogher**
c.da Bellia s.s. 117 bis • Piazza Armerina (EN)
tel. 0935 684123 • alfogher.net

**COMPRARE/SHOP**

**Picone**
via G. Marconi, 36 • Palermo • tel. 091 331300 • enotecapicone.com

**Uovodiseppia**
c.so Filippo Re Capriata, 31 • Licata (AG)
tel. 0922 894250 • uovodiseppia.it

# Oleificio Agnellaro

**Aragona (AG) | c.da Agnellaro |**
**tel. 0922 591323 | olioprincipe.it**

**OLIVETO PROPRIO** NO
**CULTIVAR** Nocellara, Biancolilla
**COLTIVAZIONE** Tradizionale / Biologica
**RACCOLTA** Manuale / Meccanica
**ESTRAZIONE** Ciclo continuo
**FRANTOIO** SÌ
**LITRI PRODOTTI** 62.000
**OLIVE DA MENSA** NO
**OSPITALITÀ** NO
**RISTORAZIONE** NO

**AZIENDA.** Una storia che comincia nel 1954 con l'acquisto di un podere olivetato e che vede nel 1991 l'installazione del primo impianto oleario. Con il passare degli anni il frantoio è stato ammodernato e l'azienda, dal 2003, ha deciso di imbottigliare e commercializzare l'olio con il proprio marchio.

**OLIVE GROVE** NO
**CULTIVAR** Nocellara, Biancolilla
**GROWING METHOD** Traditional + organic
**HARVEST METHOD** Manual + mechanical
**EXTRACTION METHOD** Continuous cycle
**OIL MILL** YES
**LITRES PRODUCED** 62,000
**TABLE OLIVES** NO
**ACCOMODATIONS** NO
**RESTAURANT** NO

**OIL MAKER.** A journey that began in 1954 with the purchase of an olive grove had its next major milestone in 1991, with the installation of the first oil mill. Over the years the mill was upgraded and the producer, in 2003, decided to begin bottling and selling oil under its own name.

## OLIO PRINCIPE IGP SICILIA BIO

**CULTIVAR: NOCELLARA, BIANCOLILLA**
**FRUTTATO/FRUITY: 5 • AMARO/BITTER: 4 • PICCANTE/SPICY: 5**
**FASCIA PREZZO/PRICE RANGE: 3**

**PROFILO AROMATICO.**
Pomodoro, fiori, pepe. Maturo.

**AROMATIC PROFILE.**
Tomato, flowers, pepper. Ripe.

# ★ Agrestis

**Buccheri (SR) | via Sabauda, 86a |**
**tel. 0931 315353 | agrestis.eu**

**OLIVETO PROPRIO** SÌ
**CULTIVAR** Tonda Iblea, Nocellara Etnea, Biancolilla, Moresca, Giarraffa
**COLTIVAZIONE** Biologica
**RACCOLTA** Manuale
**ESTRAZIONE** Ciclo continuo
**FRANTOIO** NO
**LITRI PRODOTTI** 40.000
**OLIVE DA MENSA** SÌ
**OSPITALITÀ** NO
**RISTORAZIONE** NO

**AZIENDA.** In una zona collinare storicamente vocata all'olivicoltura si trova l'azienda di Salvatore Paparone, una realtà d'eccellenza olivicola in questo territorio. La proprietà si sviluppa su 48 ettari dove dimorano 10mila olivi. Oltre all'extravergine si produce salsa di pomodoro.

**OLIVE GROVE** YES
**CULTIVAR** Tonda Iblea, Nocellara Etnea, Biancolilla, Moresca, Giarraffa
**GROWING METHOD** Organic
**HARVEST METHOD** Manual
**EXTRACTION METHOD** Continuous cycle
**OIL MILL** NO
**LITRES PRODUCED** 40,000
**TABLE OLIVES** YES
**ACCOMODATIONS** NO
**RESTAURANT** NO

**OIL MAKER.** Salvatore Paparone's Agrestis, a symbol of excellence in the area, is based in a hilly area reputed for olive growing. The property, 48 hectares, hosts 10,000 olive trees. In addition to extra virgin olive oil, they produce tomato sauce.

## NETTARIBLEO DOP MONTI IBLEI MONOCULTIVAR TONDA IBLEA BIO

**CULTIVAR: TONDA IBLEA**
**FRUTTATO/FRUITY: 8 • AMARO/BITTER: 4 • PICCANTE/SPICY: 4**
**FASCIA PREZZO/PRICE RANGE: 4**

**PROFILO AROMATICO.** Pomodoro, erbe aromatiche, songino, mela, pepe, balsamico. Verde, persistente.

**AROMATIC PROFILE.** Tomato, aromatic herbs, lamb's lettuce, apple, pepper, balsamic. Green, persistent.

## BELL'OMIO BIO

**CULTIVAR: TONDA IBLEA, NOCELLARA**
**FRUTTATO/FRUITY: 7 • AMARO/BITTER: 4 • PICCANTE/SPICY: 5**
**FASCIA PREZZO/PRICE RANGE: 4**

**PROFILO AROMATICO.** Pomodoro, erbe aromatiche, mela, pepe, balsamico. Verde, persistente.

**AROMATIC PROFILE.** Tomato, aromatic herbs, apple, pepper, balsamic. Green, persistent.

## IGP SICILIA MONOCULTIVAR TONDA IBLEA

**CULTIVAR: TONDA IBLEA**
**FRUTTATO/FRUITY: 7 • AMARO/BITTER: 4 • PICCANTE/SPICY: 4**
**FASCIA PREZZO/PRICE RANGE: 3**

**PROFILO AROMATICO.** Pomodoro, erbe aromatiche, lattuga, mela, pepe, balsamico. Verde, persistente.

**AROMATIC PROFILE.** Tomato, aromatic herbs, lettuce, apple, pepper, balsamic. Green, persistent.

# Le Antiche Macine

Sciacca (AG) | via delle Ortensie, 20 |
tel. 328 6815179 | leantichemacine.it

**OLIVETO PROPRIO** SÌ
**CULTIVAR** Biancolilla, Cerasuola, Nocellara del Belìce
**COLTIVAZIONE** Tradizionale
**RACCOLTA** Manuale
**ESTRAZIONE** Ciclo continuo
**FRANTOIO** NO
**LITRI PRODOTTI** 5.000
**OLIVE DA MENSA** NO
**OSPITALITÀ** SÌ
**RISTORAZIONE** NO

**AZIENDA.** Giovanna Santangelo e suo marito Giovanni Maltese (agronomo) coltivano i 12 ettari della loro azienda dedicata principalmente all'olivo, ma anche al vino Nero d'Avola e alle arance a polpa gialla Navellina. L'oliveto consiste di 7 ettari con un migliaio di alberi.

**OLIVE GROVE** YES
**CULTIVAR** Biancolilla, Cerasuola, Nocellara del Belìce
**GROWING METHOD** Traditional
**HARVEST METHOD** Manual
**EXTRACTION METHOD** Continuous cycle
**OIL MILL** NO
**LITRES PRODUCED** 5,000
**TABLE OLIVES** NO
**ACCOMODATIONS** YES
**RESTAURANT** NO

**OIL MAKER.** Giovanna Santangelo and her husband, Giovanni Maltese (an agronomist), cultivate 12 hectares of land, mainly olives, though there are also vineyards and orange orchards. The 7-hectare olive grove is home to about 1,000 trees.

## PRIZIUSU IGP SICILIA MONOCULTIVAR BIANCOLILLA

**CULTIVAR: BIANCOLILLA**
**FRUTTATO/FRUITY: 3 • AMARO/BITTER: 3 • PICCANTE/SPICY: 3**
**FASCIA PREZZO/PRICE RANGE: 2**

**PROFILO AROMATICO.** Songino, erbe aromatiche, fiori, mela. Verde.

**AROMATIC PROFILE.** Lamb's lettuce, aromatic herbs, flowers, apple. Green.

## PRIZIUSU IGP SICILIA MONOCULTIVAR CERASUOLA

**CULTIVAR: CERASUOLA**
**FRUTTATO/FRUITY: 6 • AMARO/BITTER: 5 • PICCANTE/SPICY: 5**
**FASCIA PREZZO/PRICE RANGE: 2**

**PROFILO AROMATICO.** Pomodoro, mela, erba, pepe. Verde.

**AROMATIC PROFILE.** Tomato, apple, grass, pepper. Green.

# Baglio Ingardia

**Paceco (TP) | s.da prov.le 29 Trapani-Salemi, 162 c.da Porticalazzo |**
**tel. 0923 882863 | baglioingardia.com**

**OLIVETO PROPRIO** SÌ
**CULTIVAR** Biancolilla, Cerasuola, Nocellara
**COLTIVAZIONE** Biologica
**RACCOLTA** Manuale
**ESTRAZIONE** Ciclo continuo
**FRANTOIO** NO
**LITRI PRODOTTI** 10.000
**OLIVE DA MENSA** NO
**OSPITALITÀ** NO
**RISTORAZIONE** NO

**AZIENDA.** Da circa un secolo la famiglia Ingardia è proprietaria di questa bella realtà biologica alle falde del monte Erice. Oggi l'azienda conta 20 ettari, di cui 18 dedicati all'oliveto con circa 3.300 piante. Il resto della produzione è legato al vino.

**OLIVE GROVE** YES
**CULTIVAR** Biancolilla, Cerasuola, Nocellara
**GROWING METHOD** Organic
**HARVEST METHOD** Manual
**EXTRACTION METHOD** Continuous cycle
**OIL MILL** NO
**LITRES PRODUCED** 10,000
**TABLE OLIVES** NO
**ACCOMODATIONS** NO
**RESTAURANT** NO

**OIL MAKER.** Based at the foot of Mount Erice, the Ingardia family have owned this lovely organic producer for about a century now. Today the estate spans 20 hectares, 18 ha of which host olive groves (about 3,300 trees). The rest of their work involves winemaking.

## ALBERELLI GRAND CRU MONOCULTIVAR CERASUOLA BIO

**CULTIVAR: CERASUOLA**
**FRUTTATO/FRUITY: 7 • AMARO/BITTER: 5 • PICCANTE/SPICY: 5**
**FASCIA PREZZO/PRICE RANGE: 5**

**PROFILO AROMATICO.**
Pomodoro, rucola, mela, erba, balsamico. Verde, persistente.

**AROMATIC PROFILE.**
Tomato, arugula, apple, grass, balsamic. Green, persistent.

## 6 FILE GRAND CRU MONOCULTIVAR NOCELLARA BIO

**CULTIVAR: NOCELLARA**
**FRUTTATO/FRUITY: 6 • AMARO/BITTER: 4 • PICCANTE/SPICY: 5**
**FASCIA PREZZO/PRICE RANGE: 5**

**PROFILO AROMATICO.**
Pomodoro, mela, erba, pepe, balsamico. Verde, persistente.

**AROMATIC PROFILE.**
Tomato, apple, grass, pepper, balsamic. Green, persistent.

# Barbàra

Trapani | s.da Marsala, 593 | fraz. Rilievo |
tel. 333 8515007 | agricolabarbara.it

**OLIVETO PROPRIO** SÌ
**CULTIVAR** Biancolilla, Nocellara, Cerasuola
**COLTIVAZIONE** Biologica
**RACCOLTA** Manuale
**ESTRAZIONE** Ciclo continuo
**FRANTOIO** NO
**LITRI PRODOTTI** 30.000
**OLIVE DA MENSA** NO
**OSPITALITÀ** NO
**RISTORAZIONE** NO

**AZIENDA.** Una bellissima tenuta di un centinaio di ettari, situata fra le pendici del monte Erice e le isolette dello Stagnone, condotta da oltre quarant'anni dalla famiglia Barbàra. Gli olivi sono 13mila, con molti esemplari che hanno superato il secolo di vita, ben distribuiti fra le cultivar autoctone regionali.

**OLIVE GROVE** YES
**CULTIVAR** Biancolilla, Nocellara, Cerasuola
**GROWING METHOD** Organic
**HARVEST METHOD** Manual
**EXTRACTION METHOD** Continuous cycle
**OIL MILL** NO
**LITRES PRODUCED** 30,000
**TABLE OLIVES** NO
**ACCOMODATIONS** NO
**RESTAURANT** NO

**OIL MAKER.** Managed by the Barbàra family for over 40 years, this gorgeous, 100-hectare estate unfolds among the slopes of Mount Erice and the small islands of the Stagnone. Many of their 13,000 olive trees, evenly divided among the region's main cultivars, go back more than a century.

## MONOCULTIVAR BIANCOLILLA BIO

CULTIVAR: BIANCOLILLA
FRUTTATO/FRUITY: 4 • AMARO/BITTER: 3 • PICCANTE/SPICY: 4
FASCIA PREZZO/PRICE RANGE: 2

**PROFILO AROMATICO.**
Erbe aromatiche, fiori, mela. Maturo.

**AROMATIC PROFILE.**
Aromatic herbs, flowers, apple. Ripe.

# Premiati Oleifici Barbera

**Palermo | via E. Amari, 55a |**
**tel. 091 582900 | oliobarbera.it**

**OLIVETO PROPRIO** SÌ
**CULTIVAR** Nocellara, Biancolilla, Cerasuola
**COLTIVAZIONE** Tradizionale / Biologica
**RACCOLTA** Manuale
**ESTRAZIONE** Ciclo continuo
**FRANTOIO** SÌ
**LITRI PRODOTTI** 37.000
**OLIVE DA MENSA** SÌ
**OSPITALITÀ** NO
**RISTORAZIONE** NO

**AZIENDA.** Manfredi Barbera, oggi al timone insieme ai figli, è la quinta generazione di una famiglia che da fine '800 si è dedicata con lungimiranza e visione internazionale all'olivicultura siciliana. A questa realtà fanno riferimento molti piccoli agricoltori. Sono 90 gli ettari a disposizione, con 11mila piante.

**OLIVE GROVE** YES
**CULTIVAR** Nocellara, Biancolilla, Cerasuola
**GROWING METHOD** Traditional + organic
**HARVEST METHOD** Manual
**EXTRACTION METHOD** Continuous cycle
**OIL MILL** YES
**LITRES PRODUCED** 37,000
**TABLE OLIVES** YES
**ACCOMODATIONS** NO
**RESTAURANT** NO

**OIL MAKER.** The Barbera family have dedicated themselves to Sicilian olive growing since the late-19th century, bringing a forward-thinking, international vision to their work. Today Manfredi Barbera represents the fifth generation of family to manage the property. 90 hectares of terrain host some 11,000 trees.

**MIGLIOR FRUTTATO LEGGERO** — **BEST LIGHT FRUITY**

## LORENZO N°3 DOP VAL DI MAZARA MONOCULTIVAR BIANCOLILLA BIO

**CULTIVAR: BIANCOLILLA**
**FRUTTATO/FRUITY: 3 • AMARO/BITTER: 3 • PICCANTE/SPICY: 3**
**FASCIA PREZZO/PRICE RANGE: 4**

**PROFILO AROMATICO.** Songino, mela, pinolo. Verde.

**AROMATIC PROFILE.** Lamb's lettuce, apple, pine nut. Green.

## LORENZO N°1 DOP VALLI TRAPANESI MONOCULTIVAR CERASUOLA BIO

**CULTIVAR: CERASUOLA**
**FRUTTATO/FRUITY: 6 • AMARO/BITTER: 5 • PICCANTE/SPICY: 5**
**FASCIA PREZZO/PRICE RANGE: 4**

**PROFILO AROMATICO.** Mela, lattuga, erba, noce, pepe, balsamico. Verde.

**AROMATIC PROFILE.** Apple, lettuce, grass, walnut, pepper, balsamic. Green.

## LORENZO N°5 MONOCULTIVAR NOCELLARA DEL BELÌCE

**CULTIVAR: NOCELLARA DEL BELÌCE**
**FRUTTATO/FRUITY: 4 • AMARO/BITTER: 3 • PICCANTE/SPICY: 4**
**FASCIA PREZZO/PRICE RANGE: 4**

**PROFILO AROMATICO.** Pomodoro, erbe aromatiche, mela, pinolo, pepe. Verde.

**AROMATIC PROFILE.** Tomato, aromatic herbs, apple, pine nut, pepper. Green.

# Antonio Bonanno

**Campobello di Mazara (TP) | via Roma, 250 |**
**tel. 338 7018980 | oliodelcavalierenricobonanno.it**

**OLIVETO PROPRIO** SÌ
**CULTIVAR** Nocellara
**COLTIVAZIONE** Biologica
**RACCOLTA** Manuale
**ESTRAZIONE** Ciclo continuo
**FRANTOIO** NO
**LITRI PRODOTTI** 1.000
**OLIVE DA MENSA** NO
**OSPITALITÀ** NO
**RISTORAZIONE** NO

**AZIENDA.** L'impresa dedica il suo olio al cavaliere Enrico Bonanno, padre di Antonio che oggi guida la tenuta di 4 ettari dove vivono in agricoltura biologica 450 piante di sola Nocellara.

**OLIVE GROVE** YES
**CULTIVAR** Nocellara
**GROWING METHOD** Organic
**HARVEST METHOD** Manual
**EXTRACTION METHOD** Continuous cycle
**OIL MILL** NO
**LITRES PRODUCED** 1,000
**TABLE OLIVES** NO
**ACCOMODATIONS** NO
**RESTAURANT** NO

**OIL MAKER.** The producer dedicates its oil to Enrico Bonanno, a decorated citizen and the father of Antonio, who leads the 4-hectare estate (450 Nocellara organically farmed olive trees) today.

## L'OLIO DEL CAVALIERE ENRICO BONANNO MONOCULTIVAR NOCELLARA DEL BELÌCE BIO

**CULTIVAR: NOCELLARA DEL BELICE**
**FRUTTATO/FRUITY: 4 • AMARO/BITTER: 4 • PICCANTE/SPICY: 4**
**FASCIA PREZZO/PRICE RANGE: 2**

**PROFILO AROMATICO.**
Pomodoro, lattuga, mela. Verde.

**AROMATIC PROFILE.**
Tomato, lettuce, apple. Green.

# Bonolio

**Sciacca (AG) | c.da Bordea |**
**tel. 0925 84500 | bonolio.it**

**OLIVETO PROPRIO** NO
**CULTIVAR** Biancolilla, Nocellara del Belìce, Cerasuola
**COLTIVAZIONE** Tradizionale / Biologica
**RACCOLTA** Manuale
**ESTRAZIONE** Ciclo continuo
**FRANTOIO** SÌ
**LITRI PRODOTTI** 600.000
**OLIVE DA MENSA** NO
**OSPITALITÀ** NO
**RISTORAZIONE** NO

**AZIENDA.** Si tratta della più grande realtà olearia siciliana e un punto di riferimento di oltre 300 aziende olivicole per un indotto che conta circa 3.000 operatori. Oggi è Salvatore Bono a coordinare questa impresa nata nel 1934 dalla volontà e passione di Vincenzo Bono. Si esporta in tutto il mondo.

**OLIVE GROVE** NO
**CULTIVAR** Biancolilla, Nocellara del Belìce, Cerasuola
**GROWING METHOD** Traditional + organic
**HARVEST METHOD** Manual
**EXTRACTION METHOD** Continuous cycle
**OIL MILL** YES
**LITRES PRODUCED** 600,000
**TABLE OLIVES** NO
**ACCOMODATIONS** NO
**RESTAURANT** NO

**OIL MAKER.** Bonolio is Sicily's largest oil producer and a touchstone for over 300 olive farms (a partnership that brings together 3,000 workers). Today Salvatore Bono manages the business founded in 1934 thanks to the deep commitment of Vincenzo Bono. Worldwide exports.

## SELEZIONE BONO LIMITED EDITION

**CULTIVAR: ARBEQUINA, ARBOSANA, CERASUOLA, BIANCOLILLA**
**FRUTTATO/FRUITY: 5 • AMARO/BITTER: 3 • PICCANTE/SPICY: 4**
**FASCIA PREZZO/PRICE RANGE: 2**

**PROFILO AROMATICO.**
Pomodoro, erbe aromatiche, mela, pepe. Verde.

**AROMATIC PROFILE.**
Tomato, aromatic herbs, apple, pepper. Green.

## BONO DOP VAL DI MAZARA

**CULTIVAR: BIANCOLILLA, CERASUOLA, NOCELLARA DEL BELÌCE**
**FRUTTATO/FRUITY: 5 • AMARO/BITTER: 3 • PICCANTE/SPICY: 4**
**FASCIA PREZZO/PRICE RANGE: 2**

**PROFILO AROMATICO.**
Pomodoro, erbe aromatiche, mela. Maturo.

**AROMATIC PROFILE.**
Tomato, aromatic herbs, apple. Ripe.

## BONO IGP SICILIA

**CULTIVAR: BIANCOLILLA, CERASUOLA, NOCELLARA DEL BELÌCE**
**FRUTTATO/FRUITY: 4 • AMARO/BITTER: 3 • PICCANTE/SPICY: 3**
**FASCIA PREZZO/PRICE RANGE: 2**

**PROFILO AROMATICO.**
Pomodoro, mela, pera. Maturo.

**AROMATIC PROFILE.**
Tomato, apple, pear. Ripe.

# Bonomo

**Partinico (PA) | via Larga, 11 |**
**tel. 339 2766802 | oliobonomo.com**

**OLIVETO PROPRIO** SÌ
**CULTIVAR** Cerasuola
**COLTIVAZIONE** Biologica
**RACCOLTA** Manuale
**ESTRAZIONE** Ciclo continuo
**FRANTOIO** NO
**LITRI PRODOTTI** 4.500
**OLIVE DA MENSA** NO
**OSPITALITÀ** NO
**RISTORAZIONE** NO

**AZIENDA.** Quello di Vincenzo e Giuseppe Bonomo e Di Marco Giuseppa è un progetto a lungo termine nel segno della qualità. La parte oleicola si sviluppa su 6 ettari per un totale di 1.000 alberi, quasi tutti della varietà cerasuola, parecchi con oltre un secolo di vita. Si producono, inoltre, erbe aromatiche, limoni, pesche e mandorle.

**OLIVE GROVE** YES
**CULTIVAR** Cerasuola
**GROWING METHOD** Organic
**HARVEST METHOD** Manual
**EXTRACTION METHOD** Continuous cycle
**OIL MILL** NO
**LITRES PRODUCED** 4,500
**TABLE OLIVES** NO
**ACCOMODATIONS** NO
**RESTAURANT** NO

**OIL MAKER.** Vincenzo Bonomo, Giuseppe Bonomo and Di Marco Giuseppa manage a long-term project whose main focus is quality. For olive-growing, they draw on 1,000 trees (a total of 6 hectares), almost all Cerasuola and many over a century old. Aromatic herbs, lemons, peaches and almonds are also produced.

## MONOCULTIVAR CERASUOLA BIO

**CULTIVAR: CERASUOLA**
**FRUTTATO/FRUITY: 6 • AMARO/BITTER: 5 • PICCANTE/SPICY: 6**
**FASCIA PREZZO/PRICE RANGE: 2**

**PROFILO AROMATICO.**
Mela, erba, pepe, balsamico. Verde, persistente.

**AROMATIC PROFILE.**
Apple, grass, pepper, balsamic. Green, persistent.

## ALTAIR DA ULIVI SECOLARI MONOCULTIVAR CERASUOLA BIO

**CULTIVAR: CERASUOLA**
**FRUTTATO/FRUITY: 5 • AMARO/BITTER: 4 • PICCANTE/SPICY: 5**
**FASCIA PREZZO/PRICE RANGE: 4**

**PROFILO AROMATICO.**
Mela, lattuga, erba, pepe. Maturo, persistente.

**AROMATIC PROFILE.**
Apple, lettuce, grass, pepper. Ripe, persistent.

# Carbonia

**Aragona (AG) | c.da Carbonia |**
**tel. 393 4103116 | oliocarbonia.it**

**OLIVETO PROPRIO** SÌ
**CULTIVAR** Biancolilla, Coratina, Cerasuola, Nocellara del Belìce, Giarraffa, Ogliarola
**COLTIVAZIONE** Biologica
**RACCOLTA** Meccanica
**ESTRAZIONE** Ciclo continuo
**FRANTOIO** NO
**LITRI PRODOTTI** 4.000
**OLIVE DA MENSA** NO
**OSPITALITÀ** NO
**RISTORAZIONE** NO

**AZIENDA.** Eugenia Gino gestisce questa storica tenuta situata a 450 metri, a cavallo fra i territori dei comuni di Aragona e Santa Elisabetta. La proprietà si sviluppa su un centinaio di ettari di cui la gran parte dedicata al mandorleto e 9 ettari ai 2.500 olivi di varietà autoctone e non.

**OLIVE GROVE** YES
**CULTIVAR** Biancolilla, Coratina, Cerasuola, Nocellara del Belìce, Giarraffa, Ogliarola
**GROWING METHOD** Organic
**HARVEST METHOD** Mechanical
**EXTRACTION METHOD** Continuous cycle
**OIL MILL** NO
**LITRES PRODUCED** 4,000
**TABLE OLIVES** NO
**ACCOMODATIONS** NO
**RESTAURANT** NO

**OIL MAKER.** This historic estate, managed by Eugenia Gino, can be found straddling the territories of Aragona and Santa Elisabetta, at 450 meters elevation. Most of the 100-hectare property is dedicated to almond growing, though 9 ha are used to cultivate olives, about 2,500 trees in all (native and non-native varieties).

## CARBONIA IGP SICILIA MONOCULTIVAR BIANCOLILLA BIO

**CULTIVAR: BIANCOLILLA**
**FRUTTATO/FRUITY: 4 • AMARO/BITTER: 3 • PICCANTE/SPICY: 4**
**FASCIA PREZZO/PRICE RANGE: 2**

**PROFILO AROMATICO.** Fiori, mela, pinolo, balsamico. Verde.

**AROMATIC PROFILE.** Flowers, apple, pine nut, balsamic. Green.

## CARBONIA IGP SICILIA MONOCULTIVAR NOCELLARA DEL BELÌCE BIO

**CULTIVAR: NOCELLARA DEL BELÌCE**
**FRUTTATO/FRUITY: 5 • AMARO/BITTER: 4 • PICCANTE/SPICY: 4**
**FASCIA PREZZO/PRICE RANGE: 2**

**PROFILO AROMATICO.** Pomodoro, erbe aromatiche, mela. Verde.

**AROMATIC PROFILE.** Tomato, aromatic herbs, apple. Green.

# Tenuta Cavasecca

**Noto (SR) | c.da Cavasecca |**
**tel. 333 6526320 | cavasecca.it**

**OLIVETO PROPRIO** SÌ
**CULTIVAR** Tonda Iblea, Nocellara, Biancolilla, Siracusana, Verdese
**COLTIVAZIONE** Biologica
**RACCOLTA** Manuale
**ESTRAZIONE** Ciclo continuo
**FRANTOIO** NO
**LITRI PRODOTTI** 10.000
**OLIVE DA MENSA** NO
**OSPITALITÀ** NO
**RISTORAZIONE** NO

**AZIENDA.** Dall'inizio degli anni Novanta la famiglia Ficara conduce la tenuta olivicola con 11mila alberi in biologico, non lontano dalla spettacolare necropoli di Pantalica. Oggi è al timone Dario Ficara che ha razionalizzato l'azienda all'insegna del biologico. Produzione anche di carrube e mandorle.

**OLIVE GROVE** YES
**CULTIVAR** Tonda Iblea, Nocellara, Biancolilla, Siracusana, Verdese
**GROWING METHOD** Organic
**HARVEST METHOD** Manual
**EXTRACTION METHOD** Continuous cycle
**OIL MILL** NO
**LITRES PRODUCED** 10,000
**TABLE OLIVES** NO
**ACCOMODATIONS** NO
**RESTAURANT** NO

**OIL MAKER.** The Ficara family have been managing this olive-growing estate (situated near the spectacular necropolis of Pantalica) and its 11,000 organic trees since the early 1990s. Today Dario Ficara is at the helm, and it was he who shifted the focus to organic cultivation. Carobs and almonds are also produced.

**MIGLIOR OLIO BIOLOGICO** — **BEST ORGANIC**

## MONOCULTIVAR SIRACUSANA BIO

**CULTIVAR: SIRACUSANA**
**FRUTTATO/FRUITY: 8 • AMARO/BITTER: 5 • PICCANTE/SPICY: 6**
**FASCIA PREZZO/PRICE RANGE: 5**

**PROFILO AROMATICO.** Pomodoro, rucola, erbe aromatiche, erba, pepe, balsamico. Verde, persistente.

**AROMATIC PROFILE.** Tomato, arugula, aromatic herbs, grass, pepper, balsamic. Green, persistent.

## MISCAZZÈ BIO

**CULTIVAR: VERDESE, BIANCOLILLA, SIRACUSANA, TONDA IBLEA**
**FRUTTATO/FRUITY: 7 • AMARO/BITTER: 5 • PICCANTE/SPICY: 5**
**FASCIA PREZZO/PRICE RANGE: 5**

**PROFILO AROMATICO.** Pomodoro, lattuga, mela, erba, pepe, balsamico. Verde, persistente.

**AROMATIC PROFILE.** Tomato, lettuce, apple, grass, pepper, balsamic. Green, persistent.

## FIRRISA DOP MONTI IBLEI - VAL D'ANAPO MONOCULTIVAR TONDA IBLEA BIO

**CULTIVAR: TONDA IBLEA**
**FRUTTATO/FRUITY: 7 • AMARO/BITTER: 3 • PICCANTE/SPICY: 4**
**FASCIA PREZZO/PRICE RANGE: 5**

**PROFILO AROMATICO.** Pomodoro, erbe aromatiche, songino, mela. Verde.

**AROMATIC PROFILE.** Tomato, aromatic herbs, lamb's lettuce, apple. Green.

# Antonino Centonze

**Castelvetrano (TP) | s.s. 115, 103 c.da Latomie |**
**tel. 0924 904231 | oliocentonze.com**

**OLIVETO PROPRIO** SÌ
**CULTIVAR** Nocellara del Belìce, Cerasuola, Biancolilla
**COLTIVAZIONE** Tradizionale /Biologica
**RACCOLTA** Manuale
**ESTRAZIONE** Ciclo continuo
**FRANTOIO** SÌ
**LITRI PRODOTTI** 100.000
**OLIVE DA MENSA** SÌ
**OSPITALITÀ** SÌ
**RISTORAZIONE** SÌ

**AZIENDA.** All'interno di uno splendido contesto a poca distanza dall'immenso Parco Archeologico di Selinunte si sviluppa l'azienda agricola di Nino Centonze. La proprietà si estende per 37 ettari dove sono ospitati 10mila olivi (molti secolari), l'agrumeto e le storiche "latomie", cave di tufo di 2.800 anni fa.

**OLIVE GROVE** YES
**CULTIVAR** Nocellara del Belìce, Cerasuola, Biancolilla
**GROWING METHOD** Traditional+organic
**HARVEST METHOD** Manual
**EXTRACTION METHOD** Continuous cycle
**OIL MILL** YES
**LITRES PRODUCED** 100,000
**TABLE OLIVES** YES
**ACCOMODATIONS** YES
**RESTAURANT** YES

**OIL MAKER.** Nino Centonze's estate unfolds within a splendid landscape not far from the immense Selinunte Archaeological Park. The 37-hectare property is home to 10,000 olive trees (many of which go back a century or more), a citrus grove and the historic "latomie" (tuff quarries dating back 2,800 years).

## CASE DI LATOMIE DOP VALLE DEL BELÌCE MONOCULTIVAR NOCELLARA DEL BELÌCE

**CULTIVAR: NOCELLARA DEL BELÌCE**
**FRUTTATO/FRUITY: 7 · AMARO/BITTER: 4 · PICCANTE/SPICY: 6**
**FASCIA PREZZO/PRICE RANGE: 4**

**PROFILO AROMATICO.**
Pomodoro, erbe aromatiche, mela, pepe, balsamico. Verde, persistente.

**AROMATIC PROFILE.**
Tomato, aromatic herbs, apple, pepper, balsamic. Green, persistent.

## CASE DI LATOMIE IGP SICILIA

**CULTIVAR: NOCELLARA DEL BELÌCE, CERASUOLA, BIANCOLILLA**
**FRUTTATO/FRUITY: 6 · AMARO/BITTER: 5 · PICCANTE/SPICY: 5**
**FASCIA PREZZO/PRICE RANGE: 4**

**PROFILO AROMATICO.**
Pomodoro, erbe aromatiche, fiori, mela. Verde, persistente.

**AROMATIC PROFILE.**
Tomato, aromatic herbs, flowers, apple. Green, persistent.

## CASE DI LATOMIE MONOCULTIVAR NOCELLARA DEL BELÌCE BIO

**CULTIVAR: NOCELLARA DEL BELÌCE**
**FRUTTATO/FRUITY: 6 · AMARO/BITTER: 4 · PICCANTE/SPICY: 5**
**FASCIA PREZZO/PRICE RANGE: 4**

**PROFILO AROMATICO.**
Pomodoro, mela. Maturo, persistente.

**AROMATIC PROFILE.**
Tomato, apple. Ripe, persistent.

# Colletti

Caltabellotta (AG) | via Piave, 6 c.da Canneria |
tel. 340 9010344

**OLIVETO PROPRIO** SÌ
**CULTIVAR** Biancolilla, Cerasuola
**COLTIVAZIONE** Tradizionale
**RACCOLTA** Manuale
**ESTRAZIONE** Ciclo continuo
**FRANTOIO** NO
**LITRI PRODOTTI** 20.000
**OLIVE DA MENSA** NO
**OSPITALITÀ** NO
**RISTORAZIONE** NO

**AZIENDA.** La bella realtà di Paolo Colletti nasce nel 2006 e si sviluppa su ben 115 ettari di cui 15 dedicati all'oliveto di 5.000 alberi di varietà autoctone siciliane. Alla produzione di extravergine si aggiunge quella di agrumi, mandorle e un allevamento di bovini.

**OLIVE GROVE** YES
**CULTIVAR** Biancolilla, Cerasuola
**GROWING METHOD** Traditional
**HARVEST METHOD** Manual
**EXTRACTION METHOD** Continuous cycle
**OIL MILL** NO
**LITRES PRODUCED** 20,000
**TABLE OLIVES** NO
**ACCOMODATIONS** NO
**RESTAURANT** NO

**OIL MAKER.** Paolo Colletti's lovely farm was founded in 2006. 15 of the property's 115 hectares are dedicated to olive cultivation — about 5,000 trees in all (native Sicilian varieties). In addition to extra virgin olive oil, they produce citrus fruits and almonds. Cattle are reared as well.

## MONOCULTIVAR BIANCOLILLA

**CULTIVAR: BIANCOLILLA**
**FRUTTATO/FRUITY: 5 • AMARO/BITTER: 4 • PICCANTE/SPICY: 5**
**FASCIA PREZZO/PRICE RANGE: 1**

**PROFILO AROMATICO.**
Fiori, mela, songino, pepe. Verde.

**AROMATIC PROFILE.**
Flowers, apple, lamb's lettuce, pepper. Green.

# Coppini Arte Olearia

**Castelvetrano (TP) | via dell'Autonomia Siciliana |**
**tel. 0521 877633 | coppiniarteolearia.com**

**OLIVETO PROPRIO** NO
**CULTIVAR** Nocellara del Belìce
**COLTIVAZIONE** Tradizionale / Biologica
**RACCOLTA** Manuale
**ESTRAZIONE** Ciclo continuo
**FRANTOIO** SÌ
**LITRI PRODOTTI** 121.300
**OLIVE DA MENSA** SÌ
**OSPITALITÀ** NO
**RISTORAZIONE** NO

**AZIENDA.** Tra i leader nazionali e internazionali nella produzione e distribuzione di oli extravergine, anche biologici, per chef, food industries e negozi. Fondata nel 1946 da Americo Coppini e dalla moglie Anita, e oggi alla terza generazione, l'azienda di San Secondo organizza la logistica e la rete vendita nella provincia di Parma, mentre nelle zone vocate alla produzione, Abruzzo, Puglia e Sicilia, avviene la raccolta e la frangitura.

**OLIVE GROVE** NO
**CULTIVAR** Nocellara del Belìce
**GROWING METHOD** Traditional + organic
**HARVEST METHOD** Manual
**EXTRACTION METHOD** Continuous cycle
**OIL MILL** YES
**LITRES PRODUCED** 121,300
**TABLE OLIVES** YES
**ACCOMODATIONS** NO
**RESTAURANT** NO

**OIL MAKER.** Coppini is one of Italy's leading oil producers and distributors. Their product range, a mainstay among chefs, the food industry and shops, includes organic oils as well. Founded in 1946 by Amèrico Coppini and his wife, Anita, the business is now in its third generation. Originally based in San Secondo, today their logistics and sales offices are headquartered in Parma, while the olives are harvested and pressed in Abruzzo, Puglia and Sicily.

## DE' COPPINI MONOCULTIVAR NOCELLARA DEL BELÌCE

**CULTIVAR: NOCELLARA DEL BELÌCE**
**FRUTTATO/FRUITY: 4 • AMARO/BITTER: 3 • PICCANTE/SPICY: 4**
**FASCIA PREZZO/PRICE RANGE: 5**

**PROFILO AROMATICO.** Pomodoro, fiori, mela, lattuga. Maturo.

**AROMATIC PROFILE.** Tomato, flowers, apple, lettuce. Ripe.

# Cortese

**Adrano (CT) | via Catania, 251b |**
**tel. 340 0951462 | corteseaziendaagricola.it**

**OLIVETO PROPRIO** SÌ
**CULTIVAR** Nocellara Etnea
**COLTIVAZIONE** In conversione
**RACCOLTA** Manuale
**ESTRAZIONE** Ciclo continuo
**FRANTOIO** NO
**LITRI PRODOTTI** 3.000
**OLIVE DA MENSA** SÌ
**OSPITALITÀ** NO
**RISTORAZIONE** NO

**AZIENDA.** La storia dell'azienda di Gaetano Cortese comincia una ventina di anni fa con la produzione di vino da vigneti sull'Etna. Con il tempo la produzione si espande verso gli agrumi e le olive provenienti dai 1.600 alberi di proprietà.

**OLIVE GROVE** YES
**CULTIVAR** Nocellara Etnea
**GROWING METHOD** Being converted
**HARVEST METHOD** Manual
**EXTRACTION METHOD** Continuous cycle
**OIL MILL** NO
**LITRES PRODUCED** 3,000
**TABLE OLIVES** YES
**ACCOMODATIONS** NO
**RESTAURANT** NO

**OIL MAKER.** The history of Gaetano Cortese's farm got its start about 20 years ago with the production of wine from vineyards on Etna. Over time, production expanded to include citrus fruits and olives from 1,600 estate trees.

## IGP SICILIA MONOCULTIVAR NOCELLARA ETNEA

**CULTIVAR: NOCELLARA ETNEA**
**FRUTTATO/FRUITY: 6 • AMARO/BITTER: 4 • PICCANTE/SPICY: 4**
**FASCIA PREZZO/PRICE RANGE: 3**

**PROFILO AROMATICO.**
Pomodoro, erbe aromatiche, sedano, mela. Verde.

**AROMATIC PROFILE.**
Tomato, aromatic herbs, celery, apple. Green.

# Karin Costamoling

**Chiaramonte Gulfi (RG) | c.da Poggio Gallo |**
**tel. 335 6162672 | oliogretasofia.it**

**OLIVETO PROPRIO** Sì
**CULTIVAR** Tonda Iblea
**COLTIVAZIONE** Biologica
**RACCOLTA** Manuale
**ESTRAZIONE** Ciclo continuo
**FRANTOIO** NO
**LITRI PRODOTTI** 2.000
**OLIVE DA MENSA** NO
**OSPITALITÀ** NO
**RISTORAZIONE** NO

**AZIENDA.** L'incontro tra Karin Costamoling e la Sicilia è accaduto nel 2009 ed è stato allora che è avvenuto il colpo di fulmine. Si è innamorata dei monti Iblei e dei suoi olivi decidendo così di occuparsi di un pezzo di questa terra. La proprietà si estende su 5 ettari che ospitano un migliaio di alberi di Tonda Iblea, varietà autoctona di questa zona.

**OLIVE GROVE** YES
**CULTIVAR** Tonda Iblea
**GROWING METHOD** Organic
**HARVEST METHOD** Manual
**EXTRACTION METHOD** Continuous cycle
**OIL MILL** NO
**LITRES PRODUCED** 2,000
**TABLE OLIVES** NO
**ACCOMODATIONS** NO
**RESTAURANT** NO

**OIL MAKER.** When Karin Costamoling first came to Sicily in 2009, it was love at first sight. Enamored of the Hyblaean mountains and its olive trees, she decided to farm a piece of land. The 5-hectare property hosts about 1,000 Tonda Iblea olive trees (a variety native to the area).

## GRETASOFIA MONOCULTIVAR TONDA IBLEA BIO

**CULTIVAR: TONDA IBLEA**
**FRUTTATO/FRUITY: 6 • AMARO/BITTER: 3 • PICCANTE/SPICY: 3**
**FASCIA PREZZO/PRICE RANGE: 5**

**PROFILO AROMATICO.**
Pomodoro, erbe aromatiche, mela. Verde.

**AROMATIC PROFILE.**
Tomato, aromatic herbs, apple. Green.

# Frantoi Covato

**Ragusa | via della Fontana c.da San Giacomo |**
**tel. 0932 231262 | frantoicovato.it**

**OLIVETO PROPRIO** NO
**CULTIVAR** Tonda Iblea, Biancolilla, Nocellara, Moresca, Verdese
**COLTIVAZIONE** Tradizionale / Biologica
**RACCOLTA** Manuale / Meccanica
**ESTRAZIONE** Ciclo continuo
**FRANTOIO** SÌ
**LITRI PRODOTTI** 40.000
**OLIVE DA MENSA** NO
**OSPITALITÀ** NO
**RISTORAZIONE** NO

**AZIENDA.** Tonda Iblea, Moresca e Verdese, selezionate dai produttori dei Monti Iblei, sono le varietà autoctone di questa zona protagoniste degli oli realizzati dal frantoio di Giuseppe Covato attivo dal 1985 e che produce circa 400 quintali di extravergine l'anno.

**OLIVE GROVE** NO
**CULTIVAR** Tonda Iblea, Biancolilla, Nocellara, Moresca, Verdese
**GROWING METHOD** Traditional + organic
**HARVEST METHOD** Manual + mechanical
**EXTRACTION METHOD** Continuous cycle
**OIL MILL** YES
**LITRES PRODUCED** 40,000
**TABLE OLIVES** NO
**ACCOMODATIONS** NO
**RESTAURANT** NO

**OIL MAKER.** Tonda Iblea, Moresca and Verdese olives, sourced and selected from local farmers, dominate in the oils pressed at Giuseppe Covato's mill. Active since 1985, Covato produces about 40,000 liters of extra virgin per year.

## A TURRI DOP MONTI IBLEI SOTTOZONA FRIGINTINI

**CULTIVAR: MORESCA, TONDA IBLEA**
**FRUTTATO/FRUITY: 7 • AMARO/BITTER: 3 • PICCANTE/SPICY: 5**
**FASCIA PREZZO/PRICE RANGE: 5**

**PROFILO AROMATICO.**
Pomodoro, erbe aromatiche, mela, pepe, balsamico. Verde, persistente.

**AROMATIC PROFILE.**
Tomato, aromatic herbs, apple, pepper, balsamic. Green, persistent.

# ★ Frantoi Cutrera

**Chiaramonte Gulfi (RG) | c.da Piano dell'Acqua, 71 |**
**tel. 0932 926187 | frantoicutrera.it**

**OLIVETO PROPRIO** SÌ
**CULTIVAR** Tonda Iblea, Moresca, Biancolilla, Nocellara del Belìce
**COLTIVAZIONE** Tradizionale / Biologica
**RACCOLTA** Manuale
**ESTRAZIONE** Ciclo continuo
**FRANTOIO** SÌ
**LITRI PRODOTTI** 120.000
**OLIVE DA MENSA** SÌ
**OSPITALITÀ** SÌ
**RISTORAZIONE** NO

**AZIENDA.** Il nuovo impianto oleario 4.0 è solo l'ultima innovazione che i Cutrera hanno portato nella loro già storica esperienza olearia. Un'azienda che da sempre ha saputo coniugare qualità e quantità diventando un riferimento per la Sicilia e un modello di impresa olivicola italiana.

**OLIVE GROVE** YES
**CULTIVAR** Tonda Iblea, Moresca, Biancolilla, Nocellara del Belìce
**GROWING METHOD** Traditional + organic
**HARVEST METHOD** Manual
**EXTRACTION METHOD** Continuous cycle
**OIL MILL** YES
**LITRES PRODUCED** 120,000
**TABLE OLIVES** YES
**ACCOMODATIONS** YES
**RESTAURANT** NO

**OIL MAKER.** A new, cutting-edge mill is just the latest innovation that the Cutrera family have integrated with their already extensive experience pressing oil. Frantoi Cutrera has long proven adept at combining quality and quantity, making it a touchstone for the whole of Sicily and a model Italian oil producer.

## PRIMO DOP MONTI IBLEI MONOCULTIVAR TONDA IBLEA

**CULTIVAR: TONDA IBLEA**
**FRUTTATO/FRUITY: 7 • AMARO/BITTER: 4 • PICCANTE/SPICY: 4**
**FASCIA PREZZO/PRICE RANGE: 4**

**PROFILO AROMATICO.**
Pomodoro, erbe aromatiche, mela, balsamico. Verde, persistente.

**AROMATIC PROFILE.**
Tomato, aromatic herbs, apple, balsamic. Green, persistent.

## PRIMO MONOCULTIVAR TONDA IBLEA BIO

**CULTIVAR: TONDA IBLEA**
**FRUTTATO/FRUITY: 6 • AMARO/BITTER: 3 • PICCANTE/SPICY: 5**
**FASCIA PREZZO/PRICE RANGE: 4**

**PROFILO AROMATICO.**
Pomodoro, erbe aromatiche, pepe, balsamico. Verde, persistente.

**AROMATIC PROFILE.**
Tomato, aromatic herbs, pepper, balsamic. Green, persistent.

## IGP SICILIA MONOCULTIVAR NOCELLARA DEL BELÌCE

**CULTIVAR: NOCELLARA DEL BELICE**
**FRUTTATO/FRUITY: 7 • AMARO/BITTER: 4 • PICCANTE/SPICY: 5**
**FASCIA PREZZO/PRICE RANGE: 4**

**PROFILO AROMATICO.**
Pomodoro, erbe aromatiche, fiori, mela. Verde, persistente.

**AROMATIC PROFILE.**
Tomato, aromatic herbs, flowers, apple. Green, persistent.

# Francesco Di Mino

**Favara (AG) | c.da Scintilia |**
**tel. 338 1995083 | oliodimino.it**

**OLIVETO PROPRIO** SÌ
**CULTIVAR** Nocellara del Belìce, Biancolilla, Coratina
**COLTIVAZIONE** Biologica
**RACCOLTA** Manuale
**ESTRAZIONE** Ciclo continuo
**FRANTOIO** NO
**LITRI PRODOTTI** 6.000
**OLIVE DA MENSA** NO
**OSPITALITÀ** NO
**RISTORAZIONE** NO

**AZIENDA.** A Francesco Di Mino si deve l'abile e azzeccata operazione di recupero di un oliveto in disuso in contrada Scintilia. Dal 2017 questo progetto ha preso il via toccando vette qualitative invidiabili. Oggi si contano 4.000 olivi di varietà autoctone (esclusa la Coratina), disposti su 13 ettari.

**OLIVE GROVE** YES
**CULTIVAR** Nocellara del Belìce, Biancolilla, Coratina
**GROWING METHOD** Organic
**HARVEST METHOD** Manual
**EXTRACTION METHOD** Continuous cycle
**OIL MILL** NO
**LITRES PRODUCED** 6,000
**TABLE OLIVES** NO
**ACCOMODATIONS** NO
**RESTAURANT** NO

**OIL MAKER.** We can thank Francesco Di Mino for skillfully and aptly reviving an abandoned olive grove in Scintilia. The project, kicked off in 2017, has achieved commendable results in terms of quality. Today 4,000 olive trees (native varieties, except for Coratina) occupy 13 hectares of terrain.

**MIGLIOR OLIO IGP** — **BEST PGI**

## CONTRADA SCINTILIA IGP SICILIA MONOCULTIVAR BIANCOLILLA BIO

**CULTIVAR: BIANCOLILLA**
**FRUTTATO/FRUITY: 6 • AMARO/BITTER: 4 • PICCANTE/SPICY: 5**
**FASCIA PREZZO/PRICE RANGE: 5**

**PROFILO AROMATICO.** Erbe aromatiche, fiori, mela, lattuga, pinolo, pepe, balsamico. Verde, persistente.

**AROMATIC PROFILE.** Aromatic herbs, flowers, apple, lettuce, pine nut, pepper, balsamic. Green, persistent.

## CONTRADA SCINTILIA MONOCULTIVAR CORATINA BIO

**CULTIVAR: CORATINA**
**FRUTTATO/FRUITY: 7 • AMARO/BITTER: 6 • PICCANTE/SPICY: 6**
**FASCIA PREZZO/PRICE RANGE: 4**

**PROFILO AROMATICO.**
Rucola, zenzero, erba, mandorla, pepe, balsamico. Verde, persistente.

**AROMATIC PROFILE.**
Arugula, ginger, grass, almond, pepper, balsamic. Green, persistent.

## CONTRADA SCINTILIA IGP SICILIA MONOCULTIVAR NOCELLARA DEL BELÌCE BIO

**CULTIVAR: NOCELLARA DEL BELÌCE**
**FRUTTATO/FRUITY: 6 • AMARO/BITTER: 4 • PICCANTE/SPICY: 4**
**FASCIA PREZZO/PRICE RANGE: 5**

**PROFILO AROMATICO.** Pomodoro, erbe aromatiche, mela, songino, pepe, balsamico. Verde, persistente.

**AROMATIC PROFILE.** Tomato, aromatic herbs, apple, lamb's lettuce, pepper, balsamic. Verde, persistente.

# Feudo Disisa

**Monreale (PA) | s.da prov.le 30, km 6 c.da Disisa | fraz. Grisì | tel. 091 6127109 | feudodisisa.it**

**OLIVETO PROPRIO** SÌ
**CULTIVAR** Cerasuola, Nocellara del Belìce, Biancolilla
**COLTIVAZIONE** Tradizionale / Biologica
**RACCOLTA** Manuale
**ESTRAZIONE** Ciclo continuo
**FRANTOIO** SÌ
**LITRI PRODOTTI** 25.000
**OLIVE DA MENSA** SÌ
**OSPITALITÀ** NO
**RISTORAZIONE** NO

**AZIENDA.** Quello della famiglia Di Lorenzo è uno storico latifondo di 400 ettari che si trova intorno ai 500 metri di altitudine. Una proprietà che dall'Ottocento viene gestita con esperienza e che oggi, conta un centinaio di ettari con 10mila olivi. Si producono, inoltre, vini e oli aromatizzati.

**OLIVE GROVE** YES
**CULTIVAR** Cerasuola, Nocellara del Belìce, Biancolilla
**GROWING METHOD** Traditional + organic
**HARVEST METHOD** Manual
**EXTRACTION METHOD** Continuous cycle
**OIL MILL** YES
**LITRES PRODUCED** 25,000
**TABLE OLIVES** YES
**ACCOMODATIONS** NO
**RESTAURANT** NO

**OIL MAKER.** The Di Lorenzo family's Feudo Disisa is a large, historic estate (400 hectares) situated at about 500 meters elevation. Managed with experience and passion since the 19th century, today the property hosts about 100 ha of olive groves (some 10,000 trees in all). Wines and flavor-infused oils are produced as well.

## MONOCULTIVAR CERASUOLA BIO

**CULTIVAR: CERASUOLA**
**FRUTTATO/FRUITY: 6 • AMARO/BITTER: 4 • PICCANTE/SPICY: 5**
**FASCIA PREZZO/PRICE RANGE: 4**

**PROFILO AROMATICO.**
Pomodoro, erbe aromatiche, mela, pepe. Verde, persistente.

**AROMATIC PROFILE.**
Tomato, aromatic herbs, apple, pepper. Green, persistent.

## TESORO

**CULTIVAR: CERASUOLA, NOCELLARA, BIANCOLILLA**
**FRUTTATO/FRUITY: 5 • AMARO/BITTER: 4 • PICCANTE/SPICY: 4**
**FASCIA PREZZO/PRICE RANGE: 5**

**PROFILO AROMATICO.**
Pomodoro, erbe aromatiche, mela. Verde.

**AROMATIC PROFILE.**
Tomato, aromatic herbs, apple. Green.

## MONOCULTIVAR CERASUOLA

**CULTIVAR: CERASUOLA**
**FRUTTATO/FRUITY: 6 • AMARO/BITTER: 4 • PICCANTE/SPICY: 4**
**FASCIA PREZZO/PRICE RANGE: 4**

**PROFILO AROMATICO.**
Pomodoro, erbe aromatiche, songino,. Verde.

**AROMATIC PROFILE.**
Tomato, aromatic herbs, lamb's lettuce. Green.

# Tenute Fraccia

**Partinico (PA) | c.da Pollastra |**
**tel. 320 9717484 | tenutefraccia.com**

**OLIVETO PROPRIO** SÌ
**CULTIVAR** Cerasuola, Nocellara del Belìce, Biancolilla
**COLTIVAZIONE** Biologica
**RACCOLTA** Manuale
**ESTRAZIONE** Ciclo continuo
**FRANTOIO** NO
**LITRI PRODOTTI** 3.800
**OLIVE DA MENSA** NO
**OSPITALITÀ** SÌ
**RISTORAZIONE** NO

**AZIENDA.** La famiglia Lo Grasso coltiva olivi da 4 generazioni in una posizione invidiabile caratterizzata da dolci colline accanto al monte Jato, nel palermitano. La proprietà si sviluppa su 8 ettari dove sono ospitati 2.500 olivi di varietà autoctone siciliane. Disponibilità di pernottamento in 2 camere nell'oliveto.

**OLIVE GROVE** YES
**CULTIVAR** Cerasuola, Nocellara del Belìce, Biancolilla
**GROWING METHOD** Organic
**HARVEST METHOD** Manual
**EXTRACTION METHOD** Continuous cycle
**OIL MILL** NO
**LITRES PRODUCED** 3,800
**TABLE OLIVES** NO
**ACCOMODATIONS** YES
**RESTAURANT** NO

**OIL MAKER.** The Lo Grasso family have been cultivating olive trees for 4 generations in an enviable position next to Mount Jato, Palermo, a territory characterized by rolling hills. The 8-hectare property is home to 2,500 olive trees (varieties native to Sicily). Two rooms are available for rent in the olive grove.

## 1910 MONOCULTIVAR CERASUOLA BIO

**CULTIVAR: CERASUOLA**
**FRUTTATO/FRUITY: 4 • AMARO/BITTER: 4 • PICCANTE/SPICY: 5**
**FASCIA PREZZO/PRICE RANGE: 2**

**PROFILO AROMATICO.**
Pomodoro, erbe aromatiche, mela, pepe. Maturo, persistente.

**AROMATIC PROFILE.**
Tomato, aromatic herbs, apple, pepper. Ripe, persistent.

# Frantoio Galioto - Sebastiana Fisicaro

**Ferla (SR) | c.da Campanio |**
**tel. 338 2131983 | frantoioigalioto.it**

**OLIVETO PROPRIO** SÌ
**CULTIVAR** Nocellara del Belìce, Tonda Iblea, Moresca, Biancolilla
**COLTIVAZIONE** Tradizionale
**RACCOLTA** Meccanica
**ESTRAZIONE** Ciclo continuo
**FRANTOIO** SÌ
**LITRI PRODOTTI** 70.000
**OLIVE DA MENSA** NO
**OSPITALITÀ** NO
**RISTORAZIONE** NO

**AZIENDA.** Nella suggestiva valle del fiume Anapo sorge questa tenuta di 100 ettari, di cui 50 a oliveto in biologico, con 15mila olivi. Sebastiana Fisicaro e Sebastiano Galioto, la quarta generazione della famiglia, la conducono con dedizione e cura. Produzione anche di vino.

**OLIVE GROVE** YES
**CULTIVAR** Nocellara del Belìce, Tonda Iblea, Moresca, Biancolilla
**GROWING METHOD** Traditional
**HARVEST METHOD** Mechanical
**EXTRACTION METHOD** Continuous cycle
**OIL MILL** YES
**LITRES PRODUCED** 70,000
**TABLE OLIVES** NO
**ACCOMODATIONS** NO
**RESTAURANT** NO

**OIL MAKER.** This 100-hectare estate lies in the scenic valley of the Anapo river. 50 ha host organic olive groves (15,000 trees). The fourth generation of family, Sebastiana Fisicaro and Sebastiano Galioto, manage the property with dedication and care. Wine is also produced.

## MONOCULTIVAR MORESCA

**CULTIVAR: MORESCA**
**FRUTTATO/FRUITY: 8 • AMARO/BITTER: 4 • PICCANTE/SPICY: 5**
**FASCIA PREZZO/PRICE RANGE: 2**

**PROFILO AROMATICO.** Pomodoro, erbe aromatiche, scorza di limone, mela, balsamico. Verde, persistente.

**AROMATIC PROFILE.** Tomato, aromatic herbs, lemon zest, apple, balsamic. Green, persistent.

## DOP MONTI IBLEI VALTELLARO

**CULTIVAR: MORESCA, TONDA IBLEA**
**FRUTTATO/FRUITY: 7 • AMARO/BITTER: 4 • PICCANTE/SPICY: 5**
**FASCIA PREZZO/PRICE RANGE: 4**

**PROFILO AROMATICO.** Pomodoro, erbe aromatiche, erba, pepe, balsamico. Verde, persistente.

**AROMATIC PROFILE.** Tomato, aromatic herbs, grass, pepper, balsamic. Green, persistent.

## IGP SICILIA

**CULTIVAR: BIANCOLILLA, NOCELLARA ETNEA, ALTRE**
**FRUTTATO/FRUITY: 4 • AMARO/BITTER: 3 • PICCANTE/SPICY: 4**
**FASCIA PREZZO/PRICE RANGE: 2**

**PROFILO AROMATICO.** Erbe aromatiche, fiori, mela. Maturo.

**AROMATIC PROFILE.** Aromatic herbs, flowers, apple. Ripe.

# Tenuta Giannone

**Modica (RG) | c.da San Giacomo Piane Pozzi, 38 |**
**tel. 0932 231318 | tenutagiannone.com**

**OLIVETO PROPRIO** SÌ
**CULTIVAR** Verdese, Tonda Iblea, Coratina, Biancolilla, Nocellara del Belìce, Nocellara Etnea, Carolea, Frantoio
**COLTIVAZIONE** In conversione
**RACCOLTA** Manuale
**ESTRAZIONE** Ciclo continuo
**FRANTOIO** NO
**LITRI PRODOTTI** 1.500
**OLIVE DA MENSA** NO
**OSPITALITÀ** NO
**RISTORAZIONE** NO

**AZIENDA.** Alle pendici dei Monti Iblei, Giorgio Giannone coltiva i 15 ettari della sua azienda in conversione biologica con particolare attenzione agli oliveti che al momento vedono 250 piante in produzione cui se ne affiancano altre 800 di nuovo impianto. L'azienda offre anche mandorle e carrube.

**OLIVE GROVE** YES
**CULTIVAR** Verdese, Tonda Iblea, Coratina, Biancolilla, Nocellara del Belìce, Nocellara Etnea, Carolea, Frantoio
**GROWING METHOD** Being converted
**HARVEST METHOD** Manual
**EXTRACTION METHOD** Continuous cycle
**OIL MILL** NO
**LITRES PRODUCED** 1,500
**TABLE OLIVES** NO
**ACCOMODATIONS** NO
**RESTAURANT** NO

**OIL MAKER.** Giorgio Giannone cultivates 15 hectares of terrain (currently being converted to organic) on the slopes of the Hyblaean Mountains, with particular attention to his olive grove. 250 trees are already in use while another 800 are on the way. Almonds and carobs are also produced.

## IL SALTO

**CULTIVAR: NOCELLARA DEL BELÌCE, TONDA IBLEA, BIANCOLILLA**
**FRUTTATO/FRUITY: 6 • AMARO/BITTER: 4 • PICCANTE/SPICY: 5**
**FASCIA PREZZO/PRICE RANGE: 5**

**PROFILO AROMATICO.**
Pomodoro, erbe aromatiche, mela, pepe, balsamico. Verde, persistente.

**AROMATIC PROFILE.**
Tomato, aromatic herbs, apple, pepper, balsamic. Green, persistent.

# Gioi di Sicilia

**Noto (SR) | c.da Gioi |**
**tel. 093 9705678 | gioidisicilia.it**

**OLIVETO PROPRIO** SÌ
**CULTIVAR** Moresca, Verdese
**COLTIVAZIONE** In conversione
**RACCOLTA** Manuale
**ESTRAZIONE** Ciclo continuo
**FRANTOIO** NO
**LITRI PRODOTTI** 1.000
**OLIVE DA MENSA** NO
**OSPITALITÀ** NO
**RISTORAZIONE** NO

**AZIENDA.** Una nuovissima realtà olivicola si affaccia in terra siciliana e il merito va tutto a Margareth Madè, attrice di professione e originaria della Trinacria dove lo scorso anno ha deciso di cominciare questa avventura come produttrice di olio extravergine di qualità. Una piccola produzione (per ora) che punta a valorizzare le varietà autoctone di questo territorio.

**OLIVE GROVE** YES
**CULTIVAR** Moresca, Verdese
**GROWING METHOD** Being converted
**HARVEST METHOD** Manual
**EXTRACTION METHOD** Continuous cycle
**OIL MILL** NO
**LITRES PRODUCED** 1,000
**TABLE OLIVES** NO
**ACCOMODATIONS** NO
**RESTAURANT** NO

**OIL MAKER.** Sicily has a brand new oil producer and all the credit goes to Margareth Madè. An actress by profession, Margareth is originally from Trinacria, where last year she decided to launch a venture producing quality extra virgin olive oil. Her oils, available in only limited amounts (for now), aim to highlight the attributes of the area's native olive cultivars.

## OGGHIU ANGELICA U SULI DOP MONTI IBLEI SOTTOZONA VALTELLARO

**CULTIVAR: MORESCA, VERDESE**
**FRUTTATO/FRUITY: 4 • AMARO/BITTER: 3 • PICCANTE/SPICY: 4**
**FASCIA PREZZO/PRICE RANGE: 5**

**PROFILO AROMATICO.**
Erbe aromatiche, mela, pinolo, pepe, balsamico. Verde.

**AROMATIC PROFILE.**
Aromatic herbs, apple, pine nut, pepper, balsamic. Green.

## OGGHIU ANGELICA AMACCIA R'ALIVU DOP MONTI IBLEI SOTTOZONA VALTELLARO

**CULTIVAR: MORESCA, VERDESE**
**FRUTTATO/FRUITY: 5 • AMARO/BITTER: 3 • PICCANTE/SPICY: 4**
**FASCIA PREZZO/PRICE RANGE: 5**

**PROFILO AROMATICO.**
Cardo, songino, noce, mela. Verde.

**AROMATIC PROFILE.**
Cardoon, lamb's lettuce, walnut, apple. Green.

# Greco

Centuripe (EN) | c.da Coco |
tel. 339 6409818 | aziendagricolagreco.it

**OLIVETO PROPRIO** SÌ
**CULTIVAR** Nocellara Etnea
**COLTIVAZIONE** Biologica
**RACCOLTA** Manuale
**ESTRAZIONE** Ciclo continuo
**FRANTOIO** NO
**LITRI PRODOTTI** 3.000
**OLIVE DA MENSA** NO
**OSPITALITÀ** NO
**RISTORAZIONE** NO

**AZIENDA.** Una giovane realtà a conduzione familiare situata nell'entroterra di Enna. Giusi Laura Biondi e Alberto Greco gestiscono i 10 ettari di proprietà, con 2.000 olivi, dal 2017. Il tutto in un contesto affascinante situato nelle colline di Centuripe, tra Paternò e Leonforte, su terreni arricchiti dalle scorie depositate dall'eruzioni dell'Etna.

**OLIVE GROVE** YES
**CULTIVAR** Nocellara Etnea
**GROWING METHOD** Organic
**HARVEST METHOD** Manual
**EXTRACTION METHOD** Continuous cycle
**OIL MILL** NO
**LITRES PRODUCED** 3,000
**TABLE OLIVES** NO
**ACCOMODATIONS** NO
**RESTAURANT** NO

**OIL MAKER.** This young, family-run business is situated in the hinterland of Enna. Giusi Laura Biondi and Alberto Greco have been managing the 10 hectares of property (2,000 olive trees) since 2017. All in a charming landscape set in the hills of Centuripe, between Paternò and Leonforte, on the iron-rich soils left behind after Etna's eruptions.

## MONOCULTIVAR NOCELLARA ETNEA BIO

**CULTIVAR: NOCELLARA ETNEA**
**FRUTTATO/FRUITY: 7 • AMARO/BITTER: 3 • PICCANTE/SPICY: 4**
**FASCIA PREZZO/PRICE RANGE: 4**

**PROFILO AROMATICO.**
Pomodoro, erbe aromatiche, mela, balsamico. Verde, persistente.

**AROMATIC PROFILE.**
Tomato, aromatic herbs, apple, balsamic. Green, persistent.

# Oleificio Guccione

**Chiaramonte Gulfi (RG) | c.da Ponte Biviere |**
**tel. 0932 921025 | oleificioguccione.it**

**OLIVETO PROPRIO** SÌ
**CULTIVAR** Tonda Iblea, Biancolilla, Moresca, Nocellara Etnea
**COLTIVAZIONE** Tradizionale
**RACCOLTA** Manuale / Meccanica
**ESTRAZIONE** Ciclo continuo
**FRANTOIO** SÌ
**LITRI PRODOTTI** 12.000
**OLIVE DA MENSA** NO
**OSPITALITÀ** NO
**RISTORAZIONE** NO

**AZIENDA.** Giuseppe e Vito Divita proseguono quella che dal 1966 è l'attività di famiglia aggiungendo conoscenza e nuova mentalità produttiva. L'azienda, nata nel 1966, oggi conta 600 piante su 7 ettari e dispone di un bel frantoio dove si lavorano anche olive selezionate in zona.

**OLIVE GROVE** YES
**CULTIVAR** Tonda Iblea, Biancolilla, Moresca, Nocellara Etnea
**GROWING METHOD** Traditional
**HARVEST METHOD** Manual + mechanical
**EXTRACTION METHOD** Continuous cycle
**OIL MILL** YES
**LITRES PRODUCED** 12,000
**TABLE OLIVES** NO
**ACCOMODATIONS** NO
**RESTAURANT** NO

**OIL MAKER.** Giuseppe and Vito Divita carry on a business that's been in the family since 1966, bringing knowledge and a new mindset to their work. Today the property's 7 hectares host 600 trees and a lovely oil mill, where select, locally sourced olives are also pressed.

## /// ZAHARA MONOCULTIVAR TONDA IBLEA

**CULTIVAR: TONDA IBLEA**
**FRUTTATO/FRUITY: 7 • AMARO/BITTER: 3 • PICCANTE/SPICY: 4**
**FASCIA PREZZO/PRICE RANGE: 5**

**PROFILO AROMATICO.**
Pomodoro, erbe aromatiche, mela, pepe. Verde.

**AROMATIC PROFILE.**
Tomato, aromatic herbs, apple, pepper. Green.

# Sebastiano Iacono

**Chiaramonte Gulfi (RG) | c.da Dicchiara, 76 |**
**tel. 339 2553357 | aziendaiacono.it**

**OLIVETO PROPRIO** SÌ
**CULTIVAR** Tonda Iblea, Nocellara Messinese
**COLTIVAZIONE** Tradizionale / Biologica
**RACCOLTA** Manuale / Meccanica
**ESTRAZIONE** Ciclo continuo
**FRANTOIO** NO
**LITRI PRODOTTI** 2.000
**OLIVE DA MENSA** NO
**OSPITALITÀ** NO
**RISTORAZIONE** NO

**AZIENDA.** Sebastiano Iacono guida l'azienda di famiglia rappresentando la terza generazione a lavorare su questi terreni. Con la sua esperienza di agronomo segue con passione i 9 ettari di poderi dove si possono trovare 450 olivi di varietà autoctone, ma anche colture orticole e produzione di uva da tavola.

**OLIVE GROVE** YES
**CULTIVAR** Tonda Iblea, Nocellara Messinese
**GROWING METHOD** Traditional + organic
**HARVEST METHOD** Manual + mechanical
**EXTRACTION METHOD** Continuous cycle
**OIL MILL** NO
**LITRES PRODUCED** 2,000
**TABLE OLIVES** NO
**ACCOMODATIONS** NO
**RESTAURANT** NO

**OIL MAKER.** Sebastiano Iacono represents the third generation of family to work on these lands. Drawing on his experience as an agronomist, he manages 9 hectares with passionate commitment. 450 olive trees (native varieties) are cultivated alongside vegetables and table grapes.

## AGRESTE MONOCULTIVAR TONDA IBLEA

**CULTIVAR: TONDA IBLEA**
**FRUTTATO/FRUITY: 5 • AMARO/BITTER: 2 • PICCANTE/SPICY: 3**
**FASCIA PREZZO/PRICE RANGE: 2**

**PROFILO AROMATICO.**
Pomodoro, erbe aromatiche, mela. Verde.

**AROMATIC PROFILE.**
Tomato, aromatic herbs, apple. Green.

# Giovanni Ingallinella

**Vittoria (RG) | via N. Bixio, 318 |**
**tel. 335 7415725 | ingallinella.it**

**OLIVETO PROPRIO** SÌ
**CULTIVAR** Moresca, Biancolilla, Tonda Iblea
**COLTIVAZIONE** Biologica
**RACCOLTA** Manuale
**ESTRAZIONE** Ciclo continuo
**FRANTOIO** NO
**LITRI PRODOTTI** 1.200
**OLIVE DA MENSA** NO
**OSPITALITÀ** NO
**RISTORAZIONE** NO

**AZIENDA.** Una realtà da sempre molto attenta alla valorizzazione del territorio e delle produzioni tradizionali. Giovanni Ingallinella ha dato così una forte personalità a questa azienda che oggi si sviluppa su 8 ettari dove sono ospitati 1.350 olivi di varietà autoctone.

**OLIVE GROVE** YES
**CULTIVAR** Moresca, Biancolilla, Tonda Iblea
**GROWING METHOD** Organic
**HARVEST METHOD** Manual
**EXTRACTION METHOD** Continuous cycle
**OIL MILL** NO
**LITRES PRODUCED** 1,200
**TABLE OLIVES** NO
**ACCOMODATIONS** NO
**RESTAURANT** NO

**OIL MAKER.** Giovanni Ingallinella has long championed the territory and its traditional products. As a result the producer has imbued his work with a strong identity, cultivating 1,350 olive trees (native varieties) across 8 hectares of terrain.

## GIARA BIO

**CULTIVAR: MORESCA, BIANCOLILLA, TONDA IBLEA**
**FRUTTATO/FRUITY: 5 • AMARO/BITTER: 3 • PICCANTE/SPICY: 4**
**FASCIA PREZZO/PRICE RANGE: 4**

**PROFILO AROMATICO.**
Pomodoro, fiori, mela. Maturo.

**AROMATIC PROFILE.**
Tomato, flowers, apple. Ripe.

# La Pira

**Canicattini Bagni (SR) | c.da Bagni |**
**tel. 339 1937906 | aziendaagricolalapira.it**

**OLIVETO PROPRIO** NO
**CULTIVAR** Siracusana, Verdese, Biancolilla, Zaitun
**COLTIVAZIONE** Tradizionale
**RACCOLTA** Meccanica
**ESTRAZIONE** Ciclo continuo
**FRANTOIO** NO
**LITRI PRODOTTI** 4.000
**OLIVE DA MENSA** NO
**OSPITALITÀ** NO
**RISTORAZIONE** NO

**AZIENDA.** Una realtà familiare che dal 2010 è gestita e coordinata con passione da Giuseppe La Pira. La proprietà si sviluppa su poco più di 25 ettari dove sono ospitati 189 olivi secolari. A questo si aggiunge un oliveto di 7 ettari in affitto. Il resto della produzione è dedicata a carrubi, oleolito di iperico, saponi, grani antichi, legumi, mandorle, grano Senatore Cappelli.

**OLIVE GROVE** NO
**CULTIVAR** Siracusana, Verdese, Biancolilla, Zaitun
**GROWING METHOD** Traditional
**HARVEST METHOD** Mechanical
**EXTRACTION METHOD** Continuous cycle
**OIL MILL** NO
**LITRES PRODUCED** 4,000
**TABLE OLIVES** NO
**ACCOMODATIONS** NO
**RESTAURANT** NO

**OIL MAKER.** Since 2010 this family-run farm has been managed and coordinated by Giuseppe la Pira. The property, which spans just over 25 hectares, is home to 189 centuries-old olive trees, while another 7 hectares of olive groves are rented. The rest of production focuses on carobs, St. John's Wort, soaps, ancient grains, pulses, almonds and Senatore Cappelli wheat.

## L'OLIO DELLA MAESTRA TINA IGP SICILIA MONOCULTIVAR ZAITUN

**CULTIVAR: ZAITUN**
**FRUTTATO/FRUITY: 5 • AMARO/BITTER: 4 • PICCANTE/SPICY: 5**
**FASCIA PREZZO/PRICE RANGE: 5**

**PROFILO AROMATICO.**
Fiori, mela, mandorla. Maturo.

**AROMATIC PROFILE.**
Flowers, apple, almond. Ripe.

# Mandranova

**Palma di Montechiaro (AG) | s.s. 115, km 217 strada di servizio |**
**tel. 393 9862169 | mandranova.com**

**OLIVETO PROPRIO** SÌ
**CULTIVAR** Coratina, Cerasuola, Giarraffa, Nocellara del Belìce, Biancolilla
**COLTIVAZIONE** Tradizionale
**RACCOLTA** Meccanica
**ESTRAZIONE** Ciclo continuo
**FRANTOIO** SÌ
**LITRI PRODOTTI** 37.000
**OLIVE DA MENSA** NO
**OSPITALITÀ** SÌ
**RISTORAZIONE** SÌ

**AZIENDA.** A poca distanza dalla cittadina che ispirò il celebre "Gattopardo" di Tomasi di Lampedusa si trova il regno della famiglia Di Vincenzo. Una moderna tenuta di 180 ettari che conta sulla presenza di 10mila olivi di cui molti ultracentenari. Si producono anche confetture, mandorle e cosmetici.

**OLIVE GROVE** YES
**CULTIVAR** Coratina, Cerasuola, Giarraffa, Nocellara del Belìce, Biancolilla
**GROWING METHOD** Traditional
**HARVEST METHOD** Mechanical
**EXTRACTION METHOD** Continuous cycle
**OIL MILL** YES
**LITRES PRODUCED** 37,000
**TABLE OLIVES** NO
**ACCOMODATIONS** YES
**RESTAURANT** YES

**OIL MAKER.** The Di Vincenzo family's Mandranova is situated near the town that inspired Tomasi di Lampedusa's famous "The Leopard". A modern estate of 180 hectares, it's home to some 10,000 olive trees, many of which go back more than a century. Jams, almonds and cosmetics are also produced and sold.

## MONOCULTIVAR BIANCOLILLA

**CULTIVAR: BIANCOLILLA**
**FRUTTATO/FRUITY: 5 • AMARO/BITTER: 4 • PICCANTE/SPICY: 5**
**FASCIA PREZZO/PRICE RANGE: 4**

**PROFILO AROMATICO.** Erbe aromatiche, mela, songino, pinolo, pepe. Verde, persistente.

**AROMATIC PROFILE.** Aromatic herbs, apple, lamb's lettuce, pine nut, pepper. Green, persistent.

## MONOCULTIVAR NOCELLARA DEL BELÌCE

**CULTIVAR: NOCELLARA DEL BELÌCE**
**FRUTTATO/FRUITY: 7 • AMARO/BITTER: 4 • PICCANTE/SPICY: 5**
**FASCIA PREZZO/PRICE RANGE: 4**

**PROFILO AROMATICO.** Pomodoro, erbe aromatiche, mela. Verde, persistente.

**AROMATIC PROFILE.** Tomato, aromatic herbs, apple. Green, persistent.

## MONOCULTIVAR CERASUOLA

**CULTIVAR: CERASUOLA**
**FRUTTATO/FRUITY: 6 • AMARO/BITTER: 6 • PICCANTE/SPICY: 7**
**FASCIA PREZZO/PRICE RANGE: 4**

**PROFILO AROMATICO.** Rucola, mela, erba, pepe. Maturo, persistente.

**AROMATIC PROFILE.** Arugula, apple, grass, pepper. Ripe, persistent.

# Mandravecchia

**Modica (RG) | loc. Cammaratini | fraz. Frigintini |**
**tel. 0165 764656 | mandravecchia.com**

**OLIVETO PROPRIO** SÌ
**CULTIVAR** Moresca, Verdese, Nocellara Etnea
**COLTIVAZIONE** In conversione
**RACCOLTA** Manuale
**ESTRAZIONE** Ciclo continuo
**FRANTOIO** NO
**LITRI PRODOTTI** 2.000
**OLIVE DA MENSA** NO
**OSPITALITÀ** NO
**RISTORAZIONE** NO

**AZIENDA.** Quello di Frigintini è un areale di singolare bellezza, in cui olivi centenari si alternano a immensi carrubi separati da chilometri di muretti a secco. Giorgio e Rosa Basile hanno ripreso un podere di famiglia di 5 ettari che ospita 750 olivi di varietà autoctone.

**OLIVE GROVE** YES
**CULTIVAR** Moresca, Verdese, Nocellara Etnea
**GROWING METHOD** Being converted
**HARVEST METHOD** Manual
**EXTRACTION METHOD** Continuous cycle
**OIL MILL** NO
**LITRES PRODUCED** 2,000
**TABLE OLIVES** NO
**ACCOMODATIONS** NO
**RESTAURANT** NO

**OIL MAKER.** Frigintini is an area of singular beauty, where age-old olive trees alternate with immense carob trees separated by kilometers of stone walls. It's here that Giorgio and Rosa Basile manage their family's 5-hectare farm, which is home to 750 olive trees (native cultivars).

## OLIO EXTRAVERGINE DI OLIVA

**CULTIVAR: VERDESE, MORESCA**
**FRUTTATO/FRUITY: 6 • AMARO/BITTER: 4 • PICCANTE/SPICY: 5**
**FASCIA PREZZO/PRICE RANGE: 5**

**PROFILO AROMATICO.**
Pomodoro, erbe aromatiche, mela, lattuga. Verde.

**AROMATIC PROFILE.**
Tomato, aromatic herbs, apple, lettuce. Green.

NOVITÀ DELL'ANNO · BEST NEW ENTRY

# Miceli & Sensat

Monreale (PA) | via Tre Canali, 7 |
tel. 333 2300790 | miceliandsensat.it

**OLIVETO PROPRIO** SÌ
**CULTIVAR** Nocellara del Belìce, Biancolilla, Cerasuola, Arbequina
**COLTIVAZIONE** Biologica
**RACCOLTA** Manuale / Meccanica
**ESTRAZIONE** Ciclo continuo
**FRANTOIO** SÌ
**LITRI PRODOTTI** 16.000
**OLIVE DA MENSA** NO
**OSPITALITÀ** NO
**RISTORAZIONE** NO

**AZIENDA.** Un progetto nato dalla volontà e dalla passione per l'olivicoltura di Paolo Miceli e Sergio Sensat che qualche anno fa hanno deciso di creare un'azienda all'avanguardia in questa area. L'oliveto si sviluppa su 9 ettari, mentre altri 100 sono dedicati alla coltivazione di grani antichi siciliani.

**OLIVE GROVE** YES
**CULTIVAR** Nocellara del Belìce, Biancolilla, Cerasuola, Arbequina
**GROWING METHOD** Organic
**HARVEST METHOD** Manual + mechanical
**EXTRACTION METHOD** Continuous cycle
**OIL MILL** YES
**LITRES PRODUCED** 16,000
**TABLE OLIVES** NO
**ACCOMODATIONS** NO
**RESTAURANT** NO

**OIL MAKER.** Founded a few years ago in the province of Palermo, this cutting-edge producer was inspired by Paolo Miceli and Sergio Sensat's passion for olive growing. The olive grove spans 9 hectares, with another 100 ha dedicated to the cultivation of ancient Sicilian grains.

## IGP SICILIA BIO

**CULTIVAR: BIANCOLILLA, NOCELLARA**
**FRUTTATO/FRUITY: 7 • AMARO/BITTER: 4 • PICCANTE/SPICY: 5**
**FASCIA PREZZO/PRICE RANGE: 4**

**PROFILO AROMATICO.** Pomodoro, erbe aromatiche, pepe, erba, mela, balsamico. Verde, persistente.

**AROMATIC PROFILE.** Tomato, aromatic herbs, pepper, grass, apple, balsamic. Green, persistent.

## U'CIURI IGP SICILIA MONOCULTIVAR NOCELLARA DEL BELÌCE BIO

**CULTIVAR: NOCELLARA DEL BELÌCE**
**FRUTTATO/FRUITY: 6 • AMARO/BITTER: 4 • PICCANTE/SPICY: 4**
**FASCIA PREZZO/PRICE RANGE: 5**

**PROFILO AROMATICO.** Pomodoro, erba, erbe aromatiche, mela, pepe. Verde, persistente.

**AROMATIC PROFILE.** Tomato, grass, aromatic herbs, apple, pepper. Green, persistent.

## DELICATO BIO

**CULTIVAR: CERASUOLA, NOCELLARA DEL BELÌCE, BIANCOLILLA**
**FRUTTATO/FRUITY: 6 • AMARO/BITTER: 4 • PICCANTE/SPICY: 6**
**FASCIA PREZZO/PRICE RANGE: 4**

**PROFILO AROMATICO.** Pomodoro, lattuga, erbe aromatiche, pepe. Verde, persistente.

**AROMATIC PROFILE.** Tomato, lettuce, aromatic herbs, pepper. Green, persistent.

# Naru

Naro (AG) | c.da La Pernice |
tel. 349 7822956 | naruoliveoil.com

**OLIVETO PROPRIO** Sì
**CULTIVAR** Biancolilla, Nocellara del Belìce, Leccino
**COLTIVAZIONE** Biologica
**RACCOLTA** Manuale
**ESTRAZIONE** Ciclo continuo
**FRANTOIO** NO
**LITRI PRODOTTI** 8.000
**OLIVE DA MENSA** NO
**OSPITALITÀ** NO
**RISTORAZIONE** NO

**AZIENDA.** Una realtà familiare presa in mano dalla giovane Maria Piscopo che, con passione e ostinazione, segue tutte le attività dal campo al frantoio. La proprietà si sviluppa su poco meno di 15 ettari di cui una decina dedicati all'oliveto di 2.900 alberi a 600 metri di altitudine.

**OLIVE GROVE** YES
**CULTIVAR** Biancolilla, Nocellara del Belìce, Leccino
**GROWING METHOD** Organic
**HARVEST METHOD** Manual
**EXTRACTION METHOD** Continuous cycle
**OIL MILL** NO
**LITRES PRODUCED** 8,000
**TABLE OLIVES** NO
**ACCOMODATIONS** NO
**RESTAURANT** NO

**OIL MAKER.** A family-run business managed by young Maria Piscopo who, with passion and determination, oversees all stages of production, from the field to the mill. The property, which unfolds at 600 meters elevation, spans just under 15 hectares, 10 of which are dedicated to olive cultivation (2,900 trees).

## IGP SICILIA BIO

**CULTIVAR: NOCELLARA DEL BELÌCE, BIANCOLILLA**
**FRUTTATO/FRUITY: 4 • AMARO/BITTER: 3 • PICCANTE/SPICY: 4**
**FASCIA PREZZO/PRICE RANGE: 2**

**PROFILO AROMATICO.** Pomodoro, erbe aromatiche, mela. Maturo.

**AROMATIC PROFILE.** Tomato, aromatic herbs, apple. Ripe.

# Nettare d'oliva F.lli Farruggia

**Realmonte (AG) | c.da Rina |**
**tel. 0922 814827 | oliofarruggia.eu**

**OLIVETO PROPRIO** SÌ
**CULTIVAR** Biancolilla, Cerasuola, Nocellara del Belìce
**COLTIVAZIONE** Biologica
**RACCOLTA** Manuale
**ESTRAZIONE** Ciclo continuo
**FRANTOIO** SÌ
**LITRI PRODOTTI** 15.000
**OLIVE DA MENSA** NO
**OSPITALITÀ** NO
**RISTORAZIONE** NO

**AZIENDA.** La famiglia Farruggia, guidata da Alfonso e Giancarlo, conduce oliveti su 20 ettari e segue in biologico 5.000 piante di varietà locali, il tutto a picco sul mare nella cittadina della suggestiva Scala dei Turchi. L'azienda produce anche olive sott'olio, mandorle e limoncello.

**OLIVE GROVE** YES
**CULTIVAR** Biancolilla, Cerasuola, Nocellara del Belìce
**GROWING METHOD** Organic
**HARVEST METHOD** Manual
**EXTRACTION METHOD** Continuous cycle
**OIL MILL** YES
**LITRES PRODUCED** 15,000
**TABLE OLIVES** NO
**ACCOMODATIONS** NO
**RESTAURANT** NO

**OIL MAKER.** The Farruggia family, led by Alfonso and Giancarlo, manage this 20-hectare, organic olive grove (5,000 trees, all local varieties). Based near Realmonte (and the evocative Scala dei Turchi) overlooking the sea, Nettare d'oliva also produce olives preserved in oil, almonds and limoncello.

## /// NOTTI D'AMURI BIO

**CULTIVAR: BIANCOLILLA, CERASUOLA, NOCELLARA DEL BELÌCE**
**FRUTTATO/FRUITY: 5 • AMARO/BITTER: 3 • PICCANTE/SPICY: 3**
**FASCIA PREZZO/PRICE RANGE: 3**

**PROFILO AROMATICO.**
Fiori, mela, pinolo, mandorla. Verde.

**AROMATIC PROFILE.**
Flowers, apple, pine nut, almond. Green.

# Nocella

Partanna (TP) | via Vespri, 62 |
tel. 334 6507904 | nocella.it

**OLIVETO PROPRIO** Sì
**CULTIVAR** Nocellara del Belìce
**COLTIVAZIONE** Tradizionale
**RACCOLTA** Manuale
**ESTRAZIONE** Ciclo continuo
**FRANTOIO** NO
**LITRI PRODOTTI** 2.000
**OLIVE DA MENSA** NO
**OSPITALITÀ** NO
**RISTORAZIONE** NO

**AZIENDA.** Quella di Margherita Gargano è una bella realtà che da generazioni si occupa di olio e olivi e che oggi ha deciso di puntare tutto sulla qualità. L'oliveto si sviluppa su 4 ettari dove sono presenti oltre 600 piante della varietà autoctona Nocellara del Belìce.

**OLIVE GROVE** YES
**CULTIVAR** Nocellara del Belìce
**GROWING METHOD** Traditional
**HARVEST METHOD** Manual
**EXTRACTION METHOD** Continuous cycle
**OIL MILL** NO
**LITRES PRODUCED** 2,000
**TABLE OLIVES** NO
**ACCOMODATIONS** NO
**RESTAURANT** NO

**OIL MAKER.** Margherita Gargano's Nocella is a lovely estate where they've been cultivating olives and producing oil for generations, and where today they've gone all in on quality. The 4-hectare grove is home to more than 600 Nocellara del Belìce olive trees.

## OLIO EXTRAVERGINE DI OLIVA

**CULTIVAR: NOCELLARA DEL BELÌCE, GIARRAFFA, BIANCOLILLA, ALTRE**
**FRUTTATO/FRUITY: 5 • AMARO/BITTER: 3 • PICCANTE/SPICY: 4**
**FASCIA PREZZO/PRICE RANGE: 2**

**PROFILO AROMATICO.**
Pomodoro, lattuga, mela. Maturo.

**AROMATIC PROFILE.**
Tomato, lettuce, apple. Ripe.

# Agricola Oliva

**Solarino (SR) | c.da Finaiti |**
**tel. 0931 340277 | agricolaoliva.it**

**OLIVETO PROPRIO** SÌ
**CULTIVAR** Nocellara Etnea, Moresca, Tonda Iblea, Cerasuola
**COLTIVAZIONE** Tradizionale
**RACCOLTA** Manuale
**ESTRAZIONE** Ciclo continuo
**FRANTOIO** SÌ
**LITRI PRODOTTI** 30.000
**OLIVE DA MENSA** NO
**OSPITALITÀ** NO
**RISTORAZIONE** NO

**AZIENDA.** Quella della famiglia Oliva è una realtà agricola attiva su vari fronti sin dal 1957. Oggi le tenute di proprietà si sviluppano su 25 ettari complessivi per 5.000 olivi, distribuiti su alte colline, alcune delle quali superano i 600 metri di altitudine. Si producono, inoltre, limoni, patate e grano.

**OLIVE GROVE** YES
**CULTIVAR** Nocellara Etnea, Moresca, Tonda Iblea, Cerasuola
**GROWING METHOD** Traditional
**HARVEST METHOD** Manual
**EXTRACTION METHOD** Continuous cycle
**OIL MILL** YES
**LITRES PRODUCED** 30,000
**TABLE OLIVES** NO
**ACCOMODATIONS** NO
**RESTAURANT** NO

**OIL MAKER.** The Oliva family have been farming since 1957. Today Agricola Oliva spans a total of 25 hectares, with 5,000 olive trees occupying hillside plots, some of which reach over 600 meters elevation. Lemons, potatoes and wheat are also produced.

## FAVOLA OPUNZIA

**CULTIVAR: NOCELLARA ETNEA, CERASUOLA**
**FRUTTATO/FRUITY: 6 • AMARO/BITTER: 5 • PICCANTE/SPICY: 5**
**FASCIA PREZZO/PRICE RANGE: 5**

**PROFILO AROMATICO.** Pomodoro, erbe aromatiche, mela, pepe. Verde.

**AROMATIC PROFILE.** Tomato, aromatic herbs, apple, pepper. Green.

## FAVOLA MONOCULTIVAR TONDA IBLEA

**CULTIVAR: TONDA IBLEA**
**FRUTTATO/FRUITY: 6 • AMARO/BITTER: 3 • PICCANTE/SPICY: 4**
**FASCIA PREZZO/PRICE RANGE: 5**

**PROFILO AROMATICO.** Pomodoro, erbe aromatiche, mela. Maturo.

**AROMATIC PROFILE.** Tomato, aromatic herbs, apple. Ripe.

# Michelangelo Pasciuta

Ribera (AG) | via Brunelleschi, 33 |
tel. 327 5848796 | olioaulivus.it

**OLIVETO PROPRIO** SÌ
**CULTIVAR** Biancolilla
**COLTIVAZIONE** Tradizionale
**RACCOLTA** Manuale
**ESTRAZIONE** Ciclo continuo
**FRANTOIO** NO
**LITRI PRODOTTI** 3.500
**OLIVE DA MENSA** NO
**OSPITALITÀ** NO
**RISTORAZIONE** NO

**AZIENDA.** Quella di Michelangelo Pasciuta è una realtà attiva dal 1982 in quella che viene chiamata la "città delle arance", che qui caratterizzano gran parte della produzione aziendale. La proprietà si sviluppa su 14 ettari di cui circa 3 dedicati ai 690 olivi della sola varietà autoctona Biancolilla.

**OLIVE GROVE** YES
**CULTIVAR** Biancolilla
**GROWING METHOD** Traditional
**HARVEST METHOD** Manual
**EXTRACTION METHOD** Continuous cycle
**OIL MILL** NO
**LITRES PRODUCED** 3,500
**TABLE OLIVES** NO
**ACCOMODATIONS** NO
**RESTAURANT** NO

**OIL MAKER.** Michelangelo Pasciuta has been farming here in the "City of Oranges" (one of his main crops) since 1982. The property spans 14 hectares, about 3 of which are dedicated to olive growing (690 olive trees, all the native Biancolilla variety).

## AULIVUS MONOCULTIVAR BIANCOLILLA

**CULTIVAR: BIANCOLILLA**
**FRUTTATO/FRUITY: 4 • AMARO/BITTER: 3 • PICCANTE/SPICY: 4**
**FASCIA PREZZO/PRICE RANGE: 2**

**PROFILO AROMATICO.**
Erbe aromatiche, fiori, mela, pepe. Verde.

**AROMATIC PROFILE.**
Aromatic herbs, flowers, apple, pepper. Green.

# Planeta

**Menfi (AG) | c.da Dispensa |**
**tel. 091 327965 | planeta.it**

**OLIVETO PROPRIO** SÌ
**CULTIVAR** Nocellara del Belìce, Biancolilla, Cerasuola
**COLTIVAZIONE** Biologica
**RACCOLTA** Manuale
**ESTRAZIONE** Ciclo continuo
**FRANTOIO** SÌ
**LITRI PRODOTTI** 120.000
**OLIVE DA MENSA** NO
**OSPITALITÀ** SÌ
**RISTORAZIONE** SÌ

**AZIENDA.** Non solo vini di eccellenza, più ospitalità e ristorazione di alto livello presso La Foresteria. I fratelli Alessio, Francesca e Santi Planeta credono molto anche nell'extravergine e lo dimostrano con i 150 ettari (e 45mila olivi) della tenuta specializzata di Capparina.

**OLIVE GROVE** YES
**CULTIVAR** Nocellara del Belìce, Biancolilla, Cerasuola
**GROWING METHOD** Organic
**HARVEST METHOD** Manual
**EXTRACTION METHOD** Continuous cycle
**OIL MILL** YES
**LITRES PRODUCED** 120,000
**TABLE OLIVES** NO
**ACCOMODATIONS** YES
**RESTAURANT** YES

**OIL MAKER.** Not only do the Planeta family produce outstanding wines, they also offer hospitality and high-profile dining La Foresteria. Alessio, Francesca and Santi also believe in extra virgin olive oil, pressing the drupes of 45,000 trees (150 hectares) cultivated on their specialized Capparina estate.

## IGP SICILIA

**CULTIVAR: NOCELLARA DEL BELICE, BIANCOLILLA, CERASUOLA**
**FRUTTATO/FRUITY: 4 • AMARO/BITTER: 4 • PICCANTE/SPICY: 4**
**FASCIA PREZZO/PRICE RANGE: 3**

**PROFILO AROMATICO.**
Pomodoro, erbe aromatiche, fiori, mela, pepe. Verde.

**AROMATIC PROFILE.**
Tomato, aromatic herbs, flowers, apple, pepper. Green.

# Rosso

Chiaramonte Gulfi (RG) | c.da Roccazzo |
tel. 335 6633052 | zottopera.it

**OLIVETO PROPRIO** SÌ
**CULTIVAR** Tonda Iblea
**COLTIVAZIONE** Biologica
**RACCOLTA** Manuale
**ESTRAZIONE** Ciclo continuo
**FRANTOIO** NO
**LITRI PRODOTTI** 6.000
**OLIVE DA MENSA** NO
**OSPITALITÀ** SÌ
**RISTORAZIONE** SÌ

**AZIENDA.** Giuseppe Rosso, la cui famiglia si occupa di olivicoltura da oltre tre secoli, ha dato vita a questa bella realtà che conta circa 2.500 olivi su una ventina di ettari condotti in biologico e un suggestivo agriturismo. Rosso - affiancato oggi dal figlio Marcello - è tra i pionieri della Dop Monti Iblei e produce anche vino.

**OLIVE GROVE** YES
**CULTIVAR** Tonda Iblea
**GROWING METHOD** Organic
**HARVEST METHOD** Manual
**EXTRACTION METHOD** Continuous cycle
**OIL MILL** NO
**LITRES PRODUCED** 6,000
**TABLE OLIVES** NO
**ACCOMODATIONS** YES
**RESTAURANT** YES

**OIL MAKER.** Giuseppe Rosso, whose family has been growing olives for over three centuries, founded this lovely estate, about 20 organic hectares (2,500 olive trees) complete with a charming guest house. Rosso, who's supported today by his son Marcello, is also one of the pioneers of the Dop Monti Iblei designation. Wine is produced as well.

## ROSSO MONOCULTIVAR TONDA IBLEA BIO

**CULTIVAR: TONDA IBLEA**
**FRUTTATO/FRUITY: 8 • AMARO/BITTER: 3 • PICCANTE/SPICY: 4**
**FASCIA PREZZO/PRICE RANGE: 5**

**PROFILO AROMATICO.**
Pomodoro, erbe aromatiche, erba, pepe, balsamico. Verde, persistente.

**AROMATIC PROFILE.**
Tomato, aromatic herbs, grass, pepper, balsamic. Green, persistent.

## VILLA ZOTTOPERA MONOCULTIVAR TONDA IBLEA BIO

**CULTIVAR: TONDA IBLEA**
**FRUTTATO/FRUITY: 7 • AMARO/BITTER: 5 • PICCANTE/SPICY: 5**
**FASCIA PREZZO/PRICE RANGE: 5**

**PROFILO AROMATICO.**
Pomodoro, rucola, erbe aromatiche, erba, pepe. Verde, persistente.

**AROMATIC PROFILE.**
Tomato, arugula, aromatic herbs, grass, pepper. Green, persistent.

# Ruperossa

**Gangi (PA) | c.da Cavaliere |**
**tel. 320 4764265 | ruperossa.it**

**OLIVETO PROPRIO** SÌ
**CULTIVAR** Tonda Iblea, Nocellara del Belìce, Nocellara Messinese, Biancolilla, Verdello, Santagatese, Crastu, Moresca
**COLTIVAZIONE** Tradizionale
**RACCOLTA** Manuale
**ESTRAZIONE** Ciclo continuo
**FRANTOIO** NO
**LITRI PRODOTTI** 3.000
**OLIVE DA MENSA** NO
**OSPITALITÀ** NO
**RISTORAZIONE** NO

**AZIENDA.** L'anima dell'impresa è Giuseppe Dongarrà, un giovane prestato all'olivicoltura innamorato della terra dei suoi avi. Nell'ex sementificio di famiglia vengono imbottigliati gli extravergine provenienti dalle olive di proprietà e da quelle selezionate nel territorio. Si producono anche creme di pomodoro e caponata siciliana in vasetto.

**OLIVE GROVE** YES
**CULTIVAR** Tonda Iblea, Nocellara del Belìce, Nocellara Messinese, Biancolilla, Verdello, Santagatese, Crastu, Moresca
**GROWING METHOD** Traditional
**HARVEST METHOD** Manual
**EXTRACTION METHOD** Continuous cycle
**OIL MILL** NO
**LITRES PRODUCED** 3,000
**TABLE OLIVES** NO
**ACCOMODATIONS** NO
**RESTAURANT** NO

**OIL MAKER.** Young Giuseppe Dongarrà is adept at olive growing and passionate about the land of his ancestors. At his family's old seed factory, he bottles the extra virgin pressed from estate trees and olives sourced locally. Tomato purée and bottled Sicilian caponata are also produced.

## DONNA ANGELICA IGP SICILIA

**CULTIVAR: NOCELLARA MESSINESE, VERDELLO, SANTAGATESE, ALTRE**
**FRUTTATO/FRUITY: 6 • AMARO/BITTER: 3 • PICCANTE/SPICY: 5**
**FASCIA PREZZO/PRICE RANGE: 5**

**PROFILO AROMATICO.**
Pomodoro, mela. Verde.

**AROMATIC PROFILE.**
Tomato, apple. Green.

## DON FEFÈ

**CULTIVAR: NOCELLARA ETNEA, NOCELLARA DEL BELICE, MORESCA**
**FRUTTATO/FRUITY: 6 • AMARO/BITTER: 3 • PICCANTE/SPICY: 4**
**FASCIA PREZZO/PRICE RANGE: 5**

**PROFILO AROMATICO.**
Pomodoro, fiori, mela. Verde.

**AROMATIC PROFILE.**
Tomato, flowers, apple. Green.

# Fattoria Sant'Anastasia

**Motta Sant'Anastasia (CT) | via Prof. A. Francaviglia, 10 |**
**tel. 338 7687139 | tenutavasadonna.com**

**OLIVETO PROPRIO** SÌ
**CULTIVAR** Nocellara Etnea, Nocellara Messinese
**COLTIVAZIONE** Biologica
**RACCOLTA** Manuale
**ESTRAZIONE** Ciclo continuo
**FRANTOIO** NO
**LITRI PRODOTTI** 5.000
**OLIVE DA MENSA** SÌ
**OSPITALITÀ** NO
**RISTORAZIONE** NO

**AZIENDA.** Alle pendici dell'Etna, dove un tempo prosperava l'immenso Feudo Moncada, Daniela e Salvatore Scuderi possono contare su 20 ettari (15 di oliveto) e circa 3.500 olivi coltivati in regime biologico. Fin dagli esordi, oltre 20 anni or sono, l'azienda è gestita con una visione moderna e innovativa. Si producono anche olive da mensa Nocellara Messinese.

**OLIVE GROVE** YES
**CULTIVAR** Nocellara Etnea, Nocellara Messinese
**GROWING METHOD** Organic
**HARVEST METHOD** Manual
**EXTRACTION METHOD** Continuous cycle
**OIL MILL** NO
**LITRES PRODUCED** 5,000
**TABLE OLIVES** YES
**ACCOMODATIONS** NO
**RESTAURANT** NO

**OIL MAKER.** On the slopes of Etna, where the vast Feudo Moncada once thrived, Daniela and Salvatore Scuderi cultivate 20 hectares of land (15 of which are olive groves) and around 3,500 organically grown trees. Since it was founded some 20 odd years ago, Sant'Anastasia has been managed with a modern, innovative vision. Nocellara Messinese table olives are also produced

## TENUTA VASADONNA DOP MONTE ETNA MONOCULTIVAR NOCELLARA ETNEA BIO

**CULTIVAR: NOCELLARA ETNEA**
**FRUTTATO/FRUITY: 6 • AMARO/BITTER: 4 • PICCANTE/SPICY: 5**
**FASCIA PREZZO/PRICE RANGE: 5**

**PROFILO AROMATICO.** Pomodoro, erbe aromatiche, fiori, mela, balsamico. Verde, persistente.

**AROMATIC PROFILE.** Tomato, aromatic herbs, flowers, apple, balsamic. Green, persistent.

## TENUTA VASADONNA IGP SICILIA MONOCULTIVAR NOCELLARA MESSINESE BIO

**CULTIVAR: NOCELLARA MESSINESE**
**FRUTTATO/FRUITY: 6 • AMARO/BITTER: 5 • PICCANTE/SPICY: 5**
**FASCIA PREZZO/PRICE RANGE: 5**

**PROFILO AROMATICO.** Pomodoro, erbe aromatiche, erba, pepe. Verde, persistente.

**AROMATIC PROFILE.** Tomato, aromatic herbs, grass, pepper. Green, persistent.

# Oleificio Sant'Anna

**Marsala (TP) | c.da Sant'Anna | loc. Santo Padre delle Perriere |**
**tel. 0923 997350 | oleificiosantanna.it**

**OLIVETO PROPRIO** SÌ
**CULTIVAR** Nocellara del Belìce, Cerasuola, Biancolilla
**COLTIVAZIONE** Tradizionale / Biologica
**RACCOLTA** Manuale
**ESTRAZIONE** Ciclo continuo
**FRANTOIO** SÌ
**LITRI PRODOTTI** 10.000
**OLIVE DA MENSA** NO
**OSPITALITÀ** NO
**RISTORAZIONE** NO

**AZIENDA.** Dal 1997 la famiglia Giacalone gestisce con cura e ostinazione i lavori in campo e in frantoio. Una realtà nata dall'idea di Marco, ex bancario, che ha deciso di mettere mano all'attività agricola dei suoi avi. Oggi si contano 15 ettari con 2.000 olivi messi a dimora.

**OLIVE GROVE** YES
**CULTIVAR** Nocellara del Belìce, Cerasuola, Biancolilla
**GROWING METHOD** Traditional + organic
**HARVEST METHOD** Manual
**EXTRACTION METHOD** Continuous cycle
**OIL MILL** YES
**LITRES PRODUCED** 10,000
**TABLE OLIVES** NO
**ACCOMODATIONS** NO
**RESTAURANT** NO

**OIL MAKER.** The Giacalone family have been growing and pressing olives with care and determination since 1997. Founded by Marco, a former banker who decided to return to his family's agricultural roots, today the 15-hectare property is home to about 2,000 olive trees.

## MEDIO BIO

**CULTIVAR: NOCELLARA DEL BELÌCE, BIANCOLILLA**
**FRUTTATO/FRUITY: 6 • AMARO/BITTER: 3 • PICCANTE/SPICY: 5**
**FASCIA PREZZO/PRICE RANGE: 5**

**PROFILO AROMATICO.** Pomodoro, erbe aromatiche, mela, pepe. Verde.

**AROMATIC PROFILE.** Tomato, aromatic herbs, apple, pepper. Green.

## DELICATO BIO

**CULTIVAR: BIANCOLILLA, NOCELLARA DEL BELÌCE**
**FRUTTATO/FRUITY: 6 • AMARO/BITTER: 3 • PICCANTE/SPICY: 4**
**FASCIA PREZZO/PRICE RANGE: 5**

**PROFILO AROMATICO.** Pomodoro, erbe aromatiche, buccia di limone, mela. Verde.

**AROMATIC PROFILE.** Tomato, aromatic herbs, lemon zest, apple. Green.

## INTENSO BIO

**CULTIVAR: CERASUOLA, NOCELLARA DEL BELÌCE, BIANCOLILLA**
**FRUTTATO/FRUITY: 6 • AMARO/BITTER: 4 • PICCANTE/SPICY: 4**
**FASCIA PREZZO/PRICE RANGE: 5**

**PROFILO AROMATICO.** Pomodoro, erbe aromatiche, pepe, balsamico. Verde, persistente.

**AROMATIC PROFILE.** Tomato, aromatic herbs, pepper, balsamic. Green, persistent.

# Senia

**Chiaramonte Gulfi (RG) | c.da Senia, 1 |**
**tel. 345 4002757 | terredisenia.com**

**OLIVETO PROPRIO** SÌ
**CULTIVAR** Tonda Iblea
**COLTIVAZIONE** Biologica
**RACCOLTA** Manuale
**ESTRAZIONE** Ciclo continuo
**FRANTOIO** NO
**LITRI PRODOTTI** 12.000
**OLIVE DA MENSA** NO
**OSPITALITÀ** SÌ
**RISTORAZIONE** SÌ

**AZIENDA.** La decisione di cambiar vita ha portato Daniele Cipolla e Claudia Bassi a investire tutte le loro energie in questo ameno luogo a 300 metri di altitudine dove hanno creato un'azienda agricola di una ventina di ettari dove sono presenti 2.500 olivi, zafferano e una bella struttura agrituristica.

**OLIVE GROVE** YES
**CULTIVAR** Tonda Iblea
**GROWING METHOD** Organic
**HARVEST METHOD** Manual
**EXTRACTION METHOD** Continuous cycle
**OIL MILL** NO
**LITRES PRODUCED** 12,000
**TABLE OLIVES** NO
**ACCOMODATIONS** YES
**RESTAURANT** YES

**OIL MAKER.** The decision to change their lives led Daniele Cipolla and Claudia Bassi to invest all their energy in this pleasant farm, situated at 300 meters elevation. Some 20 hectares are home to 2,500 olive trees, as well as saffron and a beautiful country guest house.

## MONOCULTIVAR TONDA IBLEA BIO

**CULTIVAR: TONDA IBLEA**
**FRUTTATO/FRUITY: 6 • AMARO/BITTER: 3 • PICCANTE/SPICY: 4**
**FASCIA PREZZO/PRICE RANGE: 3**

**PROFILO AROMATICO.**
Pomodoro, erbe aromatiche, pepe, balsamico. Verde.

**AROMATIC PROFILE.**
Tomato, aromatic herbs, pepper, balsamic. Green.

# Vincenzo Signorelli

Nicolosi (CT) | via V. Brancati, 4d |
tel. 335 6889498 | enzosignorelli.wordpress.com

**OLIVETO PROPRIO** Sì
**CULTIVAR** Nocellara Etnea, Moresca
**COLTIVAZIONE** Biologica
**RACCOLTA** Manuale / Meccanica
**ESTRAZIONE** Ciclo continuo
**FRANTOIO** NO
**LITRI PRODOTTI** 2.000
**OLIVE DA MENSA** NO
**OSPITALITÀ** NO
**RISTORAZIONE** NO

**AZIENDA.** Un nome noto nel mondo del giornalismo e dei fotografi professionisti per la sua attività di fotoreporter, ma Vincenzo Signorelli è anche un appassionato olivicoltore che gestisce un oliveto di 6 ettari con 700 alberi secolari nel Parco Regionale dell'Etna, alle pendici del Monte Arso. Una piccola produzione che punta tutto sulla qualità.

**OLIVE GROVE** YES
**CULTIVAR** Nocellara Etnea, Moresca
**GROWING METHOD** Organic
**HARVEST METHOD** Manual + mechanical
**EXTRACTION METHOD** Continuous cycle
**OIL MILL** NO
**LITRES PRODUCED** 2,000
**TABLE OLIVES** NO
**ACCOMODATIONS** NO
**RESTAURANT** NO

**OIL MAKER.** Vincenzo Signorelli may be most famous as a photojournalist, but he's also a passionate olive grower who cultivates 6 hectares of land (700 historic trees) in the Etna Regional Park, on the slopes of Monte Arso. A small producer focused entirely on quality.

## CONTRADA MANCUSI IGP SICILIA NOCELLARA ETNEA GRAND CRU BIO

**CULTIVAR: NOCELLARA ETNEA, NOCELLARA DEL BELÌCE, TONDA IBLEA**
**FRUTTATO/FRUITY: 6 • AMARO/BITTER: 5 • PICCANTE/SPICY: 6**
**FASCIA PREZZO/PRICE RANGE: 5**

**PROFILO AROMATICO.**
Pomodoro, rucola, erbe aromatiche, pepe, balsamico. Verde, persistente.

**AROMATIC PROFILE.**
Tomato, arugula, aromatic herbs, pepper, balsamic. Green, persistent.

## FOGLIE DI PLATINO IGP SICILIA MONOCULTIVAR NOCELLARA DEL BELÌCE PREMIER CRU BIO

**CULTIVAR: NOCELLARA DEL BELÌCE**
**FRUTTATO/FRUITY: 5 • AMARO/BITTER: 4 • PICCANTE/SPICY: 4**
**FASCIA PREZZO/PRICE RANGE: 5**

**PROFILO AROMATICO.**
Pomodoro, erbe aromatiche, mela, balsamico. Verde.

**AROMATIC PROFILE.**
Tomato, aromatic herbs, apple, balsamic. Green.

## FOGLIE DI PLATINO IGP SICILIA MONOCULTIVAR BIANCOLILLA PREMIER CRU BIO

**CULTIVAR: BIANCOLILLA**
**FRUTTATO/FRUITY: 4 • AMARO/BITTER: 3 • PICCANTE/SPICY: 4**
**FASCIA PREZZO/PRICE RANGE: 5**

**PROFILO AROMATICO.**
Pomodoro, mela, pepe. Verde.

**AROMATIC PROFILE.**
Tomato, apple, pepper. Green.

# Suoru Maria

**Chiaramonte Gulfi (RG) | c.da Dicchiara, 68 |**
**tel. 335 463697 | suorumaria.com**

**OLIVETO PROPRIO** SÌ
**CULTIVAR** Tonda Iblea, Nocellara Etnea, Biancolilla
**COLTIVAZIONE** Tradizionale
**RACCOLTA** Manuale
**ESTRAZIONE** Ciclo continuo
**FRANTOIO** NO
**LITRI PRODOTTI** 1.000
**OLIVE DA MENSA** NO
**OSPITALITÀ** SÌ
**RISTORAZIONE** NO

**AZIENDA.** In un'areale in zona collinare, tra i 300 e i 400 metri di altitudine, si trova la realtà della famiglia Iacono. L'azienda prende il via nel secondo dopoguerra e oggi si contano una decina di ettari che ospitano 750 olivi di varietà autoctone regionali. Si coltivano, inoltre, mandorle, pere, susine, melograni e prugne.

**OLIVE GROVE** YES
**CULTIVAR** Tonda Iblea, Nocellara Etnea, Biancolilla
**GROWING METHOD** Traditional
**HARVEST METHOD** Manual
**EXTRACTION METHOD** Continuous cycle
**OIL MILL** NO
**LITRES PRODUCED** 1,000
**TABLE OLIVES** NO
**ACCOMODATIONS** YES
**RESTAURANT** NO

**OIL MAKER.** The Iacono family's Suoru Maria is situated in a hilly area, at elevations spanning 300-400 meters. The producer, which got its start during the post-WW II period, today cultivates some 750 olive trees (local varieties) across 10 hectares. Almonds, pears, plums, pomegranates and plums are also grown.

## U PRINCIPI MONOCULTIVAR TONDA IBLEA

**CULTIVAR: TONDA IBLEA**
**FRUTTATO/FRUITY: 7 • AMARO/BITTER: 3 • PICCANTE/SPICY: 4**
**FASCIA PREZZO/PRICE RANGE: 2**

**PROFILO AROMATICO.** Pomodoro, erbe aromatiche, songino, mela, balsamico. Verde, persistente.

**AROMATIC PROFILE.** Tomato, aromatic herbs, lamb's lettuce, apple, balsamic. Green, persistent.

# La Tenuta di Rocco

**Noto (SR) | c.da Bimmisca |**
**fraz. Vendicari | tel. 335 6260050**

**OLIVETO PROPRIO** SÌ
**CULTIVAR** Moresca
**COLTIVAZIONE** Tradizionale
**RACCOLTA** Manuale
**ESTRAZIONE** Tradizionale
**FRANTOIO** NO
**LITRI PRODOTTI** 2.000
**OLIVE DA MENSA** NO
**OSPITALITÀ** SÌ
**RISTORAZIONE** NO

**AZIENDA.** Suggestiva tenuta nelle campagne di Vendicari da cui si vede e si respira il mare. Qui la proprietà ha realizzato una suggestiva struttura in stile essenziale ma con inserti di design di livello e conduce la coltivazione delle olive su 16 ettari con un migliaio di alberi. Ospitalità di charme in 7 camere circondate dal verde.

**OLIVE GROVE** YES
**CULTIVAR** Moresca
**GROWING METHOD** Traditional
**HARVEST METHOD** Manual
**EXTRACTION METHOD** Traditional
**OIL MILL** NO
**LITRES PRODUCED** 2,000
**TABLE OLIVES** NO
**ACCOMODATIONS** YES
**RESTAURANT** NO

**OIL MAKER.** This scenic estate is situated in the countryside of Vendicari, in a coastal area where you can see and smell the sea. The owners have created a charming, minimalist property with stylish design flourishes while the rest of the estate is home to 16 hectares of olive groves (1,000 trees). Seven charming guest rooms are available for rent immersed in nature.

## OLIO DI ROCCO MONOCULTIVAR MORESCA

**CULTIVAR: MORESCA**
**FRUTTATO/FRUITY: 5 • AMARO/BITTER: 4 • PICCANTE/SPICY: 4**
**FASCIA PREZZO/PRICE RANGE: 2**

**PROFILO AROMATICO.**
Pomodoro, mela, pepe. Maturo, persistente.

**AROMATIC PROFILE.**
Tomato, apple, pepper. Ripe, persistent.

# Giovanna Termini

**Castelvetrano (TP) | via S. Neri, 52 |**
**tel. 338 2357048 | antichigrani.it**

**OLIVETO PROPRIO** SÌ
**CULTIVAR** Nocellara del Belìce, Biancolilla, Cerasuola
**COLTIVAZIONE** Tradizionale
**RACCOLTA** Manuale
**ESTRAZIONE** Ciclo continuo
**FRANTOIO** NO
**LITRI PRODOTTI** 5.500
**OLIVE DA MENSA** SÌ
**OSPITALITÀ** NO
**RISTORAZIONE** NO

**AZIENDA.** Il forno Antichi Grani nasce nel 2005 a Castelvetrano dopo l'esperienza di tre generazioni di donne che si sono alternate nell'arte bianca. L'azienda però, oggi condotta da Giovanna Termini, si occupa anche di produzione di olive, olio e grano. L'oliveto di 2.200 alberi si estende su 7 ettari di proprietà.

**OLIVE GROVE** YES
**CULTIVAR** Nocellara del Belìce, Biancolilla, Cerasuola
**GROWING METHOD** Traditional
**HARVEST METHOD** Manual
**EXTRACTION METHOD** Continuous cycle
**OIL MILL** NO
**LITRES PRODUCED** 5,500
**TABLE OLIVES** YES
**ACCOMODATIONS** NO
**RESTAURANT** NO

**OIL MAKER.** Antichi Grani was founded in Castelvetrano in 2005 so as to carry on the tradition of three generations of bakers. However, the producer, now run by Giovanna Termini, also deals in the production of olives, oil and wheat. The 2,200-tree olive grove spans 7 hectares of property.

## ORO DI OLIVA IGP SICILIA MONOCULTIVAR NOCELLARA DEL BELÌCE

**CULTIVAR: NOCELLARA DEL BELÌCE**
**FRUTTATO/FRUITY: 5 • AMARO/BITTER: 3 • PICCANTE/SPICY: 4**
**FASCIA PREZZO/PRICE RANGE: 2**

**PROFILO AROMATICO.**
Pomodoro, erbe aromatiche, melissa, mela. Verde.

**AROMATIC PROFILE.**
Tomato, aromatic herbs, lemon balm, apple. Green.

## BLEND

**CULTIVAR: NOCELLARA DEL BELÌCE, BIANCOLILLA, CERASUOLA**
**FRUTTATO/FRUITY: 4 • AMARO/BITTER: 4 • PICCANTE/SPICY: 4**
**FASCIA PREZZO/PRICE RANGE: 2**

**PROFILO AROMATICO.**
Pomodoro, fiori, mela. Maturo.

**AROMATIC PROFILE.**
Tomato, flowers, apple. Ripe.

# ★ Terraliva

Siracusa | p.zza L. L. Cuella, 11 |
tel. 0931 461251 | terraliva.com

**OLIVETO PROPRIO** SÌ
**CULTIVAR** Nocellara Etnea, Nocellara del Belìce, Tonda Iblea, Biancolilla
**COLTIVAZIONE** Biologica
**RACCOLTA** Manuale
**ESTRAZIONE** Ciclo continuo
**FRANTOIO** NO
**LITRI PRODOTTI** 7.000
**OLIVE DA MENSA** NO
**OSPITALITÀ** NO
**RISTORAZIONE** NO

**AZIENDA.** Quella di Giuseppina Frontino e Tino Cavarra, con il supporto della figlia Debora, è una realtà olivicola d'eccellenza di questo pezzo di Sicilia. La proprietà comprende una bella dimora del Settecento adibita ad agriturismo. A circondarla ci sono 1.700 olivi, quasi tutti vecchissimi.

**OLIVE GROVE** YES
**CULTIVAR** Nocellara Etnea, Nocellara del Belìce, Tonda Iblea, Biancolilla
**GROWING METHOD** Organic
**HARVEST METHOD** Manual
**EXTRACTION METHOD** Continuous cycle
**OIL MILL** NO
**LITRES PRODUCED** 7,000
**TABLE OLIVES** NO
**ACCOMODATIONS** NO
**RESTAURANT** NO

**OIL MAKER.** Terraliva is one of the area's most prominent oil producers. Giuseppina Frontino and Tino Cavarra, supported by their daughter, also manage a lovely, 18th-century residence surrounded by hills and used as a rural guest house. It's surrounded by some 1,700 olive trees, almost all very old.

## CHERUBINO T IGP SICILIA MONOCULTIVAR TONDA IBLEA BIO

CULTIVAR: TONDA IBLEA
FRUTTATO/FRUITY: 7 • AMARO/BITTER: 3 • PICCANTE/SPICY: 4
FASCIA PREZZO/PRICE RANGE: 5

**PROFILO AROMATICO.** Pomodoro, erbe aromatiche, mela, songino, pepe, balsamico. Verde, persistente.

**AROMATIC PROFILE.** Tomato, aromatic herbs, apple, lamb's lettuce, pepper, balsamic. Green, persistent.

## CHERUBINO B IGP SICILIA MONOCULTIVAR BIANCOLILLA BIO

CULTIVAR: BIANCOLILLA
FRUTTATO/FRUITY: 5 • AMARO/BITTER: 4 • PICCANTE/SPICY: 5
FASCIA PREZZO/PRICE RANGE: 5

**PROFILO AROMATICO.**
Erbe aromatiche, mela, balsamico. Verde.

**AROMATIC PROFILE.**
Aromatic herbs, apple, balsamic. Green.

## CHERUBINO N IGP SICILIA MONOCULTIVAR NOCELLARA ETNEA BIO

CULTIVAR: NOCELLARA ETNEA
FRUTTATO/FRUITY: 5 • AMARO/BITTER: 5 • PICCANTE/SPICY: 5
FASCIA PREZZO/PRICE RANGE: 5

**PROFILO AROMATICO.**
Mela, lattuga, pepe. Verde.

**AROMATIC PROFILE.**
Apple, lettuce, pepper. Green.

# Terre sul Dirillo

**Chiaramonte Gulfi (RG) | c.da Gulfi, 22 |**
**tel. 333 1895797 | terresuldirillo.it**

**OLIVETO PROPRIO** SÌ
**CULTIVAR** Tonda Iblea, Nocellara Etnea, Nocellara del Belìce, Biancolilla, Moresca, Cerasuola
**COLTIVAZIONE** Biologica
**RACCOLTA** Manuale / Meccanica
**ESTRAZIONE** Ciclo continuo
**FRANTOIO** NO
**LITRI PRODOTTI** 8.000
**OLIVE DA MENSA** NO
**OSPITALITÀ** NO
**RISTORAZIONE** NO

**AZIENDA.** Quella della famiglia Scollo è una realtà agricola qui presente dai primi del '900 e ancora oggi attiva in questa fertile valle dove scorre il fiume Acate, qui chiamato Dirillo. La proprietà si sviluppa su 58 ettari con 4.500 olivi. Si produce anche pasta di semola di grano duro.

**OLIVE GROVE** YES
**CULTIVAR** Tonda Iblea, Nocellara Etnea, Nocellara del Belìce, Biancolilla, Moresca, Cerasuola
**GROWING METHOD** Organic
**HARVEST METHOD** Manual + mechanical
**EXTRACTION METHOD** Continuous cycle
**OIL MILL** NO
**LITRES PRODUCED** 8,000
**TABLE OLIVES** NO
**ACCOMODATIONS** NO
**RESTAURANT** NO

**OIL MAKER.** The Scollo family's Terre sul Dirillo has a long history, dating back to the early 1900s. The property spans some 58 hectares, 32 of which are dedicated to olive growing (1,520 trees). Durum wheat semolina pasta is also produced.

## QULFE DOP MONTI IBLEI GULFI MONOCULTIVAR TONDA IBLEA BIO

**CULTIVAR: TONDA IBLEA**
**FRUTTATO/FRUITY: 7 • AMARO/BITTER: 3 • PICCANTE/SPICY: 4**
**FASCIA PREZZO/PRICE RANGE: 5**

**PROFILO AROMATICO.** Pomodoro, melissa, erbe aromatiche, fiori, mela, pepe, balsamico. Verde, persistente.

**AROMATIC PROFILE.** Tomato, lemon balm, aromatic herbs, flowers, apple, pepper, balsamic. Green, persistent.

## ARILLO BIO

**CULTIVAR: TONDA IBLEA, NOCELLARA ETNEA**
**FRUTTATO/FRUITY: 6 • AMARO/BITTER: 3 • PICCANTE/SPICY: 4**
**FASCIA PREZZO/PRICE RANGE: 5**

**PROFILO AROMATICO.**
Pomodoro, erbe aromatiche, fiori, mela, pepe. Verde.

**AROMATIC PROFILE.**
Tomato, aromatic herbs, flowers, apple, pepper. Green.

## FIOR DI OLIVE BIO

**CULTIVAR: BIANCOLILLA, NOCELLARA DEL BELÌCE, CERASUOLA, MORESCA**
**FRUTTATO/FRUITY: 6 • AMARO/BITTER: 4 • PICCANTE/SPICY: 4**
**FASCIA PREZZO/PRICE RANGE: 5**

**PROFILO AROMATICO.**
Pomodoro, erbe aromatiche, fiori, mela. Verde.

**AROMATIC PROFILE.**
Tomato, aromatic herbs, flowers, apple. Green.

# ★ Titone

**Trapani | via Piro, 68 | fraz. Locogrande |**
**tel. 335 7629634 | titone.it**

**OLIVETO PROPRIO** SÌ
**CULTIVAR** Nocellara del Belìce, Coratina, Cerasuola, Biancolilla, Frantoio
**COLTIVAZIONE** Biologica
**RACCOLTA** Manuale
**ESTRAZIONE** Ciclo continuo
**FRANTOIO** SÌ
**LITRI PRODOTTI** 10.000
**OLIVE DA MENSA** NO
**OSPITALITÀ** NO
**RISTORAZIONE** NO

**AZIENDA.** Quella di Antonella Titone è un'azienda storica fondata nel 1936 dal padre Nicola. Attualmente questa realtà può contare su 5.000 olivi su 19 ettari. Modifiche attente continue al frantoio portano a una sempre altissima qualità. Si produce anche miele.

**OLIVE GROVE** YES
**CULTIVAR** Nocellara del Belìce, Coratina, Cerasuola, Biancolilla, Frantoio
**GROWING METHOD** Organic
**HARVEST METHOD** Manual
**EXTRACTION METHOD** Continuous cycle
**OIL MILL** YES
**LITRES PRODUCED** 10,000
**TABLE OLIVES** NO
**ACCOMODATIONS** NO
**RESTAURANT** NO

**OIL MAKER.** Antonella Titone's historic estate was founded in 1936 by her father, Nicola. Currently the producer cultivates 5,000 olive trees on 19 hectares. Constant upgrading of the mill has meant that the quality is always very high. Honey is also produced.

## /// DOP VALLI TRAPANESI MONOCULTIVAR CERASUOLA BIO

**CULTIVAR: CERASUOLA**
**FRUTTATO/FRUITY: 7 • AMARO/BITTER: 6 • PICCANTE/SPICY: 7**
**FASCIA PREZZO/PRICE RANGE: 5**

**PROFILO AROMATICO.** Pomodoro, erbe aromatiche, mela, pepe, erba, balsamico. Verde, persistente.

**AROMATIC PROFILE.** Tomato, aromatic herbs, apple, grass, pepper, balsamic. Green, persistent.

## // OLIO EXTRAVERGINE DI OLIVA BIO

**CULTIVAR: NOCELLARA DEL BELICE, CERASUOLA, CORATINA**
**FRUTTATO/FRUITY: 6 • AMARO/BITTER: 5 • PICCANTE/SPICY: 6**
**FASCIA PREZZO/PRICE RANGE: 4**

**PROFILO AROMATICO.** Pomodoro, erbe aromatiche, mela, pepe, Verde, persistente.

**AROMATIC PROFILE.** Tomato, aromatic herbs, apple, pepper. Green, persistent.

# Francesca Tumino - Sciabacco

**Mazzarrone (CT) | Poggio Sciabacco |**
**tel. 338 9475701 | sciabacco.com**

**OLIVETO PROPRIO** SÌ
**CULTIVAR** Moresca
**COLTIVAZIONE** Tradizionale
**RACCOLTA** Manuale
**ESTRAZIONE** Ciclo continuo
**FRANTOIO** NO
**LITRI PRODOTTI** 1.400
**OLIVE DA MENSA** NO
**OSPITALITÀ** NO
**RISTORAZIONE** NO

**AZIENDA.** Nel 2018 Francesca Tumino ha dato il via a questa bella realtà tutta dedicata all'extravergine. La proprietà si estende su poco meno di 6 ettari che ospitano 300 olivi della varietà autoctona Moresca. Il tutto tra il mare di Scoglitti e le ceramiche di Caltagirone.

**OLIVE GROVE** YES
**CULTIVAR** Moresca
**GROWING METHOD** Traditional
**HARVEST METHOD** Manual
**EXTRACTION METHOD** Continuous cycle
**OIL MILL** NO
**LITRES PRODUCED** 1,400
**TABLE OLIVES** NO
**ACCOMODATIONS** NO
**RESTAURANT** NO

**OIL MAKER.** Francesca Tumino launched this lovely producer, dedicated entirely to extra virgin olive oil, in 2018. The 6-hectare property, which unfolds between the sea of Scoglitti and the ceramics of Caltagirone, hosts about 300 Moresca olive trees (a native variety).

## SCIABACCO MONOCULTIVAR MORESCA

**CULTIVAR: MORESCA**
**FRUTTATO/FRUITY: 5 • AMARO/BITTER: 3 • PICCANTE/SPICY: 4**
**FASCIA PREZZO/PRICE RANGE: 5**

**PROFILO AROMATICO.**
Pomodoro, fiori, mela. Maturo, persistente.

**AROMATIC PROFILE.**
Tomato, flowers, apple. Ripe, persistent.

# Tumino Emanuela

**Chiaramonte Gulfi (RG) | c.da Aranci, 29 |**
**tel. 0932 922396**

**OLIVETO PROPRIO** SÌ
**CULTIVAR** Tonda Iblea
**COLTIVAZIONE** Tradizionale
**RACCOLTA** Manuale
**ESTRAZIONE** Ciclo continuo
**FRANTOIO** NO
**LITRI PRODOTTI** 1.500
**OLIVE DA MENSA** SÌ
**OSPITALITÀ** NO
**RISTORAZIONE** NO

**AZIENDA.** Emanuela Tumino gestisce e coordina questa bella realtà nel Ragusano dal 1997. La proprietà si sviluppa su 14 ettari di cui 6 e mezzo dedicati all'oliveto di 1.200 alberi. Alla produzione di extravergine di qualità si aggiunge quella di mandorle, carrube, uva da tavola e da mosto, vino, pesti, confetture, mosto e dolci tipici.

**OLIVE GROVE** YES
**CULTIVAR** Tonda Iblea
**GROWING METHOD** Traditional
**HARVEST METHOD** Manual
**EXTRACTION METHOD** Continuous cycle
**OIL MILL** NO
**LITRES PRODUCED** 1,500
**TABLE OLIVES** YES
**ACCOMODATIONS** NO
**RESTAURANT** NO

**OIL MAKER.** Emanuela Tumino has been managing and coordinating this lovely, Ragusa-based producer since 1997. The property spans 14 hectares, 6.5 ha of which are dedicated to olive farming (1,200 trees). In addition to quality extra virgin olive oil, they produce almonds, carobs, table and must grapes, wines, pestos, jams and traditional sweets.

## MONOCULTIVAR TONDA IBLEA

**CULTIVAR: TONDA IBLEA**
**FRUTTATO/FRUITY: 7 • AMARO/BITTER: 3 • PICCANTE/SPICY: 4**
**FASCIA PREZZO/PRICE RANGE: 4**

**PROFILO AROMATICO.**
Pomodoro, erbe aromatiche, mela, pepe. Verde, persistente.

**AROMATIC PROFILE.**
Tomato, aromatic herbs, apple, pepper. Green, persistent.

# Tunnaliva

**Campobello di Mazara (TP) | via A. Volta, 5 |**
**tel. 353 3039328 | tunnaliva.com**

**OLIVETO PROPRIO** SÌ
**CULTIVAR** Nocellara del Belìce, Biancolilla
**COLTIVAZIONE** In conversione
**RACCOLTA** Manuale / Meccanica
**ESTRAZIONE** Ciclo continuo
**FRANTOIO** NO
**LITRI PRODOTTI** 3.000
**OLIVE DA MENSA** NO
**OSPITALITÀ** NO
**RISTORAZIONE** NO

**AZIENDA.** Fa il suo ingresso in Guida questa interessante realtà a gestione familiare con 20 anni di attività alle spalle. La tenuta olearia, seguita con amore e dedizione, si estende per 25 ettari in cui trovano dimora 5.200 piante perlopiù di nocellara del Belìce, oliva tonda, in dialetto "tunna".

**OLIVE GROVE** YES
**CULTIVAR** Nocellara del Belìce, Biancolilla
**GROWING METHOD** Being converted
**HARVEST METHOD** Manual + mechanical
**EXTRACTION METHOD** Continuous cycle
**OIL MILL** NO
**LITRES PRODUCED** 3,000
**TABLE OLIVES** NO
**ACCOMODATIONS** NO
**RESTAURANT** NO

**OIL MAKER.** Founded 20 years ago, this intriguing, family-run producer is making its debut in our guide. The 25-hectare olive grove, managed with love and dedication, is home to 5,200 trees, mostly Nocellara del Belìce, a round olive known as "tunna" in local dialect.

## IGP SICILIA MONOCULTIVAR NOCELLARA DEL BELÌCE

**CULTIVAR: NOCELLARA DEL BELICE**
**FRUTTATO/FRUITY: 5 • AMARO/BITTER: 4 • PICCANTE/SPICY: 4**
**FASCIA PREZZO/PRICE RANGE: 4**

**PROFILO AROMATICO.**
Pomodoro, mela, erba. Maturo.

**AROMATIC PROFILE.**
Tomato, apple, grass. Ripe.

# Val Paradiso

**Naro (AG) | s.s. 410, km 19 |**
**tel. 0922 419555 | valparadiso.it**

**OLIVETO PROPRIO** SÌ
**CULTIVAR** Nocellara del Belìce, Cerasuola, Biancolilla, Pidicuddara
**COLTIVAZIONE** Biologica
**RACCOLTA** Meccanica
**ESTRAZIONE** Ciclo continuo
**FRANTOIO** SÌ
**LITRI PRODOTTI** 130.000
**OLIVE DA MENSA** NO
**OSPITALITÀ** NO
**RISTORAZIONE** NO

**AZIENDA.** Massimo Carlino coordina e gestisce questa storica realtà nata oltre 60 anni fa. Oggi l'azienda si sviluppa su un centinaio di ettari dislocati tra Favara, Naro e Licata, dove sono presenti 27mila olivi di varietà autoctone siciliane. Si producono, inoltre, oli aromatizzati, erbe aromatiche e mandorle.

**OLIVE GROVE** YES
**CULTIVAR** Nocellara del Belìce, Cerasuola, Biancolilla, Pidicuddara
**GROWING METHOD** Organic
**HARVEST METHOD** Mechanical
**EXTRACTION METHOD** Continuous cycle
**OIL MILL** YES
**LITRES PRODUCED** 130,000
**TABLE OLIVES** NO
**ACCOMODATIONS** NO
**RESTAURANT** NO

**OIL MAKER.** Massimo Carlino coordinates and manages Val Paradiso, a historic estate founded over 60 years ago. Today the 100-hectare property stretches into Favara, Naro and Licata, and is home to 27,000 olive trees (native Sicilian varieties). Flavor-infused oils, aromatic herbs and almonds are also produced.

## IGP SICILIA BIO

**CULTIVAR: NOCELLARA DEL BELÌCE, BIANCOLILLA, CERASUOLA**
**FRUTTATO/FRUITY: 5 • AMARO/BITTER: 3 • PICCANTE/SPICY: 4**
**FASCIA PREZZO/PRICE RANGE: 4**

**PROFILO AROMATICO.**
Pomodoro, songino, mela. Maturo.

**AROMATIC PROFILE.**
Tomato, lamb's lattuce, apple, Ripe.

## OLIO EXTRAVERGINE DI OLIVA BIO

**CULTIVAR: BIANCOLILLA, ALTRE**
**FRUTTATO/FRUITY: 5 • AMARO/BITTER: 4 • PICCANTE/SPICY: 4**
**FASCIA PREZZO/PRICE RANGE: 3**

**PROFILO AROMATICO.**
Pomodoro, mela. Maturo.

**AROMATIC PROFILE.**
Tomato, apple. Ripe.

# Vincenzo Ventura

**Biancavilla (CT) | v.le Vulcano |**
**tel. 344 2348814 | oliosapta.com**

**OLIVETO PROPRIO** SÌ
**CULTIVAR** Nocellara Etnea
**COLTIVAZIONE** In conversione
**RACCOLTA** Manuale
**ESTRAZIONE** Ciclo continuo
**FRANTOIO** NO
**LITRI PRODOTTI** 1.500
**OLIVE DA MENSA** SÌ
**OSPITALITÀ** NO
**RISTORAZIONE** NO

**AZIENDA.** Tra l'Etna e la Valle del Simeto si sviluppa la proprietà di Vincenzo e Valentina Ventura che rappresentano la quarta generazione nella gestione dell'azienda. Si contano 18 ettari di superficie olivetata con 4.000 alberi di sola Nocellara Etnea, varietà autoctona di questa zona.

**OLIVE GROVE** YES
**CULTIVAR** Nocellara Etnea
**GROWING METHOD** Being converted
**HARVEST METHOD** Manual
**EXTRACTION METHOD** Continuous cycle
**OIL MILL** NO
**LITRES PRODUCED** 1,500
**TABLE OLIVES** YES
**ACCOMODATIONS** NO
**RESTAURANT** NO

**OIL MAKER.** Vincenzo and Valentina Ventura's farm unfolds between Etna and the Simeto Valley. The pair, who represent the fourth generation of family to manage the property, cultivate some 18 hectares of groves, about 4,000 Nocellara Etnea olive trees (a variety indigenous to the area).

## SAPTÀ IGP SICILIA MONOCULTIVAR NOCELLARA ETNEA

**CULTIVAR: NOCELLARA ETNEA**
**FRUTTATO/FRUITY: 7 • AMARO/BITTER: 5 • PICCANTE/SPICY: 5**
**FASCIA PREZZO/PRICE RANGE: 5**

**PROFILO AROMATICO.** Pomodoro, rucola, erbe aromatiche, mela, erba, pepe, balsamico. Verde, persistente.

**AROMATIC PROFILE.** Tomato, arugula, aromatic herbs, apple, grass, pepper, balsamic. Green, persistent.

# Viragì

**Chiaramonte Gulfi (RG) | c.da Mazzarronello |**
**tel. 393 9299344 | viragi.it**

**OLIVETO PROPRIO** SÌ
**CULTIVAR** Tonda Iblea, Nocellara del Belìce
**COLTIVAZIONE** Tradizionale / Biologica
**RACCOLTA** Manuale
**ESTRAZIONE** Ciclo continuo
**FRANTOIO** NO
**LITRI PRODOTTI** 24.000
**OLIVE DA MENSA** NO
**OSPITALITÀ** NO
**RISTORAZIONE** NO

**AZIENDA.** Nel 2007, tre amici (Gianluca Gurrieri, Silvano Ragusa e Giuseppe Vivera) hanno dato vita (e nome, dalle loro iniziali) a questa azienda che ha avuto molto successo e oggi gestisce 50 ettari di oliveto con 5.000 piante.

**OLIVE GROVE** YES
**CULTIVAR** Tonda Iblea, Nocellara del Belìce
**GROWING METHOD** Traditional + organic
**HARVEST METHOD** Manual
**EXTRACTION METHOD** Continuous cycle
**OIL MILL** NO
**LITRES PRODUCED** 24,000
**TABLE OLIVES** NO
**ACCOMODATIONS** NO
**RESTAURANT** NO

**OIL MAKER.** In 2007, three friends (Gianluca Gurrieri, Silvano Ragusa and Giuseppe Vivera) founded (and named, using their initials) this highly successful producer. Today Viragì cultivates 50 hectares of olive groves — about 5,000 trees in all.

## POLIFEMO DOP MONTI IBLEI MONOCULTIVAR TONDA IBLEA

**CULTIVAR: TONDA IBLEA**
**FRUTTATO/FRUITY: 8 • AMARO/BITTER: 3 • PICCANTE/SPICY: 5**
**FASCIA PREZZO/PRICE RANGE: 5**

**PROFILO AROMATICO.** Pomodoro, erbe aromatiche, lattuga, mela, pepe, balsamico. Verde, persistente.

**AROMATIC PROFILE.** Tomato, aromatic herbs, lettuce, apple, pepper, balsamic. Green, persistent.

## SBEZI

**CULTIVAR: TONDA IBLEA, NOCELLARA DEL BELÌCE**
**FRUTTATO/FRUITY: 6 • AMARO/BITTER: 3 • PICCANTE/SPICY: 4**
**FASCIA PREZZO/PRICE RANGE: 5**

**PROFILO AROMATICO.** Pomodoro, erbe aromatiche, songino, mela, pinolo. Verde, persistente.

**AROMATIC PROFILE.** Tomato, aromatic herbs, lamb's lettuce, apple, pine nut. Green, persistent.

# Virzì

**Cesarò (ME) | via Nazionale, 21 | c.da Bolo-Malamogliera |**
**tel. 351 8814892 | oliovirzi.com**

**OLIVETO PROPRIO** SÌ
**CULTIVAR** Nocellara Etnea, Verdello, Biancolilla, Ogliarola Messinese, Minuta
**COLTIVAZIONE** Biologica
**RACCOLTA** Manuale
**ESTRAZIONE** Ciclo continuo
**FRANTOIO** NO
**LITRI PRODOTTI** 6.000
**OLIVE DA MENSA** NO
**OSPITALITÀ** SÌ
**RISTORAZIONE** NO

**AZIENDA.** Una storia di lungo corso quella della famiglia Virzì, con gli avi che seguono il lavoro in questa proprietà dai primi del '900. Oggi sono Giuseppe e Maria Concetta a proseguire con immutata passione ed esperienza il lavoro in azienda che conta 100 ettari di terreni di cui 19 dedicati ai 4.000 olivi. Si producono, inoltre, pere Coscia e mandorle.

**OLIVE GROVE** YES
**CULTIVAR** Nocellara Etnea, Verdello, Biancolilla, Ogliarola Messinese, Minuta
**GROWING METHOD** Organic
**HARVEST METHOD** Manual
**EXTRACTION METHOD** Continuous cycle
**OIL MILL** NO
**LITRES PRODUCED** 6,000
**TABLE OLIVES** NO
**ACCOMODATIONS** YES
**RESTAURANT** NO

**OIL MAKER.** The Virzì family have a long history, having cultivated this land since the early 1900s. Today Giuseppe and Maria Concetta carry on their work with undiminished passion and experience, overseeing 100 hectares, 19 of which are dedicated to olive growing (4,000 trees). Coscia pears and almonds are also produced.

## SOLOLIO IGP SICILIA MONOCULTIVAR VERDELLO BIO

**CULTIVAR: VERDELLO**
**FRUTTATO/FRUITY: 5 • AMARO/BITTER: 4 • PICCANTE/SPICY: 4**
**FASCIA PREZZO/PRICE RANGE: 5**

**PROFILO AROMATICO.**
Pomodoro, erbe aromatiche, fiori, mela, pepe. Verde, persistente.

**AROMATIC PROFILE.**
Tomato, aromatic herbs, flowers, apple, pepper. Green, persistent.

## L'OLIO DI CASA VIRZÌ BIO

**CULTIVAR: NOCELLARA ETNEA, OGLIAROLA MESSINESE, BIANCOLILLA**
**FRUTTATO/FRUITY: 5 • AMARO/BITTER: 4 • PICCANTE/SPICY: 4**
**FASCIA PREZZO/PRICE RANGE: 4**

**PROFILO AROMATICO.**
Erbe aromatiche, scorza di agrumi, fiori, mela. Verde.

**AROMATIC PROFILE.**
Aromatic herbs, lemon peel, flowers, apple. Green.

**CULTIVAR PRINCIPALI/MAIN VARIETIES**

Bosana, Nera di Villacidro, Semidana, Tonda di Cagliari

**CULTIVAR MINORI/MINOR VARIETIES**

Nera di Gonnos, Nera di Oliena, Palma, Pitz'e carroga, Sassarese

# SARDEGNA

**MANGIARE/EAT**

**Armidda**

s.da prov.le 15 km, 44 • loc. Zaccardani • Abbasanta (OR)

tel. 379 1619315 • armidda.it

**Osteria Vineria Cibus**

via Umberto I, 24 • Santadi (SU) • tel. 349 3925289 •

**CUCINA.eat**

p.zza G. Galilei, 1 • Cagliari • tel. 070 0991098 • shopcucina.it

**Il Rifugio**

via A. Mereu, 28 • Nuoro • tel. 0784 232355 • trattoriarifugio.com

**Trigu Restaurant**

via Roma, 58 • Sassari • tel. 079 4137069 • trigu.online

**COMPRARE/SHOP**

**Bonu** • v.le A. Diaz, 162 • Cagliari • tel. 070 306453 • bonu.it

**Enoteca Ciccimonelli**

via Manno, 9 • Iglesias • tel. 0781 263240 • enoteca-ciccimonelli.business.site

**Inke** • v.le Brianza, 24c • Oristano • tel. 393 2407627 • inke.it

**La Bottega dell'ExMè**

p.zza G. Mameli, 1 • Nuoro • tel. 328 6028995 • exmenuoro.it

**Sale & Pepe**

via M. Zanfarino, 38 • Sassari • tel. 079 270465 • salepepesassari.it

# ★ Accademia Olearia

Alghero (SS) | via dei Carbonai | loc. Ungias Galantè |
tel. 079 980394 | accademiaolearia.com

AZIENDA DELL'ANNO · PRODUCER OF THE YEAR

**OLIVETO PROPRIO** SÌ
**CULTIVAR** Nocellara, Tonda di Cagliari, Bosana, Semidana, Carolea, Biancolilla
**COLTIVAZIONE** Tradizionale / Biologica
**RACCOLTA** Manuale / Meccanica
**ESTRAZIONE** Ciclo continuo
**FRANTOIO** SÌ
**LITRI PRODOTTI** 120.000
**OLIVE DA MENSA** SÌ
**OSPITALITÀ** NO
**RISTORAZIONE** NO

**AZIENDA.** Questa della famiglia Fois è una realtà di riferimento fondamentale per l'olivicoltura sarda. Sono circa 200 gli ettari olivetati, con alcuni appezzamenti condotti in regime biologico e biodinamico. Centrale il ruolo dell'azienda nella produzione di olio certificato Dop Sardegna.

**OLIVE GROVE** YES
**CULTIVAR** Nocellara, Tonda di Cagliari, Bosana, Semidana, Carolea, Biancolilla
**GROWING METHOD** Traditional + organic
**HARVEST METHOD** Manual + mechanical
**EXTRACTION METHOD** Continuous cycle
**OIL MILL** YES
**LITRES PRODUCED** 120,000
**TABLE OLIVES** YES
**ACCOMODATIONS** NO
**RESTAURANT** NO

**OIL MAKER.** The Fois family's Accademia Olearia is a major touchstone for Sardinian olive growing. Some 200 hectares of groves are cultivated, with some plots managed according to the principles of organic agriculture. The company plays a central role in the production of DOP Sardegna certified oil.

## /// DOP SARDEGNA MONOCULTIVAR BOSANA BIO

**CULTIVAR: BOSANA**
**FRUTTATO/FRUITY: 6 • AMARO/BITTER: 6 • PICCANTE/SPICY: 6**
**FASCIA PREZZO/PRICE RANGE: 5**

**PROFILO AROMATICO.** Pomodoro, rucola, erbe aromatiche, mela, pepe, balsamico. Verde, persistente.

**AROMATIC PROFILE.** Tomato, arugula, aromatic herbs, apple, pepper, balsamic. Green, persistent.

## // GRAN RISERVA GIUSEPPE FOIS

**CULTIVAR: BOSANA, SEMIDANA, TONDA DI CAGLIARI**
**FRUTTATO/FRUITY: 6 • AMARO/BITTER: 6 • PICCANTE/SPICY: 7**
**FASCIA PREZZO/PRICE RANGE: 5**

**PROFILO AROMATICO.** Erba, ortica, erbe aromatiche, pepe, balsamico. Verde, persistente.

**AROMATIC PROFILE.** Grass, nettle, aromatic herbs, pepper, balsamic. Green, persistent.

## // RISERVA DEL PRODUTTORE DOP SARDEGNA

**CULTIVAR: BOSANA, SEMIDANA**
**FRUTTATO/FRUITY: 5 • AMARO/BITTER: 5 • PICCANTE/SPICY: 5**
**FASCIA PREZZO/PRICE RANGE: 5**

**PROFILO AROMATICO.** Pomodoro, lattuga, erba, pepe. Verde.

**AROMATIC PROFILE.** Tomato, lettuce, grass, pepper. Green.

# Giuseppe Gabbas

Nuoro | via Trieste, 59 |
tel. 338 8244064 | gabbas.it

PREMIO OLIO&VINO BEST OLIVE OIL&WINE

**OLIVETO PROPRIO** SÌ
**CULTIVAR** Bosana
**COLTIVAZIONE** Tradizionale
**RACCOLTA** Manuale
**ESTRAZIONE** Tradizionale
**FRANTOIO** NO
**LITRI PRODOTTI** 1.000
**OLIVE DA MENSA** NO
**OSPITALITÀ** NO
**RISTORAZIONE** NO

**AZIENDA.** Uno dei migliori produttori di vino dell'isola, celebre per il suo Cannonau. Parliamo però anche di un'azienda che ha deciso di esaltare la produzione olivicola di qualità attraverso la cura e la lavorazione delle proprie olive di varietà bosana distribuite in 5 ettari di oliveto per un totale di 1.400 alberi.

**OLIVE GROVE** YES
**CULTIVAR** Bosana
**GROWING METHOD** Traditional
**HARVEST METHOD** Manual
**EXTRACTION METHOD** Traditional
**OIL MILL** NO
**LITRES PRODUCED** 1,000
**TABLE OLIVES** NO
**ACCOMODATIONS** NO
**RESTAURANT** NO

**OIL MAKER.** Gabbas is one of the best wineries on the island of Sardinia. However, the producer has also decided to focus on quality oil, obtained through the care and processing of 1,400 Bosana olive trees spread out across 5 hectares of terrain.

## /// SOLIANU MONOCULTIVAR BOSANA

**CULTIVAR: BOSANA**
**FRUTTATO/FRUITY: 7 • AMARO/BITTER: 6 • PICCANTE/SPICY: 7**
**FASCIA PREZZO/PRICE RANGE: 4**

**PROFILO AROMATICO.**
Erba, rucola, mandorla, pepe, balsamico. Verde, persistente.

**AROMATIC PROFILE.**
Grass, arugula, almond, pepper, balsamic. Green, persistent.

# Domenico Manca

**Alghero (SS) | via Carrabuffas |**
**tel. 079 977215 | www.sangiuliano.it**

**OLIVETO PROPRIO** SÌ
**CULTIVAR** Bosana, Semidana, Nera Oliena, Leccino, Coratina
**COLTIVAZIONE** Biologica
**RACCOLTA** Meccanica
**ESTRAZIONE** Ciclo continuo
**FRANTOIO** SÌ
**LITRI PRODOTTI** 90.000
**OLIVE DA MENSA** NO
**OSPITALITÀ** SÌ
**RISTORAZIONE** SÌ

**AZIENDA.** Nasce nei primi del '900 questa azienda che possiamo considerare una delle più grandi realtà agroalimentari dell'isola che, per quanto riguarda l'olio, può far affidamento su una vasta superficie coltivata a oliveto di oltre 200 ettari nei quali si contano 120mila alberi. Si commercializzano inoltre crema di carciofi, aceto di vino e cosmetici a base di evo.

**OLIVE GROVE** YES
**CULTIVAR** Bosana, Semidana, Nera Oliena, Leccino, Coratina
**GROWING METHOD** Organic
**HARVEST METHOD** Mechanical
**EXTRACTION METHOD** Continuous cycle
**OIL MILL** YES
**LITRES PRODUCED** 90,000
**TABLE OLIVES** NO
**ACCOMODATIONS** YES
**RESTAURANT** YES

**OIL MAKER.** Founded in the early 1900s, Domenico Manca can be considered one of Sardinia's largest agro-food producers. In terms of oil, they draw on a vast swathe of olive groves, over 200 hectares and 120,000 trees total. Artichoke spreads, wine vinegar and olive oil-based cosmetics are also produced.

## SAN GIULIANO MONOCULTIVAR BOSANA

**CULTIVAR: BOSANA**
**FRUTTATO/FRUITY: 5 · AMARO/BITTER: 4 · PICCANTE/SPICY: 5**
**FASCIA PREZZO/PRICE RANGE: 3**

**PROFILO AROMATICO.**
Pomodoro, erbe aromatiche, fiori, mela. Verde.

**AROMATIC PROFILE.**
Tomato, aromatic herbs, flowers, apple. Green.

## SAN GIULIANO FRUTTATO CUOR D'OLIVO

**CULTIVAR: CORATINA, OGLIAROLA, BOSANA**
**FRUTTATO/FRUITY: 5 · AMARO/BITTER: 3 · PICCANTE/SPICY: 4**
**FASCIA PREZZO/PRICE RANGE: 3**

**PROFILO AROMATICO.**
Pomodoro, fiori, mela, pepe. Verde.

**AROMATIC PROFILE.**
Tomato, flowers, apple, pepper. Green.

# Masoni Becciu

**Villacidro (SU) | via G. Mazzini, 30 |**
**tel. 340 2488614 | masonibecciu.it**

**OLIVETO PROPRIO** SÌ
**CULTIVAR** Bosana, Nera di Gonnos, Semidana, Nera di Villacidro
**COLTIVAZIONE** Biologica
**RACCOLTA** Meccanica
**ESTRAZIONE** Ciclo continuo
**FRANTOIO** SÌ
**LITRI PRODOTTI** 39.000
**OLIVE DA MENSA** SÌ
**OSPITALITÀ** NO
**RISTORAZIONE** NO

**AZIENDA.** Ai piedi del monte Margiani si trova l'azienda di Valentina Deidda e Nicola Solinas, una solida e importante realtà olivicola di questo territorio che gestisce un oliveto di 14mila piante circa disposte su 62 ettari di proprietà. Si producono anche olive da mensa Nera di Gonnos.

**OLIVE GROVE** YES
**CULTIVAR** Bosana, Nera di Gonnos, Semidana, Nera di Villacidro
**GROWING METHOD** Organic
**HARVEST METHOD** Mechanical
**EXTRACTION METHOD** Continuous cycle
**OIL MILL** YES
**LITRES PRODUCED** 39,000
**TABLE OLIVES** YES
**ACCOMODATIONS** NO
**RESTAURANT** NO

**OIL MAKER.** Valentina Deidda and Nicola Solinas's Masoni Becciu is based at the foot of Mount Margiani. This solid, local olive farm is comprised of 62 hectares of groves (some 14,000 trees). Nera di Gonnos table olives are also produced.

**MIGLIOR FRUTTATO INTENSO** — **BEST INTENSE FRUITY**

## CUNCORDU BIO

**CULTIVAR: NERA DI VILLACIDRO, BOSANA**
**FRUTTATO/FRUITY: 8 • AMARO/BITTER: 5 • PICCANTE/SPICY: 6**
**FASCIA PREZZO/PRICE RANGE: 5**

**PROFILO AROMATICO.** Pomodoro, sedano, erbe aromatiche, songino. mela, balsamico. Verde, persistente.

**AROMATIC PROFILE.** Tomato, celery, aromatic herbs, lamb's lettuce. apple, balsamic. Green, persistent.

## ISPIRITU SARDU MONOCULTIVAR NERA DI VILLACIDRO BIO

**CULTIVAR: NERA DI VILLACIDRO**
**FRUTTATO/FRUITY: 7 • AMARO/BITTER: 4 • PICCANTE/SPICY: 5**
**FASCIA PREZZO/PRICE RANGE: 5**

**PROFILO AROMATICO.** Pomodoro, ortica, lattuga, erbe aromatiche, mela, balsamico. Verde, persistente.

**AROMATIC PROFILE.** Tomato, nettle, lettuce, aromatic herbs, apple, balsamic. Green, persistent.

# Olearia Medda

**Barumini (CA)** | **zona Pip Barumini** | **loc. Pranu Funtana** |
**tel. 347 5441499** | **oleariamedda.it**

**OLIVETO PROPRIO** SÌ
**CULTIVAR** Pitz'e Carroga, Tonda di Cagliari, Bosana, Semidana, Nera di Villacidro
**COLTIVAZIONE** Tradizionale
**RACCOLTA** Meccanica
**ESTRAZIONE** Ciclo continuo
**FRANTOIO** SÌ
**LITRI PRODOTTI** 1.800
**OLIVE DA MENSA** NO
**OSPITALITÀ** NO
**RISTORAZIONE** NO

**AZIENDA.** Nel cuore della Marmilla si trova la bella e giovane realtà voluta e gestita con passione da Fabio Medda. Nella proprietà, oltre al moderno impianto oleario, si trovano 1.500 olivi di varietà autoctone disposti in 6 ettari di terreno.

**OLIVE GROVE** YES
**CULTIVAR** Pitz'e Carroga, Tonda di Cagliari, Bosana, Semidana, Nera di Villacidro
**GROWING METHOD** Traditional
**HARVEST METHOD** Mechanical
**EXTRACTION METHOD** Continuous cycle
**OIL MILL** YES
**LITRES PRODUCED** 1,800
**TABLE OLIVES** NO
**ACCOMODATIONS** NO
**RESTAURANT** NO

**OIL MAKER.** Olearia Medda, a young, lovely estate managed with great dedication by founder Fabio Medda, is based the heart of Marmilla. In addition to hosting a modern oil mill, the 6-hectare property is home to some 1,500 olive trees (native varieties).

## NURAGIKUS MONOCULTIVAR BOSANA

**CULTIVAR: BOSANA**
**FRUTTATO/FRUITY: 6 · AMARO/BITTER: 6 · PICCANTE/SPICY: 6**
**FASCIA PREZZO/PRICE RANGE: 2**

**PROFILO AROMATICO.**
Pomodoro, rucola, fiori, mela, balsamico. Verde, persistente.

**AROMATIC PROFILE.**
Tomato, arugula, flowers, apple, balsamic. Green, persistent.

## NURAGIKUS MONOCULTIVAR SEMIDANA

**CULTIVAR: SEMIDANA**
**FRUTTATO/FRUITY: 6 · AMARO/BITTER: 5 · PICCANTE/SPICY: 5**
**FASCIA PREZZO/PRICE RANGE: 2**

**PROFILO AROMATICO.**
Erba, mela, mandorla, pepe, balsamico. Verde, persistente.

**AROMATIC PROFILE.**
Grass, apple, almond, pepper, balsamic. Green, persistent.

## NURAGIKUS MONOCULTIVAR TONDA DI CAGLIARI

**CULTIVAR: TONDA DI CAGLIARI**
**FRUTTATO/FRUITY: 5 · AMARO/BITTER: 5 · PICCANTE/SPICY: 5**
**FASCIA PREZZO/PRICE RANGE: 2**

**PROFILO AROMATICO.**
Pomodoro, mela, scorza di limone. Verde.

**AROMATIC PROFILE.**
Tomato, apple, lemon zest. Green.

# F.lli Pinna

**Ittiri (SS) | via Umberto, 133 |**
**tel. 079 441100 | oliopinna.it**

**OLIVETO PROPRIO** SÌ
**CULTIVAR** Bosana
**COLTIVAZIONE** Tradizionale
**RACCOLTA** Meccanica
**ESTRAZIONE** Ciclo continuo
**FRANTOIO** SÌ
**LITRI PRODOTTI** 12.000
**OLIVE DA MENSA** SÌ
**OSPITALITÀ** NO
**RISTORAZIONE** NO

**AZIENDA.** Nata nel 1940, è una delle più importanti realtà sarde legate alla produzione di olio di qualità. Gli oliveti, 22 ettari con 5.000 piante, si trovano a 250 metri sul livello del mare, esposti a sud e molto soleggiati. L'azienda vanta anche ottimi sottoli, olive da mensa e vino.

**OLIVE GROVE** YES
**CULTIVAR** Bosana
**GROWING METHOD** Traditional
**HARVEST METHOD** Mechanical
**EXTRACTION METHOD** Continuous cycle
**OIL MILL** YES
**LITRES PRODUCED** 12,000
**TABLE OLIVES** YES
**ACCOMODATIONS** NO
**RESTAURANT** NO

**OIL MAKER.** Founded in 1940, Pinna is one of Sardinia's most important quality olive oil producers. The olive groves, 22 hectares (5,000 trees), are situated at 250 meters elevation, face south and enjoy plenty of sunshine. Pinna also boasts excellent bottled vegetables, table olives and wine.

## DENOCCIOLATO MONOCULTIVAR BOSANA

**CULTIVAR: BOSANA**
**FRUTTATO/FRUITY: 5 • AMARO/BITTER: 5 • PICCANTE/SPICY: 5**
**FASCIA PREZZO/PRICE RANGE: 5**

**PROFILO AROMATICO.**
Cardo, mela, songino, mandorla. Verde.

**AROMATIC PROFILE.**
Cardoon, apple, lamb's lettuce, almond. Green.

## ANTICHI ULIVETI DEL PRATO MONOCULTIVAR BOSANA

**CULTIVAR: BOSANA**
**FRUTTATO/FRUITY: 6 • AMARO/BITTER: 5 • PICCANTE/SPICY: 5**
**FASCIA PREZZO/PRICE RANGE: 4**

**PROFILO AROMATICO.**
Carciofo, cardo, lattuga, mandorla, pepe. Verde.

**AROMATIC PROFILE.**
Artichoke, cardoon, lettuce, almond, pepper. Green.

# Francesco Piras

**Alghero (SS) | s.s. 127 bis km 25,500 | loc. Rudas Catalano | tel. 366 8207515 | oliocorax.it**

**OLIVETO PROPRIO** SÌ
**CULTIVAR** Semidana, Bosana, Leccino, Leccio del Corno, Arbequina
**COLTIVAZIONE** Biologica
**RACCOLTA** Meccanica
**ESTRAZIONE** Ciclo continuo
**FRANTOIO** SÌ
**LITRI PRODOTTI** 40.000
**OLIVE DA MENSA** NO
**OSPITALITÀ** NO
**RISTORAZIONE** NO

**AZIENDA.** La proprietà è gestita da Francesco Piras, con il prezioso supporto dell'agronomo Marco Ruju. Corax in latino significa cormorano, uccello che tuttora "domina" il territorio di Alghero. Il frantoio nasce negli anni '90 e si consolida in un secondo tempo con 22mila olivi distribuiti su 75 ettari.

**OLIVE GROVE** YES
**CULTIVAR** Semidana, Bosana, Leccino, Leccio del Corno, Arbequina
**GROWING METHOD** Organic
**HARVEST METHOD** Mechanical
**EXTRACTION METHOD** Continuous cycle
**OIL MILL** YES
**LITRES PRODUCED** 40,000
**TABLE OLIVES** NO
**ACCOMODATIONS** NO
**RESTAURANT** NO

**OIL MAKER.** Founded in the 1990s, Corax gets its name from the Latin word for "cormorant", a bird that still dominates in Alghero. Here Francesco Piras cultivates some 75 hectares (22,000 trees) drawing on precious support from agronomist Marco Ruju.

## CORAX FRUTTATO

**CULTIVAR: BOSANA, LECCINO, LECCIO DEL CORNO**
**FRUTTATO/FRUITY: 5 • AMARO/BITTER: 4 • PICCANTE/SPICY: 5**
**FASCIA PREZZO/PRICE RANGE: 2**

**PROFILO AROMATICO.** Carciofo, fiori, mela. Verde.

**AROMATIC PROFILE.** Artichoke, flowers, apple. Green.

## CORAX DOP SARDEGNA MONOCULTIVAR BOSANA BIO

**CULTIVAR: BOSANA**
**FRUTTATO/FRUITY: 4 • AMARO/BITTER: 4 • PICCANTE/SPICY: 5**
**FASCIA PREZZO/PRICE RANGE: 2**

**PROFILO AROMATICO.** Lattuga, mela, mandorla. Verde.

**AROMATIC PROFILE.** Lettuce, apple, almond. Green.

## CORAX FRUTTATO BIO

**CULTIVAR: BOSANA, SEMIDANA**
**FRUTTATO/FRUITY: 4 • AMARO/BITTER: 4 • PICCANTE/SPICY: 4**
**FASCIA PREZZO/PRICE RANGE: 2**

**PROFILO AROMATICO.** Carciofo, mela, mandorla. Maturo.

**AROMATIC PROFILE.** Artichoke, apple, almond. Ripe.

# Tanca Barbarossa

**Oristano | Case Sparse | loc. Rimedio |**
**tel. 348 3856689 | tancabarbarossa.com**

**OLIVETO PROPRIO** SÌ
**CULTIVAR** Majorchina, Semidana, Bosana
**COLTIVAZIONE** In conversione
**RACCOLTA** Manuale / Meccanica
**ESTRAZIONE** Ciclo continuo
**FRANTOIO** SÌ
**LITRI PRODOTTI** 2.000
**OLIVE DA MENSA** NO
**OSPITALITÀ** NO
**RISTORAZIONE** NO

**AZIENDA.** Paola e Antonio Barbarossa dopo essere rimasti incantati dalla tenuta con oliveto secolare, un mulino in pietra, un pozzo antico e un vecchio casale, hanno deciso di valorizzare al meglio i frutti di questo terreno. La proprietà si estende su 12 ettari in cui sono messe a dimora circa 1.000 piante.

**OLIVE GROVE** YES
**CULTIVAR** Majorchina, Semidana, Bosana
**GROWING METHOD** Being converted
**HARVEST METHOD** Manual + mechanical
**EXTRACTION METHOD** Continuous cycle
**OIL MILL** YES
**LITRES PRODUCED** 2,000
**TABLE OLIVES** NO
**ACCOMODATIONS** NO
**RESTAURANT** NO

**OIL MAKER.** After being enchanted by the estate, with its centuries-old olive groves, a stone mill, an ancient well and an old farmhouse, Paola and Antonio Barbarossa decided to put the property to good use, pressing oil from the drupes of some 1,000 olive trees (12 hectares).

## MONOCULTIVAR SEMIDANA

**CULTIVAR: SEMIDANA**
**FRUTTATO/FRUITY: 7 · AMARO/BITTER: 5 · PICCANTE/SPICY: 6**
**FASCIA PREZZO/PRICE RANGE: 4**

**PROFILO AROMATICO.**
Pomodoro, erbe aromatiche, pinolo, mela, balsamico. Verde, persistente.

**AROMATIC PROFILE.**
Tomato, aromatic herbs, pine nuts, apple, balsamic. Green, persistent.

# Thanit

**Gonnosfanadiga (SU) | via G. Deledda, 38 | tel. 380 7519372 | aziendagricolathanit.com**

**OLIVETO PROPRIO** SÌ
**CULTIVAR** Nera di Gonnos, Nera di Villacidro
**COLTIVAZIONE** Tradizionale
**RACCOLTA** Meccanica
**ESTRAZIONE** Ciclo continuo
**FRANTOIO** NO
**LITRI PRODOTTI** 5.000
**OLIVE DA MENSA** NO
**OSPITALITÀ** NO
**RISTORAZIONE** NO

**AZIENDA.** In una delle zone più vocate per la produzione di olio extravergine d'oliva di qualità, ecco una giovane realtà nata nel 2015 e gestita da Gianni Sibiriu. La proprietà si estende su circa 8 ettari dove si coltivano 2.000 olivi e, dal 2017, anche zafferano di pregio.

**OLIVE GROVE** YES
**CULTIVAR** Nera di Gonnos, Nera di Villacidro
**GROWING METHOD** Traditional
**HARVEST METHOD** Mechanical
**EXTRACTION METHOD** Continuous cycle
**OIL MILL** NO
**LITRES PRODUCED** 5,000
**TABLE OLIVES** NO
**ACCOMODATIONS** NO
**RESTAURANT** NO

**OIL MAKER.** Managed by Gianni Sibiriu, this young producer (Est. 2015) is based in one of the region's best areas for the production of quality extra virgin olive oil. The 8-hectare property is home to some 2,000 olive trees. Since 2017, prized saffron has been cultivated as well.

## OBIA TERZA MONOCULTIVAR NERA DI VILLACIDRO

**CULTIVAR: NERA DI VILLACIDRO**
**FRUTTATO/FRUITY: 5 • AMARO/BITTER: 5 • PICCANTE/SPICY: 5**
**FASCIA PREZZO/PRICE RANGE: 5**

**PROFILO AROMATICO.** Carciofo, mela, pepe. Verde.

**AROMATIC PROFILE.** Artichoke, apple, pepper. Green.

## OBIA NIEDDA MONOCULTIVAR NERA DI GONNOS

**CULTIVAR: NERA DI GONNOS**
**FRUTTATO/FRUITY: 5 • AMARO/BITTER: 4 • PICCANTE/SPICY: 5**
**FASCIA PREZZO/PRICE RANGE: 4**

**PROFILO AROMATICO.** Cardo, mela, pepe. Maturo.

**AROMATIC PROFILE.** Cardoon, apple, pepper. Ripe.

# INDICI INDEX

# INDICE ALFABETICO REGIONALE PER AZIENDA

# PRODUCERS REGIONAL INDEX

## MARCHE

## LAZIO

## BASILICATA



## CALABRIA



## SICILIA

## SARDEGNA

# OLIVE DA MENSA

# TABLE OLIVES

# INDICE QUALITÀ/PREZZO

# QUALITY/PRICE INDEX